WORLD WAR II

全彩图说

二战全史

白虹 编著

中国华侨出版社

图书在版编目 (CIP) 数据

全彩图说二战全史 / 白虹编著 . -- 北京：中国华侨出版社 , 2015.5
ISBN 978-7-5113-5438-9

Ⅰ . ①全… Ⅱ . ①白… Ⅲ . ①第二次世界大战－历史－图解 Ⅳ . ① K152-64

中国版本图书馆 CIP 数据核字 (2015) 第 094395 号

全彩图说二战全史

编　　著：白　虹
出 版 人：方　鸣
责任编辑：芷　晴
封面设计：彼　岸
版式设计：李　倩
文字编辑：徐胜华
美术编辑：汪　华
部分图片来自 www.quanjing.com&www.ICpress.cn
经　　销：新华书店
开　　本：720mm×1020mm　1/16　印张：28　字数：735 千字
印　　刷：三河市金元印装有限公司
版　　次：2015 年 6 月第 1 版　　2020 年 5 月第 6 次印刷
书　　号：ISBN 978-7-5113-5438-9
定　　价：75.00 元

中国华侨出版社　北京市朝阳区西坝河东里 77 号楼底商 5 号　邮编：100028
法律顾问：陈鹰律师事务所
发 行 部：（010）88893001　　　传　　真：（010）62707370
网　　址：www.oveaschin.com　　E－m a i l：oveaschin@sina.com

如果发现印装质量问题，影响阅读，请与印刷厂联系调换。

前言

　　1945 年 9 月 2 日，在停泊于日本东京湾的美国海军最大战舰"密苏里"号上，隆重举行了日本向盟国投降的受降仪式。至此，人类进行的规模最大、破坏最严重、影响最深的全球性战争——第二次世界大战终于结束了。

　　回首 6 年战争的日日夜夜：1939 年 9 月 1 日，德国闪击波兰，英法随即对德宣战，第二次世界大战全面爆发。1940 年，德军装甲席卷整个欧洲大陆，法国战败投降。6 月 10 日，意大利向英法两国宣战，战火烧到了地中海和非洲。1940 年 7 月 16 日，希特勒开始实施入侵英国的"海狮计划"，之后德国开始对英国城市进行密集轰炸。1941 年 6 月 22 日，德国撕毁《苏德互不侵犯条约》入侵苏联，苏德战争爆发，二战规模扩大。1941 年 12 月 7 日，日本偷袭珍珠港，太平洋战争爆发。次日下午，美国对日宣战，随后 20 多个国家包括中国正式对日宣战。1942 年 7 月～1943 年 2 月的斯大林格勒战役，苏联胜利，成为二战转折点。1943 年 9 月 3 日，意大利无条件投降。1944 年 6 月 6 日，盟军在诺曼底登陆，开辟了欧洲第二战场，德军全面溃败。1945 年 2 月，美国、英国、苏联三国首脑在苏联雅尔塔召开会议，决定彻底消灭德国法西斯势力。1945 年 5 月 7 日，德国无条件投降。1945 年 8 月，美国投掷原子弹轰炸日本广岛和长崎。接着苏联对日宣战。8 月 15 日，日本宣布无条件投降。

　　战争最激烈时，全球有 61 个国家和地区参战；20 亿以上的人口被卷入战争；战火遍及欧洲、亚洲、南美洲、北美洲、非洲及大洋洲；战线遍布大西洋、太平洋、印度洋及北冰洋；约 9000 余万人死亡；钱财损失约 4 万亿美元；大量房屋被破坏，工厂、农庄、铁路和桥梁的损坏则难以估计。

　　战争不只是战场上的搏杀。西方著名军事理论家克劳塞维茨说过："战争不仅是一种政治行为，而且是一种政治工具，是政治交往的继续。"硝烟背后，政治巨头的决断主宰着战争，各种力量的演化扭曲着战争，无处不在的谍影影响着战争……二战的意义早已超出一场战争，它是世界历史的一个重要标识，也是人类文明的转折点，其影响延续至今。

　　本书汇集了大量的历史资料，囊括"上篇二战战史"和"下篇二战风云"两部分。上篇采用将地区战场与时间线索混合穿插的传统写法，逐一叙述各个战场的全景进程，分为"序幕：战争阴云""开场：远东硝烟""爆发：欧洲沦陷""激战：苏德大战""蔓延：血染太平洋""转折：决战斯大林格勒""拉锯：逐鹿北非""反攻：光复欧洲"和"尾声：日本投降"。其中波兰闪击战、列宁格勒保卫战、诺曼底登陆、中途岛海战、偷袭珍珠港和抢占瓜岛等著名战役均有详细描述。下篇包括"谍光秘影""风云人物""扑朔迷离的历史""逸闻趣事"和"难解谜团"，对情报战、历史谜团和二战趣闻等均作了详细介绍。本书力争完整重现第二次世界大战的全过程，详细解读前因后果，客观点评政治经济。拨开迷雾，还原历史真相，破解重重谜团。不仅从宏观上讲述战争，而且从细微之处着眼，努力搜寻历史的蛛丝马迹，为读者呈现出不一样的全史。

　　美国前总统富兰克林·罗斯福曾经说过："相对于战争结束来说，我们更希望所有的战争本就没有爆发。"唯愿人们在回眸二战时，多一些沉思和省悟，更加珍惜今日的和平与安宁。

目录

上篇 二战战史

>> 第一章 序幕：战争阴云

>> 第二章　开场：远东硝烟

>> 第三章　爆发：欧洲沦陷

>> 第四章　激战：苏德大战

>> 第五章　蔓延：血染太平洋

>> 第六章　转折：决战斯大林格勒

>> 第七章 拉锯：逐鹿北非

>> 第八章 反攻：光复欧洲

>> 第九章　尾声：日本投降

下篇 二战风云

上篇

二战
战史

序幕：战争阴云

一、凡尔赛播下的劫难恶种

德国——两次世界大战的罪魁祸首

20世纪被称作"流血的世纪"，两次世界大战都发生在这个世纪。尤其是第二次世界大战，是近五百年来人类社会所进行的规模最大、伤亡最惨重、破坏程度最深的全球性战争。第一次世界大战结束的时候，人们被它空前的残酷所震惊，开始对战争深恶痛绝。殊不知，第二次世界大战的种子，恰恰埋在第一次世界大战结束的地方。

两次世界大战的罪魁祸首都是德国。德国位于欧洲中部，是一个后起的资本主义国家，长期以来一直是一个小国林立的松散联邦。19世纪中期，普鲁士王国发起了德意志统一战争。统一战争期间，普鲁士与欧洲大陆的霸主法国发生冲突，爆发了普法战争。战争由法国发动，但最后普鲁士大获全胜，普鲁士也将战争由自卫战争转化为侵略战争，侵入法国。法国战败后，被迫接受苛刻的条款：把阿尔萨斯和洛林割让给德国，并赔款50亿法郎。而普鲁士则借势统一德国，建立起德意志第二帝国。

统一后的德国工业化进程十分迅猛，很快就超过其他资本主义国家，成为世界上主要的工业国之一。20世纪初期，德国等新兴工业化国家对英法等国主导的世界秩序越来越不满，希望重新瓜分世界。这最终导致了第一次世界大战的爆发。

当德国政府于1914年8月宣战时，德国人民欣喜若狂，包括阿道夫·希特勒在内的德国士兵尤其兴奋。德皇甚至骄傲地宣称德国国内的党派斗争已经结束，"我不再认识党派，我只认识德国人民"。大多数德国人被狂热的民族主义情绪所鼓动，认为战争爆发后就可以愉快地告别沉闷的市民生活，他们希望战争在圣诞节前完美结束。

然而，胜利并没有像德国人想象的那样顺利到来，相反，战争变成令人绝望的拉锯式的消耗战。最终战火从欧洲战争扩展成世界大战，参战国达到33个，遍及五大洲，波及世

界 1/4 的人口。据统计，一战期间各
交战国总共动员了 7400 万人走上前
线，使用了各种最新型的杀人武器，
结果导致约 1000 万人阵亡、2000 万
人受伤、500 万人失踪。

大战的头两年里，德国为首的同
盟国和英法为首的协约国互有攻守，
各有胜负。但 1917 年，美国向德国宣
战，极大地改变了局势。一战爆发后，
美国一直以中立为名，向交战双方出
售军火，大发战争横财。在双方筋疲

▲ 《贡比涅停战协定》的签署，宣告第一次世界大战结束。

力尽之时，美国决定插手，于是在 1917 年 4 月 6 日借口德国潜艇攻击美国商船，向德国宣
战。美国强大的生产能力，决定了德国的战败只是一个时间问题。

1918 年 11 月 11 日德国签署《贡比涅停战协定》，第一次世界大战宣告结束。战事
结束后，战胜国便开始磋商召开缔结对德和约会议问题。会议地点最后定在法国巴黎。
1919 年 1 月 18 日，和平会议在著名的巴黎凡尔赛宫镜厅正式开幕，即为巴黎和会。

英法美各打小算盘

巴黎和会是一战中获胜的协约国集团为缔结和约而召开的，共 27 国参加，苏维埃俄国
没有被邀请。参加巴黎和会的各国代表有 1000 多人，其中全权代表 70 人。但实际操纵会
议的，是有"三巨头"之称的美国总统托马斯·伍德罗·威尔逊、英国首相戴卫·劳合·乔
治和法国总理乔治·克列孟梭。会议标榜通过媾和建立世界永久和平，实际上却是一场"分
赃"会议。

英、法、美三国的利益并不一致，所以他们参加和会时各自打着小算盘。最后达成的
条约则是相互妥协的产物。

法国希望严惩并尽可能地削弱德国。第一次世界大战中，西线战场绝大部分在法国境
内，所以法国的代价非常惨重——约 500 万军民伤亡。再加上德法两国之间的世仇，使得
法国提出来的方案具有强烈的复仇情绪。

法国希望取得德国工业的控制权以补偿自身在战争中的损失，这也代表了法国民意。
德国投降后，法国军队迅速占领了鲁尔工业区的重要城市，造成大批德国居民无家可归。
法国还将该地出产的煤通过铁路运至本国。为对抗法国占领者，德国铁路工人组织了罢工，
结果 200 人被法国当局处死。

克列孟梭代表法国提出了下列主张：象征性地惩罚德国军国主义，包括当众处死德国
皇帝，以使德国再也不能恢复到 1914 年以前的政治格局；法国收回阿尔萨斯和洛林，建立
莱茵非军事区，甚至要在法德之间建立一个"莱茵共和国"作为两国之间的缓冲区；德国
对战争中法国的损失（包括人员、财产等）进行战争赔偿，将其军力削减至不再对法国构
成威胁；由战胜国瓜分德国的海外殖民地；将德国军力削减至较低水平，等等。由于这些
苛刻的条件，克列孟梭获得了"老虎"的绰号。

虽然许多英国士兵也在战争中丧生，以致英国国内广泛的民意仍希望严惩德国，但英
国首相戴维·劳合·乔治还是认为法国的主张过于严厉。英国传统的外交政策是维持一个

均衡的欧洲，避免任何一个国家独大。如果法国的主张全部得到满足，就会成为欧洲大陆的超级强国，从而破坏欧陆均势。这不符合英国的长远利益。

另外，乔治担心过于苛刻的条件会激起德国强烈的复仇心理，这不利于争取长期的和平局面。德国还是英国的第二大贸易伙伴，过分削弱德国的经济同样会损害英国经济。总体来讲，英国的要求是：削弱德国军力至较低水平；保证英国的海上霸权，瓜分德国海外殖民地；德国进行战争赔偿但不可过分，以免激起德国的复仇心理；帮助德国重建经济。

与英法两国相比，美国总统威尔逊的建议要理想主义得多。早在停战前，威尔逊总统就提出了十四点和平原则，具体如下：

1. 杜绝秘密外交，签订公开的和约；

2. 确保平时和战时海上航行的绝对自由；

3. 取消一切经济壁垒，建立贸易平等条件；

4. 裁减军备；

5. 公正地处理殖民地问题，在决定一切有关主权问题时，既要顾及到殖民地人民的利益，也应考虑殖民政府的正当要求；

6. 外国军队撤出俄国，保证俄国可以独立地决定其政治发展和国家发展，欢迎俄国在自己选择的制度下，进入自由国家的社会；

7. 德国军队撤出比利时，恢复比利时的主权；

8. 德国军队撤出法国，法国得到在普法战争中失去的阿尔萨斯和洛林；

9. 根据民族分布的情况，调整意大利疆界；

10. 允许奥匈帝国境内的各民族实行自治；

11. 恢复罗马尼亚、塞尔维亚和门的内哥罗的领土；

12. 承认奥斯曼帝国内的土耳其部分有稳固的主权，但土耳其统治下的其他民族在自治的基础上有不受干扰的发展机会，同时规定达达尼尔海峡要在国际保证下永远开放为自由航道；

▲ 巴黎和会现场。

13. 重建独立的、拥有出海口的波兰国家，并以国际条约保证波兰的政治、经济独立和领土完整；

14. 根据旨在国家不分大小、相互保证政治独立和领土完整的特别盟约，设立国家联合机构。

十四点原则比英法的主张都更为宽松，也更能让德国民众接受。但是英法却并不买账，尤其是其中的"民族自决"政策，让拥有大片海外殖民地的英国十分不满。美国国内一直盛行孤立主义，民众普遍不希望过分介入欧洲事务。美国民众更不想看到世界大战再次爆发。威尔逊感到过分苛刻的条款会造成德国的复仇心理，战争将无可避免。他的主张是建立国际联盟以维持国际秩序，即国际社会提供保证以避免弱国遭到强国侵略。

威尔逊对建立国际联盟非常热心，不仅因为政治理想主义，而且把它视为美国取代英法称霸世界的根本大计和必经之路。但英法两国对此没什么兴趣，他们心里的头等大事是瓜分德国领土和战争赔款问题。

除了英、法、美之外，参会的意大利、日本等国也都是怀着各自的争霸野心和掠夺计划来参会的。意大利希望取得阜姆港，以使其成为意大利在巴尔干的扩张基地。日本的主要目标则是夺取德国在中国山东的租借地和太平洋上的重要岛屿，以确立日本在东亚地区的优势。最后意大利的要求被驳回，日本的要求却得到了满足。结果，引起了中国人民的强烈愤慨，"五四运动"因此爆发。中国最终也未在和约上签字。

各方代表为了争取各自的最大利益，反复进行唇枪舌剑，最终经过不断地争吵、角逐、妥协，就协约草案达成了协议。1919 年 6 月 28 日，德国签署和约。

"强盗和掠夺者的条约"

虽然法国人极端的报复情绪遭到了英美的部分反对，但最后通过的《凡尔赛和约》对战败国的惩罚依然相当严厉，以致《凡尔赛和约》成为"帝国主义分赃的条约"，列宁则称之为"强盗和掠夺者的条约"。

根据和约规定，德国所有殖民地由主要帝国主义国家以"委任统治"的形式加以瓜分。和约重新划分了德国疆界，使德国失去了重要的工业区，丧失了 1/8 的领土，1/10 的人口，65% 的铁矿和 45% 的煤矿及大部分的海外投资、商船和海军舰队。和约还对德国的军备进行了严格的限制：解散总参谋部，废除义务兵役制，陆军不得超过 10 万人，海军不得超过 1.5 万人，不准有主力舰和潜水艇，不许建立空军，禁止拥有飞机、坦克、重炮等武器。另外，德国还必须支付巨额战争赔款。

和约的条款传出去之后，愤怒和屈辱感迅速在德国国内蔓延。德国国民议会呼吁政府"绝不可接受这项条约"。成千上万的德国群众在各处集会，愤怒谴责协约国对德国的掠夺。德国投入第一次世界大战时是抱着抢夺别人殖民地、争夺欧洲霸权的目的，结果由于战败，被迫陷入屈辱的境地，权利丧尽，经济破产，德国人在心理上完全无法接受。

由于民众的强烈反对，起初德国政府拒绝接受条约，德国海军还以自沉舰艇的方式表达对条约的不满。结果激怒了英、法、美、意等战胜国，战胜国向德国发出通牒，警告德国如在 6 月 23 日之前仍不同意签署和约，战胜国将向德国重新开战。而此时陆军总司令兴登堡称德军已无力再战。最后德国内部经过激烈的政治斗争，决定接受通牒。6 月 28 日，德国外长米勒和司法部长贝尔在凡尔赛宫镜厅签署和约，德国被迫吞下战败的苦果。

一战期间，德国民众得到的宣传一直是——胜利是必然的。直到战争的最后几个月，德国人依然相信自己会取得最后的胜利。这必然导致大多数德国人无法接受战败的事实，更无法接受苛刻的勒索。

《凡尔赛和约》中涉及赔偿的条款是最具惩罚性的，因为和约制定者认为德国要对发动战争负完全的责任。协约国以及相关的政府确认，德国必须承担德国及其盟国对所有的损失和破坏的责任。而且，协约国和相关政府以及它们的国民所遭受的这些损失和破坏均是德国及其盟国用侵略强加给他们的结果。

这样，德国就需要对四年残酷战争造成的全部物质损失承担责任。而且凡尔赛会议并未明确一个具体的赔偿数字，只是说将组织一个专门赔偿委员会，最终确定赔偿总额。德国提出抗议，因为这相当于让德国签一张空白支票，胜利者爱填多少填多少。但抗议无效。

1921 年，协约国赔偿委员会宣布了总账单——113 亿英镑，且以黄金支付。当这个数字出笼时，甚至协约国的领导人都怀疑德国是否有能力担负这笔巨额赔款。先别说德国方面，协约国都有人看不过去了，最著名的代表人物是经济学家约翰·梅纳德·凯恩斯。凯恩斯认为，这笔天文数字般的赔款将摧毁德国的经济生活。而且这样做也威胁着协约国自身的健康和富裕，因为德国的进口一直远远超过出口。《凡尔赛和约》还剥夺了德国的海外收入，反过来更使德国不可能支付巨额赔偿。

凯恩斯说："德国失去了所有的殖民地、海外联系和海运商船，同时失去了 10% 的领土和人口，以及 45% 的煤矿和 65% 的铁矿；有 200 万年轻的男性成为战争的受害者；它的人民已经饱受了四年的饥饿，并承受着巨大的债务；它的货币贬值到以前价值的 1/7；它还面临着国内的革命和边境的布尔什维克主义；吞噬一切的四年战争和最终的失败给它在力量和希望上带来了难以估量的损失。"

凯恩斯指责和谈者们是伪君子和政治上的机会主义者，他们对一个公正和持久的和平社会的虔诚只是在"编制诡辩和狡诈之网，它最终给整个条约的外表和本质都笼罩了不真诚的阴影"。

《凡尔赛和约》下的和平是"迦太基式的和平"，战胜了德国的法国有点类似在布匿战争中战胜了迦太基并将其彻底摧毁的罗马帝国。但德国并未被真正摧毁。德国依然是个大国，它有 6500 万人口，而法国人口只有 4000 万。它还拥有巨大的经济增长潜力，经济发展程度与美国相当。

战胜国对战败国的严厉惩罚，埋下了复仇的种子。长远来看，德国决不会甘心自己的失败，更不会长期容忍《凡尔赛和约》的束缚。几乎从条约签署之日起，德国就下了复仇的决心。法国元帅福煦事后评论说："这不是和平，这是二十年的休战。"

▲ 1929 年 10 月，华尔街股市崩盘事件导致了纽约华尔街的大恐慌。股票价格下跌得如此之快，以至于很多人都在即刻之间倾家荡产。

世界经济危机点燃法西斯火药

凡尔赛体系是战胜国与战败国签署的一系列条约，除了对德条约，还有协约国同德国的盟国奥地利签订的《圣日耳曼和约》、同保加利亚签订的《纳依和约》、同匈牙利签订的《特里亚农和约》、同土耳其签订的《色佛尔和约》。

巴黎和会后，各大国之间的利益冲突得到了暂时的抑制。在凡尔赛体系下渐渐形成一种国际"新秩序"。新秩序在调整战胜国之间的矛盾上发挥了一定作用，但其实质依旧是强权政治下的"武力说话"，未能从根本上解决各国之间的争议。

可以说，一战结束时就埋下了二战爆发的种子，地点就在巴黎凡尔赛宫。种子的萌发还需要空气、水、土壤等外部条件。1929 年爆发的世界经济大危机，就为"二战种子"提供了恰逢其时的生长条件。

这次危机是资本主义发展史上空前严重、历时最长的一次，从 1929 年一直持续到 1933 年。除了时间久之外，这次危机还有以下三个特点：一是地域广。危机从美国爆发之后，很快蔓延到加拿大、日本和欧洲诸国。随后又波及各殖民地半殖民地国家，整个资本主义世界无一幸免。二是多病齐发。工业危机、农业危机、贸易危机和货币信贷危机交织在一起，盘根错节，难以治愈；三是破坏性大。危机期间，整个资本主义世界工业生产下降 44% 以上，失业人数达 4000 余万，各国失业率在 30% ~ 50%，国际贸易总额下降 65.9%。造成的物质损失达 2500 多亿美元，比第一次世界大战所造成的 1700 亿美元的损失还要多出 800 亿美元。

为了转嫁危机，各资本主义国家对世界市场的争夺日趋白热化，甚至不惜以邻为壑。各国纷纷采取保护关税的措施，以阻止外国货物进入本国。先是美国在 1930 年提高关税，再是英国分别于 1931 和 1932 年通过一系列法案，大幅增加关税。其他国家也照葫芦画瓢，从此关税壁垒高筑，国际贸易陷入困境。

面对经济危机，每个国家都从己方的狭隘利益出发，采取损人利己的经济措施，而没有顾及世界经济的整体安全。这就导致 1929 ~ 1933 这四年的大萧条成为了两次大战间由和平向战争过渡的历史时期。世界政局和思潮因之发生大的转向，经济领域的贸易摩擦逐步发展为政治对抗乃至军事冲突，最终点燃了第二次世界大战的导火索。

各国进行贸易战的手段是利用廉价商品对他国进行倾销，在金融领域，则纷纷采取放弃"金本位"，让本国货币贬值。带头的是英国，1931 年 9 月英国银行停止英镑的金本位制，英镑大幅贬值。接着瑞典、挪威、日本等 50 多个国家争相效仿。整个国际信贷市场一片混乱。在这一过程中，出现了以某国为核心的集团化对抗。金融联系较为密切的国家组成了英镑集团、美元集团、日元集团等相互对立、封闭的货币集团。最终形成了国家集团对抗的局面。

▲ 1930 年 10 月，200 名来自英国东北部贾罗地区的人，走上伦敦街头进行一次请愿游行。这使人们开始关注因贾罗船厂关闭而导致的大规模失业。

经济危机对法西斯上台有很大的"帮助"。德国受到的打击十分沉重，危机高峰时的 1932 年，德国工业产量比 1929 年下降近一半，失业者到处都是。而统治阶层为把危机转嫁到普通民众身上，又实行了征收新税、削减工资、削减救济金和养老金等政策，致使社会矛盾迅速激化。在这种情势下，法西斯党的影响力迅速扩大，最终为希特勒上台执政铺平了道路。

对日本来说，1929 年"大萧条"蔓延过来的时候，使本就动荡的日本政局愈加混乱，经济亦随之恶化。外出逃荒、倒毙路旁、全家自杀、卖儿卖女的事件层出不穷。面对困局，日本财阀产生了建立"强力政权"的冲动，致使以陆军为主力的法西斯势力乘机抬头，利用英美经济危机、中国内乱，加大了入侵中国的步伐。

总之，许多国家的面貌因经济危机而改变。严重的经济危机造成了深刻的政治危机，引起了资本主义国家内部和彼此之间矛盾的空前尖锐化，这就给军事冲突造成了条件。从此，帝国主义列强重分世界和势力范围的"看家本事"——战争又被提上了日程。

二、墨索里尼乱世崛起

"贝尼托"原来是英雄的名字

当全世界都在经济危机中挣扎时，黑暗也在意大利的上空蔓延。这时，一个人正悄悄浮出历史的水面，开始掀起血雨腥风，那便是贝尼托·墨索里尼。

瓦拉诺·迪科斯塔，属意大利东北部普雷达皮奥省。这个地方早在 13 世纪就已经出名了，文艺复兴时期这里曾诞生了许多知名的人物。1883 年 7 月 29 日，一声啼哭划破了这个古老村庄的宁静，铁匠亚历山德罗·墨索里尼迎来了他的第一个孩子。亚历山德罗·墨索里尼是早期的意大利社会党党员。他的妻子是一个正直、勤劳、受人尊敬的小学教师。当时在意大利，教师的生活是非常清苦的，不仅工资低微，而且不受社会重视，但她总是以"贫可育人"和"自古雄才多磨难"的思想教导学生。

年轻的墨索里尼夫妇希望自己的儿子长大了也像他们一样，正直地生活，正直地做人，于是给儿子起名贝尼托，表示对墨西哥的民族英雄贝尼托·胡亚雷斯的敬仰。胡亚雷斯 1806 年出生于印第安人的一个农民家庭，1858 ~ 1872 年任墨西哥联邦总统。在任期间，胡亚雷斯曾进行了许多重大改革。他废除了教士与军官武士的特权，没收用于教堂建筑以外的一切教会地产，剥夺教会的世俗权力。1862 ~ 1867 年，他领导人民抗击拿破仑三世组织的墨西哥远征军并获得了胜利，从而推翻了以麦克西米连为傀偏的帝国。他曾兴办印第安人教育，镇压退伍军人暴动与迪亚斯叛乱。亚历山德罗·墨索里尼对胡亚雷斯的英雄事迹十分崇拜，他希望自己的儿子长大成人后要像胡亚雷斯一样，做一个有利于人民的人。然而，美好的愿望被历史扭曲，贝尼托·墨索里尼却逐渐成为一战以后黑暗意大利的始作俑者。

经营《前进报》

1902 ~ 1908 年，墨索里尼背井离乡，经历了各种各样的生活，当过泥瓦匠、脚夫、缝工、帮厨，但都不能持久。有时找不到活儿还得饿肚子。据说他当时曾以行乞和抢劫为生。幸亏侨居瑞士的意大利工人经常给他一些接济，帮他渡过难关。后来在朋友的帮助下，墨索里尼同意大利社会党人在洛桑主办的《劳动者前途报》拉上了关系，成为该报记者，开始了他的记者生涯。根据社会党的要求，墨索里尼经常向侨居瑞士

▲ 墨索里尼颁布新法令。

的意大利工人宣讲社会党的主张，并介绍国内形势，很受工人欢迎，却引起瑞士当局的注意。后两年（1904～1906）墨索里尼则回到意大利参军，由此显现了其爱国激情。其后，他先去了瑞士，又因公开攻击教会势力而被驱逐出境。他被迫移居奥地利，并在那里认识了著名的意大利民族主义者巴蒂斯蒂。他在巴蒂斯蒂创办的《人民报》做助理编辑，一再发表文章，鼓吹特伦托地区脱离奥地利回归意大利，因而被奥地利逮捕入狱，最后驱逐出境。

1908年，墨索里尼从奥地利回乡之后，正式参加了意大利社会党，不久又被选为社会党弗利省委书记，他利用手中的权力，创办了一份名为《阶级斗争》的周刊，开始在弗利的社会党内建立个人影响。他四处树敌，既攻击共和党，又攻击社会党的"保守派"，由他随心所欲地解释什么是社会主义。墨索里尼的文字尖锐泼辣，富有煽动性。不久之后就因在《阶级斗争》周刊发表文章反对政府侵略利比亚和鼓动示威游行而被捕，并被判处5个月徒刑。这样一来，墨索里尼的威信反而大大提高。1912年3月，他刑满获释，7月便被社会党全国代表大会选为中央领导机构成员，11月又被任命为社会党机关报《前进报》的社长，经过他的经营，《前进报》销量猛增，使得社会党在工人群众中的影响力扩大。29岁的墨索里尼控制《前进报》后，如虎添翼，更加野心勃勃，从而开始了新的个人"奋斗"。

在墨索里尼事业蒸蒸日上的同时，意大利的时局更加动荡不安，第一次世界大战越来越近。早在20世纪初，意大利就进入了帝国主义阶段。军事和经济方面实力薄弱的意大利帝国主义，力图在力量相匹敌的各帝国主义国家和各集团之间随机应变，并利用它们之间的矛盾来实现本国的侵略、扩张目的。意大利早在三国同盟（德、意、奥）期间，便采取了同英、法、俄接近的方针。1911年，意大利同土耳其开战，并侵占了的黎波里、昔兰尼加和多得坎尼群岛。

为了巩固意大利帝国主义的社会基础并加强国内实力投入世界再分割的斗争，意大利总理饶里蒂改变了对内政策方针。他企图用微不足道的让步来分化工人运动，并吸引社会党和总工会的改良派领袖同资产阶级合作。为了这个目的，他给予工人一定程度的集会、组织工会和罢工的自由，实行了某些社会保险的措施，对工人合作社提供了某些优待。1912年，为了减缓意土战争的政治危机，饶里蒂对选举法进行了改革，选举人数从321.9万人增加到856.2万人。这种政策促进了社会党内部的改良主义和机会主义倾向的发展，并促进了改良派的领袖们同资产阶级政府合作关系的建立。政府的"自由主义"方针是和对工业资本家、农业资本家有利的高关税壁垒保护政策相结合的，而且是和残酷剥削南部地区的劳动人民的政策相结合的。那些被压迫和破产的农民群众、农业工人的运动，则遭到了残酷的镇压。

意大利统治集团进行连年战争和对劳动人民的盘剥，激起了广大群众的反抗。1901～1910年，意大利约有300万人参加了罢工运动。在1905～1907年俄国革命的影响下，以及由于1908年开始的工业危机，和1911～1912年的意土战争，阶级斗争日趋尖锐，群众革命情绪越来越高涨。面对统治阶级的残酷镇压，到处在发生暴动，到处在举行起义，社会党内部反改良派占据了优势，掠夺战争的最公开的拥护者和主张同政府合作的毕索拉蒂和波诺米等人在1912年被开除出党。1914年6月8日，根据社会党和总工会的号召，开始了抗议安科纳警察击毙参加反帝游行示威的三个工人的总罢工。以"红色周"而著名的这次罢工，有的地方带有急风骤雨的性质，起义者已经把政权夺到自己的手里。

1914年第一次世界大战爆发，作为社会党1910～1914年左倾路线创始人之一的墨索里尼，最初是忠实地坚持党的官方路线，反对意大利参加欧洲战争。然而到了1914年10月，他看到德国社会党极力帮助德皇，协约国的力量在扩大，形势对德、奥不利，便转到"积极的中立"立场上，并利用所控制的舆论工具宣扬自己的主张。10 月 18 日，墨索里尼擅自以社会党的名义在《前进报》发表自己撰写的长篇社论，鼓吹"意大利参战的必要性和战争将给意大利带来的好处"。社论发表后，意大利社会党领导机构谴责了墨索里尼独断专行的恶劣做法，决定免去其《前进报》社长职务。随后，社会党米兰支部又通过决议，将墨索里尼开除出党。

从此，墨索里尼同社会党分道扬镳，走向了创建法西斯党的道路，也为世界人民埋下了灾难的种子。

"战斗的法西斯"

墨索里尼惆怅地离开社会党后，并没有陷入万劫不复的境地。1914 年 11 月 15 日，他受到一些主战的垄断资本的赞助，很快便在米兰创办了一份能同《前进报》媲美的报纸——《意大利人民报》。

墨索里尼曾说："我所以成为一个政治家，一个新闻学家，一个主战派，一个法西斯党的领袖，都与这张报纸有关。"《意大利人民报》就是在墨索里尼的悉心呵护下，成为了他的发迹之地、他的工具和他的喉舌。

1915 年 5 月 23 日，意大利向奥地利宣战，正式参加第一次世界大战。墨索里尼立即借此机会利用《意大利人民报》大造舆论，迎合政府的决定。他大声疾呼："意大利，我的祖国！我决心为你献出生命。我既不悲伤，也不害怕。"

1915 年 8 月 31 日，墨索里尼带着他的承诺奔赴战争的前线。他的勇猛与顽强助他很快当上了排长。

▲ 1935 年 10 月，在罗马的一次凯旋游行期间，年轻的意大利法西斯主义者们在墨索里尼面前齐刷刷地走过。

1917 年 2 月 22 日，在一次战斗中，墨索里尼不幸因为手榴弹的走火而身负重伤，伤愈之后无法继续作战，因此退役。他又回到了米兰，回到了《意大利人民报》。

这次的回归，墨索里尼抛弃了大战之前新闻记者的角色，他不再是简单地利用办报纸从政，而是披着更为虚伪的外套——以社会活动家的身份登上了意大利的政治舞台。

四年的战争给世界留下了伤口，也挫伤了本就贫穷落后的意大利帝国，国内一片萧条与凄凉，人民群众生活在水深火热之中。此时俄国十月革命的影响传入了意大利，促使无产阶级觉醒，工人罢工、农民起义此起彼伏。然而，曾自诩为中立派类型的意大利社会党却奉行着反工人、反革命的右派路线，他们藐视退伍军人，指责主战派。

国内外的形势正好满足了墨索里尼的胃口，为他提供了大展拳脚的好时机，他开始在《意大利人民报》上不断发表文章，公开为退伍军人和失业青年叫屈，并号召他们组织起来寻找出路，这为法西斯党的建立铺平了道路。

1919 年 3 月 23 日，在米兰的圣·塞波尔克罗广场，墨索里尼主持了一个主要由退伍军人参与的新政治运动团体——"战斗的法西斯"。

墨索里尼在建立"战斗的法西斯"之初，本意就是想借助"劳动者法西斯"对工农群众的影响，以获取人心。

这一新的运动团体同社会党的思想形成了明显的对立，它的纲领是共和的、反教会的和民主的，它主张分权、妇女选举权和比例代表制，将剩余战争收益充公，让工人参加各种工业管理并管理公共设施，使军工厂国有化，实行最低工资和 8 小时工作制以及取消帝国主义。然而，这一纲领最终只是纸上谈兵，没有起到什么作用，法西斯成员们的士气极为低落，但是墨索里尼并没有因此泄气。

1920 年，法西斯进入了一个全新而又重要的复生发展阶段。随着新成员的加入，法西斯队伍的逐步扩大，其暴力活动也得以升级，"战斗的法西斯"便在意大利的土地上掀起了一场旋风，法西斯的讨伐也成了家常便饭。

疯狂的法西斯们或许是为了填补战后的枯燥无味来寻求刺激，或许是为了反抗社会党人，又或许是为了推翻腐朽的统治，抵制一切的压迫，他们最终想从法西斯主义中获取些什么，没有确切统一的说法，也很难用片言只语解释清楚，但随着 1921 年 11 月"战斗的法西斯"改名为意大利国家法西斯党，"法西斯"名副其实地背上了"战斗"的名号，残暴与侵略也尾随而来。

决斗，用剑术击败政敌

秉性骄野的墨索里尼为了夺取政权，发展法西斯的队伍，他用欺骗宣传的伎俩得心应手于资产阶级和无产阶级的队伍中，就如他曾对其心腹们所说："我们的政策就是左右逢源，既讨好贵族，又讨好平民，既反动，又革命。"

受尽战后挫伤的意大利充满了喋喋不休的不满与愤怒，墨索里尼除趁此机会利用《意大利人民报》大造舆论，宣扬法西斯主义的种种好处，拉拢广大劳苦大众之外，他对金融财团、工业资本家等资产阶级亦是信誓旦旦地宣称，"法西斯保护私有财产，实行自由经济，反对马克思的阶级斗争学说"。

然而这样的两面政策并没有给墨索里尼带来多少惊喜，1919 年 9 月，狂热的民族主义者邓南遮为了扩张意大利的领土，率领一批支持者进军阜姆。墨索里尼热情高涨，给予大力支持，但还是以失败告终。随后 11 月 16 日的大选中，法西斯的选票惨不忍睹。墨索里尼故作镇定地安抚法西斯党徒们，为了转移人民对于法西斯的注意力，他把矛头指向了当局的尼蒂政府，且大肆宣扬民族沙文主义。

意大利的上空飘起了群众的怒吼、法西斯党徒们的仇恨，暴力成为了人们得以宣泄的途径，就像墨索里尼所说"法西斯所需要的是暴力、流血与牺牲"。

墨索里尼不仅仅宣扬暴力，组织暴力活动，他自身对于暴力手段亦是身体力行，这在他从小的残暴行为中便能看出些端倪，就连他的妻子拉凯莱都是通过暴力的途径得到的。

1904 年，墨索里尼认识了小他 9 岁的拉凯莱，后因常年在外奔波谋生，两人很少见面，随着时间的流逝，拉凯莱越发貌美脱俗。1908 年，墨索里尼返乡，看到受人喜爱的拉凯莱，他顿感受到威胁，便用手枪威胁自己的父亲和继母（即拉凯莱的母亲）同意他与这位没有血缘关系的妹妹结婚。

残忍成性的墨索里尼在生活中习惯使用暴力,甚至在同别人进行政治辩论时,也总喜欢用暴力来解决问题。

1914年11月墨索里尼被开除出社会党之后,继续利用《意大利人民报》鼓吹参战。一位名叫麦里诺的律师,在《前进报》上同墨索里尼展开了激烈的论战,墨索里尼觉得在报刊上的辩论过于憋屈,于是向麦里诺提出了挑战进行决斗。决斗按传统的方式进行,双方都邀请了证人,1915年2月5日,墨索里尼拿着利剑,杀气腾腾地出现在这个带着政治气息的决斗现场,经过几个激烈的来回,并没有分出谁胜谁负,最终也只是以一个平局落幕。

虽然这次决斗并没有为墨索里尼带来荣誉,但后来他又以类似的方式先后与政敌西科蒂·斯克日斯和巴斯吉奥等对阵厮杀,在这些决斗过程中,墨索里尼利用其擅长的剑术狠狠地将对方击败。为了鼓舞决斗的精神能够在法西斯党徒中盛行起来,墨索里尼不惜将奥格斯塔的坟场变为罗马的音乐会场,借以发扬武士精神,并以"决战决胜,视死如归"来要求党徒们。

▲ 墨索里尼(居中)与意大利将帅在一起。

伤痕累累的意大利再加上法西斯分子们狂暴的破坏、搅拌,其经济形势日益恶化,全国陷入了一个难以维继的境况,人们面面相觑,纷纷议论,不知前面是更为深重的灾难还是猛然的觉醒。1922年1月,墨索里尼作为《意大利人民报》总编辑出席了正在法国戛纳召开的国际联盟会议。会上,他对于意大利货币的比值少于法国的一半这一事实感到极为耻辱,认为这是对战胜国的打击,这是意大利帝国危亡的征兆。随后他在《戛纳会议以后》一文中声称:"在目前精神与经济恐慌的情形之下,必须往前进,否则就要沉沦下去了。"

前进的方式便是反抗,狂躁不安的法西斯党徒们夺权的欲望在这种前进声中愈加浓厚,为了壮大反革命武装力量,全面夺权,墨索里尼专门组织了一个广招军官和旧军人的军事参议会,主要采取武装训练,并对共产党和革命人民团体进行残酷镇压,制造恐怖气氛。

这群信奉法西斯的人们对其领袖实行无条件的服从,他们以颇具古罗马帝国军人的姿态招摇于意大利街头,就如脱缰的野马,肆意张狂着。1922年,墨索里尼以威胁的口吻对当局的法克达政府说道:"现在法西斯党要自行其是了,或者做一个执政党,或者做一个乱党,何去何从,要看局势的发展了!"

蠢蠢欲动的法西斯党徒们要行动了!夺权的声响开始从四面八方涌入阴云密布的意大利。

黑衫党向罗马进军——夺权

1919年大选的失败,墨索里尼放弃了通过议会道路夺权的方式,改而借助建立和发展法西斯组织来夺取国家政权。

▲ 进军罗马。

黑衫党是对法西斯党的另一称呼，因都穿黑色衬衫而得名，它在法西斯运动之前就已存在，本是由意大利退伍士兵组成的一个松散组织，利用社会的混乱和政府的无能，趁机胡作非为。墨索里尼从为所欲为的黑衫党中得到了启示，发现武装力量是镇压反对派和人民大众的有效手段，很快墨索里尼便通过黑衫党的首领费鲁乔·韦基收编了黑衫党，第一支法西斯武装力量就此成立。

由于法西斯的暴力淫威、青年的懵懂无知，再加上当时一些军政团体和大资产阶级的支持，黑衫军得到了快速的发展，逐渐形成了一个颇具规模的准军事组织。

1921 年春季大选中，法西斯党一雪前耻，35 名法西斯成员成为国会议员，组成了议院最右翼的势力。墨索里尼本人亦成为法西斯党拥有无限权力的领袖。

1922 年墨索里尼向政府提出：要么解散政府，要么组建包括法西斯党在内的联合政府，但都遭到了拒绝。随着法西斯势力的猛增，加之政界、农民和商人的支持，法西斯的热情膨胀到了极点，其首脑们策划的最终夺权、进军罗马迫在眉睫。

墨索里尼先在克雷莫纳、米兰和那不勒斯等地检查了政变的准备情况，并于 10 月 16 日，潜伏于罗马，同支持法西斯夺权的军政要员秘密策划进军的编队、行动路线和纲领。同时他还试探了梵蒂冈教皇和意大利国王对他的态度，并对邓南遮等民族主义者进行了积极的争取。

10 月 20 日，法西斯总部下令全国总动员，最高司令部发文宣布"进军罗马"，文中强调其目的只是为了推翻腐朽的统治，改善人民的生活，劝告军警不要和他们作战，声明会保护工农的正当权益，安抚有产阶级不要害怕。他们为了拉拢意大利的保皇党，减少其在夺权过程的阻碍，还宣称会效忠于王室。

10 月 24 日，墨索里尼在那不勒斯召开了法西斯头目秘密会议。会议讨论了法西斯四路大军将由米提斑琪、德邦诺、意大罗巴波和朱里亚迪分别率领沿第勒尼安海进军罗马，沿路要占领城市、邮电局、政府部门、警察总部、火车站、兵营及其他重要设施等具体事项，决定墨索里尼为最高统帅，进军指挥总部设在交通发达、易于进退的中部城市佩鲁贾。

墨索里尼深知法西斯的暴动多少有些虚张声

▲ 墨索里尼被任命为意大利总理。

▲ 墨索里尼演讲。他的极具鼓惑的言论在当时赢得了民众盲目的支持。

势，因为真正参加行动的人数并没有吹嘘的多，再加上其简陋的装备，一旦政府抵抗，军队听从皇家的差遣，暴动便会轻而易举地被压制下去。但意大利国王和其他保守派集团则希望通过支持法西斯来驯服法西斯主义，这倒为夺权扫清了道路。

1922 年 10 月 28 日，墨索里尼在《意大利人民报》上发表《革命宣言》，宣布法西斯向罗马进军正式开始！

黑衫党进军取得节节胜利，沿途政府军和警察都采取中立立场，没有什么阻力，只遇到了部分共产党领导的革命群众的反抗，但很快便被镇压下去。当天，一群代表资产阶级利益的国会议员曾求见墨索里尼，想用改组内阁的办法试图说服墨索里尼休战或者停战，但墨索里尼的一句："这次我决不放下屠刀，非要获取全部胜利不可。"使得议员们灰头土脸地跑回了罗马城。

10 月 29 日，墨索里尼接到从罗马国王办公处打来的电话，说请墨索里尼速到罗马，国王将委派重要职务给他。然而诡计多端的墨索里尼表示要将这一消息以电报的形式正式通知他，以得到白纸黑字的确认。

很快，一封"米兰墨索里尼阁下：国王陛下请您立即前来罗马，因为他想委任您组建内阁"的电报以号外的形式出现在《意大利人民报》上。

31 日，墨索里尼辞去了《意大利人民报》总编辑的职务。随后在黑衫党和其支持者们的欢送下，驱车前往罗马，到达罗马后，墨索里尼便去王宫会见国王，并陪同国王检阅了进入罗马的 10 万法西斯大军，以显示法西斯不可战胜的力量。

11 月 6 日，墨索里尼正式宣誓就职，意大利开始进入法西斯统治时代。

法西斯运动，墨索里尼的上台，对于德意志的纳粹运动无疑起到了推波助澜的作用，促使他们也加速了夺权的步伐。

三、德意志再度疯狂

流浪汉加入德国工人党

1919 年 9 月 16 日，一位年约 30 岁的男子走进了德国慕尼黑绅士街 48 号，在这里他被推选为德国工人党领导委员会的第 7 名委员，专门负责宣传工作。从此这位男子带着德国工人党走向了疯狂发展的道路，德国和世界的目光都聚焦到他的身上，这位男子便是阿道夫·希特勒。

1889 年 4 月 20 日晚上 6 点半，在奥地利勃劳瑙镇的一家小客栈里，阿道夫·希特勒出生了。其父阿洛伊斯是个私生子，是奥地利的一个海关小职员，他一生结过三次婚，阿道夫·希特勒是他第三次婚姻中所生的孩子。

1895 年，年满 6 岁的希特勒被送进公立学校去读书。11 岁时，阿洛伊斯希望儿子能像他一样做一名公务员，于是花了一笔钱把他送到了林茨州立中学，然而此时的希特勒并不想做公务员，而是要当一名艺术家，正如其后来在《我的奋斗》中写道："当时我才 11 岁就不得不第一次违抗（我父亲的意愿），我不想当公务员。"他反抗的方式是不再好好学习。

1903 年 1 月 3 日，希特勒的父亲因肺出血去世。他的母亲觉得有义务按照丈夫的遗愿来继续要求儿子上学，希特勒仍然以荒废学业来同母亲进行对抗。

"接着一场疾病突然帮了我的忙，在几个星期之内决定了我的前途，结束了永无休止的家庭争吵。"

1905 年，16 岁的希特勒得了肺病，母亲不得不让步，因为医生说，像希特勒这样的身体，将来不宜坐办公室。在他养病的两三年里，希特勒认为这是他一生中最快乐的日子，他整天逍遥在美丽的多瑙河畔，沉醉在做艺术家的美梦里。

▲ 希特勒出生地前石碑标记。石碑上刻着："数百万人的死警醒着我们：为了和平、自由、民主，法西斯永不再现。"

1907 年 9 月，希特勒病愈之后，便来到维也纳报考美术学院，然而几次考试都因为绘画成绩不够理想而名落孙山。1908 年 12 月，希特勒的母亲因病去世。

面对这一连串的打击，希特勒离开了家乡，他在心中暗暗发誓，若不干成一番事业，决不回乡。

重返维也纳的希特勒开始了一段辛酸和贫困的生活。为了生存他打过小工，在街头画过画，当过流浪汉，进过收容所……同样他也在感受着维也纳那份独特的文化，他随着人们进剧院、逛公园、看书籍。

在维也纳的经历，促使了希特勒世界观的形成，他在这段时间里看的大量反犹书籍激化了他的反犹情绪，使他成为了一个彻底的反犹主义者。

1913年春天，24岁的希特勒为了逃避服兵役，移居到了德国。在慕尼黑，希特勒同在维也纳时一样，过着孤单、贫苦的流浪生活。

1914年，第一次世界大战爆发，希特勒久积心头的抑郁终于找到了发泄的机会。8月3日，他上书巴伐利亚国王，申请志愿参加巴伐利亚步兵团，很快便获准。

1918年11月10日，正在医院养伤的希特勒听到德国战败的消息之后，悲痛不已，无法接受战败的事实，同许多德国人一样，他坚信战争的失败是国内出现了卖国贼。愤怒的希特勒被仇恨熏红了双眼，他决心放弃艺术，投身政治，为德国报仇雪恨。

伤好之后的希特勒又回到慕尼黑，开始在一个战俘营中担任警卫，随后被第二步兵团调查委员会吸收为情报员。

1919年秋天，希特勒接到了一项要他调查德国工人党的任务。

德国工人党是1919年1月由慕尼黑机车工厂钳工安东·德莱克斯勒和报社记者卡尔·哈勒共同创建的。

9月12日晚，希特勒参加了德国工人党在施端纳克勒劳啤酒馆的集会，一共有25个人参加。一开始，希特勒并没有觉得这个党和别的新组织有什么不同之处。正当他要起身离开之时，一位自称"教授"的人站了起来，建议巴伐利亚邦脱离德国，同奥地利组成一个南德意志国家。这种观点触怒了希特勒，他用尖锐、刻薄的言语痛斥了这位"教授"，使得听众目瞪口呆，甚至在会后这个党的副主席安东·德莱克斯勒还追上已走出啤酒馆的希特勒，并递给他一本宣传小册子。

▲ 狂热的的德国民众。

第二天，希特勒惊讶地接到一张说他已被接受为德国工人党的明信片，并邀请他于9月16日到绅士街48号参加德国工人党领导委员会会议。感到好气又好笑的希特勒却在这个荒唐的小党身上看到了自己投身政界的欲望，再三思考过后，希特勒决定应德国工人党之邀赴会。

1920年4月1日，德国工人党改名为民族社会主义工人党，其德文的缩写译音为"纳粹"（Nazi），因而简称纳粹党。

希特勒刚进入德国工人党时，该党穷得只有7马克50芬尼。

为了解决党的经费问题，希特勒想尽各种办法来筹钱。他常常通过到群众当中去演讲进行募捐，他认为在群众中演说不仅能为党集资，还能争取到更多的群众；他打通资本家的渠道，向他们伸手要钱，不管是中小资本家，或是大资产阶级，还是外国资本家，都对纳粹党伸出过援手；希特勒还向军方筹资，他的上级迈尔上尉就曾答应每周给他20马克作为活动经费。

1920年12月希特勒买下了《人民观察家报》，此报作为纳粹党的机关报，为纳粹党的发展和希特勒的上台都立下过"汗马功劳"。

希特勒早年于维也纳的流浪，使得他对资产阶级政党所惯用的那些"精神上和肉体上的恐怖手段"有了深刻的认识，再加上意大利法西斯运动的冲击，纳粹这个当初穷得只有7马克50芬尼的党在希特勒加入后变得活跃起来。

发布于小啤酒馆中的 25 条纲领

1920年2月24日，慕尼黑著名的霍夫勃劳豪斯啤酒馆的宴会厅里，不时传来人们的喊叫、欢呼声，德国工人党正在举行一场史无前例的集会。

阿道夫·希特勒醉心于这样澎湃的场景，他慷慨激昂地在台上发表着演讲，附和和调动着人们高涨的情绪。在这次演讲中第一次公开阐明了由他和德莱克斯勒、弗德尔三人拟定的德国工人党的25条纲领。

会上，除了支持者的喝彩声之外，也有反对者的唏嘘声，但在大会结束之时，纲领还是得到了大家的一致同意。这个纲领从未修改过，一直保留到1945年纳粹党灭亡，它在1920年4月成为纳粹党的正式纲领。

▲ 一幅显示希特勒在啤酒馆宣扬政治主张的讽刺画。

纲领内容由25条组成，其首要提出的是大德意志民族主义的立国方针，纲领要求"基于民族自决的权利，联合德意志人为大德意志帝国"、"国土和领土（殖民地）足以养育我们的民族及移殖我们的过剩人口"。后来希特勒吞并奥地利，占领苏台德区等侵略行为正是这一方针的实践。

希特勒的反犹情绪在25条纲领中亦得以体现，它规定：在德国，具有德意志血脉的人才称得上是国民，犹太人不是国民，不能担任公职，不能享有公民的基本权利，甚至规定自1914年8月2日以来迁入德国的非德意志人立即离开德国。强烈的民族国家意识使得在党纲中出现了建立中央集权政府和民族军队的主张。高度的中央集权，迫使人们一切以国家利益为重，公民必须无条件地服从国家。

纲领还要求废除《凡尔赛和约》和《圣日耳曼条约》。

为了争取中下阶层群众，党纲中还不乏社会主义色彩的改革主张。如"取消地租和禁止土地投机""取消一切不劳而获的现象""粉碎利息奴役制度""对卖国贼、高利贷者、投机分子判处死刑""分享大企业利益""将托拉斯收归国有""造就一个健全的中产阶级""取缔一切不劳而获的现象""大规模改组养老设施"等。然而这些所谓的"社会主义"仅仅是为了收买人心，获得他们的肯定，真正付诸实践的没有几样，到最后都成了纯粹的骗人把戏。

这个看似面面俱到、考虑周全的纲领，其实质却是以国家和民族利益为幌子，对内实行专制、对外进行扩张的纲领。但这丝毫没有影响满怀激情的希特勒和德国工人党的宣传，煽情的演讲、"合理"的纲领不仅吸引了群众的注意力，还打破了党以往小俱乐部聚会形式的羁绊。

成功地迈出这一步，对于希特勒和整个德国工人党而言都是尤为重要的，但是希特勒也深知，这仅仅是个开始，要想完善整个工人党，真正影响到群众，还需要做出更多的努力。颁布出25条纲领之后，他立即着手于党的标志和象征的问题上。

1920年5月，一面红底白圆心、中间嵌个黑'卐'字的旗帜成为了纳粹党的党旗。

纳粹党手里的"社会主义"

希特勒和纳粹党，除了疯狂地反对犹太人之外，对马克思主义亦心怀恐惧，他认为这些人会威胁到德国人民的生活，扰乱德国的正常秩序。

前面我们提到，在1920年4月1日，德国工人党改名为民族社会主义工人党（即纳粹党）。纳粹党带着社会主义的帽子，骨子里却是极端野蛮残酷的帝国主义、种族主义和恐怖主义，和社会主义主张的"解放和发展生产力"完全相悖。

1920年2月制定的25条党纲中也有不少带社会主义性质的条例，希特勒正是打着这面染着"社会主义"和"民族主义"色彩的旗帜为纳粹党铺平了道路，把自己推上了舞台。

当时的德意志正处于动乱不安中。1919年签订的《凡尔赛和约》对于德国来说更是个致命的打击，它割走了本属于德国的领土，以战败赔款的名义被剥夺了大量的金钱，还有意地减弱了德国的武装力量，排除其在欧洲称霸的可能性。顿时，举国上下充斥着愤怒，人们纷纷起来抗议、游行，以此表达对这个条约的抗拒。

尽管拒绝的声音响彻整个德意志上空，1919年6月28日，魏玛临时政府还是在凡尔赛宫的镜厅签订了条约。

《凡尔赛和约》的签订，使得德国炸开了锅，本就存在争议的各党派之间更为纷乱。掌握着经济实权的德国保守派本就不支持魏玛共和国，更别提接受条约的限制与规定；陆军作为国家的军队，却并不属于内阁和议会掌管，它更像是一个国中之国，从一开始就没有打算接受这个限制性条约。

群众的反抗、党派的挤兑，使得魏玛共和国摇摇欲坠。年轻的希特勒察觉到时局对他而言颇为有利，当国内所有的矛头都指向共和国时，他知道，他趁乱崛起的机会来了。

深信未来必将刮起日耳曼热潮的阿道夫·希特勒虽然反对马克思主义，但是他又十分佩服这些人对于信仰的坚定与激情，他常常想，若是把这样一群人收归于自己的旗下，将是一股不可小觑的力量。为了赢取更多工人、群众的支持，希特勒和他的同伴们又不能打着种族主义的标志公开招募，他需要一块面纱作为掩饰。

1920 年，德国工人党改名为民族社会主义工人党，贴上"社会主义"的名字，是为了表明这个政党是属于工人的，是对工人负责的，他们好披着这块面纱招引更多的工人，为之进行起义、罢工和革命。

对于共产党员的争取也得到了党内一些成员的反对，虽然反犹是首要的目的，但是共产党带来的威胁不可小看，这为希特勒敲响了警钟，也为纳粹党注了醒

▲ 纳粹党在慕尼黑宣传造势，支持希特勒。

酒药，社会主义在纳粹党手中永远都只是个棋子，一面前进的幌子。

因此，1920 年 25 条纲领的颁布，"分享大企业利益""将托拉斯收归国有""取缔地租和禁止土地投机""取缔一切不劳而获的现象"等社会主义色彩的条例为纳粹和希特勒招揽了不少的支持与喝彩，但是这些条例最终都没有真正得以实施，成为了纳粹骗人的把戏。

可见"社会主义"只是披在纳粹身上一件虚假的外套，主要是为了掩藏那副凶残而又丑陋的贪婪嘴脸！

从冲锋队到党卫军

阿道夫·希特勒认为，纳粹运动要迅速发展，就必须拥有一支属于自己的强有力的武装力量。

1921 年 8 月，希特勒招募了一批拳大臂粗的退伍军人，这是一支具有严密组织、手段又极为凶狠的队伍，建立之初，为了躲避柏林政府的镇压，称为"体育运动队"，这支队伍的建立美其名曰是维持纳粹党的秩序，实际上却是希特勒握在手上的一个供他指挥、颇具进攻力量的政治工具。

1921 年 10 月 5 日，体育运动队改名为冲锋队。

11 月 4 日，希特勒在慕尼黑的皇家啤酒馆举行演讲，到会的 800 多人当中挤满了前来捣乱的社会民主党人，演讲开始时，希特勒下令关闭了所有的门，并对冲锋队员们说："除非死后被抬出去，否则，我们谁都不准离开大厅。"一声一声的"万岁"使得这样的追随多少带有些朦胧的浪漫色彩，他们觉得希特勒能够带着他们回到往日的光辉岁月里。

随着演讲的进行，反对者们也开始有了行动，吵闹、讥笑等行为演变为激烈的肢体冲突。50 名冲锋队员们大打出手，仅用了不到半小时的时间，便打退了社会民主党派来的数百人。

身着褐色制服的冲锋队，高歌"头戴'卐'字盔，臂戴黑

▲ 冲锋队队员

白红袖章，希特勒冲锋队，我们的名字多响亮！"在街头巷尾，他们有意无意地挑起一系列的公开暴动。仅仅维持纳粹党集会的秩序已经远远不能满足冲锋队队员们的欲望，他们开始去别的党的集会上捣乱，制造事端。

早在1921年9月14日，冲锋队在希特勒的带领下就破坏了巴伐利亚联邦主义者（主张接受魏玛政府的社会纲领，反对集权主义）在罗文布劳酒店举行的集会。当时，其领导人巴勒斯特，一个被希特勒称作"最危险的反动派"的工程师，正要发表演讲时，希特勒走了进来，早已混在听众席中的冲锋队队员们开始起哄。喊叫声、助威声、口哨声，在一句"巴伐利亚目前之落后状态完全是犹太人造成的"之后达到了沸点，人们纷纷要求巴勒斯特把发言权让给希特勒，混乱之中，冲锋队员冲上了演讲台，并痛打了巴勒斯特。而因此受到牢狱之苦的希特勒并没有丝毫悔意，反而更具斗志，他曾对调查此事的警察吹嘘道："那没有关系，我们的目的已经达到了，巴勒斯特没有能讲成话。"

1922年1月12日，冲锋队主动出击，由希特勒带领破坏了社会民主党的集会。

凶狠的冲锋队员除了起到保卫纠察的作用之外，还负责在建筑物的墙壁上粉刷标语、张贴广告，以此来为纳粹党进宣传。激情、狂热还带着些许神秘色彩的活动，对于不谙世事的青年人起到了巨大的吸引力。因此冲锋队由最初的旧军人组成的队伍，扩展到了大批社会青年的加入，到希特勒上台前夕，冲锋队已发展到200多万人。

随着队伍的急剧膨胀，其组成成分就如多彩的调色盘，复杂多样，整个队伍也越来越难控制。于是，在1925年11月，希特勒在冲锋队中挑选了一批可靠的精英队员，组成了党卫军，他们主要围绕在希特勒等纳粹头目身边，专门负责他们的安全。

▲ 纳粹党卫军的帽徽。

党卫军原意为近卫军，又称黑衫军，因为他们同意大利法西斯分子一样都穿黑色制服。希特勒的司机施雷克是第一任党卫军的领袖。1929年，海因里希·希姆莱接管后，党卫军获得了极大的发展，它逐渐成为一支保卫纳粹的秘密警察队伍。1931年6月情报机关党卫军安全处建立，次年1月设党卫军种族局，1933年初，其成员已发展至5万余人。1936年7月，冲锋队的头儿罗姆被处死以后，党卫军在纳粹组织中起主导作用，由希特勒直接掌管。

一个善于煽动人心的领袖，一个具有欺骗性的纲领，一支令人生畏的武装力量，一面灵魂似的旗帜，各色各样的人撞入了纳粹这张蛛网中，还带来了源源不断的经费，纳粹运动随着人数的增加得到了迅猛的发展。

1919年德国工人党在希特勒加入之时，仅有55名党员。1922年初，纳粹党员达到3000多人，1923年发展到5万人，1928年发展到18万人，1932年这支队伍已经直逼百万。

从冲锋队到党卫军，从地方小党到全国性的组织，行动起来的纳粹党即将要席卷全国。

未遂的啤酒馆政变

纳粹队伍的不断壮大，墨索里尼率领黑衫党进军罗马夺权的成功激发了希特勒的夺权欲望。1923 年德国境内经济凋敝，通货膨胀使得人民大众的生活苦不堪言；加上巴伐利亚发生叛乱，激化了地方和中央政府的矛盾，政治局势一片混乱。希特勒深感夺权的时机已经到来，但是仅凭他一个人的力量还不足以领导这次运动，于是他产生了团结巴伐利亚所有反共和的民族主义势力的想法，希望借助巴伐利亚政府、武装团体和驻扎在巴伐利亚的国防军来完成像墨索里尼进军罗马一样的进攻，推翻魏玛共和国的统治。

▲ 纳粹标志

1923 年 11 月 8 日，邦长官卡尔将在慕尼黑东南郊一家名叫贝格勃劳凯勒的大啤酒馆举行的集会上发表有关巴伐利亚政府的施政纲领的演说，冯·洛索夫将军和冯·赛塞尔上校（与卡尔并称为主宰巴伐利亚政权的三大巨头）以及其他的政要们都将参加此次聚会。

正当卡尔对着三千名听众发表深情的演说时，冲锋队冲了进来，包围了整个啤酒馆，希特勒挤开人群，走进了大厅，掏出随身携带的手枪朝着天花板开了一枪，混乱的人群停止了骚动，大厅顿时安静了下来，吓得屁滚尿流的卡尔看到希特勒走上讲台，便乖乖地退了下去。

"全国革命已经开始！"希特勒站在讲台上大声叫喊道，"这个地方已由 600 名武装人员占领。任何人不许离开大厅。大家必须保持肃静，否则就在楼厅上架起机关枪。巴伐利亚政府和柏林政府已被推翻，临时全国政府已经成立。国防军营房和警察营房已被占领。军队和警察正在'卐'字旗下向市内挺进。"

混乱中，人们对于事实的真相已经失去了判断力，尽管在实际上希特勒的这些言语中存在着虚假的恫吓，纳粹队伍只是在罗姆率领下占领了当地的陆军司令部，连火车站、电报局和政府大厦都没有控制。但是会场上的冲锋队，还有架起的机关枪却是实实在在的存在。三大巨头在武力的威逼下，乖乖地听从希特勒的差遣，跟随着希特勒到后台的一间私室里去了，留下了目瞪口呆、惊慌失措的群众。

希特勒要求三人同他一起组织新的政府，并且答应只要他们合作，愿意在新的政府中给他们保留重要的职位。然而，三人毕竟是见过大世面的高官，对于希特勒的要求他们都不答应，即使希特勒拿出手枪威胁，三个人还是不肯就范。

无可奈何之际，希特勒把赫赫有名的原德军副总参谋长鲁登道夫请来帮忙，卡尔三人才表示愿意合作。

会议过后冲锋队一个名叫高地联盟的武装团体的打手们在陆军工兵队营房同正规军发生了冲突，希特勒决定驱车前往解决冲突，把政变之事交鲁登道夫处理，这个决定后来证明是个极为致命的策略性错误。

希特勒一走，冯·洛索夫将军便要求回办公室去下达命令。鲁登道夫觉得这个要求没什么不合理的，便允许他走出啤酒馆，其余二人也乘机离开。

希特勒回到啤酒馆，发现本是囊中之物的三巨头竟溜走了，大受打击。而他的同伴们

▲ 纪念在暴动中遇害的警察的铜板

亦没有像他构想的那样在为进军准备计划，他们几乎什么都没有做。

回到第9师师部的洛索夫立即把政变的消息报告了柏林的中央政府，巴伐利亚军队按照命令准备镇压这次政变。卡尔也发表声明，宣布取缔纳粹党，严惩政变首犯。

心有不甘的希特勒无法接受即将到手的胜利就这样化为乌有，他同鲁登道夫商量后决定，要率领冲锋队员向慕尼黑市中心前进，希望这样能够唤起民众的支持。

11月9日中午，希特勒和鲁登道夫率领大约3000名冲锋队员开始向市中心挺进。一开始游行队伍在前进的过程中并没有遇到太大的阻力，还有部分民众自愿加入到行列中来。但是当队伍即将到达目的地时，和警察发生了摩擦，引发了枪战。在极为短暂的冲突中，十几名冲锋队员当场毙命，包括希特勒在内多人受伤。

枪战一发生，希特勒立即登上附近的汽车，抛下死伤的同伴，还有勇往直前的鲁登道夫，逃往乡间。纳粹党徒遭到军方的驱散，鲁登道夫当场被抓，希特勒也在两天之后被捕，其余的纳粹领袖不是被捕就是逃亡，甚至叛变。

啤酒馆政变就这样以闹剧的形式结束，纳粹党被勒令解散，纳粹运动跌入低谷，希特勒这位独裁领袖亦由他那飞奔逃命的举动名誉扫地。

审判：希特勒的狡辩

希特勒那看似已经走到了尽头的政治生涯在后来证明只不过是其间的一个小小的中断。纳粹党虽然被解散，但是依旧在暗中活动，那些仍然忠心于希特勒的盟友们给他带来了极大的鼓舞与支持，在经历过短暂的绝望之后，希特勒很快便"回来"了。

1924年2月26日，特别法庭在慕尼黑开始对希特勒进行审判。清醒的希特勒明白，此次审判不会是他的终结，很有可能还会是他反败为胜、走向更远的一个转折点。

在指控中，鲁登道夫当然是所有被告中最有名的，也是第一个被点名的，但是希特勒很快便把所有的焦点转移到了自己的身上，他带着他那颇具吸引力的声音站在法庭上滔滔不绝，他解释着起义的原因，谈到了游行的过程、血腥的对抗、他的出逃、他的入狱，他承担起了这次起义的全部责任，但他没有把自己当成是一个罪人、一个被告，而是自诩为一个原告，一个重振德国、拯救群众的革命者。他的满腔热情，他的所谓的民族主义精神深深打动了德国人民，他的大名随着报纸飞到了世界各个角落，他不仅在巴伐利亚出了名，在整个德国甚至世界，人们都开始知道"阿道夫·希特勒"。

法庭坐席上的法官们也开始被能说会道的希特勒所影响，再加上巴伐利亚司法部长弗朗兹·古特纳是希特勒的老友和保护者，他做足工作，尽量让在场的法官们保持满不在乎和宽大为怀的情绪。

包庇使得希特勒在法庭上不受时间限制地发言，可以任意打断证人的话，随时为自己进行辩护，这种行为引起了一群人的不满，他们觉得这样的放纵根本就不是一场审判。

尽管遭到了不少官方和非官方的反对，但是丝毫没有影响希特勒把审判的法庭当作演

▲ 纳粹政府为扩大影响力而制作的这些玩偶，产量达数千万。

说的讲台，并且取得了不错的效果。在随后的审判中，希特勒逐渐把矛头指向了背叛了他的三大政治巨头。

他说："如果说我叛国的话，那么同我一起共谋反对全国政府的另外3个人也一样有罪，他们也应该同我一起站在被告席上，而不应该作为主要控告者站在证人席上。"

本来就同政府矛盾重重的三巨头被希特勒狡猾地带入到一个不利的处境当中，形势猛然地得到了逆转。法庭上，希特勒犹如对待犯人似的大声提问三巨头，使得本就做贼心虚的他们惴惴不安。

虽然希特勒站在被告席上，并且按照当时德国的法律，很有可能由于叛国大罪而被判处无期徒刑，但是他对自己抱着极大的信心，甚至在同法官、证人唇枪舌剑时，他还不忘分析起义失败的原因，考虑怎样重振纳粹党，如何建立一个纳粹国家。这种狂热的气氛在这个后来被认为极为畸形的审判中一直延续到了最后，他说："我们准备面对上苍最后伟大的判决，到那个时候，我们又将和好如初。因为可以审判我们的不是诸君。审判我们的应该是永恒的历史法庭。你们会作出什么判决，我是完全知道的。但是那个法庭不会问我们：'你们到底犯了叛国罪，还是没有犯叛国罪？'那个法庭会判定我们，前陆军军需总监鲁登道夫，他的官兵，都是一心为了他们的同胞和祖国，愿意奋斗牺牲的德国人。你们可以不止千次地宣判我们有罪，但是永恒的历史法庭的女神会一笑置之，把邦检察官的诉状和这个法庭的判决书撕得粉碎。因为她会宣判我们无罪。"

希特勒的滔滔狡辩最终取得了胜利，1924年4月1日，法庭内外挤满了追随希特勒的观众，有的妇女还争先恐后地要为她们的偶像献花。判决书宣读了几乎一个小时，希特勒的判决是第一个被宣布的，他被判在兰德斯堡前炮台监狱服5年徒刑，由于在审判前已拘留了6个月，再减刑半年，并允许在刑期满半年后可以申请假释。法庭拒绝把希特勒作为外国人驱逐出境，他们认为希特勒是德国化的奥地利人。

12月20日，不到9个月的时间希特勒就获释出狱。啤酒馆政变虽然失败了，希特勒也被送进了牢笼，可是他却成为了全国无人不晓的人物，那次审判也使得希特勒成了很多人心目中的"爱国志士和英雄"。

兰德斯堡的生活是极为平静和惬意的，除了偶尔抱怨铁窗的闭塞和忧心党内的不和之外，希特勒大部分时间都还是不错的。在这里，他独住一室，享受着贵宾式的待遇。

在兰斯德堡，希特勒花了大量的时间和精力完成了《我的奋斗》一书。这本集希特勒反动思想之大成的《我的奋斗》，被法西斯势力和帝国主义狂人视为至宝，为纳粹党夺取全国政权，进而践踏欧洲奠定了理论基础，成为了德国法西斯内外政策的思想基础和纲领，是德国法西斯发动第二次世界大战的思想和行动的纲领，给世界人民带来一场空前的灾难。

▲ 《我的奋斗》书影

登上权力之巅

铁窗的背后留给希特勒的是大把的时间，在狱中除了著书立说之外，他还不忘抚今追昔，回顾过去的挫折与晦暗，为新的远景养精蓄锐。

1924 年的冬季，希特勒离开了兰德斯堡监狱，开始重操旧业。这个萧瑟的冬季，寒气和不佳不仅围绕着希特勒，连整个德国也开始出现了经济的恐慌，一直持续到了 1929 年。精明的希特勒并没有被一时的挫败打倒，反而更具耐心和信心，出狱后的他没有改变其夺权的初衷，只是变换了策略。他曾在狱中反省啤酒馆政变，并悟出既然通过政变夺权行不通，那就采取相反的途径，同政府合作来夺取政权，也就是说利用时势靠合乎宪法的手段来实现目标。

1925 年 1 月 4 日，希特勒迈出了他新策略的第一步，他向新任巴伐利亚总理海因里希·赫尔德表态，保证今后一定会忠诚于政府，循规蹈矩，恪守法律，并答应与他合作共同反对马克思主义的斗争。这位肤浅的总理并没有发现希特勒那隐藏着的野心，反而错误地认为，"希特勒这头野兽已给制住，我们可以松松链子了"，于是纳粹党和《人民观察家报》的禁令得以撤销，纳粹活动的复苏指日可待。这可以说是"转型"后的希特勒通过走合法路线赢得的第一仗。

▲ 希特勒上台后，其支持者们高举火把游行。

《人民观察家报》于 1925 年 2 月 26 日复刊，希特勒特地写了一篇题为《新的开端》的长篇社论，以此振奋纳粹党徒的精神，号召他们起来继续奋斗。第二天，在那次归于惨败的政变出发地——贝格勃劳凯勒啤酒馆，希特勒举办了出狱后纳粹党的第一次集会，也是他出狱后的第一次公开亮相。虽然曾经共同作战的很多忠实信徒们死的死、逃的逃、决裂的决裂，但是在这个会场里，依旧聚集了 4000 多人，构成了一个盛大的场面。

希特勒知道，重建纳粹党是当务之急。

他不仅需要把纳粹党建设为一支通过合法手段攫取权力的队伍，还要把这支队伍完全控制在自己的手上。为了重燃党徒们的士气，他发挥了自己演讲的天分，口若悬河地讲了两个小时，赢得了台下观众雷鸣般的掌声。

如此热烈的公开集会引发了政府的警惕，他们感觉这头被"制服"的野兽还是如此地不安分，于是禁令他在两年的时间内都不能公开进行演讲。这一棒给了希特勒重重的一击，但也没有使他有丝毫的退却，因为除了演讲，希特勒还是个出色的领导者、组织者。

不能在公开场合演讲的希特勒开始把精力放在了建设纳粹党的身上，他不断吸收党员、筹集经费、组建武装力量，完善党内机构。在他的努力之下，纳粹的队伍急剧壮大，组织也越来越正规和严密，到 1928 年纳粹党已成了"拥有一批具备接管政府事务能力的干部队伍的政党"。

1928 年 5 月 20 日，纳粹党在国会选举中仅获得少得可怜的选票和议席。为了站稳脚跟，纳粹党必须进入到国家议会当中去。

此时经济危机给德国带来了严重的危害，工厂倒闭，工人失业，下层群众过着居无定所、饥寒交迫的生活，国内充满了对当局的不满之情。希特勒抓住了这个天大的机会，带着那三寸不烂之舌开始奔波于全国各个竞选场地，他知道这是个笼络人心的好时机。终于，在 1930 年的国会选举中，希特勒迎来了巨大的惊喜，纳粹党一跃成为国会中的第二大党，开始崭露头角。

但是，喜悦之后还有更大的焦虑，在选举中，德国共产党的得票也增加了，要想再获得稳定的多数选票已经相当困难，为了能够继续生存下去，希特勒想到了拉拢陆军和垄断资产阶级，这是德国的两大支柱。

▲ 希特勒走上权力的巅峰。

早在啤酒馆政变之时，陆军就警惕过纳粹这支一心想要夺权的队伍。为了争取陆军的支持，希特勒不断发表演说，反复强调纳粹和陆军是朋友，社会党和共产党才是陆军的敌人。他利用年轻军官热衷于政治的特点，向他们展开疯狂的宣传。到了1930年，很多军人都被希特勒狂热的民族主义精神所感染，他们相信纳粹就是他们需要的东西。

1932年1月27日，希特勒前往杜塞尔多夫工业俱乐部发表演说，他反复强调纳粹会保护他们的利益，会从他们的利益出发，愚蠢的资产阶级巨头们满以为同纳粹党达成协议，用金钱笼络住希特勒，帮助他扫清道路，会为自己赢得更多的利益。

1932年7月3日的大选中，纳粹党果不其然成为国会第一大党，并且攫取了国会议长职位。一切都已经准备妥当，希特勒只欠一股东风把他吹向成功的顶峰。

深刻的经济危机、强大的工人运动，德国政府出现了前所未有的危机，各个政党的钩心斗角，以及希特勒的从中作梗使得政局飘忽不定，1933年1月30日，总统被迫接受提议，决定任命阿道夫·希特勒为政府总理。

那一天，43岁的希特勒兴奋地站在总理府一扇打开的窗户前，看着他的信徒们手舞足蹈、高声歌唱；狂欢的纳粹党徒们亦看到他们的总理留着卓别林式的小胡子，满身的喜气，不断地举起手臂向他们致礼。

希特勒的登台标志着魏玛共和国走向了尽头，第三帝国得以建立，法西斯主义风潮由墨索里尼和希特勒的登台开始传向东方。

四、日本扰动远东

"开拓万里波涛"，将"国威布于四方"

在世界的东方，一个贪婪而又恣肆的江洋大盗正在崛起，它就是日本法西斯。

早在明治天皇即位之时，日本便制定了用武力征服朝鲜、中国乃至整个世界的"大陆政策"。明治天皇在"天皇御笔信"中还宣布：要"开拓万里波涛"，将"国威布于四方"。从此野心勃勃的日本开始猖獗了起来。

1894年7月23日，日军侵略朝鲜，拘禁了国王李熙。同年，打响了甲午中日战争，入侵中国辽宁，占领旅顺口和大连港。1914年，第一次世界大战爆发，日本利用此次机会对德宣战，出兵中国。

中国，长期以来便被日本视为主要的侵略扩张对象，日本的魔爪在中国的东北地区肆意地飞舞着，在这里它拥有一个东印度公司式的殖民机构——南满铁路株式会社，殖民扩张的基地——关东州，还有一支推行其殖民政策的军事力量——关东军。同时，为了维护其本身的在华利益，日本还不忘同其他帝国主义列强在中国的领土上展开利益的角逐。如早在1905年日俄战争结束以后，日本就取代沙俄，在中国东北攫取了不少殖民特权。

1919年日本法西斯第一个组织——犹存社成立。

1927年6月，日本首相田中义一在东京主持召开了"东方会议"，这次会议有陆军、海军、外务三省以及驻中国的外交官、军事首脑和行政长官等要员参加，会上，他们就侵略中国的政策和方针进行了周密的策划。会议还通过了《对华政策纲领》，纲领规定把中国东北划为日本"在国防及国民生存上有重大利害关系"的特殊地区，并说，一旦它的这个特殊地区受到损害，"不论来自何方"，"都必须抱定决心不失时机地采取适当措施"。

1929 年，全球性的经济危机爆发，再加上早前关东大地震带来的破坏，日本面临着严重的打击。国民经济的亏损，黄金不断外流。工业萎缩，农业告急，使得日本法西斯对觊觎已久的中国更是垂涎三尺，为了摆脱世界经济危机所造成的深重困扰，转移国内的注意力，日本帝国主义迫不及待地走上了侵略道路。

日本的矛头首先指向的便是中国东北地区。不仅仅是因为它在地理位置上与日本临近，还因为这里资源丰富、土地肥沃，能够给日本提供充足的原料。侵占东北可以巩固对朝鲜的殖民统治，它还是日本进入中国和北上苏联的跳板，东北地区毫无悬念地成了日本的战略基地和日本军国主义前进的"生命线"。

日本帝国主义为了更好地控制中国东北，不仅大力地对东北地区进行投资，同英、美等帝国主义竞争，还拉拢号称"东北王"的军阀张作霖。开始加紧对张作霖施加压力，并且急于想要索取其在东三省的权益。充满野心的张作霖本想借日本的势力来壮大自身的权力，而不是束缚自己的手脚，所以对日本的逼迫十分不满。再加上他认为自己手中的几十万大军是具备一定实力的，日本人并不能真正把他怎么样。同时，东北人民的反日运动日益高涨，使得张作霖开始拒绝日本提出的要求，这惹恼了日本帝国主义。

随着张作霖与日本的关系恶化，日本决定除掉张作霖。

张作霖被炸死的消息传出去以后，即将登上皇位的日本裕仁天皇欣喜若狂。而张学良由于收集不到确切的证据，在万般无奈的情况下，也只能假装此事已经了结，但他和他的部下暗中仍在追查凶手。

张学良在南京政府的催促和东北民众的拥护下，改旗并于 1928 年 12 月 29 日在奉天省府礼堂举行了易帜典礼。

12 月 31 日，南京政府正式任命张学良为国府委员、东北边防军司令长官，张作相、万福麟为副司令，并通过了东三省及热河省委员名单。

从此，东北三省升起了国民党的青天白日满地红旗。

为了使日本的经济发展能够满足侵略战争的需求，1929 年 12 月，日本政府颁布了《产业合理化纲要》、1930年 6 月成立了临时产业管理局、1931 年 4 月发布了《重要产业统制

▲ 经济危机的爆发，使得日本将侵略的触角伸向资源丰富的中国。

法》等措施，通过这些举措日本在许多工业部门强制建立卡特尔，加大国家对经济的控制力度，把国民经济的发展纳入战争经济的轨道。

1931年6月，日本陆军制定了军制改革的方案，增加在朝鲜境内的军事力量，使关东军的编制和配备能够适应战争的需要。此外，日本还计划新建和增建航空队、坦克队和其他机械化兵团。

日本还大力加强军国主义的舆论宣传，为侵略中国进行思想准备。日本在中国大肆宣传要在东北地区建立所谓的"王道立国的新国家"。1931年6至7月，日本参谋本部制定了侵略计划，就侵略中国东北的行动进行了具体的部署。

1931年9月18日，日本帝国主义在经过了一系列的精心策划和准备之后，发动了对中国东北的突然袭击。当晚10点20分，一声巨响炸毁了南满铁路的一段路轨，这是日军事先就策划好的，并立即以此为借口，污蔑是中国军队所为，并用早就从旅顺运来的大口径榴弹炮猛轰东北军北大营。翌日凌晨占据北大营，当天，沈阳城失守。

日军在攻打沈阳的同时，还兵分几路开向了长春、四平、公主岭等中国兵营。

9月21日，日军占领吉林市和吉长、吉敦两段铁路；22日，侵占辽源四洮铁路；11月，黑龙江省沦陷在日寇的铁蹄之下；1932年1月2日，锦州被占领，中国军队全部撤至关内。仅仅三个多月的时间，美丽富饶的东北三省便被日本帝国主义者吞噬了。

日本挥舞着屠刀，马不停蹄地冲向中国，国民党当局奉行的不抵抗政策，更是纵容了日本侵略者的侵略行为，使他们肆无忌惮。

1932年1月28日，日本的魔爪触及到了上海——这个中国沿海的重要经济、政治中心。它想控制上海来建立连接长江流域和中国内地的新侵略基地。

此起彼伏的事端，随处可见的战火硝烟昭示着一场席卷东亚地区的侵略战争已经慢慢地铺展开来。

宁予外贼不予同胞

日本帝国主义为了长期霸占东北，在军事占领的基础上，开始策划在东北建立一个傀

▲ "九·一八事变"爆发后，日本加快了入侵中国的步伐。

傀政权——伪"满洲国",以日本为盟主,以溥仪为首脑,下设五个镇守使。这个政权从1932 年成立到 1945 年崩溃,经历了长达 14 年时间,日本帝国主义利用它直接对东北人民进行血腥统治,犯下了滔天罪行。

除了建立伪"满洲国"以外,日本侵略者为了维护和巩固自己的统治,在各地驻有关东军,还把它的宪兵、警察和特务遍布东北各城市和乡村。这些宪兵、特务,动辄以"抗日嫌疑"屠杀、犬食、活埋中国人民,制造了大量惨案。他们还制造了大规模的"无人区"和"人圈",采用"以华制华""以夷制华"等手段进行统治。

在经济上,日军侵占东北后,大肆掠夺经济资源。他们依照所谓的"日满经济一体化"方针,完全控制和操纵了东北的经济命脉,达到"以战养战"的目的。

为了适应战争需要,日军还极力推行细菌战,组建了进行细菌战的"细菌实验所",以活人代替动物进行试验,专门培植、制造鼠疫、霍乱、坏疽、伤寒、结核、破伤风、鼻疽、牛瘟等疫病细菌,还进行毒气试验,冻伤治疗试验,真空环境试验,及活人解剖,用各种暴行残害中国人民。

面对日本人的残忍行径,国民党政府不仅不奋勇抵抗,还一再妥协,纵容日军的侵略行径。如日军发动"九·一八事变",占领了东北后,国民党政府"绝对不抵抗",请西方列强"调停""先以公理对强权,以和平对野蛮,忍怒含愤,暂持逆来顺受态度,以待国际公理之判断"。

此外,1932 年 1 月 28 日,日军发动"一·二八事变",进攻上海。国民党同样表现懦弱,5 月 5 日同日军签订《上海停战协定》,划上海为非武装区,中国不得在上海至苏州、昆山一带地区驻军。

1933 年 5 月 31 日,国民党政府签订《塘沽协定》,承认了日本对东北、热河的占领,划绥东、察北、冀东为日军自由出入地区。

1935 年 6 月 27 日,国民党政府签订《秦土协定》,中国丧失了在察哈尔省的大部分主权。

1935 年 7 月,国民党政府签订《何梅协定》,中国河北省主权大部丧失。

日本吞并整个华北的威胁和国民党政府的投降卖国政策,激起了华北人民和全国各阶层人民的强烈抗议。

此时,中国共产党在这国家危亡的关键时刻,挑起了保卫国家、振兴民族的重任。1935 年 12 月 9 日,在中国共产党的领导下,北平 1 万多大、中学生举行了伟大的抗日救国运动,群众高呼"停止内战,一致对外""打倒日本帝国主义"等口号,并同时向国民党政府提出了抗日救亡的基本条件,即为"一二·九"运动。国民党政府用屠杀和逮捕等各种残酷手段来镇压学生运动,但爱国学生以更大规模的群众运动来回击反动派。12 月 16 日,在中国共产党领导下,北平学生和市民 3 万人在天桥举行大会,会后还开展了声势浩大的爱国游行运动,迫使原本在这天成立的傀偶政府"冀察政务委员会"不得不延期成立。"一二·九"和以后的爱国运动,冲破了国民党政府的恐怖统治,很快得到全国人民的响应,抗日救亡运动迅速扩大到全中国。

这一系列抗日爱国运动表明国人已从沉睡中觉醒过来,表明了他们誓死不当亡国奴的决心。

五、法西斯步步紧逼，英法美步步绥靖

阿杜瓦战役让意大利成为国际笑柄

19世纪后期，欧洲列强竞相争夺海外殖民地，当时获得英国庇护的意大利，把目光锁定在了非洲的埃塞俄比亚。这个位处红海南端的落后国家不仅因为它的地理位置堪称为战略要地，还因为它拥有丰富的矿藏资源，因此成为了意大利侵略的首要目标。

1885年，意大利出兵，埃塞俄比亚皇帝约翰尼斯四世奋起反击。然而，由于双方军事实力的悬殊，意大利军队轻而易举地挺向其目的地。此时，邻国苏丹趁埃塞俄比亚专注于同意大利周旋之际，迅速崛起，并时常与埃塞军发生冲突。

1889年3月，孟尼利克当上埃塞俄比亚的皇帝，这位见过世面的亲王深知要想保持主权的独立，就必须稳定时局，实现国家统一，增强军力。为了让意大利放松警惕，给自己赢得足够的时间，做足充分的准备，孟尼利克与意大利签署了《乌查里条约》，同意割让一些领土给意大利。在接下来的几年里，孟尼利克大肆进口现代化的枪炮和装备。到19世纪末，孟尼利克军中的大部分战士，都有了欧洲和美国提供的精良武器。然而，在意大利政府眼中，这位深谋远虑的国王仅仅是一个未开化的野蛮人。

嚣张的意大利为了使埃塞俄比亚完全沦为其殖民地，未同埃塞俄比亚政府商议便擅自将《乌查里条约》中"埃塞俄比亚皇帝可以选择在意大利政府的协助下同欧洲各国君主交往"改为"埃塞俄比亚皇帝必须由意大利政府代表他处理与所有其他国家或政府之间的一切事务"。孟尼利克立即给予反抗，意大利恼羞成怒，派兵打压埃塞俄比亚政府。面对突变的局势，孟尼利克带领着国民奋起反击。

在意军眼中，埃塞俄比亚军队只不过是一群乌合之众，于是采取简单地将埃塞俄比亚军队引诱到其防御阵地，再予以全歼的作战计划。但是埃塞俄比亚军队并没有进攻，只是占领了阿杜瓦，双方陷入了僵局。

1896年2月，僵持了数月的双方都面临着因为军粮等后勤供给不足的困扰。2月25日，等不及的意大利政府斥责军队首领胆小如鼠，希望他们能够马上行动起来，早日解决埃塞俄比亚军队。

2月29日傍晚，意军开始向阿杜瓦进军。这对于深感疲倦的埃塞俄比亚军队而言是个天大的好消息。

3月1日凌晨，意大利军队到达阿杜瓦城前，然而本已有了周密计划的意军却被这陌生而又复杂的地势环境扰乱了头脑，他们实际所面临的地域同其手中粗略的地图完全是两个模样，意大利军队在黑暗中乱了方寸。

埃塞俄比亚这边，孟尼利克出动了最精良的部队和最先进的武器来对抗意大利军队。当意军混乱地出现在阿杜瓦时，埃塞俄比亚军队如潮水般从山巅和峡谷中杀出，漫山遍野都是军旗、头盔、盾牌和刀枪。埃塞俄比亚军队毕竟是中世纪的产物，尽管有不错的装备填充，但是同意大利军队比起来，还是处于劣势的地位。因此，随着黑暗渐渐散去，战场态势愈加明晰，意大利军队的火力开始凶猛起来。手持长剑、挥舞火枪的埃塞武士一个接一个倒了下去，但是他们并没有后退，而是勇猛前进，踩着战友的尸体挺进敌人的阵地。意军被这样一群"土著"队伍蛮横地打倒了。

这场血腥的战役是埃塞俄比亚人为了赢得民族的独立，抱着视死如归的精神，一刀刀、一步步夺回来的。在世界看来，这无疑是个让人惊叹的奇迹。1896 年 3 月 1 日，这个永远让埃塞俄比亚人自豪和铭记的日子成为了埃塞俄比亚的国庆日。

当阿杜瓦战败的消息传到罗马后，意大利人愤怒了，这是一个十足的耻辱。虽然胜利后的孟尼利克并没有乘胜追击，只是提出废除《乌查里条约》和承认埃塞俄比亚的独立，但这在意大利人心目中却造成了深远的影响。

意军的惨败在欧洲甚至整个世界引起一片哗然。西方舆论惊呼："不敢想象，一个文明的欧洲国家的军队会在一名非洲酋长和士兵的手中遭到如此巨大的灾难。"阿杜瓦战役不但没有为意大利带来利益，反而使得它沦为国际的笑柄。

复仇——"历史上最伟大的殖民战争"

意大利作为第一个建立法西斯政权的国家，早已有了侵略扩张的野心。其领袖墨索里尼曾自封为"新恺撒"，扬言要重建"新罗马帝国"，把地中海变为"意大利湖"。多瑙河流域、巴尔干半岛以及地中海东部沿岸国家都是意大利觊觎了很久的地区，但遭到了英、法、德等帝国主义的阻挠，于是把扩张的重点放在了非洲，埃塞俄比亚则是重中之重。

1929 年，世界经济危机爆发，推动了意大利侵略扩张的脚步。为了摆脱国内严重的政治经济危机，填补资源不足的缺陷，发动侵略战争，从别国掠夺领土和财富已是迫不及待。

为了满足发动侵略战争的需要，意大利法西斯在经济上进行了全面的改造，通过各种措施在工业上强制实行卡特尔，加强对工业的控制，大力发展国家的垄断资本主义；在军事上加紧扩军备战，规定 18 ~ 55 岁的男子都必须义务服兵役，还大规模地建设军事基地，举行军事演练。

▲ 为了转移国内的矛盾，墨索里尼将侵略的目光转向了非洲，他的政策受到军方的支持。

墨索里尼率领着法西斯军团再一次踏上了埃塞俄比亚的土地，除了埃塞俄比亚本身的诱惑和英、法、美等国采取的纵容或中立的绥靖政策助燃了其侵略的气焰之外，意大利法西斯们还念念不忘 40 多年前阿杜瓦那场战斗带来的耻辱，他们的到来是为了复仇，为了洗刷当年之耻。

1934 年，意大利开始在埃塞俄比亚周边的国家建设飞机场。为了试探埃塞俄比亚，12 月 5 日，意军在边境对其进行公开的挑衅。1934 年 12 月 30 日，墨索里尼召见意军总参谋长巴多里奥，把侵略埃塞俄比亚的行动方针与计划交给他。1935 年 1 月 14 日，德·博诺被任命为东非意大利军队总司令，接令前往厄立特里亚为侵略战争进行部署。2月，大批的意大利军队被运到埃塞俄比亚周边，到1935年秋天，已经有30万大军集聚在埃塞俄比亚北部和东南部边界上。1935年10月2日，墨索里尼发表演说，武力吞并埃塞俄比亚正式开始。次日，守候在埃塞俄比亚边境的30万大军行动了起来，他们越过马雷布河边界，从东、南、北分三路发动，侵入埃塞俄比亚，企图一举侵占。

同当年一样，埃塞俄比亚的人民为了保卫祖国，他们同仇敌忾，奋起反抗，拿起各种武器，顽强地抗击着这支凶狠的法西斯军队，他们利用其熟识而又独特的山区地形条件，组织伏击战，深入敌人后方，英勇的埃塞军多次挫败了意大利侵略军，给骄横的意军以沉重的打击。

埃塞俄比亚对于意大利侵略军的反抗，是一场正义的战争，它得到了来自全国各地乃至全世界人民的支持与同情。在强烈的舆论谴责下，1935年10月7日，处于英法控制下的国际联盟宣称意大利的行为属于侵略性行为，要求对其实行经济制裁。然而，这些都只是做给人们看的表面功夫，为了笼络意大利，组成对付德国法西斯的统一战线，他们暗地里依旧放任意大利的侵略行径。

在绥靖政策的纵容下，意大利法西斯的气焰更加狂妄，他们肆无忌惮地欺压和屠杀着埃塞俄比亚人民。

1936年4月，意大利法西斯对埃塞俄比亚的疯狂侵略达到了高潮，其军队由之前的30万增至40万，武器装备也大量得以补充。埃塞俄比亚的上空布满硝烟。

5月5日，埃塞俄比亚首都亚的斯亚贝巴被侵略军占领，国王海尔·塞拉西逃亡海外。5月9日，意大利宣布埃塞俄比亚为其殖民地，建立意属的东非帝国。

埃塞俄比亚的反抗失败了，无法像40年前那样为国民或是世界创造奇迹。然而这场被墨索里尼吹嘘为"历史上最伟大的殖民战争"并没有因此而消停，不屈的埃塞俄比亚人民仍然在进行抵抗，它粉碎了意大利想要迅速灭亡埃塞俄比亚的妄想，鼓舞了世界反法西斯的力量；同时意大利本身亦付出了生命、金钱等高昂的代价，他的不羁还为日后与英法的矛盾播下了种子。

西班牙悲歌

▲ 西班牙内战时的共和党海报。

1929年，全球性的经济危机给整个世界带来了寒霜，位于欧洲西南部的西班牙亦不可避免地遭受到了侵袭。这个曾经风行一时的世界上最强大的殖民国家伤痕累累：农业凋敝、工业萧条、民不聊生，国内政治不稳定，阶级斗争异常激烈。

1931年4月，爆发了资产阶级革命，12日，拥护共和制的共和党和社会党在大选中取得胜利，14日，西班牙宣布建立共和国。新生的共和国并没有安抚住国内四起的矛盾，它没有把大众从苦海中解救出来，还受到西班牙的法西斯分子组成的"长枪党"、教权派和保皇派组成"西达党"的极力破坏，人民的不满情绪不减反增。

1933年11月的大选，西达党获胜，以勒鲁斯为代表的亲法西斯政权得以建立。

1935年8月，共产国际第七次代表大会召开，会议号召各国无产阶级和一切进步力量团结起来，建立世界范围的人民阵线，共同反对邪恶的法西斯主义。西班牙群众在共产党的领导下积极响应，奋起反击西达党的统治，1936年1月，西班牙人民阵线正式建立，在2月的选举中，人民阵线一举成功，建立了左翼共和党执政的新政府。

人民阵线上台后进行土地改革、恢复被解雇工人的工作、建立工人休假制度、解散反动组织、逮捕反动分子等。这些改革的措施为西班牙共产党赢得了大众的一致好评，但也引起了国内外法西斯分子和反动势力的不安。

物产富饶的西班牙有着十分重要的地理位置，它控制着地中海和大西洋交通的要道，是德、意法西斯"钟情"已久的国家。早在20世纪20年代，墨索里尼就开始不断地给予西班牙法西斯势力帮助与支持，随后，德国法西斯也对西班牙右翼势力进行援助，他们想通过控制西班牙来控制整个欧洲，特别是英、法帝国主义。

随着西班牙共产党在西班牙的呼声愈来愈高，墨索里尼和希特勒眼看着他们支持的西班牙法西斯叛乱难以取胜，心中十分焦急。

1936年3月，西班牙法西斯头目同国内外反革命势力勾结，准备武装叛乱。7月，佛朗哥带领法西斯军队向共和国进攻，西班牙内战爆发。为了阻止社会主义和民主势力在西班牙的发展，德、意法西斯撕开了伪装的面具，开始公开支持叛乱，干涉西班牙的内政，西班牙内战也由此演变成了法西斯主义同共产主义的一场较量。

叛乱蔓延在西班牙的国土上，广大人民群众在西班牙共产党的领导下，在人民阵线的号召下同叛军进行了英勇的抗战。西班牙人民的民族革命战争得到了国际无产阶级和各国进步人士的支持。以苏联为代表的无产阶级在粮食、武器等方面都给了西班牙极大的帮助，来自54个国家的无产阶级和进步人士还组成了"国际纵队"前往西班牙作战。相反地，国际反动势力对于西班牙人民和共产党的正义战争极为仇视，由于英、法、美对此采取的"中立"忽视的态度，德、意法西斯的干涉更为猖獗。

▲ 由于德、意的公然支持和入侵，以及英法等国的"中立"，西班牙共和国军最终因实力不济而失败。

1936年9月，佛朗哥带领军队进攻西班牙首都马德里，10月，德国和意大利军队先后抵达西班牙。11月，叛军和人民的军队开始交锋，浴血奋战的广大军民击退了法西斯队伍，马德里得以保卫。但佛朗哥和德、意法西斯并未因此善罢甘休，随后发起了连续的强大攻势。

1937年，侵略者和叛军侵入北方。1938年，法西斯分子发动了全面的总进攻，持久的激战，使得孤军奋战的共和国军及国际纵队因人力物力的消耗陷于困境。1939年2月11日，加泰罗尼亚全境被占领。2月27日，英、法两国相继宣布承认佛朗哥政权，同时宣布断绝同西班牙共和国的外交关系，公然胁迫共和国政府投降。3月3日，共和国的海军基地卡塔黑纳爆发了武装叛乱，使得共和国失去了一支重要的防御力量。3月28日，马德里大门被打开，这座经历了两年多战斗洗礼的英雄城市，终于落入法西斯分子手中，法西斯的铁蹄开始踏遍全国。

精神力量，对在第二次世界大战中最终战胜德、意法西斯具有重要意义。共产主义与法西斯的这场较量，使得进步的西班牙共和国被国内外反动派无情地扼杀了，但也打击了德、意法西斯的侵略势力，为全世界人民反法西斯的斗争积累了宝贵的经验，鼓舞了人民打击法西斯的精神。

两元凶"患难见真情"

1922年墨索里尼带领着意大利法西斯党登上政治舞台时，希特勒还只是一个无名小卒，对于这样一个后起之秀，墨索里尼并没有太大的好感，特别是同他在威尼斯会晤之后，希特勒留给他的是极为恶劣的印象。

然而，野心勃勃的希特勒却早已打起了这位领袖的主意，早在执政之前，就想拉拢墨索里尼，希望同他并肩作战。

1928年8月，希特勒特派使者前往意大利，同他沟通准备政变一事，希望得到他的谅解。

尽管墨索里尼不是很喜欢希特勒，但又不能对这位德国法西斯头目不屑一顾。1930年夏天，当德国"钢盔团"来到意大利时，墨索里尼热情地接待了他们。

1934年6月，为了和意大利法西斯政府建立联合战线，找到对欧的共同政策，希特勒特地来到威尼斯会见墨索里尼。

本以为只是场私下会面的希特勒在到达威尼斯时却被闹哄哄的仪仗队、热烈的群众、闪烁的镁光灯所惊扰，面对吵乱的场面，他暗自忖度：这位伟大的领袖原来如此爱慕虚荣和讲排场。

当天下午，墨索里尼和希特勒举行了单独的会谈，激动而又心急的希特勒在见到墨索里尼后便迫不及待地想要和这位"战友"分享他的想法和计划，口若悬河的他却没有留给身旁这位前辈丝毫插话的机会，这使得墨索里尼的自尊心大受打击，对希特勒产生了厌恶之感，他觉得，希特勒只是凭空长了一张利嘴而已。被蒙在鼓里的希特勒看着没有多大反应的墨索里尼，还以为他默认了自己提出的袭击法国、控制意大利盟国——奥地利的观点。回国后的希特勒开始秘密准备战争，着重调整军备，处理纳粹党党内事务和外交政策。

▲ 政治投机主义使墨索里尼和希特勒走到一起，结成罗马—柏林轴心。

1934年7月25日，纳粹党徒在维也纳暗杀了奥地利总理陶尔斐斯，这一举动惹怒了自认为是奥地利保护人的墨索里尼，他立即动员4个师，在意大利北部边境对其采取威胁性的措施。

希特勒胆怯了，他深知军队和外交都不成熟的纳粹还不足以进行抵抗，何况本来德、意之间就因为多瑙河流域、巴尔干等地区有了冲突，若再因为奥地利而破坏了两国之间的关系，这会给德国带来严重的阻碍。因此他小心翼翼，生怕再次惹恼墨索里尼。

1935年，意大利法西斯在墨索里尼的带领下入侵埃塞俄比亚，这场带着复仇意味的殖民战争引起了国际社会的一片唾骂，并且还受到了国际联盟的经济制裁。精明的希特勒知道，

▲ 西班牙内战中，德意两国公然支持佛朗哥，并镇压西班牙国内的正面力量，受到国际社会的强烈谴责。在这幅画中，毕加索以生动的笔触强烈控诉了德军轰炸格尔尼卡的强盗行经。

转移意大利对奥地利的注意力，讨好墨索里尼的机会到了，在这场斗争中，他始终站在意大利法西斯一边，不断地给予支持与帮助。

1936 年 7 月，西班牙爆发内战，一心想要通过控制西班牙来牵制英、法，同时发展法西斯势力的墨索里尼趁机干涉西班牙内政，公开支持以佛朗哥为首的叛军，并帮助镇压西班牙国内正面力量。同样遭到谴责的意大利法西斯却依旧得到了德国法西斯的支持与赞扬。

如此不离不弃使得希特勒在墨索里尼心目中的印象有了极大的改善。墨索里尼认为希特勒是个可靠的"战友"，同德国联合是有利于实现其侵略扩张和称霸的野心的。虽然墨索里尼改变了之前对希特勒的看法，但在他的眼里希特勒仍旧只是后辈和追随者。墨索里尼相信，德、意联盟后，他会是领导者而不是简单的同伴。

墨索里尼立即派他的女婿（外交部长）齐亚诺向德国表达结盟的意愿，1936 年 10 月，齐亚诺还前往柏林会见希特勒。兴奋的希特勒昂着头大声宣扬"意大利和德国在一起，不仅可以征服'布尔什维克'，而且可以征服包括英国在内的西方！"

两个在患难中见"真情"的法西斯强盗牵手了，而东方的法西斯分子亦闻到了相投的味道，一个阴谋似乎开始有了孕育的苗头。

臭味相投，三国结成"轴心"

入侵埃塞俄比亚、武装干涉西班牙，促使德、意这两个法西斯有了"患难"之情，为了达成相同的目的，对付共同的敌人，它们互相扶持，采取着一致的行动。

当上总理后的希特勒并不仅仅是个会叫嚣的政客，他开始迅速地为德国秩序的重建、纳粹党政权的稳固而奔波。为了摆脱英、法等国的束缚，德国于 1933 年 10 月宣布退出英、法控制的国际联盟。1934 年 8 月 2 日，希特勒成为国家元首，建立了第三帝国独裁统治。在他的苦心经营下，反犹反共的纳粹党有了飞速的发展，并且开始实行对外的领土扩张。经历过一战的摧残和 1929 年全球性经济危机的影响，德国的经济受到了冲击，但是身为工业强国的它很快便有所恢复，到 20 世纪 30 年代末，其经济实力已跻身于世界前列。

▲ 一幅关于希特勒和墨索里尼缔结军事同盟的宣传画。

1929年的经济萧条同样席卷了意大利，身为统治者的墨索里尼为了减轻国内经济的压力，毅然走上了对外扩张的道路。由于干涉西班牙内政遭到国际联盟的制裁，1937年，意大利退出国联，此间还同德国法西斯形成了"柏林—罗马轴心"。早在1936年10月德、意便签署了德国承认意大利吞并埃塞俄比亚；两国正式承认西班牙佛朗哥政府，并加强武装干涉；两国在多瑙河流域和巴尔干半岛划分势力范围，在这方面意大利对德国作出让步等的协定。

1939年5月德意又缔结了《钢铁盟约》，更进一步加强了"柏林—罗马轴心"。

在东方，法西斯的硝烟也开始弥漫。1927年的"东方会议"是日本殖民计划的铺垫，日本从中国东北开始大展拳脚，它的这种行为同样遭到了国际联盟的谴责，于是它也最终退出了这一组织。经济危机的破坏，西方法西斯风潮的引领，日本贪婪的嘴脸再也掩饰不住了。

为了实现霸权野心，东西方的法西斯分子都力图挣脱凡尔赛—华盛顿体系的束缚，断绝了同国联的关系，携手起来共同对付英、法以及美国，从东西两面威胁劲敌——苏联。

一向狂妄的希特勒对于日本法西斯有十分的亲切感，不仅是因为他们有共同的爱好和目的，还因为他非常佩服日本这个小国竟敢如此明目张胆地抢占中国这样一个大国的领土，于是同日本结盟的想法随之而起。

1934～1935年，德国和日本各派代表在柏林就两国缔约进行讨论。1936年5月，经历过两年多的协商与酝酿后，希特勒向日本提议成立"反布尔什维克"的共同战线，并于1936年11月25日，双方签订《反共产国际协定》。协定规定："缔约国相约对于共产国际的活动相互通报，并协议关于必要的防止措置，且紧密合作，以完成上述措置；缔约国与因共产国际的破坏工作而国内安宁感受威胁的第三国，应根据本协定的旨趣，采取防止措置，或共同邀请其加入本协定。"同时还秘密规定：在无故遭到苏联进攻或威胁要进攻德意任何一方时，另一方不得采取任何方式帮助苏联；且未经双方同意不得与苏联缔结违背本协定精神的任何政治条约。

对于这个协定，意大利是十分感兴趣的。之前在经过德国从中的活动，意大利和日本的关系有了极大的靠拢。1936年12月，两国签订协议，对于双方所侵占的领土都给予了承认。为了加速欧洲及全世界的法西斯化进程，墨索里尼决定同德、日结成同盟。1937年11月6日，意大利正式加入《反共产国际协定》，国际法西斯侵略阵线形成。到了1940年9月27日，三国又签订了《同盟条约》，进一步形成了带侵略性的军事同盟。

▲ 德意日签订《反共产国际协定》。

正如希特勒在《我的奋斗》里写道的："缔结同盟的目的如果不包括战争，这种同盟就毫无意义、毫无价值。我们缔结同盟只是为了进行战争。"三国互相支持彼此的侵略政策和活动，这样一个被希特勒冠为"伟大的政治三角"是三国瓜分世界、走向战争的重要举措。

"领袖"搬开绊脚石

希特勒在 1937 年 11 月 5 日宣布要使用武力攻击奥地利和捷克斯洛伐克的冒险方案时，着实带给他的军政头目们极大的震惊，他们认为奥地利的独立是受到英、法、意、德的保护的，而捷克斯洛伐克则是被捷英、捷法同盟条约所庇护，侵犯它们必定会引发英国和法国的不满，德国也将会被卷入危险当中。反对和质疑在威廉街总理府的会议上已经存在，这给希特勒敲响了警钟，为了实现他的侵略计划，掌握住军队和外交的主权，就必须搬开眼前的这些绊脚石。

德国的外交部长冯·牛赖特是个随遇而安、自得其乐和道义观念薄弱的人，当他一听到希特勒的这个计划时，心慌意乱到引发了几次心脏病。这个计划同他之前一直推行的外交政策是完全相悖的，不顾病体的他立即去找陆军总司令冯·弗立契将军，同他讨论看是否有能够使希特勒改变主意的方法。在弗立契的家中正巧碰上了陆军参谋长贝克，于是三人商定，由弗立契和牛赖特先后向希特勒施压，向他指明他的计划无论是在军事上还是政治上都是一个错误和危险的决策，再由贝克用书面的形式来批驳这一计划。但是，这一书面的批评，贝克并没有提交给希特勒。

11 月 9 日，弗立契将军会见了希特勒。这位早已知道他们意图的顽固元首无法容忍助手们的反对，对于弗立契的意见希特勒并不打算予以理睬，同时还拒绝接见牛赖特。

1938 年 1 月，牛赖特终于设法再次见到了希特勒。他劝诫希特勒："元首的计划是会引起世界大战的，我请元首注意将军们的严重警告，一旦引起战争，德国无取胜的希望……我不愿与你的计划发生关系，你只能另找一位外交部长了。"以为这样能够威胁到希特勒的牛赖特却不知道，这正好中了希特勒的意，很快他就选中善于阿谀奉承、油头滑脑的里宾特洛甫来取代牛赖特。

除掉牛赖特后，希特勒把目光转移到妨碍他实现计划的弗立契和勃洛姆堡身上。

1938 年 1 月 25 日，一份指控弗立契上将犯有"鸡奸罪"的材料被呈送到了希特勒的手里，这个荒谬绝伦的阴谋使得这位颇具才能的普鲁士贵族陷入了可怕的处境。终生未娶成为他只喜欢男人的借口，后来还有一个名叫汉斯·施密特的人，在希特勒的面前指证弗立契。尽管这样一个污蔑如此不可理喻，希特勒还是紧紧地抓住了这个千载难逢的机会，以此为由要求弗立契辞职，但是遭到了他的拒绝。于是希特勒便勒令其无限期休假。

无限期休假，这就等于停止他陆军总司令的职务。还是 1938 年的 1 月 25 日，同样是一个令人震惊的丑闻落到了国防部长勃洛姆堡身上。因为一个女人，这位德高望重的部长的命运从此被改变，德国的历史也被推进一个新的时期，这个女人便是后来成为勃洛姆堡妻子的埃娜·格鲁恩。她本是勃洛姆堡的秘书，这位铁血的汉子在发妻死后多年里过着乏味而又孤单的生活，埃娜的出现让他重拾起往日的温存，于是他起了再婚的念头。为了使得这段贵族与平民的婚姻得到认可，勃洛姆堡同希特勒的得力助手戈林进行商量，希望得到元首的帮助。

1937 年 12 月，鲁登道夫去世，希特勒和勃洛姆堡都出席了他的葬礼。趁此机会勃洛姆堡向希特勒表明了他想结婚的意思。庆幸的是，他得到了元首的祝福。

1938年1月12日，希特勒和戈林作为证婚人出席了勃洛姆堡的婚礼，随后这对新婚夫妻离开德国到意大利去度蜜月，但是风暴就在平淡而又喜悦的气息中萌发了。"元帅的妻子有一个不堪回首的过去"，这段过去从最初的谣传到最后档案的证实在整个军团和政府里引起了一阵骚乱：他们的元帅跟一个平民结婚了，而这个平民竟然还是一个妓女！无法容忍"最高级军人和一个婊子结婚"。1月25日，材料被送达的当天，希特勒就把他免了职。

不仅勃洛姆堡和弗立契被踢出局内，另外还有16名高级将领退休，44名军官被调到低级指挥部。

1938年2月4日，希特勒宣布"从现在开始，我亲自接掌整个武装部队的统率权"。次日，《人民观察家报》刊载《一切权力高度集中于元首手中》的大标题。

"领袖"脚边的绊脚石被搬开了，第三帝国进入到一个重大转折点，走向战争的道路。

德国吞并"第二个日耳曼国家"奥地利

奥地利，在德帝国主义的眼中，一直以来就如同一块肥肉，充满了诱惑，希特勒对此是垂涎已久。他之所以有如此强烈的愿望想要占领这个国家，主要是因为奥地利地处战略要地，如果能够占领它，那么德国就能从三面包抄捷克斯洛伐克，打开进攻东南欧和巴尔干半岛的大门，由此开启德帝国主义征服欧洲全境的第一步。

但由于各方面条件没有成熟，希特勒并不敢轻举妄动。他只是一方面唆使纳粹分子在奥地利加紧活动，另一方面对外大肆宣传奥地利是"第二个日耳曼国家"，为吞并制造理论根据，同时德国还支持意大利侵略埃塞俄比亚，以此来求得意大利的好感，纵容其侵占奥地利。

此时，在国际上，各大帝国或者为了明哲保身，或者为了维护自己的既得利益，在德国企图侵占奥地利的问题上，纷纷选择了中立。

▲ 德军开进维也纳，德国兵不血刃地占领了奥地利。

墨索里尼在"柏林—罗马轴心"建立以后，同希特勒就更加靠近了，他认为奥地利作为"第二个日耳曼帝国"，离开德国它永远做不成什么事，更不用说反对德国。为了向世界表明其对于德国的态度，他公开宣称，意大利对奥地利的兴趣，已不像几年前那样积极，并认为最好的办法是让事态顺其自然地发展。

英国对于希特勒的侵略野心，一直都是采取绥靖政策。英国枢密大臣曾经对希特勒说，欧洲秩序的变更，英国只关注但泽、奥地利和捷克斯洛伐克，而任何变更都应该通过和平演进的方法，避免采取可能引起长期动乱的手段。同时，法国总理也表示赞同德国吞并奥地利。美国虽然没有明确表明自己的态度，但也没有表示要反对德国的行动。

英法美等国家的不反对，使得希特勒开始了秘密的谋划。1938年2月12日上午，奥地利总理舒士尼格在外交部次长吉多·施密特陪同下，秘密乘车前往萨尔斯堡会见希特勒。在这次会晤中，希特勒向舒士尼格明确地表了态：一定要吞并奥地利，世界上没有任何一个人能使他放弃这个决定。同时，希特勒还拟了一份草案：在一周之内要实现"让亲纳粹的维也纳律师赛斯·英夸特出任内政部长，并主管警察和保安部队""让亲纳粹分子菲许包克博士出任财政部长，并要做好准备，使奥地利纳入德国经济体系""让另一亲纳粹分子格拉斯·霍尔斯特瑙出任国防部长，并允许交换100名军官以使德军和奥军建立更密切的关系""奥地利必须立即宣布取消对奥纳粹党的禁令，释放所有被监禁的纳粹分子"。

舒士尼格知道，接受这些"条件"就意味着奥地利独立的终结，因此，他表示反对这份"协定"草案。希特勒威胁他道："舒士尼格先生，这是文件的草案，没什么可讨论的了。我不会改变其中一点点。你必须在这份文件上签字，在三天之内满足我的要求，不然我要下令向奥地利进军。"舒士尼格完全被希特勒的话吓住了，不敢表示出任何的反对情绪，只好乖乖地在文件上签了字。

2月20日，希特勒向国会发表演说，宣称舒士尼格的"谅解"及其促成奥德密切合作的"诚意"。希特勒的这番话，在奥地利引起强烈反响，纳粹分子纷纷涌向街头，示威、狂呼"希特勒万岁""将奥地利并入德国"。同时，义愤填膺的奥地利工人阶级和爱国军官，则准备联合起来，以武力来反抗德帝国主义的侵略行为。

然而，懦弱无能的奥地利当局只是选择沉默。3月11日，希特勒再一次向奥地利发出通牒，若奥地利再不给予令人满意的答复，德国将会采取武力行动，在这样的压迫下奥地利不得不答应了德国提出的所有条件。

4月2日，英国政府正式承认奥地利归属德国，随后，法国、美国也宣布承认德国吞并奥地利的事实。

奥地利就这样在国际社会的纵容下被希特勒吞并了，这使得希特勒更加肆无忌惮，继续向下一个目标捷克斯洛伐克进军。

慕尼黑阴谋：缺席的捷克斯洛伐克被判"死刑"

1938年3月，纳粹德国吞并了奥地利后，蓬勃的野心开始集中到下一个侵略目标捷克斯洛伐克身上。

希特勒以维护捷克境内日耳曼人的利益为借口锁定了捷克。在靠近两国边境的苏台德区有300多万日耳曼人，为了使得这些日耳曼人脱离捷克斯洛伐克回归"大日耳曼帝国"，希特勒一方面指使捷克纳粹党徒和部分民众要求"民族自治""脱离捷克"，另一方面，希特勒又声称不能容忍德国境外

▲ 1938年9月，英、法、德、意在慕尼黑举行会议，签订阴谋瓜分捷克斯洛伐克的《慕尼黑协定》，图为希特勒（左二）与张伯伦（左一）在一起。

的日耳曼人遭受捷克人的"欺侮"，要替他们"伸张正义"，准备用军事行动扫荡捷克，为其陈兵边界创造舆论条件。眼看兵临城下，捷克政府亦不想成为德国人的俘虏，任人宰割。于是加强了作战兵力，采取相应的措施，德国和捷克两军对峙，战争一触即发。

在第一次世界大战结束之后，捷克斯洛伐克的主权是受英国和法国保护的，且签有互助的同盟条约，条约规定：任何一国一旦受到军事进攻，其他国家都要出兵协助防卫。所以当德军要进攻捷克时，英法两国便深感不安，按照条约他们必须出兵协助，也就不可避免地被卷入战火中，而战争很有可能在西欧大范围地蔓延开来。

为了寻求更好的解决方法，1938年9月13日晚上，英国首相张伯伦给希特勒发出一封十万火急的电报，表示要和希特勒见面，希望"和平解决"这一问题。随后，张伯伦很快就得到希特勒愿意同他会晤的答复。

9月15日，张伯伦抵达慕尼黑，马不停蹄地赶往希特勒的住处同他进行会谈。谈话中，希特勒在虚伪地奉承了张伯伦一番后便以带着"杀气"的口吻说："不论用什么方法，这次都要解决捷克境内300万日耳曼人的问题。就是为捷克打一场世界大战也不怕！"如此赤裸裸的话语出自这位张狂的"领袖"，在张伯伦看来并不奇怪，他只是希望在战争爆发的时候，不要危及英国的利益，为了讨好希特勒，他说："我可以代表个人说，我赞同苏台德区脱离捷克斯洛伐克的主张。我希望回到英国向政府报告我个人的态度，并且取得政府的批准，同时还要和法国人商量。"

次日，张伯伦和希特勒协定，割让苏台德区。

其实，在暗地里，德军已经开始紧锣密鼓地进行入侵捷克斯洛伐克的准备工作。9月16日，德国最高统帅部与宣传部共同制定了一项关于军事侵略怎样与舆论宣传相配合的计划；17日，希特勒指定最高统帅部派人去协助汉莱因组织"苏台德自由团"，并命令这个团要不断制造与捷克当局的武装冲突和纠纷；19日，最高统帅部向准备参战的军团下达了行动时间表。

张伯伦从慕尼黑回到伦敦后，便遵循其约定与法国人一起向捷克政府施压，要他们割让苏台德区。这当然遭到了捷克政府的拒绝，但是他们的保护国却声称，如果捷克斯洛伐克政府不同意英法的建议，那么他们也就没有义务协助捷克斯洛伐克共同抵御德国的入侵。为了表示他们的决心，9月19日，英、法向捷克政府递交一份正式的照会。照会写道："法、英两国政府明白，为了和平事业而要求捷克斯洛伐克政府做出的牺牲是何等巨大。但是，这一事业既关系到欧洲全体，也关系到捷克斯洛伐克本身，法、英两国政府认为有责任向捷克斯洛伐克政府坦率提出获致和平必需的条件。这个条件就是将苏台德区划给德国。"孤立无援的捷克斯洛伐克最终只能选择退让，同意割让领土。

1938年9月29日，希特勒、墨索里尼、张伯伦、达拉第这些来自德、意、英、法的四国首脑在慕尼黑聚首。他们决定把苏台德区"转让"给德国，而希特勒也在这次会议上信誓旦旦地承诺，苏台德区将会是他最后一次要求西方国家割让领土。这使得英法首脑深信不疑，他们沾沾自喜着自己为"一代人的和平"作出了重大的贡献。然而，这个从捷克斯洛伐克搜刮领土的会议，却唯独缺席了当事国捷克斯洛伐克。

尽管希特勒在慕尼黑协定中表态不会进一步侵占领土，但这只是他的权宜之计，野心勃勃的希特勒是不会停下他侵略扩张的步伐的。在占领了苏台德区后，1939年3月希特勒公开违背了其诺言悍然侵占了整个捷克斯洛伐克。

第二章

开场：远东硝烟

一、日本全面侵华

"二·二六"法西斯军事政变

20世纪30年代，日本军队内部存在着很严重的斗争。由于对政治的看法、理念不同，军队内部逐渐分成两派："皇道派"与"统制派"。统制派主要是陆军中央机关内的军官，皇道派的人多为野战部队的少壮派军官。

皇道派认为，日本天皇已经被周围的"奸人"包围和蒙蔽，无法得知民间疾苦，所以必须起来"清君侧"。其手段就是废除内阁，让天皇成为类似希特勒的直接军事独裁者。统制派则完全反对这种主张。不过两派的政治主张虽迥异，目的却都是要将日本进一步转型为法西斯国家。

皇道派的代表人物是荒木贞夫、真崎甚三郎、冈村宁次、桥本欣五郎和相泽三郎等人。统制派的领袖则是宇垣一成、杉山元、永田铁山、东条英机等人。两派主张建立军部法西斯独裁的手段有很大区别。"皇道派"为实现目标不惜采用政变、暴动以至暗杀等恐怖手段。统制派则主张运用合法手段，从事合法改革，极力主张建立总体战体制。两派的对立还在于人员安排上的钩心斗角和争权夺利。两派并不是明确的组织，每派内部的行动也往往并不统一。

两派的斗争影响到没有实际权力的年轻军官。1936年2月25日深夜，东京城降下百年一遇的大雪。26日凌晨5时左右，香田清贞大尉、安藤辉三大尉、河野寿大尉、野中四郎大尉等9名政变核心军官率领1400余名官兵，从驻地武器库中夺取了步枪、机枪等武器，然后从位于皇宫外西侧三宅坂的第1师团驻地出发，分头去刺杀"天皇周围的坏人"。

这批皇道派的少壮派军官，袭击了首相官邸、警视厅（首都警察厅）等重要政府机关，杀死了内阁大臣、前首相斋藤实，藏相高桥是清，陆军教育总监渡边太郎，天皇的侍从长铃木贯太郎也被打成重伤。他们试图通过在首都东京发动军事政变来建立军部法西斯独裁。

叛军占领陆军省、参谋本部、国会及首相官邸等一带地区，要求陆军上层对国家实行法西斯化改造。政变激怒了日本天皇，天皇敕令平叛。后来经过上层两派势力激烈斗争后，暴乱在2月底被全部平定下去。

军部对政变的处理极其严厉。参加政变的青年军官中两人自杀，其余19人被起诉，此外被起诉的还有民间人士北一辉、西田税等和士官，共123人。经过不到三个月的审理，7月5日作出了判决，政变的直接策划组织者香田清贞等17人被判处死刑，其他关联人员也分别被判刑。

"二·二六兵变"之后，统制派借机对皇道派进行了大规模的清洗和排斥，从此掌握了军部内的主导权。具有讽刺意味的是，皇道派发动政变时所设定的目标，在政变失败后反而得以实现。他们的军部独裁、国家政权法西斯化等愿望被同属法西斯派别的统制派逐步实现。统制派从此牢牢掌握了军部大权，而且内阁也被以新首相广田弘毅为首的文官法西斯集团所控制。

法西斯军阀要挟政府说："政治的主导权如不让给军部，就会发生第二、第三个'二·二六'事件！"在军部的强烈要求下，日本政府在1936年5月恢复了1900年制定，1913年一度废止的陆海军大臣、次官由大、中将现役军人担任的制度。为了缩小议会权限，消除政党政治，法西斯军阀还提出所谓改革政治制度的"计划"，从而使议会完全变成军部法西斯独裁的附属品。

日本的军部法西斯独裁在"二·二六兵变"后，正式宣告确立。之后，日本军部在国内推出了一连串的反动措施。对内加强"特别高等警察"；实行警察的特务统治；压制言论思想自由；迫害共产党人和进步人士等等，加紧镇压日本人民。对外则加紧侵吞中国华北。继1935年8月提出"广田三原则"（对华外交方针三原则：1.中国方面要彻底取缔反日言行；2.中国要承认"满洲国"，在这之前日本和中国在华北方面实行经济、文化的交流合作；3.日本和中国合作，在接近外蒙古的地区内排除共产主义。）之后，1936年8月，日本政府通过了《第二次处理华北纲要》，进一步重申要使华北五省（河北、山东、山西、察哈尔、绥远）实现"特殊化"，以达到"华北分治"的侵略目标，意图肢解华北，使其脱离中国，沦为第二个伪"满洲国"。

日本由于国内长期存在军国主义反动传统，军部又在天皇制统治机构中占有特殊地位，所以日本不需要像德国和意大利那样组织法西斯政党来夺权。日本法西斯主义的显著特点是天皇制军国主义的法西斯化。依靠和利用现存的天皇制统治机构，以建立军部法西斯独裁的方式来推行国家的法西斯化。"二·二六兵变"是日本军部法西斯独裁确立的标志。从此日本整个国家体制完全纳入战争和法西斯轨道。

卢沟桥的枪声

1936年日本制定的总体战略计划——"国策基准"出笼后，全面侵华便成为日本的既定方针。1936年8月，日本参谋部就制定了《1937年度对华作战计划》。1936年末，日本军事当局在京都、名古屋地方由陆军参谋本部参谋次长主持举行了一次"将官演习"，向参加演习的将官交代了全面发动对华战争的战争部署。

这次"演习"的目的是设想日本对中国和苏联开战，而且从形势上看是先打中国，后打苏联。在这次"演习"前后，日本军事当局对发动全面侵华战争的军事作战问题已作了具体的研讨。参加这次"演习"的有十多个现役和预备役将官，他们后来都参加了全面侵华战争，担任兵团司令以上的职务。

与此同时，日本向中国东北大幅增兵，1936 年的总兵力已超过 1931 年的 4 倍多，火炮增加 3 倍，飞机增加 2 倍，坦克增加 9 倍。这些兵力随时可抽调到华北作战。在华北，1937 年春，关东军一部进驻通县及平津一带。驻华北日军兵力达 1 万余人。

▲ 日军侦察兵

从 1937 年 6 月起，驻丰台的日军连续举行军事演习。1937 年 7 月 7 日下午，日本华北驻屯军第 1 联队第 3 大队第 8 中队由大队长清水节郎率领，荷枪实弹开往紧靠卢沟桥中国守军驻地的回龙庙到大瓦窑之间的地区。晚 7 时 30 分，在未通知中国地方当局的情况下，日军径自在中国驻军阵地附近举行所谓的军事演习，并诡称有一名日军士兵失踪。随后日方立即要求进入中国守军驻地宛平城搜查。

中国第 29 军第 37 师第 110 旅第 219 团拒绝了日方的无理要求。日军一面因"士兵失踪"与中国方面交涉，一面部署战斗。冀察当局为了防止事态扩大，经与日方商议，双方同意协同派员前往卢沟桥调查。此时，日方声称"失踪"的士兵已归队，但隐而不报。7 月 8 日晨 5 时左右，日军发动炮击，守卫卢沟桥和宛平城的第 219 团第 3 营在团长吉星文和营长金振中的指挥下奋起反击。震惊中外的卢沟桥事变爆发了。

卢沟桥事变的爆发，在全国引起强烈反响。事变的第二天，中国共产党中央委员会就通电全国，呼吁："同胞们，平津危急！华北危急！中华民族危急！只有全民族实行抗战，才是我们的出路！"蒋介石则提出了"不屈服，不扩大"和"不求战，必抗战"的方针，并致电宋哲元等人，命令他们坚守宛平城。

日军在遭到卢沟桥守军顽强抵抗后，分别在 1937 年 7 月 9 日、11 日、19 日与冀察当局三次达成所谓的"停战协议"。

到 7 月 25 日，陆续集结平津的日军已达 6 万人以上。26 日，日军参谋部经天皇批准，命令日本华北驻屯军向第 29 军发动攻击，并增调国内 5 个师约 20 万人到中国，并向华北驻屯军司令官香月清司下达正式作战任务："负责攻打平津地区的中国军队。"7 月 28 日上午，日军按预定计划向北平发动总攻。

驻守北平的第 29 军将士在各自驻地英勇抵抗。最后，第 29 军副军长佟麟阁、第 132 师师长赵登禹战死，不少军训团的学生也在战斗中牺牲。28 日夜，宋哲元撤离北平，29 日，北平沦陷。7 月 30 日，天津失守。平津地方完全被日寇占领。

攻占平津后，日军的气焰十分嚣张，决定按照预订计划大规模入侵中国。他们一方面开始实行全国的战时动员，另一方面以在华北地区的 30 万兵力分四路向中国内地长驱直入：一路由平绥路进攻绥远省；一路由津浦路、胶济路进攻山东省；一路由平汉路进攻河南省；一路由平绥路、同浦路进攻山西省。日军所到之处，中国遍遭蹂躏。

二、淞沪血战

张治中要主动出击

日本在华北展开大规模攻势的同时，开始将战略战略重点南移华东，从上海向中国横插一刀。企图通过南北两面施加军事压力，迫使南京政府屈膝投降，达到"三个月之内灭亡中国"的狂妄目标。

对中国来讲，无论是经济意义还是政治军事意义，上海的地位都十分重要。上海是蒋介石赖以起家的江浙财阀的基地，也是四大家族的经济中心和英美帝国主义在华利益的集中地，而且还是南京的屏障。上海一旦失守将直接威胁国民党政府对全国的统治。所以蒋介石和国民政府下决心保卫上海，并任命张治中为京沪警备司令官，负责上海和南京的军事防卫。

1937年8月7日，日本政府召开四相会议，根据陆海军的协议，通过了一项决定：在"大陆使用武力的地区应为河北—察哈尔和上海"。根据这一决定，日本军事当局开始在上海寻衅发难。8月9日，日本驻上海的海军特别陆战队官兵二人，企图驾驶军用卡车冲入虹桥中国军用机场，机场卫兵不得不开枪制止，两个日本兵中弹毙命。

当夜10时，上海市长俞鸿钧赴日总领事馆交涉，叙说了事件经过，并主张用外交途径解决，不使事件扩大。

▲ 1937年8月13日，日军在海空军的火力支援下进攻上海，淞沪会战拉开序幕。

日本方面却声称日本全国对于虹桥击毙两日兵事极为震动，外交解决可以，但中国必须满足两个要求：（一）将保安队撤退；（二）将保安队已筑之防御工事完全撤除。遭到中国拒绝。日本还借口此事件在8月10日运送增援部队到上海，撕毁了1932年签订的《淞沪停战协定》。

针对日军的行动，蒋介石也在8月11日开始调动中国军队进入上海地区，决意对抗日军的进侵。第二天，日本要求列强迫使中国解散进入上海的部队，但市长俞鸿钧声明日本7月7日对中国的侵略已经违背了协定。上海市民狂热地欢迎重新在上海出现的中国部队。

中日双方频频调动军队，战事已经一触即发。

当时负责上海防卫的张治中将军，对军事指挥及军事理论有着很深的研究，他还有指挥第一次淞沪战役的作战经验。

"七七事变"爆发时，张治中正在青岛养病。卢沟桥的炮声使他无法再安心养病，他毅然返回南京，担负起保卫宁沪的重担。

张治中总结"九·一八"以来中国屡战屡败的教训，认为"九·一八"和淞沪"一·二八"战役，中国军队要么是"敌人打我，我不还手"，要么是"敌人打我，我才还手"。每次都让敌人占了先机。所以这次一定要改变作战方针，争取主动出击。总体的作战精神便是：一旦战争无法避免，我军即以优势兵力出敌不意，一举全歼上海之敌，并要使以后日军登陆和增援失去凭借。

▲ 守卫上海的中国军队。

为实现这一战略构想，在"八·一三"之前，张治中就在上海做好了应战准备。他在淞沪外围各要点密筑工事，构成坚固的主阵地带和后方阵地带，并加速了铁路、公路和江防交通、通讯设施的调整和建设。

国民党军队进驻上海的第一批部队是第9集团军第87、88师，原为国民政府的警卫部队，是德国顾问训练的样板师，全部德国武器装备，堪称精华。秘密开到上海附近后，张治中又建议抽调正规军化装为保安队进驻上海，蒋介石同意了，派了第2师补充旅换上保安部队服装进驻虹桥机场。

何应钦认为这一做法冒险，拍了张治中的肩膀："文白（张治中字文白），这是要闹出事来的啊！"

"七七事变"后，日军在上海活动日趋频繁，原驻汉口的陆战队千余人也调到上海，日舰十余艘位于浏河至吴淞间，封锁了海口。张治中根据这些情况判断，大战将不可避免，于是他在1937年7月30日向南京最高统帅部提出了他的作战报告。报告说，在断定日军发动战争无疑的情况下，"宜立于主动地位，首先发动，较为有利"。

但是来自南京的回复却是："卅来电悉，应我先发制敌，但时机应待命令。"张治中接电后，于8月1日分别发布了激励京沪区将士的文告和《告京沪区民众书》，讲明了战争形势和保卫上海的意义与决心，以使将士和民众有所准备，并动员全军将士和民众立即行动起来，"抗战到底，以求最后之胜利"。

上海"虹桥机场事件"之后，中日开战已经迫在眉睫。在此紧张时刻，张治中决定攻击部队于8月13日拂晓对虹口、杨树浦两翼日军据点发动突然攻击，打他个措手不及。然后以一个扫荡态势，一举消灭为数尚少的驻沪日军，把上海一次整个拿下来。

然而，当作战部队准备攻击时，南京统帅部突然打来电话："不得进攻。"张治中回电说："我军业已展开，攻击准备也已完毕。"请求继续进攻。但南京复电仍然是"不得进攻"。

原来当时上海外交使团因怕上海打仗，建议南京政府将上海改为不设防城市——自由口岸。该建议11日发出，12日到达外交部。因此导致南京政府犹豫不决，命令军队停止进攻，结果坐失良机。

上海前线的中国军队，没有等到南京的作战指示，却等来了日本的进攻。8月13日，日军凭借租借和黄浦江上的军舰，炮轰闸北一带，日军飞机也对闸北狂轰滥炸。

从上午到下午三点，日军在海空军的火力支援下和在坦克掩护下几次向宝山路、八仙桥和天通庵发起进攻，企图切断我大场与闸北的联系，围歼守卫北站地区的国民党军队。张治中将军指挥的第87、88师奋力迎战。

淞沪血战拉开序幕。

中国军队进攻受挫

应日本方面要求，8月12日下午，《淞沪停战协定》共同委员会会议在公共租界工部局会议厅召开。

▲ 日军重型坦克进攻上海。

出席者除中日双方，还有英、法、美、意四国代表。会上，日方代表冈本声称：今晨中国保安队及正规军队，已在近郊设置防御工事，此种行动，违反停战协定，应请共同委员会加以注意，采有效办法，加以制止。

上海市长俞鸿钧随即驳斥："共同委员会设置之目的，在维持上海之和平与治安，并非协助日本政府实施侵略政策。""虹桥事件发生后，日方曾一再表示静候调查事实真相，以外交方式解决，但一面竟军舰云集，军队大增，军用品亦大量补充，此外尚有大批军舰正在途中，源源而来。此种措施，不独妨碍各国侨民之安全，且对中国为一种威胁，且足发生危害之行为。中国在本国领土内，当然有权采取自卫之行动……我方秉承中央所定'人不犯我，我不犯人'之一贯政策，对侨居上海之各国侨民，仍当加以保护。"

各代表提议是否可将保安队稍稍后撤以免发生冲突。俞鸿钧义正词严地回答道："停战协定早已为日方破坏，故本日实无召集共同委员会之必要。""我国军队，在本国土地行动，有绝对自由之权，此则未容他人之置疑。""为维持上海之和平治安计，如日本将增加之军舰与军队调回，则我方对撤退保安队一点，亦愿加以考虑。"会议无果而终。

在会上日本做出一种竭力避免战争的姿态，在行动上却一直进行积极准备。最后挑起"八·一三事变"的恰恰是日本。

8月14日，南京政府发表自卫抗战声明，宣布："中国为日本无止境之侵略所迫，兹不得不实行自卫，抵抗暴力。"

蒋介石下令，将宁沪警备部队改编为第9集团军，张治中任总司令，负责攻击虹口及杨树浦之敌；苏浙边区部队改编为第8集团军，张发奎任总司令，守备杭州北岸，并扫荡浦东之敌，炮击浦西江山码头；空军出动，协同陆军作战，并担任重要地段的防空。

淞沪抗战开始时，国民党军队占据了绝对优势。驻沪军队除2个精锐师外，还有2个装备德国火炮的重炮团，即炮兵第10团（100毫米加农炮）和炮兵第8团（150毫米榴弹炮），而且还有坦克、空军助战。而当时日军在上海的部队仅海军陆战队3000多人，紧急从日本商团中动员退役军人，合计也不过4000人，重武器也不足。按理中国军队应全面压倒上海的日军。

为抢得战争主动权，第9集团军于8月14日对上海市区之敌发动全面进攻，同时出动空军，轰炸日海军陆战队司令部、汇山码头及海面舰艇。攻击重点最初为虹口，后转向公大纱厂。

经过数日苦战，第87师占领沪江大学，第88师占领五洲公墓、宝山桥、八字桥各要点。日军在16日退守江湾以日本海军陆战队司令部为中心的据点。但是这次围攻日军并不顺利。

为数只有几千人的日军，凭借坚固工事进行顽强抵抗。中国军队往往屡攻不克，无功而返，而且造成自身很大伤亡。8月14日，负责指挥进攻日军的第88师264旅旅长黄梅兴阵亡，为开战以来中国军队牺牲最高级别之军官。其旅伤亡1000余人，连排军官几乎损失大半。

除地面进攻外，中国还出动了海空军。8月14、17和19日，中国飞机多次出动轰炸日军目标，并与日机爆发激烈空战。8月14日，第4驱逐机大队大队长高志航率所部飞机于杭州笕桥机场上空击落敌机6架、击伤多架，创下抗日战争史上击落日机的纪录。

后来国民政府将这一天定为空军节。海军则奉命以商船沉于十六铺，封锁黄浦江，以防止日舰溯江而上进攻上游。

这次上海围攻未竟，陈诚日后回忆时总结说："以5师之众，对数千敌陆战队实行攻击，竟未能奏功，实在是当时部署种种不当的缘故。"这是国民党军队第一次各军种（空军、海军、陆军）和各兵种（步兵、炮兵、坦克）大规模合成作战，相互的协同很差。步兵逼坦克冲锋又不予以掩护，结果坦克被日军全部击毁；步兵失去坦克掩护后攻坚伤亡惨重，甚至出现一个营部队挤在一条街内被日军堵住街口全部击毙的悲烈战况。之所以发生这种混乱状况，是因为"步兵与炮兵、战车协同作战的训练从来没做过"。

中国军队在上海主动出击并发起凶猛的进攻，让日军大吃一惊。但是中国军队的兵力与火力仍然无法取得优势，特别是没有足以攻坚的重型武器，单靠部队英勇攻击，无法攻破日军在上海坚固的据点。所以虽然取得攻击的先机，而且表现勇猛，但是却没有达到赶日军下黄浦江的目的。

中日两军在上海正式开火之后，列强感到自己在上海的利益受到重大影响，于是装模作样地提出停战调停的要求。而蒋介石一直想要争取国际社会的支持，因此不得不对列强的要求有所敷衍。日本正可以利用机会喘息以困守待援，这也增加了中国军队早期攻势的困扰因素。

一寸山河一寸血

为解救在上海困守待援的日军，日本大本营在8月15日决议，立即向上海派遣两个师团，并召回退役的攻坚战专家松井石根担任上海派遣军司令。松井石根觉得部队少了，辞行时向米内海相和杉山元陆相表示，给他五个师团，他一定能打到南京去。

淞沪会战开始后不久，蒋介石就成立了大本营，自任大元帅，编订全国战斗序列，将江苏长江以南（包括南京、上海）及浙江地区划为第三战区，以冯

▲ 抗战期间，蒋介石在研究军事部署。

玉祥为司令、顾祝同为副司令。

蒋介石虽任命冯玉祥为司令，却特地交待"以顾副长官之命令为命令"。顾是他的心腹干将，冯玉祥只不过是个空头元帅。

8月下旬，中国军队继续围攻盘踞在海军陆战队司令部、杨树浦等据点的日军，新抵达战场的国民党军精锐部队第36师迅速投入战斗。但我军终因装备低劣、火力不够威猛，面对钢筋混凝土筑造的工事而一筹莫展。中国仅有的装甲部队——南京装甲团配属第36师的两个连战车反被日军舰炮悉数摧毁，两连官兵全军覆没，壮烈殉国。

8月22日，日本上海派遣军的援军抵达上海。8月23日拂晓，增援日军在狮子林、川沙口、张华浜等方面登陆，企图从侧翼包围攻击上海日军基地的华军，战况骤然吃紧。

蒋介石闻讯，急忙命军政部次长陈诚为第15集团军总司令，指挥第98师、第11师和刚刚抵达嘉定的第67、第14师火速分赴各处阻击敌人登陆。

▲ 遭日军轰炸后的上海。

日军增援部队登陆之后，中日双方的上海之战主轴，开始由东西向转为南北向。淞沪会战的主战场，就在上海西北的郊区展开，整个战场的方圆半径，不过几十千米，但是中日两军在此血战长达两个多月，死伤的人数超过30万人以上。战斗最为激烈的罗店与大场，更是成为名副其实的"血肉磨坊"。

这时蒋介石已经决定将主力决战的地点，放在上海地区。于是立刻重新部署在上海作战的兵力，成立第三战区，派出张发奎的第八集团军，防守浦东到杭州湾阵地，张治中的第九集团军防守上海市区，而陈诚的第十五集团军负责上海市郊到长江的防线。日军最初只是希望能够解上海之围，但面对源源涌到的国军主力，日本被迫一再增兵。

这次日军吸取了"一·二八"事变的教训，大量抽调各个师团的工兵单位参加上海派遣军中，特别增加各种搭筑桥梁的设施装备，以增加日军在河道之间的运动能力，并且避免在上海的市区作战。

松井石根先将主力放在攻占上海西北郊区的宝山到罗店一线，以扩大日军登陆的滩头阵地。陈诚第十五集团军的主要作战任务，则是"反登陆作战"，于是中日两军的主力，就在这个地区进行非常惨烈的阵地争夺战。

日军拥有绝对的海空军优势，日军的海军炮舰的火力更是全球第一。日本海空军对中国军队阵地进行了近乎摧毁性的密集射击。我军在天摇地动的炮弹轰击下，艰难抵抗。我方仅有的轻炮兵，根本没有还手的力道，于是在长江沿岸阵地，我军死伤无数，其中以守宝山的姚子菁营血战七昼夜，全营战死无一生还最为壮烈。

8月23日起，日军第3、第11师团在舰炮密集火力掩护下，向吴淞口铁路码头、狮子林、川沙口登陆，进攻宝山、月浦、罗店、蕴藻浜我军阵地。刚组建的第15集团军在罗卓英指挥下，向宝山、川沙口登陆之敌发起反击，第98师于8月24日击退攻占狮子林的日军，歼敌数千人。

第11师冒着飞机猛烈轰炸，经艰苦战斗，收复罗店。不甘失败的日军，调集坦克、飞机和重炮大举反扑。双方围绕罗店展开拉锯战。第11师与原先防守此地的第67师并肩战斗，以"一寸山河一寸血"的感天动地精神与日寇厮杀，战况之惨烈，为开战以来所仅有。

▲ 侵华日军在巷战中，中国军队的顽强抵抗打碎了日军"迅速解决上海战事"的如意算盘。

守军阵地几经易手，往往得而复失，失而复得，阵地前尸积如山，血流成渠。第67师师长身负重伤，第201旅旅长蔡炳炎及两个团长阵亡，两个师的营连长大半牺牲。血战至29日，罗店再度陷入敌手，刚刚从德国回国奔赴前线的黄维率第67师奋力突入，旋被击退。

松井石根虽然攻占了罗店，但是没有足够兵力继续进攻，以切断上海到南京的交通线，而完成对上海的大包围。因为在上海市区以及东区的中国军队，仍然在对受到围困的日军阵地，进行猛烈攻击，松井石根必须要抽调兵力，支援这些地区的战斗。

在罗店争夺战中，中国军队几乎到了全部队牺牲的程度。陈诚的第十五集团军，才打了不到半个月，就已经减员半数以上，到了9月10日，放弃反登陆的滩头决战，退到河道密布的内陆，防守马路河到蕴藻滨，以及潘泾到杨泾的地区。

中日两国在上海血战，这时已经成为全球新闻关注的焦点。所有的国际军事专家都不敢相信眼前的事实：中国军队竟然能在上海力战日军。军事专家预测中国军队最多可坚守一个星期，结果战争竟然打了一个月以上。中国军队猛攻张华浜车站，攻势之猛烈，更是令中外记者目瞪口呆，日军只有全力投入部队稳住战线。在黄浦江中的日本舰队，向沿岸阵地疯狂倾泻炸弹，整个上海租界全被炮声与火光笼罩。然而日本拼死反击的结果，也仅仅得以勉强守住阵地，北站、八字桥等关键据点仍牢固地掌握在中国第9集团军的手中。

日军金山卫登陆，淞沪会战告终

淞沪会战进行到11月初，中国军队虽早已由主动进攻转入被动防御，且一再后撤，但仍控制上海。这与日本当初"迅速解决上海战事"的如意算盘恰好相反。日本是个资源有限的岛国，是无法和中国这个庞然大国比拼耐力和韧劲的。

经过数次增兵，日军依旧无法取得决定性胜利，日本统帅部对此感到极为恼怒，也大为焦急。国际社会开始怀疑日军的战力，日本人民也开始从狂热中体会到挫败与死亡的忧虑。

日本大本营经过审慎研究商讨后，认为中国已倾全国兵力之五分之三云集上海，所以中日主力决战的地点应该在华东，而不是日本之前认定的华北。日本在华北方面过多待命决战的部队，根本是战略部署的浪费。

日本大本营因而提出"目前刻不容缓的是迅速结束上海战役"，并决定将战略重点转向华中、华东。于是日本大本营在10月26日，以"临参命一二〇号"，做出最新战斗序

▲ 日本战机

列的调整，下令由华北方面军抽调第16师团，加入上海派遣军战斗序列。同时以第6师团、第18师团、第114师团，以及国崎支队等特战与支持部队，组成第10军的战斗序列，由柳川平助中将率领，前往上海地区参战。至此，聚集在上海的日军总数达到27万。

日军第10军预定的作战方案是：1. 在10月末或11月初在杭州湾金山卫附近地域登陆，主力以快速突进方式向黄浦江之线前进，攻占松江，切断沪杭铁路，一部向闵行渡河点前进，策应上海派遣军作战；2. 渡过黄浦江之后向上海以西及南方攻击前进，与上海派遣军配合消灭上海周边的中国军队。

在敌人大兵压境、欲图决战之际，蒋介石却又陷入对国际社会调停的奢望中。《九国公约》会员国，将在11月3日于比利时布鲁塞尔召开会议，主题是讨论中日之战，所以蒋介石希望在上海地区继续作战，以利于中国求诸国际仲裁。

其实寄希望于列强干涉的念头，蒋介石一直没有放弃过。淞沪一役，实乃日本人逼迫太甚不得已而为之，"打"的目的是为了将来可以更好地"谈"。国际社会的调节，是他紧抓不放的救命稻草。所以蒋介石一闻布鲁塞尔会议将讨论中日之战，立刻喜出望外，乱了之前的战争部署。

原来之前蒋介石已决定按照白崇禧、陈诚等人建议，放弃上海，采取持久战策略，全军退到上海外围的国防工事固守，抗击消耗日军。本来这是当时情势下的明智之举，但《九国公约》会议的消息搅乱了蒋介石的头脑。

在撤退命令下达之后的第二天，11月1日夜10时蒋介石偕白崇禧、顾祝同等人乘火车，冒雨来到淞沪前线中央军总部驻地南翔，在一所小学里召集由师长以上将领参加的紧急军事会议。

会上，蒋介石大声讲道："《九国公约》会议对国家命运关系甚大，我要求你们作更大的努力，在上海战场再支持一个时期，至少10天到两个星期，以便在国际上获得有力的同情和支援"，"上海是政府的一个很重要的经济基地，如果过早地放弃，会使政府的财政和物资受到很大影响"。会后，宣布撤销撤退命令，各部队坚守原先阵地。

新命令下传之后，部队一片哗然。一些已经卷好铺盖准备撤退的士兵只好匆匆返回阵地，队伍秩序开始出现混乱。而且短短时间内命令两次反复，使得中国守军士气大受影响。

然而恰在此时，日本增援的第10军，突然在杭州湾的金山卫登陆。蒋介石在上海作战初期，曾设想过日军从金山卫登陆包抄的可能，因此在沿岸建有简单的防御工事，还留有部队监视。

但后来蒋介石及其军事顾问都认为日军已无再投入登陆杭州湾的兵力。结果没料到，日本竟把华北方面的军队抽调来了上海。

11月5日拂晓，日本第10军在柳川平助指挥下，由舰队护送至杭州湾金山卫附近之漕泾镇、全公亭、金丝娘桥等处突然登陆，包抄淞沪中国军队防线南方的背后。

日军登陆时，在杭州湾北岸几十千米长的海岸线上，中国仅有少数兵力和地方武装防守。既无重炮，也无像样工事。10万装备精良的日本生力军迅即突破防线，登陆成功。

当蒋介石得知日军登陆金山卫的消息时，不禁大吃一惊，立刻火速调兵阻挡。此时却无兵可调了，第62师回防阵地已经太迟，第67军刚从河南赶到，根本还没有完成集结，立刻就被日本第10军的主力击溃。

▲ 上海失陷。历经3个月的浴血奋战，最终以中国军队的失利而告终，淞沪会战落下帷幕。图为疯狂欢呼的日军。

11月8日夜，日军凭借强大火力从东、南、西三面突入松江城，守军死亡殆尽。日军遂占松江，随即兵分两路：一部沿太湖东岸，经浙江、安徽直趋南京，主力则指向枫泾镇、嘉兴、平望。9日，切断沪杭铁路及公路。

日军在杭州湾登陆的战略意图非常明显，就是要从背后包抄在上海决战的中国军队，准备围歼。但是身为统帅的蒋介石此时已经方寸大乱，未能对这个情势变化作出实时与果断的退兵决定，只是设法抽调一切可能的部队去杭州湾沿岸，以阻挡日本第10军的登陆与推进，却迟迟没有调动在上海参战的军队。白崇禧告诉他，前方将士听到日军登陆的消息后人心惶惶，有的部队已经出现混乱，大有失控之趋势，再不撤退70万人只有白白等死了。于是蒋介石不再坚持，于11月8日晚下令全面撤退。

撤退命令虽然下了，但由于命令仓促，指挥不利，大撤退演变成大溃退，完全没有章法。日军地面部队穷追不舍，飞机则在天上轰炸扫射。蒋介石原本计划撤到吴福线、锡澄线、乍嘉线和海嘉线一带，依托原有坚固工事作持久抵抗，但败军穿越工事径自溃逃，致使耗费数年苦心筑成的这些工事成为摆设，国民政府首都南京于是门户大开。

11月11日，上海市市长俞鸿钧发表告市民书，沉痛宣告上海沦陷。11月13日，国民政府发表自上海撤退之声明：

"各地战士，闻义赴难，朝命夕至，其在前线以血肉之躯，筑成壕堑，有死无退，阵地化为灰烬，军心仍坚如铁石，陷阵之勇，死事之烈，实足以昭示民族独立之精神，奠定中华复兴之基础。"

至此，在历经3个月的血雨腥风之后，淞沪会战落下帷幕。

回过头来，再说蒋介石之前所寄希望的《九国公约》。会议上通过的宣言，对日本连句谴责都没有，只是不痛不痒地表示："日本为干涉他国内政而使用武力，既无法律根据，且此项权利一经公认，将永为纠纷之渊源。"

在淞沪会战惊心动魄的三个月当中，全中国上下凝结一心，达成了"纵使战到一兵一枪，亦决不终止抗战"的共识。这是中华民族历史上最为悲壮的决定。中国坚抗日寇达百日之久，使得世界各国对于中国的抗日实力与决心，产生刮目相看的态度。

淞沪会战的意义更在于，打破了日军"三个月灭亡中国"的妄言，将中日战争拖入持久战。一旦日军无法速战速决，也就决定了它最后失败的命运。

三、山西血战

平型关大捷

卢沟桥事变后，日军很快便占领平、津，之后便按照其侵略计划，分多路向中国内地进犯。其中一路便是从长城线向西切断同蒲路，然后南下，从平汉路西取正太路，会攻山西。

1937年初秋，日军板垣师团猛攻南口。同时日军东条纵队猛攻张家口。张家口守军第29军刘汝明部不战而退，阎锡山的第61军反攻不力，张家口失守。张家口失守后，日军下一个矛头便是第二战区阎锡山苦心经营的山西。

山西地处华北屋脊，有高屋建瓴之势。占领山西，东进可以控制华北平原，南下可以逐鹿中原，乃历代兵家争夺要地，被称作"华北之锁钥"。另外，山西还盛产煤、铜和锡，这些都是重要的战争资源。所以日军对山西志在必得。

日军占领南口、张家口后，阎锡山判断，日军为运送部队、军火，展开机械化作战，以发挥其优势，下一个进攻目标应该是大同。阎锡山为此部署了大同会战计划。

但是，9月上旬，东条纵队和伪蒙军沿平绥线击破李服膺部防守永嘉堡、天镇间的国防工事，直抵阳高城下。李部一路逃到桑干河以南，日军于9月13日攻占大同，而其主力板垣师团指向平型关，意图抄雁门关后路，然后夹击太原。阎锡山的大同会战计划流产，之前部署在雁门关一带的兵力失去了意义，而平型关一带则兵力空虚。阎锡山被迫立即着手部署平型关会战。

此前国共两党已就红军改编达成了协议：红军主力改编为国民革命第八路军，设总指挥部，下辖3个师，每师1.5万人，并任命朱德、彭德怀为正副总指挥。1937年8月25日，中共中央军委正式下达命令，宣布中国工农红军第一、第二、第四方面军和陕北红军等部，改编为国民革命军第八路军（9月11日改称第18集团军），一般简称"八路军"。八路军总部直属3000余人，全军共有4.6万人。

在华北形势万分危急的情况下，中共中央在8月22日至25日在陕西洛川召开了政治局扩大会议。会议通过了《关于目前形势与党的任务的决定》和《抗日救国十大纲领》。这次会议用较长时间讨论了八路军出征后的作战方针问题，最后一致同意毛泽东所作的结论："基本是独立自主的山地游击战，但不放松有利条件下的运动战。"

▲ 平型关大捷 沙飞摄影。

按照和国民党政府达成的协议，八路军开赴阎锡山负责的第二战区作战。很快八路军就陆续从陕西韩城、潼关两处东渡黄河，开赴抗日前线。当八路军过了黄河时，日军已威胁到阎锡山战区的心腹地带。

当时日军的主攻方向分左右两翼：右翼一个派遣兵团和两个独立混成旅团占领大同后，准备出山阴进犯雁门关；左翼第5师团企图突破平型关与大同之我军防线会师雁门关。日军的如意算盘是：两翼会师后攻占太原，以大迂回动作，迫使国民党军队撤退，达到不战而占华北5省之目的。

八路军进入山西后，分兵两路迎击日军，开赴晋东北的是115师，主力在9月中旬赶到平型关以西大营镇集结。

平型关位于河北与山西交界地带，是进入山西的一个重要隘口，敌人选中这个薄弱的地方作为攻打山西的突破口。

平型关东北方向有一条通往灵丘县东河南镇的狭窄沟道，沟长约十多里，两面是山，深数十丈。沟底道路仅能通过一辆汽车，尤其沟道中段，地势最为险要，是打伏击战最理想的地方。八路军115师先遣部队发现敌人大队人马正向平型关方向运动，师党委决定在这里与日军打一仗。

115师师长命令部队25日零时出发。战士们顶着狂风暴雨，涉急湍山洪，在拂晓前到达了指定地区，把全师主力布置在平型关到东河南镇10余里长的公路南侧山地边缘上。进攻平型关的敌人完全处于包围圈伏击之中。

进犯平型关的日军是坂垣第5师团。坂垣师团有很强的武士道精神，战斗力非常强，自进攻华北以来，每每令国民党军不战而退。不过这次他们万万没有料到八路军这么快便东渡黄河，并埋伏好了等着他们。

那天夜里，阴云密布，大雨如注。埋伏待敌的战士们只着单军装，又破又烂。晋北9月下旬夜间气温已很低，战士们又冷又饿，但伏于湿地、山岩上待命，士气高昂。

25日晨5时半左右，日军第一辆汽车进入伏击圈，聂荣臻传令：沉住气，无命令不许开火。等敌后板垣师团第21旅团千余人及汽车、大车300余辆进入伏击圈后，115师某团5连连长曾贤生率全连首先向敌冲杀，用手榴弹炸毁敌人最后一辆汽车。敌人退路被截断。

我军居高临下，突然向敌发起猛烈攻击，一下子把敌人打得晕头转向，指挥系统全乱了。一时间，十几里长的山沟，人喊马叫，乱成一团。我军战士一个个如猛虎下山，与日军展开了白刃战。军号声、喊杀声响彻山谷。

日军由于受过严格的训练，虽指挥混乱，仍负隅顽抗。敌人首先拼命争夺公路两侧制高点——老爷庙。失败后，又企图冲破独8旅阵地逃命。独8旅把一线配备改为纵深配备，奋力阻击。

激烈的战斗持续到27日白天，敌人终未能冲破包围，板垣师团21旅遭歼灭性打击。因为敌人死不缴械，千余日军全部被击毙。战斗极为残酷，我军伤亡也很严重。据阮受贤回忆，115师约有900人伤亡。还有说法是：我团营干部五人负伤，以下近千人伤亡。第5连百名壮士，凯旋时只剩30多人，连长曾贤生壮烈牺牲。

战后统计，此役我军共歼敌1000余人，毁敌汽车100辆，大车200辆，缴获步枪1000多支，轻重机枪20多挺，战马53匹，另有其他大量战利品。

这是中国全面抗战开始后取得的第一次大胜利，平型关大捷打破了日军不可战胜的神话，振奋了全国人心，鼓舞了全国人民的抗战热情。当胜利捷报传到全国各地时，各界纷纷给我党、我军发来贺电、贺信。

蒋介石在贺电中讲："朱总司令、彭副总司令勋鉴：25日电悉，25日一战，歼敌如麻，足征官兵用命，深堪嘉慰。尚希益励所部，继续努力，是所至盼。"上海市职业界救亡协会也发来贺电："贵军受命抗敌，立奏奇功，挽西线垂危之局，破日寇方长之焰。捷报传来，万众欢腾，谨电驰贺。"

忻口会战

八路军在平型关奇袭日军后不久，爆发了一场中国军队在晋北抗击日本侵略军的大规模的战役——忻口会战。

参加这次战役的部队有阎锡山的晋绥军、国民党的中央军和中国共产党领导的八路军（又称第18集团军）。

这次战役是由第二战区（司令长官阎锡山，朱德、卫立煌、黄绍竑副之）指挥实施的太原会战的中心战役。这是国共两党团结合作、在军事上相互配合的一次成功范例。

10月初，日本军部正式向华北方面军发布攻取太原的命令。10月1日，华北日军主力坂垣第5师团及关东军察哈尔派遣兵团第1、第2、第15混成旅团与特种部队等共3万余人，沿代县至原平公路发起进攻，忻口战役序幕拉开。

10月13日开始，会战正式打响。13日拂晓，日军以飞机、重炮、战车掩护步兵5000人连续猛攻忻口西北侧南怀化阵地，守军阵地被突破。守军以炮兵协同步兵作战，肉搏冲锋，顽强抗击。

经过一整天的激战，收复了阵地。第二天，增兵后的日军发起更猛烈的攻击，一开战即成胶着状态。

▲ 忻口会战，抗日勇士行前高呼抗日口号。

15日，中路守军正面出击，发起攻势，阻止敌主力从南怀化突袭忻口的企图。第9军军长郝梦龄、第54师师长刘家麒、独立第5旅旅长郑廷珍到前沿阵地奋勇督战，相继中弹，壮烈牺牲。师长李仙洲，旅长于镇河、董其武火线负伤。陈长捷接郝梦龄任中路前敌总指挥。

就这样，在南怀化、红沟谷地敌我持续拉锯战，阵地失而复得。日军主攻方向是中路的南怀化，到10月22日，进入南怀化之敌已三易联队。为打破僵局，日本华北方面军司令官寺内寿一急调萱岛支队等增援忻口，并亲临督战，于24日再次发起猛攻。气急败坏的日军采用毒瓦斯、烧夷弹助攻，使我军阵地一片火海。日军还以坑道攻击法逐步进逼。

我军则向敌壕一侧掘进坑道或窄

壕，实行对壕互轰，展开地下战。我守军官兵冒着烈火和毒气拼死战斗，双方损失惨重，每日伤亡均以千计。

双方如此对阵厮杀达半月之久。在忻口正面顽强抗击的同时，八路军在敌后开展游击战争，进行战役配合。八路军主力第115、120师深入敌军两翼及侧后，向灵丘、广灵、代县、崞县、雁门关敌后进军，袭击敌人的后方，破坏敌人交通运输，切断敌人的补给和增援。

另一方面，八路军还以部分兵力直接袭扰敌人第一线，协同友军作战。如10月19日夜，刘伯承第129师第769团以一个营的兵力夜袭代县西南的阳明堡机场，毁伤敌机20架，歼敌百余人。这次袭击有力地削弱了敌空中攻击力量，援助了忻口友军正面作战。

卫立煌在忻口会战后不久因此盛赞"八路军确实是抗日的，是复兴民族的最精锐的部队"。

然而到了10月底，忻口战场局势恶化。赶来晋北的第14集团军由于连续冲杀，战斗力渐渐不支。

另外，晋东告急，太原告警，第二战区作出新的部署。战区司令傅作义回太原组织城防，把杨爱源派去晋南组织防御。卫立煌下令部队停止反击，并请求增兵。11月2日夜，在忻口作战的中国军队奉命撤离阵地，向太原撤退。11月8日夜，日军从太原城北突入，经过激烈巷战，傅作义率守军2000余人向西山突围，太原失守。

忻口战役创下歼敌逾万的记录，虽然最后中国方面失利，付出了重大牺牲，它的意义仍不容低估。中国守军英勇抵抗，消耗了大量敌军。此役还破坏了日军的河北平原会战计划，为平汉线中国军队南撤赢得了宝贵的时间。

八路军政治部主任任弼时高度评价了忻口战役的功绩："敌曾以全力猛攻忻口，遭受了忻口抗战部队的猛烈的袭击。忻口战争是华北抗战中最激烈的战争，郝、刘两将军在前线同时作了壮烈的牺牲，卫立煌将军指挥下的全线部队，虽遭受了重大伤亡，毫未动摇；许多忠勇将士的英勇奋斗，是值得每个同胞永远纪念的。"

虽然在一些战场上，中国军队的抵抗十分勇敢，但日军在华北战场整体还是有长驱直入之势。他们分别于10月13日占领石家庄及平汉铁路北段，14日占领归绥（呼和浩特），16日攻陷包头，11月13日占领济阳，进到黄河北岸。华北大部分重要城市被日军占领。

太原失陷后，国民党军队向西南撤退。华北战场上的正规战争便基本结束，而由敌后游击战争支撑着华北的抗战局面。

八路军进入单独作战的新阶段。根据党中央的指示，八路军大力开展独立自主的游击战争，创建了一批抗日根据地，如晋察冀根据地、晋东南根据地、鲁中根据地等等。随着抗战的发展，广大爱国青年踊跃参加抗日革命军队，抗日根据地不断巩固和扩大。

与此同时，新四军也在成立后迅速出发东进抗日。1938年6月，新四军进至南京、镇江、芜湖一带，从敌伪手中解放了这一带的广大农村地区。在江北，新四军解放了淮南铁路和津浦铁路南段两侧地区，有力打击了敌人。

中国抗日战争渐渐形成两个战场。一个是正面战场，以国民政府军队抗战为主；一个是敌后战场，以中国共产党领导的八路军、新四军和游击队等人民武装力量的抗战为主。

第三章

爆发：欧洲沦陷

一、波兰覆亡：一场"鹰击羔羊的悬殊对决"

▲ 德军开进莱茵区，受到当地居民的欢迎。

"白色方案"秘密出台

希特勒本来打算发动局部战争夺取奥地利和捷克斯洛伐克，可是西方国家的绥靖政策使德军不战而胜，几个月工夫就连胜两国。这是希特勒所完全没有料想到的。他决定乘胜追击，波兰就成了他的下一个目标。

波兰东接苏联，西邻德国，南界捷克斯洛伐克，北临波罗的海，拥有丰富的矿产资源，冶金、化学、机器、造船工业都相当发达。如果德国占领了波兰，不仅可以消除进攻西欧的后顾之忧，还可以把波兰作为入侵苏联的军事基地。

在与德国接壤的所有国家中，波兰是最应该有所戒惧的。但是事实正相反，波兰丝毫没有意识到德国的危险。

英国张伯伦政府对德国墨迹未干即撕毁《慕尼黑协定》、肢解捷克斯洛伐克并向波兰提出但泽问题等一系列行为，感到极为震惊。这一系列行为严重损害了英法在欧洲的利益。慕尼黑政策的彻底破产，使张伯伦遭受到了国内外的一片指责。

在内外交困的形势下，张伯伦才发表了强烈谴责希特勒侵略的演说，宣布全力支持并保证波兰的独立。

见波兰不肯屈服，而英法又宣布保证波兰的独立。希特勒于 1939 年 4 月 3 日下达密令，要三军做好 9 月 1 日以后任何时间进攻波兰的准备。5 月 22 日，德、意两个法西斯国家缔结了军事同盟条约，结成"钢铁同盟"。

4 月 16 日，苏联外长李维诺夫在莫斯科接见了英国大使，并且正式建议英国和法国同苏联缔结三边互助条约。这个条约要求缔约国签订一项军事协定来使互助条约具有实效，还要求由签字国（如果认为合适的话，还可加上波兰）对中欧和东欧所有认为自己受到纳粹德国威胁的国家作出担保。张伯伦一心要把苏联排除在欧洲大国集团之外，就像他在慕尼黑所做的一样。

1939 年 4 月 7 日，墨索里尼派兵侵占了阿尔巴尼亚，这加剧了动荡的欧洲局势，一些军备薄弱的国家愈加胆战心惊。

美国总统在给希特勒和墨索里尼的电报里，要他们作出保证，声明德、意武装部队不会入侵英、法、波、苏在内的 31 个国家。罗斯福说，如果能作出这种保证的话，他答应美国将参加世界范围内的谈判，来使世界解除"军备竞赛的重负"，并且打开国际贸易的道路。

在 4 月 28 日的国会上，希特勒作了足足有两小时的"精彩"演说。他公布了一个消息，即就但泽走廊地带向波兰提出了相关的建议，并且告诉德国国会，波兰政府已经拒绝了这个"独一无二的建议"，同英国订立了军事协定，因此波兰已经背弃了波德互不侵犯条约。希特勒对罗斯福总统要求他保证不进攻 31 国中任何一国所作的答复，最后触动了他的核心。他雄辩滔滔，针锋相对，对罗斯福的呼吁极尽讽刺挖苦、虚伪狡诈之能事。

在临近结束的时候，希特勒大摆自己的政绩。这与其说是讲给外国人听的，毋宁说是讲给德国人听的。希特勒最后说："我相信只有这样做，我才能对我们全都关心的事情尽最大的贡献，那就是全人类的正义、幸福、进步与和平。"

就欺骗德国人民这一点来说，这篇演说是希特勒"最光辉的杰作"。尽管乍听起来似乎把罗斯福驳得体无完肤，实际上并没有真正回答美国总统的根本问题：他的侵略是否已经到头？它是否要进攻波兰？

希特勒在国会批驳了罗斯福的电报之后，就加快了进攻波兰的部署。

5 月 22 日，在柏林总理府，德国同意大利签订了"钢铁盟约"。条约规定：如果一方卷入战争，则另一个缔约国应立即以盟国的身份，以其全部军事力量在地面、海上和空中予以援助和支持。条约还规定：一旦发生战争，两国中的任何一国都不得单独停战或媾和。从此，德意两个法西斯国家就紧紧地拴在一个战车上了。

6 月 15 日，德国陆军司令冯·勃劳希契按照希特勒的指示，制定了陆军对波兰进行军事行动的计划。为了征服波兰，勃劳希契成立了南、北路两个集团军。南路集团军由第 8 军团、第 10 军团、第 14 军团组成；北路集团军由第 3 军团、第 4 军团组成。冯·伦斯德将军指挥南路集团军，将从西里西亚发动进攻，以华沙为总方向，击溃抗击的波兰军队。目标在于同北路

▲ 德国外长从莫斯科回国，为希特勒带回了"可喜的"成果。

集团军合作，歼灭波兰境内仍然在顽抗的波兰军队。北路集团军的第一个任务是打开走廊，建立德国和东普鲁士之间的联系。

同时发布的一项补充命令规定，为执行"白色方案"而部署军队的命令将于8月20日执行，"一切准备工作必须在那一天完成"。

6月22日，凯特尔将军向希特勒呈交了一份"白色方案"的初步时间表。希特勒已经把9月1日规定为进攻波兰的日子。

希特勒所计划打的是总体战，它不但要求军事动员，而且要求国家全部资源总动员。为了统一调度这个规模庞大的工作。6月23日，在戈林主持下召开了国防会议。要求工业、农业、交通，一切都要为前线服务。此时，欧洲的形势是山雨欲来风满楼，各种政治力量相互角力。

希特勒为了达到侵占波兰的目的，不仅在政治上、军事上、经济上进行着充分的准备，而且想方设法分化西方联盟，孤立波兰，与苏联签订了互不侵犯条约。这一条约的签订，使欧洲斗争形势出现了新的转折。

苏德条约的签订，粉碎了英法挑动苏德战争的阴谋，加深了轴心国之间的矛盾，使德、意、日一致投入战争成为不可能，使苏联赢得了宝贵的时间加强战备，进一步做好反侵略战争的准备。

条约签订后，日本朝野谴责德国破坏了协定，表示抗议，平沼内阁被迫辞职；意大利独裁者认为德国藐视意大利，从而感到受了侮辱；佛朗哥则发表声明，要在欧战中保持中立。而英国海军大臣丘吉尔也认为《苏德互不侵犯条约》的签订，标志着若干年来英法的外交政策和外交手段的彻底失败。

▲ 苏德两国签署《苏德互不侵犯条约》，希特勒喜不自胜。

希特勒之所以同意签约，宣布停止反苏，互不侵犯，只不过是一个骗人的幌子。其真正原因是，希特勒看到英法态度转趋强硬，认为同西方战争不可避免。为了避免在新的大战中重犯第一次大战时德军两线作战的错误，希特勒决定先不去碰苏联这块硬骨头，而去首先打垮软弱并且没有做战争准备的英法两国。这是他的"各个击破"策略的故伎重演。

1941年6月22日，法西斯德国背信弃义，发动了侵苏战争，撕毁了这个条约。

一号作战指令

1939年8月31日中午，希特勒发出了"白色方案"第一号作战指令。傍晚，150万德国法西斯军队开始进入波兰边境的前沿阵地，只等次日拂晓出击。

与此同时，希特勒为了使德国人民对于这一场突如其来的侵略战争在精神上有所准备，他又开动宣传机器，玩弄一套欺骗伎俩。

当天晚上9点，所有的德国电台都广播了希特勒对波兰提出的诚恳"和平建议"被波兰"粗暴拒绝"的事情。事实上，希特勒从来没有向波兰人提出过这个建议，不过是在不到 24 小时以前含糊其辞地向英国大使提了一下而已。这一重要的事实，广播电台却完全隐瞒不报。为了给入侵波兰制造借口，希特勒明白仅仅依靠言词宣传是不够的，还需要有实际行动。于是，他又命党卫队的流氓特务瑙约克斯于当晚 8 点钟，向靠近波兰边境的德国格莱维茨电台表演了一场伪装波兰方面的进攻。从此，这个"以牙还牙""正当防卫"的战争就这样开始了。

1939 年 9 月 1 日，这一天，在柏林是一个灰暗、闷热的早晨，尽管无线电和晨报号外相继传来重要的新闻，但街上的老百姓却对此非常冷淡。

在"白色方案"的第一号指令中规定的拂晓 4 点 45 分，德国军队大举越过波兰国境，分北、南、西三路进逼华沙。天空中，德国的机群吼叫着飞向波兰的部队、军火库、桥梁、铁路以及不设防的城市。

波兰人民第一次尝到人类历史上规模最大的来自空中的突然死亡和毁灭的滋味。在此后六年间，欧亚两洲千百万男女老幼将经常处于这种恐怖之下。

上午 10 时，希特勒从总理府驱车驶过冷清的街道前往国会，去向全国人民报告他刚刚毫无人性地挑起的重大事件。

希特勒在过去夺取政权和巩固政权的时候，已经不知说了多少谎话，在这个历史的重要关头，他又用混淆视听的谎言来愚弄善良的德国人民并为他那荒唐的行为辩护。他说："诸位知道，我曾一再作出努力，争取在奥地利问题以及随后的苏台德地区、波希米亚和摩拉维亚等问题上通过和平途径澄清事态，并取得谅解；但是，一切都归于徒劳。"

"在我同波兰政治家们的会谈中，德国的'诚恳建议'，又'遭到了拒绝'，整整两天，我和我的政府在等待着，看看波兰政府是否方便，能够派遣一位全权代表前来，但是，我再也看不到波兰政府有任何诚意同我们进行认真的谈判。昨天夜间，波兰正规军已经向我们的领土发起第一次进攻。我们已于清晨 5 点 45 分起开始还击。从现在起，我们将以炸弹回敬炸弹。"

在发动侵略战争那天，希特勒只有一次在国会说了实话。他说"我要求德国人民的，只不过是我自己四年来准备做的，从现在起，我只是德意志帝国的一名军人。我又穿上了这身对我来说最为神圣、最为宝贵的军服。在取得最后胜利以前，我决不脱下这身军服，要不然就以身殉国。"

从最后下场来看，这一次希特勒算是言中了，一旦战败，他是不敢正视也不敢承担战败的责任的。

希特勒不仅肆意欺骗德国人民，而且还对那些亲眼看到是谁首先在波兰边境上发动进攻的德国士兵，灌输了一顿编造的谎言。他在 9 月 1 日一份冠冕堂皇的告德国军队书中说，"为了制止波兰侵犯边境的疯狂行为，我别无他策，此后只有以武力对付武力"。

闪击战的"实验场"

1939 年 9 月 1 日凌晨，希特勒下令向波兰发起进攻。4 时 45 分，从德国本土起飞的轰炸机群呼啸着向波兰境内飞去，攻击目标集中在波兰的部队、军火库、机场、铁路、公路和桥梁。与此同时，德波边境上万炮齐发，炮弹如暴雨般倾泻到波军阵地上。

一小时后，德军地面部队向波兰发起了全线进攻。波军无数火炮、汽车及其他辎重来不及撤退便被摧毁，交通枢纽和指挥中心遭到破坏，部队陷入一片混乱。

相关链接

★ 闪击战

闪击战是德国名将古德里安创建的一种以装甲部队为决定性力量，制空权为前提，以雷霆万钧之势向敌人后方作快速、大胆的袭击的作战模式。

闪击战理论是二战期间德国军事战略的基础。该理论的原则就是奇袭、集中、速度，要求在敌人未来得及部署武装力量之前，集中优势兵力，以包围与合围的方式取得战争的胜利。

由于闪击战在二次世界大战中发挥无比的威力，因此在大战结束之后受到英美等军事学者的深入研究。"闪击战"大致可分以下几个阶段：

▲ 德军闪击图

集结：意即在攻击发起前夕，将兵力彻底集中于一个狭窄的正面上。由于该战术需"形成重点"之故，真正的攻击正面还会比集结面更窄。

展开：为了突破后维持必须的冲力，机械化部队将会成梯次纵深部署。

突破：使用形成重点后所造成的压倒性优势武力，以决定性的冲击力突穿敌人战线。

突穿：此阶段是突破之延续。在完成突破之后，装甲部队主力以及其他机械化支援单位会穿越打开的缺口，并进入敌人战线开始向敌后深入。

击虚与钻隙：突破时期结束，开始全速向敌后方做大纵深的突进。

席卷：这是闪电战的最后一个阶段。整个突进部队将以敌人的交通线为目标，进行分割包围遭孤立的敌军主力。

9月1日傍晚，德军迅速突破了波军防线，并以每天50～60千米的速度向波兰腹地突进。伦德斯泰特的南路集团军群以赖歇瑙的第10集团军为中路主力，以李斯特的第14集团军为右翼，在左翼布拉斯科维兹的第8集团军掩护下，从西面和西南面向维斯瓦河中游挺进；博克的北路集团军群以克卢格的第4集团军为主力，向东直插"波兰走廊"，另以屈希勒尔的第3集团军从东普鲁士向南直扑华沙及华沙后方的布格河。这是人类战争史上空前规模的机械化部队大进军。

由于德军战前准备异常充分，所以德波之战对于胜券在握的德国法西斯来说几乎没有任何难度。德国空军对波兰的行政中心、交通枢纽、部队营房、军事指挥中心、空军机场进行了摧毁性的轰炸，完全夺得波兰上空的制空权。地面上，德军坦克师和摩托化师，迅速击垮了波军在边境地区的抵抗，并切入波兰腹地，在波兰平原上横冲直撞，如入无人之境。

当天上午10时，希特勒兴奋地向国会宣布："帝国军队已攻入波兰，德国进入战争状态。"

9月3日上午9时，英国向德国发出最后通牒，要求德国在上午11时之前，提供停战的保证，否则英国将向德国宣战。正午时，法国也向德国发出类似的最后通牒，其期限为下午5时。德国对英法两国的最后通牒，均置之不理。于是，英法两国相继对德宣战，第二次世界大战全面爆发。

德军北集团军群的第4集团军业已切断波兰走廊，到达维斯瓦河下游地区；第3集团军继续向南逼进，直抵纳雷夫河，进攻矛头直指华沙；南集团军群的第10集团军所属装甲部队业已强渡瓦尔塔河；第14集团军则从两个方向对克拉科夫实施钳形攻势。

9月4日，第10集团军先头部队强渡皮利察河。

9月5日，德军已强渡纳雷夫河，占领波兰走廊，进抵罗兹。

9月6日，波政府被迫迁往卢布林，波军总参谋部迁至布勒斯特。当天，德军第10集团军继续高速推进，其左翼已远远超过托马舒夫，而其右翼则进到凯尔采。

至9月7日，德军北集团军群已重创波军波莫瑞集团军和莫德林集团军，几乎占领了全部波兰走廊，并强渡维斯瓦河，夺占了从北面掩护通往华沙道路的波军阵地。9月8日傍晚，机械化装甲部队又抢在溃退的波军前面抵达维斯托拉河，然后向北旋转，沿该河建立一道封锁线，进行反正面作战。

9月18日，第十九装甲军歼灭了逃避而至的波军溃败之师。此刻，波兰会战达到了高潮，德军进攻已发展成内外两大钳形的包围。除极少部分在苏波边境的波军外，波兰其余部队全在德军内外两层包围圈中，此时的波军已经被打得晕头转向，支离破碎，波军总司令斯米格威·罗兹元帅已完全失去对部队的控制，整个波兰军队陷于一片混乱之中。

9月17日，德军在完成对华沙的合围后，限令华沙当局于12小时内投降。懦弱的波兰政府竟置人民和国家的根本利益于不顾，离开华沙，逃之夭夭，经罗马尼亚、巴黎、流亡伦敦。

苏联因与波兰签有互不侵犯条约而始终不便动手。波兰政府的出逃，终于使苏联找到了出兵的借口。苏联政府宣称：由于波兰政府不复存在，因此《苏波互不侵犯条约》不再有效。"为了保护乌克兰和白俄罗斯少数民族的利益"，苏联决定进驻波兰东部地区。

9月17日凌晨，苏联白俄罗斯方面军和乌克兰方面军分别在科瓦廖夫大将和铁木辛哥大将的率领下，越过波兰东部边界向西推进。

9月18日，德苏两国军队在布列斯特—力托夫斯克会师。希特勒希望赶紧占领华沙，命令德军必须在9月底之前拿下华沙。

9月26日，德国空军开始轰炸华沙。9月28日，华沙守军12万人投降，守军司令向德第八集团军司令布拉斯科维兹上将正式签署了投降书。9月29日，莫德林要塞投降。至10月2日，进行抵抗的最后一个城市格丁尼亚停止抵抗。

第二次世界大战全面爆发后的第一个战役仅用了一个月的时间就结束了。一个有3400万人口、100多万军队、38.9万余平方千米的国家——波兰，就这样灭亡了。据统计，此次作战，波军亡123万人，伤13万人，被俘42万人；德军亡1万人，伤3万人，失踪3000人。

▲ 德军突击波兰。德军以强大的火力和迅猛的穿插突破了波军的一道道防线。

▲ 攻陷华沙，希特勒向占领华沙的将士致意。

奇怪的战争：西线的英法宣而不战

1939年9月1日，英国和法国得知德国进攻波兰，华沙、克拉科夫及其他城市遭到轰炸的消息。波兰外长贝克立即通知英国驻柏林大使韩德森：德波之间已开始战争。波兰急待英、法迅速援助：你们不能按兵不动，坐视不管。

当天晚上，就在德波战争开始16个小时后，韩德森来到德国外交部通知里宾特洛甫："如果德国政府不给英国满意的保证，停止对波兰的一切侵略行动，并准备立即把军队撤出波兰的领土，那么联合王国政府将毫不动摇地履行对波兰的义务。"

随后，法国驻柏林大使库隆德也递交给里宾特洛甫一份同样内容的照会。对于英、法外交部在要求德国停止军事行动并从波兰撤军的警告，希特勒及其将军们感到有些担忧。事实上这只是一次带有警告性质的照会，并非最后通牒。于是，德军便放开胆子继续侵入波兰。

9月1日，英国国王签署了动员陆军、海军和空军的命令。同日，法国也签署总动员令。但这并没有把德国吓住。希特勒深信，英法即使对德宣战，也不会有重大的军事行动。他认为英、法的这些措施不过是虚张声势而已。

由于英、法当时的国内形势已经发生了急剧的变化。张伯伦和达拉第明白，如果公开拒绝履行对波兰承担的义务，那就表明了对希特勒的投降，很可能激怒本国人民，内阁有可能被推翻。在这种情况下，他们不得不表示"援助波兰"。

9月2日，英国政府发出最后通牒，要求德国停止在波兰的军事行动，并撤出军队。9月3日上午9时，韩德森把最后通牒交给德国。里宾特洛甫对照会表示拒绝，并通过自己的翻译施米特向希特勒报告了有关内容。不久，德国又收到了法国的最后通牒。

9月3日，韩德森和库隆德于11时15分到里宾特洛甫那里要求答复，得到的却是里宾特洛甫傲慢无理的倒打一耙："德国拒绝英国和法国的最后通牒，并要英、法政府承担发动战争的责任。"

里宾特洛甫强硬的答复让英、法大使无可奈何，英国外交大臣哈里法克斯召见德国驻伦敦代办，向他表示："……今晨9时，陛下驻柏林大使根据我的指示，曾通知德国政府，如果今天，9月3日，英格兰夏季时间11时前，陛下的伦敦政府得不到德国政府的满意答复，那么从此时起，两国即处于战争状态。由于英国没有得到这种保证，所以我荣幸地通知您，两国从9月3日11时起处于战争状态。"

同日下午，法国大使库隆德也向德国政府照会："在这种条件下，我必须根据我国政府的委托，最后一次提醒您注意，德国政府由于不宣而战，对波兰采取军事行动，对英、法政府坚决要求德军撤出波兰领土不作让步，而应承担严重的责任。我必须执行我的令人不快的使命，我通知您，从今天（9月3日）17时起，法国政府根据自己对波兰承担的义务，认为自己已同德国处于战争状态。"

在英、法对德宣战后，英国各个自治领相继对德宣战：

9月3日——澳大利亚、新西兰及印度（当时为殖民地）；

9月6日——南非联邦；

9月10日——加拿大；

至此，第二次世界大战全面爆发。德国同英帝国各联盟国、法国及波兰处于战争状态。事实上仅在波兰领土上有战事。

波兰上空呼啸的炸弹把笼罩在波兰问题上的层层迷雾彻底撕破了。正如斯大林所说："战争撕破了一切外幕，暴露出一切关系。"英、法虽然于9月3日对德宣战，却都不想认真履行对波义务，尽管波兰频频呼救，英、法两国要么置之不理，要么消极应付，按兵不动。是英、法兵力不够吗？否！实际上，当时德国在西线只投入了23个师，而仅法国就有100多个师，只要英、法从西线发动进攻，德国就会处于东西两线作战的困境。

当谈及波兰的失败原因时，美国总统约翰逊1963年曾承认："当初美英法如能共同下决心阻止侵略，也许可以避免波兰的溃败。"因此，西方史学界和军界把英、法"宣而不战"的事实，称为"奇怪的战争"。

不甘寂寞的苏联

第二次世界大战全面爆发后，为了尽力维护本国安全，避免或推迟卷入战争。苏联政府在政治、经济、军事、外交等领域采取了许多重大措施。

1939年9月到1940年8月，斯大林趁德军西进之机，在苏联西部边界力图在德国势力范围以东构筑一道北起波罗的海、南达黑海的"东方防线"，以便从地缘政治的角度改善苏联对纳粹德国的防御态势。

1939年9月3日，德国驻苏大使舒伦堡拜见苏联的外交人民委员莫洛托夫，借故探明在德军进攻波兰时，苏联是否愿意出动军队，打击在苏联利益范围内的波兰军队，并且从他们那一边进占该地区。

莫洛托夫模棱两可地表示，苏联政府将出兵波兰，但以"具体行动的时机尚不成熟"为借口，拖延出兵波兰。

9月5日，舒伦堡与莫洛托夫会晤后，舒伦堡一再拜访莫洛托夫，来往电报十分频繁。其中心内容就是协商苏联出兵一事。与此同时，苏联政府发布命令：对6个军区预备役兵员进行集训；基辅和白俄罗斯特别军区的部队进入战备状态。

9月9日，日本驻莫斯科大使拜会苏联外交人民委员部，声明日本政府愿意签订停战协定。英、法政府继续维持对德宣而不战的政策。

9月14日，莫洛托夫召见舒伦堡，明确指出：苏联的准备工作进展顺利，只是考虑到政治上的原因，政府想在华沙陷落后再谈入波事宜。

9月15日，当里宾特洛甫获悉苏军的准备工作已经完成即将出动时，他再次指令舒伦堡拜会并通告莫洛托夫：德军数日内将攻占华沙，请苏联现在对波兰采取行动。

此时此刻，德军向波兰进军的迅猛

▲ 苏军趁德军西进之机，也出兵波兰，并占领了波兰东部的领土，图为苏联坦克经过一支德国军队。

与顺利，引起了苏联领导人的担忧。如果德军越过 8 月 23 日划定的分界线，德军很可能不愿意从新占的领土撤退，这样就会直接威胁到苏联边界。于是，苏联政府决定，在德军尚未到达波兰东部诸省时，出兵占领波兰东部领土。

9 月 16 日，舒伦堡再次要求苏联政府"现在就定一个开始出兵的日期和时刻"。莫洛托夫表示即将进行干涉。同日，苏联同日本签订停战协定，协定规定，双方军队于 9 月 16 日起停止军事行动。

9 月 17 日凌晨 2 时，斯大林接见并正式通知舒伦堡，红军 4 小时后将沿波洛茨克—卡美涅茨—波多尔斯基一线开出国境。

9 月 17 日凌晨 3 时，苏联副外交人民委员波将金召见波兰驻苏联大使格日博夫斯基，向他递交了苏联政府的照会。接着，苏联外交人民委员莫洛托夫发表广播讲话称："……苏联政府认为向居住在波兰的乌克兰弟兄和白俄罗斯弟兄伸出援助之手是自己的神圣职责……"

17 日凌晨 5 时 40 分，苏军发起进入波兰的行动。由于波兰已被德军打得溃不成军，苏军力量充足，波军大败。

苏军进入波兰后，苏德两国就双方的势力范围进行了一系列具体磋商。9 月 20 日，苏德军方在比亚威斯托克举行会议，就苏德两国的军事行动作了协调。

9 月 22 日，苏军占领了比亚威斯托克和利沃夫。

9 月 27 日，里宾特洛甫再次飞抵莫斯科，与苏联政府于 9 月 28 日签订苏德边界友好条约。条约规定：苏德两国政府在前波兰国家领土上划定界线，作为两国国界。任何第三国对此项决定不得干涉。

苏德边界条约签订后，苏联政府开始把保障安全的重点转移到西北部。列宁格勒是苏联人口最多的第二大城市，工业和文化的中心，这里距苏芬边界仅 32 千米。苏联政府担心，英法德等国会像 1918 年、1919 年那样以芬兰为跳板，对苏联构成威胁。

1939 年 3 月，苏联政府提出，把芬兰湾内的苏尔岛（戈格兰岛）、拉凡岛、塞伊斯卡里岛（塞斯卡尔岛）和季乌林岛租借给苏联，以建立军事基地，保障列宁格勒及苏联西北部的安全。

3 月 8 日，芬兰政府表示"不能考虑租借芬兰岛屿的建议"。苏联外交人民委员李维诺夫希望"这不是芬兰政府的最后答复，仍希望芬兰政府将重新考虑它对苏联建议的态度"。同时，他还表示，愿以二倍于上述岛屿面积的苏维埃卡累利阿的领土相交换。

1939 年 4 月，芬兰再次拒绝了苏联的建议，谈判中断。

1939 年 9 月 1 日第二次世界大战爆发后，苏联对芬兰有可能成为德军入侵苏联的桥头堡的担忧更加强烈，解决西北边界安全的心

▲ 苏芬战争历时三个半月，战争最终以苏联的胜利而结束，但苏联也为此付出了高昂的代价。

情也更加迫切。

1939 年 10 月 5 日，莫洛托夫通过芬兰驻莫斯科公使伊里耶·科斯基宁男爵，要求芬兰外交部长或芬兰政府派出一个特命全权代表立即前往莫斯科就某些政治问题交换意见。

10 月 12 日，苏芬开始新的外交谈判，芬兰代表再次拒绝了苏方的意见。

由于在进行谈判的同时，苏联飞机开始轰炸芬兰边境，以施加压力。芬兰代表表示愿作某些让步，但苏联仍不满意，致使谈判破裂。

苏芬谈判破裂后，两国边界气氛紧张。苏联报刊的论调开始出现火药味。

11 月 26 日，莫洛托夫照会芬兰驻苏公使，称苏军遭到来自芬兰领土的炮击，致 4 人死亡，13 人受伤，要求驻在卡累利阿地峡的芬军撤离边界 20 ~ 25 千米。

11 月 29 日，苏联副外交人民委员波将金把莫斯科签署的一份简短照会递交给芬兰公使，宣布与芬兰断绝关系，将苏联在芬兰的代表召回。

11 月 30 日，苏军越过苏芬边界，进入芬兰国境。芬兰总统发布命令，宣布苏芬进入战争状态，苏芬战争正式爆发。

苏芬战争从 1939 年 11 月 30 日到翌年 3 月 13 日，历时三个半月，战争初期由于苏军估计不足，兵分四路，从整个边境地区推向芬兰全境，力求在短期内结束战争。结果只攻占了北端的佩特萨姆港，而在其他战线均受阻不前，在南部主战场上苏军的两个师竟被歼灭。

▲ 1940 年 1 月 27 日，法国《插图》的封面用图显示了苏芬战争的惨状。

苏军在初期失利后，斯大林非常恼火，于 1940 年 1 月重新准备，部署兵力，调集三四十个师，组成西北方面军，由铁木辛哥指挥。2 月 11 日，苏军发动新的攻势，主攻方向是芬兰的维堡。经过三天激战，突破了著名的"曼纳海姆防线"的第一防御地带，并迅速投入快速集群以扩大战果。3 月 2 日，苏军突至芬军后方防御地带，并从东北包围了芬军维堡集团，芬军开始全线撤退。到 3 月 12 日，芬兰战败。

战争以苏联的胜利而告终，但它付出了高昂的代价。在道义上，苏联是失败的。由于这次行动，1939 年 12 月初，苏联被国际联盟开除。在军事上，苏军损失巨大，伤亡约 20 万人，其中 6 万余人被击毙。芬兰政府从此倒向纳粹德国，"苏芬战争"把芬兰推入希特勒的怀抱。

二、闪电战继续逞威

为了铁矿，希特勒决定先发制人

1939 年 10 月 10 日，德国海军司令雷德尔元帅向希特勒提出夺取挪威基地的建议。当时由于纳粹元首正忙于准备向西线发动进攻，挪威问题显然顾不上。

两个月后，严冬来临，运输瑞典铁矿砂的海道结了厚冰，这样一来，德国铁矿砂的供应受到新的威胁。希特勒为了确保经过挪威从瑞典进口铁矿砂的安全供应，按照海军的建议，他暂时推迟了向西线发动进攻的计划，挥师北上，向丹麦和挪威开刀了。

德国的生存要仰赖铁矿砂的进口。在天气暖和的月份里，铁矿砂还可以从瑞典北部经波的尼亚湾越过波罗的海运到德国。但是到了冬天，这一条海道运输线结了厚冰，因此就无法使用了。

这样，瑞典的铁矿砂只好改由铁道运到挪威港口纳尔维克，然后再用船沿挪威海岸运到德国。

德国运铁矿砂船只的整个航行路线都在挪威领海以内，这就给英国海军舰艇和轰炸机的破坏提供了机会。

为了实现征服挪威的计划，希特勒在挪威收买了一个叫维德孔·阿伯拉罕·劳里茨·吉斯林的内奸。这个人毕业于挪威军事学院。20 岁时，就被派到彼得格勒担任陆军武官。在1931 年至 1933 年期间担任国防大臣。1933 年 5 月，他领导创立了一个法西斯政党"国家统一党"。但是，纳粹主义在挪威吃不开，他就转而投靠纳粹德国去了。

吉斯林和德国纳粹运动的官方哲学家罗森堡建立了关系。罗森堡曾担任过希特勒的启蒙导师，从1939 年以后，他一直和吉斯林保持联系，给吉斯林灌输了纳粹的荒谬的哲学理论。

1939 年 6 月，当欧洲正是战云密布的时候，吉斯林乘出席在卢伯克举行的北欧协会会议的机会，要求罗森堡不仅在理论上而且在其他方面给予支持。从此，吉斯林就经常来往于奥斯陆和柏林之间，为希特勒征服北欧效劳。

在 12 月份，吉斯林曾带着一个政变计划来到柏林，他认为这个计划一定会得到柏林的重视。希特勒和雷德尔曾多次会见了吉斯林，并对他留下了"可靠的印象"。关于英国占领后对德国所造成的威胁，他作了详尽的叙述。

为了在英国行动之前先发制人，吉斯林建议，把必要的基地交由德国武装部队自由处理。他说，在整个沿海地区的铁路、邮政和交通的重要岗位上的人员，已经为这一目的而被收买过来了。他和挪威另一个卖国贼哈格林来到柏林是为了建立"将来和德国的明确关系"，希望能召议讨论有关联合行动和把部队运到奥斯陆去的问题。

希特勒反复研究了北欧的形势之后，随即于1940 年 1 月 27 日在最高统帅部成立了一个由海陆空三军各派一名代表组成的工作小组。这一军事行动计划的代号是"威塞演习"，

▲ 在侵占挪威军事行动中，一群德国步兵在坦克的掩护下向前推进。

并委任曾在北欧作过战的福肯霍斯特将军为执行这个计划的总司令。

一切准备就绪之后，希特勒于3月1日发出"威塞演习"的正式绝密指令，指令要求做好占领丹麦和挪威的一切准备，称这一作战行动，可以防止英国对斯堪的纳维亚和波罗的海的侵犯。此外，它还可以保证德军在瑞典的铁矿基地，并为德军的海军和空军提供进攻英国的更为广阔的出发线……

早在3月间，挪威政府就从驻柏林公使馆和瑞典人那里接到关于德国军队和海军舰艇在北海和波罗的海港口集中的警告。

4月2日下午，希特勒在同戈林、雷德尔和福肯霍斯特举行了长时间的会议后，发布了一道正式指令，规定"威塞演习"在4月9日上午5时15分开始。同时，他还发布了另一道指令，要求占领时必须千方百计防止丹麦和挪威两国国王逃到国外。

▲ 纳尔维克海战

同一天，最高统帅部对里宾特洛甫发了一道详细命令，指示他准备采取外交措施，劝诱丹麦和挪威在德国军队到达的时候不战而降，并编造一些理由为希特勒的最新的侵略辩护。

海军也按照希特勒的指示，将自己的军舰和运输舰伪装成英国舰艇开过去，必要时甚至悬挂英国国旗！

4月3日，英国战时内阁讨论了最新搜集来的情报，尤其是从斯德哥尔摩来的情报。这些情报说，德国人在它的北部港口集中了相当多的兵力，目标在于向斯堪的纳维亚推进。但这消息似乎并没有受到应有的重视。

4月5日，英国从柏林收到了一份确实的情报说，德国人即将在挪威南部海岸登陆。但是，奥斯陆的麻痹自满的内阁还是对之抱怀疑态度。

这样，在1940年4月9日上午5时20分，德国驻哥本哈根和奥斯陆的使节向丹麦和挪威政府递送了德国的最后通牒，要求他们立即无条件接受"德国的保护"。

德国政府期望挪威政府和挪威人民不要抵抗。任何抵抗将不得不受到一切可能手段的击破，从而导致绝对无益的流血牺牲。这个最后通牒，可能是希特勒和里宾特洛甫起草的迄今为止最厚颜无耻的文件。

"黄色计划"

比利时与荷兰是位于德、法之间的两个小国，地理学家们在有关欧洲的地理著作中，常把比、荷放在一起叙述。由于比、荷濒临北海和英吉利海峡，同卢森堡以及北部的部分地区称为"尼德兰"，即"低地"，人们习惯称比、荷为"低地国家"。

荷兰境内绝大部分为平原，中部是丘陵地带。南部与比利时接壤处是阿登高地，海拔仅300米。在荷兰南部的比利时，其地势东南高、西北低。东南部为波状起伏的阿登高地，

▲ 山雨欲来，比利时人开始躲避战争。

海拔 200 ~ 600 米。

希特勒对低地国家的入侵蓄谋已久。早在 1939 年 9 月 27 日，华沙陷落前夕，他就在总理府召集将军们开会，并决定："尽快地在西线发动进攻，因为英法联军现在还没有做好准备。"

由于法国人在法德边境上修筑了马其诺防线，希特勒决定从低地国家打开进入法国的突破口。

10 月 10 日，希特勒在会上向将领们宣布："做好穿越卢森堡、比利时和荷兰地区的作战准备。这次进攻必须尽可能迅速有力地进行，目标在于尽量夺取荷兰、比利时和法国北部的广大地区"，预定 11 月就要在西线发起进攻，即"黄色计划"。

但为了确保德国铁矿砂的供应，希特勒推迟了马上进攻西线的计划，而挥师北上去对付丹麦和挪威了。

1940 年 5 月初，眼看挪威的战局已定，希特勒立即按照已修改过的进攻西线的"黄色方案"，把 136 个师、2580 辆坦克和 3824 架飞机组成 A、B、C 三个集团军群，在从北海到瑞士边境 800 千米长的战线上部署就绪。此计划的制定者是曼施泰因，在此计划中，他大胆提出使用坦克部队经阿登高地突击法国北部。曼施泰因出生于将帅名门，父亲是炮兵将军李文斯基。第一次世界大战爆发后，进入陆军大学仅一年的曼施泰因就投身战斗，转战于东、西两线，先后参加了对波兰北部的进攻、塞尔维亚作战以及凡尔登和索姆河等著名会战。

1934 ~ 1939 年，曼施泰因先后担任柏林第 3 军区司令部参谋长、陆军总参谋部作战处长、德军总参谋部第一副总参谋长。1939 年 10 月，他被升任德军"A"集团军群参谋长。他为希特勒拟定过许多计划，并受到希特勒的高度评价："曼施泰因大概是总参谋部所产生的最优秀的智囊专家。"

在天气转暖的 5 月初，德国人部署了世界上从没有过的强大兵力。在西线待命进攻。

为了抵御德军的侵略，荷兰、比利时和法国在战前各自修筑了一道坚不可摧的防线："荷兰要塞""埃本·埃马尔炮台"和"马其诺防线"。这三条防线自北向南，互相衔接，连绵数百千米。

"荷兰要塞"地区有海湾、河流和大面积水域，构成重重天然水道防线，它是荷兰的中枢神经所在地。德军将领为解决这个问题煞费苦心，想不出什么好主意。最后，他们决定成立五个伪装的谍报局特别营，这个营要按荷兰边境警察的服饰装扮自己。他们的任务是保护桥梁，阻止荷军炸桥。

5 月 10 日拂晓，荷兰战役开始后，他们化装成荷兰警察，押送几名犯人来到默兹河上的格内普桥，突然向荷兰哨兵扑去，桥梁遂落到德军手中。

与此同时，德军的空降兵从天而降，打得荷军措手不及。随后，德国伞兵空降到荷兰各处，他们装扮成警察、农民、官员、神父和修道士，无孔不入，扰乱交通，往井中投毒，甚至还拉假警报。这种混乱和不安状况正是德国人所期望的。

但荷兰人并未放弃抵抗，仍在顽强地坚持着。虽然德国部队已占领了通往鹿特丹的桥梁，但荷兰的防御部队也封锁了北端的桥头，占领了桥头堡，德军坦克不能轻易通过。只要盟军的增援部队能及时赶到，荷兰还是有一线希望的。

由于比利时和荷兰拘泥于恪守中立，他们没有举行联合参谋会议，以致不能充分协调自己的计划和力量。尽管以法国甘末林将军为首的盟军最高军事委员会也秘密制定了对付德军的"D计划"，但这是一个重阵地防御、轻机动作战的消极防御计划。要对付有航空兵支援，实施多向、高速、大纵深开进的德军，根本不能奏效。

5月14日，在德军强大攻势的压力下，荷兰武装部队总司令温克尔曼将军下令部队放下武器，并签署了正式投降书。至此，荷兰也牺牲在希特勒的屠刀之下。

比利时无条件投降

1940年5月10日拂晓，德国42架容克运输机拖曳着一架滑翔机起飞，滑翔机上载着一支受过特殊训练的空降兵小分队，悄悄地来到了比利时平原的上空。

此次战争，德国人大胆使用了经过特殊训练的小股部队空降突袭的崭新战术。希特勒在战争初期及时地将其运用到波兰、丹麦、挪威以及比利时、荷兰，配合地面部队，收到了奇效。

当德国轰炸机在荷兰上空呼啸之际，德国使节将一份内容为德国部队即将开进比利时，以保卫他们的中立，抵御英法军队即将进行进攻的电报，送交给比利时大使。

比利时大使气愤地说："你们刚刚进攻了我们的国家，对奉行中立的比利时进行了罪恶的侵略。德方既没有向比利时政府提出最后通牒，也没有提出照会或任何抗议。对此，比利时已下定决心要保卫自己的国家。"

这时，德国使节才开始宣读德国正式的最后通牒。但是比利时大使打断了他的话，轻蔑地说道："把文件交给我吧，我愿意免掉你这个痛苦的责任。"

其实，德国对于这两个低地小国的中立曾作过无数次保证。1839年，比利时的独立和中立，曾经得到欧洲5大强国"永久"的保证，直到1914年德国撕毁为止，这个条约已被

▲ 疲惫的比利时军人驱车行进在布鲁塞尔的街道上。

遵守了 75 年。

1937 年 1 月 30 日，希特勒在废除了《洛迦条约》以后，公开宣称：德国政府愿意承认和保证比利时、荷兰领土不可侵犯和中立。

1937 年 10 月 13 日，德国也正式表示：在任何情况下，都不会破坏比利时的领土完整，它在任何时候都将尊重比利时……如果比利时受到进攻，就准备给予援助……

然而，1938 年 8 月 24 日，希特勒草拟进攻捷克斯洛伐克的"绿色方案"时说，如果占领比利时和荷兰，那对德国就非常有利，他向军方征求意见："在什么条件下能够占领这个地区？需要多长时间？"

1939 年 5 月 23 日，希特勒斩钉截铁地对他的将领们说："必须以闪电的速度，用武装力量占领荷兰和比利时的空军基地，无须考虑中立声明。"

1940 年 5 月 10 日 5 时 30 分，天刚破晓。A、B、C 三个集团军群向西线展开了全面进攻。当希特勒听到部队已突破荷兰、比利时和卢森堡三个中立国的边防线时，不禁大喜。胜利的消息频频传来，希特勒那双湛蓝色的眼睛炯炯有神，紧抿的嘴角透出一丝胜利的微笑。这时，西方两大强国英国和法国却在睡大觉。他们不相信从比利时和荷兰传来的警报。英、法两国政府一直等到德国轰炸机的咆哮声划破了春天黎明前的宁静的时候，才得知德国的进攻。

▲ 希特勒与占领比利时的将领合影。

过了一会儿，天大亮了，他们又收到荷兰和比利时政府拼命求救的声明。可是英、法两国却宣而不战。此时，德空降师也展开了空降行动。在德军指挥部里，希特勒挥舞着指挥棒对他的将军们说："你们认为，欧洲最坚固的防线在哪儿？"

有人立即说："是马其诺防线！"希特勒却打断他的话："不！不是马其诺，是比利时的艾伯特运河防线上的埃本·埃马尔炮台！"

第一次世界大战结束后，比利时苦心大干了三年，沿着艾伯特运河构筑了一条绵亘不断的防线。在防线的中部，在孤立突出的岩质高地上，建造了埃本·埃马尔炮台，它比法国的马其诺防线和德国的齐格菲防线都坚固。

为确保拿下这座要塞，德国人不惜仿造艾伯特运河的桥梁和要塞，并专门组建了一个突击团，挑选了最好的指挥官，训练了 400 名滑翔员，集中了最好的滑翔机，先后进行了12 次模拟训练。希特勒还亲自接见指挥官，要求绝对保密。

1940 年 5 月 10 日黎明，当埃本·埃马尔炮台的 1200 名守军还在熟睡，德国的空降兵乘滑翔机在 10 分钟之内就控制了炮台的表面阵地和运河桥上的守军。

5 月 11 日晨，德国装甲兵先头部队赶来包围了炮台，对坑道、暗堡、炮塔连续进行爆破和突击，要塞工事被破坏殆尽。几十门巨炮一弹未发，欲冲出地堡的比军又和迎面扑来的德军相撞。双方一阵枪战，比军死伤不计其数，其余的人又退回了地堡。

比军成了瓮中之鳖。德军不顾一切地冲进地堡。经过一场坑道白刃战，最终比军不得不在炮台里扯起了白旗，1200名惊慌失措的比利时守军走出炮台投降。5月28日，比利时国王宣布向德国无条件投降。从此"低地国家"上空笼罩着沉重的褐色阴云。

三、德国在西线的胜利

不设防的马其诺防线

由于在第一次世界大战中，法国人员伤亡过大。后来，法国为了避免再次发生惨重的人员伤亡，开始在战略上采取防御政策。于是，法国对即将开始的西线战事的反应就是加强防御力量。为此，法国大规模兴建防御工事，并对依赖重型大炮保护的法军重新部署。

德国加紧备战的消息传来，法国军民强烈呼吁加强边境的防御力量。1929年12月，马其诺就任法国陆军部长，他提议在法国东北边境修建堡垒防线并得到国会的多数通过。从此，马其诺防线开始全线施工，1936年完工，并以法国陆军部长马其诺的名字命名。

由于德国相继占领了萨尔区，吞并了莱茵兰，1937年，法国不得不从马其诺防线北端，沿整个法国—比利时边境直至北海边缘，修建了达拉第防线。同时对马其诺防线也进行了加固，工程一直修到1940年5月德军进攻法国时。

马其诺防线从隆吉永至贝尔福，长达390千米。它连接了梅斯堡垒地域、萨尔地域、劳特尔堡垒地域、下莱茵堡垒地域和贝尔福堡垒地域。防线的宽面由纵深4～14千米的保障地带和纵深6～8千米的主要防御地带构成。

相关链接

★ 防御工事

构筑土木工事在拿破仑战争中已经出现了，可是挖掘战壕和地下掩体却是在美国内战中才开始的。胜利者要建造许多海岸要塞以保护重要的港口。第一次世界大战爆发后，大炮的改进及大量机枪的涌现迫使步兵们转入了地下。诸如钢梁、混凝土等材料的采用使得现代的防御工事变得异常坚固。

▲ 被称为"龙牙"的德国反坦克障碍

岗哨　　居室和储藏室　　远处的取水出口

地下入口

战争中，一些军民挖掘了许多地道作为隐身处，以躲避炸弹和炮火的轰炸。

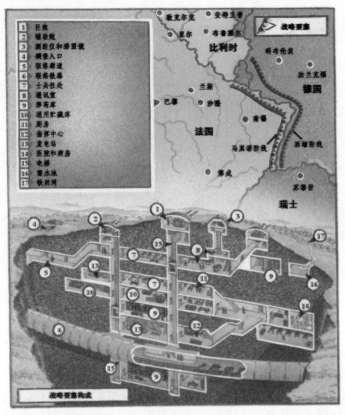

图例：
1. 巨炮
2. 辅助炮
3. 测距仪和瞭望镜
4. 碉堡入口
5. 联络廊道
6. 联络铁路
7. 士兵休息
8. 通讯室
9. 弹药库
10. 通风贮藏库
11. 厨房
12. 指挥中心
13. 发电站
14. 医院和厨房
15. 电梯
16. 蓄水池
17. 铁丝网

▲ 马其诺防线示意图

整个马其诺防线最坚固的是梅斯和劳特尔。在这两个地域的一些重要地段修建了地面和地下相结合的环形防御工事群。地上由装甲和钢筋混凝土组成机枪和火炮工事群，地下多达几层。

地下工事拥有指挥所、休息室、储藏室、弹药库、救护站、电站、通风室等。工事之间均有通道连接，甚至能通电车。射击工事里的武器都是由军事专家精心设计的。

另外，还修建了大量的防坦克壕、崖壁、断崖及金属和混凝土桩，埋设了大量地雷。防线上遍布金属桩或木桩铁丝网，许多地段修建了通电铁丝网。

在第一次世界大战期间，曾使用过毒气。但在马其诺防线上，法军可以用通风过滤设备来解决这一问题。炮手作战时非常安全，并不直接观察目标，而是由地面观测员用潜望镜观测，再用电话通知炮手。

如果战争时需要狙击步兵，法军可以用悬在头顶上的轨道将坦克炮收回，很快，一挺先进的机枪就冒了出来。马其诺防线的很多机枪下拥有升降凸轮，使得机枪火力能够覆盖更大的火力控制区，射出的子弹保持1英尺距地高度。

即使大量敌人越过了这座地堡，只要指挥室一按电钮，就能引爆整个地下工事。即使引爆地下工事还没有消灭敌人，法军士兵也可以立即从秘密出口撤离，通过一个很小的通道，来到一个垂直的出口。由此可见，马其诺防线的设计构想多么精细。

事实证明，马其诺防线在许多方面是很难攻克的。一些德国军官曾回忆说，德军士兵在靠近马其诺防线时像兔子一样逃窜。在大型火炮群和机枪的火力网覆盖下，只要有任何车辆和士兵落入射程内，都会灰飞烟灭。

当时，马其诺防线经过法比边界的阿登大森林的南部。法国总参谋部认为，阿登森林和莱茵河一样是安全的。1934年，一些法国国防部的高级军官在视察这一防线时说："阿登森林是不可穿越的天然屏障，不存在任何危险。"

德军在马其诺防线进行了多次侦察，认为无论从时间上或资金上，都不允许法军用这种防线来保卫国家，事实证明法国边防上仍存在着极大的疏漏。就在过了阿登森林，介于比利时与英吉利海峡之间这段防线，法军没有认真修筑工事。

当时，法军认为盟国比利时是一处很好的缓冲区，能够为法军至少争取八天的时间来组织防御力量。

战争爆发的种种迹象接踵而至，危机随时都可能发生，迫使驻守在没有防御工事地段的法军指挥官加紧修筑工事。就这样，漫长的法德边界又出现了成千上万的与整个防线极不相称的小型工事。

当时的法军总司令甘末林大元帅被西方人士称为"世界第一流职业军人"，他拟定了一项击败德军的绝密计划。

甘末林认为，在法国边境修建一条由钢铁堡垒组成的长城，配备现代化的火力网，使得敌人不管投入多少步兵来进攻，最终都将倒在枪林弹雨中。

按照甘末林的理论，法军为了防止德军入侵而在法国东北边境修筑堡垒体系，可以用地下坑道将碉堡连起来。

法军一些有识之士对马其诺防线提出一些质疑。他们说："马其诺防线在法德边界只修了150多千米，终点是隆古庸。然而，从隆古庸到比利时边界的地带却没有修，长度快跟马其诺防线一样了。难道德军不会绕过马其诺防线，沿着这个地带进攻吗？"

那些支持甘末林修筑马其诺防线计划的人无奈地回答说："把防线继续向前修，一直穿过比利时。"但比利时人不同意，他们宁愿保持中立而不敢得罪德国人。即使可以延长防线，政府再也支付不出如此庞大的开支了。

就这样，法国没有把马其诺防线修完，而采纳了甘末林的计划：一旦发生战争，盟军将部署在未修筑工事的法比边境一带，与20万比利时军队会合，建立庞大的防御阵地，固守马斯河防线。因为在现代化战争中处于防御地位具有很大的优势，德军如果发动进攻，将会受到毁灭性打击。

▲ 德国超级大炮。这种火炮射程远，火力大，但因为准确性差，因而实际的战时用途并不大，更多是作为一种威慑武器存在。

1940年5～6月，正如一些法国有志之士所担心的，德军果然绕开漫长的防线，通过阿登山脉，自马其诺防线左边出现，突破达拉第防线，攻占法国北部，出现在马其诺防线的大后方，法国劳民伤财修筑的马其诺防线也就失去了意义。

"绥靖者"张伯伦下台

1940年5月10日凌晨4时30分，希特勒终于打破了西线的"平静"，彻底践踏了公认的国际法准则，破坏荷兰和比利时的中立，野蛮地对荷兰、比利时和卢森堡发动前所未有的大规模进攻。

希特勒进攻荷、比、卢，既是他称霸欧洲计划的一部分，也是进攻英法的序幕。它宣告了英法祸水东引政策的彻底破产。早在希特勒发动西线战争前，英国下院就对英军在挪威的败局展开了辩论，不仅反对派批评张伯伦政府，保守党人也对它进行抨击。

1938 年 9 月，就在希特勒不断向四邻挑起战争的关键时候，张伯伦参加了判定希特勒对捷克领土要求的慕尼黑会谈。在那次会议上，张伯伦和达拉第面对希特勒和墨索里尼的强大压力，一让再让，终于签署了那个以牺牲捷克斯洛伐克为代价的臭名昭著的《慕尼黑协定》。

张伯伦想以此为英国和整个欧洲带来和平的希望。没想到却引起英国国会和整个舆论界的纷纷指责，责怪他对希特勒如此姑息纵容。

后来的事实证明，张伯伦以妥协退让为核心的绥靖政策，无法满足希特勒称霸世界的狂妄野心。直到希特勒向东边的邻国波兰下手的时候，张伯伦似乎才无可奈何地认识到，他费尽心机所做的一切调停都无济于事。

正是在慕尼黑问题上的所作所为，以及在政府的若干内政，张伯伦遭到了内阁大臣们和整个社会舆论的强烈指责。当希特勒进攻西线的消息传到伦敦，这不啻于火上浇油，张伯伦政府受到猛烈冲击，立即垮台。一贯主张对德国采取强硬路线的保守党人、原海军大臣温斯顿·丘吉尔组成了保守党、工党、自由党等的联合政府。

1940 年 5 月 13 日，丘吉尔满怀激情地向下院发表演说，表明他对英国的忠诚和把反法西斯战争进行到底的决心。

丘吉尔说："我们的政策就是用上帝所能给予我们的全部能力和全部力量在海上、陆地上和空中进行战斗；同一个在邪恶悲惨的人类罪恶史还从来没有见过的穷凶极恶的暴政进行战斗。我们的目的就是胜利——不惜一切代价去争取胜利……"

▲ 战争初期，德军凭借其强大的火力横扫欧陆。

由此来看，丘吉尔已彻底改变了张伯伦的绥靖政策，而用全部力量对法西斯暴政进行战斗，并且充满着胜利的信心。

德国依靠它强大的空军和伞兵部队，迅速占领了荷兰和比利时的战略要地。5 月 11 日，英法联军企图驰援荷兰，因受德军阻击，未能实现，只好从安特卫普经鲁文、那慕尔沿马斯河往南建立了一道防线，企图用重兵阻止德军前进。

5 月 13 日，德军从迪南和色当两地猛攻马斯河防线，"向马斯河的推进，与其说是正规的军事战役，不如说是一场赛跑"，法军工事尚未修就被冲垮了。

5 月 14 日，希特勒发出第 11 号指令，其中指出："近日攻势的进展表明，敌人还没有及时理解我们作战行动的基本意图，他们仍然把重兵放在那慕尔—安特卫普一线，似乎忽视了 A 集团军群所攻击的地区。"而德军 A 集团军群的 7 个坦克师在 3 天之内就跨过了阿登，进逼马斯河。

在德国法西斯军队的强大攻势下，法军节节败退。5 月中旬，法军统帅部试图挽救危局，组织了几次反击。50 岁的戴高乐指挥新建的第四装甲师在拉昂和阿布维尔战斗中重创德军，俘敌 600 多人。戴高乐因此被晋升为将军。

如果法国战前建立起强大的装甲部队，战时坚决抵抗，死拼硬打，他们是不会遭到那样的惨败的。但法国当权人士低估了法西斯侵略的危险，没有做好反侵略的准备。现在法军在个别战斗中的胜利根本无法改变整个局势。

尤其是德军进抵英吉利海峡以后，盟军中的失败主义情绪更为严重。5 月 28 日，比利时国王利奥波德三世未经比政府内部讨论，也未与英法政府商量就宣布投降了。

敦刻尔克——炼狱还是奇迹

1940 年 5 月 10 日清晨，德军装备强大的军事力量，绕过马其诺防线以 A、B 两个集团军群进攻比利时、荷兰、法国、卢森堡等国。当德国军队从西、南、东三个方向向敦刻尔克步步紧逼，德军最近的坦克离这个港口仅 16 千米，眼看着敦刻尔克唾手可得，一举就可攻下时，德军却被命令停止前进！

5 月 24 日，德军接到了希特勒亲自下达的停止前进命令。希特勒的这一命令使德军将领们大惑不解，古德里安更是仰天长叹。这让向比利时进军迎战德军右翼 B 集团军群的英法联军非常意外，仅十多天时间，德国装甲部队就横贯法国大陆，直插英吉利海峡岸边。北部的联军事实上已经被包围在法国北部的佛兰德地区。

5 月 27 日，比利时军队投降，40 多万英法联军开始全部集中向敦刻尔克撤退。西面的英吉利海峡成为联军绝处逢生的唯一希望。英法联军退缩到敦刻尔克一块很小的三角地带，前面是波涛汹涌的大海，后面是如狼似虎的追兵。

这时由部分法军担任后卫，准备向英国撤退。而英国早有撤退的准备，它动员

▲ 敦刻尔克大撤退

了 850 多艘各种类型的船只，从巡洋舰、驱逐舰到普通的木头小帆船，集中到敦刻尔克附近海岸。法国海军和商船也参加了运兵工作。

从 5 月 26 日到 6 月 4 日，英法水兵和船员冒着德机的轰炸和炮火的轰击，把残兵败将一批又一批地运过海峡。经过 9 个昼夜的苦战，33.8 万英法军和其他盟军逃离了法国，渡过海峡，进入英国。法国一些较为先进的海军舰艇已于 5 月 29 日果断撤走，但 4 万多来不及撤退的法军却当了俘虏。

这次大撤退对于保存英军实力，重新武装，重整旗鼓，以利再战不是没有意义的。撤退之所以成功，主要原因在于希特勒的停止前进的命令。这样英法联军便取得了 3 天时间修筑防御工事，掩护退却。

这个命令执行的结果是，英法联军在对德军 B 集团军群的进逼下向敦刻尔克撤退，而截断他们退路的 A 集团军群距离敦刻尔克更近，却在敦刻尔克以西的运河地区停止进攻，并没有集结兵力沿着海岸包抄，这给了英法联军一个难得的喘息机会。

这一命令后来引起的争论，被很多军事历史学家认为是希特勒独断专行干涉军事指挥的一个愚蠢的命令。实际上，希特勒的这一命令有他的考虑：在法国北部的战事明朗后，德军需要为下一步作战行动保存装甲部队实力。加上戈林向希特勒保证空军可以消灭敦刻

▲ 关于敦刻尔克大撤退的绘画。这次被誉为"敦刻尔克奇迹"的行动，为英法联军保存了大量的有生力量。

尔克的联军。敦刻尔克地势遍地沼泽和低洼，不利装甲部队前进，没有必要再让装甲部队遭受损失。

尽管后来德军装甲部队为阻止英法联军从敦刻尔克撤退而恢复攻势，但他们面临联军有组织的防线而无法突破。英法联军成功地延迟了德军进攻，并且为部队撤离敦刻尔克赢得了更多的时间。

5月20日，德军装甲部队切断了英法联军与其南翼法军的联系，英法联军3个集团军约40个师被包围在法、比边境的佛兰德地区。随后德军抵达英吉利海峡沿岸，联军被压缩在宽50千米的敦刻尔克滨海地区。

5月26日，英国海军下令代号为"发电机"的撤退行动。德国空军猛烈轰炸敦刻尔克，将港口炸成废墟，阻止联军撤退，英国海军军舰由于吃水深，无法靠近海滩，撤退速度较慢，5月27日只撤出了7000多人。

5月28日，敦刻尔克地区恶劣的天气，阻止了德军空袭，近1.7万人得以撤离。撤退开始后，德军加强地面进攻，并从空中和海上攻击英法运输船舰。英军坚守其东西两侧战线，以确保向海峡沿岸撤退的通道畅通，并加紧部队登船工作。他们以各式各样的小船充当摆渡，还将卡车沉入海中，作为海滩延伸入海的登船栈桥。

5月29日撤出4.7万人。

5月30日，浓雾再次阻止了德军空袭，联军撤出5万多人。

5月31日撤退人数达到6.8万。敦刻尔克的包围圈逐步缩小，但德军无法阻止联军从海上撤走。英国空军为了掩护地面撤退，总共出动2739架次战斗机进行空中掩护，平均每天出动300架次，有力抗击了德军空袭。

尽管在德国空军的攻击下损失惨重，6月1日仍有6万多人撤出。由于德军空袭和逼近敦刻尔克海滩的炮火，6月2日开始利用夜间进行撤退。其后联军利用暗夜的掩护每天将2.6万人撤往英国。6月4日德军攻陷敦刻尔克，担任后卫来不及撤离的法军4万人被俘。

从5月26日至6月4日历时九天，实际上是5月26日、6月2日和3日共三个晚上，5月27日至6月1日共五个全天，总共有338226人撤回英国，其中英军约21.5万人，法军约9万人，比利时军约3.3万人。

这些部队撤离时将重装备全部丢弃，带回英国的只不过是随身的步枪和数百挺机枪而已，在敦刻尔克的海滩上，英法联军共丢弃了1200门大炮、750门高射炮、500门反坦克炮、6.3万辆汽车、7.5万辆摩托车、700辆坦克、2.1万挺机枪、6400支反坦克枪以及50万吨军需物资。

尽管只有短短几天的时间，但英法联军在德军地空火力猛烈轰击下，仍撤出了33.8万余人，被誉为"敦刻尔克奇迹"！为盟军日后的反攻保存了大量的有生力量，创造了二战史上的一个奇迹。正如丘吉尔在6月4日向议会报告敦刻尔克撤退时所说："我们挫败了德国消灭远征军的企图，这次撤退将孕育着胜利！"

巴黎不设防

当敦刻尔克的交战还在进行时，希特勒就踌躇满志地调动兵力，重新部署，准备进攻巴黎了。随着敦刻尔克大撤退，北方的战事基本结束。希特勒下令让德军南下，深入法国腹地准备进攻巴黎，彻底征服法国。

1940 年 6 月 5 日，希特勒发表了《告军人书》，煽动德军加紧侵占巴黎，说这是"历史上一次最大的战役"。天刚亮，德军庞大的轰炸机群就出现在法国上空。随着阵阵震天动地的爆炸声，法军的许多重要目标遭到破坏。巴黎附近的空军基地受损最为严重，数百架战斗机来不及起飞便被炸毁。德军一下子掌握了制空权。

6 月 5 日这一天，天空中上千架德机盘旋俯冲，地面上 2000 多辆德国坦克横冲直撞，100 多个德国师如入无人之境。

法国总理雷诺这时显得十分沮丧，因为魏刚报告说，法军已经精疲力竭了。贝当认为，法国目前的处境已无可挽回，要打赢这场战争是毫无希望的，在法国还有足够的军队维持秩序到和平来临的时候，要求停战。

6 月 5 日夜间，雷诺再次改组政府，任命戴高乐为国防部次长。

雷诺虽然希望法国战斗到底，最后获胜，但是他的周围都是一些失败主义者。为此，雷诺要戴高乐去见丘吉尔，让他向英国政府表示法国将继续战斗，更重要的是让他设法从伦敦获得可靠保证，保证皇家空军特别是战斗机将继续参加法国的战斗，并探询一下撤离敦刻尔克的英军还需要多长时间才能重新装备起来，派回法国作战。

5 月 31 日，雷诺指示魏刚，要他对建立阵地的可行性进行调查。因为要在法国继续作战，只有撤到一个易守难攻的地方，作为桥头堡来坚守。

6 月 8 日，雷诺与戴高乐讨论该计划。在魏刚的总部所在地，戴高乐与来请示工作的各个参谋部的人交流了看法，大家都一致认为这场战争输定了，尽快结束战争是最好的解决办法。

▲ 希特勒及其军事将领走在巴黎大街上。

戴高乐又见了雷诺一次，并开门见山地建议撤销魏刚的总司令职务，换上洪齐格尔将军。虽然雷诺原则上同意了戴高乐的意见，但认为这时候进行人事变更是不可能的。

就在法国摇摇欲坠之际，意大利在法国背后又插了一刀。

6 月 10 日，墨索里尼在匆忙宣布对法宣战后，便着手付诸军事行动。

6 月 11 日，意大利集中乌姆贝托指挥的西方集团军群对法开战。西方集团军群共有 22 个师，32.5 万人，约 3000 门火炮和 3000 余门迫击炮。

而这时法意边界上的法军只有 6 个师，总共 17.5 万人，远不如意军人多。由于法军占据着有利地形，加上意军的无能，意军在战场上没有取得什么显赫的战果，但却给法国增

▲ 巴黎失陷。德国军队自凯旋门前经过，对于法国来说，这不啻为一种巨大的讽刺。

加了压力。

德军渡过马斯河后，巴黎被包围了。为了避免无谓的伤亡和文物古迹受到损毁，魏刚于6月11日下令法军撤出巴黎，搬到图尔，只留下警察局维持治安。

当时，丘吉尔、雷诺和他们的首席军事顾问在布里阿尔附近的米居厄堡召开了作战会议。

丘吉尔认为，如果军队被打垮了，法国应该打游击战。贝当说，这样做会使法国受到更深的伤害。结果法国不愿意采取丘吉尔游击战的建议。

6月12日～16日，雷诺内阁在康热召开会议，会上魏刚要求停战。在此期间，法国政府讨论的主要是停战问题。

6月13日，法军护城部队撤至巴黎以南的朗布依埃—儒维西一线。下午5时10分，德军先头部队抵达巴黎北郊，随后，德军B集团军群所属部队包围了巴黎。

同日，丘吉尔由英国代表们陪同，来到法国图尔与雷诺总理会谈，雷诺向丘吉尔解释，法国固然尊重盟友英国，但也有权单独投降。丘吉尔说，英国不同意法国投降。

丘吉尔和大臣们离开后，以副总理贝当和总司令魏刚为首的投降派宣布巴黎成为"不设防城市"，向德国政府正式提出停战请求，出卖了法国和法兰西人民。

巴黎城防司令不战而交出巴黎，严令镇压人民反抗，并向群众宣布：凡从事抵抗者格杀勿论。当听到政府要放弃保卫首都的命令时，法国作家莫鲁瓦这样说道："就在那一刻，我知道一切都完了，法国失去了巴黎，成了一个无头的躯体，我们战败了。"

此时，丘吉尔仍极力主张法国建立防御阵地。很快，英军在法国西部集结一支部队，由阿兰·布鲁克将军指挥。

由于将军们都对执行这个计划没有信心，6月14日晚，法国西部的英国军队撤退了。

与此同时，6月14日早晨，德军第18集团军一部开进巴黎。B集团军群司令博克在香榭丽舍大街举行了阅兵仪式。这个丰富、快活、喧闹的大都市此时竟成了死城。除了警察外，很难找到人，多数人逃到了县市和乡间，少数人躲在家里。

协和广场前，只有一片沮丧的沉寂不时被德国军官座车的声音所打破。唯一不同的是在埃菲尔铁塔顶端、外交部、市政厅的旗杆上、德国国旗取代了法国三色旗。

巴黎这座著名的大城市此时几乎空了，法国国内难民多达600万人，在大街小巷上川流不息。

法国当局宣布"巴黎不设防"，向德国法西斯投降，出卖了自己尊严的同时，也给法兰西人民带来无尽的民族屈辱。

法国投降——又见贡比涅森林

1940年6月21日，对法国人而言，那是一个充满耻辱的夏日。在德国贪婪地攻陷了法国首都巴黎之后，希特勒和法国的停战谈判，就是在贡比涅森林中的一块小小的空地上举行的。

这个地方是 1918 年 11 月 11 日德意志帝国向法国及其盟国投降的地方。希特勒将在这儿一洗前耻，因为这个地方本身也会增加他复仇的快感。

1918 年 11 月 11 日，在第一次世界大战中战败的德国在巴黎东北方贡比涅森林"福煦列车"上签订了停战协定。

22 年后，在这片法国人曾经引以为傲的贡比涅森林里，历史向法国人开了一个莫大的玩笑，法国人扮演了 22 年前德国人所不愿意扮演的角色。

为了谈判，对这一历史性地点进行了专门布置。1918 年德国失败之后同法国人签署停火协定的车厢被从博物馆里拉出来。如今，遵照希特勒的命令，将它放在 22 年前所在的位置——车站中央的轨道上。

那是一列国际卧铺列车的普通餐车，里面的一个包厢被改建成了会议室。一张大桌子，四周围摆放着椅子。通向"停火地点"的林荫道前有座法国人竖立的胜利纪念碑，上面雕着一只跌落的德国鹰。

1940 年 6 月 21 日下午 3 时 15 分，希特勒驱车前往贡比涅森林。他在离空地近 300 米的一座一战结束时树立的塑像前走下汽车。希特勒的表情十分严肃，他缓缓地绕行了一周，注视着 1918 年议和的纪念碑和福煦的半身塑像。在福煦的塑像前，希特勒的手下给他树立了一尊他本人的塑像。

希特勒在车厢外巡视了一周，在车厢附近的花岗岩石碑前停住了脚步，开始读碑上的文字。"他的脸上燃烧的是蔑视、愤怒、仇恨、报复和胜利……"

然后，希特勒及其随行人员走进停战谈判的车厢，他坐在 1918 年福煦坐过的那把椅子上。

五分钟以后，法国代表团来了。这是一个以色当的第二军团司令查理·亨茨格将军为首的代表团，他现在正亲身经历着德军造成的第二次崩溃。

显然他们事先并不知道会在这个曾经让法国人引为骄傲的圣地来受这种屈辱。他们的这种震惊，无疑正是希特勒所期望的。

在凯特尔将军对法国人宣读了停战条款的序文以后，希特勒和他的随行人员马上离开了车厢。

谈判工作交由最高统帅部长官继续进行，但对于他亲手所拟订的条件没有留出丝毫的回旋余地。

凯特尔把这些条款读完以后，亨茨格马上对德国人说："条件太冷酷无情了！"这比 1918 年法国在这里向德国提出的条件差得多。

▲ 签署一战停战协定时的车厢。

▲ 法国与德国签署停战协定，法国宣布投降。

在德国人提出的条件中，最恶毒的一条就是，强迫法国把法国本土和海外属地上的反纳粹的德国流亡人士，全部交由德意志帝国；凡是与别国联合对德国作战的法国人，被捕后立即枪决；所有战俘都将被关押到签订和约时为止。

停战条约中最难处理的是法国海军问题。在法国将要崩溃的时候，丘吉尔曾经表示，法国如果把海军开到英国来，过去不单独媾和的诺言就可取消。希特勒决心不让这件事情实现。

因此，他在停战协定中规定，法国舰队必须复员、解除武装，并把舰只停泊在本国港口废置不用。德国"无意使用在德国监督下的港口所停泊的法国舰队来为自己作战"。

在贡比涅举行停战会谈的第二天，法国代表还在继续拖延和争论。到下午 6 时 30 分，凯特尔发出了最后通牒。法国必须在一小时之内接受或者拒绝德国的停战条件。在这一小时内，法国政府屈服了。

1940 年 6 月 22 日下午 6 时 50 分，亨茨格和凯特尔分别在停战协定上签了字。这个曾经拥有 300 万大军、号称欧洲头号陆军大国，这个在一战中曾四年不败的法兰西，在这次战争爆发六周以后就投降了。这是法国统治集团长期推行绥靖政策所造成的恶果。

按照停战协定规定，法国军队全部解除武装并把武器交给德国，法国被肢解为两部分，法国北部约占全国 3/5 的富庶工业区由德军占领，法国负担德国占领军的全部费用。

其他非占领区表面上由贝当傀儡政府统治，实际上整个法国完全被置于德国人的统治之下。法国从此陷入了亡国的深渊。

当法国代表团从停战谈判的车厢走出的时候，天空下起了霏霏细雨。这时，一群德国士兵正起劲地叫喊着，开始移动那节车厢——"福煦列车"。

"运到哪里去？"一个美国记者问道。

"运到柏林去！"他们要把车厢运往柏林当作展品。至于那座在 1918 年树立的花岗岩纪念碑，则在两天以后，被一队德国士兵奉命用炸药炸毁了——只有福煦元帅的塑像留了下来。

这是一个令法国人民很久都不能忘怀的历史插曲。

戴高乐在伦敦树起"自由法国"的旗帜

▲ 戴高乐将军在英国 BBC 广播电台的播音室里，进行了著名的《告法国人民书》的演说。

法国名存实亡后，戴高乐的事业此时几乎陷入绝境，但他仍然信心百倍。这时，他的事业所得到的最重要支持来自英国。

1940 年 6 月 18 日下午 6 时，在英国广播电台的播音室里，戴高乐向全世界，也向沦亡的法国，发表了也许是他一生中最重要的演说。

戴高乐说："法国并非孤军作战，它可以与控制着海洋并在继续作战的不列颠帝国结成同盟。我，戴高乐将军，现在在伦敦。我向正在英国领土上和将来可能来到英国领土上的持有武器或没有武器的法国官兵、军火工厂的工程师和技术工人发出号召，请你们和我取得联系。"

戴高乐还说："无论发生什么情况，法兰西抵抗的火焰决不会熄灭！"

尽管法国的军政官员们没有人理睬戴高乐的声音，但这声音却深深震撼着几千万法国人民的心。

在戴高乐的旗帜下，集中了来自法国各方的自由战士，他们在打败德国的过程中作出了重要贡献。

在伦敦的戴高乐接到回国"命令"。贝当政府命令戴高乐到图卢兹的圣米歇尔监狱去自首，听从"战争委员会"审判。

这个委员会先是判处戴高乐4年的徒刑，然后根据伪政权国防部长魏刚的指示，改判死刑。

戴高乐又向法国驻海外的殖民总督们发电报，要求他们坚持作战。他还请他们来伦敦会谈，得到的是一片嘲笑声。那些总督们认为戴高乐是野心勃勃、追名逐利的家伙。

6月22日下午，法国代表和凯特尔在停战协定上签了字。

这一消息震惊了全世界，全世界人民都注视着法兰西的灭亡，许多法国人听到广播后都哭了。德国控制的傀儡维希政府显然已经无法代表法国，几千万法国人民成了亡国奴！

6月23日晚上，戴高乐将军在伦敦发表广播声明。他说，由于波尔多政府投降所造成的局势，法国的政治机构已不能自由地行使职能，法国人民无法表达他们的真正意愿，因此在英国政府的同意下，他宣布在伦敦成立法国民族委员会。

6月28日，英国正式承认戴高乐为"一切自由法国人的领袖"。丘吉尔对戴高乐说："你虽然孤身一人，但我只承认你一个人！"

这样，戴高乐就在伦敦树起"自由法国"的旗帜，组织英国领土上的法国武装部队和海外法国人民，为反对法西斯、争取法兰西民族的解放而斗争。

为了法国的独立，他一边与挪威、荷兰等国的流亡政府取得联系，寻求他们道义上的支持，一边扩充实力。因为他的力量有限，他才必须争取别国的支持，永不言败。

他向英国借来白城体育馆作为招兵基地，接见逃到英国的法国人，用他那粗犷的声音打动他们："法西斯的侵略已经引起大多数国家的反抗。法国暂时还有很多困难，但法国一定会重新获得解放！"

▲ 戴高乐视察"自由法国"女兵大队。

戴高乐坚忍不拔的意志深深地打动了每一位法国爱国志士，很快有几百人站到他的旗帜下。6月29日，他来到利物浦附近的特伦特姆公园，招募了200名阿尔卑斯山步兵，以及一些炮兵、工兵和通讯兵。

几天后，两艘法国潜艇和一艘巡逻艇宣布追随他继续作战。圣阿塔恩的几十名飞行员也前来追随他。6月30日，米塞利埃海军中将逃了出来，加入"自由法国"的阵营。

这时开始陆续有人从法国逃出来，其中有不少不甘屈辱的中高级军官。甚至有许多人从北非来到伦敦，前来追随戴高乐。

法国的国庆节这一天，为了向全世界宣告反法西斯的法国军队仍然存在，戴高乐决定

▲ 法国抵抗组织在巴黎街头袭击德军，这种游击行动一直持续到德国投降为止。

举行阅兵式。7月14日上午，7000多人的"自由法国"部队聚集在白城体育馆。戴高乐全副戎装地站在台阶上，身后悬挂着巨大的福煦元帅画像。

这是戴高乐的部队第一次在伦敦公开亮相，是对德国的公开宣战。紧接着，第一批"自由法国"的飞行员进行了对德国鲁尔区的轰炸。

这时，戴高乐以"自由法国领袖"的身份与丘吉尔进行"必要的谈判"。通过艰苦的努力，双方达成《丘吉尔—戴高乐协议》。

在协议中，戴高乐坚持英国必须保证恢复法国的疆界。他以这种办法从法律上打消英国人怀有的任何攫取法国领土的想法。最终，英国政府承认他们有义务"恢复法国的独立"。

"自由法国"军队的开支先由英国政府垫付，戴高乐坚持表明这是借贷。所有开支将立账，以后偿还。这一协议的签订使戴高乐摆脱了物质困难，同时使英国和"自由法国"的关系正常化。

在军事上，戴高乐身边有一批得力的参谋，他们认为不能总待在英国，必须动身去非洲发展。戴高乐决定先去乍得、喀麦隆和刚果，使它们加入"自由法国"。

1940年8月2日，戴高乐派勒让蒂约姆将军去索马里半岛，派普利文、帕朗少校和内阁总管埃蒂埃·德布瓦兰贝尔去赤道非洲。这些人很快使"自由法国"的洛林十字旗帜飘在乍得和喀麦隆的上空。

达喀尔是戴高乐想争取的地方，因为控制了达喀尔就控制了塞内加尔和法属西非的大片地区。为了使这个计划成功，就必须请英国提供海上援助。关键时刻，丘吉尔依然一如既往地支持他。

10月27日，戴高乐在布拉柴维尔向全世界庄严地宣布成立国防委员会："我要以法国的名义，而且只是为了保卫法国行使我的职权。为了协助我进行工作，我从即日起，组织一个法国防务委员会。"

1941年，"自由法国"运动在戴高乐的领导下，不仅取得了较大的发展，而且建立起一支精悍的海陆空武装部队。

1941年9月24日，戴高乐宣布成立"法兰西民族委员会"，代行政府职能。法国本土的抵抗运动在戴高乐的影响下也发展起来。

四、不列颠上空的鹰

"我们决不投降"

1940年5月10日，张伯伦因慕尼黑协定引起国民抗议而下台，由主张对德国采取强硬政策的海军大臣丘吉尔出任首相。这时候，战争阴影笼罩着整个英国，甚至英国国民也在怀疑，打赢这场战争的把握有多大。

5月13日，德国坦克刚刚出现在阿登山口时，丘吉尔在英国下院发表了激情四射的就职演讲。他说："我能奉献的只有鲜血、劳苦、眼泪和汗水……"

英国人第一次领略到丘吉尔身上所具备的那种坚定无比的品格。他的决心、意志，感染了在场的每一个人，雷鸣般的掌声在会议厅里久久地回荡。

在此以前，希特勒并未想过入侵英国的问题，他天真地相信，法国一旦被击败，英国就会接受和谈。他曾信心十足地说："英国是个傲慢的国家，不会轻易投降。等他们明白自己的处境后一定会接受我们的和谈方案。"

希特勒从6月中旬到7月中旬频频向丘吉尔摇动橄榄枝，还通过瑞典和梵蒂冈教廷向英国做出和平试探，但希特勒听到的回答始终是一个坚决的"不"字。

一天晚上，丘吉尔在地下总部的一间防空洞里召开参谋部会议，丘吉尔指向会议桌首席放的那把木椅说："我将在这里指挥这场战争。如果德国人攻打我们，我就坐在这把椅子上。"他把雪茄叼在嘴里，深深地吸了一口，说："我就在这里，直到德国人投降，要么就是德国人把我的尸体抬出去！"

▲ 英国抗击德国的宣传海报，丘吉尔成为当时英国人民抗击德国的坚定旗手。

7月19日，希特勒在柏林的克罗尔歌剧院召集了一次引人注目的国会会议。希特勒一改以往那种歇斯底里的风格，而是十分温和地开始了自己的发言。在演讲中讲到英国对待战争与和平的态度，说："现在我从英国只听到一个呼声：战争必须进行下去！但这不是人民的声音，而是政客的声音……现在，我觉得在良心上有责任再一次呼吁英国和其他国家拿出理智和常识来，我认为我是有资格做出这种呼吁的，因为我并不是乞求恩惠的战败者，而是以理智的名义在说话的胜利者。我实在看不出为什么要把这场战争继续打下去。"

当天晚上，德国的飞机在英国撒下了数百万份印着希特勒演讲全文的传单。实际上，英国的广播早已全文播送了希特勒的演说，并将他的讲话在报纸上全文刊载。对于希特勒的战争恐吓，英国政府没有进行封锁，反而让全体英国人民知道，让他们对此有所准备。

▲ 美国《生活周刊》发表的遭德军轰炸后的伦敦街道照片。

7月22日，哈利法克斯勋爵在广播中正式拒绝了希特勒的建议："除非自由确有保障，否则战斗决不停止。"

希特勒派人继续在幕后进行外交活动。8月3日，瑞典国王认为商谈此事的时机已经到了，试探英国的态度，但英国外交部门给予了强硬的回答。

在英国外交部发言后，丘吉尔向新闻界发表了声明："首相希望大家了解，德国企图进攻的可能性没有完结。德国人正在散播谣言，说不打算进攻，对于他们所说的话，我们历来表示怀疑，对于这个谣言就更应该加倍怀疑了。我们感觉到，我们的力量在日益增长，准备也日益充分，但决不可因此丝毫放松警惕，在精神上有所松弛。"

对英国人的态度，许多德国人难以置信："你能理解那些英国傻瓜吗？"他们禁不住互相询问："现在还拒绝和平，他们是不是发疯了？"

但英国的反抗精神和钢铁意志令德国参谋部的大部分将军惊讶不已。不列颠空战期间，英国硝烟弥漫，遍地弹痕。然而，英国人依旧毫不屈服。在飞机的轰炸下，丘吉尔穿过伦敦市区，踏访一条条街道、一间间民房……

"海狮计划"

希特勒打败法国后，便开始入侵英国的打算了。1940年7月16日，希特勒发出了准备进攻英国的16号指令，即"海狮计划"。

"海狮计划"规定：在8月5日前后开始对英国进行空中攻势，然后根据空中攻势的结果决定登陆日期。因此，"海狮计划"成败的关键将取决于空中战役的结果。希特勒把全部希望寄托在空军司令戈林身上。

戈林向希特勒保证，他的空军只需4天时间，就可像进攻波兰那样战胜英国。但他忽视了英国巨大的战争潜力。

1940年7月16日，希特勒发出对英登陆的"海狮计划"的训令。德国空军以英吉利海峡的护航舰队为攻击目标，并对英国南岸港口进行骚扰性攻击，目的是诱出英国战斗机加以歼灭。但英国空军不上当，每次瞄准机会以少量飞机出击，使德国元气大衰。一个月的时间，英军仅损失战斗机148架，而德军却损失296架。

相关链接

★ "俾斯麦"号战列舰

"俾斯麦"号是德国布洛姆与福斯造船公司建造的，以德国首相俾斯麦的名字命名的一艘王牌战列舰，1936年7月动工，1939年2月下水，1940年8月建成服役，是当时吨位最大、火力最强、技术最先进的战列舰。该舰标准排水量41700吨，满载排水量50900吨，舰长240米，宽36米，吃水10.2米，航速29节，19节时续航力8100海里。动力装置：12台高压锅炉、3台蒸汽轮机，总功率101470千瓦。武器配置：8门双联装380毫米主炮；6座双联装150毫米副炮；8座双联装105毫米高炮；8座双联装37毫米高炮；2座四联装、12座单管20毫米高炮。编制舰员2400名。

1941年5月18日，该舰与"欧根亲王"号重型巡洋舰奉命出航，企图进入大西洋破坏英国海上交通线。24日晨在丹麦海峡附近同英舰交火，击沉英国"胡德"号巡洋舰，击伤"威尔士亲王"号战列舰。27日，被英舰围困击沉。

▲ "俾斯麦"号战列舰

从 8 月 13 日到 9 月 6 日，德国空军大规模地轰炸英军机场、雷达站、飞机工厂和补给设施，并寻求同英国飞机进行空中决战。

从 8 月 24 日起，战事进入了决定性的阶段，德军每天出动 1000 多架次飞机。严重破坏了英国南部 5 个军用机场和 6 个雷达站，几乎摧毁了南部整个通讯系统。这时，德军的势力逐渐增强，而英军的物力与人力已出现短缺的情况。

9 月 7 日晚，目睹希特勒发火的戈林为了讨好自己的元首，竟然下令已经完全占据上风的德国空军改变轰炸目标，集结 1200 多架飞机对伦敦进行大规模的报复性轰炸，企图摧毁英国工业生产，摧毁英国军民的抵抗意志。

不料，戈林的这一举动正好给了英军喘息的大好机会。利用这个短暂的时机，英军抽调大量人力物力修复被炸毁的飞机跑道，维修受损的飞机……

此时的戈林已经完全被"胜利"冲昏了头脑。他自信地认定英国空军已经彻底丧失了任何还击能力，只剩束手待毙的分了。

9 月 15 日中午，在他的一手策划下，德军的 200 架轰炸机在 600 架战斗机的掩护下，飞越英吉利海峡，准备对英国实施最后一击。面对来袭的敌机，被分成 6 个拨次的 300 多架英军战机果断地升空实施拦截。

在英军的突然攻击下，毫无思想准备的德军机群很快就乱作一团。很快，火光冲天，机枪声炸弹声此起彼伏。一场决定最终胜负的大厮杀终于开始了。仅仅 20 多分钟后，德军就损失战机 185 架，而英军仅损失 26 架。眼看没有取胜的希望，德军被迫撤退。

在"不列颠空战"中，德军共出动飞机 4.6 万多架次，向英国投掷 6 万吨炸弹，炸死炸伤英国居民 8.6 万余人，炸毁 100 多万栋建筑物，英军以 915 架飞机和 414 名飞行员的代价击落了 1733 架德机，击毙和俘获 6000 名德国飞行员，取得了空战的胜利。

9 月 17 日，希特勒无奈地宣布，无限期推迟"海狮计划"。就这样，经过一场以弱胜强的空中格斗，"海狮计划"彻底破产了。

"鹰日计划"

希特勒入侵英国的野心并没有随着"海狮计划"受挫而放弃，他决定同时实施"德国空军对英国的伟大空战"。

1940 年 8 月 2 日，希特勒命德国空军总司令部发布了发动"不列颠战役"的命令。空军司令戈林坚信，将在 4 天内瓦解英国南部的空中防御，在 4 周之内将英国空军逐出英国上空。8 月 10 日，德国空军开始全面出击。这次进攻计划被称为"鹰日计划"。由于天气原因，"鹰日计划"被迫推迟到 8 月 13 日，德军于 12 日进

▲ 德国 Bf.109 战机低空飞过英吉利海峡，这种低空飞行可有效地避开英军雷达，从而提高轰炸效率和生存机率。

行了一次大空袭的前奏，德国空军对英军的沿岸雷达站进行了猛烈的突袭。英国虽然有部分雷达站被击中并遭严重破坏，但德国人此时还不了解雷达对英国防空的重要性，他们在发展和运用这种电子装置方面远远落在英国人后面。

从 8 月 13 日开始至 8 月 23 日，"不列颠战役"进入第一阶段，在历时 10 天的战斗中，德国对英国进行了 5 次大规模轰炸，企图摧毁英国空军。德国空军采取的战术手段是集中优势兵力，空袭英国的政治、经济中心和空军主力配置地区，采取大机群出航，小编队进入目标分波次连续突击，使英国防空力量不能实施集中抗击。短短 10 天内，英国就有 446 架战斗机被毁或遭破坏。103 名飞行员阵亡，128 名重伤，这两个数字之和几乎是当时全部飞行员的 1/4。英国面临着灾难性的危险，整个国家也陷入了一片恐慌之中。

英国皇家空军轰炸柏林

不列颠空战进行了一个多月，由于德军每次出动轰炸机越过英吉利海峡时，英国的战斗机总是顽强抵抗，把德国轰炸机杀得丢盔弃甲。戈林认为英国空军的实力还很雄厚。针对德国空军目前作战不利的情况来，距夺取英国的海事权与海空权的目标似乎越来越遥远。"海狮计划"被迫一再拖延，让戈林发现希特勒对空军越来越失望了。

▲ 英国皇家空军阿夫罗·兰开斯特轰炸机从 1942 年开始服役，很快就成了轰炸德国的主力。到 1944 年，已经有了 40 个兰开斯特轰炸机中队。

▲ B-25 "米切尔"轰炸机。一架由翁特 F-4U "海盗"号舰载飞机护航的美国米切尔中型轰炸机。米切尔系列轰炸机最大装弹量 1400 千克。

于是，戈林召集空军军官和飞行员开会。他决定进一步下放权力，以提高部队的战斗力，他们可以在白天黑夜进行轰炸，空袭与英国空军有关的任何地方。按照元首的指示，戈林在伦敦城区的外围画了一条线，不准进攻伦敦城区。

希特勒不允许空袭伦敦城区的原因有两个：一是为了满足他的虚荣心，他想在占领英国以后，骑着马在白金汉宫里耀武扬威。二是他担心一旦摧毁伦敦，会影响那些中立国家的态度，这对德国在战略上并没有多少好处。

英国的高层人员却希望德国空军把轰炸的主要目标转向伦敦。丘吉尔认为，如果伦敦变成了废墟，他就能得到更多的国际援助，尤其是美国的援助。

道丁也希望看到德国空军轰炸伦敦，因为英国空军难以支撑德国空军的轮番轰炸了。如果德国空军轰炸伦敦，那么就能减轻地面空战设施和军需补给基地的压力，就能使英国空军获得休整，以便日后再战。

这时候，一个纯属偶然的事件挽救了英国。

由于气候骤然变坏，德国空军的飞机不能起飞。戈林利用这个机会召集空军将领开会，分析了前几天对英作战的情况，研究下一步的作战任务。最后决定将对英国飞机制造厂和重要军事目标的袭击变为夜袭。

8月24日，天气转好。当晚，德国空军出动大批飞机，飞过海峡，实施"夜袭"。但由于一个轰炸机中队迷了航，把准备投到伦敦城外飞机制造厂和油库的炸弹，投到了伦敦市内。结果，8名伦敦市民被炸死！

当时丘吉尔借机坚持认为这是德军故意干的，必须对此作出报复。丘吉尔找来参谋们开会，会上全体人员一致同意轰炸柏林。

8月25日上午9时，德军的1000多架轰炸机和战斗机席卷了英国的许多基地，曼斯顿、北威尔德和霍恩彻奇等机场都遭到了严重破坏。次日，德国继续使用小编队进行广泛的袭扰性轰炸。这两天，德军共损失61架飞机，英军损失42架飞机，超过英国空军所能承受的限度。

8月26日夜里，繁星闪烁，在英国汉普登机场能够看到大战前的繁忙。铃声响起，轰炸机飞行员们连忙向轰炸机跑去。飞机在轰鸣声中启动了，第一架轰炸机闪着红光开始了升空。紧接着上，第二架、第三架、第四架、第五架……81架英国轰炸机全部升空以后，立即编队向东方飞去。他们这一次轰炸的目标是柏林。

这时，柏林上空乌云滚滚。英国轰炸机看不太清楚地面目标，尽管只有不到一半的轰炸机发现了目标。英国轰炸机突然冲进两层德军高射炮火网，把炸弹扔进了德国首都柏林。

实际上，英机只是盲目地扔下一些炸弹就飞了回去。这次英机夜袭，虽然没给柏林造成多大损失，但给柏林市民带来了心理上的恐惧。这是柏林历史上第一次遭到空袭，第一次有人被炸死。

英国轰炸机随炸弹扔下一批传单，上面写着"希特勒愿意打多久我们就打多久"，而"强大"的德国空军部队竟没有打下一架英机。戈林做梦也想不到，似乎已经被他打得落花流水的英国人，在天上依然如此英勇。

27日和28日夜晚，英机又两次夜袭柏林，炸死了市民7人，炸伤29人。在英国空军接连对柏林进行了三次夜间空袭以后，希特勒命令戈林为发动大规模的报复行动做准备。

8月29日，气象条件不利于德航空队进行任何大规模行动。等天气稍微好转时，德第2航空队出动了大规模战斗机轰炸伦敦。当时英军的作战方针是，只有德国轰炸伦敦，才会迎击。因此，德国空军轰炸机部队开始轰炸伦敦，希望英国战斗机大规模出战。

这时，希特勒对将领们开会说："丘吉尔政府在态度上从来没有投降的意思。如果我们要在9月份海上登陆英国，那么就必须消灭英国空军。"对这个问题，陆海军将领们都一致认为，取得英吉利海峡、英格兰南部地区的制空权是登陆作战的必要条件。

8月30日，英国的天气很好。在英国空军的格雷伏山德基地，一批新闻摄影人员访问机场，要求飞行员们表演一次中队紧急起飞。就在英第501中队正在进行飞行演习，飞行员们刚刚离地这一时刻，突然接到了紧急电话。

这些飞行员通过耳机接到飞往泰晤士河口作战的命令。在靠近德军的飞行队形时，英第501中队冲散了德军飞机的队形，双方在空中展开了激战。

8月31日，英国空军指挥部遇到了开战以来最惨烈的一天。一批批德国轰炸机扑来，机场的仓库和指挥大楼被夷为平地，输电线路被炸断，飞机被炸毁，地面人员丧生。

二战经典战机

美国 P-51 "野马" 战斗机

P-51 战斗机，绰号"野马"，是美国陆军航空队在第二次世界大战期间最有名的战斗机之一，也是美国海陆两军所使用的单引擎战斗机当中航程最长的机种。

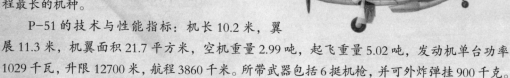

P-51 的技术与性能指标：机长 10.2 米，翼展 11.3 米，机翼面积 21.7 平方米，空机重量 2.99 吨，起飞重量 5.02 吨，发动机单台功率 1029 千瓦，升限 12700 米，航程 3860 千米。所带武器包括 6 挺机枪，并可外炸弹挂 900 千克。

凭借其出众的性能，P-51 战斗机被许多航空史专家和权威人士评为第二次世界大战中的最佳战斗机。

英国 "喷火" 战斗机

"喷火"战斗机是英国在第二次世界大战期间最有名，也是最主要的单发动机战斗机。无论从技术上还是性能上，它都是英国当时最先进的战斗机。"喷火"战斗机的技术性能指标：机长 9.83 米，翼展 12.19 米，空机重量 2983 千克，最大起飞重量 3648 千克，发动机功率 955 千瓦，最大飞行速度 625 千米，升限 10850 米。它的武器系统包括 4 门机炮外加炸弹。"喷火"生产型于 1938 年 8 月装备空军。在战争年代，"喷火"进行了多达 40 几种改型，形成了三个重要系列。"喷火"战斗机在不列颠之战中立下了不朽功勋。它的造型精美，性能优异，也被称为"战斗机中的虎式坦克"。各型的"喷火"战斗机共计生产了 14233 架。

零式战斗机

零式战斗机是第二次世界大战太平洋战争中日本海军的主力战斗机。零式战斗机在 1940 年正式由日本海军采用时，该年正好是皇纪 2600 年，后两个数字刚好是"00"，因此被称为零式战斗机。

零式战机的技术与性能指标：机长9米，翼展12米，空机重量1680千克，发动机1500马力，升限10000米，航程3000千米。所带武器包括2挺机枪，2门机炮，并可外挂2枚60千克炸弹。

在战争初期，零式以爬升率高、转弯半径小、速度快、航程远等特点压倒美军战斗机。不过装甲薄弱也是它的致命弱点。到了战争后期，它已无法与性能更优异的美军战机抗衡，逐渐成为"神风突击队"的自杀爆炸攻击的主要机种。

美国 P-38 "闪电" 战斗机

P-38 "闪电" 式战斗机是二战时期由美国洛克希德公司生产的一款双引擎战斗机。这架飞机的用途十分广泛，可执行多种任务，包括远程的拦截、制空及护航战斗机、侦查、对地攻击、俯冲轰炸、水平轰炸等。

P-38 的技术与性能指标：机长11.6米，翼展15.9米，机翼面积30.5平方米，空机重量5820千克，发动机功率为2×1100千瓦，升限13400米，载弹航程725千米。所带武器包括4挺机枪，1门航炮，并可外挂2枚726千克炸弹。

P-38 在西南太平洋战场得到了最广泛最成功的应用，它是击落日本战机最多的战斗机。其最为知名的一役，便是成功击落日本联合舰队司令山本五十六座机。

德国 BF.109 战斗机

德国 BF.109 战斗机是二战前半期综合性能最优秀的轻型战斗机之一，也是纳粹空军使用最广泛的战机。据统计，整个大战期间，德国空军总战果中的一半以上是由 Bf.109 取得的。

BF.109 战斗机的技术与性能指标：机长8.7米，翼展9.9米，机翼面积16.35平方米，空机重量1580千克，起飞重量1960千克，最大飞行速度460千米/小时。几经改进后，到1942年，其发动机功率已提高到1100千瓦，最高时速630千米，起飞重量也提高到3200千克，载弹航程850千米。所带武器包括2挺机枪，1门航炮，并可外挂2枚726千克炸弹。

BF.109 战机性能优异，型别较多，因而产量也大，其生产总量超过35000架，是世界上生产最多的战斗机。

　　这天下午，德军第2轰炸航空团偷袭了英空军的霍恩彻奇基地。当德机群来到机场上空时，雷达观测员才发出防空警报，大部分"喷火"式战斗机在炸弹落下前升空了。

　　9月4日，英国空军对柏林进行了第4次夜间空袭后，希特勒在柏林体育馆举行集会。希特勒发表演讲说："丘吉尔正在施展新招数——夜间空袭，他进行的空袭效果并不好，因为他的空军不敢在白天飞临德国上空。我们将制止夜间空中的强盗行径，愿上帝保佑我们！……总会有一天，德英两国会有一个求饶，但这绝不会是德国！"

　　这一次，希特勒犯了影响不列颠战役全局的关键性失误，轰炸目标开始转向伦敦。实际上，希特勒如果坚持原来的空袭战略不变，德国空军很快就能赢得这场战争。但希特勒一心只考虑尽快完成"海狮计划"。

　　此时对于英国空军来说，英空军指挥部及所属部队几乎到了筋疲力尽的地步。伤亡的飞行人员实在太多，补充人员数量既少，又没有空战经验。幸存下来的飞行人员在高强度的战斗中已经被折磨得疲惫不堪，几乎陷入了绝望的境地。当然这一情况希特勒和戈林无法得知。

　　在这种情况下，戈林调整了部署，开始夜袭伦敦和其他工业城市，打击英国工业生产和抵抗意志。

阴差阳错的伦敦夜袭

　　希特勒对英国有能力空袭柏林大为震怒，他命令戈林进行相应的报复行动。希特勒还认为轰炸伦敦能造成英国国民的恐慌情绪，德国或许不需陆军劳师远征就能迫使英国举手投降。

▲ 德机轰炸后的伦敦

　　1940年9月7日下午5时，德国大规模空袭伦敦的前一刻，一批批德国轰炸机正向英吉利海峡对岸猛扑过去；机场上，密集排列的"施图卡"轰炸机已做好出发准备，随时可以升空。

　　9月7日下午7时50分，由625架轰炸机、648架战斗机和驱逐机组成的声势浩大的机群从不同航向、不同高度越过英吉利海峡直扑伦敦。英国空军估计德军仍要袭击他们的战斗机前进基地，因此主动让出了飞往伦敦的通道。

　　但这一次，德军已经改变了攻击目标。当英国飞行员发觉时，已经来不及对其进行拦截了。第一波次德机对泰晤士港、人口稠密的伦敦东区、伍尔威奇工厂等目标准确地投下了高爆炸弹。英国23个飞行队全部怒吼着向德国轰炸机群横冲过来，在伦敦上空展开了激战。

　　短短一个小时内，德军就将300多吨高爆炸弹、燃烧弹泻入伦敦。伦敦顿时成为一片火海。大大小小的工业设施、交通枢纽、电力网络、平民住宅相继被毁，爆炸声、坍塌声、呼救声、惨叫声以及警车、消防车的呼啸声伴着黑烟直冲云霄。城市瞬间化为瓦砾，草木顿时燃成灰烬，整个大地在颤抖，整个天空在呻吟！

当太阳再次在伦敦上空升起的时候，伦敦依旧被一片浓浓的黑烟笼罩着，阳光几乎无法透过这层厚厚的烟幕，更无法抹去伦敦市民对恐怖的灰暗记忆。从纯军事角度讲，德国首次大规模空袭伦敦获得了成功。

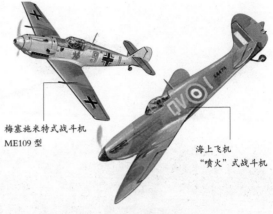

梅塞施米特式战斗机
ME109 型

海上飞机
"喷火"式战斗机

▲ 在 1940 年 7 月至 10 月，德国空军轰炸了英国的很多城市，并袭击了英国空军（即英国皇家空军）。在此空袭过程中，英国皇家空军摧毁了 1733 架德国空军战机，自己只损失了 915 架。到 10 月 31 日时，英国已经赢得了不列颠之战的胜利。

9 月 9 日下午 5 时，德国空军 200 余架轰炸机在强大护航机群的掩护下，第二次前去轰炸伦敦。由于英国空军做足了充分的准备，严阵以待敌人的再次入侵。德国机群刚刚飞越英吉利海峡时，英国"喷火"式和"旋风"式飞行中队就立即奉命起飞。

双方飞机在天空中你追我赶，展开了一场殊死搏斗。尽管德军最后还是进行了轰炸，但他们再也不可能在不受攻击的情况下到达伦敦上空了。随后，德国又不惜代价地继续闯入伦敦地区上空并给伦敦造成了巨大的破坏。

在这关键的时刻，英国战斗机司令部改变了拦截战术，战斗机不再以零星分散的中队投入战斗，而是将它们统一组成大的机群，以能够同德国空军抗争。

9 月 15 日，德国空军再次出动。第 2 航空队第 3 轰炸航空团在坎特伯雷上空首先遇到英机拦截。这是英国空军第 72、第 92 中队的"喷火"式战斗机。英国战斗机还没等占据有利位置就迫不及待地从前方直接冲入德轰炸机编队。飞行员们猛按射击按钮，将自己的满腔怒火化成了复仇的火焰向德国轰炸机群铺天盖地射击。

几分钟之内，德国轰炸机就接二连三地拖着浓烟，哀嚎着坠入大海。空战正在激烈进行着，交战双方都竭尽全力去赢得此次空战的胜利。尤其对大英帝国来说这是一场生死攸关的战斗。

德军终于狼狈逃窜了！从这之后，德国空军再也不敢与英国空军进行大规模的拼杀了，它再也损失不起了。仅此一天，德军就被击落飞机 185 架。丘吉尔激动地说：这一天是世界空战史上前所未有的、最为激烈的一天。

在德军还沉浸在失利的沮丧之中时，英国皇家空军借胜利的余威发起了反击。9 月 16 日和 17 日，英军持续猛烈地轰炸了准备发动入侵的德军舰停泊港，使德国海军遭到严重打击。海军将领纷纷向元首报告装备严重遭受破坏的消息，大小驳船沉没，军火列车被炸毁，仓库多处着火，多艘轮船和鱼雷艇被炸沉，人员伤亡惨重。

英国空军如此快的复苏使德国惊恐不已。为了尽可能减小损失，戈林下令：从 10 月 1 日开始，对伦敦的空袭改为夜间进行。

10 月 2 日傍晚，由 1000 多架飞机组成的德国庞大机群又起飞了，它要再次把死神带进伦敦。尽管英国空军全力拦截，但效果不甚理想。大批德国轰炸机成功地飞抵伦敦上空。

▲ 英国"喷火"战机掠空飞行。这款战机在不列颠空战中立下汗马功劳。

顿时，整个城市响彻了刺耳的空袭警报，灯火管制使街区陷入一片黑暗。

在探照灯的照耀下，只见各种飞机时而俯冲，时而拉升，整个伦敦街区看上去好像正承受一场空前的大劫难。

德国空军的夜袭使英国防空陷入了很大的被动，至 1941 年 2 月，德军共出动飞机 24000 余架次，被击落 156 架；而伦敦则遭受了惨重损失，市民死亡近万人，市区 1/5 的房屋被炸毁，交通和公共设施遭到严重破坏，每天从伦敦开出的火车由轰炸前的 60 次减至 4 次。

直至希特勒下决心入侵苏联后，轰炸仍在持续，但已主要作为掩盖进攻苏联企图的烟幕，空袭规模也逐渐减小。

5 月，当进攻苏联的准备一切就绪时，德国空军开始大规模转向东线战场，不列颠之战结束。

英国没钱了，美国来援助

当全世界的目光都注视着不列颠之战，为在法西斯德国野蛮的狂轰滥炸和虎视眈眈的入侵威胁之下顽强抗击的英国人民的命运而担忧时，丘吉尔及其领导下的英国人民不仅始终保持着沉着坚定的态度，而且对获得反法西斯斗争的最后胜利始终抱着极大的信心。

面对德国的一次次侵犯，丘吉尔为了保卫英国，决定争取与美国结盟，让美国援助英国。早在 1940 年 5 月 15 日，刚上台的丘吉尔就给罗斯福发电报，要求美国提供四五十艘旧驱逐舰以救急需。

6 月中，丘吉尔也发出过同样的电报。7 月底，他又致电罗斯福说："总统先生，我怀着崇高的敬意向您说明，在漫长的世界历史上，这是目前当务之急的一件事。"

德国那可怕的"闪击战"彻底惊醒了美国人。5 月底，美国国会拨给罗斯福的经费比他要的还要多，到了 10 月，国会又通过 170 亿美元拨款用于防务。在不到一年的时间里，国会共拨款 390 亿美元用于防务和援助英国等同盟国，远远超过美国在一战中的拨款总额。

1940 年 6 月 15 日，罗斯福下令设立国防研究委员会。罗斯福向丘吉尔表示，他正尽最大努力使英国得到急需的物资。最初，美国国会只同意加强美国的防务，而不批准对英国的援助。

但罗斯福仍然把军火库中几乎所有的库存借给了英国：50 万支步枪，8 万挺机枪，900 门野战炮，大量的炮弹、子弹、炸弹和无烟火药。罗斯福的做法使许多议员在国会吵个不休，称政府的做法等于自杀。

英国坚决抗击德国法西斯的政策，得到了美国越来越大的支持和援助。1940 年 9 月 2 日，美英正式达成"以驱逐舰交换海空军基地"的协议，即美国把 50 艘第一次世界大战后退役的旧驱逐舰"租给"英国，英国同意美国在纽芬兰和西印度群岛的8个地方建立海空军基地，租期99年。这个协议肯定构成了非中立行为，使美国由中立国变成交战一方。

就在英美双方就驱逐舰问题进行紧张而反复磋商的同时，1940年的美国大选已经拉开了序幕。按照美国政治传统，总统不得第三次连任。但在激烈的战争使世界局势日渐严重的特殊背景下，这一传统被罗斯福打破了。他又一次接受了民主党总统候选人提名。

当11月6日传来罗斯福第三次当选总统的消息时，丘吉尔深感庆幸，立即致电表示祝贺。而罗斯福在重新当选后的第三天就公开宣布，按"根据实际经验得来的办法"分配军火产品，即大致上一半分给美国军队，另一半分给英国和加拿大军队。

英国由于大量购买美国的武器和军事装备，黄金美元储备日趋枯竭，无法用现款支付，因此丘吉尔便进一步向美国求援。

1940年12月29日，罗斯福发表"炉边谈话"说："如果大不列颠一旦崩溃，我们整个美洲的人民将生活在枪口之下……我们必须竭尽全力生产武器和舰只……我们必须成为民主国家的大兵工厂。"

1941年1月6日，罗斯福在致国会的咨文中，要求国会根据租借法，向那些反对法西斯侵略的国家提供武器装备。

在罗斯福等美国当权人士的努力下，1941年3月11日，美国国会两院终于通过了《租借法案》，规定把国防物资出售、转让和租借给"总统认为其防务对美国国防至关重要"的国家，并且一次就拨款70亿美元援助英国等国家。

▲ 二战期间美国卖给英国的旧军舰。尽管当时美国保持"中立"，但罗斯福仍想方设法地向英国提供力所能及的援助。

3月27日，美英两国总参谋部的代表在华盛顿经过两个月的商谈后，达成了美英会谈协议，规定一旦美国参加对德国和日本的战争时，美英两国将首先打败德国，然后再对付日本。

这样，英美两国就逐渐结成了反法西斯同盟。在整个战争期间，美国给予英国270多亿美元的租借援助。

美国这时虽然已事实上成为交战一方，但希特勒还不敢对美宣战，因为德国法西斯的侵略矛头已转向东方，准备去进攻苏联。

在反法西斯的第二次世界大战中，美国通过租借法拨款500多亿美元，购买武器、粮食和各种军用物资，援助英、苏、法、中等38个同盟国家，对打败当时的人类公敌德、意、日法西斯侵略者起了一定的积极作用。

第四章

激战：苏德大战

一、"巴巴罗萨"计划，让全世界震惊

恶魔的眼睛转向东方

1940 年夏，希特勒在取得对法国战争的胜利后，进攻苏联的议案又提上日程。希特勒进攻苏联的想法由来已久。早在 20 年代，他在自传《我的奋斗》中就这样写道："德国不能满足于 1914 年的边界。""我们要从 600 年前停止下来的地方开始行动。""我们是民族社会主义者，我们要自觉地改变战前对外政策的方针。我们要消除德国长期以来在南欧和西欧的目标并把自己的目光集中到东方……但当我们今天说到欧洲的新领土时，我们首先指的就是苏联及其所控制的仆从国。"

希特勒进攻苏联的想法立即在德国高级军事领导层中引起了反响。最高统帅部及海陆空将领都参加了关于进攻苏联的时间和方式问题的讨论。将军们普遍认为，现在德国正处于军事鼎盛时期，时机极为有利。陆军元帅勃劳希契在 7 月 21 日的德国最高统帅部会议上作了对苏作战的报告。在报告中，他对陆军最高统帅部的意见表示乐观，并建议对苏战争应该在 1940 年就开始。

为了高度保守机密，希特勒命令由总参谋部来研究进攻苏联的计划，以便对任务、时间和目标有一个明确的了解。在以后的几天里，希特勒在柏林和上萨尔茨山接见了罗马尼亚、保加利亚和斯洛伐克的总理。在得知苏联对波罗的海国家的合并，以及对比萨拉比亚和北布科维纳的占领后，希特勒决定推迟解决巴尔干问题，加紧考虑进攻苏联的计划。

7 月 31 日，希特勒在伯格霍夫召开最高军事会议。会上，先由海军元帅雷德尔报告了"关于英国登陆战准备工作的第 16 号指令"，即"海狮计划"的准备工作的进度。雷德尔说，9 月 15 日将是开始执行"海狮计划"的最早日期，前提是届时没有"由于天气或者敌人的原因而出现不测情况"。雷德尔就这一前提向希特勒解释说，英吉利海峡和北海的天气，

除了 10 月上半月以外，一般都是恶劣的。10 月中旬开始有薄雾，到了下旬就有浓雾了。然而，这只是天气问题的一部分，"只有海上风平浪静，才能够执行作战计划"。"即使第一批部队在天气有利的条件下渡海成功，还是不能保证第二批、第三批部队也能够有同样有利的天气。事实上，我们必须认识到，在一些港口可供利用之前，有好几天是不能运送比较大量的物资的。"这样一来，陆军就会陷入困境，他们会被搁在海滩上，没有给养，也没有援军。这位海军元帅在结束他的发言时说："从一切情况考虑，最有利的作战时间将是 1941 年 5 月。"希特勒发言，表示对雷德尔的结论不敢苟同，并认为不能因为天气情况而不考虑坐失时机的后果。德国海军到来年春天也不一定就

▲ 德国名将古德里安，著名的"闪击战"理论的创始人。与曼施泰因、隆美尔一起并称为纳粹德国的三大名将。

能打败英国海军。而如果给英国陆军 8 个月到 10 个月的时间，它就将会有 30～35 个师的兵力，到那时再登陆作战将会更加困难。因此他认为："必须设法为 1940 年 9 月 15 日开始的作战行动进行准备工作……至于这次作战行动是在什么时候开始，将在空军对英国进行一个星期的密集轰炸之后作出判断。如果空袭的效果很好，敌人的空军、港口和海军等等遭受重创，那么'海狮计划'将在 1940 年进行。否则将推迟到 1941 年 5 月。"

希特勒话锋一转说："英国的希望在于苏联和美国。如果对苏联的希望破灭，那么对美国的希望也就破灭，因为消灭苏联以后就会大大增加日本在远东的力量。我现在越来越相信，英国继续进行战争的顽强决心是由于它对苏联有所指望。英国人原来已经完全倒下了，现在他们又站了起来。苏联只需向英国暗示，它不希望德国过分强大，那么就像一个快要淹死的人突然抓到救命稻草一样，英国会重新获得这种希望：局势在 6～8 个月之内就会完全改观。但是如果苏联被摧毁，英国的最后希望就会被粉碎。那时，德国就将成为欧洲和巴尔干的主人。因此，必须消灭苏联。时间定在 1941 年春天。"

随后，希特勒详细地叙述了他的作战计划。他认为，这次行动只有以一举摧毁苏联为目标，才值得进行。只占领苏联的大片领土是不够的。"要消灭苏联的生存力量！这才是目的！"希特勒强调说，"首先将发动两个攻势，一个是在南方向基辅和第聂伯河进攻，另一个是在北方通过波罗的海国家，然后向莫斯科进攻。两支军队将在莫斯科会师。在这以后，必要时将进行一次特殊作战，以获取巴库油田。"他接着说，他将吞并乌克兰、白俄罗斯和波罗的海沿岸各国。他将拨出 120 个师来进行整个战争，留 60 个师保卫西线和斯堪的纳维亚。进攻将在 1941 年 5 月开始，用 5 个月的时间完成，在冬天结束。他补充说，他本来希望在今年这样做，但是这已经证明是不可能的了。

"巴巴罗萨"计划

8 月 26 日，希特勒便下令从西线向波兰派遣 10 个步兵师和 2 个装甲师。他命令，装甲部队要集中在波兰东南部，以便他们可以出兵保护罗马尼亚油田。德国人自知向东部调动大量部队肯定会被苏联人发现，于是便命令德国驻苏联大使通知苏联总参谋部说，这个调

动只是派年轻的士兵代替要复员参加工业生产的年纪较大的士兵。9月6日，德国国防军指挥参谋部参谋长约德尔发出指示，概述了进行伪装和掩蔽的方法。规定："这种集结的工作绝不能在苏联造成这样一种印象，即好像我们准备在东方发动攻势。"约德尔又拟了一个作战草案，设想对苏作战将动用3个集团军群。普里皮亚特沼泽地以北用2个，以南用1个，但有一点要注意，即在越过奥尔沙陆桥—斯摩棱斯克地区以后，能否继续向莫斯科进攻将取决于肃清波罗的海苏军的进展情况。

11月28日～12月3日，在德国陆军总参谋部第1军需部长保卢斯将军的指导下，德军进行了一系列的军事演习，以便对方案存在的主要问题进行审查。然后，方案的制定者们在12月5日与希特勒举行了正式讨论。将要进行这一作战的3个集团军群的参谋长，各自研究了有关的战略问题，他们突出地感到了空间与人力上的困难。所谓空间上的困难是指地理环境而言的。1940年的苏德边界，始于梅默尔以北的波罗的海之滨，沿旧东普鲁士—立陶宛边界延伸，接着向西进入波兰，形成一个突出的弧形地，然后向西绵延到布列斯特—里托夫斯克，接着继续向南伸展，直到匈牙利边境为止。这条苏德边界线全长约1100千米。而乌克兰—罗马尼亚边界沿普鲁特河至黑海，长约720千米。另外，在俄罗斯欧洲部分西部的中央，就在布列斯特—里托夫斯克边界东南，有一片南北宽约240千米、纵深约480千米的辽阔沼泽地区。复杂的地形会把德军队形拉得很长，无法组织防御和进攻。

后备军总司令弗罗姆谈了自己的看法，认为在一片辽阔地区向300万人、50万匹马的部队进行补给是非常困难的。何况，这个地区公路寥寥无几，铁路不能直达。另外，现有的增援部队不足50万，只够补充夏季战役的损失。摩托车辆奇缺，车辆燃料更是吃紧，国内只有不超过3个月的汽油储备和1个月的柴油储备。由于缺乏天然橡胶与合成橡胶，轮胎也成了问题。

听了上面几位将军的发言，陆军总司令勃劳希契对于元首的全球战略目标开始产生怀疑。如果向苏联开战真是必要的话，那么消灭苏军就是压倒一切的目标，经济方面的考虑就不能占优先地位。进攻莫斯科将吸引苏的主要兵力；夺取莫斯科地区不仅将使苏联失去控制，交通联络断绝，而且将在苏军的战线上打开一个巨大缺口。勃劳希契要求发言，他对元首说："德国空军是否有力量对英、苏两线同时作战？"

希特勒立即回答说："如果对苏战争不拖长的话，德国空军就能够在两条战线上同时作战！"哈尔德也发言坚持中央集团军群主要突击方向应该是莫斯科。希特勒说："对苏战争的目的是保卫帝国领土不受空中袭击，以保护柏林和西里西亚的工业区。这就需要战略纵深，使粉碎后的苏联成为一些非武装的社会主义行省，自波兰边境到伏尔加，全由德国人驻防和统治。伏尔加河以东的原始土地，冰冻的西伯利亚地区，以及乌拉尔外的空旷森林，等有了工夫再去占领，一个重要的考虑因素，就是从这些边远的地区，任何轰炸机都飞不到德国。"接着，他又说道："战争开始后，苏联会死守波罗的海与乌克兰，因为那里有海港，在经济上至关重

▲ 日本关于德国入侵苏联的"巴巴罗萨"计划的海报

▲ 尽管战争的准备工作正紧锣密鼓地进行着，然而在公开场合，希特勒仍大谈他的和平主张。

要，而对于中部，斯大林会慷慨退让。德军夺取莫斯科无甚重要。中央集团军群的装甲侧翼要准备向北进入波罗的海、向南进入乌克兰。"勃劳希契默然。

会后，最高统帅部向各集团军群发出了命令。陆军总部在勃劳希契的领导下，夜以继日地修订作战计划。在计划中，勃劳希契认为有必要加强北方集团军群的力量，使其通过波罗的海国家的速度能像中央集团军群向斯摩棱斯克的推进速度一样快，两军齐头并进，避免在攻打莫斯科之前使军事行动停顿下来。

12月17日，该作战计划，即21号指令呈送到希特勒案头。希特勒看后，皱起了眉头，他认为21号指令没有体现他的最新思想，即他在12月5日会议上的发言，便提笔进行了修改。明确规定：要优先保证肃清波罗的海的敌人，夺取列宁格勒与喀琅施塔得。为此目的，中央集团军群要往北抽调强大的装甲部队。只有完成上述目标，才能恢复对莫斯科的攻势。希特勒认为21号指令代号为"奥托"似不够明确，这场战争应当是"巴巴罗萨"这个名字。

第二天，即1940年12月18日，希特勒以武装部队总司令的名义发出了第21号指令——"巴巴罗萨计划"。按照计划要求，德国武装部队必须准备在对英战争结束之前，以一次快速战役击溃苏联。准备工作必须在1941年5月15日以前完成。进攻苏联分两个阶段，第一阶段，首先用突然袭击的方法消灭苏联西部军区的军队，然后在空军的掩护下，以坦克部队为先导，长驱直入，向苏联腹地进攻。进攻路线分南、北、中三路。北方集团军群共29个师，在1000多架飞机的掩护下，由东普鲁士出发，经德文斯克、奥斯特洛夫，直取列宁格勒；中央集团军群共51个师，在1600架飞机的掩护下，由华沙以东出发，经布列斯特、明斯克、斯摩棱斯克，向莫斯科进攻；南方集团军群共63个师，在1400架飞机的掩护下，在卢布林至多瑙河口地区展开，向基辅进攻，然后向顿巴斯进击。在包围并歼灭这三个城市的苏军后，分别占领莫斯科、列宁格勒和顿巴斯。第二个阶段，进攻苏联的后备军，占领阿尔汉格尔斯克、伏尔加和阿斯特拉罕。这就是希特勒的"宏伟"计划。为了保密起见，计划只印了9份，三军各一份，其余的保存在最高统帅部。希特勒还指示，参与这一机密的军官的人数要尽可能少，不然，准备工作就会有泄露的危险，在政治上和军事上导致严重的后果。签署完"巴巴罗萨计划"之后，希特勒感到如释重负。他踌躇满志，巴巴罗萨、拿破仑未竟的事业，将由他来完成了。这个当年维也纳的流浪汉，已经自认为是有史以来世界上最伟大的征服者了。

斯大林不相信苏联会遭进攻

▲ 斯大林

早在1941年1月，美国国务院就向苏联发出一份机密情报，这份情报是德国正在制定进攻苏联的计划。但这份情报并未引起苏联政府的重视。4月3日，英国首相丘吉尔曾经寄给斯大林一封信，提醒他注意德国军队的调动和德国即将向苏联发动进攻。但苏联政府却认为英国不怀好意，认为目前不应"刺激"德国，暂时还不会发生战争。

苏联政府认为德国调兵是为了防御，不敢真打自己。5月1日，莫斯科红场举行阅兵式。英国多次向苏联政府送情报，说德国将在夏季进攻苏联，但苏联政府却认为，英国和德国的战争没有分出胜负以前，德国无力进攻苏联，英国是为了把苏联拉入战争的陷阱而伪造情报。

5月，德国驻苏大使舒伦堡向当时在莫斯科的苏联驻德大使弗·杰卡诺佐夫直言不讳地透露了德国将进攻苏联的消息，并说出了进攻的详细日期。舒伦堡希望苏联能够在希特勒发动进攻前和柏林接触。弗·杰卡诺佐夫和舒伦堡会晤后，急忙赶往莫洛托夫的办公室。

当天，斯大林召来政治局委员，告诉他们舒伦堡的警告。但斯大林同时又强调，这是希特勒在吓唬人。斯大林说："现在他们想通过大使一级向我们传递错误消息。"

苏联著名间谍佐尔格也发来了德国准备进攻苏联的情报，还将一份德国外长里宾特洛甫提到德国拟定的6月中旬进攻苏联的电报复印件传给苏联，但斯大林仍不相信。

6月1日，德国最高统帅部向德国各集团军、海军和空军下达相应的作战命令。

6月初，丘吉尔得知希特勒真的要进攻苏联后，提醒斯大林，说希特勒将于1941年6月22日对苏联发动突然袭击。斯大林把丘吉尔发出的警告误以为他又在散布假情报，结果差点输掉整个战争。

6月14日，德国突袭苏联的前一周，苏联塔斯社发表声明说："英国和外国报纸上出现的关于'苏德之间即将开战'的谣言是错误的，是反苏反德的宣传伎俩。苏联人民认为，关于德国想要进攻苏联的谣言是没有任何根据的。"

6月16日，一份"德国进攻苏联准备就绪，只待时日"的情报送到了斯大林面前，斯大林竟然在上面批示道："让呈送这份情报的谍报员见鬼去吧。他不是谍报员，而是假情报制造者。"

若苏联政府已做好迎战德军入侵的准备，那么苏联塔斯社发表这样的声明，就是在麻痹德国人，这种声明是没有错的。然而，苏联政府的确并未做好防御准备，也没做好进攻德国的准备。结果，这种声明只是麻痹苏联军民的警惕性，束缚苏联人民自己的手脚。苏联人民在德军的突袭面前，处于被动挨打的地位。

"两个月内消灭苏联"

正当克里姆林宫准备在 1941 年 6 月 14 日晚向全世界广播，宣布关于德国进攻苏联的谣言没有任何根据的时候，阿道夫·希特勒正同陆军各集团军群和集团军一级的总司令就"巴巴罗萨计划"举行着他的最后一次大规模军事会议。会议定在帝国总理府召开。为了不引起人们的注意，与会者分三批到达。上午是陆军北方集团军群的将领，中午是陆军中央集团军群的将领，下午是陆军南方集团军群的将领。对于车辆如何进入

▲ 德军部署在波苏边境的战机。

帝国总理府也作了特别的安排，第一批汽车从威廉街驶入，勃劳希契等人的汽车则由赫尔曼·戈林街进入总理府花园，其他将领的车辆通过福斯街和国家办公厅的通道驶入。

在寒暄了几句之后，希特勒就让各军司令汇报他们在战争头几天的意图和各自战区的作战安排。接着各航空队也汇报了他们的计划。会议从上午 11 点一直开到下午 6 点半。希特勒对各部队的兵力、坦克数量以及其他各项细节都详细地进行了了解。他很少打断对方的汇报，只是静静地听着。

汇报认为苏联红军在数量上占有优势，然而质量很差，即将开始的战斗不会十分激烈。结论尽管乐观，但大多数将领还是反对这场战争，其理由是他们从此就要开始两线作战。他们普遍认为，两线作战时间一长，德国既不可能取胜，也不可能坚持下去。

会议在下午 2 点休会进午餐，希特勒在午餐时对他的将领们进行了一次全面的政治演

▲ 德军正在波苏边境积极备战。

说。希特勒强调，必须进攻苏联，因为苏联的沦亡会迫使英国屈服。他说，这是两种意识形态之间的决定性战斗，必须用完全不同的尺度来衡量作为军人所熟知的惯例——根据国际法是唯一正确的惯例。这是一场反布尔什维克主义的战争。他估计到苏联人会打硬仗，会顽强抵抗。"我们必须估计到敌人的强大空袭，应灵活地对付空袭。我空军必将迅速取胜，为陆军前进扫除障碍。大约六周以后，最艰巨的战斗就会过去。但是，每一个军人都应该知道我们的目标是什么。我们所要的不是那个国家，而是摧毁布尔什维克主义。"希特勒带着怨恨说道，英国人不愿同德国谅解，而去同苏联谅解。他说，这是 19 世纪的政治，不是 20世纪的政治。希特勒在说这番话时指出，他同斯大林结盟，纯粹是为了取得但泽走廊而采取的一个策略步骤。他继续说："我们若是打输了这场战争，整个欧洲就会布尔什维克化，英国若看不到或认识不到这一点，它就会失去霸权，失去世界帝国的地位。此外，英国在这场战争中将落入美国的魔掌，它现在还未能预见。但有一点是肯定无疑的：美国人要在这场战争中做一笔极大的生意。"会议在午餐后继续进行。最后，希特勒再次重申进攻的日期是 6 月 22 日，按照约定的暗号"多特蒙德"，德国军队应该进入苏联境内，并计划六周到两个月击垮苏联，在冬季来临之前结束战争。

战争爆发

6 月 18 日，苏联一个边防分遣队的指挥员打电话给自己的军长费久宁斯基上校说："有一个德国士兵刚才跑到我们这边来。他谈了一个非常重要的情况，但我们不知道是否应当相信他的话，他谈的情况非常非常重要。"

在边防分遣队指挥部，费久宁斯基见到的是一个高个子的年轻德国士兵。翻译说，这位士兵在喝醉酒时打了一个军官，因为怕被枪毙才跑过来的，他告诉费久宁斯基说，战争很快就要开始，6 月 22 日凌晨 4 点，德国部队将沿着整个德苏边境发动进攻。看到对方将信将疑的样子，这个年轻的德国士兵急了，他说："上校，到 6 月 22 日早上 5 点钟，如果您发现是我骗了您，那就把我枪毙！"

费久宁斯基见他这样说，便毫不迟疑地立即把情况转告给第 5 集团军司令员波塔波夫将军，这位将军衔着烟斗懒洋洋地说："没有必要相信这种挑拨，也没有必要使部队进入戒备状态，因为那样会搞成一场虚惊。"费久宁斯基仍然坚持要加强防备，波塔波夫将军

▲ 德军入侵苏联。借助装甲部队的来回穿插，德军在战争开始阶段得以长驱直入。

见拗不过这位上校，只得同意调两个团靠近边界，并从靶场上调回一个炮兵团。在第 87 边防支队的地段上，苏军又抓到了一个德军特务小分队。据他们交代说，他们的任务是破坏火车和在卢尼涅茨车站上造成阻塞，以利于德军轰炸。

6 月 20 日，列宁格勒军区收到了关于芬兰部队在边境集结的情报。

《纽约时报》驻安卡拉的记者苏利茨别尔盖发来的消息说："从两个与苏联接壤的国家中获悉，德国对苏联的武装进攻可能在未来 48 小时内发

生……德国在罗马尼亚和芬兰的支持下将对苏联发动一场从黑海到北极圈的全面进攻。"

赫尔辛基发布命令：预备役的年龄放宽到 44 岁。报纸头版头条写道："每一个芬兰人都应该毫不犹豫地战斗，就像 1939 年那样。"

柏林德国官方发言人就各国报刊发表有关苏德边境冲突消息这一情况郑重声明道："外国制造的这一传闻没有任何根据。"

路透社莫斯科消息说："这里没有任何迹象表明德国向苏联提出了某种要求。在苏联首都没有任何危机的迹象。"

《真理报》在当天发表了以《反对饶舌者和游手好闲者》为标题的社论，文中号召人们在工作中要有实事求是的精神，反对空谈和喋喋不休地说无聊话。

6 月 21 日夜 11 点，苏军总参谋长朱可夫从基辅打来的电话称，一名德军司务长越过了防线对苏联指挥员说，德国军队将在次日凌晨发动进攻。朱可夫立即向斯大林和最高国防委员铁木辛哥作了报告。"也许德国将领们把这个逃兵送来，是为了挑起冲突吧！"这是斯大林的第一个反应。"不，我们认为逃兵说的是实话。"总参谋长坚持说。随后政治局委员们都来了，经过审慎的讨论和研究，斯大林才最后同意发出一项命令，命令列宁格勒、波罗的海、西部、基辅和敖德萨各军区的前线部队，立即做好准备，准备抗击德国可能发动的突然袭击，但为时已晚。

斯大林作了这样的处理后，拖着疲惫的身子刚要在卧室的沙发上休息一下，突然有人敲门。门声刺痛了他的心：任何时候都不曾有人这样唤醒他，也许发生了最坏的事情，难道战争爆发了？斯大林勒紧睡衣走了出来，卫士长向他报告说，朱可夫有急事打来电话了。随后，总参谋长在电话上向他报告了德军空袭基辅、明斯克等城市的情况。这一切表明，他最不愿发生的事情——战争终于爆发了。

二、苏联初战失利

布列斯特要塞

布列斯特要塞位于白俄罗斯与波兰边境，距离白俄罗斯首都明斯克 349 千米。1830 年，俄军在布列斯特老城的基础上修筑了临时工事。1833 ~ 1842 年，俄国将布列斯特老城改建为要塞。布列斯特要塞建在穆哈维茨河与布格河两河分割成的 4 座小岛上，建有中央工事和 3 个桥头堡。中央工事是环形封闭式的两层设垒营房，长 1.8 千米，砖墙厚度 2 米。一战结束后，要塞外围修筑两道堡垒地带，使要塞更加坚固。

在德国进攻苏联前夜，苏联西部特别军区总司令巴甫洛夫仍然麻痹大意。肩负重任的他正在明斯克的一家军官俱乐部里观看一部喜剧，正看得津津有味时参谋急忙赶来报告："德军在边境上挑衅了，他们又朝我军开

▲ 德军士兵弯腰穿过苏军的封锁线。

▲ 德军炮击布列斯特要塞。

火了。"巴甫洛夫说："这消息太无聊了，告诉前线官兵要保持克制。不要让他们轻举妄动，不要给德军以任何挑起战争的借口。"这真说出了大战前夕的西方面军司令巴甫洛夫的心里话。

6月22日凌晨3时，德军的6000门大炮炮轰苏联，1000多架德国作战飞机进攻苏联，只用了一天时间就把800多架苏军的战机摧毁在机场上了，其中500多架飞机是隶属于巴甫洛夫的。

战争爆发后，德军分南、北、中三路进攻苏联。南路德军由克鲁格率领的第4集团军的21个步兵师和古德里安的第2装甲集群（5个装甲师、3个摩托化步兵师和1个骑兵师）组成。古德里安的第2装甲集群强渡布格河，向苏联边陲重镇布列斯特发起了进攻，迅速突破了苏军西方面军左翼第4集团军的防御。这部分德军以快速部队迂回到该市的南北两侧，向斯卢茨克和明斯克方向发起进攻，步兵突入布列斯特，遭到苏联驻军的顽强抗击。

德军向布列斯特要塞的苏军发起进攻，苏联卫国战争就是从布列斯特要塞开始的。布列斯特要塞内的苏军在处于劣势的情况下奋勇阻击德军。守卫要塞的苏军阻击月余后几乎全部牺牲，在苏联卫国战争史上留下了光辉的一笔。

当时，德军遭到了苏军的猛烈抵抗，激烈的交战到处进行着。巴甫洛夫并没有看透德军的战略意图，他虽然号称坦克专家，但并未真正领悟到坦克战的真谛。

德国中央集群总司令包克根本就不想从正面硬碰西方面军，而是用两个装甲集群从南北两翼以合围之势向纵深推进。前线的苏军部队明显被杀得措手不及。德国的侦听部门收听到一份苏军的电报："我们遭到炮击。请求指示！"很快，德军的侦听部门就收到了苏军统帅部的回电："你们疯了吗？为何用明码来电？"

当时，古德里安的第2装甲集群和霍特的第3装甲集群分别从南北方向向苏军第3、第4、第10集团军防线的纵深进行向心突击。两个德军装甲集群如同两把大铁钳，死死地钳住了苏军的3个集团军。

德国步兵部队要追上装甲集群是非常困难的。他们一天至少行军40千米，道路非常坎坷。

德国官兵们对这些日子的行军记忆最深刻的是，苏军很多部队在忙着撤退，而德军则忙着追赶，大片尘土扬起。当时的天气很热，有时候还会突然下雨，下雨时的路面泥泞不堪。太阳出来后，很快就把泥泞不堪的地面晒成一块块的干土块。

激战格罗德诺

格罗德诺是白俄罗斯西端城市，格罗德诺州首府。格罗德诺位于涅曼河岸，靠近波兰边境。格罗德诺曾是格罗德诺公国首都，1920～1939年被波兰统治。1939年归白俄罗斯苏维埃社会主义共和国。

在德国空军的狂轰滥炸和德军空降兵的大肆破坏下，苏联西部前线的通信指挥系统遭到严重破坏，指挥系统瘫痪。此时，由于在司令部的巴甫洛夫难以联络到前线部队，他赶到比亚韦斯托克的第10集团军司令部时，发现那里更是一片混乱。第10集团军司令格鲁别夫解释道："电话中断了，油库没了，坦克也没了。面对德军的坦克和飞机，我们靠什么打？"巴甫洛夫转达了最高统帅部的第3号命令：第10集团军立即反攻，占领奥索维茨、维斯纳、别尔斯克等地。不过，巴甫洛夫认为最高统帅部的命令实在离谱。

巴甫洛夫完全被德军迅猛的攻势震惊了。他不知道自己的集团军状况如何，更不知道德军在采取什么行动。他根据最高统帅部的"反攻"命令，下令所有集团军以及方面军的预备队进入突出部位，以解除德军步兵师对比亚韦斯托克突出部的威胁。这样一来，在明斯克地区出现了一块空白地带，使德军合围的任务更容易完成。这位号称"苏军头号坦克战专家"的巴甫洛夫，将整个西方面军都送入诺沃格鲁多克"口袋"地区。

巴甫洛夫竟不知道由装甲部队和摩托化部队配以航空兵的高速突击，已使传统的战争面貌发生了巨变。何况，德军装甲集群的推进速度和力度大得惊人。

德军的坦克集群正在快速绕过比亚韦斯托克突出部。这时如果巴甫洛夫下达命令，将3个集团军撤出危险地带还来得及。但巴甫洛夫却认为："利用坦克部队突袭敌军后方无法取得胜利！"他认为德军的装甲集群孤军深入，补给线太长，这正是西方面军反攻的大好时机。

同时，没有最高统帅部的撤退命令，巴甫洛夫没有胆子下令撤退，他只是一味催促部队进攻。西方面军副司令博尔金倒很镇静，根据苏联总军事委员会的第3号命令，他组织第10集团军的第6机械化军、第6骑兵军阻击德军和第3集团军的第11机械化军，向德军苏瓦乌基地区进行了反攻。

两军在格罗德诺与德军展开了激烈交锋，博尔金在格罗德诺组织的那点兵力根本无法抵挡德军的强大攻势。当时，由于苏军所调兵团分散在各地，加上准备时间仓促，又缺乏

▲ 德装甲集团军向格罗德诺开进。苏德两军在格罗德诺展开激烈的交火，最终德军凭其强大的攻势战领该地。

必要的通信器材，所以未能对德军形成突击。

苏军许多反攻部队受到严重损失，燃料、弹药消耗殆尽，被迫放弃格罗德诺，撤向诺沃格鲁多克，这导致在西北方面军和西方面军之间出现了一个大缺口，西方面军被围歼的命运无可挽回。

扎紧"死亡口袋"

开战没几天，希特勒与中央集团军群将领们之间的关系出现了矛盾。根据希特勒的指示要求中央集团军群进行两翼包围的地点是明斯克。但包克、古德里安和霍特从1941年1月以来，就一直主张在斯摩棱斯克进行大纵深的包围。包克曾在1941年6月23日试图改变希特勒的作战计划，但失败了。希特勒关心的是，几十万苏军西方面军马上就要被装入"比亚韦斯托克—诺沃格鲁多克口袋"，对苏军的突围应预留预备队，没必要迂回到斯摩棱斯克进行大包围。6月25日，希特勒的副官施蒙特从大本营赶到中央集团军群司令部，向包克转达元首的紧急指示，应该在比斯摩棱斯克近得多的地方，即诺沃格鲁多克收缩包围圈。

同一天，正在西方面军司令部的沙波什尼科夫元帅向苏联统帅部报告了战场形势，请求从比亚韦斯托克撤军。第一副总参谋长瓦杜丁心情沉重地向斯大林报告："德军正在逼近明斯克。"

德军古德里安的第2装甲集群和霍特的第3装甲集群突然出现在明斯克的南部和北部。这时，苏联统帅部已经发现了战略错误，连忙增调部队去保卫明斯克，以保障西方面军的后方。然而，战机稍纵即逝。当德国中央集群入侵苏联时，沙波什尼科夫很快意识到西方面军的危险。但在沙波什尼科夫的建议下，苏军统帅部命令西方面军迅速将配置在比亚韦斯托克的第3、第10集团军东撤到利达、斯洛尼姆、平斯克一线。

6月25日，发现无法挽回败局的巴甫洛夫对西方面军的4个集团军下达了全线撤退的军令，他准许各集团军充分征用各种交通工具，要求部队日夜赶路，在广阔的大地上甩掉德军。然而，西方面军的各个部队已经被呼啸而来的德机群和快速推进的装甲集群撕得支离破碎。苏军既没有燃油又缺少交通工具。在比亚韦斯托克和诺沃格鲁多克之间的大"口袋"中，苏军二十几个师已经被困住了。

▲ 德军坦克行驶在明斯克城外。

6月26日，斯大林发电报给远在加利西亚的苏军总参谋长朱可夫，要求他立即返回莫斯科，有更重要的任务要交给他。这一天，德军古德里安的第2装甲集群进抵明斯克附近，同苏军第13集团军展开了激战。中午，霍特的第3装甲集群出现在明斯克以北，距离明斯克只有29千米。那天下午，包克接到了陆军司令勃劳希契关于扎紧口袋的电令。包克虽然不愿意，但也只能下令："古德里安将向东挺进的大部分兵力北调，在明斯克与霍特会师，扎紧口袋。可准许第24装甲军向别烈津纳河岸的博勃鲁伊斯克和第聂伯河畔的罗加切夫发起试探性攻击。"和包克一样，古德里安和霍特也不同意最高统帅部的命令，但他们必须执行。他们还想前进，在322千米外的斯摩棱斯克扎紧口袋。

德国陆军参谋长哈尔德满腔怨气地说，因希特勒的无端干预，陆军司令勃劳希契被迫放弃了正确的大胆东进，结果德军向博勃鲁伊斯克的推进只能算是一次武力试探。哈尔德认为古德里安敢于采取正确的军事行动——在莫吉廖夫和罗加切夫继续强渡第聂伯河，扑向斯摩棱斯克。可见，德军陆军部因害怕希特勒不敢发出这种命令，却指望古德里安抗命。

6月26日下午，南路的古德里安、北路的霍特两路装甲集群在明斯克附近会合。德国空军元帅凯塞林指挥第2航空队的近千架飞机疯狂地轰炸扫射苏军。

6月27日，苏德战争爆发的第5天，德军第2和第3装甲集群展开猛攻。苏军22个步兵师和近7个坦克师、6个机械化旅的兵力，在明斯克—比亚韦斯托克地区遭到重创。

6月27日10时零5分，朱可夫根据斯大林的最新指示，通过电报向巴甫洛夫传达统帅部的命令："要求西方面军司令部立即找到所属的部队，跟各个部队的指挥官联系上。司令部将向指挥官们说明情况，给部队提供作战的必需品，查清需要给哪些部队空运燃料和弹药，避免部队丢弃贵重兵器，尤其是重型坦克和重炮。命令留在德军后方的部队，根据3个不同的方向集中突围。提请西方面军司令部注意，德军机械化第一梯队已经脱离德国步兵部队很远，这是德军的弱点，若能对德军机械化部队进行夜间反击，可望取得胜利。"

然而西方面军所有阵地的形势仍在恶化，被合围的苏军在极端困难的条件下向东南方向突围。在苏军的坦克、重炮的掩护下，骑兵部队、步兵部队进行了无数次集团冲锋。许多官兵侥幸冲出了包围，开始了游击战，但大部分苏军在突围中丧生。

傍晚，苏军被赶出明斯克。德军进入明斯克后，对城内居民展开了野蛮的大屠杀，大半个城市被德军炸毁。苏军西方面军遭到灭顶之灾。德军中央集群通向莫斯科的大门敞开了。

▲ 德军进入明斯克后，对城内的百姓进行了野蛮的屠杀。

斯大林杀一儆百

1941年6月30日，斯大林从德国广播电台中收听到苏联西方面军被围歼的消息，马上打电话要求朱可夫通过电报与巴甫洛夫联络，询问德国广播的消息是否可信。当朱可夫问巴甫洛夫时，他竟对战场的情况不甚了解。朱可夫继续问巴甫洛夫："那么德国的广播报道是不是真的？"巴甫洛夫说："应该是真的。"通过身边发生的事情，巴甫洛夫明白了问题的严重性，他无奈地接受了这一事实。德军的推进速度惊人，巴甫洛夫直到这时才体会到德军装甲集群的强大威力，他为战前自己对坦克的轻蔑态度后悔不已。

朱可夫立即给克里姆林宫打电话，向斯大林汇报了西方面军的情况。斯大林非常恼火，不明白为什么巴甫洛夫指挥的西方面军竟然在这么短的时间内输得一干二净！斯大林解除了巴甫洛夫等人的兵权，让他们立即回莫斯科接受审查。

回到莫斯科后，铁木辛哥会见了巴甫洛夫。巴甫洛夫心情焦虑地问："我是否还有必要向您汇报一下？""算了，一切都已经过去了。"铁木辛哥阴沉着脸，他不想再提白俄罗斯的战事。"元帅同志，你要考虑一下我当时的处境。我认为，即使换作别人也同样无济于事。"巴甫洛夫辩解道。铁木辛哥愤怒地质问道："我知道，西方面军各部队缺乏训练，我们还有很多问题。但部队、坦克、飞机和大炮损失那么大，那么多的领土丢失了，你作为方面军司令难道就没有一点责任？"巴甫洛夫哭丧着脸说："可是，我在布列斯特只有7个师，而德军却有15个师，其中有5个德军坦克师，你让我怎么防守？""算了吧，我不想跟你谈算术题，还是留着你以后去做吧！"铁木辛哥不耐烦地打断了他的话，离开了房间。不久，门开了，副官向巴甫洛夫报告有人来找。一位从最高统帅部来的中将带着两名卫兵出现了。"巴甫洛夫将军，请您看一下文件！"说着，该中将把一份文件递到巴甫洛夫面前，"逮捕令"放到了桌上，巴甫洛夫吓得说不出话来。

巴甫洛夫的最大错误是，在比亚韦斯托克部署了3个集团军，使苏联战斗力最强的西方面军变成了一群死守阵地的羔羊，结果遭受德国中央集团军群的装甲集群的包围。战争仅仅进行了一周的时间，巴甫洛夫的65万大军陷入绝境。巴甫洛夫至死都不明白，德国装甲集群为什么拥有如此强大的突击力，生生突破了3个苏联集团军的强大防线，构筑了"诺沃格鲁多克口袋"。解散苏联坦克军的巴甫洛夫最终受到了惩罚，他承受了轻视坦克部队的后果。研究了十几年坦克的巴甫洛夫，竟然不相信坦克兵团的威力、特点和精髓，这真是苏联西方面军的悲哀。

巴甫洛夫在白俄罗斯战区期间，扮演了极不光彩的角色。苏联实力强大的西方面军在巴甫洛夫的手中覆灭了。当拥有65万大军的西方面军遭到围攻时，它的司令官巴甫洛夫竟抱头鼠窜。在此期间，巴甫洛夫一直未能有效地控制部队。为了了解战场的情况，他不得不经常去收听德国广播。

事实上，巴甫洛夫等于放弃了对西方面军的指挥，这加剧了西方面军的混乱局面。他的确是太失职了。

7月22日，苏联军事法庭宣判终审判决：被告西方面军司令员巴甫洛夫、方面军参谋长克里莫夫斯基、方面军通信主任格里戈里耶夫、第4集团军司令员科罗勃科夫是反苏阴谋的参与者。结果，这4个人被判处极刑——枪决。在审判庭上，巴甫洛夫等4人没有否认自己的罪责，但他们希望能把他们以任何身份派到前线，他们愿意在战场上赎罪。

斯大林看到判决书后，要求将"阴谋"之类的废话删掉，但同意立即执行枪决。该判决下发到各个方面军，斯大林要让将领们都知道，他惩处打败仗的将领毫不手软。当天晚上，巴甫洛夫和3位部下被枪决。

在4年卫国战争期间，苏军一共有238名少将以上的将领被斯大林批准判处死刑。在后来的苏联官方史料中，始终不愿再提巴甫洛夫的名字，即使偶尔提起，也一笔带过。巴甫洛夫成为战争初期愤怒的斯大林枪决的第一位高级将领。

强渡第聂伯河

德军入侵苏联后，苏联统帅部为加强莫斯科方向的防御，预备队集团军群在西德维纳河与第聂伯河上游一线展开。枪毙巴甫洛夫后，铁木辛哥出任西方面军总司令。但1941年7月初西方面军的形势更加严峻，总司令铁木辛哥几乎变成了光杆司令。大部分部队在战争初期的边境战中已经损失殆尽，西方面军的第3、第4、第10及第13集团军已经撤退到后方整顿补充。铁木辛哥在沿着西德维纳河、第聂伯河中游布防的部队只有37个师，大部

▲ 德军 3 号坦克渡河作战。该坦克原计划作为德军主战坦克，但通过实践发现，该坦克实力并不如苏联的 T−34 坦克，后逐渐退出历史舞台，为 4 号坦克所替代。

分师的兵力装备只是编制的 10% ~ 30%，再加上仅剩的不到 200 辆坦克和 370 架飞机。

1941 年 7 月 2 日，苏联将 24、第 28 预备队集团军也并入西方面军，并打算调西南方面军的第 16 集团军前往斯摩棱斯克地区，将第 16 集团军也编入西方面军。这样一来，铁木辛哥的实力大大增加。

1941 年 7 月 3 日，德军第 4 装甲集团军，继续向东和东南方向追击避开合围的苏军，向斯摩棱斯克方向推进。

7 月 4 日，古德里安前去视察所属第 46 装甲军。他来到第 10 装甲师的师部和党卫军帝国师的师部。在圣利奇基的党卫军帝国师师部里，师长豪赛尔向古德里安报告："我坦克部队经过血战，已经占领了布罗地兹附近的一个桥头阵地，距离别列津诺约 16 千米。另外在雅克齐兹的别列津纳河上的桥梁被炸了，坦克无法通过，工兵正在抢修。"

当天傍晚，德军第 24 装甲军到达罗加乔夫附近，第聂伯河横在他们面前。

7 月 6 日，苏军在日洛宾附近渡过第聂伯河，进攻德军第 46 装甲军的右翼。德军第 10 摩托化步兵师将苏军逼回对岸。这时，德国空军有关部门立即向古德里安报告说，苏军有更多的部队从奥廖尔—布良斯克地区向戈梅利方向调动。另外，德军从无线电侦听中发现苏军在奥尔沙地区设有一个军团司令部。可见，苏军正在沿着第聂伯河建立稳固的防线，古德里安认为必须赶快采取渡河行动。

7 月 7 日，德军第 17 装甲师在先诺附近受到拥有大量坦克的苏军攻击，双方发生激战。这时，古德里安未接到上级的任何新命令，因此他只好假定原来第 2 装甲集群进攻斯摩棱斯克—艾尔雅—罗斯拉夫尔的计划仍然有效。

苏军的防线还很脆弱，这时发起攻击显然好处多多。但苏军在罗加乔夫、莫吉廖夫和奥尔沙等地的桥头阵地很坚固，古德里安用奇袭方式的进攻都遭到了失败。

对于古德里安来说，如果等待后面的步兵部队赶到，至少需要 14 天左右。到那时，苏军的防线一定变得更坚强。德军步兵部队能否攻破对岸苏军沿江构筑的坚强工事，以便装甲部队继续前进，这是很值得怀疑的事情。那样的话，希特勒想在 1941 年秋季结束苏联战役的"巴巴罗萨计划"，就变得不可能了。

古德里安也考虑到现在渡河的危险，只要一渡河，3 个装甲军的侧翼就会完全暴露。不过，古德里安绝对相信装甲部队的突击力量。因此，他决定马上渡河。

古德里安下令在两翼的日洛宾和先诺方向暂时采取奇袭，两翼的部队负责监视苏军。古德里安与第 24 装甲军军长盖尔商谈过后，决定让第 46 装甲军于 7 月 11 日在什克洛夫渡河，第 47 装甲军于同日在莫吉廖夫—奥尔沙之间渡河。

同一天，古德里安赶到第 47 装甲军军部。他准备当面把关于渡河的意图，讲给军官们听。半路上，古德里安参观了一列缴获的苏军装甲车。不久，他来到第 47 装甲军军部所在地——拉特恰。后来，古德里安又赶到托洛钦。第 18 装甲师正在托洛钦与苏军展开激烈的坦克战。他要求该师师长必须歼灭奥尔沙以西科哈诺夫地区的苏军。这对渡河的成功是个先决条件。当时，第 18 装甲师在坦克战中的表现令古德里安印象深刻，他毫不吝啬地表扬了他们。

7 月 8 日，古德里安来到德军第 4 装甲集团军参谋部所在地——别列津纳河岸的包里索夫。古德里安和第 3 装甲集群司令霍特向克鲁格元帅请求渡河。克鲁格开始并不同意，并与他们发生了激烈的争吵，最后才勉强同意。

7 月 9 日，在第 2 航空队的掩护下，刚结束白俄罗斯之战的德军两个装甲集群乘着胜利的余威，大踏步地强渡第聂伯河、别列津纳河与西德维纳河一线。

对于进攻斯摩棱斯克，德军统帅部持乐观的看法，以陆军总司令勃劳希契和陆军参谋长哈尔德为首的德军统帅部认为，刚在白俄罗斯损失惨重的苏联西方面军仅剩一点点部队，再加上西方面军后方没有太多的预备队，苏军坚持下去是不可能的事情，而强大的德国中央集团军群能够轻而易举地歼灭西方面军的残部。

截止到 1941 年 7 月，德国中央集团军群共有 60 个师，1 个旅，加上北方集团军的 6 个师，其兵力不少于 120 万人。装甲集群可用的坦克约 1000 辆，比开战时少了一半，但仍具有较强的战斗力，而且，德国第 2 航空队可以牢牢地控制住制空权。

古德里安的第 2 装甲集群进攻第聂伯河中段和南段的莫吉廖夫—奥尔沙地区，遭到了苏军的顽强抵抗。第 2 装甲集群被迫绕开，从罗加乔夫至什克洛夫以北的 3 个渡口进攻，那里只有一个师的苏军坚守。

搭乘冲锋舟的德军摩托化步兵很快渡过第聂伯河，那个苏军师的防守很薄弱。德军步兵攻下一小块登陆场后，工兵立即在河上架设浮桥。几个小时后，坦克和装甲车开始排队渡河。

7 月 10 日清晨，几万辆车和几十万部队仍在渡河。在第聂伯河两岸，挤满了看不到边的德军机械化部队和摩托化步兵部队。第 2 装甲集群先后渡河的部队并未理睬第聂伯河岸南部的苏军，他们快速前进。德军成功强渡第聂伯河，中央集群进攻莫斯科的道路就此打通了。

浴血斯摩棱斯克

1941 年 7 月 8 日，德军统帅部给中央集团军群包克下了任务：合围西德维纳河和第聂伯河地区的苏军，占领奥尔沙、斯摩棱斯克和维捷布斯克地域，开辟一条通向莫斯科的通道。7 月 10 日，德军第 2 装甲集群便先后渡过第聂伯河和西德维纳河。

由于边境作战的失利，苏联最高统帅部于 6 月底开始把战略第二梯队布防在西德维纳河—第聂伯河一带，任务是守好这一地区，不让德国中央集团军群威胁莫斯科。

苏军第16、第19、第20、第21、第22集团军全部编入西方面军，总司令是铁木辛哥，但上述集团军只有24个师到达了阵地。在交战以前，这些苏军部队没有来得及建立纵深防线。苏军预备队方面军第24、第28集团军（19个师）在从

▲ 德军在坦克的掩护下向苏军阵地斯摩棱斯克推进。

涅利多沃到布良斯克的正面防线上布防了兵力。

在斯摩棱斯克会战的第一阶段（7月10～20日），德军突破苏军西方面军的右翼和中央防线。为了实现斯摩棱斯克大包围战，德军两个装甲集群继续向东突击，并调来部队抵挡苏军对其侧翼的进攻，德军抽调少量部队防守斯摩棱斯克包围圈的东面。

7月10日，德军第29摩托化步兵师经过长途奔袭，到达离斯摩棱斯克只有18千米的地方。

7月14日，德军第46装甲军和帝国师进攻戈尔基。第46军第10装甲师经过激战，赶到戈尔基和姆斯季斯拉夫尔。德军第29摩托化步兵师在斯摩棱斯克的推进速度较快。德第18装甲师渡过第聂伯河，从克拉斯内向西北方向推进，以保障德第19师的侧翼安全。

7月15日清晨，德第46装甲军牢牢地控制着斯维尔罗费齐，这里距离克拉斯内约13千米。德第29摩托化步兵师占领斯摩棱斯克南面的郊区，德第18装甲师占领克拉斯内北面。德第17装甲师攻下奥尔沙的东部和南部。下午19时15分，德第19摩托化步兵师在斯摩棱斯克地区的攻势很凌利，但伤亡较大。德第47摩托化军第29师占领了斯摩棱斯克的老城区。斯摩棱斯克的陷落只是个时间问题了。

7月16日，苏军在从戈梅利—克林齐一带不断增兵，在斯摩棱斯克以东的物资运输更加频繁。

7月17日，在空军的协助下，德军将苏军第21集团军挡在博布鲁伊斯克和日洛宾。德第2航空队出动飞机600多架次。

苏军第21集团军的军事行动虽然失败，但它使被德军围困的第13集团军突围，并为处于包围圈中的莫吉廖夫城完善防线争取了宝贵时间。

7月18日，德第17装甲师到达斯摩棱斯克以南地区，挡住从北面向该市反攻的苏军。

7月20日，德军第46军攻下斯摩棱斯克以东70千米的叶利尼亚，构筑了一个面向莫斯科的突出部。在叶利尼亚城的后面，被围苏军从那个唯一的缺口突围了。

至此，苏军已阵亡30余万人，受伤8万余人，平均每天伤亡2万余人。德国中央集团军在侵苏战争前期达到了希特勒预想的目的，给苏军以极大的震慑，闪击战初战告捷。

在得知德军攻下叶利尼亚后，远在莫斯科的斯大林勃然大怒，他命令铁木辛哥必须在最近几天发动反攻。斯大林从第24、第28、第29、第30集团军抽调了17个师给铁木辛哥。

斯摩棱斯克会战的第二阶段（7月21日～8月7日）开始了。苏联最高统帅部第24、第28、第29、第30集团军的4个集团军级战役集群和罗科索夫斯基率领的集团军级战役

▲ 德国 37 毫米反坦克炮战斗状态。

集群，全面编入西方面军。

　　西方面军从别雷、亚尔采沃、罗斯拉夫利一带向斯摩棱斯克发动大反攻。双方主要在斯摩棱斯克、叶利尼亚展开激战，另一个激战地域在索日河、第聂伯河—别列津纳河之间展开。

　　7 月 24 日，苏联西方面军第 13、第 21 集团军和预备队方面军的第 3 集团军重新组建中央方面军，由库兹涅佐夫上将率领，苏军在大反攻时未能粉碎斯摩棱斯克的德军，但粉碎了德军对莫斯科的攻势。

　　7 月 23 日 ~ 25 日，苏军又出动了 5 个战役集群，共 16 个步骑师、4 个坦克师，在别雷、亚尔采沃和罗斯拉夫向德军发起了反攻。苏军的矛头重点指向德军第 4 装甲集团军和第 9 集团军。

　　至 7 月 23 日前，德军中央集团军群的装甲集群和摩托化步兵损失兵力近一半，其余步兵兵团损失兵力近 20%。德军统帅部于 1941 年 7 月就投入近一半的战略预备队，即 24 个师中的 10 个半师补充中央集团军群。中央集团军群的古德里安第 2 装甲集群部队，与苏军展开了自开战以来最激烈的战斗。

　　7 月底，斯摩棱斯克城周围的战斗进入拉锯战阶段，德军中央集团军群主力第一次被迫转入防御。德国陆军统帅部决定消灭苏军对中央集团军群两翼的威胁后，再攻打莫斯科。

　　7 月 26 日，在戈梅利的苏联第 21 集团军发起了强大的攻势，在罗德尼亚的苏联第 13 集团军发起了强大的攻势，在罗斯拉夫尔的苏联第 4 集团军也发起强大的攻势。

　　然而，就在这一天，霍特装甲集群从北面把斯摩棱斯克地区完全封锁了。10 个师的苏军被德第 3 装甲集群包围。中央集团军群的后方，在莫吉廖夫地区凭险死守的强大苏军也被德军歼灭。

　　7 月 28 日，德军在斯摩棱斯克东南近 40 千米处，再次击退了强大苏军的反攻。7 月 30 日，苏军向艾尔雅地区曾经发动 13 次集团冲锋，但都被德军击溃。

　　8 月 5 日，德军彻底消灭了斯摩棱斯克包围圈内的苏军，几乎全歼苏军第 16、第 19、第 20 集团军。

　　斯摩棱斯克会战进入第三阶段（8 月 8 日 ~ 21 日），会战中心开始向南转移。

　　8 月 8 日，德军第 2 集团军和古德里安的第 2 集群从正面向南进攻。在总指挥铁木辛哥的批准下，苏军中央方面军开始向东南和南方撤退。

8月16日，铁木辛哥派西方面军和预备队方面军第24、第43集团军发起反攻，以粉碎杜霍夫希纳和叶利尼亚的德军。苏军的攻势没有取得进展，但在叶利尼亚的德军遭受重创。

8月21日，德军第2装甲集群已经向南推进120～140千米，到达戈梅利—斯塔罗杜布一带。德军插入布良斯克方面军与中央方面军之间，严重威胁着苏军西南方面军翼侧和后翼。

8月25日，苏联中央方面军被撤销，又组建了第3、第21集团军。

斯摩棱斯克会战的第四阶段（8月22日～9月10日）开始。斯大林决定以积极的进攻挫败中央集团军群，解除德军对西南方面军后翼的威胁。苏军最高统帅部组织460架飞机参加空战，重创古德里安的部队，但没有挡住德军向南的攻势。

在西方面军右翼，德军装甲部队攻击了苏军第22集团军，突破了该集团军的防线。

8月29日，德军占领托罗佩茨。第22集团军及南面的第29集团军，被迫撤到西德维纳河东岸。

9月1日，铁木辛哥指挥第16、第19、第20和第30集团军再次反攻，但严重受阻。铁木辛哥命令预备队方面军第24集团军在叶利尼亚继续进攻。

9月10日，苏军转入战略防御。斯摩棱斯克会战结束，苏军的主要战果是粉碎了德军闪击苏联的全盘计划。

从7月10日～9月10日，苏军总共损失48万多人，损失坦克1348辆，飞机900架、各种火炮近万门。德军共损失14万多人，其中4万多人战死，装备损失巨大。

斯摩棱斯克战役是中央集团军群发动的第二次大规模钳形围歼战，其第2、3装甲集群再次起到了决定性的作用。由于德军步兵的机械化程度较低，后续步兵部队难以追上装甲部队。结果，被围苏军反而使德军产生了严重的危机。若不是苏军的反攻准备不足，德军将陷入两线作战的被动局面，苏军很可能夺回战场主动权。

▲ 苏军在斯摩棱斯克会战中首次使用了火箭炮，这种火箭炮射程远、威力大，对以装甲战车为主的德军造成很大的杀伤力。

"最后一道大门"

1941年7月18日，德军第46装甲军的第10装甲师及其所属部队增援的装甲旅攻入叶利尼亚10千米。第10装甲师的预备队党卫军"大德意志"步兵团也参加了进攻。7月19日清晨，党卫军帝国师工兵营和元首团向多罗哥布希进军。他们遭到了苏军的袭扰，工兵营在上午9时左右到达多罗哥布希。11时，党卫军帝国师的装甲旅，通过铁路干线到达叶利尼亚火车站。

苏军很快在叶利尼亚市的伊沃尼诺一带组织兵力突袭，炮兵部队向德军倾泻了密集的炮弹，苏军的重炮口径达210毫米。经过一番激烈的交战后，德第10装甲师于晚23时基本占领了熊熊燃烧着的叶利尼亚。在叶利尼亚城内还有部分苏军仍在抵抗。德军第10装甲师出动装甲旅快速奔袭，一举突破地下掩体和反坦克战壕中的苏军防御点。

7月20日，德军第10装甲师接到扫荡叶利尼亚地区的命令，奉命继续进攻多罗哥布希。然而，苏军坦克和步兵部队在炮兵强大火力的支援下，反攻叶利尼亚市。德军第10装甲师发动的反攻给苏军造成了重大伤亡，并挡住了苏军的进攻。

7月20日到7月21日两个夜晚，德第2装甲集群司令部决定把首要任务定为坚守叶利尼亚，为此古德里安命令第46装甲军推迟向多罗哥布希推进的计划。

7月22日清晨，党卫军帝国师和第10装甲师分散布防在叶利尼亚附近，构筑了防线。第10装甲师连续遭到苏军人海战术的进攻。经过一个早晨的激战，第10装甲师击退苏军的攻势，苏军损失惨重。

7月23日，经过一天的进攻，德军第10装甲师形成了一条新防线。防线刚刚建立，苏军以人海战术向第10装甲师发起勇猛的冲锋，后来苏军损失惨重，被迫撤退。但党卫军帝国师遭到各个方向的苏军优势兵力的进攻，被迫逃回叶利尼亚火车站北部地区。

"大德意志"步兵团也遭到了苏军人海战术的攻击，苏军人数越来越多。几天来，"大德意志"步兵团一直在激战。苏军步兵以密集纵队向"大德意志"步兵团的机枪阵地发起冲锋。

从7月24日～26日，苏军完全不顾伤亡，持续发起集团冲锋，冲击"大德意志"步兵团的防御阵地。该团的防线宽达50千米，却只有14个营。苏军的炮火一天比一天猛烈，密集的重磅炮弹倾泻在德军阵地上。

苏军坦克伴随着步兵部队进行冲锋。德军刚堵住一个突破口，另一个地点就被苏军突破。苏军的坦克已经推进到叶利尼亚近郊，这引起了德军后勤部队的混乱。两个师的德军拼死抵抗大量的苏军。

7月24日下午，党卫军帝国师第41战斗工兵营的阵地被苏军冲开一个缺口，傍晚，帝国师投入了该师的最后一个预备队——党卫军战斗工兵部队，终于补上了缺口。不管怎样，德军认识到由于缺乏必要的补充，战斗越来越不利于自己。自7月27日～31日，苏军持续进行了大规模进攻。密集的炮火差点把所有的工事变成一片废墟。德军炮兵因缺乏弹药，

▲ 德军士兵在被摧毁的装甲车前，巷战是德军最头疼的一种战法，在这里，装甲部队的威力无从发挥，苏军无处不在，又无处可寻。

难以压制苏军的炮火。与此同时，苏军的炮弹源源不断地运到阵地上，苏军的炮击使德军伤亡巨大。尽管如此，苏军的坦克和步兵进攻还是被德军击退。

7月27日，"大德意志"步兵团的部分兵力被调到机场南部救急。这样该团的兵力就更少了。7月29日～30日的夜晚，南部的德军第10装甲师狙击旅和东南部党卫军帝国师的两个营被第268步兵师换防，但腾出手来的部队被迫去补充其他薄弱的防线。第10装甲师将所有的预备队部署在右翼，阻止苏军夺回叶利尼亚。布良斯克—叶利尼亚—斯摩棱斯克铁路线一直为在斯摩棱斯克的苏军提供兵员和弹药，德国空军只能进行袭扰。

8月1日～6日，德军第268步兵师，党卫军帝国师和"大德意志"步兵团仍在死守叶利尼亚突出部。但德军的兵力十分分散，难以休整。苏军的重炮不停地倾泻炮弹，德军伤亡惨重，武器装备损失也很大。德军各连减员到50～80人，情况对苏军越来越有利。德军炮兵不足以压制苏军的炮火。

8月4日，"大德意志"步兵团的战斗力大大

降低，无法去补西部被苏军突破的缺口。该团和第 46 军预备队一同编入党卫军帝国师，以便在第二天建立新的防线。

8 月 6 日，德军第 15 步兵师开往前线支援"大德意志"步兵团和党卫军帝国师。在没有任何支援的条件下，党卫军帝国师损失惨重。"大德意志"步兵团在南部防线上也损失惨重。

经过激战，9 月 6 日苏军收复了叶利尼亚。9 月 8 日，苏军前进到乌斯特罗姆河与斯特里亚纳河一带，并以 4 个集团军的强大兵力在斯摩棱斯克附近再次转入进攻，不过最终均以失败告终。德军始终控制着攻打莫斯科的门户。

没能守卫住莫斯科前面的"最后一道大门"，莫斯科的门户彻底敞开，一场更大规模的"台风"行动正在酝酿中。

封锁列宁格勒

列宁格勒是无产阶级革命的摇篮。在这里，列宁领导布尔什维克党为世界上第一个社会主义国家奠定了基础。对希特勒来说，占领列宁格勒就意味着，在卡累利阿地峡作战的北方集团军群和芬兰军队，能轻而易举地在斯维里河地域会合，并切断苏方通向卡累利阿和摩尔曼斯克的交通线。同时，在精神上和心理上对提高德国及其盟国军民的士气，保持他们对实现反苏战争计划的信心，也具有重要的意义。对斯大林来说，失掉列宁格勒，在各方面都会使战争形势严重复杂化。如果希特勒占领该城，并且德芬军队在此会合，那么苏方就必须从北面建立保卫莫斯科的新战线，并消耗掉最高统帅部准备用于保卫首都的战略预备队。此外，还会不可避免地失掉强大的波罗的海舰队。所有这些因素，都决定了争夺列宁格勒斗争的极端残酷性和紧张性。

1941 年 8 月下旬，德国以 32 个步兵师、4 个摩托化师、4 个坦克师和 1 个骑兵旅的兵力，同时还配备了 6000 门大炮、4500 门迫击炮和 1000 多架飞机，向列宁格勒发动猛烈的攻击。希特勒又从中央集团军群调出一个坦克军，支援北方集团军群，并扬言，要在 9 月占领列宁格勒，并狂妄宣称，一定要把这座城市从地球上抹掉。

9 月初，北方集团军群各快速兵团已挺进到列宁格勒以东的涅瓦河。9 月 8 日，这些兵团实施强攻，夺取了施吕瑟尔堡，从而切断了列宁格勒与其东南交通线的联系。列宁格勒形势十分危急！

斯大林和联共（布）中央号召当地军民不惜一切代价，保卫列宁格勒。同时，斯大林又将朱可夫从西线召回去接替伏罗希洛夫指挥列宁格勒方面军。这样，这位智勇双全的将军再次临危受命，充任稳定苏德战场每一危险地段的"消防队员"。

9 月 10 日晨，朱可夫飞往被围的列宁格勒。就在这一天，局势变得更加紧张了。希特勒军队向第 42 集团军防御地段进行极其猛烈的攻击。德军坦克曾突入乌里茨克，又被苏反坦克炮兵击退到原来的位置。在这些激烈的交战中，第 42 集团军司令员用尽了自己的预备队。部队严重减员，有的师只剩 10% ~ 30% 的兵力，形势十分危急。

▲ 德军火炮封锁列宁格勒，列宁格勒形势万分危急。

9 月 11 日拂晓，德军重新开始进攻，并配合数百架飞机进行轮番轰炸。德军逼到了列宁格勒城市附近。形势要求苏军必须采取坚决而有效的行动。哪怕只有最小的可能性，也要日夜连续反击敌人，袭扰敌人。消耗其有生力量和技术兵器，破坏其进攻措施。同时还必须在部队中振奋士气，建立严格的秩序和纪律，大大改善军队的指挥能力。9 月 11 日，霍津将军被任命为方面军参谋长；9 月 14 日，方面军军事委员会任命费久宁斯基将军为第 42 集团军司令员。

9 月 13 日清晨，德军又以 2 个步兵师，开始向乌里茨克总方向进攻。德军突破了防御，占领了康斯坦丁诺夫卡、索斯诺夫卡、芬兰科伊洛沃，并向乌里茨克推进。德军不停地空袭和炮击，妄图把列宁格勒夷为平地。列宁格勒军民面临着极其严重的困难。此时，市外交通全被封锁，从陆上没有一条出路，只有被誉为"生命之路"的拉多加湖是通往内地的唯一道路。斯大林和联共（布）中央，派人从湖上给列宁格勒军民运送给养。但是，这仍然不能满足列宁格勒军民的需要。列宁格勒很快就发生了饥荒。

9 月 14 日晨，争夺戈烈洛沃的战斗再次打响，而且战斗更加激烈了。列宁格勒南面的筑垒地带这时大多被突破。冲在最前边的德军装甲部队已攻到距离城市不到 11 千米的地方。

9 月 15 日，尽管苏军进行了猛烈的防御战，特别是在乌里茨克，它一天之内曾数次易手，但德军第 18 集团军还是在斯特里亚纳和乌里茨克之间突破到芬兰湾，把苏军第 8 集团军同列宁格勒隔开了。这一天是战斗最为激烈的一天，德军感到苏军的抵抗变得更加顽强了。为了阻挡德军突击集团在乌里茨克和列宁格勒方向上继续进攻，朱可夫精心拟定出一项加强该城防御的计划。他的目标是使用空军和炮火突击来打击德军，以阻止他们突破苏军防御。这项计划要求动员这个地区的一切人力物力，包括他的方面军的部队、列宁格勒市民以及苏联海军，来加强预备队，扩大防御纵深。

在第 42 集团军的防区，朱可夫计划建立能够阻止德军通过发动强攻来夺取列宁格勒的一道防线。他非常倚重海岸炮兵和波罗的海舰队的火力。就这样经过日日夜夜 50 多天的英勇战斗，苏联军民终于粉碎了德军从南北两个方向进行正面突击以夺取列宁格勒的计划。虽说红军把德军挡在列宁格勒之外，但这座城市及其保卫者们的命运仍前途未卜。德军以武力占领的企图失败后，又决定通过围困、封锁和野蛮的轰炸，切断城市与外界的联系，将全城军民困死。

1941 年 9 ～ 10 月，德军对这座城市进行了猛烈的空袭，共投弹 9.3 万多枚。10 月 4 日这一天，德军持续空袭时间长达 9 个多小时。列宁格勒遭到陆上封锁导致军民的粮食供应急剧恶化。9 ～ 11 月，居民面包定量先后降低 5 次，11 月 20 日降到最低限量。列宁格勒军民在被封锁中度过严冬，忍受一切艰难困苦，接受最严峻的考验。他们顽强地战斗和工作，决心不惜牺牲一切坚持到底。直到 1944 年 3 月初，苏军开始胜利反击，歼灭了列宁格勒周围的纳粹军队和芬兰仆从军，才彻底结束了长达 3 年零 1 个月的列宁格勒保卫战。1941 年下半年，苏联军民坚守列宁格勒，具有重大的政治意义和军事战略意义。

基辅大合围

在苏德战场的南翼的乌克兰战线上，以攻、守乌克兰首府基辅为中心，德国法西斯及其仆从国的侵略军，同苏联军队展开了持续、激烈的战斗。从 1941 年 7 月上旬开始，到 9 月 19 日基辅陷落为止，历时两个半月。

在南北约 1000 千米、东西纵深五六百千米的广阔战线上，苏联西南方面军和南方方面

▲ 德军在乌克兰战线上的突进势如破竹，苏联很多阵地还没来得及布防就丢了。图为被德军轰炸后的乌克兰机场。

军总共有 86 个师。但在艰苦的防御战中，苏军已严重削弱，人员、武器都深感不足。德国南方集团军群包括第 1 坦克集团军，3 个野战集团军，另外还有罗马尼亚 2 个集团军、1 个匈牙利军和 1 个斯洛伐克军。从 7 月 20 日起，意大利法西斯军队也直接参战，所以敌军总数共 82 个师，人数比苏军几乎多 1 倍。

对于基辅是否放弃的问题，斯大林同朱可夫曾经激烈讨论过。朱可夫主张放弃基辅，而斯大林却不主张放弃，并指示乌克兰党组织向全体军民发出号召，号召他们抗击德国法西斯侵略者。在当地党组织和政府的领导下，20 万基辅居民参加构筑防御工事，7 万多人参加了民兵，3 万共产党员参军上前线。德军在南线的主攻方向是基辅。这一线的全部主力都投到基辅方面。

7 月 11 日，德国第 6 集团军的先头部队进入基辅地区。7 月下旬和 8 月上旬，德、苏双方为攻、守基辅展开了持续、激烈的战斗。苏军在战略防御的原则下，顽强死守，同时伺机实行反突击，消灭敌人的有生力量，千方百计地顶住德军的进攻。苏军英勇奋战，把敌人拖得疲惫不堪，使他们每前进一步，都要付出沉重的代价。

7 月 30 日，德军用 5 个师进攻基辅，但被苏军击退了。

8 月 6 日，德军又对基辅发动大规模的攻势，经过 12 天的鏖战，德军才勉强前进 8 ～ 10 千米，但仍未能攻入基辅。德军强攻基辅不成，便一方面改变战术，对基辅的苏军采取大合围，另一方面请求增援，消灭基辅外围的苏军。经希特勒批准，德中央集团军群的第 2 坦克集团军和第 2 野战集团军南下乌克兰，包抄和进击苏西南方面军的后方。

8 月 12 日，在基辅南面，德第 1 坦克集团军也从别拉雅—策尔科维迅猛南下，进抵别尔沃马伊斯克，切断了苏军第 6 和第 12 集团军的退路。与此同时，德第 17 集团军又从文尼察南边向乌曼进攻，把苏军这两个军包围在乌曼的南边。被围苏军拼命杀敌，到 8 月 13 日，许多指战员壮烈牺牲，不少人被俘。8 月底，德第 6 集团军同苏联第 5 集团军在基辅以北展开激战。苏军且战且退。德寇紧追，并渡过第聂伯河，突入杰斯纳河地区，在切尔尼哥夫地区同南下的德第 2 集团军会师，把苏军第 5、第 21 和第 37 集团军围困在切尔尼哥夫、基辅和涅仁的三角地带。9 月 12 日，德第 1 坦克集团军从克列明楚格北上，迎接南下的德第 2 坦克集团军。9 月 15 日，这两股法西斯坦克部队在基辅以东的洛赫维察会师，把苏联西南方面军的 4 个集团军包围起来。9 月 19 日，基辅陷落，苏军蒙受了重大损失。据西方史学家记载，德国南方集团军群抓到了 65.5 万苏军俘虏。一再坚持死守基辅的赫鲁晓夫，在基辅陷落前乘飞机离开，险些做了德国法西斯的刀下鬼。

三、希特勒发动"台风"攻势

希特勒南北分兵

1941 年 6 月 22 日，德国入侵苏联，并以闪击战战术快速突击，其装甲集群以钳形方式推进。德军先分割苏军，再彻底歼灭苏军。德军北方集团军群向列宁格勒快速进攻，南方集团军群向乌克兰和高加索高地推进，而中央集团军向莫斯科方向推进。苏军的防线漏洞百出，伤亡惨重。8 月上旬，德军占领斯摩棱斯克，莫斯科的大门被德军打开。

8 月 4 日早晨，古德里安来到中央集团军群司令部所在地罗弗伊鲍里索夫，亲自向希特勒汇报战况。希特勒的军事会议是在司令部里举行的。每个人都需要单独发表意见，事先谁都不知道别人说什么。会议期间，包克、霍特和古德里安一致主张应加紧进攻莫斯科。霍特说他的第 3 装甲集群要到 8 月 20 日才能继续进攻。古德里安说他的第 2 装甲集群的最早进攻日期为 8 月 15 日。希特勒却说列宁格勒附近的工业区是德国急需夺取的目标。他认为莫斯科与乌克兰之间谁最重要，他很难作出割舍。他说有好几个原因使他想先占领乌克兰：第一，南方集团军群已经在乌克兰建立了胜利基础；第二，乌克兰的原料和农产品，对德国日后的经济发展和战争都有很大的帮助；第三，克里米亚是苏联轰炸罗马尼亚油田的航空母舰，必须铲除那个基地。

▲ 德军炮轰苏联军事重地基辅。乌克兰是苏联的粮仓，基辅的存亡对苏联来说至关重要。

希特勒建议在冬季刚开始时，再去进攻莫斯科和哈尔科夫。而对于古德里安、包克和霍特认为最主要的战略问题，在那天的会议中并未确定下来，为此 3 个人要求希特勒尽快确定。当天的会议还讨论了一些十分琐碎的问题。例如，古德里安向希特勒提出不撤出艾尔雅突出地带，因为他需要以它作为进攻莫斯科的跳板，但这个问题会议也没有确定下来。但古德里安决心自己做好进攻莫斯科的准备。

8 月 8 日，罗斯拉夫尔的战役结束。德军俘虏苏军 3.8 万人，并缴获 200 辆坦克和 200 门火炮。古德里安又去视察罗斯拉夫尔附近的各军师部。

8月9日，德第24装甲军发起攻势后，古德里安随第4装甲师一起前进。第35坦克团和第12步兵团配合默契，简直跟演习一样，古德里安的炮兵部队出了很大力。

8月10日，古德里安的第2装甲集群所属各部到达指定位置。第7步兵师到达恰托维特齐以南地区，第3、第4装甲师正在进攻米罗斯拉维特齐的苏军，第10摩托化步兵师到达米罗斯拉维特齐。第78步兵师在斯洛博达推进，其先头部队赶到了布强，第197步兵师到达阿斯托费亚，其先头部队到达了阿廖什尼亚，第29摩托化步兵师到达罗斯拉夫尔，第23步兵师到达罗斯拉夫尔以北地区，第137和第263步兵师在杰斯纳河岸驻扎，第10装甲师在艾尔雅以西地区整顿，第17装甲师在艾尔雅西北地区，第18装甲师在普鲁德基以东地区，帝国师和"大德意志"步兵团在艾尔雅的西北整顿。

德中央集团军群司令部和陆军统帅部都主张向莫斯科进攻，并以莫斯科为决战地。古德里安也没有放弃这一主张，他相信希特勒能同意大家的观点。

但是希特勒认为，莫斯科只不过是个地名，而列宁格勒才是布尔什维克主义的发源地，是苏联的真正堡垒。与此同时，他想攻占富饶的乌克兰，夺取战略物资。如果德军扫清了乌克兰的苏军，那么德军在进攻莫斯科时，就不用担心侧翼了。

随着德军辩论着目前主攻哪里，几个星期的时间大多被浪费。希特勒第一个目标是夺取乌克兰、顿涅茨盆地和高加索等资源地区。这些地方都处于南方集团军群战区内。希特勒的第二个目标是列宁格勒。列宁格勒眼看就要被占领，但希特勒重犯一年前他在敦刻尔克所犯的错误，命令勒布的装甲部队在列宁格勒城外停止前进，结果该城仍在苏军之手。

经过几天的争论后，希特勒不顾所有将领的反对，下令同时在南路的乌克兰方向和北路的列宁格勒方向发起主攻，莫斯科留到最后解决。正向莫斯科逼进的坦克部队去增援北方集团军群，包围列宁格勒；古德里安的装甲部队去增援南方集团军群，夺取基辅。

德军参谋总部和中央集团军群的将领们都认为，莫斯科一旦被夺取，苏联的军事工业不仅会受到严重损害，而且苏军的防线会一分为二，使苏军无法组织起统一的防御。此时已被胜利冲昏头脑的希特勒无法听取手下将军的意见了。

希特勒制造"台风"

德军攻占基辅，使希特勒更加得意忘形，他称"这是世界上史无前例的最大战役"。但是，尽管这个成就"非同小可"，他的一些将领对于它的战略上的重大意义却更加怀疑了。秋雨季节快来了，到时候苏联各地的道路将是一片泥泞。随之而来的将是冰天雪地的严冬。斯大林正在加紧组织力量，准备利用严冬的有利时机，对德国法西斯强盗给以沉重的打击。

希特勒虽然在战争初期先发制人，捞到不少便宜，处于主动进攻的有利地位。但是，随着战争的深入发展，每前进一步，困难也就愈来愈多。德军总参谋长弗朗茨·哈尔德于1941年8月11日在日记中写道："现在已经越发清楚，我们不仅低估了苏联巨人的经济力量和运输力量，而且更重要的是，低估了他们的军事力量。我们最初计算敌人大约有200个师，现在已经察明番号的就有360个师。一旦十几个师被歼灭，苏联就又投入十几个师。我军战线由于分布太广，显得过于单薄。"伦斯德在战后向盟军提审人员直率供认："在发动进攻后不久，我便发现以前所写的关于苏联的一切都是满纸胡话。"

8月21日，希特勒向总参谋部下达了一项新的指令。命令按以下指令继续进攻：冬季到来之前就应该达到的主要目的，不是夺取莫斯科，而是在南方夺取克里米亚、顿涅茨工

▲ 希特勒在听取将领的作战部署。

业区和煤矿区，并使苏联人无法从高加索运送石油；在北方夺取列宁格勒并与芬兰会师。

希特勒不断干预战役指挥，他已给同时攻占列宁格勒和斯大林格勒的主意迷住了，因为他自信这两个"共产主义圣地"一旦陷落，斯大林所领导的社会主义苏联就要土崩瓦解了。他对那些不能赞赏他的战略天才的陆军元帅和将军们进行了侮辱。他批评陆军司令部中全是一批"脑袋已被过时理论弄得陈腐不堪"的人。总参谋长哈尔德与陆军元帅勃劳希契举行会谈，讨论"元首"对陆军总司令部和总参谋部事务进行的"不能允许的"干涉，否则，他建议陆军总司令和他本人辞职。

这件事情发生后的第二天，即8月23日，坦克集团军司令古德里安来到希特勒的大本营，竭力主张立即进攻莫斯科。然而，希特勒认为，"将来继续进行战争，十分需要乌克兰的原料和农业"，"克里米亚是苏联进攻罗马尼亚油田的航空母舰"，他批评将军们"对于战争经济方面的问题一窍不通"，并强调他已发布命令，必须坚决贯彻执行。

这是苏德战争爆发以来，德国最高统帅部中发生的最严重的一次危机。可是更严重的危机及其不利后果还在后头。9月5日下午，希特勒突然改变了主意，决定重新发动对莫斯科的进攻。他咬牙切齿地命令道："中路军必须在8～10天内开始行动。包围他们，击败他们，消灭他们！"希特勒同意把古德里安的中央装甲集团军重新调回来，这时该部在乌克兰正打得难解难分。同时，他还同意从列宁格勒前线把莱因哈特的坦克军调过来。10月2日，大规模进攻终于开始了。希特勒对这次进攻莫斯科抱有很大的期望，为之取名为"台风"，顾名思义，就是要猛袭苏联人，要在莫斯科前沿歼灭斯大林的最后的作战部队，要把苏联打垮。此刻，德国的战车正在隆隆驶来，一场猛烈的"台风"正向莫斯科刮来，保卫莫斯科的战役就要开始了。

朱可夫临危受命

9月30日，为了使"台风计划"具有符合计划目的和代号的力量，德军中央集团军群调集了七十四五个师，180万人，1700辆坦克和强击火炮，1390架飞机，1.4万多门火炮和迫击炮。数量比原计划多1/2，在苏德战场上的4个坦克集团军中，就有3个投入了莫斯科战役。同时，还有第2航空大队支援德军的地面部队。

苏联方面准备了3个方面军：西方面军、预备队方面军和布良斯克方面军。这3个方面军总共有95个师，125万人，990辆坦克，677架飞机，7600门火炮和迫击炮。

根据德军的部署，苏军指挥部采取措施，建立了纵深防御。但3个方面军未能及时识破德军的意图及部队的主攻方向。西方面军把主力放在维亚济马以西，而德中央集团军群的两支突击部队却放在杜霍夫施纳和罗斯拉夫尔，以便从南、北两边深深地包围和迂回攻击西方面军主力。

从 10 月 2 日拂晓起，德军的炮兵向西方面军阵地开炮，随后便转入了进攻。12 个满员师的突击在 45 千米的地段上压在了卢金第 19 集团军右翼两个人数不多的师和邻近的第 30 集团军的两个师身上。敌我双方力量对比悬殊：人员是 5 ~ 6 倍，坦克几乎为 10 倍，大炮和飞机为 9 倍。德军很快就在第 19 集团军和第 30 集团军的接合部上打开了一个 30 ~ 40 千米宽的缺口。各快速兵团由这个缺口向东北迂回苏军，急速向维亚济马冲去。南面，在罗斯拉夫尔—尤赫诺夫方向上，预备队方面军的第 43 集团军也没能阻止德第 4 野战集团军和第 4 坦克集群的冲击，有 4 个苏联集团军被合围起来。被围苏军顽强抵抗，牵制德军 20 几个师。10 月中旬，部分苏军突围，退到莫日艾斯克防线，不少战士为国捐躯，许多指战员留在敌人后方，参加游击队，还有不少人被俘。据战后西方出版的有关这方面的书籍记载，从 10 月 2 日到 10 日的几天内，进攻莫斯科的德军完成了三个大包围圈。在这三次作战中，苏军共损伤 66.3 万多人。

在这危急的关头，斯大林电召朱可夫立即返回莫斯科。

10 月 6 日傍晚，斯大林打电话给朱可夫，问他列宁格勒的情况怎样。朱可夫报告说德军已停止进攻，但城市仍在遭受德军炮击和空袭。朱可夫报告说，苏军的空中侦察发现德军机械化和坦克纵队正从列宁格勒向南大规模运动，并发表看法说德军指挥部显然正在把这些部队调往莫斯科。听了朱可夫的报告以后，斯大林沉默了一会儿，然后说，在莫斯科方向，特别是在西方面军地域出现了严重局势。斯大林最后对朱可夫说："把你的列宁格勒方面军司令员的工作交给参谋长霍津将军，你乘飞机来莫斯科一趟。"

10 月 7 日黄昏，当朱可夫将军来到克里姆林宫时，看见斯大林正独自一人待在他的办公室里。斯大林正患流行性感冒，身体显然不大好。他向朱可夫点头致意，然后指着地图说："你看！这里的情况很糟糕。我无法从西方面军得到有关真实情况的详细报告。"斯大林吩咐朱可夫立即到方面军司令部去了解情况，并随时打电话向他报告。告别前，斯大林问："你认为德国人最近会再次进攻列宁格勒吗？"

"我想不会。敌人损失惨重，又把坦克和摩托化部队从列宁格勒地区调到了中央方向。敌人无力以列宁格勒地区现有的兵力实施一次新的进攻战役。"

"你认为希特勒将把从列宁格勒地区调出的坦克和摩托化部队用在哪里？"

"显然，用在莫斯科方向。"

谈话时，斯大林站在桌旁，桌上放着标有西方面军、预备方面军和布良斯克方面军情况的军用地图。斯大林望着西方面军的地图，显然在运筹下一步的行动。他说："看来，敌人已经在这个方向上行动了。"15 分钟以后，朱可夫来到总参谋长的办公室。这位总参谋长为他准备了一张正在进行激烈战斗的莫斯科邻

▲ 在战斗中被炸毁的苏军坦克与装甲车。

近地区的地图，并介绍了几个方面军的危急处境以后说，在莫日艾斯克防线和莫斯科邻近地修筑阵地的工作还没有完成，而且这些地方防守薄弱。朱可夫认为必须派部队占领这些防线，首先是莫斯科—莫日艾斯克防线。由于情况紧急，当天夜里朱可夫就马不停蹄地驱车来到西方面军司令部，检查此地的防御情况。

军事总动员

在德军日益增强的压力下，西方面军不得不向后撤退，莫斯科面临的危险与日俱增。德军在苏军防御中部的纳罗—佛敏斯克和波多尔斯克方向完成了纵深突破。德军从西、北、南三方面包围了莫斯科。莫斯科处在万分危急之中。

西方面军军事委员会发出告军队士兵书：

同志们！在我国面临危险的严酷时刻，每一个军人的生命应该属于祖国。祖国要求我们每一个人贡献出最大的力量，发扬英勇顽强、英雄主义和坚忍不拔的精神。祖国号召我们要成为无法摧毁的铜墙铁壁，堵住法西斯匪帮去莫斯科的道路。现在比以往任何时候都需要加强警惕性、铁的纪律、组织性、坚决果断的行动、必胜的信心和随时准备自我牺牲的精神。

在这生死存亡的紧急关头，以斯大林同志为首的国防委员会作出在莫斯科近郊歼灭德军的决定，采取攻势防御的果断措施。根据斯大林同志的指示，苏联红军依靠前线工事系统，组织了坚强的攻势防御，以削弱和消耗敌人的有生力量；并准备集中后备力量，在时机成熟时，转入反攻，给德军以歼灭性打击。

根据斯大林的命令，10 月 17 日，建立了加里宁方面军，从莫斯科西北面阻击德军。10 月 19 日，国防委员会宣布莫斯科戒严，号召首都人民不惜一切，配合红军，誓死保卫莫斯科。20 日，《真理报》发表《阻止敌人向莫斯科前进》的社论，动员全市人民在敌人到达首都之前，用自己的鲜血把他们埋葬。莫斯科市委召开全市积极分子大会，号召全市人民把首都变成攻不破的堡垒。

在莫斯科危急的日子里，全市人民积极响应党组织的号召。三天之内就组织了 25 个工人营，12 万人的民兵师，169 个巷战小组和数百个摧毁坦克班。全市约有 45 万人参加修筑防御工事。莫斯科人民不畏严寒，日夜奋战，准备同德军作拼死的搏斗。11 月，在莫斯科附近修筑了 320 多千米长的防坦克障碍物，设置了 250 多千米长的防步兵障碍物。他们在冰冻的土地上，用自己的双手，挖出了 300 多万土方！

▲ 在莫斯科战役期间，一支苏联红军反坦克炮分队在想尽办法向前推进。

敌人对莫斯科的狂轰滥炸日甚一日，几乎每夜都有空袭警报。但是，在此以前党组织已做了大量工作，来加强地对空防御，千百万人民积极参加了防空训练。燃烧弹对莫斯科人来说已不再是可怕的了。在保卫莫斯科的战斗中，苏联空军起了很大的作用。仅在 10 月份的一个月中，苏联空军就出动飞机 2.6 万架次，支援和掩护地面部队袭击敌人。

战斗正在莫斯科西部接近地激烈进行着。莫斯科市民的工作条件和生活条件越来越困难。他们冒着空袭，对莫斯科市内和市郊的大型工业企业继续进行大规模疏散。

宛如离弦的利箭

根据"台风计划"，9月30日，德军中央集团军群计划出动第2集团军和第2坦克集团军，突破布良斯克方面军的防线，并歼灭布良斯克方面军。古德里安统率的德军坦克集群宛如离弦的箭，径直射向维亚兹马。莫斯科会战爆发！

1941年9月30日傍晚前，德军第2坦克集团军所属部队像尖刀一样，插入了苏军第13、第50集团军的薄弱地带。德军自南北两面迂回包抄布良斯克方面军，并企图绕到西方面军的后方。

10月3日，从乌克兰到莫斯科，古德里安的部队进展神速。不到3天，古德里安就占领了布良斯克战线以东200千米的奥廖尔。进展之神速，以至于当德军坦克开入奥廖尔城时，电车上的乘客纷纷向他们招手致意，这些乘客误以为是苏军的装甲部队。

古德里安占领奥廖尔后，指挥德军迅速切断了布良斯克—奥廖尔公路，一举攻占了卡拉切夫，紧接着向布良斯克迂回包抄前进。10月6日，古德里安攻占布良斯克。与此同时，德军第9和第4集团军分别以第3和第4坦克集团军在杜霍夫希纳和罗斯托夫方向实施猛烈进攻，迅速突破了苏军的防御阵地，并从南北两面，急速地向维亚济马冲去。

▲ 德国步兵及辎重部队穿过卡拉切夫的村庄向奥廖尔进发。

10月7日，古德里安的第2坦克集团军与南进的德第2集团军一起，在布良斯克以南包围了苏军第13集团军和第3集团军一部，在布良斯克以北包围了苏军第50集团军的部分兵力。希特勒觉得胜利已是板上钉钉了，便再也按捺不住激动的心情，认为攻占莫斯科简直就是探囊取物。他在10月7日签署了一项最高统帅部的命令：不准包克接受莫斯科的投降，即使主动投降也不予接受；德国军队不需要进入莫斯科，而是用炮击和轰炸予以毁灭。希特勒觉得光用炮弹还不够，还要加上大量的燃烧弹和高爆炸药，直到把莫斯科夷为平地才能解除他内心深处对布尔什维克主义的仇恨。

希特勒宣称，要在10天内占领莫斯科，并于11月7日苏联十月革命胜利这一天在莫斯科红场检阅德军进攻部队。

10月14日，古德里安为了消灭被合围的苏军，出动了第2坦克集团军5个军中的4个军，但他没能完成歼灭任务。

在布良斯克防御战役中，苏联布良斯克方面军牵制了德军庞大兵力，破坏了德军从南面深远迂回西方面军和莫斯科的计划。苏联政府提出了"坚决捍卫亲爱的首都""灭亡德国法西斯侵略者于莫斯科城下"等口号。

早在10月3日清晨，苏军为了消灭突破口的德军，发动了强大的逆袭，但没有击退德军。德军两个坦克集团军从北、南两个方面插入维亚济马，严重威胁苏军的主力。

10月13日，在维亚济马地区的苏军大部分被歼灭，少量苏军冲出包围圈退往莫日艾斯克防线，有的则留在敌后展开游击战。

维亚济马战役，德军坦克和步兵配合默契，向苏军纵深进行穿插迂回，苏军67.3万人被德军俘虏。苏军损失惨重，但被围苏军的战斗使苏军统帅部得以巩固莫日艾斯克防线。

德军认为苏军的兵力和武器快接近山穷水尽的地步了，苏军俘虏告诉德国人，今年这么晚发动莫斯科攻势完全出乎他们的意料。莫斯科眼看就要落入德国人手中了，德军充满了信心，上自包克元帅下至普通士兵都认为很快就要进入莫斯科了。希特勒为此建立了特别工程兵指挥部，其任务是炸毁克里姆林宫。德国宣传部甚至报道说，东线的战争基本结束，苏军已经被歼灭。

所有方向都在战斗

10月19日，国防委员会号召莫斯科人民要不惜一切代价，与苏联红军协同作战，保卫莫斯科。在莫斯科最危急的日子里，全体人民积极响应号召，表现出了一种"临危不惧、气壮山河，誓与敌人决一死战"的英雄气概。莫斯科人民豪迈地说："敌人在哪里进攻，我们就在哪里歼灭他们！我们要在红场上为列宁而战斗，决不让纳粹的血手玷污列宁的陵墓！"人民群众的支持，给前线的广大指战员们以巨大的鼓舞。

▲ 誓死保卫莫斯科的宣传海报。

朱可夫后来深有感触地说："当我们谈到莫斯科保卫战的英勇战绩时，我们所指的不仅仅是军队英雄的战士、指挥员和政治工作人员的战绩。在西方面军以及在尔后各次战役中之所以能取得胜利，完全是首都军民团结一致和共同努力的结果，是全国、全体苏联人民对军队和首都保卫者进行有效支援的结果。"

10月底，希特勒集中51个师，包括13个坦克师和7个摩托化师的兵力，再次强攻莫斯科。此时，莫斯科的形势万分危急！

为了保卫莫斯科，苏联军民发扬了殊死作战精神。前线：红军官兵死守每一处村镇、渡口、制高点，与德军反复拼杀，且战且退，消耗德军实力。后方：工人、妇女及其他非战斗人员全民动员，组成了12个民兵师，支援前线作战。几十万莫斯科妇女和少年，不分昼夜地修建莫斯科环城防御工事，在两个月内挖掘、修建了数百千米长的防坦克壕、战壕、交通壕及各种阻敌障碍、设施。兵工厂的工人加班加点，为前线生产枪支弹药。这时候，整个莫斯科成了一座与德军拼搏的大军营。

希特勒的新计划是：霍普纳的第4坦克集团军与霍特的第3坦克集团军并拢，在施特劳斯第9集团军的配合下向沃洛科拉姆斯克、克林方向进攻，准备从西北方接近并迂回包抄莫斯科，如有可能从北面突破。

古德里安的第2坦克集团军向高图拉、卡希拉、科洛姆纳进攻，从南面逼近莫斯科。第4集团军则从莫斯科以西实施攻击。对于这个计划，希特勒极为满意，很快向部队下达了指令：从11月13日起，全线进攻，目标——莫斯科。苏联军民在所有的方向展开了与德军的决战。

斯大林阅兵红场

在首都和全国军民的支援下，前线苏军浴血奋战，视死如归，把敌人拖得精疲力竭，进攻能力日益减弱。但是，战争形势依然严峻，为了进一步鼓舞士气，斯大林决定举行传统的十月革命节阅兵式。11 月 1 日，朱可夫被召到最高统帅部。斯大林对他说："今年十月革命节，除了开庆祝大会外，我还想在莫斯科举行阅兵式，你认为怎样？前线的形势允许我们这样做吗？"朱可夫回答说："德军在最近几天内没有力量发动大规模进攻；他们在 10 月份的作战中遭到了严重损失，现在正补充兵力和调整部署。但他们能够而且肯定要进行破坏。"最后决定，无论如何要举行阅兵式。为了防备在庆祝活动中遭到空袭，他们又调来战斗机，以加强首都的空防。

11 月 6 日，在兵临城下、炮声隆隆、"敌军围困万千重"的莫斯科，苏联首都人民在地下铁道的马雅可夫斯基车站隆重举行了伟大的十月社会主义革命 24 周年庆祝大会。斯大林作了《伟大的十月社会主义革命 24 周年》的报告。斯大林指出，德军后备快要枯竭，苏联后备才刚刚充分扩充起来，德国和苏联相比，实力已大为削弱。德国法西斯对苏联实行的闪电战已经彻底破产，德国帝国主义及其军队必然灭亡。

11 月 7 日上午，红场举行了盛大的独具风格的阅兵式。这天早上，一场大雪降临莫斯科。

整个阅兵式都是在雪中进行的，坦克、大炮和汽车都被雪覆盖着，庄严肃立的指战员们的双肩和后背都是雪。苏联最高统帅斯大林威严地屹立在列宁陵墓前，检阅了红军队伍，并发表了鼓舞人心的演说。他对苏联全体指战员说：你们进行的战争是解放战争，正义战争。让伟大的列宁的胜利旗帜引导你们，彻底粉碎德国侵略者！消灭德国占领者！

这一空前壮举，大长了苏联军民志气。斯大林一再重申，苏联共产党和苏联政府有信心消灭德国法西斯侵略者。希特勒德国一定会由于其罪行累累而崩溃。斯大林说："这一群丧尽天良、毫无人格、充满兽性的人恬不知耻地宣称要消灭伟大的俄罗斯民族，消灭普列汉诺夫和列宁、别林斯基和车尔尼雪夫斯基、普希金和托尔斯泰、格林卡和柴可夫斯基、高尔基和契诃夫、谢切诺夫和巴甫洛夫、列宾和苏利柯夫、苏沃洛夫和库图佐夫的民族……德国侵略者想对苏联各族人民进行歼灭战。好吧，既然德国人想进行歼灭战，他们就一定得到歼灭战。今后我们的任务，苏联各族人民的任务，我们陆海军战士、指挥员和政治工作人员的任务，就是把侵入我们祖国领土的所有德国人——占领者一个不剩地歼灭掉！"斯大林讲话之后，全场起立，高呼："伟大的斯大林乌拉！""斯大林同志万岁！"在游行中，全副武装的苏联红军，迈着雄健的步伐从红场列宁墓前走过，接受最高统帅斯大林的检阅，随后就从红场开赴前线。

▲ 苏联红军在莫斯科红场上经过斯大林的检阅后，直接开赴战场。

四、莫斯科城下大决战

上帝再次拯救了这片土地

　　1941 年的冬天，苏联很早就大雪纷飞了，气温降到零下。据古德里安记载，初雪是在 10 月 6 日的夜间下的，正是对莫斯科重新发动进攻的日子。这样的天气提醒他再一次要求大本营发来棉衣。到了 10 月 12 日，雪还在下个不停。11 月 3 日，第一次寒潮到来，气温骤降。11 月 7 日，部队开始发现严重冻伤病员。13 日，气温降到 –8℃。古德里安还写道："由于供坦克履带防滑的尖铁没有运到，路上的冰引起了不少困难。天冷使得大炮上的瞄准镜失去了效用。发动坦克时，得先在底下烘烤一阵。燃料常常冻结，汽油也冻得黏糊糊的……由于天气太冷，机关枪打不响，我们的 37 毫米反坦克炮已经证明对付不了苏联的 T–34 型坦克。""自苏联战役开始以来，还是第一次遇到这种情况。这是一个警告：我们的步兵战斗力已经到了尽头了。"

▲ 苏军在冰雪中作战，严寒成了抵挡希特勒大军的最坚实的屏障。

　　而且不止步兵如此。11 月 21 日，哈尔德在日记上也写道，古德里安打来电话说，他的装甲部队已经无能为力了。这位素来善战的坦克兵司令明白表示，他决定去见见中央集团军司令包克，请求收回发给他的命令，因为他实在无法执行。他情绪消沉到了极点，那天他又写道：冰天雪地，无法避寒，无衣御寒，人员装备受到严重损失，燃料供应也糟糕透顶——所有这一切使我难以履行司令官的职责，长此以往，我的重大责任要把我压垮了。

　　古德里安在回忆这段往事时也说，对那时发生的事件真正能够作出评价只有这样的人：在这悲惨的冬天，他曾目睹苏联的漫天大雪，他曾挨过那吹过苏联的把沿途一切都埋在雪中的凛冽寒风；他曾一小时又一小时地乘车走过荒无人烟的地方，好不容易见到一间不怎么样的房屋，里面住的是缺衣少食、饥寒交迫的士兵；他也曾遇到对比之下吃得较饱、穿得较暖且装备一应俱全的苏联人。

　　恶劣的天气，使得德军在进攻莫斯科的过程中困难重重，这似乎也预示着上帝有意再次拯救了这片土地。

斯大林的电话

　　希特勒发动的"台风"攻势，既没有能够消灭苏军，也没有能够占领莫斯科，而是被迫转入了防御。经过半个月的休整，德军又于 11 月 15 日开始向莫斯科发起第二次大规模的进攻。这次德军的兵力是：中央集团军群有 3 个野战集团军，3 个坦克集团军，总共 74 个师和 4 个旅。其中，德第 9 集团军牵制加里宁方面军；第 2 集团军牵制西南方面军。在苏联西方面军正面，德军集中了 51 个师，大炮、坦克和其他装备仍占优势。根据德军这次作战方案，德国第 3 和第 4 坦克集团军进攻北面的克林，从北面包围莫斯科；第 2 坦克集团军在南边占领图拉，从南面包围莫斯科；第 4 集团军在西面包围并消灭莫斯科以西的苏军，然后从南北两面包抄，在莫斯科以东会合。德军妄图采用这种南北钳形攻势，同时配合正面进攻，一举占领苏联首都莫斯科。

　　苏联西方面军的兵力是：35 个步兵师、3 个坦克师、3 个摩托化师、12 个骑兵师和 14 个坦克旅。红场阅兵鼓舞了红军和苏联人民的士气，他们的战斗口号是：死守阵地，决不让德国法西斯进入莫斯科！11 月 5 日清晨，德军开始向克林进攻，23 日占领克林。11 月 27 日，另一支德军占领了离莫斯科仅有 24 千米的伊斯特腊。当天夜间，一小股德寇在雅赫罗马地区渡过了莫斯科—伏尔加河运河。莫斯科已处在德军大炮射程之内，德军用望远镜几乎可以看到克里姆林宫的尖顶。这在希特勒和他的大部分将领看来，莫斯科似乎已在掌心之中了。德军在苏联首都北、南、西三面，已到达距离目标三四十千米的地方。在后方东普鲁士的大本营里，希特勒乐观地认为，他的军队已前进了 800 千米；他们只要再走三四十千米便行了。希特勒命令陆军元帅包克向莫斯科作最后攻击。他妄图在莫斯科举行"胜利庆典"。

　　在这千钧一发之际，斯大林打电话给朱可夫："你坚信我们能够守住莫斯科吗？我怀着沉重的心情向你提出这个问题，希望你作为共产党员诚实地回答我。"

　　"毫无疑问，我们能够守住莫斯科，"朱可夫回答说，"但是，至少还需要增加 2 个集团军和 200 辆坦克。""你有这样的信心很好，要英勇顽强！"斯大林说，"你打电话给沙波什尼科夫，商量一下把你所要的两个预备队集团军集中在哪里。他们将于 11 月底准备好，但是坦克我们还没有。"

　　斯大林指示朱可夫采取紧急措施，用快速反突击战术，迅速地把德军打到运河西岸。到 11 月底和 12 月初，苏联第 1 集团军和重新组建的第 20 集团军，在第 16 和第 30 集团军的紧密配合下，在空军的支援下，进行了一系列的反击，消灭了敌人大量有生力量，解除了德军从北面和西北面突入莫斯科的危险。

正西面突击

　　对于这次反突击战术，朱可夫认为不可那样做，因为，计划将使苏军的西方面军的防线大大加长，加上弯曲部分长达 4 千米，这样会使防御的中央预备队被德军分割消灭掉。朱可夫还没有说服斯大林，电话线就断了——斯大林挂断了电话。

　　谈话使朱可夫很沮丧，这并不是因为斯大林没有考虑他的意见，而是将最后的预备队投入到一次完全没有把握取得胜利的反突击中去，其后果

▲ 二战已成为经典的影视题材。此图展现的是《莫斯科保卫战》中的苏联红军在莫斯科郊外严阵以待、阻击一切来犯之敌的情形。

将是把预备队全部消耗掉，以致无法增援防御上的薄弱环节了。

大约 15 分钟之后，朱可夫便召开了紧急会议。两小时后，方面军司令部向第 16 和第 49 集团军司令员以及其他主要指挥员下达了实施反突击的命令。反突击实施了，但德军几乎在同时重新对莫斯科发动攻势。他们向莫斯科西北的加里宁方面军的第 30 集团军的左翼发动了突击，同时向西方面军的第 16 集团军的右翼和中部发动突击。300 多辆德军坦克同时发动进攻，而苏军只能调集到 56 辆坦克，其中许多坦克还是火力较差的轻型坦克。防御抵挡不了敌人攻击，很快被突破了。

从 11 月 16 日早晨起，德军开始从沃洛克拉姆斯克地区向克林急速发动进攻。苏军在克林没有预备队，因为预备队按照最高统帅部的命令已调到沃洛克拉姆斯克地区实施反突击，并在那里被牵制住了。罗科索夫斯基从观察所里看到，在猛烈的炮击和飞机轰炸之后，敌人几十辆坦克向 316 师阵地猛冲。当天的战斗结果，敌人只是使第 316 步兵师的防线稍稍后撤了一些，但是阵地还在苏军手里。

从 11 月 17 日清晨起，德军恢复了进攻。在几个狭窄的地段上德军集中了坦克和步兵，在炮兵和俯冲轰炸机的有力支援下，猛烈冲击第 16 集团军的战斗队形，企图在沃洛克拉姆斯克—伊斯特拉方向上突破防御并扩大进攻。战士们表现了坚忍不拔的顽强精神，打退了敌人一次次的进攻。当天，鉴于 316 师的英勇战斗，最高苏维埃主席团奖给该师红旗勋章。11 月 18 日，第 316 师被命名为近卫第 8 师。

寒冷的冬天，也给德军提供了一些有利条件：大地开始封冻，现在为数众多的德军坦克不仅可以沿大路运动，而且可以不受道路的限制，穿过树林和开阔地带。苏军的防御变得更为困难，现在必须在好几个方向上迎击敌人，第 16 集团军显得兵力不足了。战斗愈来愈残酷。11 月 19 日～20 日，德军第 3 和第 4 坦克集群继续向苏军第 16 集团军及其左邻第 30 集团军疯狂进攻。经过一系列几乎是不间断的作战，罗科索夫斯基的集团军在兵员和兵器方面都遭受了沉重损失。而且，剩下的部队也已精疲力尽，指挥员和参谋人员疲劳得连站都站不稳了。

包克说："我已到了山穷水尽的地步"

在希特勒和他的大部分将领看来，莫斯科似乎已在股掌之中了。德军在莫斯科北、南、西三面已到达距离三四十千米的地方。希特勒远在后方东普鲁士的大本营里，反复地端详着地图。在他看来，到莫斯科的这最后一程，根本算不上什么。他的军队已前进了 800 千米，只要再前进三四十千米便大功告成了。陆军元帅冯·包克负责指挥中央集团军向莫斯科作最后攻击。尽管苏军加强抵抗，但包克相信一切都已不成问题。到 11 月的最后一天，11 月 31 日，包克投进了他最后的一个营。对莫斯科最后的总攻，定在第二天，即 1941 年 12 月 1 日。

然而德军最后的总攻却遇到了顽强的抵抗。这是有史以来在一条战线上集中的最强大的坦克部队：在莫斯科正北赫普纳将军的第 4 坦克集团军和霍特将军的第 3 坦克集团军向南进击；在莫斯科正南的古德里安的第 2 装甲军团从图拉北上；克鲁格的庞大的第 4 军团居于中央，穿过市郊的森林向东杀开一条血路——希特勒的最大希望就寄托在这样声势浩大的军事部署上。到 12 月 2 日，第 258 步兵师的一个侦察营突入莫斯科城郊的希姆基，克里姆林宫的尖顶已经在望，但是第二天早晨就为几辆苏联坦克和从市内工厂紧急动员起来的工人队伍所击退。这是德国军队到莫斯科最近的地方；这是他们第一次也是最后一次近距离看到克里姆林宫。

12月1日晚，包克就给陆军总部发报，对整个形势发表了自己的看法：

过去14天的战斗已表明，认为抵抗集团军群的苏军会土崩瓦解的想法纯属幻想。要是部队继续压在莫斯科的大门跟前——几乎整个苏联东部的铁路、公路网都在这里会合，那就意味着对数量上占很大优势的敌人进行一场激烈的防御战。集团军群现有的兵力不足，就连有限的时间也坚持不了。即使发生了不可能的事从而取得了进展，德军现有的兵力仍不足以包围莫斯科，同时抵御来自东南、东部、东北的反攻。

因此，很难看出继续进攻有什么意义，能达到什么目标，特别是因为部队的战斗力就要消耗殆尽了，到那时怎么办，现在就要作出决定。

我不了解陆军总部的意图，不过，如果要使集团军度过冬天保全自己，那就要派来尽可能强的预备队，敌人一旦突破，能立即将其封锁住，这样才能使精疲力竭的作战师能撤离前线，进行休整与补充。

哈尔德收到包克的电文之后，毫不耽搁地将电文中的观点以书面形式呈报给最高统帅部。当晚，哈尔德给包克打电话，一方面告诉他对他的电文的处理，一方面给他打气，他在电话中说："从正面突破敌人设防的阵地，对于兵力不足的部队来说，是一项艰巨的任务。但是，我们必须使出最后一把劲，打败敌人。倘若最终这一切明显地变得不可能的话，我们只好重新考虑。"过了一天，12月3日，包克再给参谋总长打电话说，第4军团的先头部队又撤下来了，他们快要到山穷水尽的地步了。哈尔德劝他说："最好的防守就是进攻。"这话说起来容易做起来难，因为碰上的是苏联人和那样的天气。

▲ 一群德军在冰天雪地里生火取暖，恶劣的气候、食物的短缺、过长的战线、战略的失策，注定了德军的最后失败。

真正的对手

从11月底起，气温已下降到-31℃，数以千计的德国士兵被冻成残废，许多人仍无冬装，还经常得在露天宿营。可怕的严寒不仅摧残着人体，而且还使机器停转、武器失灵。坦克的发动机无法启动，机枪和自动武器不听使唤，步枪枪栓被冻油卡死。而此刻苏联第1突击军团却突然在战场上出现，他们的机枪披着枪套，以防止寒流的侵袭；他们的武器加上冬季润滑油，使用灵活；每个战士穿得暖暖的，足以御寒。

他们得到大量威力强大的T-34型坦克群的支援，这种T-34型坦克正是为在严寒条件下作战而特地设计制造的。苏军向着冻得麻木僵硬的德国兵扑上去，将他们从所占领的地区赶回去。在莫斯科市东部远郊的兵工厂内，工人们正以惊人的速度工作着，生产出来的T-34型坦克就直接从生产线开到街上，穿过城市，炮口喷吐着火舌，冲入敌群中。满载着武装工人的卡车一辆接着一辆穿过莫斯科肃穆、冷清的大街，开往火车站，那里的火车正等着把他们送往高尔克村和卡丘什基村一带，去抗击德军部队。

每一辆可动用的机动车辆，包括征用的汽车，甚至政府官员的黑色轿车，都从东到西飞速穿过全城，急急忙忙把刚到达的西伯利亚部队送往前线。德军从西北方向沿斯塔里查——

▲ 苏联红军在 T-34 坦克的掩护下向德军阵地反击。

沃洛克拉姆斯克—莫斯科公路干线发动猛攻，以取得最后突破，与此同时，德军还冒着风雪，占领了波烈沃和维奥斯科沃，离莫斯科不到 30 千米。

然而，太多的德国士兵已经到了实在无法忍受的地步，可怕的无休止的寒冷超过了人体所能支持的限度。在他们以为苏联人最后的预备队力量已被歼灭的时候，越来越多的苏联人却源源不断地在他们面前出现，这种情况已超出了人的理智所能接受的程度。德军在各地的攻势已被极度的严寒紧紧卡住，锐气丧失殆尽，不得不陷于停顿。莫斯科现在几乎已处在火炮的射程之内了，而由红军和武装工人组织起来的队伍却把他们挡了回去。越来越多的被冻伤的德国士兵，扑倒在雪地里，歇斯底里地呜咽着："我再也挨不下去了！我实在挨不下去了！"

"最黑暗悲惨的一天"

在莫斯科南面，德军于 11 月 18 日发起进攻，12 月 3 日包围了图拉，切断了它和莫斯科之间的铁路和公路联系。苏军连夜抽调增援部队，向德军发动了快速反突击，在图拉工人歼击营的配合下，打退了德军的进攻。德军不能占领图拉，就从东面迂回，向卡希拉进攻，妄图从守卫图拉地区的苏军后方突破。苏军再次打退了德军的进攻。就这样，无论德军如何企图在 11 月份占领图拉，从而打开通往苏联首都的道路，均未得逞。图拉市像一个无法攻克的堡垒一样屹立着！图拉捆住了德军整个右翼集团的手脚。德军决定迂回图拉，为此不得不把自己军队的战线拉长，古德里安集团军也因此失去了应有的战役战术的密度。在苏军的连续反突击下，德军死伤惨重。

德军从南北两翼包围和占领莫斯科的企图失败以后，便打算单刀直入，从正面直接突入莫斯科。12 月 1 日，德军从正面，即纳罗佛明斯克地区向莫斯科发动最后一次进攻。经过五天激战之后，德军惨败，被迫退到纳拉河西岸。12 月 5 日是莫斯科会战关键性的一天。在环绕莫斯科周围 300 千米的半圆形阵地上，德军全线被制止住了。傍晚，古德里安通知包克，他不仅已经被阻止住，而且还得后撤。同时，勃劳希契也绝望地告诉他的参谋长说，他要辞去总司令的职务。这一天被称为是德国将领们"最黑暗悲惨的一天"。

古德里安后来写道："这是我生平第一次必须作出这样一种决定，没有比这再困难的事了。我们对莫斯科的进攻已经失败。我们英勇的部队的一切牺牲和煎熬都已归于徒劳。我们遭到了可悲的失败。"在克鲁格的第四军团司令部里，参谋长勃鲁门特里特已看出形势到了转折点。他后来回忆道："我们想在 1941 年打败苏联的希望，已在最后一分钟化成泡影了。"在莫斯科城下 20 多天的激战中，德军损失惨重。从 11 月 16 日到 12 月 5 日，德军损失官兵 15.5 万人、坦克 777 辆、大炮、迫击炮数百门。希特勒向莫斯科发动的"台风"攻势遭到失败。苏军在斯大林的运筹下，一场威武雄壮的反攻就要开始了。

反攻！反攻！

正当德军遭到严重消耗，开始转入防御之时，苏军则已做好对已精疲力竭、冻得半死的德国军队发动强大反攻的准备。

11月29日，朱可夫给斯大林打电话，要求把第1突击集团军和第10集团军从最高统帅部预备队拨给西方面军指挥。斯大林问朱可夫："你确信敌人已接近危机状态而没有可能投入新的重兵集团吗？"朱可夫对斯大林说，德军已经极端虚弱。

11月30日拂晓前，斯大林打电话询问西方面军军事委员会对于在整个方面军的战线上实施一次反攻有什么意见。朱可夫回答说，他没有足够的兵力兵器发动这样的进攻，但是他可以扩大已经在方面军两翼展开的反击，也许可以达到那个目标。接着，当天就制定了一项详细的作战计划。朱可夫的计划的核心是在新的集团军到达并在指定地域集中之后，于12月3日夜至4日凌晨开始反攻。当前的目标是，向克林、索尔涅奇诺戈尔斯克和伊斯特拉发动突击，以粉碎方面军右翼的德军各主要集团军，同时向古德里安集团军的侧后发动进攻，以消灭方面军左翼的德军。中央方面军的各集团军预定在12月4日深夜至5日凌晨开始进攻，以达到钳制正面敌军，阻止德军从这里调走部队的有限目标。

11月30日当天，朱可夫向最高统帅部报告了他的作战计划。斯大林未作任何改变便批准了。由于12月初下的一场大雪给军队的部署带来了一些困难。在克服这些困难后，各兵种于12月6日清晨前已做好转入反攻的一切准备。

12月6日凌晨，莫斯科的大反击开始了。在经过集中的空袭和炮火轰击之后，朱可夫的西方面军的部队，从莫斯科的南、北两面开始行动。随着战斗的胜利进展，战争的主动权已逐渐掌握在士气高昂的苏联红军手里。这时，早一天发动进攻的加里宁方面的部队，

▲ 莫斯科保卫战的绘画，图中苏联红军越过防线向德军发起进攻。

已经在加里宁以南揳入敌军防御阵地。加里宁方向的攻势起初是成功的，但由于冬季道路无法通行和兵力不占绝对优势而受阻。西方面军右翼向敌人施加了强大压力，大有分隔并合围从克林到索尔涅奇诺戈尔斯克的德军集团之势。

苏联红军对克林的进攻，迫使德军指挥部从邻近地段调兵增援。但他们这样做，反而便利了红军向索尔涅奇诺戈尔斯克、红波利亚纳和伊斯特拉的进攻。到 13 日，德军在克林和索尔涅奇诺戈尔斯克地区的抵抗已被粉碎。他们丢下大炮和车辆，向后退却。沿着被积雪覆盖的道路向西退却的德军部队，遭到苏联红军的猛烈轰炸，损失惨重。

到 12 月 16 日，苏军部队已把德军赶出了加里宁、克林和叶利齐。

12 月 16 日夜间，古德里安接到希特勒的一个电话，禁止他继续后退，并答应给受到严重削弱的师派遣补充营——部分用空运。他还答应在 1 月份向维帖布斯克前线派遣 5 个师；到 1 月中旬，另有 2 个师和 2 个补充师在德国东部边境待命。同时他指示戈林派遣 4 个轰炸机联队、1 个双引擎战斗机联队和 6 个运输机联队以加强第 8 航空军。

但是，陆军元帅冯·包克和陆军总司令先后提出辞职，辞职申请都得到了希特勒的批准。希特勒对包克的去职并不感到是一个损失。他对他的亲信说："发布几项作战命令谁都干得了。"对勃劳希契这个人，希特勒评价道："一个爱好虚荣、懦弱无能的可怜虫，他呀，算不上是一个军人。如果勃劳希契再留在他的职位上，哪怕是几个星期，也会酿成巨灾大祸。"

12 月 19 日，希特勒召见哈尔德，对他说，他将亲自接任陆军总司令。哈尔德可以留任参谋总长，如果他愿意的话。哈尔德表示愿意。但是希特勒明白表示，从今以后，他将亲自掌管陆军事务，正如他掌管德国的一切事务一样。

1941 年圣诞节那天，红军对古德里安所部的进攻取得了重大胜利——在切尔恩合围了德军机械化步兵第 10 师的部队。德军突围后，古德里安命令部队后撤到苏萨河—奥卡河一线的阵地。代替冯·包克的冯·克鲁格元帅，对此怒不可遏，要求陆军最高司令部解除古德里安的职务。第二天，希特勒就解除了古德里安的职务。

朱可夫的反攻取得了胜利，德军在莫斯科附近的损失是毁灭性的。20 天来，朱可夫的西方面军摧毁并缴获了 1000 辆坦克、1434 门火炮和大量其他军事装备。西南方面军的部队缴获并击毁了 81 辆坦克、491 门火炮，还有其他兵器。数以万计的德军官兵阵亡。

▲ 莫斯科保卫战的胜利，打破了德军不可战胜的神话，极大地鼓舞了苏联红军的士气。

第五章

蔓延：血染太平洋

一、偷袭珍珠港

东条英机上台，日本对美开战

东条英机，1884 年 12 月 30 日生于日本东京一个军阀家庭，自幼受到军国主义思想和武士道精神的熏陶，为日本征战建立功勋的"训示"对他影响很大。1905 年，他从陆军士官学校毕业前夕带领着第 17 期 300 名学员在皇宫振天府前宣誓："要为天皇而死……粉身碎骨心甘情愿。"

1941 年 10 月 16 日，日本近卫内阁总辞职。18 日，战争狂热分子东条英机任首相的内阁正式成立。东条英机上台后坚决主张，如果美国不按他的意图办事就立即开战！

11 月 7 日，在美国例行的国务会议上，全体参会人员对远东形势都非常担心，因为危机已经逼近。国务卿赫尔明确指出："形势十分严峻。我们不知道日本军事攻击会在什么时间什么地点开始，一定要经常警戒。"全体参会人员顿时鸦雀无声，他们都在认真思考战争的现实可能性。然而，当时绝大多数美国人不用说在亚洲和日本开战，甚至在欧洲也不同意参战，一直主张袖手旁观，"坐视狂热的、堕落的欧洲人自相残杀"。罗斯福总统处于进退两难的境地。

与美国的犹豫不决刚好相反，在裕仁天皇召集历届首相元老讨论是否对美

▲ 东条英机及其内阁成员。

英开战的会议上，东条英机坚决主张不能同意美国在中美外交谈判中要日本从中国撤军的提案，认为陆海军已经达成一致意见，做好了战争的准备。一旦战争爆发，首先占领东南亚资源丰富地带，以此为据点击败敌军。在战争进行中间，预计英国不久即将向德国投降，苏联也将被德军征服，美国将完全陷入孤军作战的状态，结果自然是在有利条件下建成"大东亚共荣圈"。

尽管众多元老反对对英美开战，海军军部所有高层将领也都认为在长期持久的战争中，日本不可能战胜美国。但是由于裕仁天皇赞同东条英机的意见，也顾及面子，不愿意在陆军面前示弱，只能硬着头皮一再表示："对美英不辞一战。"正如海军大将丰田副武在战后所说："海军积年累月动用大量军备预算，一旦遇到机会就自我炫耀，说什么海上防卫是铜墙铁壁，西部太平洋防守我们已包下等大话。事到临头要开战了，再说没有把握没有自信的话，是无论如何也张不开口的。"

由于日本培养军国主义侵略分子已经有数十年的历史，日本陆军和海军军令部都由主战的少壮派掌权，让他们放下屠刀是绝对没有可能的。加上东条英机力排众议、天皇对东条英机的赞赏与支持，日本最终决定对美国开战。

日本的"最后提案"和美国的"最后通牒"

日本早已经有对美英作战的企图，但在很长一段时期里，都在表面上继续跟美国进行外交谈判，企图用欺骗手段麻痹美国，捞取好处。

其实对于这个，美国也早已有所察觉。早在1940年9月25日的时候，美国就已经能够破译出日本的机密电报。日本外务省使用的紫色密码机，是最高机密用的密码电报。日本自以为别人根本就不可能解读出来，但却被一个叫弗里德曼的天才破译出来。当时德国的秘密工作也做得很出色，觉察出日本的密码可能已经被美国破译，因为松冈和希特勒的会谈情况泄露出去就是很明显的迹象。德国向日本提出了忠告，可日本外务省却认为那是绝对不可能的事情，没有重视。

美国破译出日本给德国的密电："我们不向苏联出兵，决定要和美英打仗，去占领越南、泰国、马来西亚、新加坡、印度尼西亚等地，我们坚决不能答应美国的要求，从中国撤出占领军。"美国还破译了日本内部密码电报："日本方面已经用了各种手段说明了意见，阐明了立场，除了促使美国再研究以外，已经到了没有其他积极手段的地步了……可通过英国委婉告诉美国，再不需要多长时间搞交涉了。"但是，破译这些情报的美国依然按兵不动，想尽量避免战争爆发。

1941年11月2日～5日，在日美谈判几近失败的情况下，日本通过了《日本国策实行要领》和《对美交涉要领》两个决定。这个决定的大体内容是，日本对美国发动武力进攻的时期定在12月初。如果对美国的交涉成功了，方可停止动用武力。

▲ 赫尔签署对日石油禁运的文件。

　　在提案里，日本对美国的交涉分为甲乙两个方案，如果甲方案美国不同意时再提出乙方案。并且，这是日本对美国的最后一次提案。如果被拒绝，日本势必要发动对美国的战争。但是由于甲方案里有要求美国从太平洋撤出大部分舰队等过分要求，野村大使估计这只能引起美国人的愤怒，所以没有提出，只提出了乙方案：

　　1. 只要美国能够保证日本在法属印度支那的利益，并解除对日本资产的冻结以及恢复对日本石油的输送，日本将立即从南部法属印度支那撤军。

　　2. 等到中日战争解决之后，日本将从法属印度支那全线撤军。

　　实际上，美国早已从破译的密电中知道了这是日本对美国的最后通牒，但是罗斯福依然告诉国务卿赫尔"要进行富于同情的研究"。美国国会也仍然希望能保留会谈的余地。美国对待日本，一直保持着博弈的态度。

　　日本侵略中国，需要大量的石油资源，而到 1941 年为止，这些石油几乎全部是美国提供的。美国一直希望和日本修好，只为了不要在太平洋上面对一个不算太弱的对手，所以事实上美国一直在对蒋介石政权施加压力，在提供经济援助和武器的同时，要求蒋承认伪"满洲国"的独立，和汪精卫政权合并，以换取美日交好。可是 1941 年，日本占领了印度支那，美国人一方面为了维护法国人的利益，一方面唯恐日本在太平洋坐大，于是在 8 月份开始实施对日本的石油禁运。

　　美国总统罗斯福虽然不能够接受日本的提案，但依然不想和日本开战，所以决定妥协。他要求国务卿赫尔以日本的乙案为基础制作一个妥协案。11 月 22 日，《赫尔备忘录》就出台了。内容主要是：只要日本不再向南方推进，美国将缓和对日本的经济制裁，并不干涉中日之间的战争。但是，此议案的有效期为 3 个月，期限过后要进行重新协商。之所以加上 3 个月的期限，是因为美国尚看不清欧洲战局，无法决定对日政策。

　　11 月 22 日当天，中国驻美国大使得到了这个妥协案的内容。值得一提的是，当时的中国驻美大使正是鼎鼎大名的胡适。中国当时正为美国对日本禁运石油而缓了一口气，现在得到这个消息当然是晴天霹雳。胡适立刻发电报给蒋介石，得到蒋的指示：决不能让美国对日本妥协，否则就意味着中国完了！

　　一方面，蒋介石如洪水般地向美国发送电报反对此事，另一方面，胡适也在 11 月 24 日和赫尔的单独会面中严正抗议。他这样说："美国打算向日本卖石油吗？你每向日本卖出一滴石油，中国的将士们就将流一加仑的鲜血！"

　　然而美国人根本不买账。11 月 25 日，赫尔和阁僚开会，确定了将宣布这个妥协案，同时也向蒋介石发了不少回电进行解释，希望蒋也能对日本妥协。

　　日本方面同样通过解读密码了解到了这一切，于是他们心中大喜，不再进行多余的外交交涉，坐等好结局。蒋介石几乎已经绝望了，他给从来没有见过面的丘吉尔发了电报，电报里说："如果美国和日本结成妥协案，那么中国的军民抵抗也将会因为失望而崩溃。以后即使再有更多的援助也不会有用，中国人民将对你们所说的国际信义失去信心。"

　　这个时候的英国正在德国的攻击下苦苦挣扎，

▲ 美国国务卿赫尔与日驻美大使野村吉三郎和来栖三郎会见后走出会议厅。

对于英国来说，美国如果和德国的盟友日本决裂，那么和德国决裂的可能性也将大增，所以在 11 月 25 日的晚上，丘吉尔给罗斯福发了一封电报："如果中国被摧毁，那么我们所面临的威胁也将大增。英国希望美国能收回这个草案。"

于是，在 11 月 26 日，赫尔接见了日本的驻美大使野村吉三郎和来栖三郎，交给了他们一份和 24 小时前的妥协案截然相反的文件，美国有学者称之为《11 月 26 日美国案》，这个备忘录要求日本必须从中国和印度支那无条件撤军，美国和日本必须只承认中国的重庆政府。这相当于是美国对日本的最后通牒。

对于日本会对美国发动攻击的可能性，美国其实早已通过破译的情报知道得一清二楚。1941 年 11 月 25 日，罗斯福总统曾对部下告诫说："下星期一，即 12 月 1 日左右最危险，日本惯用奇袭伎俩，你们要加紧研究对策。"

国务卿赫尔等人也提出了不能消极等待被动挨打的局面。但是当时的国际形势太过于微妙，德国的希特勒认为，要想摧毁苏联，打垮英国，必须得有一个条件——美国不要介入。所以希特勒最怕的就是美国参战。为了不招惹美国，他对德国海军下了最严格的命令：任何德国潜艇都不许在大西洋攻击美国舰队。

美国舆论界也看透了这一点，当时很多美国人都主张坚持中立。美国的决策层担心主动参战会引起国内政治上和道德上的分裂，太过于冒险。虽然按照战争的常规，先发制人可以占据主动位置，可是为了统一全国舆论，美国只能在遭到侵犯以后才能参战，即使被动挨打是划不来的，但是也不能先发第一枪。这是美国没有积极准备作战的主要原因。

为了阻止日本的疯狂行动，美国总统罗斯福给日本裕仁天皇写了一封十分谦和的亲笔信：

我对陛下只是在对两国都处在特殊重大的时刻才送交亲笔信的。鉴于目前正在酝酿形成的深刻而广泛的非常紧急状态，我认为有发这封信的必要。

现在，在太平洋地区正要发生危及美日两国国民和全人类幸福和和平的事态，这个形势正孕育着悲剧的发生。

美国人民爱好和平，维护各个国家共存的权利。过去几个月来，我们热切关注美日外交谈判。我们希望结束中日战争。我们希望太平洋各个国家互不侵犯，和平共存，免去不能忍耐的沉重军备负担，各国人民不遭受任何国家的排挤，恢复无差别的通商。

我相信陛下一定和我一样，为达到上述各项重要目的，同意消除美日两国之间任何形式的军事冲突，这一点非常重要。

约一年以前，陛下的政府和法国维希政府缔结协定。根据这份协定，为了保护在北方与中国军队对峙的日本军，允许五六千人的日军进驻越南北部。今年春天和夏天，维希政府为了共同防卫越南，承认日军进驻越南南部。这就是说，日军并没有对越南实行攻击，也没有攻击的企图。

最近数星期内，日本陆海空军部队明显急剧增兵。在越南集结这么多的军队，肯定会使其他国家认为它的性质不是防御性的，产生疑虑也是合理的。

在越南集结的庞大日军势力已经到达印度支那半岛的东南端和西南端。对此，当然会引起菲律宾、印度尼西亚、马来西亚和泰国居民的怀疑，认为是否在准备或企图进攻。

我相信，这些居民感受到的恐怖，关系到和平和他们国家的安危，是理所当然的反映。这一点，陛下一定了解。而且，美国多数国民也用恐惧的目光注视着日本陆海军及空军基地用于攻击手段的人员和装备。这一点，陛下也是了解的。

我认为，不能让上述各国国民长期坐在装满炸药的火药桶上。

假如日本全面从越南撤军，美国丝毫也没有侵入该地区的意图。

对此我可以保证。同样，印度尼西亚、马来西亚、泰国等国也保证。我正打算商请中国政府提供上述保证。只要日本军队从越南撤退，便可保证太平洋全域的和平。

我给陛下写这封信，就是因为我希望在此危急关头，您也能和我一样考虑扫除乌云的方法。我相信，我和陛下一样，都担负着不仅使美日两国国民，还要使邻近各国人民都能恢复传统友好、阻止死亡和破坏的神圣任务。

1941 年 12 月 6 日于华盛顿

富兰克林·D. 罗斯福

这封加急电报本来是 12 月 7 日中午传送到日本电报局的，但是日本军部故意拖延到晚上 10 点才将电报发至美国驻日本大使馆。美国的格鲁大使接到电报后立即打电话给日本东乡外务大臣的秘书，要求夜间紧急会见天皇。但是一直到 12 月 8 日上午七点半，东乡大使才交给格鲁大使一份文件，说他已经拜见了天皇，这份文件就是天皇陛下对总统急电的回答。而实际上，这份文件与日本驻美大使野村交给赫尔国务卿那份"日本方面的最后通牒"是同一个文件。

当格鲁大使再次要求拜见天皇的时候，东京市内大街小巷关于日本奇袭美国珍珠港的消息已经到处传开了。

利用谈判为战争作掩护

1940 年，德国在西欧屡屡得手，英国、法国和荷兰在东南亚的殖民势力严重削弱。日本开始妄想夺取英国、法国和荷兰在亚洲的殖民地，解决石油等能源危机，保证长期战争的需求。

美国当然不乐意日本独占太平洋地区，但是美国奉行"先欧后亚"的战略方针，在太平洋地区没有做好战争准备，不想立即向日本开战。这时的日本也早就想发动太平洋战争，只是时机还没有到，于是就用谈判的方式作为掩护来迷惑美国人，暗地里进行战争准备。

▲ 日本一边打着日美友好的幌子，一边加紧备战。

1940 年 9 月，《德意日三国同盟条约》签订，条约的矛头直接指向美国。日本签订这个条约主要是为南进打开道路，同时要求德国出面斡旋，调整日苏关系，松冈外相甚至幻想将苏联也拉入这同盟。1941 年 3 月，他亲自访问莫斯科，与斯大林签署了《日苏中立条约》，这个条约的签订彻底解除了日本南进的后顾之忧。

三国同盟条约签订后，日本与美国的关系急剧恶化，但是双方都避免彻底摊牌，不愿意公开发生冲突。

1941 年 6 月，希特勒终于发动了蓄谋已久的侵苏战争。日本也不甘落后，1941 年 7 月

2 日，日本不顾美国反对，登陆东南亚南部，美国中断了与日本的谈判。

7 月 24 日，美国总统罗斯福告诉日本人：如果日本继续向荷属东印度推进，那就是远东的全面战争，希望以石油换取美国在东南亚的中立，维持太平洋地区的和平。

日本不顾美国的反对，仍然派兵攻占了法属印度支那南部。

7 月 26 日，罗斯福总统宣布冻结日本在美国的一切资产，防止日本利用美国的财政金融设备以及日美间的贸易损害美国的利益。

7 月 26 日，日本对美国进行报复，冻结了美国在日本的一切资产。

8 月 1 日，美国宣布对日本实施石油禁运。

8 月 15 日，美国宣布禁止所有货物出口日本。

这个时候，日美谈判再次陷入僵局。美国对日本的全面禁运，对于资源匮乏的日本是很致命的打击。为了得到荷兰的东印度群岛年产量 800 万吨石油的油田，以及东南亚的丰富资源，日本加紧了通过战争掠夺资源的步伐。

但是针对美国的制裁，近卫内阁仍主张进行谈判，以麻痹美国，以谈判来掩护日本的军事行动，日方甚至假惺惺地提出八九月间近卫首相与罗斯福总统在夏威夷举行首脑会议，遭到美国拒绝。

1941 年 10 月 18 日，战争狂魔东条英机出任日本新首相，加快了战争准备的步伐，同时继续玩弄谈判手法，掩护其战争意图的烟雾和争取时间的缓兵之计。

1941 年 11 月 5 日，日本已经决定向美国、英国和荷兰开战，时间定在 12 月初。但是，他们对美国的谈判依然雷打不动地进行着，让美国人对和平还抱有幻想。

就在日本海上编队已经出发去偷袭珍珠港的时候，日美的谈判行动还在进行中。

回顾日本近代外交史，我们可以清楚地看到，从明治维新初期要求打破不平等条约时起，日本的外交一直贯穿着一条侵略扩张的路线，尤其是在发动甲午战争、日俄战争后，更是一发不可收拾；先吞并朝鲜，继又挑起"九·一八事变"侵占中国，后又偷袭珍珠港，南侵东南亚各国，日本自始至终借外交手段来推行侵略战争，或是借外交来掩盖侵略战争。到了后来，战争逐步升级，规模越来越大，以致发展到国力难以支撑，当局无法驾驭的地步，最终自取灭亡。

山本五十六的突袭计划秘密出台

▲ 山本五十六正在研究作战部署。

山本五十六是日本新潟县长冈市武士高野的第 6 个儿子 。因为他出生这一年其父高野贞吉 56 岁，所以给儿子取名为"高野五十六"。他自幼受到了武士道和军事熏陶，17 岁那年他以第二名的成绩考入江田岛海军学校 32 期，1904 年以第 7 名毕业后任"日进"号装甲巡洋舰上的少尉见习枪炮官，参加了 1904 ~ 1905 年的日俄战争，1908 年，进入海军炮术学校学习，1914 年，以上尉军衔进入海军大学深造，1915 年晋升为少佐。1916 年，他从江田岛海军学校毕业后，经牧野忠笃子爵介绍，过继到旧长冈藩家老山本家，成为山本带刀的义子，由"高野五十六"改名为"山本五十六"。

1940 年 11 月，山本五十六晋升为海军大将。这个时候，发生了一件事情：英国海军奇袭意大利塔兰托军港，从航空母舰"伊拉斯特里亚"号上飞出 24 架旧式双翅轰炸机，一举击沉了 3 艘意大利战列舰，塔兰托战役的成功震撼了整个世界。人们第一次知道，原来海上霸王的战列舰居然可以被从一架小飞机上扔下来的鱼雷葬入海底。以前人们一直以为从空中投放的鱼雷至少需要大约 30 米的深度，可是英国皇家海军在水深只有 12 米的塔兰托港内使用改良后的低空鱼雷照样取得了辉煌的战绩。这给山本五十六很大的启发。

1941 年美国向日本全面禁运之后，日本政府更加坚定了与美国决一死战的想法，山本五十六开始全身心投入研究怎样打败美国的计划中。

当时日本海军的普遍观点是，当美国舰队远渡重洋而来的时候，日本先用潜艇和路基飞机不断消耗它，等到它的实力消耗到与日本海军力量相等的时候，日本海军再抓住有利时机，在马绍尔群岛以北、马里亚纳群岛以西与美军太平洋舰队进行决战，以战列舰对战列舰的传统战列炮击战法将美国海军全部消灭。

但是精通海战的山本五十六敏锐地指出，这种计划即使是在日本自己的兵棋推演中也从未成功过，很不现实。如果美国舰队躲开了日本飞机的轰炸，并且出动机群轰炸日本舰队呢？这种打法很难歼灭美国海军舰队，还很容易形成消耗战。无论是国力还是军力，日本都不能跟美国长期对抗。如果打消耗战，日本除了战败，没有别的出路。如果想在战争中打败美国，唯一正确的选择就是："开战之初，就立即击沉美国太平洋主力舰队，挫伤美国海军及美国人的士气！"继而，在没有美国海军阻挠的情况下进攻荷属东印度的资源产地。

山本五十六是日本海军航空兵专家，他自然想到的是出动航空兵偷袭美国太平洋舰队的驻地珍珠港。根据山本五十六酝酿已久的一号作战计划，分为以下几种情况执行：

在美国太平洋舰队主力舰大部分停泊在珍珠港内时，用飞机彻底将其击沉，封锁珍珠港。

在美国太平洋舰队主力舰停泊在珍珠港外时，同上处理。

在美国太平洋舰队主力舰从夏威夷出发并发起攻击时，派决战部队迎击，将其一举歼灭。

日本是一个非常讲究细节的民族，所以偷袭珍珠港的计划把所有细节都考虑得十分周密。为了使兵力编组既有强大的突击能力，又能避免编队太大被美军发现。山本五十六将编队定为：6 艘航空母舰、2 艘战列舰、2 艘重巡洋舰、1 艘轻巡洋舰、11 艘驱逐舰、3 艘潜艇、3 艘油船，共 33 艘舰只，舰载机一共 432 架，其中 354 架担负突击任务，其他 69 架飞机负责保护整个编队的安全。

当时可以选择的航线一共有三条：1. 经过阿留申群岛的北航线；2. 途径中途岛的中航线；3. 途径马绍尔群岛的南航线。这三条航线各有利弊。中、南航线的气候便于航行，但是往来的商船太多，距离夏威夷群岛很近，容易被美军发现。北航道虽然离美军岸基航空兵飞机巡逻范围较远，但是气候比较恶劣，风大浪急海上加油十分困难。但是出于保密方面考虑，山本五十六决定走北航线。

除此之外，突击机群起飞海域的距离，也是经过精心算计的。太近了容易被美军发现，太远了会使飞行员疲劳，影响战斗。经过多次研究，山本五十六将起飞的海域确定为瓦胡岛以北 200 海里的海域。

攻击时间定在星期天。因为根据美军的活动规律，出海军舰往往是在星期六返回，星期天在珍珠港内停泊的军舰最多，星期天美军休假也最多，防备松懈。

由于参战的第 5 航空舰队 2 艘航母上的飞行员没参加过夜间飞行训练，所以山本五十六把突击的时间定为：东京时间 12 月 8 日早晨 6 点起飞，8 点发动攻击！

偷袭前的夏威夷绝密"潜伏"

为了配合突击美国的军事行动万无一失，日本在搜集美国情报上面费了很大的工夫，特别是 1941 年 5 月以后，派往珍珠港的间谍多达两百多人。他们利用各种方法收集珍珠港的天气、水文、地形和美军基地、飞机、舰艇的部署等情况。

这些"潜伏"在珍珠港的日本间谍中，最有影响的是吉川猛夫。作为日本派往珍珠港情报站的主角，吉川猛夫并不是职业间谍，而是偶然成了间谍。吉川猛夫原先是日本预备役海军少尉，就在事业如日中天时，这名狂热的法西斯分子却患上严重胃病，被迫退役回家疗养。刚好一个日本海军高官在回家时遇到了吉川猛夫，吉川猛夫很怀念在军中的日子，还穿着旧军装。海军高官随便问他愿不愿意回到海军，吉川猛夫高兴地答应了。

于是，吉川猛夫就被编入了专门搜集美国军事情报的军令部第 3 部第 5 科。1941 年 3 月，化名森村正的吉川以领事馆书记官的身份来到珍珠港。这名 23 岁的书记官一到，就遭到中情局的严密监视。中情局下令，"注意他的行踪，尽快查清背景"。但中情局很快发现，他是一个花花公子，常去的地方竟然是在珍珠港后面的阿莱瓦山坡上、一家日本人开的"春潮楼"。在几个被称作"尼赛女郎"的美籍日本艺妓陪伴下，这位"浪荡公子"常调情笑闹、酩酊大醉。

一次，美国情报人员窃听他的电话，竟发现他和一个艺妓在电话里调情。中情局人员听烦了，拔掉了窃听插头，对他的调查到此结束。

美国人的麻痹为吉川的情报活动提供了便利。吉川所去的春潮楼，是一个很特殊的地方。因为打开酒馆二楼的窗户，就可以看到美军在珍珠港内的各种舰艇、军事人员的活动情况。每次到春潮楼，在喝酒聊天之余，吉川总是秘密注意美国军舰的活动规律，默记在心，回去后再用密码记录下来。他从来不用望远镜和照相机，所以很少引起美国情报部门的怀疑。

夏季，日美间的关系越来越紧张，美国联邦调查局加紧对住在夏威夷的日本人的调查，反间谍力度越来越大。吉川也收到加速搜集美国海军情报的密令。为了掌握更准确的情报，吉川不断地变换着身份。

白天，吉川乔装成甘蔗田的佣工，以破衣烂衫的形象作为掩护接近珍珠港，观察美军军舰的情况。吉川的水性很好，通过潜水精确的掌握了远海水中障碍物、潮流、海岸坡度等情报。

深夜归来，吉川阅读夏威夷的报纸，仔细研究哪些军事基地要招工、哪些美军军舰停在港内的消息。一天，吉川从报纸上发现一条消息：一位小姐将于某月某日与战列舰"弗吉尼亚"号上的一位军官举行

▲ 遭袭前的珍珠港

婚礼。到了婚礼的那天，吉川果然发现一艘军舰停在港内，那就是"弗吉尼亚"号。

通过这些方式，吉川摸清了停在珍珠港的舰船名称，掌握了美国太平洋舰队的兵力部署和军事设施的基本情况。

1941年11月1日早晨，日本海军部派遣海军军官中岛前往檀香山，奉命把军部的一份重要命令转交给吉川猛夫。吉川得到命令，被要求搞清楚97个问题，包括在珍珠港停泊的舰船总数、不同类型舰船的艘数和舰名、战列舰和航空母舰的停泊位置、希卡姆和惠勒机场的飞机机种及数量……吉川迅速把这些问题都详细写了下来，并把问题答案转交到了中岛手上。

1941年12月初，吉川按照海军要求，每天都报告珍珠港美国舰队的动向。日本情报部门根据间谍提供的情报，绘制了一幅详尽的美军军情水文图，上面用日语标出珍珠港的军事目标，日军准备根据这幅地图行动。12月7日（日本时间），即日军偷袭珍珠港的前一天夜晚，吉川还给东京发去特急电报，报告珍珠港停泊了战列舰9艘、轻巡洋舰7艘、驱逐舰9艘、3艘航空母舰和巡洋舰出港未归。日本军部依靠这些情报，坚定了袭击珍珠港的决心。

12月8日，当可怕的爆炸声传来的时候，吉川刚吃过早饭。他激动地跑到院子中，看到头顶上掠过的飞机机翼上的"太阳"，立即跑去向喜多总领事报喜。他们十分激动，战争爆发了，他们的末日也快要到来了。吉川和喜多总领事从收音机中听见"东风，雨"的隐语后，马上烧毁了密码和文件。日本使馆冒出的白烟引来了警察，想跳楼的吉川被捕，4个月后吉川等日本外交人员被美国政府驱逐出境。

南云舰队出征太平洋

对于山本五十六攻击珍珠港的决定，南云忠一是激烈反对的，但还是被任命为这一行动的总指挥。虽然山本五十六是战略决策者，但是作为一线指挥官的南云忠一的表现直接影响着这场战斗的胜败。

这位从未亲自指挥过航空母舰的航空母舰舰队司令官是传统的海军军人，他从战列舰见习军官、炮艇艇长一步一步晋升为战列舰舰长、舰队司令，对大炮巨舰的传统思想情有独钟。为了弥补南云航空专业上的弱点，海军部派草鹿龙之介海军少将当他的参谋长。这是一个非常巧妙的安排。草鹿虽说不是一位飞行员，但他有着一系列在航空兵中任职的良好履历，其中包括就任小型航空母舰"凤翔"号和大型航空母舰"赤城"号的指挥职务。在即将到来的作战中，不仅草鹿的知识弥补了南云在航空专业方面的缺陷，而且他的平衡能力也减轻了困扰南云的许多问题：南云常常过多地看事情的阴暗面，而草鹿的乐观主义可以帮助南云摆脱不必要的烦恼。因此，草鹿成了南云不可缺少的臂膀。

▲ 南云忠一

但是，南云也有南云的长处，水雷战专家就是航海的专家，正当大家为了如何隐秘远航3000海里而头疼的时候，南云却表示航海的事情大家就不要犯愁了。只要你们能飞得起来，扔得下去炸弹，炸得掉美国船，南云肯定能带你们到你们指定的地方，而且后来的事实证明南云确实做到了这一点。

1941年11月26日，日本海军一支由6艘航空母舰为主力的舰队在海军中将南云忠一的指挥下离开日本开往珍珠港。途中舰队保持彻底的电波静默。

但华盛顿的日美谈判还在装模作样地进行。日军还派出大量舰机在日本本土活动，并模拟航空母舰编队，频繁进行无线电联络，以给美国造成"其主力舰队仍在本土活动"的错觉。而珍珠港的美军则疏于防范，周末照常放假，港内一派和平景象。

南云机动部队一直保持着无线电静默，只收不发，沿预定的北航线向东迂回前进，以避开美国的巡逻飞机和商船。航行出人预料地顺利，连日来浓云密布，如一个天然的帷幕将庞大舰队的行动遮蔽了起来。海面也没有出现冬季常常掀起的巨浪。

12月2日，正当南云机动部队刚刚越过东西经日期变更线，进入中途岛以北的西经海域时，山本用新密码给南云发出来密令："攀登新高峰一二〇八。"即按原计划12月8日（夏威夷时间12月7日）发起攻击。南云随即下令各舰长熄灯行驶，并把"Z作战"行动向全体官兵传达，随时做好战斗准备。

隐没在单冠湾的庞大舰队

▲ 日本零式战机从航母上起飞，准备向珍珠港发动袭击。

在偷袭珍珠港的整个过程中，甚至每一个细节都非常诡秘，不漏一点风声。不仅美国军部不知道，连日本本国的高层人物，包括东乡外交大臣都完全不知道。

为了不让美国情报部门获悉机动舰队的动向，在1941年11月22日以前，日本联合舰队秘密集结在北海道北面的单冠湾。单冠湾经常笼罩在浓雾之中，只有一些岛民生活在那里，非常偏僻，几乎不为外界注意。历史上最强的航空母舰舰队在此地下锚，等待一道发出进攻的命令，这是当时任何人都想象不到的事情。舰队一进港，就切断了同岛外的一切联系。全岛如同装在闷葫芦里一般，不仅断绝了交通，通信联系也断绝了。由海军派出专门的补给船，给岛民运来粮食和其他生活必需品。日本当局规定，机动部队从这里出发后，这些补给船仍将继续留在单冠湾，与岛民一样不能向外通讯。直到12月8日日本当局宣布开战时才可以与外界联系。

不只是岛内居民，连联合舰队内部也严密封锁消息，知道集结的目的和任务的人为数甚少。南云忠一本人也不知道哪一天出发。

11月23日，在机动部队的旗舰"赤城"号上，召开了两个会议。会议关注的焦点是，能否在到达目的地以前不让美方发现日本机动部队的行踪。太平洋虽然辽阔，但要使这支具有30多艘舰船的庞大舰队在航程中保持绝对秘密，是非常困难的。如果一不当心进入了美国人的巡逻圈，袭击作战就会全盘垮台。况且，此时美国也已经感到日美关系濒于危机，大大加强了戒备。这次会议从早晨一直开到深夜，对航道选择、海上加油等问题进行了缜密的研究和部署。

为了从空中准确识别美国舰艇，日军机动部队的飞行员事先不厌其烦地进行了不计其数的训练。各飞行队都备有美国各种军舰模型，飞行员利用训练间隙，从纵横面、自上而下以及斜角进行反反复复的观察。譬如，哪一艘军舰有几个烟囱，舰桥在左舷还是右舷，是笼式桅还是三角桅等，飞行员甚至连做梦也在琢磨。他们对本国舰船的识别能力很差，但识别美国舰船，特别是航空母舰和战列舰，则万无一失。

12月4日，狂风暴雨，机动舰队先头部队按既定计划，向北纬23°，西经157°的夏威夷群岛驶去。其他舰队依次拔锚出发，奔向波涛汹涌的海洋。全舰队一路上完全处于电波管制之下。为了避免无线电被截收，无线电收发报机一律锁闭，各舰队之间改用手旗信号和灯光信号联络。从日本本土打来的短波高周波信号，只由大型舰艇接收，然后改成低周波发给小型舰艇。

当日本舰队步步逼近珍珠港时，美国人也闻到了从日本方面发出的越来越浓厚的战争气息。

12月6日，由美国海军情报翻译班和陆军通讯情报处联合组成的"魔术"室正在紧张地工作着，负责"魔术"室的情报主任克雷默少校看到破译出来的电文后，当即电告所有有关上级等候收信，随后他立即赶到了白宫。

当克雷默在白宫门口按电铃时，已是12月6日晚9时30分了。当时罗斯福总统正在椭圆形书房里同他的那位前几天刚出院的密友霍普金斯轻松地漫谈着准备在佛罗里达州以钓鱼度过自己晚年的问题。

罗斯福一口气看完后，随即把文件递给了霍普金斯，并对霍普金斯说："这就是说要爆发战争了。"

霍普金斯看完译电后说："战争无疑将在有利于日本的情况下爆发，但遗憾的是，我们不能先放第一枪，以制止日本人的突然袭击。"

罗斯福点点头说："不能，我们不能这样做。"

接着，两人对何时何地可能爆发战争进行了一番分析，都感到情况难以预料。

"虎！虎！虎！"

当地时间1941年12月7日，太平洋洋面上秘密行驶的一列庞大舰队，正在悄悄地接近珍珠港。旗舰"赤诚"号航空母舰的桅杆上高高悬挂着Z字旗，意思是："帝国兴亡在此一战，即令粉身碎骨，也要努力奋斗。"

而这个时候的珍珠港，依然是风和日丽，安静祥和的星期天。6时45分，美国驱逐舰在港外击沉了一艘袖珍潜艇，稍稍惊破了早晨的宁静，但并没有发出警报。许多军官正在吃早饭，准备换班。

7时35分，渊田的飞机第一个到达珍珠港时，港中仍洋溢着周日早晨的平静。渊田打出了一发信号弹，命令机群按照奇袭队形开始展开，同时发出"虎、虎、虎"的信号，通知母舰奇袭成功。8000千米外的"长门"号战列舰上，一名兴高采烈的文书将电报递给山本，山本无动于衷地继续和参谋长下着棋。

▲ 日本的偷袭使得美军在珍珠港的太平洋主力舰队遭到毁灭性的打击。

按奇袭计划，将按鱼雷机、水平轰炸机和俯冲轰炸机的顺序进入攻击，首先袭击舰只。由于云层遮挡，部分飞机没有看到信号，于是渊田又打了一发信号弹。俯冲轰炸机见发出了两发信号弹，认为是强攻命令，这是针对敌人有所防范时的强攻战术，按制空队、俯冲轰炸机、水平轰炸机和鱼雷机进入。

7时55分，美军"内华达"号战列舰上的水兵们正要升国旗，奏美国国歌。

忽然，从东南方闪现一大批俯冲轰炸机，闪电般贴在海面上，来了个急转弯，冲到机场上空。

为了保持精确的轰炸，许多轰炸机飞到距地面仅几百米时才投弹。机场上炸弹如雨，一架架美军重型轰炸机被炸碎。几架美军战斗机趁乱刚刚起飞，就被居高临下的日军零式战斗机击落。

最初的几分钟内，太平洋舰队中没有人意识到发生了什么事情，等逐渐清醒后，停在舰队最外侧的"西弗吉尼亚"号和"俄克拉荷马"号已各中了两枚鱼雷，后者又中了5枚炸弹后，带着400多名官兵倾覆。前者由于及时打开注水阀，慢慢地沉入了水下。"亚利桑纳"号由穿甲弹在舱内爆炸引发了大火，"加利福尼亚"号中了两枚鱼雷后舰上重油库腾起烈焰，并且逐渐下沉。5分钟后，零星的高炮开始响起，但也是杯水车薪。

8时10分，一封明码电报——"珍珠港遭空袭，这不是演习"转到美国海军部，海军部长诺克斯惊道："这不是真的，这一定是指菲律宾。"国务卿赫尔得到这一消息时，衣冠楚楚的野村大使正在接待室中等待着将部分电文交给赫尔。

8时40分，在第一次攻击持续了约1小时之后，岛崎少校率领的第二攻击波抵达瓦胡岛，经4分钟后展开，开始了攻击。他们轮番攻击了卡内欧里机场、希开姆机场和福特岛机场，俯冲攻击机队又攻击了珍珠港的舰艇。日机专找用舰炮对空射击的军舰攻击，只到舰炮停止射击才罢手。太平洋舰队司令金梅尔上将的旗舰"宾夕法尼亚"号停靠在舰坞，也被日机发现，遭到攻击。

9时40分，第二攻击波大摇大摆地撤离后，渊田又在珍珠港上空盘旋，拍摄着他的胜利成果，而后飞往集结地率领机队返航。渊田的飞机最后一批降落。他强烈要求实施第三次空袭，轰炸油罐场和修理设施。南云认为基本任务已超额完成，不愿再冒更大的风险，而后舰队返航。

由于美国太平洋舰队的绝大部分战舰都停泊在珍珠港里，大多数飞机又都集结在机场上，所以日军一举将驻屯在珍珠港的美国海军、空军基本摧毁，珍珠港军港陷于瘫痪，阵亡海军将士2300多名。日军获得了使美军胆战心寒的"大胜利"。

"不要忘记珍珠港"——美国对日宣战

日本偷袭珍珠港成功后，经过一个半小时后，日本宣布对美英两国进入交战状态，并把最后通牒交给了美国驻日大使格鲁。

格鲁大使在同一天，还到东乡外相办公室要求面见裕仁天皇。相隔仅7个小时，谈的却不是面见天皇的事，给他的竟是交涉终止的通知。

而珍珠港遭受奇袭的特急电报到了当天中午才到达华盛顿。正在白宫椭圆形办公室里与霍普金斯一起看邮票册的罗斯福得到消息后，立即给赫尔国务卿打电话。

下午2时5分，野村吉三郎大使和来栖三郎特使来到了美国国务院，将日本外务省给美国的最后通牒交给了赫尔国务卿：

敦睦万邦，确保东亚安定，贡献世界和平，乃帝国矢志不移之志。曩者，中华民国不解帝国真意，不幸竟而目睹中日战争之发生。帝国为寻求和平，防止战争扩大，始终尽最大之努力。然美利坚合众国，动辄拘泥于理论，忽视现实，固执其不切实际之原则，故意拖延谈判，实为帝国政府难以谅解也。

美国政府处处声称为了世界和平，但却坚持对自己有利之各项原则，并逼迫帝国政府采纳。如果立足于现实世界和平，理应善自理解对方之立场，寻求妥善的互惠方案，以期能够实现。而今竟忽视现实，将一国独善之主张强令对方国家接受，如此态度，殊难促进谈判之成立。

帝国政府兹鉴于美国政府之态度，今后之谈判难望继续维持或达成协议。特此通告美国政府，表示遗憾。

赫尔国务卿读完这份最后通牒，立即露出十分激怒的神色："我在过去9个月的谈判中间，一直和你们说真心话。这些，只要看一看记录就会明白了。我在50年之久的公职生涯中，从来没有见过这样没有廉耻、充满虚伪和公然歪曲事实的文件，连做梦都不能想象地球上竟有这样牵强附会能说出这么多谎言的国家！"

当天下午，因行动不便而一向深居简出的罗斯福总统，做出了异乎寻常的举动，亲自前往美国国会，而且没有坐轮椅，而由他的长子扶着走进大厅，向美国参、众两院发表了为时6分钟的讲演。罗斯福开门见山地说："昨天，1941年12月7日，美国遭到了蓄意的猛烈攻击，这个日子将永远是我们的国耻日！——美利坚合众国受到了日本帝国海空部队的蓄意进攻……"

罗斯福沉痛地宣布——

"昨天，日本政府已发动了对马来西亚的进攻。

"昨夜，日本军队进攻了香港。

"昨夜，日本军队进攻了关岛。

"昨夜，日本军队进攻了菲律宾群岛。

"今晨，日本军队进攻了中途岛

……

"他们说我们是胆小的国家，他们说我们是纨绔子弟的国家，让他们去对麦克阿瑟和他的士兵们说吧，让他们去对坚持抵抗的同盟国家说吧……"

罗斯福的讲话频频被雷鸣般的掌声所打断。

最后他要求国会宣布："自1941年12月7日星期日日本发动无端的、卑鄙的进攻时起，美国和日本之间已经处于战争状态……"

罗斯福在如雷的掌声和欢呼声中合上了记事本。这是他自担任总统以来第一次代表全体美国人民讲话。参议院随即以82票对零票，众议院以388票对1票的压倒性优势批准了罗斯福的宣战要

▲ 罗斯福总统对日宣战，美国正式加入到第二次世界大战的行列中。

求，美国加入了第二次世界大战。

英国首相丘吉尔听到这个消息后高兴得老泪纵横，他在得知日本偷袭珍珠港的消息之后的第一句话就是"好了！我们总算赢了"。曾几何时，为了把美国拖进战争，他费了九牛二虎之力，也只搞到一个《租借法》，而日本人的行动却使美国人不得不痛下决心投入一场全球战争。当天，英国宣布同日本处于战争状态。

在中国重庆。12月9日，蒋介石在中日战争爆发4年之后，正式向日本宣战，他向全国宣布与日本断绝一切外交往来，直到用武力将日本军队完全驱逐出中国。蒋介石致电罗斯福说："在我们新的共同战斗中，我们将竭尽全力，与你们站在一起，直到太平洋地区和世界从野蛮势力的祸殃中以及无止境的背叛中解脱出来。"

希特勒和墨索里尼大惊失色

正当东条英机笑逐颜开的时候，德国的希特勒却暴跳如雷，在场的人被吓得目瞪口呆。

希特勒认为，德国征服欧洲，摧毁苏联，最后制服英国的目标是可以实现的，但必须有一个条件：美国不介入。但珍珠港事件使美国人终于找到了参战的借口，希特勒的世界性战略可能要功亏一篑。

1941年6月21日之前，几乎全部西欧和中欧国家都已被法西斯德国和意大利占领或沦为它们的附庸。6月22日凌晨4时，德国进攻苏联的闪电战开始。但德军未能像入侵计划所规定的那样攻占列宁格勒，而是被阻于莫斯科附近。特别是11月中下旬，德军加强了进攻，苏军进行了英勇抵抗，终于粉碎了德军的迷梦，并耗尽了德军的预备队。

日本轰炸珍珠港的时候，正好是德军在苏联即将大溃败的时候。这让希特勒十分绝望，按照他的设想，日本应该出兵西伯利亚，从东西两方夹击苏联，而不是去招惹美国。

珍珠港事件在顷刻之间解除了苏联唯恐东面受敌的后顾之忧，现在斯大林几乎可以把他在亚洲的全部力量用来对付德国了。并且，对世界战争局势有着神经质般观察力的希特勒，他跟日本的狭隘完全不同，日本忽略了美军的整体实力，对美军参战的后果缺乏清醒的认识，他深知美军的战争潜力。他很清醒地明白，偷袭珍珠港的小胜，无疑为日军走向彻底的覆灭提前敲响了丧钟，同时也把自己打造第三帝国的如意算盘给砸得粉碎！

这个时候，外交部长里宾特洛甫告诉希特勒，东条首相要求德国立刻对美宣战。他同时提醒元首，根据三国条约，只有在日本直接遭到进攻时，德国才有义务援助日本。

"如果我们不站在日本一边，这个条约在政治上就死亡了。"希特勒说。

希特勒面临着严重的现实问题。经过两三天的考虑，他转念一想，又觉得这未必完全是坏事，他认为日本在亚洲牵制住一部分英美的兵力也是可取的。希特勒对部下说："日本选择的时间事实上正是苏联寒冬的意外困难使我军士气遭到严重压力的时候，也正是德国人都十分担心美国早晚要参加冲突的时候，因此从我们的立场看，日本的参战再及时也没用了。"于是，12月11日，德国宣布对美开战。

墨索里尼在清晨还没有起床的时候，听到日本偷袭珍珠港的消息，很惶恐地跟他的女婿齐亚诺外相说："这下可完蛋了。"他周围的工作人员也开始恐慌起来。但是经过一天的反复权衡，他也跟希特勒一样，开始觉得也许坏事可以变成好事。美英付出大量兵力在亚太地区和日本打，他在欧洲的压力就小得多了，可以重温他的"非洲大帝国旧梦"了。于是，12月11日墨索里尼也宣布对美开战。

也是在这一天，东条英机和希特勒、墨索里尼签订了一个三国军事协定，宣布德、意、日三国"在对美、英联合作战取得胜利以前，绝不放下武器"以及在任何情况下都决不单独媾和的"决心"；同时规定了瓜分世界的范围，商定在胜利结束战争之后，缔约国应根据三国同盟的精神，在建立"世界新秩序"的事业中进行合作。

二、狂飙突进

武力攻占东南亚

日军的实际战略目标是盛产石油的荷属东印度群岛，袭击珍珠港也只是战略支援任务。为了这个目标，日本实际上经过了一年多的充足准备。

日本陆军统帅部从 1940 年年末就开始制定对美国、英国、荷兰的进攻计划。经过 10 个多月的研究，1941 年 8 月，海军陆军的协同作战计划大体上已经完成。

陆军第一阶段的计划是占领重要资源地带，摧毁英军在东南亚的主要根据地。进攻的步骤是：首先攻占马来半岛、

▲ 马来亚战役中被摧毁的英国皇家空军战斗机。

新加坡、菲律宾、泰国，并攻占缅甸，切断美英运送援华物资的滇缅公路并威吓印度；占领香港、关岛、威克岛、新加坡、婆罗洲（现在的加里曼丹）、西里伯斯（现在的苏拉威西）、爪哇、苏门答腊、俾士麦群岛、吉尔贝特群岛。各作战部队的进攻目标都有明确分工，有进度日程表。陆海军的协同作战计划也有具体的详细安排，力求一丝不乱。

在偷袭珍珠港前，日本大本营参谋本部就已经接到来自马来湾的军机电报："8 日 1 时 30 分在哥打巴鲁登陆成功。"实际上，在 12 月 8 日这一天，日本侵略者同时对泰国、马来亚、菲律宾、关岛、威克岛、吉尔伯特群岛以及中国香港发动了进攻。

为取得荷属东印度，必须要经过英属的马来半岛。日军对马来半岛的进攻兵分两路：一是陆路在太平洋战争爆发之前已经进占印支南部的近卫师团，从陆上进入泰国，占领曼谷后，沿马来半岛南下；另一路是山下奉文中将率领的第 5 和第 18 师团，分批从海上登陆。为了支援登陆行动，日本海军以小泽治三郎海军中将指挥的南遣马来舰队负责掩护，辖有重巡洋舰 5 艘、轻巡洋舰 4 艘以及护卫舰只。

日本舰队从海南三亚起航，向马来半岛进发。12 月 6 日登陆舰队转向西北，佯装开往曼谷，声称要切断印度与中国之间的运输线。12 月 7 日上午，英军侦察机发现日军舰船，英军判断日军将先在泰国登陆。其实，这支登陆输送队于 7 日 12 时已突然转向，分兵数路，驶往马来半岛北部的哥打巴鲁、泰国的北大年和宋卡。1941 年 12 月 8 日凌晨 1 时 45 分，入侵舰队的南路 5000 多名日军在 4 艘驱逐舰交叉火力的掩护下在哥打巴鲁登陆。这时 4500 海里以外的珍珠港以北，突袭机群正在准备起飞。两个小时后，日本登陆部分击退了哥打巴鲁的守军，控制了日本新帝国的第一个滩头堡，珍珠港的突袭机群也飞临美太平洋舰队上空。

日本的整盘计划非常周密，早在 12 月 7 日正午，日本驻泰国大使就已经向泰国政府交涉和平进驻，限定在 8 日零时之前给予答复，摆出不论结果如何，日军都要按计划进入的架势。一个主权国家当然不愿意接受这种要求，犹疑到 8 日上午 3 时还没有答复。3 时 30 分，日本南方军司令官寺内寿命令日军进入泰国，日本近卫师团立即越过越泰边境进入泰国。与此同时，近卫师团的吉田大队从海上登陆，两股部队在 9 日天亮时就占领了曼谷。一个弱小的国家在一天之内就被日军占领。

▲ 1942 年 12 月 25 日，英国守军挂出白旗向日军投降，香港失守。

12 月 8 日黎明，另一股日军进攻香港，他们先对九龙进行轰炸，遭到反击后，便集中力量对九龙进行攻打。由于香港是不设防城市，1936 年修筑的防御工事尚未完成，所以日本很快就在 13 日占领了九龙，并切断水源。英军退守香港本岛。日军两次要求香港总督马克·扬爵士投降，均遭到拒绝。12 月 18 日，日军分三路在香港登陆，英军不支，25 日被迫宣布投降，香港被日军占领。

日本第 5 军入侵泰国之后，很快就开始进行进攻缅甸的准备，因为截断供应重庆政府的国际交通线——滇缅公路，就可以开展使印度脱离英国的工作，保障日本侵略军北翼的安全。12 月 13 日，日本对缅甸采取空中攻势，掩护日军在田拿沙里姆省远海登陆。在缅甸境内，日本利用恐怖的战略轰炸和第 5 纵队的活动及泰国傀儡部队的配合，急欲切断中国抗战大动脉的滇缅公路。

日本在缅甸投入的兵力，远比攻占新加坡和菲律宾多得多。但是，他们并没有享受到胜利的快感。从大本营到南方军令部，一直到战地指挥官，都感到进不能，退又不得，只有蛮干下去。在雨季到来的时候，一直展开你死我活的持久战。

从 1941 年 12 月 7 日到 1942 年 5 月上旬，日本侵略者一举强占了泰国、中国香港、马来亚、菲律宾、荷属东印度、缅甸以及太平洋上的一些小岛。

麦克阿瑟饮恨菲律宾

菲律宾是太平洋和中国南海、印度洋之间的交通要冲。其境内的吕宋岛是菲律宾最大的岛，岛上建有美国在远东地区最大的军事基地克拉克和甲米地。

日军企图控制本土至东南亚间的海上交通线，决定攻占菲律宾群岛，把美军赶出远东地区。日军派本间雅晴率领第 14 集团军，下辖第 16 师、第 48 师和第 65 旅，共 5.7 万人。配属部队有海、陆、空三方的精良部队，南方军的部分部队也给予了支援。

美国对坚守菲律宾缺乏信心，希望远东军司令麦克阿瑟指挥驻菲美军能够阻挡日军，拖延几个月，这样美国就有时间增兵了。事实上菲律宾军队是仓促组建的，缺乏训练，装备很差。大多数菲军官兵抵抗日军的态度并不积极。

相反，日军的第 16 师团和第 48 师团，是由作战经验丰富的老兵组成。再加上庞大的舰队支援，况且日军还可以利用台湾的陆基飞机攻击菲律宾守军。

　　1941 年 12 月 7 日，美军陆军部作战处处长伦纳德·杰罗将军告诉麦克阿瑟，珍珠港已经遭到袭击，还未来得及说出美军的损失情况，麦克阿瑟就大叫道："珍珠港！那可是美军最强大的基地呀！"杰罗说："你那里也将遭到进攻，那是肯定的。"麦克阿瑟说："告诉马歇尔将军别担心，这里没事。"

　　麦克阿瑟并不知道，美太平洋舰队已经遭受重创，夏威夷群岛海空军基地与菲律宾相距 4000 海里，很难支援菲律宾。他的菲律宾群岛注定要沦陷的。

　　麦克阿瑟看不起绑腿不整、军衣宽大、裤管松弛、短短的罗圈腿的日本鬼子。他以为日军在珍珠港肯定遭受了重创，并且坚持认为，受到重创的日军是不敢再举进攻菲律宾的。

▲ 麦克阿瑟，美国著名军事将领，太平洋战争中盟军主要军事将领之一。1944 年授衔五星上将。

　　1941 年 12 月 8 日 9 时，日军出动 500 架飞机多次发动攻击，几乎歼灭了麦克阿瑟的空中力量，炸沉美舰艇 4 艘，炸毁了海军 1/4 巡逻机。

　　远东空军被日军摧毁以后，罗斯福总统还亲自发来电报，告诉麦克阿瑟美国最大的潜艇部队前来增援，正在途中。可是，麦克阿瑟的期待落了空。12 月中旬，海军上将金听说日本在菲律宾海域部署了强大舰队以后，命令将援兵撤到澳大利亚。事后，麦克阿瑟在发给华盛顿的电报中，强烈指责海军的逃跑行为。对海军的"背信弃义"，麦克阿瑟一直无法原谅。

　　12 月 20 日，日军占领了菲律宾第二大岛棉兰老岛。22 日，日军登陆部队兵分两路在拉蒙湾和吕宋岛的仁牙因湾登陆。25 日，日军在和乐岛登陆。在短短的 17 天内，日军在 9 处登陆成功。

　　在日军的突然攻击下，麦克阿瑟被动应战。日军主力部队在吕宋岛上的林加延湾一带发动进攻。麦克阿瑟认为美菲军队是日军的 2 倍多，完全可以守住吕宋岛。

　　于是，麦克阿瑟重新制定了作战计划，决定在海滩上迎击日军。结果，战线过长的两个菲律宾师在林加延湾的海滩上与两个身经百战的日军师团遭遇了。交战结果可想而知，菲律宾军受到日军陆海空的立体攻击，全线溃退。守军在打回巴丹半岛的路上，扔掉了大部分军需品。这时，本间命令日军马上攻占马尼拉，他以为美军一定会在马尼拉进行最后的决战。

　　1942 年 1 月 10 日，日军向巴丹半岛的美菲军队发起总攻。这时，麦克阿瑟已经在纳蒂布山布置了防线。但部队的军需给养严重缺乏，粮食与药品严重匮乏，疾病蔓延全军。

　　1 月初，一支日军大队通过纳蒂布山最陡峭的山崖出现在纳蒂布山防线背后。美菲军面临被全歼的危险，麦克阿瑟下令向南撤退。26 日，麦克阿瑟在巴加克—奥里翁一带部署了新防线。8 万名守军和 26 万名难民挤在面积为 16 平方千米的狭小阵地上。军民都沿着巴加克—奥里翁防线住着。

　　同样，日军的处境也不妙。日军进攻时伤亡惨重，再加上疾病流行，减员较大。日军被迫停止进攻。由于日本海军不能拥有制海权，军需给养无法到达被围困的巴丹守军那里，

▲ 日军抢占位于菲律宾马尼拉湾的战略要地科雷希多岛。

守军得不到任何补给。

相对于战争初期美军的大溃退来说,麦克阿瑟指挥美菲部队抵抗日军成为当时唯一的亮点。一些国会议员把他捧上了天,企图把他调回国内担任陆军统帅。麦克阿瑟也因此成了美国在第二次世界大战中的第一位英雄。

尽管菲律宾守不住了,但罗斯福认为,美国太需要麦克阿瑟这样的英雄了,不能死在巴丹半岛。3月12日,麦克阿瑟奉命离开巴丹半岛,赴澳大利亚组建西南太平洋美军司令部。麦克阿瑟难过地向留下来的部队发誓:"我一定会回来的!"

4月9日,巴丹半岛的守军7.5万人全部投降。不足2万人的日军驱赶着刚刚抓来的战俘开始了新征程。

饥病交加的战俘队伍在烈日下步行,途中许多人倒毙,日军对战俘任意杀害。在集中营,定量配给的食物很少,战俘们处于饥饿状态,只得把时间和精力主要花在跟踪和捕捉臭虫和虱子上。

席卷荷属印尼和太平洋诸岛

荷属东印度群岛位于亚洲大陆、大洋洲大陆、太平洋和印度洋之间,拥有丰富的石油、橡胶、锡、生铁、煤等物资,是澳大利亚的天然屏障。

由于澳大利亚的军队都在欧洲作战,分散的美英荷澳盟军拼凑了一支盟军来防御日军。

1942年1月10日,英国人阿奇巴尔德·韦维尔将军负责指挥联军。联军的指挥体系庞大、混乱,官兵人员素质不一,武器装备极差,各国部队接受双重领导,无法统一指挥。

东印度群岛的盟国陆军有9.2万人,包括东印度军7.5万人,舰只146艘,飞机300架。1941年12月16日,日军攻占婆罗洲北部的米里和斯里亚,25日攻占古晋。

从1942年1月10日起,扎拉根的联军就开始破坏油井、港口设施和航空基地。

1月11日,日军进攻打拉根,双方发生了激战,联军伤亡惨重。

从1942年1月11日~2月20日,日军依次占领了打拉根、巴厘巴板、马辰、苏拉威西岛、根达里、安汶岛、帝汶岛。这时,联军失去了后方。

2月14日~15日,日军伞兵部队在巨港着陆。同时,日军约1万人在巨港登陆成功。

2月15日，日军占领巨港，联军炸毁炼油设施后退守爪哇岛。

2月19日，日军派出舰载机200架，轰炸澳大利亚的达尔文港，炸沉11艘舰艇，击毁23架飞机。西路日军第38师一部的任务是攻占苏门答腊岛上重要石油资源地。

这时，日军从东西北三个方向对爪哇形成了包围。

在第一阶段的作战中，盟军的兵力过于分散，飞机损失较重，接连失利。2月25日，韦维尔将军被迫下令撤销盟军司令部，爪哇岛的防御由荷兰人指挥。

第二阶段是爪哇海战。

1942年2月下旬，美英荷澳的太平洋舰队多次进攻日军的登陆运输舰队。

2月23日，日军第48师分乘48艘运输船，在第4水雷战队、第2和第9驱逐舰战队的护送下，由巴厘巴板港起航，驶向泗水。

27日，联军舰队总指挥弗里德里克·杜尔曼率领联军舰队主力离开泗水，驶向爪哇海。

杜尔曼于1889年4月23日出生在荷兰的乌得勒支城。从1938年8月17日到1940年5月16日，杜尔曼在东印度群岛担任荷兰皇家海军航空兵指挥官。

1942年2月27日夜间，联军舰队从马都拉北海岸驶往萨普迪海峡一带，然后回到图班，没有找到日登陆舰队。

杜尔曼得到侦察机的报告，在马威安附近发现了日运输舰队，连忙率领舰艇向日舰队冲去。杜尔曼的联合舰队由5艘巡洋舰和9艘驱逐舰组成。

联合舰队的通讯能力很差，无权指挥飞机进行侦察，海军舰员都十分疲惫。

日军占有明显的优势，拥有一种新武器——93型鱼雷，射程很大，而且航迹很小。日舰动用了穿甲弹，重创联军的巡洋舰"埃克塞特"号。杜尔曼将军为了保护"埃克塞特"号，指挥舰队撤退。日本驱逐舰紧追不舍，发射鱼雷击沉一艘联军的驱逐舰"科顿纳尔"号。

联军舰队撤出了战斗，杜尔曼派大部分驱逐舰返航加油。杜尔曼率4艘巡洋舰和1艘驱逐舰继续寻找日舰队。

晚上10时30分，杜尔曼的舰队找到日舰队。日舰队在距联军舰队7315米处发射鱼雷，击沉了2艘巡洋舰。杜尔曼将军葬身大海。联军的巡洋舰"休斯敦"号和"珀斯"号都逃跑了，第二天晚上，日舰队追上这两艘巡洋舰，后将其击沉。至此爪哇海战结束了，联合舰队推迟了日军进攻爪哇一天。

第三阶段是爪哇登陆战。日军对爪哇岛发动了大规模的连续轰炸。

3月1日，日军在爪哇岛的东部和西部登陆，切断了爪哇北部的铁路线，同时包抄了东印度群岛的海军基地泗水港。爪哇首府雅加达、联军总司令部所在地万隆和海军基地泗水港都被日军孤立。

3月5日，雅加达沦陷。7日，万隆沦陷。8日，日军占领泗水港。

3月9日，荷属东印度群岛代总督逃往澳大利亚，联军向日军投降。

随着荷属东印度群岛的投降，日本人发现大量的油田被放火焚烧，便

▲ 盟军战俘在爪哇为日本人修桥铺路。

向白人发泄愤怒。很多白人被流放。在马卡萨关押着大量的白人战俘，多数被活活打死。东南亚人经常被日本人辱骂毒打，面临着死亡的威胁。日本人在当地还掠夺大量的粮食和原材料，致使当地农业经济瘫痪。

染指澳大利亚

日军在开战初期，以不到 6 个月的时间呈扇形向东南方向推进，共强占了 380 万平方千米的土地，控制了 1.5 亿人口。

尤其是在占领了拉包尔以后，日本陆军和海军侵略集团的指挥官和作战参谋们猖狂已达到极点。被胜利冲昏头脑的日军，变得更加穷凶极恶。

对下一步作战计划，日本陆军和海军的主要领导人激烈讨论了一个多月，双方各持己见，争执不下。

远在东京大本营的参谋本部就有两种意见，一些人认为，应该到此为止，不再向前进攻，以确实保住南方占领地域，形成长期持久战的状态；还有些人认为，日本应该乘欧洲德苏战争之机，越过中苏国境线，夹击苏联，迫使苏联投降。如果中国和英国、苏联都被打败，美国被孤立，便能消灭它对日本作战的意志。

海军认为这两种意见需要时间太长，没有物质基础，是完全办不到的，并提出先进攻澳大利亚，要求陆军增援 8 个师团，被陆军断然拒绝；陆军则打算把南方派遣军中的 1/5 兵力调到中国大陆和日本本土去，也遭到海军的否定。

日本陆、海军战略思想各不相同，经过激烈争论，最后，陆、海军之间以妥协形式决定了下一步的进攻计划。具体顺序是：第一步是进攻新几内亚东南端莫尔兹比港和所罗门群岛；第二步是进攻中途岛和美国阿拉斯加西面的阿留申群岛；第三步是进攻斐济和萨摩亚群岛。

▲ 美军 P-39 战机在新几内亚岛上空执行作战任务。

第一步主要目的是切断美国和澳大利亚的补给线，使盟军不能用所罗门群岛、澳大利亚、斐济等地做反攻的基地。

日本海军的总意图在于侵占美国海上基地，把控制地区扩展到美英两国在夏威夷和澳大利亚之间的那些基地。日本陆军最重要的任务是完成对新几内亚岛的占领。其中，主要目标是占领新几内亚东南岸东部的莫尔兹比港。

日军占领了澳大利亚领土新不列颠岛等地区后，直接威胁位于新几内亚东南方的莫尔兹比港，它是澳军的前哨基地。盟军感到形势十分严峻，在这种情况下，盟军的决策集团也有各种不同的意见，澳大利亚决策人打算在日本进攻时不再抵抗，把澳大利亚北半部拱手让给侵略者。

罗斯福和丘吉尔早已决定，必须拯救澳大利亚，以便把它作为反攻日本的跳板。

美英双方同意，把一直在北非作战的澳大

利亚 3 个师中的 2 个精锐师调回澳大利亚，美国陆军参谋长马歇尔将军还下令把美国陆军第 32 师、第 41 师运往澳大利亚，还有防空分队、工兵分队和支援部队，总共 10 万人。他还下令建立以澳大利亚为基地的空军，决心保住莫尔兹比港。

为了挽回劣势，美英联合参谋部决定把太平洋分为两个独立战区：一个是中部太平洋战区，由驻珍珠港的切斯特·W. 尼米兹海军上将指挥；另一个是西南太平洋战区，由驻墨尔本的麦克阿瑟陆军上将指挥；下定决心要扭转战局，转败为胜。

盟军反攻作战的战略计划，是以所罗门群岛作为战区的分界线，从所罗门群岛向东，尼米兹率领部队，经过拉包尔、马绍尔群岛、加罗林群岛、马里亚纳群岛向日本本土进攻；麦克阿瑟则率领部队由所罗门群岛向西，在席卷新几内亚岛以后，向菲律宾进攻，最后指向日本本土。这个计划简称"望楼计划"，亦称"瞭望塔行动"。

1942 年 5 月初，在美军的作战会议上，对望楼计划又作了修改，缩小了尼米兹担任的中部太平洋战区，在中部和西南战区之间增加一个战区，由葛姆里中将负责指挥（10 月以后改由哈尔西中将指挥）。

7 月 2 日，美国参谋长联席会议颁布一项命令，开始了美国对日本第一阶段的进攻目标，尼米兹海军上将指挥部队攻占圣克努思群岛，为进攻图拉吉岛做准备；麦克阿瑟陆军上将指挥所属部队发动平行攻势，把日军逐出新几内亚；为执行第三个任务做准备，即收复拉包尔。

随后，太平洋作战情报处破译日本海军秘密电报，发现日军正在图拉吉岛南方 20 海里的瓜达尔卡纳尔岛上紧急修筑飞机场。针对这一情况，英美盟军考虑到这个机场一旦完工，直接威胁着战争的局势，于是再次修改了作战计划，暂时放弃在圣克鲁斯群岛上修建基地的打算，把攻击图拉吉岛和瓜达尔卡纳尔岛放在第一步。

在以后的 5 个月时间里，日军便连战连败，从而宣布太平洋战争的第一阶段已经完全结束。

三、扭转战局

天皇的隐忧

1942 年元旦，日本全国各地，大街小巷，每户人家都悬挂国旗，欢庆之声此起彼伏，洋溢着节日的快乐。各大报纸趁机扩大版面，刊登奇袭珍珠港等战地的巨幅照片，宣传自 1941 年 12 月 8 日开战以来，日军仅用短短二十几天的时间，以超出想象的速度取得辉煌战果的事情。某报纸还大肆报道裕仁天皇及其家属的平安和健康，祝愿"天机煦丽""武运长久"。

但这份报纸的另一个版面，却这样写道："去年 12 月 8 日，宣战大诏颁发之日，实乃以皇国兴废为赌注的大事。天皇陛下在此日之后，深虑之余，饭不能进，寝不能安，只管祈求神灵庇护。"只此几句话，真实地道出了裕仁天皇当时的真实心理状态。

日本裕仁天皇自去年偷袭珍珠港、对美英宣战那天起，心里无比兴奋，但究竟能否取得最后的胜利，却也没有十足的把握。其实从那天起，他便如坐针毡，坐卧不宁。

当忐忑不安的裕仁天皇在听到前方频传捷报时，比如击沉敌军舰多少、大破敌军多少、这里登陆成功、那里敌军投降、又占领什么地方，等等，精神马上为之大振，心中的隐忧一扫而光。

1942年元旦，是日本天皇最高兴的一天。日本人民在军国主义宣传的鼓动下，纷纷手举国旗庆祝胜利，全国上下"万岁"的呼喊声连绵不断。

1月8日上午举行陆军阅兵式。裕仁天皇骑着"白雪号"坐骑，由各皇族、内阁各部大臣、外国驻日武官陪同，检阅步兵、装甲兵、炮兵、骑兵。各军种列队通过时，天皇在马上举手答礼。当机械化部队通过时，500架陆军飞机飞越皇宫上空，阅兵式达到最高潮，可谓盛况空前。

2月18日，新加坡被攻陷，日本全国上下举行祝捷祝贺会。每个家庭都配给3合白酒（约300毫升），每一个小孩都配给一角钱的糖果，以示共庆胜利。11时55分，裕仁天皇乘"白雪号"坐骑，出现在皇宫门前二重桥上，接受聚集在广场上的国民的祝贺。皇宫内外大摆筵席，群臣穿着节日盛装，连以前极力反对开战的元老重臣也参加了。

曾发动"七·七"事变、三次担任内阁总理大臣的近卫文麿也参加了庆贺会。他不相信日本最终能取得太平洋战争的胜利。祝贺会结束后，原内阁书记官长富田健治说："太不愉快了！这样下去能挺到最后吗？我倒想着明年这个时候会出现什么情况。"

日本许多有识之士也都在担心，认为这是继"九·一八事变"后，日本又吞下了一颗特大炸弹。

▲ 裕仁天皇

2月21日，正在沉溺于欢庆攻占新加坡的东京都警视厅接到一封匿名信，信上写道："战争是野蛮的行为，打倒日本。天皇是什么？杀掉东条！消灭骄傲自大的日本人，拆掉或烧掉靖国神社，取消天皇的名义，那都是无用的东西！不要像皇军那样混蛋！"

2月22日，东京新闻社校对记者接到一封请转交给警视总监留冈幸男的信，信中写道："我觉得这次攻占新加坡不是日本的大胜，而是大败的开始。看一看今天日本的国情，没有米，没有食品，国民在涂炭中喘息……天皇陛下住那么多那么好的住宅，还要到外地去避暑避寒……把那些食品拿出来优待国民吧！"

2月23日，东京市谷的墓地里，有一个公共厕所的墙上写着："赶快停止战争！最后一定打败，国民太受苦了。"

类似这样的匿名信、公开信、大字报、小字报、厕所文学，警视厅出版的《思想月报》、《特高月报》中登载了许多。日本人民中反战反军反对天皇的意识越来越明显，裕仁天皇再次陷入担忧与不安之中。

东京遭到第一次空袭

1942年1月14日，由美国总统罗斯福和英国首相丘吉尔、中国驻美大使宋子文、苏联驻美大使等26国签字发表了反轴心国联合宣言。正陶醉在"胜利"中的日本一时间成为众矢之的。

美国为了挽回太平洋战争初期的不利战局，牵制日军进攻，对日本偷袭珍珠港进行报复，组织召开了阿卡迪亚会议。会议从1941年12月23日开始，到1942年1月14日结束，共

20 余天。

阿卡迪亚会议进行期间，日本正在进攻马来半岛等地。虽然太平洋战局非常紧迫，美英元首把基本战略的第一步放在北非和地中海的反击上，对日本的进攻坚持守势，待机反攻，但不是挺着挨打。

会议决定在华盛顿设立英美联合参谋本部，建立起在战争中协商、研究、制定、实施所有战略战术的体制；将缅甸、泰国、法属越南同盟军和中国战区合并，称为中缅印战区，由蒋介石任最高总司令，中国远征军从此开赴缅甸最前线。

为了防止日军侵略印度和斯里兰卡，在阿卡迪亚会议上还制定了一个空袭日本的大胆作战计划。要想从太平洋上的航空母舰起飞，对相隔 1000 千米之遥的东京进行轰炸，这在当时来说，是战争史上未曾有过的冒险，经研究决定把这个任务交给航空队第一流飞行员、飞行速度世界纪录保持者詹姆士·杜立特中校来率领。

1942 年 4 月 18 日早晨，美国第 20 机动部队司令官威廉·P. 哈尔西中将率领两艘航空母舰"大黄蜂"号和"企业"号，由 5 艘重型巡洋舰、7 艘驱逐舰、2 艘油船护卫，全速向日本本土方向驶去，去完成一项震惊世界的空袭任务。这是一次绝密的军事行动，除很少人外，连各舰上的工作人员都不知道详细任务。

上午 6 时 30 分，日本太平洋沿岸担任警戒任务的渔船发现向西南方向飞去的美国侦察机，便立即给国内发电报。同时，日本海军军令部和联合舰队司令部也接到从其他舰艇上发来的电报。在这些舰艇的视野内，都在水平线上看到了黑色集团的形影正在移动中。

"肯定是美军的航空母舰！"日本防空指挥部下了结论。

美国机动部队知道已经被日军发现了，非常着急，一时空气十分紧张。海军飞行队中校杜立特当机立断，把原定于夜间空袭日本的计划改在白昼进行。

上午 7 时 25 分，杜立特中校驾驶的第 1 号飞机，首先从距离东京约 500 千米的地方起飞，随后，16 架飞机陆续全部飞离海面，超低空飞行，驶向日本的东京、横滨、名古屋、神户等重要城市。

日本海军部接到急电后，反应迟钝，判断空袭可能在 19 日早晨，没有发出警报。担任本土防卫任务的防卫总司令部也和海军部一样，没有发出防空警报。

上午 9 时半距东京东部 600 千米的地方曾发现 500 米低空有一架 B-25 型飞机向西飞行，打算追击，但目标迅即消逝。由于美机是超低空飞行，没有被联合舰队的高空警戒发现。

这一天，东京正和平常一样进行防空演习，发出了数次警报。人们已习以为常，并不在意。

12 时刚过，日本防空监视哨向东部军司令部传来报告，说是发现敌大型飞机一架。可是，东部军司令部盲目受原来的判断所支配，将信将疑，还打算确认一下这个情报是否错误。

刹那间，12 时 15 分，东京上空突然出现了美国大型轰炸机，第一颗 500 磅的炸弹已经投下来。此轰炸机全长近 17 米，翼展 20 多米，总重量 13 吨，时速 500 多千米，续航能力 2000 多千米，能载 2 吨炸弹。

▲ 美机空袭日本的消息轰动了整个世界，给日本军国主义者当头一棒，也给反法西斯主义者国家以信心。杜立特也因为此战而名扬四海。

　　轰炸是在中午工作人员下班的时候进行的。500磅的炸弹一枚接一枚呼啸着直坠而下，按既定计划击中了主要目标。钢铁厂内顿时黑烟滚滚，东京南面的海军造船厂内，船坞中的潜水舰"大鲸"号被炸毁，一艘还未建好的巡洋舰被炸毁。

　　日本的截击机和高射炮火力使美机受到很大威胁，但由于美机几乎是擦着树梢低空飞行，高射炮很难瞄准。日本第17飞行团的飞机仓皇起飞迎击，却一架美机也未击中。美机在下午3时后，已经平安离开了。

　　名古屋也和东京一样，飞机制造厂、坦克制造厂、船坞、钢铁厂、炼油厂、武器制造厂、军需仓库都遭到轰炸。四日市、神户和歌山等地，美机也都按计划投下炸弹和燃烧弹。全部飞机在下午3时半飞离日本上空。

　　这次空袭，使日本朝野极度恐慌，但仍不忘虚伪宣传。18日下午3时，东部军司令部发布战报，说："下午零时左右，敌机从数个方向来袭京滨地方，受我空地两防部队反击，逐次退散。到现在为止，已判明击落敌机9架，我方损失轻微，皇宫安泰。"

　　这次空袭，日本遭受的人员伤亡和物质损失并不太大，但政治影响、心理影响和战略方面的影响却大得无法估计。日本军国主义者受到当头一棒，开始恐慌和担忧起来，日本国民的反战情绪从此更加滋长。

　　美机空袭日本这个爆炸性新闻立即传遍了全世界，全世界爱好和平反对侵略战争的人们一片欢欣，受到巨大鼓舞。他们从失败主义和忧伤中振奋起来，从而加强了反攻必胜的信心。

所罗门海海战

　　贪得无厌的日本占领了新不列颠岛东端的拉包尔以后，还希望控制所罗门海这片海域，尤其是对巴布亚半岛南端的莫尔兹比港，日军早已垂涎三尺。

　　莫尔兹比港是澳大利亚北方海域的唯一战略要地，是空海交通要冲。日本占领莫尔兹比港的目的是切断美国和澳大利亚之间的联系，进而占领斐济、新喀里多尼亚、萨摩亚，这样拉包尔可以不受威胁，在战略上处于主动地位。

　　对美澳方面来说，所罗门海也是战略防御重要地区，只有以此作为反攻日本的起点，牢牢控制所罗门海，才能通过丹比尔海峡北上，向东京进攻。因此，所罗门海域成为两军必争之地。

▲ 美B-17轰炸机在所罗门岛上空执行作战任务。

　　从1942年4月到1943年4月之间，所罗门海域发生了大小共一百来次海空争夺战，盟军在激战后取得胜利，从而扭转了战局，奠定了反攻取得决定性胜利的基础。

　　所罗门海海战开始前，3月8日，日军占领了新几内亚岛东部北岸的莱城和萨拉莫阿地区，以后，又占领了肖特兰德岛和布纳。4月初，日本海军军令部决定深入所罗门群岛，夺取图拉吉岛，最终目标是夺取新几内亚东南的莫尔兹比港。

4月下旬，由第4舰队司令官井上成美海军中将指挥并率领日军进攻舰队集结在特鲁克军港待命出发。

盟军的防卫力量共有两支特混舰队，一支由奥布里·菲奇海军少将率领，是以"列克星敦"号航空母舰为中心的特混舰队；另一支由弗莱彻海军少将率领，以"约克城"号航空母舰为中心的混合舰队。

盟国海军为了防止日军进一步向南太平洋扩张，在4月初就采取了准备。计划在收回图拉吉岛，在美国和澳大利亚的航线上增加一个堡垒以后，沿所罗门群岛进攻拉包尔。

5月3日，日本志摩部队占领了图拉吉岛。5月4日晨，40架美舰载机从"约克城"号上起飞，两次轰炸图拉吉岛近海，击沉日驱逐舰"菊月"号和3艘登陆船舶，击伤5架飞机和2艘舰船。

这一天，日军梶冈少将率领4000名官兵分乘14艘运输舰驶往莫尔兹比港。轻航空母舰"祥风"号、4艘重巡洋舰、4艘驱逐舰掩护这次作战行动。

5月5日，从新喀里多尼亚海军基地和澳大利亚火速赶来支援的英国"芝加哥"号、"澳大利亚"号"霍巴特"号巡洋舰，与盟军两支特混舰队合编为美第17特混舰队，由弗莱彻海军少将指挥，进入决战状态。

在日军进攻莫尔兹比港前，盟军从被击沉的日本潜水舰中捞到日军电报密码本，破译后获得一份重要情报。这是一份日军预定在5月动用大部分兵力去攻占莫尔兹比港的作战命令。

5月6日，美侦察机果然发现了日本进攻部队，美机大编队开始向日军猛烈空袭。美航空母舰"列克星敦"号上起飞的战斗机和轰炸机轮番进攻，集中轰炸日军的航空母舰"祥风"号。

▲ 在所罗门海战中，一艘美军战舰被日军鱼雷击中，爆炸起火。

5月7日上午11时，"祥风"号沉入海底，舰上900名官兵中近3/4死在舰内。美军赢得第一轮所罗门海海战的胜利。

5月7日下午，日本舰队在袭击美国航空母舰时被击落10架飞机，另有11架在返航时坠入海中，只有6架安全回到母舰上。

5月8日上午9时，日本侦察机发现美机动舰队，立即出动战斗机18架、轰炸机18架、鱼雷轰炸机32架强袭美军的2艘航空母舰。"列克星敦"号命中2发鱼雷和2颗炸弹，被击破；12时47分，各处泄漏燃料，气化后引火发生大爆炸，又延及弹药库，爆炸强烈。

美军这两艘航空母舰遭受日机空袭以前，"列克星敦"号上起飞的43架飞机和"约克城"号上起飞的39架飞机也正在强袭日本航空母舰，"翔鹤"号命中3发炸弹，受到严重破坏，被迫退出战场。"瑞鹤"号急忙逃遁，幸免被炸。井上中将发出"停止攻击北上"的命令，日军撤离战场。

海战的结果，表面上看，双方互有损失，日本海军损失较小，但美国的造船和抢修速度较日本快很多，这样美军就占了优势。而且在战略上，盟军挫败了日军从海上进攻莫尔

▲ 日本"加贺"号航空母舰

兹比港的企图，并且把原定于 5 月进攻的日期推迟到 8 月。日本在战略上失败了。

所罗门海海战是日本海军自发动战争以来第一次受挫。太平洋战争从此进入日本和美国及其盟国的战略相持阶段。美国战史学家认为这次战役在太平洋战争史上谱写了新的篇章。

珍珠港、马来海战以后连续败北的盟军，通过这次海战，极大地提高了士气，对击败日军舰队充满了自信。

这次海战后，对日本来说，不仅没敲起警钟，他们反而更加骄傲轻敌，把"击沉"两艘美航空母舰的消息向东京报告，国内顿时欢声一片。实际上，被"击沉"的航空母舰，只用 3 天就修复完毕，并立即参加到以后的中途岛反击战中去了。

日军的麻痹大意，自我陶醉，又不能掌握真实情况，给美军帮了大忙，这是以后日军在中途岛海战中战败的原因之一。

山本设计新赌局

1941 年 12 月 28 日，在日舰队旗舰"长门"号战列舰上，联合舰队的司令长官山本五十六正在观看由日本情报人员参照美军公布的损失整理出来的偷袭珍珠港的战果报告。

山本五十六逐行审对着报告上的数字，高兴得满面笑容。一方面，美军公布的损失，比日军参加突袭行动的部队上报的战果大了很多。由此看来，日军突袭珍珠港获得了意想不到的战果。

另一方面山本五十六没有料到美海军有说实话的勇气。美海军遭受那么大的损失，竟然都公布出来了。山本五十六认为，美海军敢于说出实际损失，是因为美国的实力太强大了。

在日本海军中，山本五十六是个指挥天才，以具有大胆甚至冒险决策的能力而著称。如很多日本人一样，山本五十六具有浓厚的樱花情结，宁可在短时间内凋谢，也想开放得十分灿烂。

号称"赌徒"的山本五十六，突袭夏威夷群岛的珍珠港是他发起的一次大赌博。突袭珍珠港的大获全胜，不但使山本五十六名声大噪，而且使他对自己的策划能力更有信心了。

珍珠港的战斗结束了，山本五十六又想攻占美国的一个小岛屿——中途岛。

中途岛地处太平洋中部，面积很小，但岛内建有海港和美军机场。美军可以从岛上的机场出动飞机，警戒半径达 60 海里的海域；岛上的港口能够作为美航空母舰编队的补给和前进基地。可见，中途岛具有攻防两大功能，成了美军在太平洋上最佳的前沿阵地。

山本五十六以他过人的军事视觉，发现了中途岛的重要战略价值。山本五十六决定早日攻占中途岛，尽快结束太平洋战争。

对日海军来讲，一旦占领了中途岛，就能把中部太平洋的防御圈快速向东推进，利用中途岛上的海空军基地，监视和警戒美国太平洋舰队一切活动。日军攻占中途岛，能够在美国中部太平洋防御圈上冲开一个巨大的缺口，对夏威夷群岛的美舰队构成巨大的威胁，并把中途岛作为以后进攻夏威夷群岛的前沿基地。

可是，当山本五十六向日本军部提出攻打中途岛的计划后，日本军界要员们纷纷表示反对。日本陆海空三军要员们认为攻占位于夏威夷群岛正前面的中途岛是不行的，哪怕占领了，也无法坚守。

他们提出很多理由反对山本五十六的计划，不相信中途岛的战略价值。有些人说山本五十六是被珍珠港的胜利冲昏了头；还有人说，山本五十六虽然胆子很大，但没有指挥这么大规模海战的经历。

山本五十六为了宣传自己的作战计划，山本五十六来到军部找到永野。他说："日军夺取太平洋地区的最大障碍就是美太平洋舰队。开战两年内若日本无法获得决定性的胜利，美国就会凭借强大的实力取得军事上的绝对优势。目前解决这个问题唯一的方法是迅速战胜美舰队，早日摧毁美太平洋舰队的主力。若我们攻打中途岛，尼米兹会派出太平洋舰队的主力前来支援，那时我们就跟美太平洋舰队一决雌雄。"

听完山本五十六的发言，永野不禁摇了摇头，指出攻占中途岛的计划是错误的。军令部也认为山本五十六的看法太天真了，就算有了中途岛，也无法威胁美国大陆。

就在他们争论不休、各执己见的时候，发生了一件让日本国民非常震惊的重大事件。

1942 年 4 月 18 日，美军 16 架陆基轰炸机空袭了日本东京等中心城市。原来，在珍珠港被袭以后，罗斯福总统要求轰炸日本，对日本偷袭珍珠港进行报复。

太平洋战争爆发以前，日本天皇曾得到过军人们的保证，决不能让盟军的炸弹落在大日本帝国的国土上。这次轰炸虽然对日本造成的物质破坏很小，但日本国民的士气极大地降低了，对日本国民的自尊心造成巨大的震动。

军部为没有保住东京的安全而悔恨，那些反对攻占中途岛的声音听不见了。一心想进攻中途岛的山本五十六，借助美国航空队空袭东京这一事实，再次力排众议，马上与参谋们制定进攻中途岛的具体军事计划。

▲ 日本联合舰队司令山本五十六

▲ 中途岛海战画报

▲ 美太平洋舰队司令尼米兹

此次作战计划，主要包括三项独立的但协同作战的军事行动：

第一，攻占西阿留申群岛；

第二，攻占中途岛；

第三，与美太平洋舰队决一雌雄。海战的主要意图是通过攻占中途岛给日本海军和空军夺取基地，继续朝太平洋和西南太平洋进军，与美太平洋舰队决一死战。

为了成功地完成计划，山本五十六动用了日本海军所有的主力，并把这些兵力编成了先遣部队、第 10 机动部队、进攻中途岛部队、主力部队、北方部队、岸基航空部队等 6 支部队。

在攻打中途岛的计划中，山本五十六共调动了水面舰艇 206 艘、舰载飞机约 470 架、岸基飞机 214 架、登陆部队和建立基地的部队 1.68 万人，几乎包括了日本海军的全部精锐。

山本五十六计划于 6 月 6 日发动中途岛海战，作战计划以 6 月 6 日为中心，精心制定了各参战部队的行动时间表。

山本五十六精心设计着赌局，妄想在新的一局中还能像珍珠港海战那样，再获得全胜。

庞大的联合舰队

山本五十六与参谋们制定了详细的攻占中途岛计划后，为保证计划的成功实施，又调动了日本海军精锐部队组成庞大的日本联合舰队。

1942 年 5 月 20 日，山本五十六下达了各参战部队作战行动的最后命令。联合舰队将于 7 天后出海，为了确保计划的万无一失，山本五十六利用中间这几天的时间，又组织了为期两天的大规模演习。

5 月 25 日，在演习中，美军投下 9 枚炸弹，击沉了日军 2 艘航母。可日军无法容忍失败，高木武雄海军中将向参加演习的军官和参谋们汇报的情况是 1 艘航空母舰都没有损失。

1942 年 5 月 27 日早晨，庞大的日本联合舰队在日本濑户内海西部的军港驻岛待命，每艘军舰都完成了出海的所有准备，加足了燃油、弹药以及补给品，整个联合舰队弥漫着必胜的氛围。

5 月 27 日是日本的海军节，联合舰队士气旺盛，官兵们都认为，此次出海会给日本海军增添更大的战绩。

▲ 日本"赤城"号航空母舰

8 时，"赤城"号航空母舰起航信号发出，第 10 驱逐舰战队、第 8 巡洋舰战队、第 3 战列舰战队第 2 小队、第 1 航空母舰战队和第 2 航空母舰战队纷纷拔锚，驶向中途岛。

联合舰队在中午前后通过了丰后水道，傍晚时分驶入太平洋深处，采用环形巡航队形朝东南驶去。

不久，"赤城"号飞行长、偷袭珍珠港时的空中总指挥渊田美津雄因为急性阑尾炎，被送往医务室。几天后，第 1 航空舰队作战参谋源田也由于肺炎被送往医务室。

他们两个无法参战，对于南云来说，等于没有了左膀右臂。紧接着，山本五十六遭受胃病的日夜煎熬，也病倒了。

5 月 28 日，阿留申群岛牵制舰队由日本九州岛北端的港口出征。在南面，运载着 500 名登陆部队的日军运输舰从马里亚纳群岛中的塞班岛驶向中途岛。

5 月 29 日晨，联合舰队的其他舰只从日本濑户内海起航。近藤信竹率领的中途岛攻击编队驶在整个舰队的最前面，后面是包括山本五十六的旗舰"大和"号的主力舰队，由 34 艘军舰组成。

山本五十六选定 6 月 7 日为进攻中途岛的日子，因为 7 日的月光对夜晚登陆有好处。

6 月 2 日，由于南云航空母舰舰队没有雷达，在浓雾中朝中途岛方向驶去。再加上能见度很差，不能飞出弹射侦察机，结果南云舰队无法了解自己的处境。

▲ 一幅描绘日军大败美军的宣传画

6 月 3 日黎明，雾更大了。为了避免互相碰撞，南云被迫用保持沉默的无线电，向各舰艇下令。

随后，一队美军鱼雷轰炸机发动突然袭击，虽然只击中了日军护航舰队后边的一艘油船，然而山本五十六仍然感到担忧——日舰队的行动已经暴露了。

6 月 3 日上午 10 时，天终于晴朗了，南云舰队以 24 节的航速快速前进，组成一支巨大的环形队伍，炮筒林立的战列舰护卫在外围；大型航空母舰"赤城"号、"加贺"号"飞龙"号和"苍龙"号，正行驶在中央。

6 月 3 日傍晚，日舰队快速由西北方向向中途岛靠拢，4 日拂晓以前就能够到达距离中途岛 320 千米的起飞海域了。这时，弗莱彻和斯普鲁恩斯指挥两支特混编队，正在中途岛东北面 500 千米的海面躲藏。

这两支特混编队的总指挥弗莱彻少将认为，日军的南云航空母舰舰队正在附近海域。6 月 3 日晚 7 时 50 分，弗莱彻率领特混舰队向西南方向追去。

6 月 4 日拂晓，特混舰队将到达中途岛北面，正好偷袭南云的航空母舰舰队。这是个很正确的判断，当天晚上美国的航空母舰距离南云舰队仅为 160 千米。

1942 年 6 月 4 日凌晨 2 时 45 分，日军"赤城"号航空母舰发起了猛烈的进攻。

黎明来临之时，南云舰队航空母舰上的探照灯早已照亮了巨大的飞行甲板。4 艘航空母舰正在中途岛西北 240 海里处，迎风全速驶向中途岛，航空部队已经做好了向中途岛发起第一轮空袭的准备。

4 时 30 分，南云中将下令进攻。8 架战斗机相继起飞，18 架舰载俯冲轰炸机相继起飞。

15 分钟内，108 架飞机都从 4 艘航空母舰上起飞了。它们编成环形队列绕行舰队一圈，朝东南方的中途岛飞去。

南云发动第一轮空袭

1942 年 6 月 4 日，中途岛上的美军早就等候多时了，正准备迎战南云舰队的第一轮空袭飞机。5 时 50 分，中途岛上的雷达发现了前来空袭的日军机群，防空警报全部响了起来。这时，尼米兹命令中途岛上的所有飞机立即起飞。

守岛部队的 6 架"复仇者"鱼雷轰炸机、4 架装有鱼雷的陆基轰炸机、19 架轰炸机和 37 架"无畏""守护者"俯冲轰炸机，起飞后向北面的南云航空母舰方向扑去；还有 20 架"水牛"式战斗机和 6 架"野猫"式战斗机向西北方飞去，迎战扑面而来的日本攻击机群。

6 时 16 分，美国战斗机与日本机群遭遇了。

负责护航的日军"零"式战斗机队首先向美军飞机开火，双方的飞机不断翻飞、俯冲，相互攻击。日军的战斗机在数量和性能上都远远超过迎击的守岛部队的飞机。很快，17 架美军战斗机被日军战斗机击落，7 架美军战斗机被击伤。

摧毁了美军飞机的截击，日本攻击机群迅速进攻中途岛。轰炸机冒着守岛部队的高射炮火不断俯冲，轰炸了 20 分钟，炸毁了油库和一个空的飞机库。

日本轰炸机想在中途岛歼灭航空力量的计划失败了。它们能够找到的轰炸目标，只是飞行跑道和几座空机库，岛上飞机都已经飞走了。

当南云航空母舰舰队向中途岛发起第一轮空袭时，美军特混舰队正在积极准备发起对日军航空母舰舰队的偷袭。

6 月 4 日黎明，美海军第 16、17 特混编队总指挥弗莱彻，从"约克城"号航空母舰上出动 10 架侦察机去寻找南云舰队。5 时 25 分，水上侦察机在靠近南云舰队航行的海域，看到一大批灰色的日军战舰时，连忙用无线电向基地报告。

接到情报后，弗莱彻于 6 时 07 分向"企业"号航空母舰上的斯普鲁恩斯少将发报，命令第 16 特混编队向南云航空母舰发动空袭，第 17 特混编队随后空袭。

斯普鲁恩斯命令两艘航空母舰上的大部分飞机参加空袭，把"底牌"一次全部抛出。

当时，斯普鲁恩斯特混编队拥有两艘航空母舰，飞机数量分别为"企业"号 79 架、"大黄蜂"号 79 架。

7 时 2 分，14 架鱼雷攻击机，32 架俯冲轰炸机在 10 架战斗机的护送下，从"企业"号航空母舰上出发了。15 架鱼雷机、35 架俯冲轰炸机在 10 架战斗机的护送下从"大黄蜂"号航空母舰上出发了。

与此同时，南云舰队的 4 艘航空母舰的飞行甲板上已经停满了飞机。停在航空母舰上等待起飞的第二轮飞机，绝大部分是鱼雷轰炸机。这些飞行员是日本海军航空兵的精锐。

南云为了以防万一，仍然把他最优秀的飞行员留在了航空母舰上，准备击沉美国航空母舰。

南云舰队的鱼雷轰炸机是当时世界上性能最好的舰载轰炸机，时速达 378 千米，载弹 800 千克。不仅能够投掷鱼雷，进攻

▲ 中途岛海战。美机俯冲掠过日军航母，投下炸弹后迅速飞离，日军防空炮火在美机周围呼啸而过。

航空母舰或者其他战舰，还可以投掷炸弹，轰炸机场等目标。

早在6时，南云的旗舰"赤城"号发现了空中的美军水上侦察机在活动。南云感到担忧，怕遭到美国航空部队的空袭。

7时，美军6架鱼雷攻击机和4架俯冲轰炸机飞到"赤城"号右舷上空。他们是从中途岛起飞的。

日军护卫战舰重炮齐射，在高射炮的连发炮火的封锁下，20多架日军"零"式战斗机起飞迎击。

美战机不顾密集的炮火，向"赤城"号冲来。日军"零"式战斗机已经击落了3架美机，其他7架美机继续向南云航空母舰扑去。

▲ 二战时期的日军潜艇，空中飞行的是日军航母编队的"零"式舰载机。

瞬间，美飞机投掷鱼雷，又升上高空。在没有战斗机的护航下，美机再次袭击日航空母舰，但只有1架鱼雷攻击机和2架俯冲轰炸机回到了中途岛。

遭到美机的空袭后，南云认为这些美国飞机肯定是从中途岛飞来的。他认为必须早点把中途岛的空军歼灭掉，于是下令再次空袭中途岛。

7时30分，由"利根"号航空母舰起飞的侦察机报告说，距离南云舰队200海里处有10艘美舰。南云命令侦察机查清美舰中是否有航空母舰。

7时45分，南云下令暂停卸下鱼雷，等待侦察机的下一次报告。

7时55分，中途岛美军的轰炸机群飞来了。由于飞行员都是刚从学校毕业的，没有俯冲投弹的经验，很快就被击落了8架，重创了6架，投下的炸弹没有一发击中日舰。

接着，诺里斯带领11架轰炸机到达日舰队上空，在日军战斗机的打击和战舰高射炮的封锁下，被打落5架，只有4架投掷了炸弹，但没有一颗击中。

8时20分，日军侦察机报告，在美军舰队好像有1艘航空母舰。南云听说舰队后面有航空母舰，连忙命令停止挂炸弹，重新挂上鱼雷。

南云下达的一连串的换炸弹挂鱼雷的紧急命令，使航空母舰的甲板上和机库里十分混乱，卸下的炸弹和鱼雷被迫堆在一起，没有放进弹药舱，日军的机械兵并不知道这样做是自寻死路。

8时30分，日军空袭中途岛的第一轮空袭机群飞到航空母舰上空，请求降落。这时，"赤城"号和"加贺"号航空母舰攻击机正在换弹，无法起飞，"苍龙"号和"飞龙"号战斗机急需加油和补充弹药，无法立即出动替攻击机护航。

参谋长草鹿和作战参谋源田都主张先清理甲板，叫第一轮飞机降落，再发动第二轮空袭。

"飞龙"号航空母舰上的第2航母战队司令山口多闻看到南云犹豫不决，通过灯光信号向南云转达建议："我认为必须命令第二轮空袭飞机起飞！"

山口多闻是日本海军界的少壮派将领，头脑冷静而且刚强果断，历任日本驻美大使馆海军武官、联合舰队首席参谋、海军大学教官、军令部课长和战列舰舰长等。在多年的海军生涯中，山口多闻富有远见，以能当机立断而著称。

▲ 美军在中途岛附近海域上空投弹轰炸日舰。

南云知道山口多闻才干超群，很可能成为山本五十六的继任者。

这一点引起了他的嫉恨，南云不肯接受山口多闻的建议，命令把在甲板上的第二轮攻击机降入机库，清理甲板，命令第一轮空袭飞机和在舰队上空快耗光燃料的战斗机降落。

8时37分，航空母舰开始回收飞机。15分钟后，飞机全部着舰，机库里的机械兵放下还没有完成的换弹任务，立即为甲板上的飞机加油、装弹。

9时18分，负责警戒的战斗机全部降落，机库里一片混乱。50架战斗机加油装弹完毕后马上起飞，在南云舰队上空护航。

南云本来想做好充足的准备，再给美舰队以重创，可是这样慢吞吞的出击，失去了最佳的战机！

这时，美军航母舰载机群开始了攻击。"大黄蜂"号的15架鱼雷机，由沃尔德伦带领，由低空飞行，于9时20分找到了南云舰队，马上发动攻击。可是鱼雷机的速度太慢，又没有战斗机护航，在日军50架战斗机的截击下全部坠落。

9时30分，"企业"号的14架鱼雷机飞到南云舰队上空，朝"赤城"号航空母舰两舷发动攻击。

在日军战斗机的疯狂拦截下，有9架被击落，剩下的5架投下的鱼雷准确性太差，反被击落1架。返航中，3架鱼雷机由于伤势太重而坠海，只有1架回到航空母舰。

"约克城"号的攻击机群比前两艘航母起飞时间晚很多，但在途中得到了日舰的新位置的情报，立即改正了航线。

它们只比"企业"号的鱼雷机晚发起攻击几分钟，5分钟之内，所有日机就能够腾空起飞。只需5分钟！然而，美机已经开始攻击了！

航母大决战

1942年6月4日10时24分，日本"赤城"号下令立即起飞，正在这时，瞭望哨呼叫："美军俯冲轰炸机！"日舰的机关炮立即开炮，但已经来不及了。3架美机向"赤城"号俯冲下来，美机大肆攻击，日战斗机来不及拦截，因为刚刚拦截美军的鱼雷机，正在舰上补给。空中没有一架担任警戒的战斗机！

"赤城"号航空母舰被两枚450千克的炸弹击中，两枚炸弹对巨大的航空母舰无法造成重伤，然而却使甲板上的飞机全部爆炸，火势快速蔓延，航空母舰失去了作战能力，通讯联系中断。

南云的指挥失控后，他知道无法在"赤城"号上指挥了，只好跟青木舰长辞别，爬到舰桥的窗口，拽着绳子爬到甲板上，然后离开。

与此同时，小麦克拉斯的机群还攻击了"加贺"号航空母舰。9架美机朝"加贺"号俯冲，各投掷了1枚炸弹。

接下来的6颗炸弹中有4颗命中"加贺"号飞行甲板，使舰桥和四周的甲板燃起大火，很多舰员伤亡。舰长冈田次作和其他军官当场死亡，幸免于难的飞行长天谷孝久立即接过指挥权。

舰上燃起了熊熊大火，舰员们制止火势，可是整个军舰都被大火包围，很难找到躲藏的地方。天谷等大部分舰员被迫撤到小艇甲板上躲藏。天谷命令弃舰。

"加贺"号航空母舰的大火越来越大。"苍龙"号上的机械兵们看到"加贺"号燃起熊熊大火时，知道"加贺"号在劫难逃，不约而同地观望天空，13架美军俯冲轰炸机正向他们俯冲下来，几分钟内，"苍龙"号连中3弹。

第1颗炸弹击中舰身前面的飞行甲板，后2颗炸弹命中中部升降机。烈火引爆了油库和弹药库。

10时30分，"苍龙"号变成了火场，爆炸声不断响起。舰上的炸弹和鱼雷全都爆炸了。

10时40分，"苍龙"号丧失了行动能力，轮舵和消防系统彻底炸毁。因为火势太猛，舰员被迫逃到甲板上，连续不断的大爆炸把很多舰员炸到了海面上。

10时45分，柳本柳作舰长下令弃舰。一时间，很多士兵为了躲避大火纷纷跳海。"滨风"号驱逐舰和"矶风"号驱逐舰赶来营救，但效果甚微。

当"赤城"号"加贺"号和"苍龙"号传来巨大的爆炸声时，"飞龙"号航空母舰的山口舰长正在向飞行员们训话："你们已经是南云舰队的最后一批飞行员了……"

上午10时40分，日军18架俯冲轰炸机，在6架战斗机的掩护下，从"飞龙"号航空母舰上启程，前去寻找美军的航空母舰。他们紧紧跟在莱斯利率领的返航机群后面。美军轰炸机把日军飞机带到了弗莱彻将军的"约克城"号航空母舰上空。

在高空警戒的12架美军战斗机，冲进日本机群进行拦截，击落了6架日机。日本轰炸机立即向下俯冲，但有更多的日机被密集的防空炮击碎。有3颗炸弹击中"约克城"号。

炸弹在"约克城"号舰舱内引爆，炸死许多美军舰员。

返航的日军机群马上向山口多闻报告：击中了"约克城"号。"约克城"号航空母舰上的舰员们拼命抢救，使舰上的大火被扑灭了。"约克城"号继续航行，飞行甲板上的飞机仍能起飞。

不久，日军10架鱼雷攻击机在6架战斗机的掩护下再次从"飞龙"号航空母舰上起飞，对"约克城"号再次发动攻击。鱼雷机发射的鱼雷命中了"约克城"号，摧毁了舰上的动力、照明和通讯设备。

"约克城"号向左侧倾斜浮在海面上。后来，舰长伊利奥特·巴克马斯特下令弃舰。

6月6日早晨，日军潜艇发现了浮在海面上的"约克城"号，朝它发射了2枚鱼雷。7日早晨"约克城"号突然倾覆，沉入海底。这样，

▲ "约克城"号航空母舰。该航母在中途岛海战中被日机击沉。

美舰队只剩斯普鲁恩斯少将的2艘航空母舰了。

6月4日下午2时，一架美国侦察机发现一支日舰队正朝西面航行。"企业"号航空母舰上的斯普鲁恩斯将军，立即出动所有还能参战的24架美军俯冲轰炸机向"飞龙"号飞去。

下午5时，"飞龙"号航空母舰上的水兵们发现在西南方飞来一长串飞机，6架"零"式战斗机飞过去进行拦截，击毁2架美机。其他的美机俯冲下来了。

美机从耀眼的太阳方向钻出，冲向"飞龙"号航空母舰。随后落下的4枚重磅炸弹，穿透了飞行甲板，相继爆炸。

"飞龙"号上的日军舰员拼命救火时，从中途岛飞来的轰炸机群也赶来了，它们扔下了很多炸弹，无一命中。

又有更多的轰炸机，从夏威夷赶来。结果，"飞龙"号难逃沉没厄运。中途岛西北的海面，变成了火场。

6月4日21时23分，海水大量涌进，"飞龙"号开始倾斜，很快丧失了行动能力。6月5日凌晨"飞龙"号沉没。

当南云舰队遭受灭顶之灾时，山本五十六正指挥着主力舰队，在南云舰队后边450海里的洋面上航行。

6月4日上午10时30分，"'赤城'号着火"的电报突然打破了山本五十六的计划。

6月5日零时15分，山本五十六命令近藤和南云停止进攻美舰队和炮击中途岛的军事行动，与主力舰队会师。

对于山本五十六的决定，心急如焚的参谋们无法接受，他们要求攻下中途岛。首席参谋黑岛叫道："长官，'赤城'号还没有沉没。若被美国拖去当成了战利品，那真是奇耻大辱呀！我们不能用陛下的鱼雷来击沉陛下的战舰呀！"

6月5日晚上11时55分，山本正式下达撤退命令。

这时，栗田的第7巡洋舰战队的4艘重巡洋舰以及第8驱逐舰分队的2艘驱逐舰正在执行炮击中途岛的任务。

▲ 美军飞机轰炸日"赤诚"号航母编队的绘画

栗田距离中途岛比估算的远很多，参谋们认为炮击任务是无法按时执行的，于是午夜时分命令栗田撤退。

栗田接到命令时，离中途岛只有90海里。日舰"熊野"号发现右舷有艘美军潜艇，栗田下令向左转舵。同时，"熊野"号用信号灯向二号舰"铃谷"号发出紧急转向警报信号，"铃谷"号接到信号后，也向"三隈"号也发出警报信号，并立即转向。结果后面的"最上"号撞上了"三隈"号左舷。

栗田指挥"熊野"号、"铃谷"号继续向加油地点驶去，与山本五十六率领的主力舰队会师。

6月5日天亮后，中途岛出动12架俯冲轰炸机前往轰炸，弗雷明驾驶的飞机撞向"三隈"号，使"三隈"号受到重创。下午，12架美军轰炸机再次攻击，投下的80颗炸弹都没有击中。

美军航母舰队的兵力不足，只能选择一个目标攻击。当美军舰载机追到时，"飞龙"号航空母舰早已沉没，只好攻击护航的驱逐舰。

斯普鲁恩斯认为飞行员已经疲惫不堪，况且附近海域又有日军潜艇出没，再加上距离威克岛太近，岛上的日军拥有陆基飞机，于是于6月6日黄昏下令返航。这一决定挽救了美航母舰队。

根据双方航线推算，若美航母舰队继续驶向威克岛，将在夜间与日舰队相遇。结果，斯普鲁恩斯下令撤退，中途岛海战结束了。

中途岛海战惨败后，日本再也没有力量发动大规模的海空作战。日军掌握的太平洋战区的战略主动权，也被美军夺走了。

四、瓜岛战役——太平洋战争胜败的分水岭

美军攻占瓜岛

为了保住中途岛，1942年7月2日，美参谋长联席会议决定把新几内亚岛和所罗门群岛作为战略焦点，并颁发了一项命令，要求对日发动第一阶段的有限攻势，攻占圣克鲁斯群岛，由尼米兹海军上将全面指挥，为8月1日进攻日本所罗门群岛中部基地做准备。

在中途岛失败后的日军，锋芒严重受挫。可自以为是的日本当权者，看不清自己的现状，认为联合舰队与美国的太平洋舰队相比仍占很大优势，陆军在整个战场上则还没有过重大失败，于是下决心要占领新几内亚岛，其第一步就是通过巴布亚新几内亚。

与此同时，进攻新几内亚岛的美军，由麦克阿瑟指挥，为执行第三任务做准备；第三任务是进攻新不列颠岛，夺取拉包尔。

从陆路攻占新几内亚东南端的莫尔兹比港，要首先占领图拉吉岛和瓜达尔卡纳尔岛。

▲ 日军使用的战地望远镜，这种望远镜使侦察兵可以不用探出身子就能侦察敌情。

1942年5月，所罗门海战以后，日军占领了图拉吉岛。其主要意图是想建水上飞机基地。日军在图拉吉岛上，发现在其南方对面有一个面积较大的瓜达尔卡纳尔岛，它的北岸适合修建飞机场。

于是在6月16日，日军派门前大佐率工兵先遣队250人登陆，7月6日，又派第11工兵队2500人登陆，同时运去建设器材，开始在瓜达尔卡纳尔岛上修建空军前进基地。

瓜达尔卡纳尔岛是所罗门群岛中一个较大的岛屿。这是个鲜有人至的岛屿，岛上酷热难耐，还经常下倾盆大雨。海拔达2440米的深绿色火山，像脊梁骨似的横贯全岛。沿南岸全是连绵山脉，北岸山麓下丘陵起伏，沿海地带有些平原。岛上绝大多数地方是奇峰秀岭和稠密的丛林，生长香蕉、酸橙和木瓜等野生植物。到处是鳄鱼、大蜥蜴、毒蜘蛛、蚂蝗和蝎子。遍布昆虫、疟蚊，白蚁甚多。日本军队对这个岛更是一点都不了解，连一张岛上的地图都没有。

▲ 美军登陆瓜岛。

这个时候，美国太平洋舰队作战情报处破译了日本海军的第25号密码电报，得知了这个岛上的消息。同时，也有从图拉吉岛上逃来的政府工作人员和当地人向美澳军秘密报告了这些情况。

美中部太平洋舰队司令官尼米兹海军上将和东南太平洋战区司令官戈姆利中将获得这些情报以后非常震惊。因为日军一旦把这个飞机场建成，从瓜岛起飞的日机就能够轰炸圣克鲁斯群岛埃法特岛和新喀里多尼亚北部的库马克飞机场，美澳军现有的防线将受到严重威胁。不但危及澳大利亚，而且更重要的是美参谋长联席会议制定的"瞭望塔行动计划"就要被打乱，因而不能坐视不管。

戈姆利司令官命美第1海军陆战师师长范德格里夫特少将为瓜达尔卡纳尔岛登陆作战部队的指挥官，命令他在5个星期内必须拿下瓜达尔卡纳尔岛和图拉吉岛。

1942年8月6日傍晚，由特纳海军少将指挥的23艘运输船队逼近所罗门群岛，由英国海军少将克拉奇利指挥的8艘巡洋舰和1个驱逐舰群为登陆护航。空中和海上支援有"黄蜂"号、"企业"号、"萨拉托加"号3艘航空母舰，以及由所罗门海海战指挥官弗莱彻海军中将指挥的共有82艘舰船的攻击舰队。

8月7日上午5时20分，庞大的美海军舰队猛烈炮击两岛，到夜里，已有1万名以上海军士兵登陆成功，大批物资上陆。不久，重炮、山炮、坦克等已源源进入阵地，气势雄伟，锐不可当。

瓜岛上的日军只有海军守备队250名，修建飞机场的工兵2500余名；图拉吉岛上只有航空兵约400名，海军陆战队约200名。激战后，两岛上的日军战死600余人，30名被俘，70余名逃到附近小岛上。美军宣布滩头登陆成功。

8月8日下午，美军占领了日军修建的飞机场，后来命名为亨德森机场。这是美国海军从1898年以来在太平洋上第一次成功的两栖登陆作战。

消息传到东京的日本大本营，据说有一位参谋本部的参谋连忙问："瓜达尔卡纳尔岛在什么地方？"

在这一时期，在辽阔的太平洋洋面上，美国已占据海上运输的绝对优势。日美两国在生产力的竞赛方面也发生根本性的变化。美国飞机的生产量是日本的6倍，运输用商船是日本的30倍。

日舰疯狂反扑

图拉吉岛的日军被美军歼灭以前，就知道了美军的登陆行动，因为图拉吉岛的日军曾向拉包尔的日军发出求助电报，但被日军陆军第17集团军百武司令误认为是骚扰性质的偷袭，不是美军的大反攻。但瓜岛的机场被美军占领的话，那对南太平洋地区的日军太不利了，百武决定组织兵力早日夺回瓜岛。

于是，日军第8舰队司令三川军一从驻拉包尔的海军陆战队中抽调519人乘坐"明洋"号运输船和"宗谷"号供应舰，前去攻打瓜岛。当三川得知美军在瓜岛海域实力强大时，连忙下令进攻编队返航。尽管如此，在返回途中，"明洋"号还是被美军潜艇击沉，船上的几百名海军陆战队员全部淹死。

三川军一认为瓜岛美军对日军十分不利，决心早日组织反攻。但是，第8舰队的军舰由于执行各种任务而变得分散，三川只好调来了5艘重巡洋舰、2艘轻巡洋舰、1艘驱逐舰来补充力量。

8月7日晚，日军第8舰队由拉包尔起航，向南进军。为了躲开美军的空军侦察，日军只得在夜间行驶。可是就在日海军第8舰队刚刚起航时，美军潜艇已经发现他们并报告了上级。美军认为日军舰队距离瓜岛500多海里，因此没有引起充分的关注。

一架澳军的侦察机曾发现了日军第8舰队，澳军飞行员出于无线电静默的顾虑，在飞回基地吃过饭后才向总部报告，结果延误了战机。

同时，日军第8舰队在航行时采取了无线电静默，美军无法截获准确的情报。特纳明白日军进攻的主要目标是登陆编队，从拉包尔至瓜岛的必由航道是所罗门群岛两串岛屿间的狭窄水道。

8月8日，特纳派2架侦察机顺着水道侦察。飞行员隐瞒了由于天气恶劣没有飞完全程就返回基地这一情况。所以，特纳以为日舰队没有进入所罗门群岛海域。

三川为了能够了解美军的情况，他要求5艘重巡洋舰各放飞1架舰载侦察机，侦察瓜岛的美军情况，掌握了美军舰队的实力和部队部署。

当时，三川得知美军在瓜岛海域拥有多艘航空母舰，掌握着制空权，并在兵力上占有绝对优势。他决心用己之长攻美军之短，发动夜袭。三川连续出动了3次侦察，对美军的情况已经了如指掌。

下午6时，三川命令日舰把甲板上的易燃物都扔入大海，对弹药进行最后的整理并做好战斗准备。

晚10时35分，在夜幕的掩护下，以日舰"鸟海"号为首的单纵列舰队组织了攻击队形。同时，三川又认真研究了侦察机送来的3份美军情况报告。

很快，三川发出了战斗命令，要求舰队向美军的巡洋舰发动进攻。

另一方面，美军中负责海空支援的航母编队司令弗莱彻，以舰载机损失严重和燃料不足为由，向戈姆利请求撤退。在没有获得批准的情况下，弗莱彻于黄昏时分就擅自率领航母舰队撤离了瓜岛海域。

航母舰队撤离后，特纳因为没有了空中支援，登陆部队的补给物资卸载量还不足1/4，他的舰队在第二天只能撤退。这时，登陆部队司令范德格里夫特对此表示强烈不满，然而，特纳说舰队的处境太危险了，只能连夜尽量多卸一些补给物资。双方展开了激烈的争论，结果却不欢而散。

几个小时后，三川的第8舰队发现了由英国海军少将克拉奇利指挥的一支美军巡洋舰队。当克拉奇利的巡逻舰队刚到达萨沃岛与瓜岛之间的海域时，三川立即下达攻击命令。几分钟内，克拉奇利的几艘巡洋舰全都沉没在铁底海湾。

美巡洋舰"文森斯"号立即反攻，短短半小时的海战，盟军共有4艘巡洋舰被击沉；盟军官兵死亡1270人，另外，盟军还有1艘巡洋舰和1艘驱逐舰受到重创。

日军重创了美军的巡逻舰队后，三川没有进攻美军的运输船队。8月8日夜的所罗门海战，美舰队损失惨重，其海上掩护力量大大削弱，为了避免运输船队遭受日本舰队的打击，特纳命令运输船队立即撤退新喀里多尼亚。

8月9日～12日，三川率第8舰队的巡洋舰和驱逐舰向瓜岛进行两次炮击，炮击后立即返航。岛上躲进密林的日军立即组织反攻登陆的美军，因为美军早就有所准备，日军的反攻失败了。

几天后，山本五十六派第8舰队为增援瓜岛的编队护航，同时联合舰队的主力准备趁机诱歼美军的航母编队。

8月23日凌晨，弗莱彻的航空母舰编队驶入瓜岛以东海域，被日军一艘潜艇发现。南云得到这个消息后，下令日舰做好战斗准备，并向南航行。

当弗莱彻得知日军的航母正在特鲁克附近海域时，他命令第18特混大队返回南方加油，其他舰队继续在马莱塔岛以东执勤。

8月24日晨，美日海军双方距离300多海里，通过侦察活动都发现了对方。

13时许，日军牵制舰队的"龙骧"号航母放飞6架轰炸机和15架战斗机，空袭瓜岛机场。日机群被击落一大半，无法破坏瓜岛机场。弗莱彻误以为日军牵制舰队是南云的航母舰队，因此命令"萨拉托加"号航母派出30架轰炸机和8架鱼雷机前去攻击。

14时30分，"企业"号航母的侦察机找到了以两艘航空母舰为主力的南云舰队。由于美军航空母舰与出击机群间的通讯联络中断，机群于15时50分到达"龙骧"号航空母舰上空，正准备放飞第二批飞机，美军30架轰炸机从高空进行轰炸，"龙骧"号被炸弹命中，舰体大量进水，沉入太平洋。

▲ 瓜岛战役。瓜岛尽管并不大，但无论对美还是对日，都具有重要的战略价值，两军反复争夺，最终美军凭借强大的火力和补给夺得此岛。

同时，先后两架日军侦察机飞到美军

航母编队上空，都被美舰队击落。弗莱彻下令做好防空准备，他把队形变成防空队形，还将两个舰队拉开了10多海里的距离，以分散日攻击机的兵力。

16时29分，日军机群距离"企业"号30海里，分成几队扑来，因美舰雷达的显示屏上图像混乱，美舰空战指挥官分不清敌我，放弃了指挥。

16时40分，日机向"企业"号进行俯冲轰炸。由于日军飞行员的素质大大下降，再加上美军的防空炮火太猛，日军鱼雷机在投掷鱼雷前就被击落，"企业"号被3颗炸弹击中，引发了大火，舰体倾斜。

日机飞走后，舰员们扑灭了大火，恢复舰体的平衡，仍能回收飞机。

8月24日9时35分，日军增援舰队驶入马莱塔岛以北海域被美侦察机发现，瓜岛的航空队马上起飞8架俯冲轰炸机进行空袭，运输船"金臣丸"号沉没，旗舰"神通号"巡洋舰和另一艘驱逐舰被击伤。

接着，由圣埃斯皮里图岛起飞的美军轰炸机赶到，将日军"睦月"号驱逐舰击沉。由于没有空中支援，再加上运送的部队大半葬身海底。日军增援舰队被迫返航。

11月12日，美海军少将特纳奉命率舰队把6000多名陆军和海军陆战队员护送到瓜岛。傍晚，田中率领的日军炮击舰队靠近瓜岛。特纳抽调5艘巡洋舰和8艘驱逐舰，前去迎击日军炮击舰队。

日美两支舰队驶入瓜岛以北的铁底湾。日舰队首先发现了美军，不过，日战列舰携带的是356毫米炮轰瓜岛美军阵地用的杀伤弹，并不是穿甲弹，美军编队才没有全军覆没。

从14日5时55分起，直到下午15时30分，"企业"号航母的舰载机和瓜岛、圣埃斯皮里图岛的航空兵部队对日军炮击编队发动了轮番空袭，把11艘运输船炸沉了6艘，有1艘运输船因受重创而被迫返航。

15日深夜2时，日军增援编队的4艘运输船到达瓜岛，开始卸载。田中率领舰队于2时30分撤退。天亮后，瓜岛的美军航空部队把4艘运输船全部击沉，用燃烧弹把海滩上的弹药和大米全部焚毁。日海军被迫撤离，在瓜岛海战中彻底失败了。

登岛日军全军覆没

日本统帅部看到美军在瓜岛登陆后，决心夺回瓜岛，第17集团军司令百武接受命令指挥登陆战。

为了登陆作战的胜利，百武决心选派一木大佐肩负指挥官的重任。一木大佐虽然身材矮，但具有十足的武士道精神，并且具备热带丛林地作战的丰富经验。

1942年8月18日夜，一木大佐率领日军登陆部队，成功地在美军防线东面的太午岬附近秘密登陆。然后，一木大佐命令侦察小分队向西面摸进。

碰巧，瓜岛上的范德格里夫特将军也派出一支侦察小分队向东面摸进。8月19日午后，两支侦察小分队遭遇了。

▲ 瓜岛战役中被击毙的日军士兵。

日军侦察小分队遭到了美军侦察小分队的突然袭击，被当场打死31人，只有3人逃生。

美军侦察小分队发现，被打死的日军和岛上残留的日军并不一样，这些日军的胡子刮得非常干净，军装很新，衣袋和文件包中还有地图、电报密码以及日记。

范德格里夫特听到美军侦察小分队报告的这一情况，立即召开紧急会议。与会军官们一致认为，一批日军登陆部队已经秘密登陆了。

范德格里夫特立即下令，由第1团团长波罗克率领陆战队连夜搜寻日军主力部队。装甲部队做好战斗准备，作为机动部队支援各战线。

借着月光，一木大佐率日军穿过密密的丛林，来到特纳鲁河西岸的一座沙堤边。他想通过沙堤，偷袭对岸阵地上的美军。

21日凌晨，一木大佐下令进攻。日军立即从丛林中冲出来，顺着沙堤朝对岸的美军阵地扑去。冲在最前边的是各小队队长。军官们光着上身，挥舞着指挥刀，越过特纳鲁河口。美陆战第1团团长波罗克下令：等日军靠近些再射击，没有命令不准射击。

300名日军官兵冲过了沙堤，军官发现没有遇到任可抵抗，命令士兵们加快速度。第二股日军跳出丛林，冲向沙堤。就在这时，波罗克一枪击毙了挥舞指挥刀的日本军官，并大喊一声："射击！"

美军阵地上，轻重机枪一阵齐射，几十个日军官兵倒下了。面对美军的密集火力，日军军官越过倒下的日军伤员和尸体，挥舞着军刀，冲在最前边。

冲在最前面的日军冲过了沙堤，离美军阵地还有十几米了。波罗克下令："扔手榴弹！"陆战队员们扔出的手榴弹不断地落在向前冲的日军身边，把许多日军官兵炸飞，哀嚎声此起彼伏。

当第二股日军冲到沙堤中央时，美军阵地的火炮发起了猛烈地炮击。冲在最前面的日军被迫停了下来，后边的日军挤了上去，聚在一起的日军挤成了一团。

美军趁机集中火力，扫射阵地前的日军，机枪手随意射倒成群日军。许多日本伤兵拉响了手榴弹，纷纷在阵前自尽。

一些冲进美军阵地的日军顽固抵抗，用手榴弹炸毁了美军的火力点，继续射击阵地上的美军。这些人数不多的日军大大牵制了美军的火力。第二股日军连忙冲过沙堤，发动更猛烈的进攻。

一木大佐发现从沙堤上进攻受阻，命令神源中队从侧翼进攻美军。美军发现神源中队绕过特纳鲁河向上游迂回后，立即出动一支部队前去阻击日军。

由于美军的火力太猛，日军士兵无法抬头，只得趴下来躲避，逐渐退回原出发地点。

这时，第二股日军已经冲过了沙堤，占领了部分美军战壕。美军的火炮又开始了炮击，沙堤被炮火炸断，日军后续部队被炮火拦在了对岸。

阵地上的美军官兵打得非常艰难，他们与日军激烈地争夺着每一寸阵地。

双方展开肉搏战，用刺刀、枪托、匕首展开了厮杀。危急时刻，波罗克把预备队都投入战场，向日军发动反攻。

激战至21日拂晓，美海军陆战队第1团终于夺回了前沿阵地。范德格里夫特将军命令21架俯冲轰炸机，天刚亮全部起飞。他们到达日军阵地上空后，高爆炸弹铺天盖地地落在沙堤上，炸得日军无处躲避。

波罗克趁机组织美军发起全线反攻。美军士兵冲向沙堤，日军无法抵抗，纷纷撤退，许多日军士兵跳下特纳鲁河，河面上漂满了顺流而下的日军……

▲ 美军在瓜岛搜寻残敌。

一木大佐发动的进攻失败，被迫收集残部，退入密林躲避美轰炸机的轰炸。

范德格里夫特决定彻底肃清特纳鲁河东岸的日军。8月27日下午，美军发动了全线反攻。

美军12架俯冲轰炸机向日军阵地发动了空袭。美机贴着丛林向日军投掷炸弹。与此同时，美军的坦克炮和火炮一齐开火。炮弹接连不断地落在日军阵地上，日军士兵的残肢断臂不断地翻飞。

波罗克命令美军由正面发动进攻冲向了日军阵地，一木大佐连忙组织日军抵抗，十几个日军士兵被炸得无处可躲，连忙跳出战壕冲向丛林。

一木大佐发现有些士兵竟敢逃跑，连忙击毙了几个逃兵。

这时，克雷斯韦尔率领部队已经绕到日军的身后，从日军的背后展开进攻。

美军两面夹击，杀声震天，气势汹汹。

被包围的日军拒不投降，一些日军官兵开始剖腹自杀。

美军士兵追击背着一木的神源等日军，追到了海滩。日军躲到海滩的树林后面射击，作最后的抵抗。

由于美军人多势众，多次围攻后，剩下的十几个日军四散而逃，多数战死。就这样，一木支队全军覆灭于瓜岛上。

生死大决战

一木大佐率领的日军登陆部队在瓜岛被美军全军歼灭后，日本统帅部决心再次潜伏登岛与美军决一死战。从8月28日夜至9月7日夜晚，日军先后分批把川口支队、青叶支队及新组建的一木支队共8400人运上瓜岛。

日军兵力增强以后，决定于9月12日发动地面进攻，并对美军实施大规模的海上炮击和舰载飞机的狂轰滥炸。

指挥进攻的川口将军采用闪击战术摧毁美军阵地，占领飞机场。以前，日军在向美军发动进攻之前，必须穿越泥泞的沼泽和多刺的灌木丛。

参加此次进攻的 6000 名日军艰难地穿过浓密的丛林时，体力上已消耗很大。美军却早已在陡峭的山岭上修好了工事，范德格里夫特将军在山岭上部署了 700 名伞兵，等候日军多时了。

9 月 12 日夜，美军看到一颗信号弹从山下的丛林里升入高空，黑暗中响起了机枪和全自动步枪的射击声。紧接着，第一批日军冲了上来，伏在阵地上的美军的各种武器同时开火，枪炮声和日军的喊叫声响彻夜空。

天亮后，美军发动了反攻，把日军赶出了阵地。山岭仍然掌握在美军手中。

9 月 13 日夜，山口把第一次进攻退下来的日军和刚赶到的日军编成一支 200 人的进攻部队，分成 6 组，再次发起轮番进攻。日军高喊着，从黑暗的丛林中向山上冲锋。整个美军防线上展开了激烈的肉搏战。

双方的许多士兵纷纷被捅死和砍死。在肉搏战中，美军炮弹的爆炸声和双方士兵的惨叫声混合在一起。

当太阳升起时，瓜岛上的美军飞机纷纷出动，击散了日军。5 辆美军坦克顺着特纳鲁河推进，把日军打得无招架之力，混乱不堪。

川口指挥剩下的日军，躲进茂密的丛林中。士兵乱哄哄地撤退着。

为了向瓜岛增兵，日海军加快了运输速度。9 月中旬至 10 月中旬，日军几乎每天夜里都会向瓜岛秘密增兵。这时，瓜岛的日军已有 15 个步兵营，2.2 万人，装备了 25 辆坦克和 100 多门火炮。

▲ 瓜岛战役中被击沉的日军战舰

为了歼灭瓜岛日军，美军也向瓜岛输送兵力。截止到 10 月 23 日，在瓜岛的美军达 2.3 万人，足以与日军抗衡。

在多次进攻瓜岛失败后，第 17 集团军司令百武中将决定亲自登岛指挥作战。

10 月 9 日，百武带领指挥部人员在瓜岛上岸。在对瓜岛的地形还不够了解的情况下，百武下达了作战命令。

由炮兵指挥官住吉少将由西面炮击美军沿河构筑的阵地；第 2 师团丸山中将由南面分兵两路夹击瓜岛机场，一路由川口指挥，一路由那须指挥；飞机和水面军舰全部参战。

▲ 美军在瓜岛升起国旗，宣布瓜岛战役胜利。

10 月 23 日夜，住吉指挥炮兵炮击美军阵地。随后，12 辆日军轻型坦克冲向沙堤，日军步兵跟在坦克的后边，在狭窄的沙堤上挤成一团。美军的各种武器同时开火，炮弹落在坦克的后边，炸得日军官兵无路可逃，不断地毙命。

住吉连忙命令日军炮兵压住美军炮火，掩护坦克和步兵。美军在防御阵地上部署了装甲车，连续击毁 3 辆日军轻型坦克。

美军发现日军进攻的兵力不足，命令炮火击毁后边的坦克，把后面的日军截住。美军的爆破手冲到日军坦克旁，迅速地把反坦克手雷塞到坦克履带里。

美军装甲车不断地发射反坦克炮，双方激战 5 个多小时后，日军伤亡惨重，已经没有招架之力了，住吉指挥剩下的日军躲进丛林。

24 日早晨，百武听说住吉进攻又失败了，暴跳如雷。百武命令当晚马上向"亨德森"机场发动进攻。

傍晚，空中响起了阵阵雷声，大暴雨就要来了。这时，日军所有的大炮都发炮了，密集的炮弹落在美军阵地上。几艘日军驱逐舰也用舰炮轰炸美军阵地。

日军官兵冒着暴雨端着明晃晃地刺刀跳出丛林，高喊着口号，纷纷向美军阵地冲去。

美军轻重机枪手纷纷射出密集的子弹。美军火炮也疯狂地炮击，炮弹雨点般落在日军阵地，炸死许多日军。

日军猛烈地发起一次次集团冲锋，通过铁丝网缺口，踏着地上的尸体，迎着枪林弹雨拼命向上冲。许多美军士兵跳出战壕，抱着冲锋枪猛扫，密集的子弹射向日军。

日军和美军又展开了肉搏战，在暴风雨中，双方用刺刀、指挥刀、手榴弹、枪托甚至牙齿拼杀。日军的后续部队不断地冲上前线，这时，美国的预备队也全部参战了。

美军的装备精良，时间长了，日军很难抵挡，似潮水一般地向山下撤退。

10 月 25 日夜，那须少将命令日军集中所有的大炮，轰炸美军的防御阵地。美军都躲到阵地后面，结果日军的炮火失去了作用。

美军的大炮向日军的炮兵阵地猛轰，双方开始了炮战。成群的日军官兵，冒着炮火向前冲锋，口中大喊："美国佬，你们快完蛋啦！"

黑暗中，美军的轻重机枪一同开火，那须少将倒了下去。日军官兵看见将军被打倒，狂呼乱叫地向美军冲去。

经过几次交战，瓜岛美军完全摸透了日军的战术，美军先躲在工事里，等日军的炮火准备过后再跳进战壕，日军不靠近绝不射击。美军还组织了狙击手，专门射杀冲在前面的挥舞军刀的日军指挥官。

连续两天两夜的厮杀，山岭变成了焦土，丛林变成了山地，日军中队长以下的指挥官全都战死。

11月4日、11日、12日，美军陆续向瓜岛增兵，总兵力达2.9万人，还运来了很多重炮和坦克等重武器，火力大大增强。

11月6日，瓜岛日军的兵力达到3万人，超过美军1000人。

11月16日，麦克阿瑟的部队在瓜岛成功登陆。麦克阿瑟指挥美军不断地反攻，把日军赶到沿海的狭小地带。

由于后勤补给中断，瓜岛的日军面临被全歼的危险。因为粮弹药品奇缺，日军官兵虚弱不堪，许多官兵饿死、病死，多种疾病蔓延，更谈不上什么战斗力了。

12月，美军在瓜岛上的兵力增至5万，而日军只剩下1万多人了。

在长达几个月的瓜岛地面争夺战中，日本陆军先后投入的兵力达3.9万多人，死亡多半。日军统帅部决定停止夺取瓜岛的作战，秘密撤离。

1943年2月，日军出动300架飞机，20多艘驱逐舰负责掩护，分三批撤离瓜岛。

1943年2月9日，美军宣布瓜岛战役胜利。

击毙山本五十六

1943年4月14日8时，美国太平洋舰队司令部的情报参谋埃德温·莱顿海军中校拿着一份文件快步走进美国太平洋战区总司令兼太平洋舰队司令切斯特·尼米兹海军上将的办公室，莱顿手上的文件是一份截获并破译的日军联合舰队司令山本的日程安排。

当尼米兹看完情报内容，眉头一皱，计上心来。从日程安排上完全可以趁机干掉山本。

当尼米兹的请示电报到达时，罗斯福正与海军部长诺克斯和海军作战部长金海军上将一起共进午餐，罗斯福听了汇报，并没有立即表态，因为在西方世界有一条不成文的惯例，战争中不得暗杀对方的国王和统帅。

看到总统的犹豫，金上将说，山本要去的地方是前线，在作战区域内，一名海军大将和一名普通的士兵一样，都是合法的射击目标！

罗斯福这才下了决心，干掉山本，并为此次行动取了最恰当的名字——"复仇行动"！报珍珠港的一箭之仇！

尼米兹接到总统指示，立即开始制定行动计划。

4月17日，美国海军部长弗兰·诺克斯通过太平洋舰队司令官尼米兹将军向哈尔西将军发出击落山本座机的命令。哈尔西把这个命令通知给马克·米切尔海军少将，由瓜达尔卡纳

▲ 美国P-38"闪电"式战机是美国二战时期的经典战机，其作用在太平洋战场上体现得淋漓尽致。图中一架P-38"闪电"式战机击落一架日军的"零"式战机。

尔岛上的 P-38 战斗机执行这个任务。

4 月 18 日上午 9 时 20 分，天空万里无云，十分晴朗。约翰·米歇尔少校指挥 18 架 P-38 式战斗机从瓜岛亨德森机场起飞，在椰树茂密的岛屿上空低空盘旋一会儿，向布干维尔岛上空飞去，到达布因北部。

山本五十六的座机和宇垣缠参谋长及随员乘坐的飞机，在 6 架战斗机的护卫下，从拉包尔出发飞经布因，预定在 4 月 18 日上午 9 时 40 分在巴拉尔飞机场着陆。

9 时 34 分，美军 P-38 机群经过两个多小时飞行后，已经到达了布干维尔岛莫依拉角，米歇尔率飞机一面以小角度爬升向岛西飞去，一面开始进行机炮和机枪试射，此时天高云淡，视野良好，根据计划 11 分钟后就将遇到山本了！

9 时 44 分，美军发现绘有日本国旗的两架日机在战斗机的护卫下正在飞行中。日本"零"式战斗机的高度为 2000 米，发现美国机群后，加快速度驶往山本座机的前方。山本座机接到战斗机的通知后，急速下降向布因机场飞去。

▲ 山本五十六的葬礼

一瞬间，美机群一齐向两架日机射击，一时间，枪弹声、机关炮声响彻晴空。山本和宇垣乘坐的两架飞机立即喷出火焰，一架拖着黑烟，栽进丛林中去。另一架飞机机翼被击毁，平滑着落进海里。

米切尔待机群回到基地后，立即向哈尔西报告：米歇尔率领的 P-38 机群于 9 时 30 分到达卡希利上空，击落有"零"式严密掩护的 2 架攻击机及 3 架零式，1 架 P-38 没有返航。

当天，美军太平洋舰队作战纪要中写道：日军联合舰队总司令，可能于今天在布因地区上空被 P-38 战斗机击毙。由于日本对山本的死讯一直保密，所以美军一直无法确定山本是否已被击毙。

山本座机被击落后，驻在布因岛上的第 6 师团在密林中查找了一天，傍晚终于发现了坠机残骸。山本五十六的左颚骨中弹贯穿，左肩中一弹，在机内身亡。当夜日军将山本五十六的遗体送往布因机场。日本当局严密封锁消息，"不许外界知道"。

5 月 23 日，日本才正式向全体国民公告山本遇难的消息。

6 月 5 日，日本在东京为山本五十六举行了国葬。

日军将山本之死列为"甲级事件"，并开始进行调查，日军也曾怀疑过密码被破译，就故意拍发草鹿任一中将前往前线视察的电文，作为试探，但美军识破了日军的伎俩，在电文提及的时间和航线上，没有出现一架美机。因此日军认为密码绝对可靠，山本之死纯属偶然。就这样，日本却依然没有发现密码被破译！

第六章

转折：决战斯大林格勒

一、厉兵秣马

残雪，希特勒心中的痛

1942年2月，位于柏林东北方向约650千米，被称为"狼穴"的腊斯登堡，这里是阿道夫·希特勒的住处，同时也是第三帝国的战时大本营。

希特勒习惯于蝙蝠式的日常作息，他经常凌晨三四点钟睡下，早上10点多钟才起床，战争开始的最初几年，前线捷报频传，希特勒的心情很好，作息也很有规律，每天午后和深夜二点，他都邀请身边人员饮茶闲聊，一边欣赏里理查德·施特劳斯的曲子，边放松一下疲惫的身体。

自从1941年冬，东线形势逆转，"狼穴"已很少举行这类茶会。希特勒很少再轻松地与人谈笑风生了。他的日常作息全打乱了，健康也受到很大损害。随从人员突然发现他们的元首面色苍白、脸变长了，走路也不像过去那样机敏有力。

希特勒的私人医生莫勒尔开始给他服各种药物，每天要注射不同的针剂。他入睡前还要吞下一大把安眠药，但这些天连安眠药都不起作用了，还常常突然头晕。

这一天凌晨4点，"狼穴"的主人仍然毫无睡意，他走出暗堡，带着他的法国阿尔萨斯种名狗贝尔到户外溜达。

希特勒来到户外，四周寒风凛冽，惨淡凄凉。他微驼的身躯不禁打个寒噤。暗堡的夜像墓地一样寂静，它的周围是一片森林，月光下越发显得幽暗恐怖。黑暗中希特勒不敢再独自行走，生怕绊倒，他的狗贝尔则活蹦乱跳着。

户外的清新空气使希特勒精神一振。此时他发现前面一棵树的底部残存的一堆尚未融化的积雪。这堆积雪在夜幕衬托下，闪着幽幽的白光，显得惨白刺目。

眼下，希特勒最见不得积雪，见到雪就会引起生理不适。面对这堆残雪，希特勒突然感到一阵头晕目眩，身体无力地倚靠在大树上。他的思绪也不由自主地回到了前一年冬季德军在莫斯科经历的悲惨一幕。

1941 年 6 月 22 日，德意志帝国对苏维埃社会主义共和国联盟不宣而战，发动了军事史上最大规模的闪电袭击。

在德军的突然打击下，苏军节节败退，三个月内竟被击溃数百万，丧失了大量国土，面积可超过整个法国。9 月，德军坦克已进逼莫斯科城下，希特勒欣喜若狂，在柏林的集会上得意地宣告："敌人已经被打倒，再也站不起来了。"

进攻莫斯科的台风战役打响后，德军乘胜追击，坦克兵团把苏西方面军和预备队方面军切割成两半。钳形攻势获得意外成功，德军又俘虏了苏军 67 万之多。德军指挥官的望远镜里已看到了克里姆林宫顶上的红星。

然而，战场风云瞬息多变。11 月 7 日，斯大林在纳粹军队大炮的威胁下，在红场检阅苏军，进行了一场激励演讲，并命朱可夫将军整顿莫斯科的防御阵地。从此，苏军士气高涨，抵抗变得更加顽强起来。

1941 年 11 月，严冬开始降临。当德军向莫斯科发动第二次凶残进攻时，莫斯科发生了140 多年未遇的寒流。此时，战局发生了戏剧性的变化。

因为这时德军士兵还穿着单薄的夏装。成千上万的德国人在凛冽的寒风中被冻死冻伤，更可怕的是连坦克也发动不起来，大炮无法瞄准，机枪和其他自动武器几乎全部失灵，德军士气降到了最低点。

当苏军顶住了德军进攻后，立刻从远东调来精锐部队，苏联红军的坦克冲垮了德军阵地，屡战屡胜的德国人首次尝到失败的滋味。苏联战场传来的消息，总是听到前沿指挥官的抱怨和要求撤退的请求，希特勒本能地意识到，在冰天雪地中撤退会一败涂地。

一天，希特勒得知有一个师正在溃退，他立刻接通了这个师指挥所的电话。"我的元首，我们再也守不住了，苏联人密密麻麻地向我们进攻。我们的机枪不停地扫射，前边的人倒下了，后边一群群的敌人又冲上来了。我们再也守不住了，士兵的神经受不了了，该撤退了。"几百千米以外的冰天雪地里传来了沮丧和绝望的乞求。

希特勒气恼地问："先生，你想往哪里撤退啊？撤多远啊？""啊，我也不知道。"对方惊慌失措地回答。

希特勒勃然大怒："再后退几十千米也是一样冷。撤退能带走重型武器吗？不能带将来怎么打仗？什么？你没有选择余地？那么好吧，你一个人回到德国，把军队给我留下，我来指挥。""啪"的一声，希特勒愤怒地扔掉了话筒。

不久，希特勒对在冰天雪地中的德军士兵下了"不准后撤"的死命令，凡是稍有异议的将军都被他撤了职，最后陆军总司令勃劳希契也被从岗位上赶走了。一不做二不休，希特勒索性自己当了陆军总司令。

1942 年 1 月底，苏军的攻势减退了，德军的阵地稳定了下来。

狗的吠叫声把希特勒从回忆中惊醒。他知道再过个把月冬雪就融化了，道路也变干了，该对苏联人发动新的攻势了。"1942 年一定要在东线结束战事"，他喃喃自语道，眼睛露出了残忍的凶光。

戈培尔说：元首给我们民族充了电

希特勒决心要在 1942 年结束对苏战争，他把这一年看作是东方战场决定性的一年。

当 1942 年来临时，世界已处于灾难之中。1931 年日本在远东蓄意制造了"九·一八"事变，把四万万中国同胞推向了战争深渊；1939 年德军闪击波兰，挑起第二次世界大战。他们越过马其诺防线，把炸弹扔向了不列颠群岛。

东西方国家的一座座城市，无论是南京、马尼拉、吉隆坡，还是华沙、巴黎、伦敦都在炮火中颤抖，一栋栋楼房轰然倒塌，千百万人无家可归，四处逃难。瘟疫肆虐，流血和死亡成了日常生活常见的一部分，白骨累累，尸积如山，人类进入了噩梦般的血腥岁月。

然而，当新年的钟声敲响时，人民也看到了战胜法西斯的曙光。

1941 年 12 月初，苏德战场上，苏军在莫斯科发起反攻，德军伤亡 50 余万，开战以来德军不可战胜的神话破产了。

1941 年 12 月 7 日（当地时间），即苏军在莫斯科反攻的次日，日本人偷袭了珍珠港的美国舰队，从而使战争从欧洲、亚洲和大西洋扩展为全球性的冲突。

12 月 11 日，德国和意大利承诺了与日本签订的三国公约，向美国宣战。美国和英国也以宣战回敬了他们。世界格局发生了重大变化。

1941 年底，丘吉尔与罗斯福商讨同盟国战略，召开了"阿卡迪亚"会议。

这次会议宣告对德、意、日轴心国宣战的同盟国家签署一项共同宣言，包括美、英、苏和中国在内的 26 个国家要动员所有的人力、物力反对法西斯。

躲在"狼穴"的希特勒以焦虑不安的心情注视着世界反法西斯同盟的形成。如果德国不迅速战胜苏联，那么美国潜在的军火生产能力同苏联潜在的人力联合起来，战争将出现非常难于掌控的局势。

基于这一战略估计，希特勒决定集中所有力量在 1942 年对付苏联。要在东方重新发动攻势，必须首先摆脱莫斯科会战的阴影，恢复大后方对自己军事天才的信心。

那天早上希特勒回到"狼穴"，就让秘书给他安排演讲，他要以如簧巧舌的演说，让战争中的德国人始终保持歇斯底里的狂热。他就是靠慷慨激昂的演说，最终爬上了国家权力的宝座。

初春的一天，希特勒出现在柏林体育馆，他上身穿一件灰色制服，下摆塞在一条黑色的单裤里，胸前佩一枚普通士兵的铁十字奖章。他一出现在体育馆，场内一万名刚刚授衔的青年军官就爆发出一阵狂热的掌声。

希特勒双手撑着讲台，没有回避德军在莫斯科战役中的惨败，而是反复述说在危机来

相关链接

★ 约瑟夫·戈培尔

自希特勒于 1933 年执掌大权开始，戈培尔（1897～1945）就任纳粹宣传部长一职。他控制着德国境内的所有媒体和艺术产品。他利用无线广播来巩固纳粹政权，并将希特勒塑造成一名伟大的领袖，还一直维持着这种形象。他从始至终都对希特勒十分效忠，也在促使德国人积极投入战斗的过程中起到了极大的作用，虽然其后来的战败是不可避免的。1945年4月，在亲手杀死自己六个孩子之后，戈培尔与妻子在希特勒的地堡中自杀身亡。

▲ 1934 年，约瑟夫·戈培尔在一次纳粹党集会上滔滔不绝地演讲。

临时，是他独自一人扭转了局势，他甚至嘲弄德国的将领一旦形势危急就纷纷辞职。体育馆响起一阵阵掌声和狂热的欢呼声。

希特勒不愧是一个战争动员演说高手。他引用 1812 年拿破仑大军在莫斯科城下的覆灭来证明自己的成功，把德军的一次惨败说成是一次了不起的胜利，是元首本人拯救了德国的军队，拯救了德意志民族。奇怪的是这一类颠倒黑白的演讲，在当时德国朝野被普遍地接受了。

希特勒煽起了德国人的歇斯底里，这正是他所需要的，在讲演结束时他也开始歇斯底里地狂叫："我们战胜了一种命运，它在 130 多年前曾毁灭了另外一个人。"以后希特勒又多次发表演讲，所到之处无不受到欢迎。

4 月 26 日，希特勒来到帝国国会作演讲，他要求国会授予他权力，在他认为合适的时候可以惩罚任何德国人，希特勒用近乎吼叫的声音叫着："我十分期望能有这样一个决定：在我为我们无与伦比的伟大事业的服务中，国家能给我以权力，无论在何地，我可以以我认为合适的任何方式采取行动。这对我们是生死攸关的问题。无论在前线还是在国内，在运输部门中，在行政机关，还是在司法部，必须服从一个思想，就是为胜利而战斗。"

希特勒说这话的时候，他担任德国总理已将近十年，同时他还是军事领袖，兼任陆军总司令。但他觉得还不够，他还需要一纸空文，可以为所欲为地做任何事而不受阻挡。

希特勒终于如愿以偿，帝国国会代表们全体起立，发出阵阵欢呼，唱起国歌同意了希特勒的要求。历史学家评论道，从此，希特勒本人就是法律。

德国朝野相信真如希特勒所讲的，只要权力都归他所有，就能保证战争的胜利。这种心态在他的党徒中尤其明显。

戈培尔，这位早年就追随希特勒的德国宣传部长，在他的日记本中描绘了这种心情：元首的演讲"给整个民族充了电，就好像蓄电池似的。只要他健康地活在我们中间，只要他能把他的精神力量给予我们，我们就能逢凶化吉"。

敌我双方大备战

苏德战争初期，苏联的航空兵在技术上处于劣势，被德国空军所压制，使得德军装甲部队快速推进了苏联境内。但因苏联的公路网很原始，道路条件太差，德军部队严重受阻。德军部队的机动主要依靠轮式车辆，并非履带式车辆。在泥泞的公路上，坦克能够前进，但轮式车辆很快就陷进去了。

1941 年时，德军的坦克比不上苏军的 T-34 坦克。T-34 坦克装甲厚 50 毫米，装备 76 毫米高速火炮，越野能力很强。德军接近莫斯科时，苏军大量使用了 T-34 坦克。这些坦克在莫斯科保卫战中起到了很大的作用。

在莫斯科保卫战结束时，德军损失很惨，用闪击战征服苏联的计划完全破产了。德国损失了大批最有素质的军官和士兵，特别是坦克兵和飞行员。

▲ 德国运输队正在利用畜力渡过一条苏联的河流。面对即将到来的冬季，部队后方的补给显得尤为重要。

尽管德军被苏军击退了 100 ~ 250 千米，但莫斯科的局势仍然紧张。城市上空飘浮着很多防空气球，高射炮林立，城里到处是弹坑。

1942 年春，苏德两军都急需休息，同时也都在积极备战，准备发动更大规模的战役，以夺取战争主动权。

苏军尽管获得莫斯科保卫战和冬季反攻的胜利，但苏军兵员、坦克和飞机的损失比德军更大，短期内组建和训练新的部队困难很大。在美英等国的援助下，苏联军工生产恢复到了战前水平，苏联有 1.6 亿人口，使组建庞大的战略预备队成为可能。

1942 年春季，身兼德军陆军总司令的希特勒正在忙着制定德军的夏季攻势。他明白，仅凭一次战役就摧毁苏军是不太现实的。因为他估计苏军至少拥有 265 个步兵师。而事实上，苏军的实力远远不止这个数字。希特勒还预计英军很可能会在 1943 年登陆欧洲大陆，因此，他认为德军必须在 1942 年征服苏联。

于是，希特勒要求德军在南线发动进攻，必须夺下高加索的油田，而苏联定会不惜一切代价保卫油田的。德军如果拿下了这些地方，就能够使苏联失去作战急需的石油、粮食和工业，同时使德国得到这些物资。

斯大林也说过类似的话，为了把战争继续下去，苏联必须保卫高加索的油田。斯大林格勒一下子变得重要起来，其原因就是石油。

如果德国占领斯大林格勒，就能够封锁通过黑海和伏尔加河向苏联中部运送石油的主要路线。德国急需石油发动飞机、坦克、卡车，急需新兵来补充部队。

冬季作战结束时，德军伤亡 116 万人，预备部队难以弥补如此大的损失。

▲ 意大利菲亚特 G.55 人马座战斗机。作为轴心国集团的主要成员之一，意大利在德国兵力不足的时候"慷慨解囊"，甚至出人出力出装备。

希特勒深感兵力不足，他向轴心国征召部队。凯特尔奉命到布达佩斯和布加勒斯特，为夏季攻势征召匈牙利和罗马尼亚军队，整师整师地征募。

1942 年 1 月底，戈林来到罗马，要求意大利为德国提供部队。他向墨索里尼保证说，德国在 1942 年就能征服苏联，在 1943 年就能征服英国。墨索里尼答复说，只要德国出大炮，意大利就派两个师去苏联作战，并说需要跟希特勒直接谈一谈。

4 月 29 日 ~ 30 日，德、意两国首脑在萨尔斯堡举行会谈。墨索里尼、齐亚诺和随从人员住在巴罗克式的克莱斯汉姆宫殿，宫殿内布置了从法国运来的帷帘、家具和地毯，足见希特勒对这次会谈的重视。

会谈时，希特勒让里宾特洛甫请两位客人放心，在苏联、北非、西线和公海上，德军的攻势很顺利。希特勒透露，东线就要发动大的攻势，矛头直指高加索油田。里宾特洛甫说："只要苏联石油来源切断，苏联就会投降了，然后英国也将投降，以求保全支离破碎的英国殖民地……最后再收拾美国佬。"

希特勒话说得也很多，他没完没了地吹着牛。墨索里尼一向习惯自己发言，但这一次却不得不忍着。墨索里尼总是看着手表，尽量耐着性子。约德尔在沙发上睡着了，凯特尔离希特勒很近，他直打瞌睡却不敢睡着。

希特勒的演说总算得到了回报，墨索里尼承诺向苏联战场提供足够的部队。其他的轴心国也和意大利一样，对希特勒做出了承诺。

这样一来，轴心国将有52个师进入苏联战场，其中，罗马尼亚27个师，匈牙利13个师，意大利9个师，斯洛伐克2个师，西班牙1个师。这52个师占东线轴心国兵力的1/4。

哈尔德等大多数军官反对把希望寄托在"外国"师上。他们说，那些外国部队的素质是靠不住的。但德国兵力不足，只能被迫接受外国援兵，这一决定很快就给即将到来的战争带来副作用。

罗马尼亚人与匈牙利人有仇，两国士兵互相敌视。希特勒感到很头疼，下令禁止罗马尼亚军队与匈牙利军队接触。意大利和匈牙利士兵则感到自尊心受到了伤害，他们对本国部队接受德国人指挥十分不满，更反感德军派人充实他们的部队。

在东线作战的德国官兵发现，轴心国部队的战斗力极低，依靠他们的结果是可怕的，同时也给德军的后勤工作带来巨大的压力。但希特勒却认为部队越多越好，在这之后，东线作战地图上标明的轴心国部队的数字大增。

希特勒的战争密令

在战争年代，希特勒虽然是德国的政府总理，但他几乎不过问军事之外的事务，而是把国内大部分事务分别交给了戈林、希姆莱和里宾特洛甫等人，他有意识地让自己担任一个新角色——元首，即国家的军事领袖。

这就是为什么他总是对人说："只要我们还在打仗，我就不能脱下这套军装。"为此，他还经常穿着一身单调的灰色制服、黑裤子、鸭舌帽，并且佩带着铁十字奖章，甚至取消了一切娱乐活动。

据说有一次，希特勒的情妇爱娃·勃劳恩邀请他去看一场电影，也被他拒绝了。他说："我必须节省眼力，好用它来看地图和公文。"希特勒的住处挂满地图，他的身前身后总跟着一批将军，每天听取汇报，随时有年轻干练的副官听候调遣，他们常常被元首指使得团团转。

中央集团军群和北方集团军群作牵制性攻击，迷惑盟军，使希特勒更加自命不凡，他相信自己是一个军事天才。实际上希特勒的军事信条很简单，他信奉两点：第一是克劳塞维茨的名言，"进攻是最好的防御"；第二，拒绝任何形式的军事撤退。所以在德军战线后方很难找到一条预备性的防线。靠这两条，希特勒竟然一次次躲过了灾难。

1942年，当苏军的攻势停止时，希特

▲ 希特勒视察他的帝国卫队，此时的希特勒仍坚定地相信，他的大军能最终战胜一切。

勒相信一场大规模的进攻将决定战争的最终结局。

1942年3月28日,在与墨索里尼会谈一个月前,希特勒在"狼穴"召开一次秘密军事会议,出席会议的有总参谋长哈尔德将军及各大军团的指挥官。

作战令中有明确规定,目的是消灭苏联人。下午二时,希特勒走进挂有大幅作战地图的会议室,长桌周围的元帅、将军们都恭敬地起立致意。副官小心翼翼地为他挪开椅子。希特勒坐下,环视一下目光专注于自己的部属,开口说:"各位,去年冬天的麻烦已经过去。战争主动权还在我们手中。这一次我们不能让苏联人靠严冬的积雪苟延残喘,在今年夏秋两季给斯大林致命的打击,这次作战我们要集中在南方,进攻高加索,夺取那里的油田为我所用。另外,我们还要占领顿涅茨盆地工业区、库班小麦产区和斯大林格勒。"

简要介绍了今年的作战目标后,希特勒站了起来,握了握拳头,提高了嗓门:"先生们,我们占领了高加索和伏尔加河流域,把斯大林格勒从地球上抹掉,战争也就结束了。"

希特勒讲完后,室内反应并不热烈。希特勒不满地皱着眉头,这时陆军上将哈尔德走向地图:"诸位,今年夏秋攻势在41号作战令中有明确规定,目的是消灭苏联残余势力,切断他们的战争资源。我们要以假象迷惑敌人,达到出其不意的效果。"

接着哈尔德又向将领们详细介绍了这次作战的计划与军事力量,担任主攻的南方集团军群的兵力增至100个师,下编5个集团军,1500架飞机配合作战。

整个战役分两个阶段进行。第一个阶段:首先实施克里木战役和哈尔科夫战役,由曼施坦因上将指挥的第18军团在4~6月攻占刻赤半岛和塞瓦斯托波尔要塞。

同时,由保卢斯率领的第6军团和克莱施特带领的集团军在哈尔科夫展开强大攻势,为进攻高加索和斯大林格勒做准备。

7月份正式开始第二个阶段:北路由曼施坦因攻打列宁格勒;重点是中路和南路,进攻高加索,夺占油田;进攻斯大林格勒,围歼顿河以西的苏军。目的是将斯大林格勒置于德军重武器杀伤范围之内,使其无法再把它作为工业中心和交通枢纽。

哈尔德刚说完这席话,将军们就开始窃窃私语议论起来。马上有人提出夺取高加索油田付出的代价太高,还有人怀疑是否有足够的人力和弹药执行长距离的进攻计划,甚至连戈林对夏天能否打败苏联都表示没有把握。

将军们的担忧正是因为莫斯科战役惨败后留下的阴影。从那以后,他们对战争狂热的信心开始减退。希特勒不满地扫视了四周一眼,大战在即他不便发作,便振作精神说道:"先生们,我们已经征服了连拿破仑都没有征服的恐怖的冬天。它再一次证明我们帝国的士兵是世界上最勇敢的士兵,它足以摧毁布尔什维克,使敌人丧胆。"

讲到这里,希特勒想起莫斯科会战后从内部看到的一部录像片,成群结队的德军俘虏,头上缠着头巾,身上挂着取暖的破布,鼻尖下还挂着一串串冰碴。

想到这儿,他停顿了一下,沉重地对在座的将军们说:"这次我们要吸取教训。各军团在攻打顿河、伏尔加河流域时,要沿河挖地掘坑建造冬季营房。到了10月,让士兵都住进冬季营房里。"

这时,众将领眼中都流露出赞许的神色,希特勒心中生出一种激动,他有一种预感,这次会战一定会顺利展开。于是,他满意地说:"这次作战,对第三帝国生死攸关,要特别注意保密,让对方造成错觉,保证会战胜利。"

二、大战拉开序幕

乐观的斯大林想先敌下手

莫斯科保卫战后，苏联国内普遍出现一种乐观情绪，军民都相信战争中最危急的时刻已经过去，局势在慢慢好转。

斯大林在 1942 年 2 月 23 日颁布了庆祝红军成立 24 周年的命令。他在命令中出乎意料地宣布，用不了多久，红军会打垮敌人，整个国土上重新飘起胜利的红旗。这时，报纸上也提出在新的一年结束战争的说法。

事实上，德军被彻底打败，还要经过三年半的浴血苦战。那么斯大林为什么宣称"胜利就要来临了"呢？

1942 年 1 月 1 日，美国、英国、苏联、中国等 26 个国家代表在美国白宫签署了《联合国家宣言》，决心共同反对轴心国，决不单独媾和。之后，美、英两国制订了"先欧后亚"的战略。国际反法西斯统一阵线形成，使苏联拥有了众多同盟者。而美、英的战争战略原则，又使斯大林对战争必胜充满信心。无论从人力、物力还是军队数量、装备，同盟国将远远超过轴心国，这大概是斯大林在 1942 年初作出"胜利快要来临"判断的重要依据。

3 月的一天早晨，斯大林在办公室批阅文件。像往常一样，他先翻阅过去一天的世界战况。这天他发现盟军情况出乎意料地不妙：德军潜艇在大西洋神出鬼没地袭击英、美船只；日军自"珍珠港事件"爆发后，在短时间内迅速攻占了泰国、马来西亚、新加坡等国重要城市与岛屿。号称装备精良的美、英两国军队却只剩下招架之力。

斯大林有些沮丧，他没料到他的战时盟国竟如此不堪一击，又有些庆幸，日苏之间还保持着中立关系。

墙上的挂钟敲了一下，斯大林开始仔细阅读国内战报，心情却随之好转起来，他看到的是一份总参谋部对冬季战役的总结。从缴获的德军文件中得知，在冬季作战中，德军损失 50 余万，阵地向后撤退了 200 多千米，德国最高统帅都开始担心军队的士气，这是欧洲开战以来的首次。

看到这里，斯大林记起前些日子截获的一份报告，忙把它找出来。

这是一位德国士兵对冬季战役的描述："为时太晚，而且没有任何重型炮，甚至连一个反坦克炮也没有，我们营就这样作为所谓的临时补缺部队被投到一个缺口处。苏联人当然用重型坦克和数量巨大的步兵袭击我们，把我们向后推去。我们的机关枪因为严寒打不响，我们的弹药又用光了。士兵们开始毫无秩序地大批后退，在撤退中军官们用手枪对着他们，试图在大混乱中恢复秩序，但士兵仍然络绎不绝地后退，装备丢得满地都是。退却的路上满是死马和破车。一群群不成样子的受难者，身裹着毯子，腿上缠着破布和绷带，在路上一瘸一拐地走着，看上去很像当年拿破仑退却中的场面。"

在报告的最后部分，这位士兵要求道："我们——这场大灾难的幸存者——只有一个愿望：元首应对负有罪责的人施以严厉的制裁。"

斯大林激动地从桌旁站起身，拿着烟斗，在屋里来回踱步。这说明德国士兵开始怀疑他们是不可战胜的超人了，他们抱怨将军乱指挥，使他们陷入了战争泥沼，看来战争已进入了一个新阶段，要赶快制订夏季战役方案。想到这里，兴奋不已的斯大林拿起桌上的电话："沙波什尼科夫同志，请来一下。"

总参谋长沙彼什尼科夫元帅惯于识破诡谲多变的战役战略意图和预测军事事态的发展，但这会儿他看着摊在办公桌上的两份报告陷入了沉思。一份是侦察部门送来的情报："从可靠渠道获悉，德国准备在东线实施坚决进攻，春季进攻比较可靠的时间是 1942 年 4 月中旬或 5 月初。"

另一份是 3 月 23 日国家安全机关向国防委员会的报告："德军重要突击将在南段实施，任务是突破罗斯托夫，向斯大林格勒和高加索推进，然后，由此向里海方向进军。德国人期望以此来获得高加索油田的石油。"这可非同小可。

3 月份以来，苏德战场上格外平静，苏军突击力量已几乎用尽，德军也熬过使他们疲于奔命的恐怖的冬天。沙波什尼科夫想，它预示着双方在积蓄力量，酝酿着一场更大规模的血腥厮杀。

种种迹象表明，希特勒最近将发动大规模的攻势。经过冬季挫折后，德国已没有力量发动全线进攻，但德军会在何时、何地以多少兵力进攻呢？沙波什尼科夫无奈地摇摇头，身为总参谋长的沙波什尼科夫，突然感到自己已才智枯竭，失去了对战局的总体把握和具体观察的能力。

两天后，斯大林召开最高防务会议，商讨夏季战役方案。参加会议的苏军高级将领有伏罗希洛夫、铁木辛哥、沙波什尼科夫元帅、朱可夫大将和总参谋部作战处长华西列夫斯基上将。

沙波什尼科夫首先报告冬季作战战况："在 1941 ~ 1942 年冬季攻势中，我军粉碎了德军攻占莫斯科的阴谋，将战线向前推进了 200 多千米。根据各种情报分析，总参谋部认为夏季作战德军将在中央战线莫斯科方向发起攻击。"沙波什尼科夫的这一番话是两天前与斯大林经过仔细研究后得出的结论，各方面军司令员对此也无疑虑。

随后，会上讨论了苏军夏季战役的战略，是防守为主还是以攻代守？朱可夫将军主张前者。他说："近一个时期，德军已从挫折中恢复了过来。而我军由于兵力和兵器损耗过大，需要补充大量的人员和技术装备。加上天气转暖，有利于德军最大限度发挥机动作战优势，下一阶段我军宜采用战略防御态势……"

"朱可夫同志！我们在确定夏季作战方案，不能太消极保守，而要在防御基础上主动出击，破坏德国人进攻部署，夺取战场的主动权。"朱可夫话未说完就被斯大林打断了。

朱可夫默不作声地坐下，斯大林觉得有必要让将军们从宏观上把握这场战争。

▲ 战斗间隙，德机枪手在己方阵地侦察。

"苏德战争现在已进入关键时期，在苏德战争初期，德军利用突然袭击和机动作战，占领了我们许多土地，表面上我们败了，但从整个战局看，我们没有败，我们使希特勒3个月打败苏联的阴谋彻底落空了。"

斯大林接着说："莫斯科会战是战争的转折点，我军在冬季作战中给了敌人很大打击，使一贯轻视我军的希特勒大为震惊。现在德国人已感到兵力不足，补充困难，已无法全线进攻。我军要进行积极防御，积蓄力量，但不是消极等待，在适当时机、场合主动出击，打乱敌人部署，夺占战场主动权。"

斯大林这一番对敌我双方高屋建瓴的长篇分析，使将军们深深折服，会上批准了总参谋部的方案。但随着夏季来临，苏联的灾难也将接踵而至。

事实上斯大林对形势的估计过于乐观，而且先发制人的作战指导只是建立在敌情不明、一厢情愿的基础上。

从克里木到哈尔科夫：忘记防御的苏军

1941年秋天起，克里木成了苏德争夺的战略要地。整整半年，苏德两军展开拉锯战。克里木半岛上空飘散起浓烈的硝烟。苏军的失利从克里木开始。

战争初期，曼施坦因指挥的德第11军团凭着优势的装备冲破苏军防御，但在攻打塞波斯托波尔要塞时，遇到苏军顽强抵抗。苏军依仗要塞严密的防御阵地，击退了德军的进攻。

随着冬季来临，苏军由守转攻，战场出现胶着状态。克里木方面的苏联军队从1942年2月到4月接连发动三次攻势，但都没有突破德军防御。

5月的克里木海畔，风光迷人。现在又轮到德国人发起进攻了。

这天，曼施坦因乘着一艘巡逻舰沿着海岸视察着前沿阵地，一个名为"鸨"的方案已在脑中酝酿成熟。这个方案决定：先在阵线北部频繁调动部队，设置虚假的炮兵阵地，造成假象，让苏军预备队留在其北翼后方；尔后沿着黑海海岸，从南部登陆，用摩托化部队快速向纵深发展。

5月8日，德军发起进攻。在轰炸机掩护下，德军坦克蜂拥而入，很快冲破苏军防线。

5月16日，德军占领刻赤，17万苏军被俘，海滩上堆满了苏军各种的车辆、大炮。

当时，苏守军人数是德军的3倍。这样雄厚的兵力竟吃了败仗，原因很简单：部队是按进攻态势部署的，忘记了防御。

斯大林大怒，立即于6月4日发出训令，要求各方面军吸取教训："懂得现代战争的性质，懂得必须把部队做纵深梯次配置和建立预备队。"

刻赤半岛失利后，使据守塞瓦斯托波尔的苏军陷入困境。曼施坦因集中20余万人马，把要塞围得水泄不通。经一个多月的激战，

▲ 1942年夏末，德军在向迈克普地区推进。撤退的苏联人索性将油井给点着了。

德军用大炮轰塌了要塞，克里木全境落入了德军手中。

当曼施坦因在克里木频频得手时，苏西南方面军司令员铁木辛哥元帅正挥师向哈尔科夫的德军发起猛攻。铁木辛哥是一员虎将，他善打硬仗。1941年秋他组织了基辅保卫战，为抗击德军对莫斯科的围攻赢得了一个多月的时间。在罗斯托夫战役中，他又让德军尝到了失败的滋味。铁木辛哥虽然指挥作战勇猛顽强，但有时又不免蛮干。

1942年春，铁木辛哥和斯大林一样对战争形势过于乐观。他完全赞同斯大林的判断，既然已判明敌人将对我发动一场攻势，何不先发制人呢？于是他很快制订了在哈尔科夫方向的作战方案，并以急件呈送大本营。

1942年3月底，斯大林召开紧急会议，讨论西南方面军提出的进攻计划。会上总参谋长沙波什尼科夫元帅和朱可夫大将对计划怀有疑虑，但斯大林支持铁木辛哥："我们岂能坐等德寇首先突击！必须在宽大正面上先敌实施一系列突击。"

铁木辛哥对哈尔科夫战役充满自信，他对说三道四的怀疑论者说：我用脑袋担保战役的胜利。

铁木辛哥坚信，如果苏西南方面军和南方方面军在哈尔科夫实施进攻，一定会打乱德军部署，使苏军前出到基辅、切尔卡瑟、五一城、尼古拉耶夫一线。

5月12日，树林中隐蔽着整装待发的苏军坦克。当太阳跃出地平线时，铁木辛哥下达了开始进攻的命令，攻击起初进展顺利。苏军坦克三天内推进了50千米。德第六军团受到猛烈进攻，德国人惊慌失措。

这时，希特勒动用了克莱斯特集团军以攻对攻。形势突然发生了变化。苏第9集团军防线被突破，并直接威胁到苏西南方面军突击集群的后方。

▲ 一名德军士兵爬上一辆毁弃的苏军坦克，在德军凌厉的攻势面前，准备不足的苏联军队再次吞下失利的苦果。

当自信的铁木辛哥发动进攻时，他不清楚进攻的正面德军正屯集着100个师的重兵。当德军反攻时，他又以为是小股部队的滋扰，三天后才作出反应。战机稍纵即逝，保卢斯的第6集团军和克莱斯特军群合围了苏三个集团军，苏军损失惨重，24万人被俘。成千上万的红军牺牲。壮烈殉国的有方面军副司令员科斯坚科将军、第57集团军司令员波德拉斯将军和战役集群司令员博布金将军。噩耗传来，举国震惊。

苏西南战区元气大伤。铁木辛哥元帅把这次失败当成了终生耻辱。

不久，西南方面军撤销，铁木辛哥担任新成立的斯大林格勒方面军司令员。但他担任此职只有10天便被免去职务，从此再未被斯大林委以重任。

当时，苏联人已无法堵住这股钢铁巨流。一招不慎，满盘皆输。苏军在克里木、哈尔科夫相继失利后，在列宁格勒、沃尔霍夫方向的进攻也接连受挫。希特勒的军队开始步步进逼，苏军开始不战而退。

清醒过来的斯大林明白了不能与德军在不利地点上硬拼乱打，只得命部队撤退。在德军一个月的围追堵击下，相继后撤了 150 ~ 400 多千米，直到伏尔加河畔。

战斗在一座不知名的村子打响

1942 年 7 月，苏德战火燃烧到了伏尔加河畔。成千上万的德军坦克似一股旋风从哈尔科夫向顿河弯南部刮来。坦克所到之处皆是熊熊烈火，横尸遍野，瘟疫肆行，到处布满了鲜血、死亡、痛苦和仇恨。

大量的德军坦克轰鸣着冲破了苏西南战区的层层防线，如同决堤的江河，在草原上肆意横行。这一带没有高山峻岭，铁木辛哥的部队已无法阻挡。德军向斯大林格勒扑来。环城河伏尔加似乎在叹息、呻吟，在为斯大林格勒担忧，为苏联的命运担忧。

同一时刻，在莫斯科克里姆林宫。新任总参谋长华西列夫斯基上将正焦虑地向斯大林汇报战局，他困乏的双眼因睡眠不足黯无光泽。斯大林听着汇报，手里拿着烟斗在屋内缓缓踱步，前方的战报让人压抑、沮丧，甚至惊愕。三个月前，斯大林对战局充满乐观、自信，岂料战场形势逆转，冬季期间节节败退的德军突然如潮水般涌来，从克里木到哈尔科夫，苏军全线溃退。

斯大林后悔莫及，陷入沉思中。他居然没有判断出希特勒夏季攻势的主要方向。现在斯大林格勒危在旦夕。"斯大林同志"，华西列夫斯基打断了他的沉思，向他介绍起斯大林格勒的防御状况。

斯大林不敢再想下去。他斩钉截铁地说："斯大林格勒无论如何要守住，要不惜一切代价阻止德军前进。"斯大林作出了命运攸关的决定：组建斯大林格勒方面军，将驻守莫斯科的预备队调往斯城。

一道道命令从克里姆林宫发往各地：7月 4 日，第 5 预备集团军司令员接到命令："集团军任务是固守顿河东岸，无论如何也不能让敌军渡过顿河。"

7 月 9 日，第 64 集团军代司令员瓦西西·崔可夫中将奉命率部前往斯大林格勒加强防御。

7 月 11 日零时 20 分，第 62 集团军 B.R. 科尔帕克奇接到命令，要求该集团军火速进抵该市接近地，在克列茨卡亚至苏诺维基诺设置防线。

7 月 12 日，大本营命令组建斯大林

▲ 1942 年 7 月，为了阻止德军进攻斯大林格勒，罗科索夫斯基将军下令在顿河东岸建立防线，有效抵挡了德军的攻势。

勒方面军，铁木辛哥元帅担任司令员。方面军的任务是固守顿河沿岸，从巴甫洛夫斯克至上库尔莫亚斯卡亚 500 千米长的防线。

在组建斯大林格勒方面军之前，这里只有两个集团军，约 16 万人，2000 门大炮，400 辆坦克，454 架飞机。而参与进攻的德军拥有 6 个主力军、2 个坦克军，27 万余人，3000 门大炮，500 辆坦克，还有德第 4 航空队 1200 架飞机的空中支援。

7 月 14 日，苏联最高苏维埃主席团通过决议，宣布斯大林格勒进入战争状态。

危如累卵的时刻来临了。铁木辛哥元帅随着溃退的苏军向伏尔加河畔撤去时，心里是多么不情愿，心中充满了悔恨和内疚。当接到最高统帅任命他担任新组建方面军司令时，铁木辛哥非常感动，暗下决心，拼死也要顶住德军的进攻。

新组建的方面军在各级指挥员的努力下，开始向指定地域开拔。他们昼夜向伏尔加河奔去、向顿河草原奔去。每当天空出现德军飞机，他们就地待命、养精蓄锐，一走进伏尔加河畔，他们就按照命令，消失在茫茫的顿河草原里。

最先进入阵地的是科尔帕克奇少将指挥的第62集团军，该集团军防守着从顿河大弯曲部的克列茨卡亚至苏诺维基诺约90千米的防线。部队一到，科尔帕克奇马上对阵地实施观察。他站在一座小山岗上，通过望远镜观察着周围的地形。他发现苏军大部分阵地设置在光秃秃的草原上，没有利用周围河流沟谷等天然屏障。这一地形对防守极为不利，却有利于德军发挥空中和坦克优势。

科尔帕克奇不由地深深担忧起来。他不知道其他部队准备状况更糟。第64集团军还在由图拉向斯大林格勒进军的途中。

战争爆发以来，斯大林格勒由于地处后方，一直远离战场。直到1942年4月22日夜晚，敌机第一次大规模空袭了这座城市。随着夏季来临，前线不时传来令人不安的消息，斯大林格勒开始动员起来。当局发现该城防御状况极糟。原先没有系统修筑过城防工事，已修筑的防坦克壕战壕和火力点也被雨水淹没冲垮。

为了提高战争的防御能力，1942年6月，斯大林格勒开始沿城修筑环形野战工事。市民们积极响应，成千上万的工人一下班就跑到城外挖战壕。到7月中旬，挖掘了简易战壕2750千米，防坦克壕1860千米。7月15日，斯大林格勒政府决定在城郊构筑第四道防御战壕。然而，没等工人们把简陋的壕沟挖完，战斗就打响了。

▲ 德军动用迫击炮打击苏联红军。迫击炮作为一种高效的武器，具有超轻便、火力强、射程远等优点。

7月17日拂晓，苏第62集团军第192师第676团在顿河草原与德军第6军团的先遣部队在一个不知名的村子相遇了。双方的战斗就在这里打响了。德国的坦克军首先围了上来。苏军战士依仗地形进行顽强抵抗，德军看战局不利，又投入了增援部队，甚至连飞机都赶来助威。眼看被包围，苏军开始向后撤退，潮水般的德军向顿河大弯南部涌来。

这场规模不大的遭遇战揭开了斯大林格勒大会战的序幕，后来，演变成影响第二次世界大战进程的一次转折性战役。斯大林和希特勒就是从这一天起把各自越来越多的部队投入到这场旷日持久的血战之中，可以说是这个不知名的村子决定了苏德双方的命运。

"苏军全线崩溃了"

在夏季攻势中，希特勒当作决战来打，进展颇为顺利。为了彻底击溃斯大林，希特勒决定将他的大本营"狼穴"迁往靠近前线的苏联境内乌克兰行营。

1942 年 7 月 16 日上午 8 时 15 分，希特勒带着随从兴致勃勃地登上飞机。飞机飞行了 3 个小时后在乌克兰维尼察降落。"克虏伯"轿车把希特勒一行送到一座代号"狼人"的暗堡。

希特勒很不适应环境潮湿的新营地，白天酷热，夜里气温骤降。他抱怨这里蚊虫太多。1942 年 7 月 17 日，保卢斯集团军向斯大林格勒发起进攻，军队进攻颇为顺利。前线不断传来的消息缓解了希特勒休息不好导致的情绪沮丧。因此，他高兴地对秘书说："用不了多久，我们就可以离开这个鬼地方。"

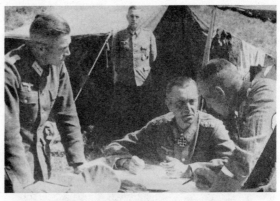

▲ 德军第 6 集团军总司令保卢斯正在研讨作战方案。战争开始的一连串胜利让一贯沉着冷静的保卢斯也开始头脑发热，准备与苏军在斯大林格勒一战定乾坤了。

德军进展的确十分顺利。陆军总参谋长哈尔德的工作日记，记录了德军向前推进的"辉煌"战绩：

"7 月 13 日：南方战役的发展势不可当。"

"7 月 16 日：会议讨论了即将开始的斯大林格勒会战的设想。"

"7 月 18 日：元首在今天的报告里发布最高命令，要求全线强渡顿河，开始夺取斯大林格勒的战役。"

"7 月 20 日：第 6 集团军胜利地向东南方向推进……"

"苏军全线崩溃了……"当时驻柏林的瑞典记者佛雷多尔格对局势作出了这样的评价，同样在德军最高统帅部中也充满了这种情绪。

这时，希特勒认为苏军已无力抵抗，斯大林格勒可以垂手而得，不必在此使用重兵了。

7 月 23 日，希特勒不顾军事将领们的反对，决定让霍特指挥的第 4 装甲集团军帮助 A 集团军群进攻高加索。因为他认为苏联人快要完了，攻打斯大林格勒只需保卢斯集团军就行了。

本来，在希特勒的计划中，高加索的战略地位优于斯大林格勒。高加索油田是苏联战时经济的基础。占领高加索等于切断了苏军的战争资源，德军坦克则会得到一直迫切需要的燃料。更重要的是德军越过高加索，德意两军就会携手共同占领英国统治下的中东，并迫使摇摆不定的土耳其对苏作战。高加索的目标关系到轴心国的全球战略。

此刻希特勒认为德军能同时实现这两个目标，便兵分两路展开进攻。高加索和斯大林格勒由最初的主次、先后变为同样重要了。

希特勒发布了第 45 号训令，这个训令要求 A 集团军群加速向高加索方向进攻，要求 B 集团军群从北面急速夺取斯大林格勒、阿斯特拉罕，并在伏尔加河地区巩固下来，切断高加索与苏联中部地区的联系。

这样，在斯大林格勒方面，德军只剩下保卢斯率领的第 6 集团军了。

保卢斯，黑森人。他为人谦逊，办事认真，但过于谨慎，优柔寡断。他不贪图功名，但缺乏那种紧要关头作为杰出指挥官所必需的坚定性格，且没有多少指挥经验。

1940 年被选至参谋总部任重要职务，后任副参谋总长。1942 年 1 月，保卢斯晋升为上将，并出任德军第 6 集团军司令。

▲ 德军列队经过卡拉奇地区的一所教堂，一场激烈的攻坚战正在积极准备中。

保卢斯较寒微的出身与谦恭的言表，受到纳粹党的青睐。他对哈尔德一贯敬重并有浓厚的友情。哈尔德曾说保卢斯沉着冷静，其实不如说是消极被动。他与哈尔德一样生来就是唯命是从的人。希特勒准确地估计到他一贯服从的特点，因而选择他作为自己在行政与军事方面的重要心腹。

保卢斯是个勤勉有才干的军官。他所做的大部分工作都是希特勒亲眼看着完成的。希特勒显然很器重他，因为仅在 11 个月中，他就由中将迅速晋升为上将。

希特勒在即将发动夏季攻势时，对保卢斯说："如果我拿不到迈科普和格罗兹尼的石油，那么我就不得不结束这场战争。"

哈尔科夫战役后，第 6 集团军士气旺盛，攻城拔寨，不到一个月就打到伏尔加河畔。

17 日德军与苏军交火后，苏军立刻溃退了，作战行动按计划顺利进行。一周内，第 6 集团军已将顿河弯曲部的苏第 62 集团军包围，进抵到卡拉奇地区，距斯大林格勒市区只剩 150 千米了，也许不出几天就可以结束战斗。

7 月 22 日晚上 8 时，德国第 6 集团各军司令官已准时到达司令部作战室。保卢斯微笑着走了进来，清了清嗓子，高声地说："先生们！刚刚收到元首签署的第 45 号作战命令。元首命令我们 B 集团军群的任务是，在向斯大林格勒推进的过程中建立起顿河防线；击溃正在组建的敌兵力集团，占领该城；封锁顿河和伏尔加河之间的桥梁以及河流。下面由施密特布置具体任务。"

施密特少将开始布置具体任务："为了抢在苏军后备军赶来之前夺占该城，我集团军分成两个突击集群。北部集群由坦克 14 军、步兵第 8 军（后来还有 17 军）组成，位于佩烈拉佐夫斯基；南部集群由步兵 51 军、坦克第 24 军编成，位于奥勃利夫斯卡亚地区。7 月 23 日，两集团军在顿河大弯曲部内沿顿河河岸向卡拉奇推进，在该地区会师，强渡顿河，夺占斯大林格勒。"

待施密特布置完任务后，保卢斯站了起来，鼓动说："先生们，攻打斯大林格勒是我集团军历史上最大的一次攻坚作战。我们必须明白，苏联人已危在旦夕，只要再来一次果断的冲击，他们就垮了。快去准备吧，你们动作要快、要猛！"

7 月 23 日拂晓，顿河右岸的上布律诺夫卡、马诺伊林和卡缅斯基一带响起激烈的枪炮声。德军北部集群以优势兵力向苏第 62 集团军右翼阵地扑来，苏军奋起迎战。

在第 62 集团军近卫军第 33 师第 84 团的防御地域内，防坦克枪手博洛托、萨莫伊洛夫、别利科夫和阿列伊尼科夫所在的排，守卫在克列茨卡亚以南的一个山冈，经过残酷的战斗，只有他们 4 人幸存。

又一次战斗结束了。他们 4 人整修好工事，隐蔽在阵地前。突然又一阵坦克的轰鸣声响起来了。只见一群坦克黑压压地开了过来。"一共 30 辆"，别利科夫迅速数完坦克数量，给大家分配了任务。他们不动声色，将反坦克炮瞄准了远处的坦克群。德军坦克开始展开队形，准备向山冈发起冲击。

德国兵见山冈上没有动静，全都打开坦克顶盖，将半截身子暴露在外面。坦克越来越近，博洛托瞄准行进在最前面的一辆，扣动了反坦克炮的扳机。随着"轰"的一声巨响，坦克颤抖了一下，冒起一股黑烟。

紧接着，别利科夫瞄准第二辆坦克扣动了扳机！另外两位英雄也是首发命中，各击毁一辆坦克。稍后，博洛托和别利科夫又各瞄准一辆坦克，连开数枪，将两辆坦克打得趴在那里燃烧起来。

德国人发怒了。轰炸机开始轮番轰炸，把小土冈炸得树黑土焦。德军坦克向山冈凶猛地扑来。4位英勇的战士沉着应战，机动灵活，打一枪换一个地方，又连续击毁了数辆坦克。

敌人终于退走了。山冈附近留下15辆燃烧的坦克。

次日，德军一个营出现在第192师司令部。苏军师长扎哈尔琴科上校立即组织参谋人员反击。扎哈尔琴科率领20余位师部参谋边打边退。这时，一架德国飞机从低空飞来了。扎哈尔琴科端起机枪对空就是一阵猛射，德机被击中油箱凌空爆炸。扎哈尔琴科却被落下的炮弹当场炸死。这一天苏第192师伤亡过半。

7月24日夜，德军北部集团军群突入第62集团军的防御纵深，双方发生激战。德军最后突破了第62

▲ 德国虎式坦克，二战中火力最强、装甲最厚的坦克之一。

集团军右翼，并包围了布置在右翼的苏步兵第184师、192师，近卫步兵33师、坦克第40旅和3个炮兵团。

苏军战士冒着飞机和炮火的轰炸，向德军发起了英勇的反击。德军凭借飞机和坦克的优势，突破了第62集团军的防御正面，渡过顿河，从北面深入纵深包围第62集团军的左翼。第62集团军的处境越来越困难。此刻，苏军第64集团军同样在困境中抗击着进攻的敌人。

丘吉尔访问莫斯科

珍珠港事件后，英、美、苏三大国结成战时同盟。1941年7月，斯大林向新盟国首相丘吉尔致函，希望英国在欧洲开辟对德作战第二战场，使德军在两条战线作战。丘吉尔答称，目前在西欧登陆，"意味着流血与失败"。

1942年5月，苏联与美、英两国签署互相援助议定书和同盟条约。应苏方要求，美、英、苏三国公报宣布："会谈中就1942年在欧洲开辟第二战场这个刻不容缓的问题达成了圆满协议。"

公报发表，激起强烈反响：英国《泰晤士报》1942年6月12日声称："英苏友谊和合作已经奠定了牢固的基础。"美国报纸也一致欢呼三国结盟，《纽约时报》6月12日评论道，这将"预示着力量均衡的一次根本变化，这对欧洲的未来可能产生巨大的影响"。

6月20日，莫斯科《真理报》宣称，条约是"投进敌人营垒里的一颗炸弹"。此时，苏联人已把胜利希望很大程度上寄托在1942年盟国在欧洲开辟第二战场上。

▲ 德国的侵略将英国和苏联紧紧地联系在了一起。

很快，最高苏维埃以盛大而隆重的形式批准苏英条约。莫洛托夫在会上对西方盟国动了真情："在欧洲开辟第二战场，将给希特勒军队带来不可克服的困难，不久世人就能看到三大国日益强大的军事合作的后果。"

8月12日，丘吉尔座机进入苏联领空。他的心里揣测不安。苏军正与德军在这一带激战，他要带给正与德军激战、对英国翘首以待的苏联人一个不幸的消息——1942年不开辟第二战场。

1942年夏天，同盟国处于黑暗的深渊。英、美、苏三国各有各的难处。在东方，德国部队占领第一个苏联油田；曼施坦因奉命调动大炮和火箭炮朝列宁格勒挺进；而B集团军群正日夜围攻着斯大林格勒。

在西方，英、美两国军队也处处受挫。德军来到芬兰北部和英吉利海峡的岸边。隆美尔元帅在离亚历山大港80千米处，升起了纳粹党的旗帜。意大利的墨索里尼制定了进军开罗的计划。日本海军仍活跃在太平洋。

大英帝国也正遭受一次灾难性的失败。坚守托布鲁克要塞的英军，出人意料地向隆美尔投降了。消息传来，丘吉尔督促罗斯福同意取消这一计划，代之以在北非登陆的"火炬"计划。

下午5点，丘吉尔座机安全抵达莫斯科中央机场。机场上挂着美、英、苏三国国旗。在莫洛托夫陪同下，丘吉尔检阅了仪仗队，乐队演奏三国国歌。

当晚丘吉尔和美国总统代表哈里曼应邀去见斯大林。在克里姆林宫会客室，斯大林热情地说了一段问候的话，两位昔日宿敌、二战时的盟友坐到了一起。

会谈一开始，丘吉尔就开诚布公地说起此行目的："我这次来是要向元帅阁下说明英、美两国政府的决定，在1942年我们两国军队无法在法国沿岸登陆，进行一次大规模的军事进攻。"接着丘吉尔开始详细说明为什么采取这一决定的理由。

丘吉尔的话如晴天霹雳使斯大林脸上布满乌云，他怀疑英国人在推诿，让苏联人被希特勒削弱后再动手。斯大林激愤地说："你们要是不愿冒险，就不能赢得战争。我真不明白，你们为什么这样害怕德国人？"

丘吉尔不愧是外交谈判高手，为打破僵局，他拿出一幅地图，就"第二战场"问题作了一番发挥："元帅阁下，我认为法国并不是进行第二战场的唯一地点。我和罗斯福总统已商定了另一项计划，那就是英美军队在北非发动攻势的'火炬'计划。"

为说明"火炬"行动的重要性，丘吉尔在纸上画了一条鳄鱼，强调说："大铁锤"风险太大，因为它打击的是希特勒这条鳄鱼坚硬的口鼻部，弄不好会被它一口吞了。而"火炬"是在这条鳄鱼柔软的下腹部燃烧，风险小威力却更大。

丘吉尔的话引起了斯大林的浓厚兴趣，他立刻思考起盟军在北非登陆对反法西斯战争的意义，虽然在近期内这一行动无法减轻苏联战场的压力。两人越谈越投机。半夜，丘吉尔和哈里曼满意地离开克里姆林宫。

其实，丘吉尔并没有说服斯大林。英、美政府只是从本国利益出发，不愿为处于战火中的苏联两肋插刀，这对正在为生存而战的斯大林是当头一棒，他内心的愤怒可想而知。

第二天，斯大林向丘吉尔和哈里曼特使递交了一份措辞强硬的备忘录："苏联统帅部是以 1942 年在欧洲开辟第二战场为前提来制定自己的夏秋军事行动计划的。英国政府的拒绝对苏联人民是一个精神打击，而且使红军在前线的态势复杂化。我和我的同事认为，1942 年在欧洲开辟第二战场已经具备极为有利的条件。因为几乎所有德军精锐部队都调到了东线。1942 年不仅可能而且应该开辟欧洲第二战场。"

丘吉尔不由得为英、美政府争辩一番。经过一阵唇枪舌剑，"两巨头"还是以大局为重，握手言和。

16 日晨，丘吉尔如释重负离开莫斯科。而斯大林却不得不咽下丘吉尔给他带来的苦果。大敌当前，他不能与盟国弄僵。一想到盟国在紧要关头竟然见死不救，只在北非战场上无关痛痒地摆摆样子，反而使希特勒更加肆无忌惮地侵略苏联，加重苏军压力，他的内心充满悲愤。

孤立无援的斯大林承受压力之大，痛苦之深可想而知。他明白眼下只有咬紧牙关，背水一战，顶住希特勒的进攻才是唯一的出路。斯大林清醒地意识到，在 1942 年的苏联战场上，打好打坏都是苏联自己的事，不能指望别人来帮忙。

▲ 苏联 T-34 坦克。这是苏联在二战期间生产的中型坦克，其全重 32 吨，乘员 5 人，装甲厚 18-65 毫米，主要武器为 1 门 76.2 毫米主炮和 2 挺机枪。

第 227 号命令

由于苏军在夏季作战中接连受挫，战士产生了怯战心理，军中普遍出现临阵溃退的现象。战场上毫无秩序的撤退是会传染的。当有人惊慌失措往回跑时，坚守阵地的人也会恐慌起来，结果变成一场大溃败。

曾任 64 集团军副司令、62 集团军司令的崔可夫元帅，在回忆录中举了这样一个例子：有一次他在前沿视察，发现德军正在发起进攻，而苏军阵地却按兵不动。"为什么不开炮？"崔可夫责问炮团团长。"炮弹快没了。"团长窘迫地说。事实上弹药是不缺的。崔可夫写道："指挥员在准备后撤时，往往这样搪塞。"

大敌当前，面对这一情况，斯大林非常焦虑。他坐在办公室里思前想后，没有头绪。忽然他想起了十月革命前的往事。他是鞋匠的儿子，性格叛逆的他在神学院上学期间，阅读了大量禁书，后来又坐牢、被流放。

有一次遇上严寒，斯大林被流放到西伯利亚伊尔库次克省的新乌达村。这对于出生在炎热的格鲁吉亚的他来说，西伯利亚严寒真是严峻考验。恰巧遇上可怕的暴风雪，他差点被冻死。于是他从流放地逃到第比利斯，后来又是坐牢、被流放、再逃跑。

最后一次流放，斯大林已经成了职业革命家，被选为苏共中央委员，后来就和列宁领导"十月革命"，炮打冬宫。想到这里，斯大林兴奋起来，这是怎么回事？

1918 年斯大林在察里津打退了哥萨克的进攻。那是他指挥的第一次大规模的战斗。当时，一场暴力、仇恨和戮杀的风暴席卷全国。新生的苏维埃遭到了国内外敌人的武装干涉，当时的察里津没有粮食、没有武器，部队缺少纪律，一片混乱，听到哥萨克来了就溃退了。

那时斯大林采取了果断措施，撤换了一大批不称职的军官，整顿战场纪律，凡逃兵、战败者就地枪决，战线稳定下来。可以说察里津是被"斯大林决战决胜的意志"拯救的。对，意志，沉浸在回忆中的斯大林忽然若有所悟，情不自禁地叫出了声。

7 月 28 日，斯大林以苏联国防人民委员的名义在颁发了第 227 号命令。命令中口吻极其坦率："德国占领军正冲向斯大林格勒，冲向伏尔加河，企图不惜任何代价攫取拥有丰富石油资源和粮食的北高加索和库班河流域。"

"我们的领土大大缩小了，人口、粮食、金属、厂矿也减少了许多。我们失去了 7000 多万人口，年产 8 亿多普特粮食的产粮区以及年产 1000 多万吨钢材的生产能力。"

斯大林直截了当指明局势的严峻与危险，斯大林此时的心情是焦虑的，他语重心长地告诫人民："我们每放弃一寸土地都将极大地加强敌人的优势，极大地削弱我们的防御，削弱我们的祖国。因此，必须从根本上杜绝诸如'我们可以无休止地退下去'……是停止退却的时候了。必须顽强坚守每一寸苏联领土，尽最大力量去保卫它，直至流尽最后一滴血。"

命令最后部分，斯大林口气十分严厉："惊慌失措者和胆小鬼应该就地枪决。从今以后，每个指挥员、红军战士、政工人员都应遵守这个铁的纪律：没有最高统帅的命令绝不后退一步。"

第 227 号命令充分反映了苏联人民的愿望，激发了苏军勇气，使苏军士气大为改观。连德国人都奇怪前一天逃跑的苏军，次日会莫名其妙进行最疯狂的抵抗。

在苏军接连撤退的日子，战士们经常收到亲友来信，控诉法西斯的暴行。当时，部队中广为流传着一位母亲写给在前线作战儿子的信："科里亚：我亲爱的儿子啊，我流着痛苦的眼泪在给你写这封信。我对自己说：哭一会儿也该停停了，可是不行。当我想起法西斯暴徒的时候——痛断肝肠。亲爱的儿子啊，你都难以想到我们村在德国铁蹄下是怎么熬过来的！你的亲人中如今只剩下我一个人了，他们全被万恶的德寇赶到德国做苦工去了。

▲ 母亲送儿子上战场。德国法西斯的暴行使得苏联众多的热血青年离开家乡，走上前线。

连你可爱的小妹妹也被掳到万恶的德国去了。当时我们村像个奴隶市场。他们把人们从各个村庄赶到这里，并在押走以前把他们冻饿几天……

"不，科里亚，我写不完我们遭的罪，就是下地狱，大概也比这要好受得多。我就是在黄泉之下，也绝不会忘记这群法西斯匪徒。我要永世诅咒他们。儿啊！向你致以亲人的祝福并嘱咐你：为你的妹妹季娜报仇，为我们被洗劫的村子，为祖国的一切报仇。"

类似这样的信件在苏军内部到处传递

着，每一个苏军战士与希特勒不仅有公账还有私仇，他破坏和平，拆散这一家人骨肉，又毁坏那一家人的家园，杀死另一个人的父母兄妹。仇恨的火焰一经点燃，斯大林"不准后退一步"的命令就成为苏军士兵自觉的行动。

从 8 月下旬起，伏尔加河畔的决战日趋激烈，苏军的抵抗也明显加强。背水一战、哀兵必胜的军事准则又一次拯救了斯大林格勒。第 227 号命令后来被历史学家称作影响了斯大林格勒会战的进程。

8 月 23 日：最危急的一天

8 月 23 日上午 9 时，叶廖缅科上将正在与指挥部的参谋人员研究战场情况，突然接到空军第 8 集团军参谋长谢列兹涅夫的电话。"据歼击机飞行员侦察，小罗索什卡地域正在激战。敌人两路坦克纵队及载满步兵的汽车纵队，正向斯大林格勒开来，先头纵队已到达小罗索什卡防线。敌航空兵分成数批轰炸我军部队，为其坦克和汽车纵队清理道路。"谢列兹涅夫报告说。

▲ 苏军在斯大林格勒外围展开阻击，与德军进行殊死搏斗。

"命令你集团军的全部飞机立即起飞，向敌坦克纵队和摩托化步兵实施强有力的突击！"叶廖缅科大声命令。

此时，叶廖缅科找来方面军汽车装甲坦克兵主任什捷夫涅夫和方面军作战部长鲁赫列少将，向他们介绍了新情况，并命令立即将预定进行整编的两个坦克军的余部组成一个集群，交由什捷夫涅夫指挥，担负阻止敌坦克和摩托化步兵从西北方向突向斯大林格勒，并准备实行反冲击。

但是，这两个坦克军只有 25 辆坦克。他们正在商议着坦克集群突击的具体方案，电话铃声又响了，方面军通信主任科尔舒夫少将报告："在科特卢班车站附近，敌人坦克击毁我军用列车，正向斯大林格勒前进。"

话音刚落，卫戍司令兼第 10 师师长萨拉耶夫上校走进指挥部。"敌人的坦克距斯大林格勒只有 14～15 千米，正向城市北部全速推进。"斯大林问道："你采取了什么措施？"

"我已向两个团发出做好战斗准备的号令，要求他们务必和驻守在该地区发射阵地上的防空部队各炮兵营营长取得联系，并命令将预备团从米宁郊区调往街垒工厂地域。"

不一会儿，叶廖缅科又接到东南方面军司令员戈尔多夫中将的电话，"敌人已占领了京古塔车站和第 74 千米会让站，我们正在采取措施准备向京古塔实施反冲击。"

指挥部电话铃声不断，一个又一个不妙的消息接踵而来："敌坦克和摩托化步兵已经突进到奥尔洛夫卡以东，第 10 师第 282 团正与敌展开激战。"

"敌人的坦克已经接近拖拉机厂。有几发炮弹落在了厂区，工厂十分危险，我们准备把一些重要设施炸毁。"……

苏联最高统帅部发来了训令："现在没有援兵，你们只能用现有的兵力消灭突入的德军集团，最重要的是不要惊慌失措，不要惧怕无耻的敌人，要相信我们一定会胜利。"

到了下午，形势进一步恶化。一阵阵凄厉的防空警报在斯大林格勒上空响起。德军出动2000架次飞机，对斯大林格勒进行毁灭性轰炸。无数炸弹、燃烧弹从斯大林格勒上空落下。

8月的斯大林格勒酷热异常，当德军轰炸时正刮大风，风助火势，一条条火龙吞噬着一座座房屋、一条条街道。成千上万座建筑倒塌。斯大林格勒成了一片火海。

在伏尔加河岸上，被炸毁的储油池烟熏火燎，黑压压地连成一片。燃烧着的石油四处流淌，石油不断注入伏尔加河，码头也起了火，港口停泊的轮船被烧毁。濒死的人在呻吟，妇女和儿童悲惨地哭泣和呼救。灾难和死亡的阴影笼罩着斯大林格勒的每一个家庭。

空袭半小时后，斯大林格勒与莫斯科的通信联络中断，机要秘书头戴耳机不停地呼喊，但无论如何也听不到最高统帅的声音。指挥部的空气凝固了，人人都感到了巨大的压力！

叶廖缅科站在电话机旁，通讯联络依然不通，无法得到最高统帅部与部队的声音。怎么办？如果不能尽快遏制德军的攻势，斯大林格勒沦陷就不可避免。他迅速拿出了应急方案，派专人将命令送到各部队。

根据指挥部的命令，苏军的歼击机几乎全部起飞，与德军飞机在空中展开了激烈的搏斗。大约500门高射炮对德军飞机发出怒吼。一架架德军飞机冒着缕缕黑烟，栽落到地面上，响起刺耳的爆炸声。

23日，德军一共有120架飞机从斯大林格勒上空坠落。坦克第23军在斯大林格勒西北郊展开了英勇的防御战。195辆T－34坦克全部展开，与进攻的德军坦克和摩托化步兵厮杀起来。它们有力地阻止了德军坦克的前进。

拖拉机厂区的战斗警报拉响了，由工人组成的歼击营迅速集合起来。他们中的绝大多数人是从车间和工作岗位上直接赶来的，不少人手上沾满了机油，连工作服都没来得及换。

▲ 一个德军炮兵小组在刚刚攻下的城镇中推进。对德军来说，攻陷一座城池，战斗远未结束，最令他们头疼的是永无休止的巷战。

拖拉机厂是苏联生产坦克的重要军工厂，如果工厂被毁或落入德军之手，后果将极为严重。工人们扛起步枪和机枪，驾驶着刚刚从车间传送带上下来的坦克，英勇地驶向战场。他们与坚守在这里的苏军坦克第99旅一起，组成了坚强的防线。

在紧急关头，斯大林格勒的人民，首先是工人，纷纷拿起武器，和军队一起，奋起保卫自己的城市。面对训练有素的德军士兵，工人民兵毫无惧色，他们用生命坚守着自己的岗位。

小罗索什卡战斗异常激烈。苏62集团军87师179团的33名战士，驻守在无名高地顽强地抗击德军的进攻。

德军离阵地越来越近。叶夫季费耶夫一声令下，反坦克兵器一齐射向冲在前面的坦克。数辆坦克一下就被击毁了，但其余的德军坦克很快冲到阵地前，卡利塔上士将一个燃烧瓶抛了出去。德军一辆坦克冒着浓烟，不一会儿就瘫痪了。

卡利塔用这种方法又摧毁了两辆坦克。守在

阵地上的苏军信心大增，纷纷拿起了燃烧瓶。这一天，33名勇士竟打死了150多名德军，击毁27辆坦克。苏军只有一人负轻伤。

当晚，叶夫季费耶夫接到命令，向冲进苏军阵地的德军实施反击。斯大林格勒方面军副司令科瓦连科少将指挥组织了这次反击。反击部队共3个步兵师、1个坦克旅、1个坦克军，任务是针对德坦克14军形成的长60千米、宽8千米的走廊。这条走廊的出现，切断了苏军两个方面军的联系，对苏军极为不利。

当天晚上，苏军坦克集群悄悄逼近德军阵地。随着炮声轰鸣，战斗打响了。科瓦连科指挥的突击集群兵分两路，一路受挫，另一路进展顺利，于24日凌晨2时冲进了大罗索什卡地域，切断了德14军后勤供应车队。结果双方损失都很惨重，但苏军达到了自己的目的。

8月23日24时，斯大林格勒与莫斯科恢复了联系，华西列夫斯基汇报说："……城南德军占领了京古塔车站、会让站。城北德军已进抵斯大林格勒北郊，在那里被阻后，向斯大林格勒拖拉机厂进攻……敌军航空兵猛烈空袭斯大林格勒，城市处在火海之中。伏尔加河水上航道和供应我军给养的铁路线均遭严重破坏。"汇报结束时，华西列夫斯基强调一句："形势万分危急，但斯大林格勒仍然在我手中。"

8月23日这一天对于斯大林格勒人来说，总算结束了。

8月23日，是斯大林格勒极为困难的一天。

但这一天也表明，苏联人民的顽强精神和英雄气概、沉着坚定和无比勇敢的战斗意志和必胜的信心，是任何力量也战胜不了的。

三、浴血苦战

朱可夫来到斯大林格勒

由于德军已经前出到伏尔加河，斯大林格勒的形势极为严重，而且日益恶化。经过几日激战，德军突破了顿河防御，主力渡过顿河，正向市区推进。在敌军逼迫下，苏军从斯大林格勒外围撤了下来，斯大林格勒已成为一片废墟。形势在不断恶化！

8月24日24时整，斯大林格勒进入戒严状态。

8月26日，城防委员会向全体市民发出修筑街垒的号召，斯大林格勒进入临战状态。

8月27日，格奥尔吉·朱可夫大将奉命离开西方面军飞赴莫斯科。

晚9时，在克里姆林宫的斯大林办公室，脸色忧郁的斯大林对匆匆赶来的朱可夫说："碰上难关了。德寇可能占领斯大林格勒，高加索战局也

▲ 朱可夫大将正在研究作战方案。作为二战期间著名的军事将领，他总能及时出现在形势最危急的战场，并扭转战局。

不妙。"

斯大林接着说:"国防委员会刚作出决定,任命你为最高副统帅,负责斯大林格勒防卫。"然后用期待的目光看着朱可夫,决然地说:"我们不能丢掉这座城市。"然后郑重其事告诉朱可夫,他已被授予全权,可以调动城内两个方面军、空军及其他部队,还有机动集结兵力的大权。

8月29日,一架飞机从莫斯科中央机场起飞。朱可夫透过舷窗,望着一簇簇白云,陷入沉思。

战争时期,一个驾驭千军万马的统帅,他的荣辱与战场上的胜败休戚相关。每当战局危急,斯大林总是想到他,先是到列宁格勒接替伏罗希洛夫元帅,后又到处于危难中的莫斯科组织防御,现在斯大林格勒又岌岌可危。

难以预料的战局又使胜与败只隔一层纸,关键是能否捕捉住转瞬即逝的战机。他感到肩上责任实在太重,如果不能扭转战局,他真有点不寒而栗。

斯大林明确告诉他,非他莫属,大本营和总参谋部也这么认为。这对驰骋疆场的将帅来说是多大的荣耀。在旁人眼里,这已经是军人最高的荣誉了,他当然也免不了有一种虚荣心,但眼下不能为自己想太多。

朱可夫具有刚强的性格,从不怨天尤人,患得患失。很快他就从疑虑不安中解脱出来。早年他就矢志报效祖国,先在沙皇军队里当士官,后来在红军中当排长、连长、团长、师长、军长,青云直上。

朱可夫暗下决心:宁可死在两军对垒的战场,也不平庸地度过一生。4小时后,飞机降落在斯大林格勒。朱可夫充满自信地走下飞机,登上来接他的"艾姆"牌越野车。

朱可夫在斯大林格勒方面军司令部小伊万诺夫卡一下车,华西列夫斯基第一句话就问:"什么时候进攻?"

朱可夫诧异地问:"哪儿来的消息?"他直接走向布满作战地图的长桌:"看来,战士们士气很高噢。"

华西列夫斯基笑着说:"前沿流传一句格言:朱可夫大将一到,进攻就开始了!"

苏军反击

尽管朱可夫对向敌军进攻信心不足,他觉得兵力太少,准备也过于仓促,但再不发动反击,城市就危险了。9月5日拂晓,朱可夫组织苏军在城北进行了一次进攻。

9月3日,朱可夫曾接到斯大林发来的一份密电:"斯大林格勒的形势恶化了,敌人距斯大林格勒3俄里。如果北部集团部队不立即援助,斯大林格勒可能在今天或明天被攻占。"应要求位于斯大林格勒以北和西北的各部队司令员立即突击敌人并援助斯大林格勒的军民。

斯大林格勒遭到空袭后,部队给养遇到困难。朱可夫接到电报,立刻与莫斯科联系。原定9月5日发起的反攻要提前2天无论如何不行:"3个集团军缺少弹药,最快在明晚黄昏时才能把弹药送到炮兵阵地。部队无组织进入战斗会遭到无谓损失。"

"你是不是以为敌人会等你慢腾腾地准备好了再发动进攻?叶廖缅科断定,如果你们不立即由北面实施突击,敌人只要用一次猛攻就可以拿下斯大林格勒。"电话那一端的斯大林斥责道。

斯大林格勒形势万分危急,但在一两天内敌人还不可能占领它。朱可夫不同意这一判断,并且坚持他的预感不会错。他甚至想一个被硝烟和炮火所包围的战士对战斗态势的预感,

▲ 尽管德军攻势强大，使苏军很难组织起有效的反击。不过朱可夫指挥的反击却有效地延缓了德军进攻的势头。

往往会比在司令部地图上作出的判断更贴近战场实际状况。最后，斯大林作了让步，按计划定于 9 月 5 日发起攻击。

朱可夫放下电话，觉得斯大林对反击的期望过高。战局发展证实了朱可夫的判断。

苏军发起冲锋后，立即遭到德军强有力的回击。德军集中了大量的坦克、炮兵和摩托化部队阻止苏军进攻，德军轰炸机不断轰炸运动中的苏军队形。第一天结束时，苏军几乎毫无进展。

第二天苏军航空兵大规模参战，取得了一定进展。但德军立刻向斯大林格勒地域调集新的部队。交战的第三、四天，进攻已停止了，主要是各种火器和空战。

这次战役成功的地方，是阻缓了德军进攻的势头。

9 月 4 日，C.N. 鲁坚科少将指挥的新建航空兵 16 集团军被命令编入斯大林格勒方面军参战。

9 月 6 日，两个歼击机团从伏尔加河流域和沃罗涅夫方面军飞往斯大林格勒，参加了苏军的反击。

阿列柳欣才跃出机舱，第 268 歼击机航空师师长西德涅夫上校就把他叫去。西德涅夫打开地图，把图上用红铅笔标出的卡拉奇地域的顿河渡口指给他看："德寇在不停轰炸，需要掩护。"

一小时后，阿列柳欣率领的一架架"拉格—3"式飞机呼啸着升上了天空。飞到了指定空域，阿列柳欣发现了两组各有 6 架"容克—88"式德机的机群。德机竟然狂妄到没有掩护，他用无线电向僚机发出攻击的命令。

苏机开足油门冲了上去，德机没有察觉。阿列柳欣轻松地把一架德机捕捉到，随着一声炮响，"容克"在空中爆炸了，一会儿又有两架德机也起火向地面栽去。

为了掩护地面部队的突击，阿列柳欣大队又一次升入空中，发现有三组各九架轰炸机群在战斗机护航下接近地面目标。富有经验的阿列柳欣驾机一个转弯占领有利空域，向第一组轰炸机长机俯冲。随着一串电光，德机爆炸了。但他的飞机也被三架德机盯住了，他们在空中追逐着，展开格斗。

阿列柳欣早已把生死置之度外，他突然一个急转弯做了一个惊险动作，把从他头上飞过的一架德机撞了下来。不幸的是敌机打中了他的座舱，血从军服中汩汩流出，他强忍住痛跳了伞，失去了知觉。

当这次反击战结束时，朱可夫从内心感觉到凭现有的兵力无法彻底扭转战局，要消灭敌人，必须另外寻找出路。

他决定向最高统帅汇报他对目前战局的判断。斯大林在听了朱可夫对形势的分析后，没有轻率否定，而是对他说，如果你能亲自飞到莫斯科阐述自己的看法，可能更好一些。

9月12日，一架飞机穿越密密云层，在莫斯科中央机场降落。巧合的是，这一天，德军的指挥官保卢斯将军的飞机也飞向了希特勒战时大本营——乌克兰境内代号"狼人"的暗堡。

苏军9月5日的猛烈反击，使保卢斯大吃一惊。他没有料到苏军的抵抗会越来越激烈，他的心情也时好时坏。

8月23日，德军从南、北两个方向向苏军发起冲击。担任北部作战的坦克14军冲锋陷阵，很快突破苏军防线，穿越小罗索什卡—137高地—康内会让站地区以北的一排小冈冲向伏尔加河。当参谋在地图上标出坦克14军的进攻路线时，司令部内充满了欢乐情绪。

▲ 苏军战机与德机空战的情形。随着战争的进行，苏联战略纵深的优势得以体现出来，他们的战机源源不断地从大后方飞抵前线，保卫着危在旦夕的斯大林格勒。

可是没等兴奋异常的保卢斯平静下来，科瓦连科指挥的突击集群已猛扑过来。坦克14军由于进军过快，两翼步兵师没有跟上，立刻陷入了困境。保卢斯接通了与维特尔斯盖伊姆的联系。

电话里维特尔斯盖伊姆的声音有点惊慌："苏军炮火很猛，请援军快点到达，形势很危急。"

援军也遇到了麻烦，步兵第8军紧跟着坦克14军突击，刚渡过顿河，指挥部就遭到空袭，几名参谋当场炸死。原本掩护坦克14军右翼的步兵51军伤亡也很大。该军在苏军反击下，行动迟缓，陷入进退维谷的境地。直到一星期后，保卢斯又调来几个步兵师，才使14军冲出重围。

当晚，维特尔斯盖伊姆失魂落魄地出现在第6军团司令部。在汇报完战况后，他没马上离开，用呆滞的目光忧郁地望了保卢斯一眼，心事重重。"有话就说嘛。"保卢斯见他这副沮丧神态，有些不耐烦。

维特尔斯盖伊姆终于鼓足勇气："报告司令，这是一座巨人般的城市，我们攻不下来。我知道元首要攻下它的全部意义，但是苏联人太可怕了。与我们作战的不仅仅是军队，还有成千上万的老百姓……他们战死了，僵硬的手中还握着步枪，简直太可怕了。"维特尔斯盖伊姆生怕被打断，急急地说道："我建议第6军团撤出伏尔加河，否则……"

保卢斯再也沉不住气了："住嘴，你是帝国的将军，别忘了军人的荣誉。"保卢斯怜悯地看着他低下了头，不忍心再责骂，挥挥手道："你累了，快回去休息吧。"两天后，维特尔斯盖伊姆被解除了职务。

德军凭着优势兵力，终于在苏军阵地上站稳脚跟，将苏军赶到内郭（市区）一线。可没等保卢斯松一口气，苏军在北部又出人意料地发起反击，使保卢斯不得不减弱进攻节奏，把市区的部分兵力抽调到郊外应急。

正当保卢斯为苏军的顽强反击愁眉不展时，参谋长施密特少将兴冲冲地走了进来："好消息，前线传来捷报，苏军9月5日发起的进攻已被击退了。"

保卢斯如释重负，情绪又高涨起来。他一把抓住施密特："通知各部队指挥官马上开会，研究新一轮进攻计划。"

9月12日中午，希特勒在"狼人"大本营召开军事会议。希特勒对保卢斯的报告很满意，立即批准了他带去的作战计划。

次日晨，保卢斯带着作战计划心情轻松地登上飞机，参加元首召开的大本营会议。临行前，他对送行的施密特说："苏军被打垮了，这一回我们不会让元首再次失望了。"

战争远远没有结束，双方又将展开新一轮的战斗。

真正的恶战开始了

斯大林格勒原名察里津，它是一座极其繁荣的城市。当时，它不仅是伏尔加河畔重要的贸易中心，而且是连接罗曼诺夫王朝最北端与最南端的交通枢纽。此外，它还是1917年俄国十月革命，红军决定性地战胜邓尼金的白军的战场之一。

1924年，革命导师列宁逝世，斯大林格勒被苏联当局指定为苏联革命历史的重要标志和样板城市。斯大林格勒拥有60万人口，在斯大林20世纪30年代推行的工业化进程中发挥了重要作用。

1925年，斯大林掌权之后，苏联革命战争的历史以及他本人在历史中的地位被重新谱写。斯大林用自己的名字为察里津重新命名，注定了斯大林格勒这座城市将在苏联历史中占据一席之地，并且在未来抵抗纳粹德军的战争中承担起中流砥柱的伟大历史作用。

斯大林格勒是一个易守难攻的阵地，市中心是一处古代人坟墓形成的小山，即马马耶夫岗，所有的军事地图都将此处标为第1号高地，这里也是双方展开长达数周的惨烈遭遇战的战场。

察里察河将斯大林格勒南北分开，自西向东注入伏尔加河，直抵斯大林格勒1号火车站。舒米洛夫指挥的第64集团军就是部署负责保护第62集团军的左翼。1号火车站的东部是一座栈桥，连接西岸苏军与克拉斯纳亚斯罗伯达的东岸后备部队，同时提供物资供应。

对于斯大林格勒的苏联守军而言，伏尔加河虽然有可能使他们葬身鱼腹，但却是他们赖以生存的生命线。事实上，由于德军无法切断伏尔加河上的人员与物资供应线，最终无法阻止苏联取得最后的胜利。

1942年9月初，尽管斯大林格勒的任何地方都可以

▲ 瓦西里·崔可夫将军，在斯大林格勒保卫战中是第62军的一名强硬派司令官。

作为防御阵地，但许多苏军指挥官对于未来的战争结局万分沮丧，在内心深处充满了恐惧，其中就包括第 62 集团军司令洛帕京将军。尽管洛帕京将军作战非常勇敢，但对于未来充满了悲观情绪，战斗意志消沉。9 月 12 日，崔可夫中将取代了洛帕京。

崔可夫时年 42 岁，身材矮小但极其健壮，个性率直但极其邋遢，坚强乐观但又冷酷无情，他天生就是一名拳击手和一名斗士。

崔可夫曾经参加过俄国国内革命战争。自从 1941 年 6 月东线战争爆发后，他一直担任苏联驻中国的陆军武官。1942 年 6 月，崔可夫指挥第 64 集团军和一支突击队作战，猛烈打击了德军第 4 装甲集团军。

由于当时苏军接连遭遇惨败，许多司令官纷纷被解职。但崔可夫并没有受到这种绝望气氛的影响，经过在斯大林格勒的背水一战，他证明了苏联最高统帅部重用自己是绝对正确的选择。

通过研究德军的战术方法，崔可夫发现了德军在进攻斯大林格勒过程中的弱点。据观察，在空中力量加入战斗之前，德国装甲兵力往往不会发动进攻，步兵则紧随装甲部队之后作战。而在顿河平原这样一个开阔的战场上，德军势必战无不胜、攻无不克。

崔可夫同时认识到，德军这些技战术在城市内部的近距离作战环境下很难实施。苏军只有破坏德军这种作战模式，才能阻止德国空军活动，防止其对斯大林格勒继续造成毁灭性的破坏。

针对这种状况，崔可夫决定让苏军尽可能靠近德军阵地，最好能够在手榴弹的投掷距离内。这样一来，德国空军在复杂的城市环境下，其轰炸精确度受到严重的影响和困扰。同时，由于担心误伤德军地面部队，德国空军实施近距空中支援的能力被大大削弱，而这正是德军作战中惯用的一种战术。

与德军相比，斯大林格勒市区遍布废墟瓦砾的地形为苏联守备部队提供了更大的便利。在这种恶劣地形中，德军装甲部队与步兵进行机动作战相当困难，只能通过近距离格斗向前艰难推进，而这却是他们极不习惯、极不擅长的战斗方法。

于是，在战斗过程中，占据着地利优势的第 62 集团军拥有了一定程度的取胜机会。然而，此时距离崔可夫真正认为胜券在握的日子还很遥远。9 月 14 日，德军对斯大林格勒发动猛烈进攻，斯大林格勒战役爆发，真正的恶战正式开始了。

残酷的市区争夺战

在向斯大林格勒发动大规模进攻前，德军面临的是分布在 643 千米的前沿阵地、总数 9 个集团军的苏军。

9 月 14 日，在保卢斯的指挥下，库茨巴赫的第 51 军开始向斯大林格勒发动进攻。保卢斯和其他指挥官都对胜利充满了不切实际的自信。

1942 年 1 月，保卢斯出任第 6 集团军司令。虽然他比较墨守成规，但内心深处却野心勃勃，工作勤勉刻苦、精明强干，希特勒对他非常欣赏。1942 年 5 月，

▲ 配备着冲锋枪的德国步兵，准备在斯大林格勒的废墟之中继续进攻。

保卢斯在哈尔科夫战役以及向斯大林格勒推进途中表现非凡。此刻的保卢斯，还远远不曾体验失败是何种滋味。

1942年9月14日6时30分，德军数百门火炮、飞机和坦克向苏军第62集团军发动猛烈进攻。崔可夫本来打算首先向德军发动一系列的小规模反攻，却被德军第51军抢先，后者兵分两路对斯大林格勒北部和市中心率先发起进攻。

在察里察河南岸，第4装甲集团军向舒米洛夫的第64集团军发动进攻。第51军向东南方向发起进攻。与此同时，第14装甲师和第29摩托化师从叶尔尚卡郊区向伏尔加河推进。

第4装甲集团军试图在察里察河南部形成小型包围圈，最终推进到伏尔加河。第51军将占领马马耶夫岗。随后，进攻的德军将合兵一处，沿着察里察河岸向前推进，将切断西岸的第62集团军与东岸物资供应线路之间的联系。

截至下午15时许，设在马马耶夫岗顶部的崔可夫的指挥部已经被德军摧毁，由于德军猛烈的炮火不断向他们倾泻下来，苏军在与德军步兵展开肉搏战之前就已撤退到了掩体内。进攻的德军一批批向伏尔加河方向推进，朝着斯大林格勒1号火车站和他们的最终目标——栈桥推进。

东岸的苏军炮弹飞过伏尔加河，试图消灭德军，但无济于事。此时，崔可夫几乎快要失去对战斗的控制。他将自己最后的战术预备队投入了战斗，这是一个只有19辆坦克的坦克旅，奉命前去阻击德军。

黄昏时分，应崔可夫的请求，近卫第13师在夜色的掩护下渡过伏尔加河。该师沿着红斯洛博达东岸悄然前行。虽然近卫第13师的兵力达1万余人，但缺乏重型武器。

登陆艇靠岸后，在契尔耶克霍夫率领下，近卫第13师第42团第1营向德军发起了猛烈进攻，重新夺回了主动权并建立了一个桥头堡。近卫第13师的其余兵力迅速冲过斯大林格勒的街道，占领了马马耶夫岗左翼以及火车站周围的各个阵地。

9月15日，近卫第13师遭遇德军正面进攻，争夺火车站的战斗异常激烈，双方互有攻守。火车站一天之内竟然4次易手，黄昏时再次落入苏军手中。

9月19日，火车站的控制权继续不断更换，前后竟然高达15次之多。

9月16日，近卫第13师从第71师手中夺回主动权，清除了栈桥及其周边地区的德军，重新夺回了火车站的控制权。

9月19日，德军再次占领火车站，并对栈桥进行不间断的进攻。

9月20日，经过浴血奋战，近卫第13师成功阻止了德军的推进，为崔可夫重组军队并使更多的后备队渡过伏尔加河参加战斗赢得了宝贵的时间。

马马耶夫岗是一处独一无二的战术要地，具有非同寻常的重要意义，地理位置十分优越，从此处可以清楚地观察到第62集团军左翼和右翼的防御态势，同时能够鸟瞰后备部队的运动以及从东岸运来的补给物资的状况。

9月14日，为了占领马马耶夫岗这个最重要的阵地，双方也展开了激烈的争夺战。

9月15日，德军第295师已经摧毁了崔可夫设在马马耶夫岗的指挥部，而且将整个高地置于进攻火力之下。

9月16日拂晓时分，崔可夫命令两个团向马马耶夫岗发起冲锋，要求他们不惜任何代价坚守这个至关重要的阵地。虽然伤亡惨重，苏军还是奋勇地朝高地挺进，但立即遭到德国空军和地面德军的反攻。

直到9月18日破晓时分，战斗仍然没有任何缓解和暂停的迹象。8时许，德国空军突

▲ 斯大林格勒保卫战经典一幕。

然结束战斗离去，这大大出乎崔可夫的预料。原来，朱可夫已经向顿河与伏尔加河之间的第 6 集团军左翼发起进攻，德国空军前去增援左翼，试图击退苏军的进攻。

然而，德国空军停止进攻的 6 个小时，对于崔可夫来说是一次宝贵的机会。他请求叶廖缅科提供两个满编师的增援兵力，但只得到了两个旅。

9 月 18 日 18 时，叶廖缅科命令崔可夫发动反攻，这是一次异常大胆的计划，旨在增援斯大林格勒方面军重新发起的进攻行动。

9 月 19 日，德军占领了斯大林格勒 1 号火车站，于 9 月 21 日将近卫第 13 师第 1 营包围。近卫第 13 师开始逐步后撤，在德军的猛攻下，第 1 营与大部队失去联系，通过残酷的肉搏战来突破包围圈。他们占领了距离中央栈桥仅有 274 米的阵地。

苏军苦战了 5 天，在付出惨重伤亡的情况下，除了暂时牵制德国空军的进攻之外，没有实现任何战术目标。

9 月 23 日凌晨，尼古拉·巴秋科中校指挥第 284 西伯利亚师渡过伏尔加河，刚到河岸，这时，德国空军发起一次拂晓攻势，击中了河岸上的油桶，伏尔加河顿时燃烧起来，拂晓时的黑暗与石油燃烧产生的浓烟混在一起，形成了一道天然屏障，为巴秋科的部队向河岸靠近提供了绝佳的掩护。

第 284 西伯利亚师穿过燃烧的城市，对近卫第 13 师的左翼进行增援，并向在马马耶夫岗东南部山坡的第 95 师提供支援。

9 月 23 日 10 时，第 284 西伯利亚师与近卫第 13 师向德军第 71 师发动反攻，阻击该师向伏尔加河推进。但是，第 62 集团军的左翼虽然已经趋于稳定，但实战证明，重新占领栈桥和 1 号火车站显然超过了第 62 集团军的作战能力。

同时，德、苏两军在伏尔加河河岸的谷仓也展开了激战，战斗的激烈程度是德军始料不及的。争夺谷仓的战斗从 9 月 17 日一直持续到 9 月 22 日，德军三个师的部分兵力都被拖入了战斗。这次战斗的惨烈程度简直就是斯大林格勒战役的一个缩影。

当苏军在德军强烈的攻势之下被迫向伏尔加河方向撤退的时候，他们往往会为每一座建筑物、每一条街道展开战斗，依依不舍地忍痛放弃本属于自己的每一寸土地。战斗继续激烈进行了 48 个小时。

德军第 94 师的威廉·霍夫曼曾经这样记录他所在营进攻时的战斗情景："我们的步兵

与坦克向谷仓发动进攻，谷仓里冒出滚滚浓烟，粮食在燃烧，可能是苏联人自己将这些粮食点着了。太野蛮了。我们损失惨重。后来每个连剩下不到60人。守卫谷仓的根本不是人，简直是大火烧不死、子弹打不穿的魔鬼。"

在惨烈的争夺战中，攻守双方在坚韧与耐力上展开了激烈的较量，德军被苏军拖入了一场旷日持久的消耗战。即便如此，保卢斯、霍斯和普通的德军士兵仍然坚信，德军终将取得最后的胜利。他们认为，第6集团军从来没有被击败过，是德军中战斗力最强的野战集团军。

霍夫曼在9月26日的日记中这样抱怨："我们团已经卷入连续的战斗中，苏联人继续顽强抵抗。你根本看不到他们，他们藏匿在房屋内和地窖中，从四面八方进行射击，包括从我们后方发动袭击——他们在使用土匪的野蛮战法。"

9月26日晚些时候，苏军第92旅在第24装甲师与第94步兵师的联合进攻下被击溃，与第42旅残部一起撤退并渡过伏尔加河。这时，德军第24装甲师已经突进至伏尔加河，并在察里察河南部将中央栈桥置于己方火力控制之下。

崔可夫的第62集团军在敌人第一次进攻中得以幸存下来，但德国人已经赢得了一场重要的战术胜利。同时，德国空军对强渡伏尔加河的物资运送人员与苏军舟艇编队不断进行攻击。

在斯大林格勒市中心，德军占领了火车站，将苏军暂时赶出了马马耶夫岗高地。然而，目前的状况并没有让他们感觉到胜利的迹象。苏军的抵抗使得德军惊恐不安。此时的德军已经没有了往日的骄傲自大和盛气凌人，而且也不再对苏军的战斗能力不屑一顾。

霍夫曼在9月28日的日记中这样写道："我们与坦克一道占领了斯大林格勒南部并抵达伏尔加河。我们为胜利付出了惨重的代价。在三周时间内，我们前进了大约9千米。司令官向我们祝贺胜利……战争究竟在什么时候才能够结束？斯大林格勒的苏军什么时候才能被消灭？这场大屠杀能不能在圣诞节之前结束呢？"

再度突击

保卢斯深刻认识到第6集团军正在进行一场不同寻常的残酷的近距离战斗。这里遍布碎石瓦砾、建筑物、刺刀、手榴弹以及出其不意的临时战斗小队。这对惯以机动作战的德军来说极为不利。

在付出惨重代价之后，德国军官意识到时间所剩无几。随着斯大林格勒市南部战斗的逐步平息，保卢斯重组了疲惫不堪的军队，准备向工业区中心地带发动进攻。

德军的主攻方向是马马耶夫岗和厂区南端的红十月钢铁厂，而城市北部的进攻目标是捷尔任斯基拖拉机厂。德军的作战目的非常明确，即突

▲ 苏联红军正在发起进攻。伸开右手那名战士，用的是PPSh-41式冲锋枪。其左边的那个战士携带着莫辛-纳甘M1891式7.62毫米步枪，这是一种旧式的设计，配备装有五发子弹的弹夹。

破苏军防线,直抵伏尔加河,尔后调转方向进攻市内,沿河岸线向前推进,从而击溃苏军防线,合围和歼灭守卫部队。

第62集团军在斯大林格勒市建立了高效的侦察网络。在发现德军准备向北运动的企图后,崔可夫立即对自己的军队进行了重组。他强调要加强反坦克防御和布设地雷,同时要做好巷战的准备,以便士兵从内部和外部实施防御。

9月中旬,苏军全权组织栈桥的一切活动,就装载、撤退以及作战等规定了明确的操作程序。罗加乔夫海军少将还征调了大量的渔民和渔船,他们悄悄将第284西伯利亚师和近卫第13师送到了战斗最前沿。由于日间渡河常常遭遇德国空军的猛烈袭击,苏军的大量运输都是在夜间进行的。

德军的大炮和小型武器对靠近西岸的苏联舰船构成巨大的威胁,但最可怕的威胁还是来自德国空军。由于实力上的差距,德国空军占据着斯大林格勒的空中优势。

1942年10月,随着苏联空军司令亚历山大诺维科夫上将的到来,苏军的防空力量大大提高。与此同时,由于资源的不足,德国空军无法持续有效地封锁斯大林格勒的铁路网络,这意味着苏联的防空资源可以源源不断地流入该地区。

即便如此,德国空军还是令人望而生畏的。崔可夫曾经这样评论道:"德国空军的猛烈进攻就像铁锤一样,几乎把街道上所有的东西都砸到了地下。"为此,崔可夫调整了部队,并强调在面对德军可能对城市北部发动的进攻时,要小心谨慎,行动要快捷,因为德军几乎没有遭遇过任何空中打击,力量非常强大。

随着苏军对地形的熟悉,他们很快就适应了城市巷战。在获得德军可能进攻马马耶夫岗的情报后,崔可夫决定先发制人,对马马耶夫岗发动进攻。他命令左翼的罗季姆采夫的近卫第13师向德军阵地发动进攻,右翼的第284西伯利亚师向马马耶夫岗南端发动攻势。

同时,戈里什内指挥的步兵第95师向马马耶夫岗的东侧斜坡突击。进攻定于9月27日6时开始,以长达1小时的炮火准备拉开序幕。在第166号命令结束处,崔可夫这样说:"我再次警告所有单位或兵团的司令官,不要在战斗中以整个单位如连、营的规模投入行动。进攻应该主要以配备冲锋枪、手榴弹、混合燃烧弹和反坦克步兵的突击小队来组织。"

在斯大林格勒,突击队是苏军的基本战斗单位。由50～80人组成的突击队被分解为三个相互依赖的分队:强击队、增援队与预备队。

由8～10人组成的强击队是突击队的前锋部队,其作用是渗透进入敌人的阵地——堑壕系统或建筑物内,然后消灭敌人。强击队员装备机枪、手榴弹、匕首和短柄铁铲,一旦强击队进入敌人阵地内,就要发射信号弹。增援队发现信号弹后,马上对占领的目标展开战术防御。

增援队的人数通常在20～25人左右,装备大量的轻机枪、重机枪、反坦克火箭、镐、铁铲、迫击炮和炸药。增援队往往配备战斗工兵,他们在实施防御与组织进攻的过程中都发挥着非常重要的作用。

预备队配备约30～50人,任务是阻击敌人发动的进攻。此外,一旦强击队和增援队遭遇敌人的顽强抵抗,预备队还将立即向他们提供后备人员支援。为了使队员能充分理解突击队是一个有机整体这一重要性,士兵们往往会在每个队中轮流战斗。

德军发现巷战中战场的拥挤和狭小等特点极大地降低了大规模部队实施一体化协同作战的能力。在近距离战斗中,侦察、突袭以及快速运动是取胜的重要因素。

为了生存,他们必须这样做,因为第6集团军是一支战斗力强、具有超强适应能力的部队。德国空军控制着白天的战斗，苏军白天的活动都充满了危险。在这场城市争夺战中，尽管第62集团军伤亡惨重，但崔可夫的战术还是取得了成功，而德军步兵对这种战斗方式却一无所知。

▲ 苏军手持冲锋枪穿梭在城墟中。这种城毁地不失、分散打游击的巷战战术，既灵活又高效，使德军陷入进退两难的境地。

然而，正如克劳塞维茨所言，与防御相比，占领阵地更加困难。9月27日8时，苏军的进攻遭到空军第8军的破坏性干预，第62集团军被德国空军压制长达两个小时。

10时30分，第6集团军发动大规模反攻，第62集团军左翼迅速向伏尔加河方向溃退。此时，第389步兵师从西北部的戈罗季谢郊区向东南方向的捷尔任斯基拖拉机厂发动进攻。第24装甲师向"街垒"兵工厂推进。

与此同时，第100猎兵师向红十月钢铁厂进军。第295师又打响了与苏军第95师争夺马马耶夫岗的战斗。

德国空军在战场上空的轰炸对苏军造成了极大的破坏，切断了第62集团军和阻击德军进攻的分队之间的通讯联系。

9月27日傍晚，崔可夫意识到局势的严重性。由坦克第189旅负责支援的索洛古布第112师的左翼被迫实施大规模战术撤退，他们朝"街垒"兵工厂住宅区外围后撤了1.6千米。

在德军炮火和空中力量的连续打击下，苏军第95师几乎无法继续控制马马耶夫岗。当天，德军向前推进了2743米，几乎将第112和第95师彻底消灭。

9月27日傍晚，在向上级发送的报告中，崔可夫陈述了当时形势的严重性。他指出，德军在一天的战斗中取得了巨大的胜利，而苏军则急需后备部队，最为重要的是想办法缓解德国空军的进攻。他向尼基塔·赫鲁晓夫请求增加支援——从空中对他们提供掩护。

在随后的日子里，顿河方面军经仓促准备后，向德军第6集团军发动了猛烈进攻，但第62集团军的压力并没有得到太大的缓解。

9月27日夜到28日，罗加乔夫舰队运送斯梅霍特沃罗夫上校率领的步兵第193师渡过伏尔加河，做好迎击德军第24装甲师的准备。黎明时分，崔可夫命令第284西伯利亚师的两个团和第95师剩余的一个团向马马耶夫岗发动反攻。

随着炮火的增强，苏军在空军第8军的支援下，发动猛烈进攻，奋勇向马马耶夫岗顶部推进。然而，由于遭遇德军的猛烈反扑，苏军无法攻占马马耶夫岗，但继续坚持与德军对峙。这样，德军无法将苏军赶下马马耶夫岗，苏军也没有将控制权拱手让出。

9月28日一整天，德军不断向进攻马马耶夫岗的第62集团军发动猛烈反攻，致使第62集团军没有取得任何进展。此外，德军还向"红十月"钢铁厂西部以及"街垒"兵工厂发动了猛烈的进攻。

第三轮进攻

1942年10月14日，保卢斯调集了5个步兵师和两个装甲师向城北工厂区只有5千米深的狭长防线猛扑过来。因为希特勒已向德军下达命令，要求转入战略防御，并且在斯大林格勒方向发起更猛烈的进攻。

经过5个多小时的猛烈轰炸之后，德军突破了拖拉机厂防线，冲向伏尔加河边。这使苏军遭到重大伤亡，仅在崔可夫设在地下坑道的指挥所就有61人牺牲。崔可夫后来写道："10月14日将作为整个斯大林格勒战役中最为血腥、最为残酷的一天而被载入史册。"

这天清晨，德国轰炸机在空中隆隆作响，炸弹雨点般地纷纷落下，高射炮弹的曳光划破长空。62集团军指挥所四周，爆炸声一片轰鸣，火光和烟雾笼罩着整个城市。那一天，崔可夫走出掩蔽部，没有发现一丝阳光。

清晨8时，德军以优势兵力向拖拉机厂、兵工厂发起进攻。守卫该地域的近卫37师109团把德军的三次进攻都击退了，德军丢下了300多具尸体，阵地前有20余辆坦克被击毁。但德国人在进攻被击退后，又不顾一切地冲了上来。10时整，109团阵地被德国人夺走了。

▲ 巷战使德国的机械化优势化为乌有，他们只能采用几人一组，在废墟中搜寻那些不知所踪却又无处不在的苏联红军。

当德国人以为苏军已被消灭、大摇大摆地行进在一座座倒塌的建筑物时，立刻遭到藏在地下室的苏军的当头痛击。手榴弹、燃烧瓶从废弃的瓦砾堆里飞了出来，德军只得使用喷火器烧一段攻一段，苏军一边还击、一边撤退。经过4个小时激战，37师防线被突破。

这一天，崔可夫指挥所一片忙乱。电话员们向各通信线路拼命呼叫着，通信参谋在向集团军参谋长不断报告收到的战况，屋顶上的尘土不停落下来。崔可夫打电话给空军集团军司令员赫留金将军，请求他设法让德国人的飞机安分点。赫留金回复说，德军已封锁了苏军的各个机场。

不幸的消息接踵而来：

11时，德军突破近卫37师和步兵112师左翼阵地。

11时50分，德军占领拖拉机厂的体育场。37师报告：被敌包围的114团固守在楼房和废墟里。阿纳尼耶沃营6连官兵全部阵亡。

12时30分，近卫37师指挥部被炸。师长若卢杰夫将军从废墟中爬出，跑到集团军指挥所，向崔可夫报告："近卫37师仍在战斗，我们决不后退，但全师大部分官兵已经阵亡。"

14时，指挥所掩蔽部被炸，与部队的联系中断了。

对于被围困的步兵95师某团第3炮兵连来说，那一天是漫长而又可怕的。在数小时天昏地暗的轰炸过后，德军发起了猛烈进攻。第3炮兵连战士把一发发炮弹填入炮膛，一声令下，炮弹呼啸着扑向德军阵中。德国人像镰刀前的草一样成排地倒下。

　　整整一天，在连长雅西科的指挥下，战士们打退了德军的一次次进攻。许多人被埋在尘土里，仍不停地射击、射击。最后全连弹药打完了，剩下的 20 余人把心爱的大炮砸了，端起刺刀和手榴弹冲向敌阵，除 3 人突围外，全部阵亡。

　　当德军将苏军阵地围得水泄不通、弹尽粮绝时，苏军士兵要么与敌展开白刃搏斗、要么要求指挥所向阵地开炮。在意志顽强的守军面前，德军的进攻势头逐渐减弱了。

　　从 15 日到 18 日，德军将战斗转向了"街垒"厂和"红十月"厂，继续向苏军猛攻。守卫的苏军殊死抵抗，德军的元气也渐渐丧尽。到了 10 月底，德军的进攻已停顿下来。

　　崔可夫向方面军司令员叶廖缅科将军汇报战况，说"危机过去了"，并且分析敌人在 11 月初不可能有力组织像 14 日那样的重大进攻。

　　许多年之后，德国人才醒悟到他们输掉了这场会战是由于背靠伏尔加河的苏军无路可退，才十分勇猛顽强，也是由于德军没有集中力量轰炸伏尔加河渡口，使岌岌可危的斯大林格勒守军不断得到补充，终于转危为安，反败为胜。

四、苏军赢得胜利

天王星计划

　　1942 年 11 月 18 日午夜 12 时，苏第 62 集团军司令部接到方面军司令员叶廖缅科上将传达的最高统帅部命令：

　　"天王星计划：1942 年 11 月 19 日，西南方面军和顿河方面军；1942 年 11 月 20 日，斯大林格勒方面军——向斯大林格勒地区的德国军队发动全面大反攻！"

　　崔可夫等人意识到斯大林格勒的血战终于要结束了，想到 7 小时之后的进攻，顿时兴奋不已。11 月 18 日午夜时分，在斯大林格勒城北，从顿河左岸巴甫洛夫斯克至那尔佐夫卡宽约 400 千米的地带上，苏西南和顿河两个方面军在森林和夜幕的掩护下已全部进入最后的攻击阵地。

　　阵地对面的意大利人、罗马尼亚人和德国人对苏军即将发动的大规模进攻都不了解。近几个月来，大规模苏军在斯大林格勒附近秘密集结曾引起德军的察觉，但德国人太自信了，他们没料到被打得筋疲力尽的苏联人还能发起进攻。他们更意识不到，这场进攻将扭转整个战局。

　　11 月 19 日 7 时 30 分，沿西南方面军和顿河方面军一线，3000 多门苏军大炮开始轰鸣，炮击持续了 80 分钟，数百吨炸弹倾泻在罗马尼亚第 3 集团军阵地上。

　　8 时 50 分，步兵和坦克兵团投入战斗。罗马尼亚军队拼死抵抗。但到了下午，苏军波浪式的进攻，终于将罗军击溃。与此同时，顿河方面军突破了德军的防线。

　　经过一昼夜激战，两个方面军重创了敌军，一切都与计划相合。20 日，集结于斯大林格勒南部卡尔梅克草原的部队也转入进攻。

　　此时，在莫斯科的克里姆林宫，斯大林正等待着斯大林格勒方面军司令员的报告。一小时前，他已得知顿河和西南方面军进展顺利，先头部队已进抵奇尔河上游。电话接通了，叶廖缅科告诉他由于大雾进攻被推迟两小时。

▲ 苏联红军从坦克上跳下来，杀向敌军。

20日清晨，在卡尔梅克草原上，苏军坦克和炮兵部队埋伏在芦苇和水草丛生的湖间地带。因能见度太低，原定8时开始的炮火到10时才开始打响。火炮射击了75分钟，第51、57和64集团军从3个地段突破敌军防御，罗马尼亚第4集团军被切割、包围。

21日下午，苏军部队挺进至苏罗维吉诺以北，威胁到保卢斯集团军交通线。21日，从克列茨卡娅和谢拉菲莫维支出发的苏军转弯90度，两军会合后向北部的顿河进发，直插德军在斯大林格勒正面防线的后方，苏军占领了顿河大桥，切割了保卢斯集团的退路，进入卡拉奇地区，按原定计划完成了对德军第6集团军和第4坦克集团军的包围。

斯大林格勒方面军在击溃德军第29机械化师和罗马尼亚第6步兵军之后，从契尔符林河与顿河皇后河之间向卡拉奇至斯大林格勒的铁路挺进。11月22日上午，苏军进至布齐诺夫卡，成南北夹击之势的苏军3个方面军在距斯大林格勒以西仅60千米的卡拉奇会师。11月23日，苏军在顿河河曲和卡拉奇对德军第6集团军和第4坦克集团军形成钳形包围之势，将其与德军的B集团军群隔开。

总之，经过19日～23日的进攻，苏军完成了预定的战术突破，德军第6集团军已成苏军囊中之物。

11月19日苏军的大反攻，是整个会战的转折和高潮。它是苏军在卫国战争中实施的第一次大规模的战略反击，11月19日这一天也成为第二次世界大战中的重要日子而被载入史册。

不许撤退

19日早晨，保卢斯被城北越来越响的隆隆炮声吵醒，还没起床，值班参谋就闯了进来向他报告：苏军在城北顿河一带发动了大规模进攻，罗马尼亚第3集团军遭到炮火猛烈袭击，阵地出现混乱。

罗马尼亚第3集团军面临的不仅是一场袭击，而且是一场灾难。罗马尼亚军队并不像德国军队一样精锐。简陋的防御工事很快就被2000多门苏军大炮夷为平地。

苏军突然发起的攻击，让B集团军群司令魏克斯大吃一惊。之前德国人从来没发现顿河一线有苏军集结，这些部队仿佛从地下冒出来的一样。

德国第6集团军司令保卢斯，并未因罗马尼亚军队的溃散而陷入恐慌，他还寄希望于坦克48军和坦克14军的阻击会起到作用。然而到了20日早晨，城南的苏军也发动了猛烈攻势，保卢斯才顿时明白了。

保卢斯感到脊背一阵发凉，而此时参谋长又告诉他，坦克48军出师不利，又受大雾影响，没有堵住罗军溃退的缺口。坦克14军也没有顶住红军压力，停止了进攻。另外还有消息传来，说苏军坦克正向第6集团军司令部逼来。军队中则流言四起，从北面和南面溃退下来的德国兵，更把这种恐慌带到了第6集团军指挥所。为防万一，保卢斯指令参谋们将多余的资料和文件烧毁。

很快，被派出去的一支侦察分队传来消息，证实有小股苏制坦克离顿河西岸戈卢宾斯基镇不超过20千米。保卢斯立即下令撤退，司令部人员分成五路纵队向下奇尔斯卡亚出发。

这几天的希特勒一直在紧张中度过，他每隔数小时就要与参谋总部的大本营通话，蔡茨勒将军不停地将最新动态报告给他。到21日中午，他已然意识到，南北夹击的两路苏军如两只巨形钳一样，很快就要在斯大林格勒周围闭合了，第6集团军已处在危险之中。

有两个办法让第6集团军摆脱困境：一是让保卢斯率部向西南方向突围，避免被围歼。但这么做等于放弃了斯大林格勒，德军费了九牛二虎之力才拼杀到伏尔加河就这么放弃，实在于心不甘。二是让保卢斯就地组织环形防御，拖住苏军，等待援军。这个办法风险很大，而且需要向被围部队空投大量弹药、食物。希特勒想听空军司令戈林元帅的意见后再作决定。

22日，保卢斯司令部各路纵队刚抵达下奇尔斯卡亚，就收到了元首发来的电报："命令：第6集团军司令官连同司令部一起开赴斯大林格勒，集团军组织环形防御，待命。阿道夫·希特勒。"保卢斯只好原路返回苏军正在合拢的大包围圈内。

然而情况对于德军却更加不容乐观了。苏军坦克离卡拉奇只剩几千米了，而几个小时前，卡拉奇附近具有战略意义的顿河大桥又丢失了。

顿河大桥位于卡拉奇别廖佐夫斯基农庄附近，它是苏西南方面军强渡顿河的唯一通道。

相关链接

★ 喀秋莎火箭炮

喀秋莎多管火箭炮是第一种被苏联于第二次世界大战大规模生产、投入使用的自走火箭炮。由沃罗涅日州的共产国际兵工厂组织生产，取共产国际俄文第一个字母K命名并印在炮车上。由于火箭炮这种新型武器当时严格保密，红军战士也不知道它的正式名称，就根据这个字母"K"命名为"喀秋莎"——俄罗斯少女常用的名字。德军则称之为"斯大林的管风琴"。

▲ 喀秋莎火箭炮发射的情形

喀秋莎火箭炮的正式型号是BM-13，这是一种多轨道的自行火箭炮。20世纪30年代末开始研制，1941年6月苏德战争爆发后开始批量生产，并在斯摩棱斯克战役中首次使用，效果显著。该火箭炮共有8条发射滑轨，一次齐射可发射口径为132毫米的火箭弹16发，最大射程8.5千米，既可单射，也可部分连射，或者一次齐射，装填一次齐射的弹药约需5～10分钟，一次齐射仅需7～10秒。

该炮射击火力凶猛，杀伤范围大，是一种大面积消灭敌人密集部队、压制敌火力配系和摧毁敌防御工事的有效武器，在第二次世界大战中发挥了重要作用。

▲ 苏军的战略反攻，遭受南北夹击的保卢斯的第 6 集团军已从原来的猎人变成了猎物。

苏军刚进攻时，保卢斯就指示，在必要时炸掉这个桥，阻止苏军南、北会师。守桥德军当夜把炸药安置在桥下，随时准备炸桥。但 22 日凌晨 3 时，在夜色掩护下，苏军一支装甲坦克部队经过伪装悄悄驶近大桥。守桥的德军看到坦克上有德军第 22 装甲师的标志，立刻挥旗放行。领头的坦克突然在桥上停下来，手持冲锋枪的士兵们跳下来，向毫无防备的德军开枪。顿河大桥就这样丢失了。

随后大批苏军坦克车隆隆驶过大桥，向东南方挺进。当天晚上，苏联南、北突击集群在卡拉奇顺利会师，德国第 6 集团军就像被装在一只大口袋里。保卢斯感觉除了突围已无其他办法，22 日下午，他用无线电台向 B 集团军群报告：

"集团军被包围。尽管部队英勇抵抗，但整个皇后河谷，从索维茨克至卡拉奇的铁路，这一地区的顿河大桥，以及顿河西岸的高地统统落入苏联人之手。集团军燃料储备将尽，坦克和重型火炮一旦没了燃料将动弹不得，弹药也发生了危机，粮食仅能维持 6 天，假如无法形成环形防御。请给予酌情采取自由行动的权利。那时局势可能迫使我们放弃斯大林格勒和北部防御地段。保卢斯。"

B 集团军群司令魏克斯同意保卢斯的主张，于是即刻向统帅部去电。他提出，给集团军 20 个师空运补给是办不到的，动用全部现有的运输机，好天气一昼夜也只能往大包围圈里运送所需补给的 1/10。德国陆军参谋总长蔡茨勒上将也支持魏克斯和保卢斯关于放弃斯大林格勒地区的观点。

魏克斯和保卢斯以为撤退命令只是迟早的事，但 11 月 24 日早晨，他们却接到了让两人大吃一惊的命令：

"第 6 集团军暂时被敌人包围。我决定该集团军集结于斯大林格勒北郊、科特卢班、137 高地、135 高地、马里诺夫卡、齐边科、南郊。集团军可以相信我，我将尽我所能，尽一切努力保障集团军的供应，并及时解除对它的封锁。我相信集团军也一定能够完成自己的职责。阿道夫·希特勒"。

希特勒为何决定让保卢斯继续坚守呢？因为戈林向他承诺，空军可以保证被围部队的给养问题。更重要的原因是，希特勒不愿意放弃已经到嘴边的斯大林格勒。第 6 集团军的 33 万人马只得待在斯大林设下的陷阱里。

困兽犹斗

困在包围圈中的保卢斯，像一只关在笼子里的猛兽，变得六神无主，昔日自信沉着的风度早已荡然无存。当初他挥师进军斯大林格勒时，绝没有想到这是一个巨大的陷阱，在那残破不全的建筑物和废墟瓦砾之中，几十万的兵马被吞噬。当苏军转入反攻时，保卢斯又未及时察觉苏军意图，以致被围其中。

苏军的围困一天天继续，保卢斯开始责怪戈林。最初戈林向希特勒和保卢斯保证，每天最低限度供应 500 吨物资。但自从 11 月 19 日空运以来，要么因为天气恶劣飞机无法起飞，要么因苏军炮火猛烈损失巨大。每天的空运量平均只是 50 ~ 60 吨，最多也不超过 300 吨。随着包围圈越缩越小，来自天空的补给就更加困难了。

▲ 苏联红军步兵发起进攻。拿着步枪的士兵在轻型冲锋枪的火力掩护下发起进攻。

保卢斯的心情之前也轻松过，那时统帅部告知他，曼施坦因元帅将率领一支强大的部队去解救第 6 集团军。曼施坦因是德军上下交口称赞的将领，保卢斯相信他会成为自己的救星。援救行动在 12 月初开始。包围圈中的德军士兵日夜企盼救兵的到来，终日念叨曼施坦因拍给第 6 集团军的电文："请坚守住！我们马上去拯救你们！"然而，曼施坦因的进攻并不顺利，被围的德军被告知，曼施坦因又退向了罗斯托夫。

沮丧失望的情绪继续在德军中弥漫。集团军主要基地塔钦斯卡亚都成了战场，军火库被炸，飞机被缴获。更致命的是，集团军被切断了与外界的联系，各分队弹药和粮食补给实际上已停止供应，每天每人只发 100 克面包片。大家饿疯了，开始杀马、杀狗、捉猫、吃树皮草根，所有能吃不能吃的都往肚子里填。

杯水车薪的补给从空中断断续续地运进来。保卢斯像他的士兵一样打不起精神。这天，他收到了元首的又一个命令。

"元首第 2 号命令补充件：

1. 为解救第 6 集团军，将于 2 月中，在哈尔科夫东南地域将集结由坦克兵团组成的重兵集团。为此，从西面正在迅速调遣党卫队 3 个师，及'中央'集团军群的'伟大的日耳曼'师。与此同时，还将在基辅以南地域集结 3 个从西面撤下来的步兵师。他们将在快速集群后，从这里沿铁路开往前线。

2. 定下决心：根据天气情况，从 2 月中大约在顿河以南向斯大林格勒方向发动进攻，目的是解救第 6 集团军。此项任务将由坦克集团军群和从'A'集团军群和'顿河'集团军群调来的其他快速兵团执行。

3. '顿河'集团军群和'B'集团军群应为快速集群创立和保障投入战斗所需的最好条件。"

元首的新保证让第 6 集团军军官重新振作起精神来，犹如一群垂死病人注射了一剂强心针。保卢斯也兴奋地喊道："几小时前，我们将苏军最后通牒向大本营作了汇报。现在答复刚刚收到，全文如下：'不许投降，集团军每坚守一天，对整个前线都是一个支援，可牵制苏军几个师的兵力。'我命令，立刻将大本营来电，通过无线电晓谕全军。第 6 集团军全体同仁，一定要振奋精神，为军人的荣誉而战，为第三帝国而战。"

殊不知，此时的苏军方面已经开始准备总攻。

1 月 10 日晨，最高统帅部代表沃罗诺夫上将、顿河方面军司令罗科索夫斯基来到第 65 集团军指挥所。总攻将在 1 小时后开始。担任主攻的第 65 集团军司令员巴托夫将军已看了好几次表了，时间像停止了一样。

苏军的主要突击方向：马利诺夫斯基突出部位，由第 65 集团军主攻，第 21、24 集团军助攻。在齐边科以南，第 64、57 集团军向巴萨尔基诺、新罗加哥克会让站发起攻击；而第 66、62 集团军则从叶尔佐夫卡西南地区向戈罗季谢发动进攻。

这三支利箭，能否穿透面前龟缩一团、状如刺猬的德军阵地？没谁能说得准。

8 时零 5 分，进攻开始。数千门大炮雷鸣般的轰击将大地震得颤抖。

9 时，炮火向德军阵地纵深延伸。步兵开始冲锋，田野里响起成千上万人震天动地的"乌拉"声。

日落前，第 65 集团军已进入敌防御阵地 1.5 ~ 4.5 千米，其他集团军也突破了德军主要地带的防御。

11 日 ~ 12 日，苏军继续扩大战果，第 65、21 集团军已至罗索什卡河西岸和卡尔波夫卡一带。在南部作战的第 57、64 集团军，在遭到德军疯狂反扑的不利形势下，也推进到卡拉瓦特卡山谷和切尔夫连纳亚河南岸。皮托姆尼克机场已陷入了苏军围困之中。

德军第 6 集团军司令部乱成了一团。保卢斯心知他的部队抵挡不住这样猛烈的攻势，但他仍然故作镇定，命令集团军全体官兵奋力抵抗滚滚而来的苏制坦克。

12 日午后，保卢斯接到报告，皮托姆尼克机场附近出现苏军。保卢斯一下子心慌了，他知道这个机场是集团军的命根子，无论如何不能失去："赶快给我守住，援兵立刻就到。"放下电话的保卢斯在地图前徘徊起来，他答应派兵救援，但援军在哪儿呢？现在各个防线都吃紧，预备队也早就用上了。

保卢斯在绝望之中只好向大本营发报：

"陆军总参谋长即呈元首：

苏军主力从西、北、南三面冲破了第 6 集团军的防线，矛头指向卡尔波夫卡和皮托姆尼克。步兵第 44 师和第 76 师遭到严重损伤。机械化第 29 师仅有一部分有战斗力的部队。恢复态势没有任何希望。德米特里耶夫卡、齐边科和拉科季诺被放弃了。"

答复很快从大本营传来：

▲ 冰雪中作战的德军机枪手

"第 6 集团军司令：

无论如何也要保住齐边科、卡尔波夫卡和罗索什卡。竭尽全力保住皮托姆尼克，不让敌人占领。要想方设法夺回齐边科。集团军司令官要上报采取反攻的措施，并要讲清楚，是在什么情况下，未经陆军参谋总部允许，放弃齐边科的。"

这份答复没有提供任何援助和措施，却一味指责、训斥。保卢斯看到这份电文，几乎要疯掉了，但他看出电文中每一个字都透露着杀机，他仿佛看到元首正暴跳如雷地训斥着。他只好有气无力地把命令下达给作战参谋："命令部队不惜一切代价死守阵地。凡丢失的阵地都要想办法夺回来。"

保卢斯开始恐吓他的士兵不许投降，在命令中他威胁道：

"如果部队停止抵抗，我们将受到什么样的威胁；我们中的大部分人不是被敌人子弹击毙，就是在西伯利亚可耻的俘虏营中饿死、冻死或者被折磨死。但有一点是清楚的，谁要是投降，谁将永远看不见自己的亲人。我们的出路只有一条：在严寒和饥饿中打尽最后一颗子弹，战斗到最后一息。"

然而此时，再严的命令也改变不了第6集团军难逃覆没的命运。而且具有讽刺意味的是，未过多久，这位司令官就违背了自己下的命令，主动当了俘虏。

保卢斯投降

从苏军发起总攻的那一刻起，保卢斯就明白他的部队已成强弩之末，无力在伏尔加河上继续战斗了。但他还心存一丝侥幸，他希望手下的士兵能坚持到2月，等元首派的援兵来了就可以转危为安了。

然而，几天下来，苏军进攻越来越猛，包围圈也越收越紧。保卢斯渐渐放弃了希望。七天里，德军袋形阵地已缩小一半，每个人都有大难临头的感觉。第6集团军司令部被迫从古姆拉克撤往斯大林格勒城内，再一次烧毁公文，然后分乘几辆幸存的汽车出发了。在转移的路上，保卢斯看到一群群饿得面黄肌瘦的德军士兵和伤员，他知道苏军坦克正在逼近，这群人的命运已经注定，不是倒毙在途中就是被苏军俘虏。

保卢斯意识到抵抗已没有任何意义，为了他自己和其余士兵的生命，他向大本营发出请求："粮食、燃料和弹药发生了灾难性的困难，部队战斗力急速下降，1.6万名伤员得不到任何护理，精神崩溃已在士兵中产生。我再次请求给予行动援助。趁现在还有继续战斗的可能，就继续抵抗下去，如果没有可能，就停止不可能再进行的战斗。"

可是希特勒并不想成全保卢斯，他的回电是：

"不许投降。部队要执行

▲ 战斗最后阶段，一名苏联红军高举胜利的旗帜，德军已成困兽之斗，战败是迟早之事。

自己的历史任务，抵抗到最后一刻，以便促进在罗斯托夫及其北面建立起新的战线，以及高加索集团军群撤出。"

1月22日，在劝降再次被保卢斯拒绝之后，苏军发起了最后的进攻。

4100门大炮集中在22千米的突击面上，对德军阵地猛烈开火。天地间充满轰轰烈烈的巨响，瓦砾、铁丝网被掀到空中，德军阵地被轰塌了，德军们正惊慌失措地弃阵而逃。

4天后，顿河方面军向斯大林报告："苏军进攻顺利，已向前推进10 ~ 15千米，占领了古姆拉克、亚历山大罗夫卡、戈罗季谢等。敌人死伤达10万人，现德寇被包围在不足100平方千米的狭小地带，并分割成两部分，南部被钳制在市中心，北部被压缩在'街垒'厂和拖拉机厂地区。预料几天内，'指环'作战顺利结束。"

保卢斯再次向希特勒请求：

"部队弹尽粮绝……继续抵抗毫无意义,请即刻允许我们投降。"

第二天,回电来了:

"不许投降!部队应该固守阵地,要战斗到最后一个人,最后一粒子弹。"

元首是想让第6集团军为第三帝国殉葬。

保卢斯军队已被分割成南、北两块。城北德军有3个坦克师、1个机械化师和8个步兵师的残部;城南德军只剩下6个步兵师、2个机械化师和1个骑兵师的残部。德军士气低沉,开始成批成批地缴械投降。

这个时候,保卢斯收到了大本营发来的一件礼物,帝国最高勋章——带橡叶的骑士十字勋章。希特勒试图用它来换取保卢斯的战斗至死。保卢斯回电称:为了元首和祖国,他将"坚守自己的岗位,打到最后一兵一卒,一枪一弹"。

希特勒对保卢斯和几十万德军的最后一次"援助",是把远程战斗机派到斯大林格勒上空,对濒临死亡的德军一再广播他在国内的演讲:"在这场战斗中,上帝在我们这边。我们不害怕流血,有朝一日,每一块新的土地将为倒下去的人而开满鲜花。我们条顿国家,我们日耳曼民族,一定会胜利。"

保卢斯答复了一份电报,这也是他拍给大本营的最后一份电报:"我们在掩体里聆听元首的公告。我们在国歌声中敬礼,也许这是最后一次了。"紧接着他补充一句:"敌军就在门外,我们在歼灭,请不要联络,我正在毁坏电台。"

电讯中断,千里之外的元首大本营陷入一片悲伤之中。

然而,故事的结尾并不是元帅战亡。当一群苏军出现在地下室门口时,保卢斯命令下属举起了白旗。

1943年2月2日16时,斯大林接到报告:

"顿河方面军执行了您的命令,完成了击溃和消灭斯大林格勒方面被围的敌军集团的任务……斯大林格勒城内和斯大林格勒地区的战斗已告终结。"

▲ 保卢斯投降,斯大林格勒保卫战以苏联红军的胜利告终。

在"红十月"厂一座毁坏的大楼里,第62集团军司令部,崔可夫喃喃自语:"难道真的结束了。"在外面,一群群战士用各式各样的武器朝天上射击着,叫声、笑声响成一片。到处是"胜利啦,胜利啦"的呼喊声。在莫斯科克里姆林宫,斯大林则正举起酒杯向周围的将军们纷纷祝贺。

莫斯科的广播向全世界发出胜利的消息:"今天,2月2日,顿河方面军部队彻底肃清了被包围在斯大林格勒北部的敌军的反抗,迫使其放下武器,最后一个抵抗基点被粉碎了。具有历史意义的斯大林格勒大会战以我军的完全胜利而告结束。"

历经180个白天和黑夜的厮杀,战争终于结束了,苏联胜利了。

祝捷电报如雪片般飞来。

美利坚合众国总统富兰克林·罗斯福发

来贺信："我谨以美利坚合众国人民的名义向斯大林格勒发去此信，以表达我们对英勇的保卫者的敬意。他们在1942年9月13日至1943年1月31日受围攻期间所表现的坚毅勇敢和自我牺牲精神将永远鼓舞一切自由的人们，他们光辉的胜利制止了侵略的狂澜，成为同盟国反侵略战争的转折点。"

英国首相温斯顿·丘吉尔也给斯大林发去贺信，称这是一次惊人的胜利。英国国王赠与斯大林格勒这座英勇的城市一把宝剑，剑上用俄英两种文字刻着"赠给斯大林格勒坚强如钢的公民们，聊表英国人民深厚的敬意——英国国王乔治六世敬赠"。

斯大林格勒战役是苏德战争的转折点，也是整个第二次世界大战的转折点。从此，苏军由战略防守转入战略进攻，而德国则一步步走向衰亡。

在斯大林格勒战役中，德军共损失兵力150万、坦克3500辆、火炮12000门、飞机3000架。第6集团军残存的9万人，包括总司令保卢斯元帅和23名将军，都当了俘虏。

希特勒听到保卢斯投降的消息，暴跳如雷，痛恨他不能为帝国杀身成仁，表面上却假惺惺向全国发表一项公报：

"斯大林格勒战役已经结束。第6集团军在保卢斯元帅的卓越领导下，忠实地履行了他们打到最后一息的誓言，为优势的敌人和不利我军的条件所压倒。"并下令全国哀悼4天。

五、库尔斯克大会战

"堡垒"战役

1943年初，苏军在斯大林格勒战役中取得了决定性胜利后，乘胜进攻，收复了大量失地，但德军在败退过城中，南方集团军群司令曼施坦因元帅也开始计划向苏军反扑。曼施坦因主动放弃了一些重要据点，诱使苏军深入。苏军的进攻战线越拉越长，而德军却趁机完成了兵力的集结。

2月19日，曼施坦因指挥德国南方集团军群向苏联西南方面军发起反击，到3月2日，

相关链接

★ **埃里希·冯·曼施坦因**

在第二次世界大战期间，最具战争天赋的将领之一，德国的陆军元帅埃里希·冯·曼施坦因（1887～1973）。他在很大程度上成就了德国人的辉煌，比如在1940年的侵占法国事件。虽然他在1942年晚期并没有解围斯大林格勒，但是他在接下来几个月中的领导，稳定了东部战线。在库尔斯克，他的进攻也堪称德国所有进攻之中最成功的部分。

▲ 曼施坦因像

二战坦克"王中王"

二战期间，那些驰骋沙场的钢铁猛兽中，谁是真正的王中王？下面就让我们来历数一下二战中的五大著名坦克，看看谁是你心中的王者！

NO.5：德国虎王重型坦克

传说中德国的虎王坦克，是二战期间令人闻风丧胆的可怕怪物。虎王坦克拥有二战德国坦克中威力最大的 88 毫米加农炮，几乎可以击穿同期盟军所有型号的坦克，而 180 毫米的炮塔前装甲却从来没有被击穿。在历史上，单独一辆虎王坦克就摧毁了苏军 13 辆 IS-2 重型坦克和其他各类坦克 26 辆。而在另一场战斗中，则击毁了 65 辆坦克和自行火炮，以及 44 个炮兵阵地和 15 辆其他车辆，具有傲人的战绩。

NO.4：苏联 IS-2 重型坦克

苏联的 IS-2 坦克又叫"斯大林 2 号"坦克，是苏联为了对抗虎式坦克而专门研制的重型坦克。IS-2 的主要武器是一门 122 毫米火炮，装甲最厚处达到 120 毫米，综合实力与德国虎王坦克平分秋色。IS-2 是苏联红军的攻坚利器，也是德国坦克手最畏惧的坦克之一，它和 T-34/85 中型坦克构成了二战后期苏联坦克的中坚力量。1944 年 2 月，IS-2 坦克首次参战并历经多次重大战役，从俄罗斯一直打到柏林城下，取得了赫赫战功。

NO.3：德国黑豹坦克

德国黑豹中型坦克机动灵活，火力威力中等偏上水平，很适宜作为机动防御装甲力量。与苏联的 T-34/85 相比，黑豹坦克的火力与防护能力都优于后者，显示了无以伦比的优势。在战斗激烈的苏德战场中，面对数量众多的苏联坦克，黑豹坦克作为第一线的主打坦克而被广泛采用。总体来说，黑豹坦克凭借其优异的性能，依然能挺进三甲，与 T-34/85 同为二战中最好的中型坦克，绝对不是浪得虚名。

NO.2：虎式坦克

虎式坦克是历史上所有坦克中最出名的，拥有令人难以想象的强大实力。在苏德战场上，虎式坦克是德国对抗苏联红军最具威慑力的利器，摧毁了不计其数的苏军坦克和装备，因此常常以独立的虎式坦克营来对抗苏联的坦克旅甚至坦克军。在诺曼底的一次单独作战中，仅一辆虎式坦克就摧毁了盟军一整个纵队的 25 辆坦克、14 辆半履带车和 14 辆

履带式小型火炮装甲车。如今，虎式坦克成了二战中最具传奇色彩的坦克之一，它在模型家、装甲狂热者和二次大战的史学家们之间，成为一个永久的主题。

NO.1：T-34/85 坦克

T-34/85 中型坦克是第二次世界大战中最优秀的、生产数量最多的坦克，也是至今世界上服役时间最长的坦克。1943年 T-34 坦克开始改装 85mm 火炮，提升了炮塔的体积、装甲等众多性能。T-34/85 坦克具备出色的防弹外形、强大的火力和良好的机动能力，特别易于大批量

生产，因此在二战时总共生产了 53000 辆，远远超过所有德国坦克的总和。可以说如果没有 T-34/85 坦克，那么苏联就无法取得卫国战争的胜利，因此 T-34/85 对世界历史的影响是其他任何坦克所无法比拟的。

西南方面军遭受重创，其第5集团军被毁灭，3月6日，德军开始向哈尔科夫进攻，没用几天就把一个月前丢失的哈尔科夫重新攻占。苏军被迫退守库尔斯克南面的奥博扬地区。为防止战线的彻底崩溃，斯大林把列宁格勒附近的第1坦克集团军南调，第21和第64集团军也被从斯大林格勒调过来，这样才使战线恢复稳定。

哈尔科夫战役的胜利让德军重新恢复了信心，曼施坦因希望通过一次主动进攻来歼灭苏军。苏军在库尔斯克地区的突出部位自然成为首选攻击目标。这个突出部位的形成，是曼施坦因上次反击造成的后果。苏联中央方面军和沃罗涅日方面军陷入突出部位内。在其南部，曼施坦因的南方集团军群控制了别尔哥罗德地区。在其北部，德国中央集团军群控制了奥廖尔一带。

这个突出部位正面长约400千米，而底部却不到110千米，就像一个拳头从苏军的战线中延伸出来。德军统帅部认为，这是一个非常好的进攻机会，他们可以在这里包围和歼灭进行防御的苏军。这次战役如果获得成功，将缩短德军的战线，使德军部队的机动性大大增加。

希特勒对这个作战计划是犹豫的，因为库尔斯克的进攻将使坦克遭受很大损失。4月15日，他终于下定最后决心，发出了第6号作战命令。命令指出，"中央"和"南方"两个集团军群从4月28日起即应做好准备，发起对库尔斯克突出部的进攻，作战代号为"堡垒"。

"堡垒"作战按计划应于5月4日发动，但后来一再延期，最后被确定在7月5日发动。希特勒对这次战役十分看重，他在作战命令中指出："这次进攻意义重大，必须速战取胜……有鉴于此，一切准备措施均须严密周全，全力以赴实现之。在各主要突击方向上应使用最精锐的兵团、最精良的武器、最优秀的指挥官和大量的弹药。每个指挥官、每个列兵都应深刻认识到这次进攻的决定性意义。库尔斯克之胜利应成为照亮全世界的一支火炬。"

为保证进攻的顺利进行，德军集中了强大的兵力：50个精锐师，其中有16个坦克师和摩托化师。被称为德军之"花"的"阿道夫·希特勒"坦克师、"骷髅"坦克师、"帝国"坦克师、"大日耳曼"摩托化师等都包括在内。

集中在库尔斯克方向上的德军共有90万人，1万门火炮和迫击炮，2700辆坦克和强击火炮，2000多架飞机，还有各种新式武器，如重约56吨的"虎式"和重约45吨的"豹式"坦克、"费迪南式"强击火炮等。

▲ 德军坦克穿过开阔地带向库尔斯克进发。

当德军为"堡垒"计划做准备时，苏军也在思考下一步的行动计划。沃罗涅什方面军司令瓦图京主张先发制人，发起进攻，打乱德军的进攻准备并夺回战略主动权。朱可夫、华西列夫斯基等人则认为苏军应先保持防御状态，利用坚强的防御摧毁德军的装甲兵力，然后再发起进攻。此时情报部门取得了大量材料，苏军统帅部根据情报判断敌人准备在库尔斯克地区发动强大攻势。于是朱可夫的计划被采纳，4月12日开始，苏军开始在库尔斯克转入了积极的防御准备。

苏军在库尔斯克地区集中了强大的兵力，修筑了坚固的防御工事，并准备了大部队进行反攻。

担任主要作战任务的是罗科索夫斯基指挥的中央方面军和瓦杜丁指挥的沃罗涅什方面军，两军共有 133.6 万人，1.9 万门火炮和迫击炮，3400 辆坦克和自行火炮，约 2200 架飞机。另外，科涅夫指挥的草原方面军布置在库尔斯克突出部的后方，作为战略预备队。

在前沿阵地，苏军精心地设计他们的防御，构筑了数道防线，防御纵深超过 160 千米，整个防御体系由大量互相紧密配合的战壕、铁丝网、反坦克火力点和反坦克沟壕以及雷区组成，在德军最可能的进攻方向上，聚集了大量的兵力和火力。

为夺取整个战线的制空权，根据苏军最高统帅部的命令，苏联空军在 5、6 两个月主动出击，炸毁敌军机场，使其遭受重大损失。

除此之外，最高统帅部下属的游击运动中央司令部，命令敌后游击队开展积极活动，破坏敌人的交通，使其后勤供应陷于瘫痪。

苏军在党的政治思想工作上也下了很大工夫。苏共中央的许多负责人都参加了苏军总政治部的宣传鼓动工作。他们用反法西斯战争的正义性和崇高的爱国主义精神鼓舞广大指战员的斗志和必胜的信心。

双方都在紧锣密鼓地备战，但两个月来前线一直显得十分平静，一个个被认为德军可能发动进攻的日子都平安地度过了。

7 月份，恶战似乎临近了。7 月 2 日，苏军最高统帅部通知各集团军和方面军司令部，德军有可能于近日内发起进攻。7 月 3 日，德军投诚者称，他们已在做最后的准备。暴风雨即将来临。

大炮与战斗机齐鸣

7 月 4 日夜，在突出部位南部的苏联近卫第 6 集团军捕获了德军第 168 步兵师的一个士兵，他供认德军即将在第二天开始进攻，7 月 5 日凌晨，在突出部位北部的苏第 13 集团军俘虏了德军第 6 步兵师的一个中士，他也供认德军将在几小时之后发动进攻。苏联方面得知，德军确定于凌晨 3 时发起进攻。

为了打乱德军进攻步骤，朱可夫于 5 日 2 时 20 分下令，向德军阵地实施炮火反准备。苏联中央方面军和沃罗涅什方面军对德军的战斗队所进行的猛烈炮击，使敌人大为惊愕，给其造成了很大损失。

德军的进攻计划被迫向后推迟 3 个小时。6 时整，在一阵猛烈的炮火急袭之后，德南方集团军群的第 4 装甲集团军根据预定计划发动进攻，在损失 36 辆坦克后，德军艰难地越过了苏军的反坦克雷区，猛攻苏第 67 近卫

▲ 库尔斯克会战。这是二战期间苏德战场的决定性战役之一，也是史上规模最大的坦克会战和单日空战。

步兵师的防线。

面对敌人的疯狂进攻，苏联集团军的各部队发扬了集体英雄主义精神。加格卡耶夫上尉指挥的、由共青团员组成的反坦克炮兵连，在交战的最初几天就立下了不朽的功勋。他们一直战斗到最后一人，加格卡耶夫牺牲后，被追赠苏联英雄称号。一辆苏军坦克在激战中两次扑灭了车上的火焰，第 3 次被击燃时，已经无法灭火了，于是英勇的坦克手们就用燃烧的坦克去撞德军一辆重型坦克。

德军的进攻比预计的要猛烈得多。面对德军 3 个师的进攻，苏第 67 近卫步兵师被迫后退，瓦图京把方面军预备队调了过来，以期能把德军挡在第二道防线外。但德军还是突破了苏军的第二道防线，并强渡了佩纳河。瓦图京被迫取消了原定于 7 月 6 日的反攻，而将计划用于反攻的第 1 坦克集团军的部分坦克布置在防线后方以支援步兵进行防守。

6 日傍晚，瓦图京向华西列夫斯基请求增援，后者立即把草原方面军第 5 近卫集团军的第 2 和第 10 坦克军 353 辆坦克调往沃罗涅什方面军。斯大林亲自给瓦图京打来电话，要求他不惜一切代价，阻止德军在库尔斯克突出部南部的突破。

德军在 7 日的战斗中只向前推进了数千米，未能突破苏军防线。翌日，德军继续进行顽强的进攻。瓦图京则在计划反攻，为此他请求将草原方面军的第 5 近卫坦克集团军和第 5 近卫集团军调给他指挥，最高统帅部很快批准了他的请求，但部队要在几天之后才能到达。

7 月 9 日，瓦图京指挥部队继续在正面抵挡德军向奥博扬推进，同时在两翼连续发动反击，虽然反击每次都遭到失败，但却使德军无法全力攻击他们的主要目标。在奥博扬方向上，苏、德双方共投入 1400 辆坦克，2000 多门火炮，500 多架飞机。交战的规模超出了人们的想象。无数的坦克、火炮和飞机堆积成了废铁山。成千上万发炮弹、炸弹同时爆炸，烟尘迷漫，火焰冲天。

德第 4 装甲集团军司令霍斯将军见正面战场无法突破，决定先从右翼突破，他命令第 2 党卫装甲军转向东北的普罗霍罗夫卡。接下来的两天里，德军的进攻比较顺利，攻到了普罗霍罗夫卡城下。

7 月 12 日，库尔斯克会战的高潮——普罗霍罗夫卡坦克大战上演了。

▲ 宣传苏德库尔斯克大会战的海报

战斗在清晨打响，苏德双方几乎同时发动进攻。开始时，由于德军"虎式"坦克的 88 毫米炮优势明显，而苏军 T-34 坦克的 76 毫米炮在同等距离下无法对德军造成威胁，于是苏军坦克开足马力以最高速度冲向德军。在冲锋中，苏军坦克付出了惨重代价。当双方接近后，战斗变得异常惨烈，一辆又一辆坦克被摧毁。在被毁的坦克旁，步兵仍在互相射击，甚至展开肉搏。战斗一直持续到傍晚，因双方都精疲力竭才停了下来。

当时任苏联近卫坦克第 5 集团军司令员的罗特米斯特罗夫回忆道："战场上，各种摩托不停地隆隆作响，履带声嘎嘎刺耳，炮弹飞鸣，直到深夜。数百辆坦克和自行火炮在燃烧。

"尘土弥漫，烟雾蔽天……的确，1943 年 7 月 12 日是个历史性的日子。这一天苏联军人表现出空前的英雄主义，建立了不朽的功勋。在残酷的坦克战中，他们重创德国法西斯侵略军的突击集群，迫使其转入防御。"

在这天的坦克大战中，德军虽然以相对较小的损失，摧毁了更多的苏军坦克。但结果却是他们失败了，因为德军未能攻占普罗霍罗夫卡，随后源源赶到的苏军援兵建立起更加坚固的防线。7月12日大战使德军损失了大量兵员和400辆坦克，这一战的失败意味着德军从南面攻入库尔斯克的企图已不可能。

解放奥廖尔

在北线，7月5日凌晨，苏军的炮击同样使德军的进攻比计划向后推迟了，两个半小时后，德第9集团军开始了进攻。

战斗从5日进行到8日，德军虽给苏军造成很大损失，但苏军依靠数量上的优势，坚守住了阵地。德军企图夺取交通枢纽波内里，战斗异常激烈，德军数次攻入市区，但都被顽强的苏军赶了出来，最后才以惨重的代价占领了大半个波内里，但苏军仍控制着市内一些重要据点，使德军无法继续推进。

7月9日，300辆德军坦克向苏军阵地发动了最后一次进攻，结果依旧是一无所获，此时德第9集团军的攻击能量已耗尽，被迫在10日转入防御。

7月13日，希特勒把中央集团军群司令克鲁格和南方集团军群司令曼施坦因召到设在东普鲁士的大本营。会上，中央集团军群司令克鲁格认为，由于遭受的损失和苏联人已经开始的反攻，他的军队已不能继续前进。

▲ 曼施坦因在研究作战部署。

但曼施坦因坚持认为，现在若停止作战，那也许就意味着放弃胜利。他说："最近几天，敌人几乎把所有的战役预备队都投入了战斗，在顺利地打退敌人的进攻以后，胜利已经在望了。"

最后曼施坦因的观点占了上风。会议决定，南方集团军群的突击集群继续向库尔斯克进攻，中央集团军群转入防御，并在现已占有的阵地上挡住苏军的进攻。然而几天之后，曼施坦因继续进攻的计划没有顺利实现，他的军队被迫回到原来发动进攻的阵地上。

此时库尔斯克北部的局势日益恶化，这促使希特勒最终取消了进攻，德军于7月17日开始后撤，到23日，双方基本恢复了交战前的态势。

当德军的攻势被阻止后，苏军决定于12日发动进攻，并以打败拿破仑入侵的俄国元帅"库图佐夫"的名字作为战役的代号。苏军的进攻首先在库尔斯克北部发起。

在库尔斯克北面的奥廖尔方向上，德军转入防御的部队约有37个师，其中有8个坦克师和2个摩托化师，总共约近60万人、7000多门火炮和迫击炮、1200辆坦克和强击火炮、1100架飞机。

而发起反攻的苏联部队，有西方方面军左翼、布良斯克方面军和中央方面军，共128万多人、2.1万多门火炮和迫击炮、2400辆坦克和自行火炮、3000多架飞机。苏军在兵员和兵器方面全部占有优势。

12日凌晨，苏军向奥廖尔突出部的德军阵地实施了长达两个多小时的炮击，随后苏联

▲ 库尔斯克会战是德军最后一次对苏联发动的战略性大规模进攻，双方共投入总兵力超过 268 万，另有 6000 辆坦克和 2000 架飞机，战斗空前激烈。

西方方面军左翼部队和布良斯克方面军各部队在奥廖尔方向上发起进攻。德军则进行着顽固的抵抗，给苏军造成重大伤亡。

德军在奥廖尔地域广泛构筑了野战工事，并以工程障碍物和地雷场加以掩护。堑壕和交通壕四通八达，构成坚固的防御地带。为了守住奥廖尔地域，德军不惜一切代价不断调去增援部队。从 7 月 12 日至 18 日的 7 天内，共调去 7 个坦克师、1 个摩托化师和 4 个步兵师。

苏军最高统帅部根据发展攻势，决定将战略预备队投入作战，调遣第 3、4 两个坦克集团军和第 11 集团军增援前线，战场从此发生了有利于苏军的变化。

在大战的最后阶段，苏联空军完全控制了制空权，法国"诺曼底"航空大队也在库尔斯克上空与苏联空军并肩作战。面对兵力和坦克都占优势的苏军，德国第 9 集团军司令莫德尔意识到失去奥廖尔只是时间问题。7 月 16 日，莫德尔向希特勒请求放弃奥廖尔，将德军后撤至"哈根"防线，但被希特勒拒绝了。

1943 年 7 月 10 日，美、英军队在西西里岛登陆。到了 7 月 25 日，墨索里尼下台，意大利退出战争的迹象已经十分明显。希特勒开始面临东西线作战，他需要从东线抽调兵力去意大利，而奥廖尔突出部位的德军也面临被苏军合围的危险。希特勒最终同意弃守奥廖尔，把第 2 党卫装甲军调去稳定意大利的局势。

7 月 31 日德军向布良斯克方向的"哈根"防线撤退，德军在撤退途中实行残酷的焦土政策，要把奥廖尔地区变成废墟，掳走居民，毁掉庄稼，运走所有的物资。

苏联航空兵不断猛烈袭击撤退的敌军纵队。8 月 1 日~5 日，苏联空军第 15、16 集团军出动飞机 9800 架次，轰炸希特勒军队撤退路线上的铁路列车、道路交叉点、桥梁、渡口和运货的汽车队。苏联飞机空袭过后，路上布满了德军官兵的尸体以及炸毁的汽车、坦克和各种技术兵器。

8月5日，苏军攻克了奥廖尔。城内居民兴高采烈地欢迎解放者。同一天，南部的别尔哥罗德也获得解放。当天午夜12时，在苏联首都莫斯科，由最高统帅斯大林倡议，120门火炮齐鸣12响，庆祝苏军这一伟大的胜利。鸣放礼炮庆祝胜利从此成为一个传统。

苏军在奥廖尔方向上乘胜前进，至16日苏军的进攻基本结束，18日进抵敌人预先准备好的防御地区，即所谓"哈根"防线，战线逐步稳定了下来。

从7月12日到8月18日，苏军对奥廖尔的反攻持续了37天，向西推进了150千米，击溃敌军15个师，歼敌20万人，坦克1044辆，火炮2402门，拉平了库尔斯克防线，但却未能完成战前制定的合围并歼灭德中央集团军群的计划，同时苏军的损失也是巨大的，伤亡429890人，损失坦克2586辆，火炮892门，飞机1104架。

进军哈尔科夫

在南线，苏军的反攻确定在8月3日，以七年战争中俄国名将鲁缅采夫的名字为作战代号。进攻的苏军总计有90万人和2800多辆坦克和自行火炮。而这个方向上的德军只有18个师，其中有4个坦克师，总兵力约30万人。苏军拥有绝对优势。

8月3日，沃罗涅什方面军和草原方面军，在西南方面军的协同下，对别尔哥罗德—哈尔科夫方向上的德军发起反攻。

凌晨5点，苏军近万门大炮齐鸣，炮弹如雨点般倾泻到德军阵地上，炮击持续了两个多小时，最后以一阵喀秋莎火箭炮的齐射作为结束。随后坦克和步兵开始发起攻击，在炮击中幸存的德国士兵无力阻挡苏军的坦克，第一道防线很快被突破。经过一天的战斗苏军各突击集团平均向德军纵深推进了10～15千米。

在随后几天里，德军的防守异常地顽强，苏军的坦克虽然继续向前突破，但步兵却被德军缠住，进展缓慢。至8月5日苏第1坦克集团军攻占鲍里索夫卡，切断了德第255、第332步兵师和第19装甲师的退路。德军已面临被包围的危险，但仍然拼死抵抗，他们的顽强抵抗为曼斯坦因将德军主力从别尔哥罗德撤往哈尔科夫争取了时间。

8月5日傍晚，苏军解放了别尔哥罗德。苏军继续进攻，目标是乌克兰第二大城市哈尔科夫。

在6、7两日，苏军坦克队大踏步前进，跟随在后面的步兵忙于清除被包围的德军，两者逐渐脱节。曼施坦因希望抓住苏军这个弱点，开始在撤退中有计划地集结兵力，等苏军攻势结束时，实施反击。苏军方面对形势判断过于乐观，瓦图京认为德军已接近崩溃，命令前线坦克部队继

▲ 德军在哈尔科夫实施反突击行动。

▲ 库尔斯克大会战最终以苏联胜利而结束。德军从此失去了战略主动权。

续进攻，切断哈尔科夫至波尔塔瓦的铁路线，阻止德军逃脱。

8月11日，德军的集结工作准备完毕，并补充了充足的弹药和燃料，开始反攻。由于苏军各部队之间分散很广，步兵和炮兵被落在后方，且弹药和燃料都已严重不足，苏军遭到近乎致命的打击。11日晚，苏第1坦克集团军的第49坦克旅和第17坦克团被德军围歼，只因第5近卫坦克集团军的及时赶到才避免了第1坦克集团军的全军覆灭。14日，苏第6近卫集团军的第6坦克军被德军包围遭到惨败。在德军的进攻下，苏军被迫后退。

苏军在数量和规模上的优势起到了关键性的作用，他们虽然遭到重创，但很快又恢复了进攻。19日，苏军攻抵哈尔科夫西面的乌德河北岸，并于20日强渡乌德河，在南岸建立了桥头堡。

德军统帅部特别重视哈尔科夫工业区和城市本身的防御。希特勒要求"南方"集团群在任何情况下都要守住哈尔科夫。德军利用"虎式"坦克和"费迪南式"强击火炮，不断实施反突击。苏军突破敌人的猛烈抵抗，紧逼哈尔科夫外围环形防线，并从东面和东南面进抵哈尔科夫近郊。攻打哈尔科夫的战斗异常激烈，强大的苏第5近卫坦克集团军最后只剩下了50辆坦克。

8月22日下午，苏军地面和空中侦察发现哈尔科夫的敌军有撤退迹象。于是草原方面军司令员、苏联元帅科涅夫发出夜间强攻哈尔科夫的命令，不给敌人逃脱打击的机会。

22日晚，苏第53集团军率先攻入城内。第53、69集团军、近卫第7集团军、第57集团军和第5近卫坦克集团军的指战员，勇猛顽强，巧妙地绕过敌军支援点，深入敌军防御，从后方攻击敌军守备部队。当夜，市内展开巷战，大火弥漫，巨大的爆炸声不绝于耳。

德军开始全面撤出哈尔科夫，退向第聂伯河的防线。8月23日，城里枪炮声逐渐平息下来，苏军了收复哈尔科夫。别尔哥罗德—哈尔科夫战役中，苏军歼敌约20万人，自身损失也很惨重，士兵伤亡25万人，损失坦克1864辆、火炮423门、飞机153架。

苏军在别尔哥罗德—哈尔科夫方向上的胜利，标志着库尔斯克会战的结束。库尔斯克会战是第二次世界大战中规模最大的坦克战。无论就其规模、激烈程度还是战果而言，它都是第二次世界大战中最大的会战之一。斯大林说："如果说斯大林格勒附近的会战，预告了德国法西斯军队的覆灭，那么，库尔斯克附近的会战就使得他们处于覆灭的边缘。"

第七章

拉锯：逐鹿北非

一、希特勒点将

墨索里尼的豪赌

1940 年 9 月 13 日拂晓时分，一串嘹亮的小号声打破了北非沙漠的沉寂，一队坦克从利比亚与埃及交界的卡普措要塞鱼贯而出。随之而来的是三个步兵团，一个火炮团、一个机枪营、一个工兵连和一个迫击炮连。身穿黑色上衣，腰佩短剑和手榴弹的突击部队"阿迪梯"作为先头部队，走在队伍的最前面。紧接着的是几辆卡车，卡车上装满了大理石纪念碑。这些纪念碑是本尼托·墨索里尼计划用来记录自己从英国人手中夺取埃及这个"丰功伟绩"的。第二次世界大战开始已经一年了，与希特勒在欧洲所取得的胜利相比，自己几乎还没有赢得过一场战争。以现在的形势来看，西线战事已成定局，尽管还有英国在做垂死挣扎，但希特勒赢得最后的胜利是迟早的事。

经过一番深思熟虑，墨索里尼决定在北非发动一场战争，来最后显示一下自己的实力，以便在战争结束的时候能分到一点胜利的果实。他对意大利总参谋长彼得罗·巴多格里奥元帅说："为了能以交战国的身份出席和平会议，我需要几千人为此献身。"他的这一想法已在法国做过一次实验，尽管结果令人丧气。7 月份，当法国即将落入德国人手

▲ 墨索里尼向意大利国民们大谈他的侵略非洲的主张。

中的时候，墨索里尼突然对同盟国宣战，并派军队进入与意大利接壤的法国境内。然而，这次突然袭击不但没有为意大利赢得多大的好处，反而成为别人的笑柄。

现在正是意大利向非洲进军的最好时机，墨索里尼决定抓住这个机会。目前出兵夺取埃及，意大利占有以下有利条件：首先，英国虽然一直控制着埃及，但鉴于目前英国国内所面临的困境，已经无力再向中东战场投入大量人力和物力。其次，意大利在非洲也有自己的地盘。非洲东海岸的厄立特里亚和意属索马里很早的时候就已经是意大利的囊中之物，1911年利比亚也落入意大利之手。墨索里尼新近又把东非的埃塞俄比亚收入囊中。利比亚位于埃及的西边，而埃塞俄比亚则毗邻英国在东非的殖民地。因此意大利可以从两条战线向埃及发起攻击。

当然，墨索里尼也清楚，面对训练有素的驻埃英军，他的军队不大可能重演1936年对埃塞俄比亚部队作战时旗开得胜的一幕。尽管如此，考虑到英国目前所处的两难境地，这场赌博看上去还是有赢的希望。并且这也向希特勒显示，他也对轴心国事业的发展贡献了自己的一份力量。

被墨索里尼选中领导北非意军的是58岁的鲁道夫·格拉齐亚尼元帅，格拉齐亚尼在镇压非洲土著民族反叛方面功勋卓著，而且因他对待敌手从不手软，人送外号"屠夫"。

格拉齐亚尼以为自己的任务主要是防御——向西保卫利比亚不受英军的侵犯，向东则防止来自驻突尼斯的法军的进攻，尽管这一方面的威胁随着法国的陷落也逐渐解除了。所以，当他得知自己的任务是向埃及境内推进480千米，夺取英国在亚历山大港的海军基地时，鲁道夫·格拉齐亚尼大吃了一惊。他立即飞回罗马向墨索里尼和总参谋长巴多格里奥申诉。

鲁道夫·格拉齐亚尼争辩说，他的军队只有不超过几个营的运输部队，是无法同英军匹敌的。此外，他还向墨索里尼抱怨手里的武器太陈旧了，像一堆战争废弃物。他缺少最新式的装备——飞机、坦克、反坦克和防空火炮，甚至地雷。在沿埃及边界的一些地区，意大利士兵由于缺乏物资，不得不乘夜间巡逻之机偷挖英军布设的地雷，用来布设在自己的前线。

墨索里尼和巴多格里奥对于鲁道夫·格拉齐亚尼所描绘的惨淡图景并没感到特别惊讶。因为他们明白，最近这些年的军事冒险——特别是埃塞俄比亚战役和对西班牙内战的介入——已使意大利军事力量大大削弱。1939年4月，意大利又入侵与自己隔海相望的阿尔巴尼亚。虽然阿尔巴尼亚不战而降，但意大利却不得不在那儿驻扎一支规模庞大的军队，

▲ 1940年9月，英国驻埃及士兵正在巡逻。

而这些军队本来是可以用来壮大鲁道夫·格拉齐亚尼的队伍的。对于迫切希望在北非取得胜利的墨索里尼来说，鲁道夫·格拉齐亚尼的申诉自然不会有结果。他从"领袖"那儿所得到的只是一句安慰的话"我并没有决定去占领哪儿"，并且墨索里尼向他保证说："我只是要求你向英国军队发动进攻。夺取埃及，将是对大不列颠的最后一击。"

失望的鲁道夫·格拉齐亚尼匆匆坐飞机返回了利比亚，他的此次意大利之行没有得到一点实惠，只是得到一个口头承诺，

那就是巴多格里奥答应会尽快给他运去 1000 辆坦克——这是在沙漠地形中最有效的武器。这项保证一直也没有实现，但它却在一段时间内给了鲁道夫·格拉齐亚尼一个合理的借口，来拖延进攻的时间。在此期间，意军与英军只是在边境爆发一些小规模的冲突。但是即使是这种小规模的冲突，也给意大利军队造成很大的伤亡。于是，墨索里尼向鲁道夫·格拉齐亚尼下达了最后期限。墨索里尼命令，无论如何，意大利军队必须在希特勒取得不列颠空战的胜利、德国士兵踏上英国国土之前攻入埃及境内。到 9 月初，眼看着德军就要在不列颠登陆了，墨索里尼再也不能等下去了，他向鲁道夫·格拉齐亚尼下了死命令，必须在两天之内发起进攻，否则鲁道夫将被撤职。

但是，鲁道夫·格拉齐亚尼却不愿继续驱使他的部队深入埃及。意军的左翼，还有意军的补给线——沿海滨通往利比亚的唯一一条大道——都处于地中海英国军舰的炮火攻击范围内。

鲁道夫·格拉齐亚尼决定让他的部队停驻在西迪巴拉尼。他从设在利比亚后方 480 千米的昔雷恩总部向他的野战司令马里奥·贝尔蒂将军发出命令，要求作战部队呈半圆形展开，分 7 个营地驻防。此后的 3 个月内，这些兵营内显得如此宁静，并不像战争即将爆发。

英军出乎意料的胜利

在非洲大陆迎击意军的，是英军著名统帅阿奇博尔德·韦维尔将军。此时，他的部下只有英印部队 5 万人、苏丹国防军 4500 人。他仅有的几辆坦克还都是用土办法制造的装甲车辆，火炮更是只有 2 门陈旧的榴弹炮。

9 月 13 日，8 万意军先头部队越过埃及边界。英军一边抵抗，一边有计划地向境内撤退。9 月 15 日，意军在损失了 500 人和 150 辆车辆之后，占领了埃及的西迪巴拉尼。之后，格拉齐亚尼决定在西迪巴拉尼巩固阵地，并集结起一支占压倒优势的军队，以完成此次入侵。意军开始构筑一连串横贯沙漠的向南延伸的密集堡垒阵地，等待英军的反攻。

格拉齐亚尼犯了一个致命的错误，他的短暂停战给了英军一个喘息的机会。在这期间，英军中东司令部总司令韦维尔将军等来了约 1 万人的援兵，这与意军相比虽然微不足道，但却使英军士气大振。有了这 1 万人的支援，韦维尔在埃及就可以建立起一支 3 万人的队伍，而到达的 1 个坦克旅，更增强了英军的攻击能力。

此后，韦维尔依据侦察兵的报告制定了一个秘密计划。原来，据英国的侦察兵拍回的照片显示，在意军建起的 7 座防御兵营中，每两个兵营之间有 25 千米的空地，在这里意军既未设防，也无人巡逻。并且这些兵营都只是在朝向英军的一面设防，如果英军能够神不知鬼不觉地穿过尼倍瓦和拉比亚之间的空隙，就可以从意军未设防的后部对意军实行毁灭性的打击。

韦维尔考虑到自己的实力，并不打算发动一场大规模的进攻。在他的

▲ 英国士兵与意大利士兵在猛烈交火中。

计划中，袭击的时间最多不超过 5 天，袭击的范围最远只能推进到西迪巴拉尼以西 40 千米的布格布格。他的目标有三，首先是试探一下意军在正规战斗——而不仅仅是小规模的遭遇战中的士气；其次确保几千名战俘的安全；最重要的是在德军进入利比亚之前给意军以沉重的一击。

12 月 6 日上午 7 时，印度第 4 师和英国第 7 师全数出动，坦克、炮车和卡车保持 200 码的间隔逶迤前行。岩石和骆驼刺使他们的行军速度很慢，但是对沙漠了如指掌的奥康纳已提前对此作了相应的安排。他的 3 万部队将在梅塞马特鲁和意大利兵营的中间地带停下来休息整整一天一夜。由于他们时刻处于意大利侦察机的监视之下，所以奥康纳甚至命令将卡车的挡风玻璃除去，以免太阳反光让敌军的飞行员发觉。12 月 8 日夜，部队继续前进，用来照明的是经过巡逻队特殊布置的指路灯，这种指路灯能很好地隐藏他们的行踪。凌晨 1 点，在离尼倍瓦的意军兵营后方几千米处，英军停止前进。

12 月 9 日早晨 5 点，英军在黑暗中醒来，他们默默地吃着早餐，等待进攻时机的到来。在他们的东边，尼倍瓦的意军兵营有了一些动静。7 时 15 分，第一辆英军坦克冲了出去。紧接着，一排排的坦克隆隆驶来，坦克两侧是履带式小型装甲车，车上的布朗式轻机枪高高翘起，向防卫墙上惊呆了的意大利哨兵进行扫射。接着响起了一阵英军作为冲锋号的苏格兰风笛声，与此同时，苏格兰高地联军士兵冲进了兵营，他们的刺刀在初升太阳的照耀下闪着寒光。混乱中，意大利骑兵的马匹受了惊吓，引颈长鸣，四蹄乱蹬，搅起了一片烟尘。

意大利士兵几乎没有还手之力。他们的 20 辆坦克全都停在兵营的环形防卫线以外，现在已被英军的"玛蒂尔德"坦克打成了一堆浓烟滚滚的废铁。意军只能用机枪和手榴弹还击，许多人惨死于英军坦克的履带之下。坦克在兵营中横冲直撞，所到之处只看到血肉模糊，惨不忍睹。

战斗一直持续到上午 9 时，意军的第一座兵营在 3 个小时内便陷落了。出乎所有人的预料，这次进攻英军共俘虏了 2000 名意军士兵。这一成果鼓舞了英军的士气，使得英军士兵个个热情高涨。

▲ 1940 年 12 月，双方在经过激烈的战斗后，英国在利比亚地区俘虏了几万名意大利士兵。

在这次进攻中，还发生了许多有趣的事。奥斯泰斯·阿尔登中校率领他的部队抵达玛克提拉的意军兵营，正准备发起进攻，他手下的一个军官就喊道："有白旗，先生！""胡说！"阿尔登吼道。但是在防御工事后面，确实有一位旅长和他手下的 500 人正以标准的立正姿势站在那儿。"先生，"旅长用标准的外交法语对阿尔登说："我们的子弹已经打完了。"然而，在他说这话的时候，阿尔登中校却看到他的身边还有一大堆尚未动用的弹药。

英军只用了两天时间就推进到西迪巴拉尼，这座小镇也很快被占领了。和以前一样，英军又一次取得了令人惊讶的完全的胜利。当第一辆"玛蒂尔德"坦克进入被英国海军的炮弹炸得满目疮痍的街道时，人们发现一个已经划开了肚皮的阑尾炎患者被丢弃在手术台上，意军溃退时的仓皇由此可见一斑。

12月12日，即进攻三天之后，已有3.9万名意军投降或被俘，这一数量大大超过了英军的预期，结果反而使得他们不知所措。一位坦克指挥官向上司报怨道："我被迫在200名——不，500名——举起双手的士兵中间停下来。看在上帝的份上，把这些浑身血污的步兵送进战俘营吧。"一队又一队身穿布满灰尘的绿颜色制服的意大利士兵挤满了通往梅塞马特鲁的道路。在梅塞马特鲁的主管军官面对如此之多的俘虏只好发给他们木头和带刺的铁丝，让他们自己建造临时战俘营。

"5天的袭击"发展成大战役

在开罗，韦维尔很快意识到，他原来计划的"5天的袭击"已不适应于目前的局势，发动一场大规模的战争已成为必然的趋势。12月11日，英国军队已抵达原先的目的地布格布格，但奥康纳的部队仍然没有停下来的意思。

12月16日，即战斗打响一周后，奥康纳的部队就攻占了苏卢姆和哈勒法耶山口，并进入利比亚境内，先后攻占了意军在拜尔迪那据点附近的卡普措和西迪欧玛等战术据点。韦维尔的参谋人员刚刚研究出下一阶段的作战计划，表面羞怯内心却无比坚韧的奥康纳很快就会促使他们重新制定计划，因为他很快便完成了制定的作战计划。连韦维尔自己也坦言，他做梦也想不到战事发展得如此顺利。

丘吉尔同样兴高采烈。不久以前他还对韦维尔的能力产生过怀疑，现在则完全放心了。1月2日，朗莫里上将的"威灵顿"式轰炸机袭击了拜尔迪那，炸弹雨点般落在意军的碉堡和机枪掩体上。意军的坦克和物资仓库在烈焰中化为灰烬，轰炸整整持续了一夜。与此同时，拜尔迪那还遭到由英军坎宁安上将的旗舰以及其他2艘战列舰的猛烈炮击。炮击一结束，"瓢虫"号和"蚜虫"号炮艇，以及主要用于海岸作战的"恐怖"号低舷铁甲舰便悄悄地向岸边驶去，以便对位于悬崖之上的拜尔迪那的防御工事进行近距离炮击。

1月4日，经过连续几天的猛烈炮击，拜尔迪那上空已是黑烟蔽日。有一大段悬崖突然塌方，呼啸着滑向大海，意军的许多炮兵阵地因此被彻底毁掉。由于炮击，驻守在拜尔迪那的意军面临着缺水和缺粮的困境。至此，贝肯索对于坚守阵地已不抱希望，于是他化装成一个二等兵，带着少量部队溜出拜尔迪那，连夜逃往托布鲁克。1月4日日落时分，拜尔迪那政府大楼上的意大利旗帜飘然落地，意大利军队终于投降了。

1月20日，奥康纳已做好了攻占托布鲁克的准备。他的部队已消灭了意军的8个师；原先驻扎在北非的25万意军已只剩下一半，且大多装备较差。但是如果奥康纳不能在一个月内彻底击败驻扎在利比亚的意军，把整个东部昔兰尼加省置于英军的控制之下，德军很可能对意军进行援助，

▲ 二战中的意大利 P40 坦克

那时候后果将不堪设想。

澳大利亚军队只用了一天半的时间就突破了托布鲁克50多千米长的外围防线，这主要得益于一次沙暴。在沙暴的掩护下，澳大利亚士兵——其中一些不得不戴上防毒面具以抵挡风沙——在铁丝网下面埋上炸药，将敌人炸得粉碎。1月21日日落时，先头部队距托布鲁克只有十几千米。

8天后，位于托布鲁克以西160千米的德尔纳陷落。随着意军的溃败，奥康纳也逐步面临着这样一个严峻的问题：他能在意军撤出昔兰尼加之前截住他们吗？此时，意军正沿滨海大道迅速向黎波里撤退。如果他动作足够迅速，他就有可能在他们逃走之前截断他们的退路。由于此前英军已在要塞梅基利让一支精锐的意大利坦克部队逃脱，这使得奥康纳非常生气。于是，他向士兵们下达了以"飞奔"的速度向班加西挺进的命令。

2月4日黎明，第7装甲师的50辆巡逻车和80辆轻型坦克从梅基利出发，穿过昔兰尼加的内陆草原，企图截断驻扎在班加西的意军的退路。但一路上沙石遍地，剧烈的颠簸加上劳累，使得士兵们普遍出现呕吐，大大减缓了行军的速度。跟在他们后面的是奥康纳和韦维尔派往西部沙漠的代表埃里克·多尔曼·史密斯准将，他不得不开始怀疑他们能否完成阻截意军的任务。

但是2月5日中午，从班加西以南达福姆村庄附近的一辆装甲车上传来了他们期待已久的消息：意军的退路已被截断。奥康纳为自己赢得了半小时的时间来布置陷阱。战斗持续了一天半。绝望的意军坦克一次又一次地发起集团冲锋，试图冲破英军的封锁线，但是他们每30辆坦克才配备有一台无线电发报装置，几乎不可能进行有效的协同作战。

到2月6日，英军每个旅只剩下15辆巡逻坦克。这时候伪装也变成了一个作战的武器，双方进入残酷的消耗战。2月7日凌晨，奥康纳得到消息称，鲁道夫·格拉齐亚尼元帅已经逃往的黎波里，他手下的军队开始投降，他们已无力再战了。于是，奥康纳和多尔曼·史密斯驱车穿越方圆25平方千米的战场，所到之处让人触目惊心。

2月12日，多尔曼·史密斯准将回到开罗。同时，他还肩负着一项重要使命，那就是劝说韦维尔批准奥康纳继续向利比亚首都的黎波里进军。但是他一走进韦维尔的作战指挥室，就已经知道答案了。沙漠地图已从韦维尔的墙上消失，取而代之的是一幅希腊地图。韦维尔向他挥了挥手，并对他说道："你瞧，埃里克，我正忙着为我的春季战役做准备呢。"希腊的首相迈塔克萨斯突然去世，他的继任者亚历山大·科里洛斯最终决定接受丘吉尔提供的援助。

此时的韦维尔依然沉浸在战斗胜利的喜悦中，断然想不到，他此次的军事冒险已给他种下了麻烦的种子。如果他的胜利能够再晚一些的话，希特勒将没有力量对非洲进行援助。然而英军在非洲的胜利，使得希特勒感受到了威胁，于是立马派出一个德国装甲师和一个轻机械化师前往的黎波里，以阻止英军的推进。面对这种局面，最开心的莫过于墨索里尼，这和他企盼中的一样，只不过稍微作出了一些牺牲而已。

希特勒出手

希特勒此时正忙于苏联战争，根本无暇顾及意大利在北非的战事，所以一开始并不打算向非洲派兵。但是随着意大利军队的溃败，希特勒意识到，如果让英军控制了利比亚，就等于让英军把枪口对准了意大利的胸口，丘吉尔很可能迫使墨索里尼谈和。这个结局将是希特勒最不愿看到的。

1941 年 1 月 11 日，希特勒发出命令，派遣第 5 轻机械化师火速前往北非，在 2 月中旬到达，全力阻止英国人的挺进。1 月 22 日，在德军乘船到达非洲以前，托布鲁克的意大利军队投降了，这给意大利带来了巨大的挫败感。

对于意大利的失败，墨索里尼从未对自己的指挥产生过怀疑，而是毫不留情地指责陆军元帅格拉齐亚尼，为了遮丑，墨索里尼撤销了他的职务。这时墨索里尼已把全部的希望都寄托在了希特勒身上。

希特勒此时也意识到，必须赶快派一个德国装甲师去非洲。希望在英军人力和物资都已经匮乏的情况下，来个渔翁得利之举。于是，希特勒指示总参谋部，在原有的阻击部队第 5 轻机械化师动身以后，马上又派一支完整的装甲师去北非支援。

1941 年 1 月 22 日，由于托布鲁克陷落，德军增援北非的计划被迫提前。这时候，希特勒想起了一位年轻的将军，此人是一战的传奇人物，在二战的法国战场也出尽了风头。这个人就是隆美尔。隆美尔曾以伤亡 2000 余人的代价，俘虏了英法联军近 10 万人，缴获坦克和装甲车 485 辆，卡车 4000 辆，火炮数万门。为此，隆美尔第 7 装甲师获得了"魔鬼之师"的称号。

此时，隆美尔正在德国休息。接到命令后，隆美尔立刻动身前往柏林。2 月 6 日，隆美尔被召唤到总理府。希特勒

▲ 隆美尔

给他看了一些英国和美国杂志的插图，上面刊登着英国的理查德·奥康纳将军率军胜利进攻利比亚的照片。

希特勒对隆美尔的辉煌战绩大加赞扬了一番，然后直奔主题，他问隆美尔对非洲战局有何看法，隆美尔此时已猜到了希特勒的意图，于是说："意军在北非快要撑不住了，失去北非，就意味着失去了地中海，这对我们无疑是一个重大损失。北非很重要，但我们的意大利盟友把事情弄得一团糟。我们不能再袖手旁观了。"

希特勒对隆美尔的回答很满意，于是说："好的。我准备让你担任非洲远征军的司令官。第 5 轻机械化师归你指挥，有必要的话，我会再给你派一个装甲师。此外，那里还有很多意大利师，也可以归于你的麾下。"隆美尔对于这样的指派激动不已，他回答说："多谢元首的信任，我一定竭尽全力保住非洲，决不辜负元首的期望。我会尽快出发的。"

此后，德国的勃劳希契元帅向隆美尔具体布置了任务，隆美尔被任命为德国"非洲军团"军长，并以最快的速度奔赴利比亚去调查当地的真实情况。隆美尔出发时，口袋里装着的是统帅部主管凯特尔为他拟定的行动计划。在这个行动计划中，凯特尔指示他在罗马和利比亚应该如何与意大利友军相处。同时，这份文件还强调了希特勒的态度："不准丢德国人的脸。"

隆美尔怀着期待的兴奋心情离开了柏林。德军驻利比亚总司令这个响亮的头衔激起了他的雄心壮志，在军事术语中，总司令比军指挥官还高一级。

按照原定计划，德军第 5 轻机械化师的先头部队于 2 月中旬到达非洲，第 5 轻机械化师主要人员和装备将于 4 月中旬到达非洲，而增派的一个完整的装甲师是第 15 装甲师，最快也要在 5 月底到达非洲。保证这些德军到达非洲的前提是，意大利军队必须守住苏尔特

湾地区的防线。而这样做与意大利军队的计划完全背道而驰，因为意大利军队只想守住苏尔特湾地区的的黎波里。

由于的黎波里地区较小，难以保卫空军基地。隆美尔表示，如果意大利方面不同意在的黎波里以东建立新的防线以守住苏尔特湾地区，那么他就只能向意大利人表示歉意，因为他没有必要把德军派往的黎波里送死。

经过一番交涉，双方互相妥协，最终达成一致。意大利军队在北非的一切摩托化兵力都交给隆美尔指挥，而隆美尔的"非洲军团"又必须接受格拉齐亚尼的管制。

隆美尔到非洲后的首要任务是调查利比亚局势，然而野心勃勃的隆美尔心里想的却是在德军到达利比亚后，就开始进行真正的战斗。隆美尔多次向德国元首驻罗马的代表林特伦暗示，对英军发动进攻才是他的真正意图。林特伦极力劝说隆美尔改变这种念头，并且指出，如果贸然发动战争，只会使隆美尔失去声望和荣誉。但隆美尔并没有把林特伦的劝告听进去，进而作出了震惊世界的举动。

此后，隆美尔在北非的军事行动不仅使希特勒大跌眼镜，也使英国、美国等参战国大吃一惊。隆美尔以他那杰出的军事才华纵横北非，使得北非由一个容易让人忽视的小战场转变成为影响第二次世界大战进程的重要战场。

隆美尔唱起"空城计"

1941 年 3 月 12 日，隆美尔抵达北非战场已将近 4 个星期，在这一天隆美尔在的黎波里的街头上演了一出精彩的空城计。在的黎波里的主要广场上，一队看上去似乎永无尽头的坦克纵队正隆隆地驶过。

这些可怕的重达 25 吨的"潘萨Ⅲ"型和"潘萨Ⅳ"型坦克全都涂上了当时流行的沙漠伪装色——沙黄色。穿着同样颜色制服的坦克指挥官笔直地站立在坦克炮塔上，脸上的表情像他们的翻领上装饰的死神头徽章一样冷漠。站在检阅台上举手行礼的是一个矮小而结实的德国中将：埃尔温·隆美尔，他拥有一双蓝色的眼睛，给人一种深不可测的感觉，他就是新组建的非洲军的司令官。

站在隆美尔旁边的是副官汉斯·韦纳·施密特中尉，他看着一辆接一辆的坦克，接连不断地从旁边的一条大街上开出来，又隆隆地驶过广场，不禁越来越感到惊奇。大约 15 分钟之后，他注意到一辆履带有明显缺陷的"潘萨Ⅳ"型坦克，并且认出这是他先前在坦克队列中曾经见过的一辆，他此时终于明白了其中的缘由，忍不住抿着嘴偷偷地笑了。

现在他才明白，前一天晚上隆美尔对手下军官所讲的话的真正意图。当时，隆美尔强调了欺骗英军以隐瞒非洲军虚弱的重要性，因为这支部队的大部分此时还远在欧洲。施密特逐渐明白，隆美尔其实只是让坦克绕着几个街区来回行驶，从而以一个坦克团造出一个装甲军团的声势。

隆美尔的这一出空城计足以令他赢得意大利人的敬畏，也足以令在场的英国间谍在后来

▲ 德军士兵正用望远镜侦察前线情况。

后悔不已。在这一天，隆美尔向人们显示他的冒险精神和欺诈技巧，这些才能在下一阶段的沙漠战中将发挥和真正的装甲部队一样重要的作用。对英国人来说，这些才能是他们有待掌握和必须学会如何应付的，他们甚至在几天前才得知隆美尔的身份。在 3 月 8 日之前，韦维尔上将的参谋人员只能称新的德军司令为"X 将军"。现在他们从情报部门得知这位"X 将军"就是隆美尔。这一消息在开罗引起了不安。

隆美尔一向以好斗著称。他对敌人的弱点有着天生的直觉，对速度和出其不意格外钟情，他的格言是：进攻、动力、力量。1940 年 5 月，时任德国第 7 坦克师——"魔鬼之师"——指挥官的隆美尔，曾多次智胜从法国败退的英军。他的部队总是出其不意出现在英军最意想不到的地方。

隆美尔出生于一个无钱无势的家庭，他完全是靠个人的奋斗取得成功的。他对此感到非常自豪，有时甚至并不掩饰他对一些最高级的德国将领的鄙视。他认为德军总司令瓦尔特·冯·勃劳希契元帅只不过是一个过分敏感和孤僻的贵族。

而为人尖酸刻薄而又雄心勃勃的德军总参谋长弗朗茨·哈尔德上将，在隆美尔眼里也是一个只懂得纸上谈兵毫无实践经验的家伙。隆美尔作为一个野战军司令，除了战斗之外，他几乎没有什么嗜好。他既不吸烟，也很少喝酒。他每天必做的事情只有一样，那就是给他的妻子露茜写信。在他的生命中，除了家庭就是战斗，战斗是唯一能使他产生乐趣的事情，战斗并取得胜利是他一生的追求。胜利时，他会像小学生一样兴高采烈，而失败时他便会垂头丧气。

然而，此次希特勒派隆美尔到北非来的主要任务并不是进攻，所以隆美尔的进攻欲望愈发强烈。意军现在蜷缩在的黎波里，时刻担心着英军会沿着海岸线进军，前来攻占这座港口城市。

他们中的许多人已经把行李打好包，随时准备着撤离这里，前往意大利。虽然希特勒没有把北非战场放在优先考虑的位置，但他还是感到德国不应该让他的轴心国伙伴被赶出这一地区。尽管他答应向墨索里尼提供援助，但是勃劳希契在给隆美尔的指示中说得很清楚，他的任务只是防御，目前德国还没有能力运来足够多的兵力将英军赶出利比亚东部的省份昔兰尼加。

希特勒答应拨给隆美尔的两个师之一，第 5 轻机械化师已经在 2 月中旬开始向北非出发，计划到 4 月中旬运完。第 5 轻机械化师包括配备有 80 辆中型坦克（"潘萨 III 型和"潘萨 IV 型）和 70 辆轻型坦克的第 5 坦克团，实际上比它听上去的要可怕得多。

5 月底，隆美尔被告知：另一支训练有素的坦克师，第 15 师也将很快抵达北非。北非尚存的意大利摩托化部队——主要是拥有 60 辆老式坦克的"阿雷特"装甲师——也将归于隆美尔的指挥之下。不过出于外交上的考虑，北非德军部队将接受北非意军新的总司令伊塔洛·加里博尔迪上将的指挥。

2 月 12 日，隆美尔在刚刚抵达的黎波里的时候，就预料到英军很快就会重新向西挺进。他心里清楚，如果英军在他的增援部队到达之前立即展开进攻，他将很难阻止他

▲ 隆美尔在的黎波里进行战略部署。

们。在缺乏人员和装备组建强有力的防线的情况下，隆美尔把希望全都寄托在了极力显示他"强大"的防御力量上。

"我相信，如果英国人感觉不到威胁，他们很可能会继续向前推进，"他后来写道，"但是如果他们看出他们将要进行的是一场恶战，那么他们会推迟进攻，将所需的物资筹备好。这样我们就可以为自己赢得时间来加强力量，直到我们强大到足以抵抗敌人的进攻。"

隆美尔飞抵的黎波里仅几个小时后，就又登上飞机，对的黎波里以东的沙漠进行了空中侦察。通过仔细的观测，他决定在位于滨海大道上的苏尔特地区建立防御阵地。苏尔特是处在的黎波里和英军驻地欧盖莱中途的一个村庄。加里博尔迪上将不愿冒险让自己的部队向着英军的方向前进400千米，因为他的部队本来就所剩无几了。但是隆美尔坚持这样做，他认为这样做可以尽快将前线指挥权掌握在自己手中。

第二天，两个意大利步兵师和"阿雷特"装甲师开始向苏尔特进发。2月14日，第一批德国军队——一个侦察营和一个反坦克营——抵达的黎波里，并于次日早晨开往苏尔特。与此同时，隆美尔再次施展了他的伪装术，他之所以这么做是为了威慑英军。到2月17日，隆美尔已经对这支匆匆集结起来的半真半假的军队十分满意，此时他已经做好迎击英军的充分准备。

二、北非闪击

轻取欧盖莱

现在我们再来看看英军方面的情况。此时，英军中在战争直觉方面堪与隆美尔匹敌的奥康纳中将已被提升为驻埃及英军的总司令，因为在上一阶段取得对意战役的胜利后，他迫切需要休息。2月底，韦维尔任命菲利普·尼姆中将担任昔兰尼加英军的总指挥。尼姆虽然也以作战勇敢而闻名，但对沙漠战争他是毫无经验的。

正如韦维尔后来所承认的那样，他在昔兰尼加的防务安排上犯了一个致命的错误。3月中旬，韦维尔亲自到班加西地区视察英军的前沿阵地。这时，他吃惊地发现，他对班加西南部的斜坡的想法是完全错误的。他原以为这道斜坡可以作为一道天然屏障，坦克只能在极少数的几个地方攀援进攻。但是，他到现场一看才发现，那些斜坡根本起不到阻挡的作用，坦克可以从任何一处登上斜坡。在视察中他还发现，尼姆的战略部署简直荒唐，他立刻命令作了一些调整。"但是最令人担心的，"他回忆说，"还是作为全军核心的第2装甲师的巡逻坦克的状态。"52辆坦克中有一半待在维修车间里，每天还不断有新的坦克抛锚。

韦维尔指示尼姆，如果驻在欧盖莱的前线部队受到攻击，就将他们撤回到班加西，并沿途进行阻滞战斗。在必要的情况下，尼姆将放弃班加西，并将坦克拉上班加西东部的斜坡以保存实力。这次视察使得韦维尔开始忧心忡忡，他已经产生了不好的预感，但对此他又毫无办法，因为他的大部分兵力已经被派往希腊。

尽管如此，韦维尔还是认为隆美尔在5月底之前是没有足够的实力发起进攻的。德军最高统帅部也这么认为。3月19日，就在韦维尔从前线视察回到开罗的第二天，隆美尔飞抵柏林。他已经意识到英军暂时的虚弱，并且坚信应该"尽最大努力加以利用，以一劳永逸为我们赢得战争主动权"。他请求勃劳希契允许他立即对英军发起进攻，但被坚决拒绝了。

▲ 德国 75 毫米反坦克炮

勃劳希契耐心地向隆美尔解释道，德军最高统帅部还没有做好在北非发动一场决定性战役的准备，而且除了已经许诺的部队，隆美尔几乎得不到其他的任何增援部队。因为此时希特勒即将派部队去希腊援助墨索里尼，并且他还在秘密策划着对苏联的入侵。当然，对于这些情况，隆美尔是毫不知情的。勃劳希契继续安慰道，在 5 月底，第 15 坦克师到达后，隆美尔可以对英军的前沿阵地发起一次有限的攻击，最远可能推进到艾季达比亚。如果形势乐观，他可以重新攻占班加西，但不可发动全面进攻。隆美尔回答道："我们不能只占领班加西，而是应该占领整个昔兰尼加，因为占领班加西这个孤地是无法自保的。"然而，勃劳希契对此的态度是非常坚决的，他对隆美尔下达了最终命令，在 5 月底之前不能采取任何行动。隆美尔表面上遵从了勃劳希契的命令，实际上却已经下定决心发动进攻。

在动身前往柏林之前，隆美尔已经向到达北非的第 5 轻机械化师的一部——主要是第 5 坦克团——下达命令，让他们做好于 3 月 24 日进攻欧盖莱的准备。从柏林回到北非后，他立刻发出了进攻的命令。他为自己违抗最高统帅的指示寻找的借口是，一个给德军军事据点运送补给的小分队经常受到驻欧盖莱英军巡逻队的骚扰，为了保住这个据点，他必须把英国人赶出欧盖莱。

欧盖莱的防卫并不坚固，那儿的英国士兵和韦维尔有着同样的感觉，他们眼下还没有受到敌人的威胁。3 月 24 日凌晨，他们突然遭到了隆美尔军队的进攻。欧姆弗雷德·冯·魏克玛少校指挥的第 3 侦察营的坦克和装甲车沿 1000 码的战线展开，全线向欧盖莱压过去。跟在他们后面的卡车正按照隆美尔的命令拼命扬起滚滚黄尘。这是隆美尔第一次在沙漠中开展他的欺骗术。魏克玛的许多"坦克"根本不能开火，它们只是一些安装在汽车底盘上的假坦克——现在被称作"纸板师"。在飞扬的尘土中，它们看上去和一支可怕的战斗部队一样令人恐惧。守卫欧盖莱的英军迅速撤离，退到欧盖莱东北 50 千米的梅赛布列加。

听到德军未遭任何抵抗就占领欧盖莱的消息后，丘吉尔立刻给韦维尔打电报，在电报中丘吉尔以一种调侃的语气说："我猜想你是在等待乌龟把头伸出龟壳足够长，再把它斩断。"在给丘吉尔的回电中，韦维尔用很长的篇幅详细地介绍了自己目前所面临的困境。他指出，利比亚的英军因抽调兵员去希腊而被大大地削弱了，他手中已经没有部队可以派去增援尼姆。但最后，他又让丘吉尔不用太过担心，因为他确信德军暂时还不会发动一场大规模的进攻。3 月 30 日，韦维尔打电话给尼姆，告诉他不要过于担心，并宽慰道："我相信至少在一个月之内，他们是不会有任何大的动作的。"然而，就在第二天，隆美尔就对梅塞布列加发起了进攻。

隆美尔在欧盖莱停了一个星期，但是他担心如果他坐等第 15 坦克师的到来，会使英国人有时间来构筑一个防御工事，从而使梅塞布列加成为一个坚固的堡垒。于是，他派遣德军的突击主力第5坦克团沿着滨海大道前进，英军在隘口处进行了顽强抵抗。

到傍晚时分，战斗陷入僵持状态。隆美尔当机立断，派遣一个机枪营穿过大道北边高低起伏的沙丘，从侧翼对英军展开攻势，把英军从隘口击退。当非洲军的士兵向梅塞布列加发起冲锋的时候，英军只有匆忙弃阵逃跑。

第二天上午，隆美尔从德国空军提供处得知，英军仍在向北撤退，并没有继续抵抗的意图。就目前的形势来看，昔兰尼加省似乎已敞开大门欢迎隆美尔的到来。这对隆美尔来说是一个无法抵挡的诱惑，他已经完全不顾上级下达的在5月底之前不能发动大规模攻势的指示，全身心地投入到战斗之中。他命令第5轻机械化师继续向艾季达比那推进。

4月2日，经过短暂的战斗，艾季达比那和附近的港口须提那被德军攻占。这时，加里博尔迪试图制止隆美尔，但此时此刻，任何人都无法阻挡隆美尔向昔兰加尼前进的脚步。

英军全线溃退

隆美尔把他的军队分成三路，一路沿滨海大道向北去进攻班加西，一路向东进攻摩顿格拉那和本加尼亚，第三路则从中路出发，进攻安提拉特和摩苏斯。在进军过程中，他采取的是以不变应万变的灵活作战计划。德军只需要到处发起进攻，一旦英军开始撤退，便紧随其后伺机行动。很快尼姆的军队便全线撤退。

隆美尔并不是那种只会在作战室里指手画脚的军官。在战争中，他喜欢乘坐飞机或乘车视察他的部队，并依据战争的情况向他们下达命令。在这次战斗中，隆美尔需要的是德军在速度上的优势。于是，他把作战参谋乔治·艾雷特少校留在指挥部，自己则乘坐飞机到各个战线上去督促战士们加速前进。

4月3日这一天，由于隆美尔盲目追求速度，使德军冒了一次很大的风险。这对于本来

▲ 英军炮兵的反击。在隆美尔灵活多变的战术面前，英军的战术显得既单一又保守。

就反对进攻的加里博尔迪来说，无异于火上浇油。于是他强烈要求隆美尔停止所有的战斗，未经他的允许，军队不能再前进一步。隆美尔此时也大为愤怒，因为他不能让这大好的机会白白溜走。于是，双方的谈话变得相当激烈。当晚，德军占领了英军主动撤离的班加西。

现在，隆美尔的快速进军产生了他预期中的效果：尼姆的部队出现了混乱和恐慌。轴心国军队突破梅塞布列，使得英军开始了持续一周的 800 千米大撤退。这次仓皇撤退后来被一些英国人幽默地称为"托布鲁克大赛马"。英军传统的冷静和刚毅的品质在这次撤退中突然间消失得无影无踪。

尼姆也曾试图恢复秩序，但形势的发展已使英军士兵失去控制。4 月 2 日，韦维尔亲自到巴斯评估形势。他到达巴斯后，立刻意识到尼姆已经失去了对部下的控制。于是，他立刻派人去请奥康纳重新出来接掌指挥权。4 月 3 日奥康纳到达后，向韦维尔建议，让尼姆继续指挥，他自己则担任尼姆的顾问。这么做的理由是"中途换马不会真的有好处"。

奥康纳的到来也没能扭转乾坤。隆美尔看到自己那种伪装的强大已经起作用了，于是决定继续保持。因为就目前的形势来看，这已成为德军赢得胜利的一大法宝。英军第 2 装甲师正向梅基利败退，一路之上，在各种小冲突和停顿中，又损失了大量坦克。隆美尔不失时机地让那座沙漠小城堡成为了他多头并进的中心。三支强大的德军纵队卷着滚滚黄沙，以向心突击的方式向梅基利直扑而去：第 5 轻机械化师的主力和"阿雷特"师沿着本加尼亚和腾杰得尔一线；德军第 5 坦克团及作为支援力量的 40 辆意军坦克沿梅苏斯一线；第 3 侦察营则经由班加西穿过查鲁伯一线。

第 4 支轴心国纵队则沿着滨海公路扑向德尔纳，澳大利亚第 9 师早先曾撤到此地，预计在一处干涸河床上对德军进行强有力的抗击。然而，4 月 6 日情况发生变化，澳大利亚第 9 师几乎已处于德军和轴心国大军的包围之中。于是，澳军不得不从德尔纳慌忙逃窜。此后，E.O. 马丁中校的"诺森柏兰明火枪团"也迅速收拾整理，匆忙地加入到东撤的狂潮之中。

当天夜里，尼姆和奥康纳也觉察出自己的情况岌岌可危，于是决定从指挥部撤退。这两位将军属于最后一批撤离者。坐着尼姆的指挥车，他们朝着东边大约 160 千米处的特米疾驰而去。然而不幸的是，那天夜里他们走错了一个岔道口，向北开往了德尔纳。结果他们全都成为了德军的俘虏。

在这片浩瀚得几乎找不到哪怕是一条小路的沙漠角斗场上，迷路是常有的事，无论是对于英国人还是德国人。隆美尔的先头部队也遇到了同样的麻烦。每天，隆美尔都得用上几个小时，乘着那架"斯多奇"飞机，试图找到他们并进行协调指挥。频繁出现的沙漠风暴使得德军纵队不时偏离预定路线，并且使本可以对他们进行引导的隆美尔的飞机或其他飞机只得临时找块空地着陆。从梅苏斯出发的赫尔伯特·奥尔布里奇上校的第 5 坦克团也在沙漠中迷失方向达一天之久。隆美尔发狂般地到处寻找这支部队，并差一点就使他过早地告别这个令他名声大振的战场了。

虽然德军在沙漠中时常迷失方向而且汽油短缺现象日趋严重，但是，4 月 7 日，他们和意大利军队还是一起包围了梅基利。陷入包围圈中的是英军第 2 装甲师的一些残余部队，印度第 3 机械化旅和其他几支未能逃脱的部队。隆美尔要求被困的英军高级指挥官率军投降，但被拒绝了。4 月 8 日上午，就在轴心国部队开始发起总攻的同时，英军也正试图冲出包围圈。在一片混乱中，一些英军官兵设法逃了出来，但是到中午时分，梅基利还是失陷了。这一役使得"沙漠之狐"隆美尔的神奇故事从此广为流传。

托布鲁克的拉锯战

▲ 托布鲁克的英炮兵守军正向敌军阵地猛轰。托布鲁克对于攻守双方来说都至关重要，一方是志在必得，一方则誓死坚守。

在梅基利被德军攻下的这一天，韦维尔在托布鲁克的一家滨海旅馆里，向英军的高级军官们宣布了一项事关重大的决定：英军必须死守住托布鲁克。鉴于德军的胜利进军，从德尔纳成功撤退的澳大利亚第9师将前往托布鲁克，与驻扎在当地的英国和英联邦国家部队会合，誓死守住托布鲁克。

出席会议的军官没有一个人对韦维尔的计划提出质疑。因为大家都明白，只要英军能守住托布鲁克，隆美尔就不可能长驱直入。没有托布鲁克，隆美尔也就不能在昔兰尼加地区找到一个合适的海港来运输部队给养。当然，要守住托布鲁克绝不是一件轻而易举的事情。

一方面是志在必得的隆美尔，他会不惜一切代价把防御的军队赶入大海。另一方面，英军的食物、弹药和补充装备都很困难，因为德军已完全掌握了这座城市的制空权。然而，英军已别无选择。现在，在托布鲁克周围，仅存有拜尔迪那、西迪巴拉尼和梅塞马特鲁等几个据点了。

隆美尔对于英军的这个情况也是了如指掌的。现在，隆美尔面临的唯一困难就是如何拿下托布鲁克。因为在今后数天里，他的非洲军将会绕过托布鲁克，沿着海边向东拿下卡普措要塞、塞卢姆和哈尔法亚隘口，但是，只要英军扼守住他们的防御工事，对隆美尔的侧翼和后方构成威胁，轴心国部队的长驱直入就是徒劳无益的。这种情况真是使隆美尔哭笑不得。隆美尔现在一心想征服埃及和苏伊士运河区，但是却发现自己被一小撮英国守备部队阻拦在胜利的门槛之外。

更糟糕的是，现在英国人已经加固了托布鲁克的防御工事。这是一块面积为570平方千米的"飞地"。内圈是周长为50千米的"红色防线"。在这一地带内设有相互缠绕在一起的带刺铁丝网，屹立着140座坚固火力点，地下掩体上面还加设了钢筋水泥保护层，它们每个都可容纳20人。在"红色防线"背后3千米处还有一条"蓝色防线"。该防线上密密麻麻布满地雷，穿越其间的是更多的铁丝网，而且每隔500码就有一个坚固火力点。

虽然英军的防御很坚固，但隆美尔相信，只要充分利用装甲部队，这次战役也能轻易取胜。他把攻击时间定在4月14日，即西方的复活节那天。德军官兵也指望他们的坦克群一开近，英军就弃城逃跑。他们对隆美尔"速战速决"的战术深信不疑。清晨5时20分，第5轻机械化师的第一批坦克未遇任何抵抗，轻易就辗过了托布鲁克以南一道被炸开缺口的铁丝网阵地。然而，正当德国步兵潮水般涌过这些坚固火力点时，澳军的弹雨就从他们身后直扫而来。德军坦克军并没有注意到他们身后那血淋淋的可怕场景，继续向前开进，殊不知他们已一点一点地钻进了一个精心策划而又危险的圈套里。

忽然间，德国坦克兵发现自己被套进了一条火网之中。就在不远处，英军的野战重炮从两侧向他们猛烈开火。一辆"潘萨Ⅳ"型坦克的炮塔被一发炮弹直接命中，强大的爆炸力把它从炮座上完全掀了下去。乘着小汽车傲慢地闯进战场的德军中校古斯塔夫·帕纳森当场毙命，他那辆舒适的小车被一发反坦克炮弹炸了个稀巴烂。阵地上到处弥漫着硝烟和灰尘，德军驾驶员和炮手们眼前模糊一片，什么也看不清，他们只能开着坦克惊慌失措地东闯西钻。最后，撤退命令下达了，他们才狼狈不堪地杀出一条血路，沿着同一道交叉火网，退回到外围阵地上去了。在这场混战中，德军损失坦克 17 辆，损失惨重。

▲ 1941 年，在北非围攻战期间，澳大利亚士兵组成了托布鲁克要塞的绝大部分兵力。

隆美尔吃了败仗，暴跳如雷。两天后，即 4 月 16 日，他亲自挂帅，卷土重来。但这次进攻同样以失败告终，在两天的进攻中，800 多名意军官兵被生擒活捉；"阿雷特"师也至少损失了 90% 的坦克，丧失了作战能力。4 月 17 日，隆美尔只得取消了进攻。但隆美尔仍然相信，只要得到足够的增援，他还是可以攻克托布鲁克的。

这一次，他再次低估了守城英军的意志力。在托布鲁克外围阵地内虽然只有 3.5 万名官兵，这些官兵还是由澳大利亚人、新西兰人、不列颠人、印度人等组成的一支杂牌军，但他们的统帅却是一名同隆美尔一样富于坚韧不拔毅力的澳大利亚指挥官。这个统帅就是素有"恶棍"之称的勒斯列·詹姆斯·莫谢德少将。莫谢德少将此时已年过半百，作为一个经验丰富的指挥官，他对自己所肩负的重任十分理解，那就是死守到底。每天夜里，他都会派出 20 人的巡逻队对德军发动一次偷袭。不久，隆美尔就意识到了他们的威力。

4 月 30 日，得到第 15 坦克师增援的隆美尔再次发动了新的攻势。这次攻势是德军到那时为止对托布鲁克展开的最为残酷的一次大规模进攻。"斯图卡"俯冲轰炸机和轴心国炮兵部队对城西南一座叫"拉斯伊·梅道尔"的山头进行了狂轰滥炸，德军坦克集群趁机突破了这个制高点以北、以南的防御系统。在三个小时内，德军就把战旗插上了山顶，坦克部队则深入外围阵地达 3 千米之远。但是，德军未能占据一系列由澳军死守的坚固火力点。次日上午，这些火力点仍旧十分活跃，当英军用炮火进行报复和展开反击时，它们就从后面对德军进行骚扰。

双方冲击和反冲击的拉锯战激烈地进行了三天，遮天蔽日的风沙使得德英指挥官的战术控制都陷入了困境。这场战斗是隆美尔到那时为止损失最为惨重的一次出击。在战场上，他的部下已经伤亡将近 1000 人。此时必须有一个人出来制止隆美尔的疯狂进攻了。

弗雷德里希·保卢斯中将就是带着这个使命来到北非的。保卢斯中将是一名头脑冷静、做事缜密的将军级参谋。保卢斯被德军在战斗中遭受的伤亡吓得大惊失色，他提醒隆美尔，夺取托布鲁克已经没有希望了。5 月 4 日，当英军发起了最后一次不成功的反击之后，德军仍然设法在外围阵地上占领了一块宽约 5 千米、纵深 3 千米的地盘。

与此同时，勃劳希契下达了一道充满怒气的最后通牒，他勒令隆美尔不可再对托布鲁克展开攻势，隆美尔必须坚守现有阵地，保存实力。隆美尔对于由进攻转入防御感到十分痛苦。但是，不久他就开始喜欢上防御了，因为他在这方面同样具有天赋。

一柄鲁钝的"战斧"

丘吉尔在伦敦得知非洲的战况进入僵持阶段之后，下令驻扎在非洲的英国军队在昔兰尼加展开自己的攻势。他还为此设想了一个大胆并且典型的"丘吉尔式"的计划，在4月20日就为战斗奠定了基础性框架。

在此期间，丘吉尔提议让一艘正准备起航绕道"好望角"开赴苏伊士运河的补给船只改变路线，从直布罗陀海峡，穿越地中海德军交叉火力网，直驶亚历山大港。他天真地认为，这样可以缩短40天的航程，是一个很好的建议。殊不知，自1月初，英国船队就不敢穿越地中海向北非运送给养了。因为德国空军已完全掌握了地中海的制空权。

虽然丘吉尔知道隆美尔已得到了一个完整的德国坦克师的增援，但他仍认为有必要冒一些风险。

如果让韦维尔能提前得到295辆坦克，那就有可能阻止德军的行动，目前比较被动的战斗局面可能会很快地扭转过来。

事实上，在代号为"猛虎船队"的运输过程中，英军只损失了一艘货船。5月1日，船队终于把238辆坦克送到了亚历山大港。在到达之日，丘吉尔在给韦维尔的电报里说："看吧，现在已是拯救之时。"但韦维尔却一点也乐观不起来。因为运来的坦克实在是让人摇头，这些坦克的制动箱被压碎、履带无法使用，更重要的是发动机没有安装滤尘器，而滤尘器在沙漠战中是至关重要的。韦维尔不得不遗憾地给丘吉尔回电，在6月中旬之前展开行动是绝对不可能的。

丘吉尔收到电报之后非常失望。但是，5月15日，韦维尔在没有动用新坦克的情况下，仍然发起了代号为"简明行动"的作战计划。这是一场旨在为下一次大规模攻势夺取攻击阵地的小战役。在W.H.E.高特准将的指挥下，英军越过埃及—利比亚边境，排出了三支攻击纵队，展开了进攻。英军行军神速，很快就攻克了卡普措和哈尔法亚隘口。

哈尔法亚隘口不仅是通向利比亚高原的唯一关口，而且还控制着通往塞卢姆及以西各地的沿海公路。这一据点的取得，对于英军来说是一大喜讯。此后，大军继续向西迪西则兹推进。

隆美尔也不示弱，于5月16日凌晨前几个小时，发起了一场反击战，把英军夺取的关隘再次夺了回来。结果韦维尔的"简明行动"一无所获，还使英军损失了许多兵力。

丘吉尔意识到不能再让隆美尔继续巩固他的防御阵地，于是不断督促韦维尔立即采取大规模攻势，这使韦维尔心烦意乱。因为他最近所面临的问题可不止这一个。

4月底，在希腊的英军被赶了出来，这些军队都驻扎在克里特岛，现在正受到德军的威胁。此外，韦维尔还被卷入到叙利亚和伊拉克境内的冲突中去，这些国家亲轴心国的傀儡政府正在积极地策划反英活动。现在的韦维尔真可谓手忙脚乱，无所适从。

6月15日凌晨2时30分，韦维尔在丘吉尔的一再催促下，还是勉强展开了对昔兰尼加的攻势，代号为"战斧行动"。该计划与"简明行动"大同小异，只是规模要宏大一些罢了。

6月15日清晨6时许，驻扎在哈尔法亚隘口的德军炮兵首先听到了英军坦克马达的轰鸣声。这些防御者被英军视为"七日大兵"，因为他们一次只能补充仅供一个星期使用的弹药、食品和淡水，他们必须战斗到最后一发炮弹和最后一滴水为止。

该营营长是50岁的维尔赫姆·巴赫上尉，战前，他是一名福音派新教会牧师，始终过着一种普通市民的生活。在这场战斗中，他那些忠诚不渝的部下尊称他为"哈尔法亚的牧师"。

巴赫上尉通过野战望远镜，密切注视着杀气腾腾的英军坦克，现在它们就在 3 千米之外了。

随着英军坦克的推进，在隘口制高点上已经处布满了坑坑洼洼的弹痕。然而，巴赫仍然镇定地向部下下达了不许开火的命令。

上午 9 时 15 分，靠近冲向隘口英军纵队尾部的瓦尔特·奥卡洛尔中校还得意于英军的顺利进军。然而好景不长，没过不久，无线电里就突然传出了 C.G. 麦乐斯少校最后几句惊恐万状的呼喊。原来德军事先已经把大口径炮掩藏在了地下，这些大炮被设在沿着隘口处的悬崖绝壁上，位置很隐蔽且攻击视线较好。几分钟内，英军充当先头部队的 12 辆坦克已被德军的大炮击中 11 辆。英军连续五次试图强行突破隘口，

▲ 隆美尔与意大利加里波第元帅。

但都被德军猛烈的炮火逼了回去。从那天起，哈尔法亚在英国陆军中就成了"地狱鬼火隘口"。

在大斜坡之上，从中路进攻的英国坦克集群经过力战，把轴心国部队从卡普措要塞赶了出去，随即，大军锋芒一转，向东直扑塞卢姆来。但是，从西路进攻的英军部队左翼在哈菲德山脉前被德军死死地阻住了。德军在那里配备了更多的极具杀伤力的 88 毫米口径高射炮，它们全被当作可怕的反坦克炮使用。在这一天晚些时候，隆美尔又从托布鲁克地区征调了大量援军，其中包括第 5 轻机械化师和第 15 坦克师的部分部队。

6 月 16 日上午，隆美尔把这些预备队全都投入到战斗中。第 15 坦克师对据守卡普措的英军展开进攻，但是，午前他们又停止了攻击。同时，在南部的隆美尔的第 5 轻机械化师包围并袭击了临近西迪奥马尔的英军左翼。经过一场激烈而残酷的较量，第 5 轻机械化师突破了英军防线，并开始向东部的西迪苏勒曼方向席卷而去。隆美尔立即意识到，这是自己打垮英军的最好时机。

隆美尔下令第 15 坦克师主力撤离卡普措地域，往西南方向合围过去，与正在向东长驱直入的第 5 轻机械化师合兵一处。6 月 17 日清晨，这些部队抵达西迪苏勒曼，隆美尔命令他们继续向哈尔法亚隘口挺进。这时的隆美尔已开始得意扬扬地盘算着英军即将完蛋的美景。

然而，隆美尔的如意算盘落空了。因为在上午 11 时，印度第 4 师师长 F.W. 梅塞维少将自作主张，下令部队撤退，结果使大部分部队逃出了隆美尔的包围圈。梅塞维的这一行动虽然没有请示上级，但却使英军避免了一场灭顶之灾。

"战斧行动"以英军的惨败告终。当收到韦维尔简明扼要的失败陈述时，某些在伦敦的先生们开始坐不住了，他们意识到韦维尔根本不是隆美尔的对手。

三、千里拉锯战

丘吉尔任命的新司令

丘吉尔寄予厚望的"战斧计划"不仅没有将隆美尔击退，还使得英军损失大量兵力，这让丘吉尔很不能接受。在"战斧计划"中，令人害怕的德军 88 毫米高射炮首次被使用。英军的装甲部队对它的杀伤力望而生畏。英军 90 毫米口径防空炮在反坦克时，反而没有发挥其应有的作用。

不断告急的北非形势，使得丘吉尔不得不冷静下来仔细思考战败的原因何在。其实，对于北非战场的失败，丘吉尔首先想到的替罪羊就是北非英军总司令韦维尔。其实，丘吉尔早在 5 月中旬，就提议让驻印度英军总司令克劳德·奥金莱克爵士替代韦维尔，只是后来考虑到一些其他因素，没有将韦维尔召回。现在，形势的发展已使丘吉尔下定决心，派遣一名新的指挥官到非洲去。

其实，丘吉尔撤回韦维尔还有另外一个原因，那就是他与韦维尔性格上的不合。丘吉尔坦率善辩，而韦维尔孤僻寡言，两种截然不同的性格使两人沟通起来很困难。丘吉尔对韦维尔的评价是"一个表现良好的普通上校"。而韦维尔则更痛恨政府对于军事的干预，作为一名失去了左眼的一战老兵，他不认为在一战中只有短暂服役经历的丘吉尔有多少军事方面的才能。韦维尔自己也很清楚，"战斧计划"的失败将为他的军旅生涯画上一个不太圆满的句号。他在给英国最高司令部的报告中，将过失统统归于自己，并主动请辞。

1941 年 6 月 21 日，丘吉尔任命奥金莱克上将取代韦维尔成为英军总司令。在他眼里，奥金莱克是最为合适的人选。丘吉尔之所以认为奥金莱克是最合适的人选，不是毫无根据的。

▲ 英军上将奥金莱克，在取代韦维尔任英军总司令前，他曾在印度任印度英军总司令。

此时已经 57 岁的奥金莱克是个杰出的战略家，绰号"海雀"；1884 年 6 月 21 日，出生于英国奥尔德肖特市。1902 年 1 月，奥金莱克升入桑赫斯特皇家军事学院，毕业后赴印度服役。1914 年，第一次世界大战爆发，奥金莱克参加了英军与土耳其军队在美索不达米亚的激战。

1919 年，奥金莱克进入奎达参谋学院深造。奥金莱克在奎达参谋学院学习期间，开始研究机动作战和欺诈在战争中的作用，这使得他能在后来面对隆美尔的欺诈术时，一看就破。毕业后，奥金莱克成为一名参谋。1927 年，奥金莱克进入帝国国防学院深造。毕业后，奥金莱克历任团长和奎达参谋学院教官。1935 年，奥金莱克晋升少将，此后开始担任英印军的副参谋长。1939 年，第二次世界大战爆发后，奥金莱克回到英国，历任军长和英国南方军区司令，晋升中将。1941 年 1 月，奥金莱克调任印度英军总司令。从他的经历可以看出，奥金莱克不仅身经百战，对军事理论也很精通。

奥金莱克意志坚定，对自己的部下也充满信心。他口才极佳，这一点使他即使在与高级官员争辩时也表现得极其从容。到任伊始，他就对将要面临的战略和战术问题作了大致的了解。他发现英军坦克还不适应沙漠作战的需要，军官们的战术思想落伍，英军最主要的工作是改进装备和加强对士兵的训练。奥金莱克决定对沙漠中的英军进行重组，首先保证英军在数量上要超过隆美尔的军队。此外，奥金莱克经过仔细研究向英国首相提出了延缓发动攻势的时间。他认为，英军在夏季就发动进攻为时过早，11 月份才是发动进攻的最好时机，因为到那时，奥金莱克就可以得到足够的增援。

然而，在所有这些令人肃然起敬的优点的背后，他有一个致命弱点：不会用人。他用人的原则就是，对于他所信任的人毫不怀疑，并且想当然地认为，他们也会不折不扣地执行自己的命令。如果一时看走了眼，他也会出于固执和盲目自信，不会立即纠正自己的错误。这一缺点在他重组西部沙漠部队时充分暴露出来。一抵达开罗，奥金莱克就开始着手组建新的沙漠兵团。这个新兵团的规模扩大了三倍，并命名为第 8 集团军。奥金莱克为这个新军团选中的司令是已经 54 岁的艾伦·戈登·坎宁安。

艾伦·戈登·坎宁安虽然总是面带微笑，但骨子里却是个不折不扣的急性子。1941 年，他在东非的战场上，仅用 8 周的时间，就打败了奥斯塔公爵指挥的意大利军队，一时名声大噪。正是由于坎宁安在这次战斗中杰出的表现，使奥金莱克首先想到了他。然而奥金莱克却没有考虑到坎宁安没有指挥坦克战的经验，并且是个因循守旧的人，让他去和诡诈易变的隆美尔作战，简直是羊入虎口。更为糟糕的是，当时坎宁安本人由于戒烟而情绪低落，这对他的指挥将产生不可估量的影响。

"十字军战士"行动

坎宁安就任第 8 集团军司令之后，指挥的第一次战斗是代号为"十字军战士"的战役。到那时为止，这是英国在沙漠战场上发动的规模最大的一次攻势。整个军事行动的具体部署是，首先拖住并消灭敌人的装甲部队，从敌人的包围之中解救托布鲁克的英国守军，然后夺回整个昔兰尼加，并最终占领的黎波里。

11 月中旬，在"十字军战士"行动发起之前，坎宁安和他的指挥部里充满着一种轻快的自信。以当时英军的装备来看，他们这种自信也不是毫无道理的。这支重新整编的部队有 11.8 万人，700 多辆坦克，600 多门野战炮，200 多门反坦克炮，还有许多其他装甲车辆和武器。同时，这次行动还可得到新近增强的沙漠空军部队的 650 架飞机的支援。

在轴心国方面，隆美尔却没那么轻松。从 6 月以来，他就没有从欧洲得到过任何增援。原来的第 5 轻机械化师虽然被重新命名为第 21 装甲师，但并没有得到任何加强。隆美尔的指挥部有了一个新的番号：非洲装甲集团军。眼下隆美尔虽然有 11.9 万士兵，但在重型武器方面，仅有 400 辆坦克（其中 150 辆是意大利制造的），其中的 50 辆左右还在维修中，不能投入使用。另外，轴心国在昔尼兰加的空军力量也只有不到 550 架飞机，远远不如英国方面。隆美尔不指望能从希特勒那里得到额外增援，因为在苏联战场上，德军的形势也不容乐观。

坎宁安制定的作战计划是，首先由 C. W. M. 诺里将军指挥第 30 军从位于海岸南部 80

千米处的马达累娜向西推进，从背后包抄从拜尔迪那向西迪奥马尔前进的德军。如果包抄成功，第22和第7装甲旅将转向西北方向的加布·撒莱。加布·撒莱横跨特里·艾尔·阿布德，是隆美尔回击英军的必经之路。坎宁安非常希望隆美尔向加布·撒莱派遣装甲部队，这样在那里的英国装甲部队就可以任意向东北进攻设在拜尔迪那的非洲军指挥部，或向西北解救被包围的托布鲁克。

▲ 英军的火炮阵地遭受德军炮火的轰炸。

同时，第4装甲旅（也是第30军的一部分）将转向西北，深入到德军防线的后面。这支部队负有双重使命，不仅要掩护向加布·撒莱运动的第7装甲旅右翼，还要掩护第13军的左翼。第13军主要由步兵组成，由戈德温·奥斯腾将军指挥。他曾在东非与坎宁安共事。第13军将留在轴心国防线的南面和东面，威慑处在这条防线正面的意大利部队，直到诺里的装甲部队消灭隆美尔的坦克。那时，第12军会迅速加入开往托布鲁克的军队，在那里把隆美尔的步兵消灭掉，以解除德军对托布鲁克的围困。

当然，隆美尔也有自己的打算。现在，他已经勉强得到最高统帅部的同意，可以再次向托布鲁克发动进攻。

但是英国人动作更加迅速。11月8日破晓时分，英军的第30军越过马达累娜港的防线成扇形向沙漠地带前行。坎宁安同诺里的参谋部一同前进，现场指挥。由于只遭到一点点抵抗，傍晚时分，第22和第7旅已抵达加布·撒莱附近的阵地。

此时，隆美尔还在拜尔迪那指挥部里忙着筹划对托布鲁克发起进攻。他不仅没有注意到英军的到来，也没有去细心揣测他们挺进的真正意图。非洲军团司令路德维希·克吕威尔将军曾向隆美尔建议，把两个装甲师调往南方去阻挡英军。因为老谋深算的克吕威尔似乎已觉察到英国人的进攻意图。但是隆美尔不愿改变他的计划，他认为英国人只是在小心试探。

性急的坎宁安看到德国人对于自己的行动仍然毫无反应，就再也等不下去了。于是，第二天他便派出了两支小分队去侦察敌方的动静。然而也正在此时，隆美尔开始对自己的作战计划产生怀疑，并重新思考了英国人的真实意图。他最终采纳了克吕威尔的建议，决定派出一些装甲部队向南去迎击英国的小分队。这个决定使得英军与德军发生了一系列激烈的遭遇战，双方都有不小的损失。坎宁安乐观地认为，英军的整个行动进展顺利，于是放心地返回了设在马达累娜堡的指挥部。

然而，他高兴得太早了。经过这场遭遇战之后，隆美尔已经确信，英国人正在进行着一场重大的进攻。于是，他废弃了原来的计划，重新进行战略部署。11月20日，就在坎宁安回到指挥部的那一天，德国第21装甲师突然向驻守在西迪拉杰格的英国第7装甲旅发动了攻击。虽然英军第22和第4装甲旅迅速赶往增援，但还是太迟了。德国第15装甲师的出现，使英军的情况更加糟糕，第4装甲旅指挥部被摧毁，该旅旅长被俘获。这一天的战斗结束后，英国人又丢失了机场，损失了100多辆坦克和大约300名士兵。

但是对于英军来说，这一天的损失与后面几天的损失比起来简直微不足道。11月23日，隆美尔向零散分布在西迪拉杰格周围的英军据点展开了激烈的进攻。夜晚来临时，战场的天空被数百辆燃烧的坦克照得如同白昼。在这一天，英军的每个兵团都受到了严酷的打击，是英军自沙漠战开始以来损失最为惨重的一次。

在此次战斗中，隆美尔虽然也有损失，但他却以较少的兵力又一次赢得了战争的胜利。那天夜里他在给他的妻子露茜的信中写道："看来危机已经过去。我很好，心情很好，并且充满了自信。"

▲ 隆美尔击败了英军的"十字军战士"行动。

当坎宁安得知英军损失如此惨烈时，一下子就垮了。他首先考虑的是，"十字军战士"行动已经失败，英军是应当撤回埃及还是留下来继续战斗。然而此时，他的神经几乎就要崩溃了，不能很好地作出判断。于是，在犹豫不决的情况下，他向奥金莱克报告了这个不幸的消息，并要求总司令亲自到前线来视察，以决定英军的去留。奥金莱克得到消息后，立即飞往马达累娜堡，并进行了一次简短的战况评估。最后，奥金莱克决定英军继续留下来战斗，直到剩下最后一辆坦克。

德军回到出发点

在"十字军战士"行动中，英军虽然失败了，并且付出了最惨重的代价。但是就坎宁安的整个计划来说，并没有完全落空。就在两天以前，坎宁安已经命令由新西兰师、第4印度师和一个坦克旅组成的第13军不等西线的装甲搏斗结束就向前开拔。于是，第13军向北越过国境线迂回到了轴心国防线的后面，直至拜尔迪那西北面的海岸线。他们不仅占领了卡普措，还切断了驻守拜尔迪那和哈尔法亚山口的德军同西面的轴心国主力的联系。

为了减轻部署在国境线上的部队的压力，隆美尔准备再进行一次大胆的冒险。11月24日清晨，当西迪拉杰格周围的英军还在睡梦中的时候，隆美尔已经率领非洲军群和两个意大利师向东猛扑过去，直接穿过了英军的防线。他此行的目的是穿过国境线，对后方的英军造成威胁，迫使坎宁安停止攻势并开始撤退。

这一出其不意的快速进攻，果然使英军的后方梯队惊慌失措，并开始四散溃逃。这和隆美尔在昔兰尼加时所发动的攻势很相似，双方的部队在整整6个小时里向东疾驰，结果双方混在了一起，士兵们不知身在何处，也不知道自己身边的人究竟是敌是友。隆美尔本人更是同克吕威尔将军一道，大半个夜晚都混在英军部队之中。由于他们所乘坐的装甲车是从英军手里缴获的，车上的德军标志在黑暗中不容易看清。

在这次大胆的冒险行动中，隆美尔虽然巧妙地利用了第8集团军的混乱，但他却忽视了奥金莱克的作用。奥金莱克在马达累娜堡待了两天，在这两天里，他不断地给沮丧的坎宁安和士气低落的部队打气。他对士兵们说：隆美尔不过是在做垂死挣扎，只要我们能挺过这几天，隆美尔的装甲部队得不到燃料供应就会撤退的。

他的预测是完全正确的。11月26日，隆美尔的大部队已经朝着埃及境内推进了25千米，但此时，他的装甲车却不得不退回拜尔迪那重新加油。现在，隆美尔终于意识到，他的攻击在付出了昂贵的代价之后，又回到了起点。

就在隆美尔的非洲集团军坦克到拜尔迪那加油的那天夜里，第13军属下的新西兰师突破德军包围圈，与外防御国的英军连在了一起，暂时缓解了托布鲁克之围。在南面，第4和第22装甲旅利用隆美尔的大意，袭击了德军遗留在西迪拉杰格待修的坦克。隆美尔在拜尔迪那给坦克加完油之后，立刻从那里直奔托布鲁克，去增援岌岌可危的围城部队，但在行军途中遭到了英军的阻击，无法向前突围。到夜晚，英国人开始建立营地休息时，德军才从西边找到突破口突围。

奥金莱克从马达累娜堡返回开罗之后，作出了一个对他来说十分困难的决定，那就是撤掉坎宁安。因为在他和总司令部的全体成员看来，"烈士星期日"之后，坎宁安一味企图后撤，是怯懦的表现。如果让他继续留任，那将是拿第8集团军的生命和英国在整个北非的利益来冒险。然而此时撤坎宁安的职，不仅会再次打击英军的士气，而且更加助长了德国人的威风。但是经过仔细的思考，奥金莱克还是于11月26日，免去了坎宁安第8集团军司令官的职务。

接替坎宁安的是陆军少将尼尔·M·里奇，里奇原在奥金莱克的总参谋部任副总参谋长，对奥金莱克的计划了如指掌，是奥金莱克的得力助手。里奇是英国军队里最年轻的将军。他英俊、富有，让奥金莱克最为欣赏的是，即使在最糟糕的情况下，他也能保持乐观。然而，奥金莱克还是忽略了更为重要的一点，那就是里奇没有实战的经验。但在奥金莱克看来，没有经验并不重要，因为里奇实际上只是个副手，奥金莱克决定自己亲自进行指挥。

12日1日，奥金莱克再次启程前往马达累娜堡，他在那里待了整整10天。总司令的到来，使第8集团军的全体官兵精神大振，开始继续进行"十字军战士"行动。

隆美尔也不甘示弱，11月30日这一天，他依然利用极少的坦克兵力，再次恢复了对托布鲁克的包围。但由于后勤供应跟不上，尤其是被打坏的坦克和武器缺少零部件，在第8集团军的进攻面前，他逐渐表现得力不从心。在一周之内，他被迫向西撤退60千米，直到加扎拉地区（轴心国部队事先在这里修筑了一条撤退防线）。隆美尔的防御阵地从位于海岸线上的加扎拉向西南延伸60千米。

12月15日，里奇从东面向该防线发起进攻，同时他派一个装甲旅冲过防线南端，试图从背后切断德军的退路。面对英军即将形成的包围圈，12月15日，隆美尔不得不下令撤退。在3周之内，轴心国部队丧失了先前占领的土地。在英国人的穷追不舍下，隆美尔依然保持着撤退队列的井然有序，并最大限度地减少损失。然而，战败却是隆美尔再也不能回避的事实，隆美尔不得不承认，

▲ 前线的隆美尔。隆美尔指挥作战时不喜欢待在指挥所里，他更愿意在前线上相机行事。

这是他在北非战场上的第一次失败。"十字军战士"行动给英国人带来了一次期盼已久的胜利。

1月初,轴心国部队不得不从埃及前线撤离,退到拜尔迪那和哈尔法亚。更值得庆贺的是,英军夺回了昔兰尼加,并把隆美尔逼退回到他发动沙漠战的地方。此时,英军终于获得了一个喘息的机会。

拔掉加扎拉据点

1941年12月,日本对英国的远东领地发起了进攻,这一举措却在无意中影响了北非沙漠的战局。日本的进攻迫使伦敦把原定投入北非战场的人力物力转向远东地区。更糟糕的是,几乎与此同时,德国空军加强了对马耳他的轰炸,德国潜艇开始在地中海活动。意大利也趁火打劫,派遣袖珍潜艇对亚历山大港进行了一次袭击。

轴心国的这几次联合行动使得英军的后勤供应吃紧,这对北非的英军来说无疑是个灾难。与此相反,隆美尔却因此获益,德军的后勤补给逐渐增多了。在新年伊始,隆美尔就获得了54辆新坦克和大量的燃油补给。现在,隆美尔觉得他又有足够的力量再一次发动攻击了,他明白此时的英军是不堪一击的。

1942年1月21日,德军的非洲装甲军团从设在艾尔·阿格黑拉的基地出发,向北挺进。英军果然和隆美尔所预料的那样,不堪一击,德军迅速地夺回艾季达比那和百达。隆美尔看到战争进行得如此顺利,于是命令军队进行全面的进攻。1月29日,隆美尔夺取了班加西城。在这里,他获得了大量战利品,包括1300辆卡车。到2月6日为止,隆美尔已迫使给养奇缺的英军后退至加扎拉地区,这等于后退了半个昔兰尼加省。在两周之内,里奇损失了40辆坦克,40门野战饱和大约1400名官兵。

英军的大溃败使得将领和士兵的心理防线也开始崩溃。里奇指挥上的无能使他的部下逐渐对他失去信心。戈德温·奥斯腾向奥金莱克抱怨说里奇"总是征求你的意见,但却朝相反的方向去做",更糟糕的是,"里奇居然直接对我的手下下达命令"。结果,2月初,戈德温·奥斯腾就主动请求辞去职务。奥金莱克无奈地批准了他的请求,接任他的是第7装甲旅的W.H.E.格特少将。

远在开罗的奥金莱克觉得情况有点不妙,于是派遣一个自己信赖的人到前线去进行调查,结果得出的结论是奥金莱克必须把里奇撤换下来。原因是"里奇缺乏足够的想象力"。但奥金莱克不久前才换过一次前线指挥,如果再换一次可能会影响士气,于是仍然让里奇继续留任。

在剩下的整个冬季里,双方都暂时停止了战斗。双方都待在加扎拉防线两边,相安无事。这条100千米长的链形防线是英军修筑的。防线从加扎拉起,向东南方向绕了一个60千米长的"V"形,然后拐向东北,延伸大约30千米,防线上密布地雷。每隔一段距离,就筑有一个堡垒,守卫堡垒的战士称之为"盒子"。整条防线上共有6个"盒子"。每个"盒子"的周围都环绕着地雷、带刺铁丝网、狭长的壕沟和碉堡。每个堡垒里都有足够的给养,可以在受到包围的情况下坚持一周。在这些"盒子"之间,英军坦克可以自由往返。他们的任务是拦截试图越过防线的德军坦克,并且在任何一个"盒子"受到攻击时,提供机动支援。

5月底,隆美尔已准备就绪,决定恢复进攻。由于步兵部队和一些坦克已被用于对加扎拉防线北段的进攻,隆美尔计划率领非洲军和一个意大利师向南绕过位于比尔哈希姆的"盒子"——这个"盒子"正处于防线拐弯处。然后他就可以向北猛扑过去，消灭英军的坦克集群，并且可以从背后攻击防线的其余部分。在此之后，他的最终目的是夺取托布鲁克。

5月26日，轴心国部队开始向防线北端发起攻击。隆美尔率领一万辆各式机车，从比尔哈希姆以南迂回到英军侧翼。他留下一些意大利部队围攻"盒子"，自己则率领部队向北面和东面成扇形向前突进。在比尔哈希姆东北约8千米处，他首次与英军交火，第3印度摩托化旅很快被击溃。到中午时，英军已经至少有3个装甲旅和摩托化旅被消灭。但是，下午的时候，隆美尔遇到了意想不到的麻烦。英军刚刚得到了一船美制坦克——新型的28吨级"格兰特"式。这种新型坦克装有75毫米口径大炮，可以发射高爆炮弹，足以把德军坦克炸得粉碎。

▲ 英军士兵正试图将陷入沙中的车辆推出来。

到第二天傍晚时，在英军的顽强抵抗以及新型"格兰特"式坦克的炮轰下，德军的两个装甲师损失了1/3的坦克，被迫停滞在爵士桥"盒子"的外围。这里位于加扎拉主防线背后16千米，处于比尔哈希姆和海岸线的中间。轴心国部队退进一个大约260平方千米的半圆形小块区域中，其周边环布着英军的"盒子"和地雷。虽然意大利工兵部队及时地通过雷区，但很快就被英军的炮火封死了。轴心国部队此时已成为里奇的囊中之物，开罗的奥金莱克也发现了这一良机，他致电里奇立即发起攻势，他强调说："我们不能坐失良机，必须立即行动。"

但是里奇并没有立刻发动攻击，因为他还没有准备就绪。整整两天时间，里奇都在和他的两个军长制定作战方案并进行仔细筛选。然而就在他忙于制定计划的时候，良机已经与他擦身而过。隆美尔利用这两天的时间已经重新组织好力量。6月1日，他在加扎拉防线上撕开了一个巨大的口子，从而保证了他的后勤供应。同时，他还击毁100多辆英军坦克，俘虏英军3000多人，消灭了第150步兵旅，还摧毁了他们据守的"盒子"堡垒。此时，乐观的里奇在向奥金莱克报告时仍充满自信，他说情况会好起来的。

然而实际情况并没有他说的那么乐观。此时隆美尔已经开始掉头向南去攻击比尔哈希姆，而位于比尔哈希姆的"盒子"堡垒对于英军的整体防御是至关重要的。如果比尔哈希姆被攻陷，其他的防御"盒子"就会很快被拿下的。然而，比尔哈希姆比隆美尔所想象的更为坚固。从5月27日起就开始进攻这里的意大利部队没有取得任何进展。隆美尔本来打算用24小时就将它攻陷，而事实上他却被迫花了一周多的时间，才攻陷这个坚固的堡垒。

占领比尔哈希姆堡之后，隆美尔沿着防线向北继续出击。这次的进攻要顺利得多，剩下的"盒子"接二连三地被端掉了。他运用快速机动战术压制了英军新型坦克的优势。英军坦克大多都被击毁，到6月份的第三周，隆美尔的坦克数量已经是英军的两倍。英军的加扎拉防线已失去作用了，于是，隆美尔打算朝着托布鲁克进发。

决胜托布鲁克

1942 年 6 月，英军由于必须在多处布防，以及对加扎拉防线的过度自信，使得英军大幅度减少了在托布鲁克的防守力量。此时的奥金莱克对于可能出现的危机也没有做任何准备，他认为在必要的时候应当放弃托布鲁克，因为放弃一个据点的代价要比损失一整个师的代价要小得多。于是他很早就做好撤离托布鲁克的准备。

当隆美尔突破加扎拉据点，朝着托布鲁克猛扑过来的时候，这里的守军陷入了无限的恐慌之中。此时在托布鲁克担任守备司令的是新上任的南非陆军少将 H.B. 克劳浦。他手下有 35000 人，绝大部分是南非人，只有少部分的英国人和印度人。同克劳浦本人一样，大部分士兵都是新手，很少有实战的经验。他们之所以恐慌是因为此时的托布鲁克简直就相当于一个不设防的据点。因为以前埋设在堡垒周围的地雷，早在 11 月份"十字军战士"行动期间已被突围的守军排除。冬季时，人们认为托布鲁克已经脱离危险，又把剩余的地雷取出，埋设到了加扎拉的防线上。现在的防御只是托布鲁克守军匆忙设起来的，根本不堪一击。

现在，他们对于是不惜一切代价死守堡垒还是撤离仍然举棋不定，他们也没有从里奇那里得到任何的指示。其实，英国的高层决策者们现在也同样拿不定主意，因为此前奥金莱克打算放弃托布鲁克的想法似乎已行不通了。

6 月 15 日，最后一个"盒子"堡垒陷落后，奥金莱克收到丘吉尔的来电，让他尽量守住托布鲁克。在随后的几次来电中，丘吉尔渐渐地把"尽量守住"变为了"一定要守住"。这可难坏了奥金莱克，他不得不立即命令里奇向托布鲁克增援。里奇接到命令后，打算从堡垒向南再建立一条 50 千米长的新防线。但 6 月 16 日，他又命令驻守这条防线的英国部队撤至埃及前线。原因是这支部队已受到德国装甲兵的沉重打击，必须修整。翌日，他们撤出了这条防线。6 月 18 日，轴心国部队再次完成对托布鲁克的包围。

6 月 20 日，在德国空军的协助下，第 20 意大利集团军和非洲集团军开始向托布鲁克发起了猛烈的攻击。在一天内，150 架轰炸机出动了 580 架次。在大炮和轰炸机精心配合所形成的火力网下，德军很快就从南非部队匆忙布下的地雷阵中清理出了一条通道。于是，德国和意大利步兵蜂拥而上，展开了一场惊心动魄的肉搏战。随着德军坦克部队的加入，到下午时，托布鲁克的陷落已成定局。

克劳浦开始准备撤退，同时着手炸毁价值数百万元的贮存品。不幸的是他把大部分通讯线路也炸毁了，这使他同部队失去了联系。下午 9 点，在剩余的一条电报线上，克劳浦设法同里奇取得了联系，他向里奇征求意见，是撤离还是死守。第二天凌晨 6 点整，克劳浦收到了里奇的最后一封电报，内容是："我不清楚战局如何，是战是降，请自行决断。"

6 月 21 日凌晨 9 点 40 分，克劳浦缴械投降。他在最后时刻进行的爆破行为收效甚微，所以这就让隆美尔捡了一个大便宜。隆美尔在这次战役中取得了丰厚的战利品，共缴获了 2000 台车辆，其中包括 30 辆可以使用的坦克，400 门大炮和足够让他的装甲师开到埃及的燃料，还有 5000 吨食品以及大量的弹药。

隆美尔仅用 24 个小时就取得这一辉煌战果，这正是他期盼已久的完美之战。他在给妻子的信中这样炫耀道："托布鲁克这一仗打得真漂亮！"第二天，希特勒鉴于他的指挥有方，特授予了他陆军元帅的军衔。当他接受元首授予的官杖时，却一点也不高兴，因为他更希望得到源源不断的兵员补充，而不是这种毫无用处的头衔。

▲ 英军士兵战败投降，托布鲁克宣告失守。图为英军战俘列队离开托布鲁克。

那么隆美尔要那么多的兵源补充干什么呢？隆美尔的目标是什么呢？是埃及。此时隆美尔胸中的希望之火正熊熊燃起，夺取托布鲁克不过是跨过尼罗河的跳板，他要像亚历山大大帝、恺撒、拿破仑一样征服埃及，做一个伟大的征服者。

隆美尔的胜利在德国引起了喧闹。德国广播电台于6月21日奏起了《鹰在炫耀》的乐曲。希特勒一得到隆美尔的电报，便向他的军事顾问们宣布，德军将取消攻占马耳他的计划，全力向开罗进军。希特勒在给墨索里尼的电报中宣称，非洲的"转折点"已经到来。

与德军的兴奋与磨刀霍霍不同，英军这边可谓深受打击。托布鲁克的丢失对丘吉尔来说是一个灾难，这是他在第二次世界大战中所受到的最沉重打击之一。

迈进埃及的第一步

1942年6月21日，当托布鲁克陷落之时，英第8集团军的剩余部队已撤到利埃边境靠近埃及一面。当日，在开罗的奥金莱克以中东防务委员会的名义给首相丘吉尔发了一封很长的电报，在电报中他向丘吉尔叙述了英军可以采取的两种方案。

第一种方案是，凭借国境线上的防御工事死守不退，因没有足够的装甲部队与敌周旋，可能会导致防守的步兵部队悉被敌歼。奥金莱克在电报中强烈建议不要采取这一方案，因为这是下下策。第二种方案是，以高度机动的机械化部队在国境线上拖住敌人，为第8集团军主力向马特鲁港撤退争取时间。等到第8集团军在马特鲁港建好防御阵地之后，英军就可以重新向敌发动反攻。在电报的结尾，奥金莱克强烈要求采取第二种方案。

6月25日，奥金莱克亲自到达马特鲁，并解除了里奇对第8集团军的指挥权，由自己亲任指挥。第8集团军是英国在中东的柱石，如该集团军被歼，英国就会丧失对埃及乃至整个中东地区的统治能力，并使苏联的南翼暴露在德意部队进攻面前。

所以，奥金莱克不能再冒着让自己的主力被歼灭的危险继续留任里奇。6月25日夜间，他得到报告，隆美尔将于第二天早晨进攻马特鲁，于是当机立断，命令第8集团军在战事不顺时便撤往阿拉曼。为此，他作了如下的部署：第10军会同印度第10步兵师和英军第

50 步兵师扼守马特鲁防线。在其南边，是第 13 军指挥下的印度第 29 步兵旅和新西兰师；前者防守布雷区之间一个 10 千米宽的缺口。第 1 和第 7 装甲师防守沙漠侧翼。

6 月 21 日，隆美尔率领的德意部队在攻克了托布鲁克之后，就飞速朝着马特鲁地区袭来。4 天之后，隆美尔所率的 3 个德国师就进入马特鲁地区，其先遣队已快要到达马特鲁港的外围阵地，他宣布第二天就对马特鲁港的守军发起进攻。

▲ 英军将 20 毫米加农炮装到贝尔 P-39 "空中眼镜蛇" 战机上

6 月 26 日下午，3 个德国师作为先头部队向英军防线冲去，由于攻击此处的英军防线比较薄弱，很快就被突破。德军为第二天的纵深突击打开了一条通路。27 日上午，德第 21 装甲师绕至新西兰师的背后，对该师发起进攻。但由于实力上要大大弱于新西兰师而没有取得任何进展。

入夜时分，第 21 装甲师的处境已岌岌可危，因为它的东、西两面都处在英军坦克部队的威胁下。但是，隆美尔指挥的德第 90 轻装师已经在当日傍晚，切断了马特鲁港以东 35 千米处的滨海公路，堵塞了英军的退路。英第 13 军军长戈特决心动摇，下令该军撤退。午夜过后，新西兰师对德第 21 装甲师所组成的包围圈发起突击，毫无防备的第 21 师被击溃。6 月 28 日夜，英第 10 军近三分之二的部队也分成小队，突围而去。

6 月 30 日，隆美尔的先头部队已进抵阿拉曼。阿拉曼的阵地起自阿拉曼车站，直到南面 55 千米处的卡塔腊盆地。这是一道很长的防线，除了阿拉曼周围有永久性的堡垒以外，防线主要由若干互不相连的工事组成。这些工事是近几个星期内由英军工兵和意大利战俘匆忙构筑的。防线的两翼比较可靠，第 8 集团军退守该防线后进行了紧急整补，第 9 澳大利亚师也开了上来。阿拉曼往东 75 千米就是埃及重要港口亚历山大，后勤补给十分便利。英皇家空军为支援第 8 集团军空前活跃起来，对隆美尔的部队和后勤补给线进行着猛烈的轰炸。

奥金莱克亲自在阿拉曼指挥部队，决心击退隆美尔的任何进攻。他打破步兵师建制，组成 "战斗群"。"战斗群" 由摩托化步兵和炮兵分队组成，机动灵活又便于发扬火力。不过，为了以防万一，保存第 8 集团军，他还拟订了一个阿拉曼失守后的计划：将第 8 集团军撤往尼罗河三角洲；若开罗和三角洲不保，便继续向南退至尼罗河。

7 月 1 日，经过一天的休整，隆美尔向阿拉曼发起了进攻。消息迅速在历山大港传播开来，引起阵阵骚动和不安。英国海军已奉命撤出亚历山大港前往塞得港和海发港。然而，德军发起进攻后才发现迪尔阿卜德没有英军据点，而在 5 千米以东的迫尔西因却有一个新的据点。正是这个据点阻止了德军的进攻，所以亚历山大的骚动不过是虚惊一场。

虽然进攻受阻，但隆美尔仍然信心十足，下令部队趁月色继续进攻。兵员不足的德第 90 轻装师，试图迂回阿拉曼防线，但遭到英军步兵和炮兵火力的猛烈射击，惊慌逃回。后来隆美尔亲自驱车上阵，重新组织进攻。在进军途中，一颗炮弹在离隆美尔的小汽车仅6米的地方爆炸，这让他的手下大为恐慌，急忙挖坑以便隐藏起来，保住性命要紧。

与德军的慌乱不同，此时的英军总司令奥金莱克却显得比以往镇静。以前他一边遥控指挥前线作战，一边还要对付叙利亚、波斯潜伏的危险。现在，他没有那么多的烦心事，只需全身心投入到阿拉曼的防御上即可，所以指挥起来显得得心应手。7月2日，尽管隆美尔的进攻仍在继续，但奥金莱克抓住隆美尔的破绽，向德军进攻部队缺少屏护的南翼实施猛烈反击，迫使隆美尔抽出德第15装甲师迎战。

7月3日，当隆美尔集中德第90轻装师和意大利塔兰特师向阿拉曼的据点实施向心突击，企图进行中间突破时，奥金莱克派出装甲部队进行阻击。面对奥金莱克的坚决防御，隆美尔不得不向希特勒承认，德军自6月中旬开始的追击已暂时结束。隆美尔的部队已筋疲力尽，但他仍然坚信，只要补给能在最近几天跟上来，他就又可以前进了，而且会像拿破仑那样达到金字塔。奥金莱克可不希望隆美尔到达这个目标，于是他发动了一系列反攻，很快打乱了隆美尔继续前进的计划。

四、阿拉曼大捷

德军的"克星"来了

7月中旬，奥金莱克对隆美尔发动的反攻被阻止后，阿拉曼的局势陷入了僵局。对英国来说，虎狼尚在门前，危机远未过去。来自各方面的报告使丘吉尔对奥金莱克的军事才能产生动摇，他决定在前往莫斯科会见斯大林之前绕道开罗，顺便把中东这个棘手的问题解决掉。

8月4日，丘吉尔抵达开罗。第二天早晨5时45分，丘吉尔、帝国总参谋长布鲁克以及随员们从开罗出发，来到了位于阿拉曼前线的第8集团军司令部。在这里，丘吉尔与奥金莱克在"作战指挥"帐篷里进行了一次谈话。丘吉尔像往常一样要求"进攻，进攻"，而奥金莱克则提出了许多推迟进攻的理由，结果两人不欢而散。

8月6日，丘吉尔在给战时内阁的电报中，提出了一个重新的人员任命计划。他建议把中东司令部划分成两部分，由亚历山大（此前负责进攻西北非的"火炬"行动）出任中东司令部司令，第13军军长戈特升为第8集团军司令，蒙哥马利负责"火炬"行动。伦敦的战时内阁举行会议，同意了以上各项任命。然而不幸的是，8月7日下午，丘吉尔突然接到消息，称戈特所乘坐的飞机被德军击落，不幸罹难。于是，丘吉尔和布鲁克等人连夜研究，最后决定由蒙哥马利接替戈特出任第8集团军司令。

8月10日，接到上级的任命后，蒙哥马利就迅速乘坐飞机从英格兰飞往开罗，12日早晨到达开罗。蒙哥马利是谁，为什么丘吉尔在这个紧要的关头，对他委以重任呢？现在我们简要介绍一下蒙哥马利。

蒙哥马利生于1887年，1908年毕业于桑赫斯特军事学院。第二次世界大战初期作为英国步兵第3师师长，参加了在法国、比利时的战斗，并在战争中表现良好。英军从敦刻尔克撤退后，蒙哥马利在英国本土先后任过第5军和第12军军长、东南军区司令。在这几任上，蒙哥马利都表现出了不俗的军事才能，但由于没有什么战绩，按理说到北非的重任是不会落到他的头上的。但是戈特的意外给他创造了这个机遇，改变了他的命运。

蒙哥马利抵达开罗后，立刻拜访了奥金莱克。第二天，他就马不停蹄地前往第8集团军的司令部。到了第8集团军之后，他发现临时代理司令拉姆斯登少将严重缺乏信心，认为战线上的一切都有一种捉摸不定的气氛。此外，他对于第8集团军司令部的脏乱不堪感到厌恶，因此他立刻解除了拉姆斯登的职务，让他仍去当军长。8月13日，蒙哥马利没有和开罗的中东司令部磋商，便就任了集团军司令。这种行为在英军历史上也是罕见的。

蒙哥马利任第8集团军司令后，立即着手处理了以下几件事。首先，在集团军内树立威信，恢复全军人员对集团军本身及其高级军官的信任；其次，清理指挥机构并将那些他认为无能的"朽木"统统清除出去，建立一个与他的性格、气质和作战理论相适应的指挥系统；最后，是商讨计策对付隆美尔，这虽然放在了最后，但其实是一切工作的出发点和归宿点。

8月13日，蒙哥马利从他第一次重要的沙漠巡视回来后，就在他的指挥篷外，向第8集团军全体参谋人员发表了一次重要的讲话。在讲话中，蒙哥马利希望传达给全体参谋的是一个决不后退的决心。这次讲话以及决不后退的决心很快在前线传了开来，让人传播最有利于本人事业的传闻，正是蒙哥马利的一种领导艺术。

此后，蒙哥马利很快对他所谓的"朽木"进行了处理，

▲ 蒙哥马利正在听取参谋人员的战术汇报。

果断、迅速、公正地撤换了一些人，提升和补充了一些人。集团军副参谋长多尔曼·史密斯被撤职了。蒙哥马利把霍罗克斯调任南面的第13军军长，调柯克曼准将指挥炮兵。他本来打算把迈尔斯·登普西调来指挥计划成立的新装甲军，但在中东总司令亚历山大的极力劝阻下，才退而求其次，让赫伯特·拉姆斯登任装甲军军长。拉姆斯登曾经指挥过第1装甲师，是个沙漠战老手。

此后，蒙哥马利很快就找到了一个他比较满意的新集团军参谋，此人就德·甘冈。8月13日傍晚，蒙哥马利向参谋机构的其他人员宣布：必须像执行集团军司令直接发布的命令一样执行德·甘冈发布的命令，不容迟疑。德·甘冈虑事周到细致，这与蒙哥马利正好可以互补，因为他喜欢从总体上把握事物，不愿让自己的头脑纠缠在一大堆琐碎事务里。此后的事实证明，蒙哥马利和德·甘冈虽然性格迥异，但确实是配合较好的搭档。

蒙哥马利找到自己指挥系统的关键人物德·甘冈后，便着手对指挥系统进行革新。他设置了一个小型的作战司令部，以提高战场指挥的效率。这个作战司令部设在离主司令部相当远的前沿地域。所有详细的计划和行政管理工作都交给负责"主司令部"的德·甘冈。而在作战司令部里，蒙哥马利只保留极少量的参谋、通信、机要人员。他虽不像隆美尔经

常亲临前线现地指挥，但对自己属下的将军、准将、上校们的能力和战绩总是了如指掌。

总的来说，蒙哥马利是个精于选拔部属的人。在第二次世界大战中，英军任何一个集团军的参谋机构恐怕都不能与蒙哥马利的相媲美。为了选配好一个好的班子，蒙哥马利有时是残酷无情的。同许多历史上的名将一样，蒙哥马利也不是一个完美的人，他也有自己的缺点。他爱出风头，时常文过饰非并且矫揉造作，最大的毛病是容不得别人胜过和驾驭自己。不过，在中东总司令亚历山大的麾下，蒙哥马利是颇为得心应手的。

亚历山大是英军中出色的战略家。为了英帝国的利益，他能放弃自己的一切。正是他的这种宽容大度，才使得蒙哥马利的才华能够充分施展，并因此闻名遐迩。当蒙哥马利遇到麻烦或遭到来自丘吉尔的压力时，他又勇于利用自己的地位和影响为其辩护和撑腰。蒙哥马利军事成就的背后是一大批默默无闻的耕耘者，这批人中既有忠勇可靠的士兵，又有好的上司亚历山大、好的下级德·甘冈。至此，丘吉尔总算为中东战场找到了一个好的领导班子。

"长尾之狐"的无奈

在战争中，军事家们常把后勤比作军队的甩不掉的尾巴。军队的后勤补给线越长，军队的尾巴便越长，产生的阻力就越大。现代战争破坏性大、消耗多，对后勤的依赖非常大。

此时，屯兵在阿拉曼的"沙漠之狐"隆美尔就变成了一只"长尾之狐"，越来越被自己长长的尾巴困扰着。因为要从别的地方给阿拉曼运送补给是非常困难的。运输部队首先得跨过1000多千米的地中海到达主要补给基地班加西港，然后再走1000多千米公路，途中还要穿越沙漠。总的来说，这是一条由海运和陆运联合的超长生命线，在这中间运输人员还经常会遭到英国海军和空军的攻击。

负责海上运输的是意大利海军，然而意大利海军经常面临的一个困难就是燃油不足，而意大利的燃油是由德国人提供的。此时，德军把全部精力都贯注到苏德战场上，所以对北非的燃油供应十分抠门。由于燃油缺乏，意大利不得不限制海军活动。这样依靠海运来的物资就减少了一大半，这是造成隆美尔物资缺乏的一个重要原因。

意大利海军辛苦运来的这点物资在运往阿拉曼的途中，还要经受很多的损失。因为意海军通过地中海航线只能到达班加西港，所以这些物资要先在班加西港卸载，而班加西港到阿拉曼前线尚有1000多千米之遥。从班加西港到阿拉曼前线的陆上运输主要依靠北非海岸的滨海公路，这条公路时常处于英皇家空军的轰炸封锁之下，特别是越往东英空军的优势越明显。所以，补给品在抵达火线以前的陆上运输中所遭受的困难与所受到的损失，并不比海运少。这些损失还不包括武器装备和人员的输送损失，仅燃油的耗费一项就足以让隆美尔喘不过气来。这一切

▲ 盟军战机在执行战斗任务间隙。相对于德军补给的严重不足，盟军的补给则要好得多。

使得隆美尔的补给状况越来越糟糕。

与轴心国的情况不同，英国正为重新发起进攻调遣尽可能多的物资、增援部队和补给品。在这方面，英国拥有许多明显的有利条件。由于马耳他岛被封锁，英军的地中海航线基本被切断，但他们环绕非洲的补给线仍能正常运作。此外，德意两国没有能够说服日本在印度洋保持强大兵力，以打击从美国经马六甲海峡至中东的补给线和从英国绕道好望角至中东的补给线。这样一来，来自美国和英国本土的补给船队就可以顺利地通过印度洋进入苏伊士运河。此外，英军的许多生活补给品可以就地取于埃及、伊拉克等地。在运输线上的竞赛中，德意明显是不如英军的。

隆美尔屯兵阿拉曼后，深深感受到补给问题的严重性。他把补给品不足归咎于意大利人，他对意大利人在补给方面过于偏袒意军十分恼火。为此，他曾多次向意大利方面提出抗议，一再建议任命一个权威人物，使其有权控制一切后勤机构，保护地中海上的一切航运，以及指挥在北非地中海战区作战的轴心国海空军，但未被采纳。隆美尔与意大利海军方面，对糟糕的补给状况互相推卸责任。

阿拉曼局势陷入僵持阶段之后，隆美尔的态度发生了极大的转变，他开始向德军高层建议退回到利比亚与埃及边境的阵地上去。然而，他的这个意见在德国遭到一致的反对，意大利人的反应尤为激烈。他们仍然确信，一旦必要的增援部队运到，他们就能在新的攻势中掌握主动权，攻进开罗城。意军最高统帅部与德军最高统帅部于7月中旬达成了一项协议，动用那些集结起来准备进攻马耳他岛的部队，并把他们尽快调往埃及。

德意当局看到隆美尔已经有往后撤的迹象，为了稳住他，以让隆美尔继续发动对亚历山大港的进攻，于是抓紧时间向阿拉曼前线调运兵力。

▲ 阿拉曼战役进入相持阶段后，英军纵队正将战备物资运往前线。

7月间，隆美尔得到5400名补充兵员和新组建的第164步兵师的两个先头团。1.3万名新兵已经空运到北非，更多的部队正以平均每天1000人的数额到达。8月初，一支德空军精锐部队以及一支第一流的意大利部队——弗尔格尔伞兵师也先后抵达阿拉曼。

8月中旬，意军最高统帅部及德国南线总司令凯塞林空军元帅，在正确估计了英军不断增长的实力之后，敦促隆美尔迅速发动进攻。8月17日意方的指令中所规定的作战目标是：先打败尼罗河三角洲以西的英军，然后攻占亚历山大港，并以该港为基地向开罗及苏伊士运河推进。

隆美尔也明白，阿拉曼僵局若持续下去，英军人力物力的优势会越来越大。既然德意最高统帅部都不同意撤退，那只有通过进攻才能打破僵局。隆美尔自己也一直在思考进攻的计划，最后他决定从阿拉曼防线的南端突破英军的防线，并在那里与英第8集团军交战，同时把部队推向开罗和亚历山大，横跨尼罗河的重要桥梁，发动闪电式进攻。由于隆美尔决定在夜间发起进攻，这就要求选定月圆之夜，也就意味着发动战争的时间必须拖到 8 月末了。

做好了战略部署之后，隆美尔最担心的还是后勤补给问题。对此，意大利总参谋长卡瓦利诺信誓旦旦地保证，意海军将全力以赴将物资运过海来。凯塞林则保证，德国空军将空运燃油给隆美尔。隆美尔在得到这些允诺后终于下定了决心。

然而，在万事俱备的时候，隆美尔自己却病倒了。依据医生的建议，隆美尔要想完全康复必须回德国待一段时间，接受适当的医药和护理。在非洲的土地上暂时治疗还是可行的，但不能根除。

8 月 21 日，隆美尔把诊断结果电告柏林，并推荐德国坦克战专家海因兹·古德里安将军接替他的职务。但德国最高统帅部给隆美尔的回电是，古德里安不能接替这一职务，因为他的健康情况不能适应热带沙漠气候。迫不得已，隆美尔只有拖着病体指挥即将发起的进攻。

喋血阿拉姆哈勒法岭

1942 年 8 月下旬，英军和德意方面在阿拉曼战场上的兵力基本相当，只是英军在空中战斗力和补给方面稍微占有一些优势，总的来说，在兵力方面双方实力相当。然而，另外一个方面，英军则占有完全的优势，那就是情报来源。在第二次世界大战前夕，英国情报机关通过波兰搞到一台德国"恩尼格马"，即高级密码机。整个战争期间，德国人都非常自信地认为他们的"恩尼格马"，密码无人可破。但英国人通过计算机这个高科技产物，逐渐破译了"恩尼格马"密码。于是，英军几乎与隆美尔的高级军官同时得知他们对于战役计划的细节。

蒙哥马利在防御方案中采取了不少新的举措。他向第 30 军军长霍罗克斯下达了严格的命令，不允许该军的坦克从事近战，对炮兵集中使用。在兵力部署上，蒙哥马利给隆美尔的进攻设计了一个陷阱，使隆美尔搬起石头砸自己的脚。他以新西兰师箱形阵地封闭的南翼为基础，在箱形阵地与阿拉姆哈勒法岭之间的缺口内部署了第 22 装甲旅，该旅坦克都在隐蔽阵地上掘壕固守。他把新

▲ 阿拉姆哈勒法岭战斗中被英军击毁的德军坦克

到达的第 44 师的两个旅配置在阿拉姆哈勒法岭的山脊线上。第 23 装甲旅作为预备队配置在第 22 装甲旅后面。因此，这个陷阱的北侧是坚固的。第 8 装甲旅被调派到阿拉姆哈勒法岭山脊以南一个靠后的阵地上，而第 7 装甲师的机动分队则担负小规模战斗任务，以保卫地雷场和向南开放的翼侧。总之，不管隆美尔朝哪个方向机动都将被困住。

美国的一位军事理论家说过这样一句名言："缺乏情报等于在拳击场上被蒙上了眼睛。"

这时的隆美尔就变成了被蒙上双眼的拳击手，他几乎得不到一点儿关于英军部署的消息。在没有确切情报的情况下，隆美尔对英军的防御部署作了一个错误的判断。基于这个错误的判断，隆美尔制定了自己的作战计划：由德第164步兵师和意大利步兵师防守由海岸至鲁瓦伊萨特岭以南20千米处的地段；由德第90轻装师、德非洲军（辖第15和第21装甲师）和意装甲部队组成的突击群迂回英军防线的南端，攻打阿拉姆哈勒法岭。夺占该岭即可截断英第8集团军的退路。这个计划如果不被英军截获的话，将是一个很不错的作战计划。但是蒙哥马利截获了这个作战计划，于是早早地做好了防备。

8月29日夜，隆美尔的主力在夜间沿沙漠小道向内陆运动，直接向阿拉曼防线南端推进。8月30日，主攻部队向沙漠推进了大约35千米，并在那里设了前进指挥所。这一天隆美尔陷入了深深的矛盾之中，一方面这是他期盼已久的进攻，如果成功那将是伟大的一刻；另一方面，他对战争能否取得胜利不是十分有把握，总觉得自己还没有充分做好发动进攻的准备。

与隆美尔的不确定相反，此时的英军军营内充满着一种主意已定、镇静自若的感觉，这种镇定当然来自于新的集团司令部。蒙哥马利在战前已经把整个作战计划做得完美无缺。这是一个典型的蒙哥马利式战役，一切准备活动都是在不慌不忙、时间充裕的情况下完成的。当德军进攻时，一切都已经准备就绪。

1942年8月30日晚10点钟，隆美尔的装甲部队开始朝东向着英军的布雷区推进。尼林指挥的非洲军左翼是意大利的装甲部队，右翼是德第90轻装师。对于德军的行动，英军立刻做出反应。英国沙漠空军在8月30日黄昏就出动了，用"惠灵顿"式飞机轰炸了隆美尔的装甲车停车场。当德意部队在地雷场奋力开辟通道时，他们发现地雷场比预计的要宽得多、复杂得多。掩护地雷场的英军部队进行了顽强的抵抗。

8月31日凌晨2点40分，整个阵地被英军伞兵的照明弹照得透亮，无休止的空袭同时开始了。紧随排雷分队行进的德装甲部队拥挤到布雷区里，成为英军飞机的轰炸目标。德军伤亡惨重，第21装甲师师长被一颗迫击炮弹击中毙命。几分钟后，一架英军战斗轰炸机袭击了非洲军军长尼林将军的指挥车，摧毁了指挥车的电台，纷飞的弹片打死了许多军官，尼林本人也被炸得遍体鳞伤，血肉模糊，被送往后方。拜尔莱因爬进另一辆坦克，临时担任非洲军的指挥。严阵以待的蒙哥马利使隆美尔的进攻一开始便陷入了困境。

8月31日上午8点，隆美尔驱车前往战场，才得知这些不幸的消息。出师不利使隆美尔深为震惊和伤心，他驱车前往非洲军驻地。当他和拜尔莱因会面时，拜尔莱因告诉他一个好消息，第15和第21装甲师已经在地雷场上成功开辟了一条通道。此时的隆美尔已有停止战斗的想法，但拜尔莱因争辩说，眼下放弃进攻，对那些以身躯打通通道的工兵来说是受不了的。隆美尔最终同意了拜尔莱因的建议，但对作战计划作了修改，不是按原计划向东推进35千米到达左侧令人望而生畏的阿拉姆哈勒法山脊，再迂回过山脊从后方进攻英军主力，而是让全部兵力尽快横跨山脊。

隆美尔以为自己重新制定的计划应该不会有太大的损失了，殊不知这正是蒙哥马利求之不得的。在阿拉姆哈勒法山脊，蒙哥马利已经在此地布下了众多的装甲部队和炮兵部队，在沙漠空军配合下，这里将成为隆美尔的死亡地带。

从8月31日下午6时至9月1日，英军与德意军在阿拉姆哈勒法山脊进行了一场空前未有的厮杀，德军和英军都遭受了极大的损失。9月1日拂晓，隆美尔驱车前往战场时看到，这片狭窄的地段上，铺满了他的坦克残骸；许多坦克还在燃着熊熊的大火。迫于燃料短缺，隆美尔不得不放弃使用坦克。上午 8 点 25 分，隆美尔下令装甲集团军撤回 8 月 30 日出发时的阵地。

阿拉姆哈勒法岭之战，德军损失 2900 人和 49 辆坦克，英军损失 1700 余人和 67 辆坦克。在这次战斗中，敌对双方虽然都没有拼全力，但却成为北非战场上一次有重大影响的战役。蒙哥马利在这次战役中对隆美尔的打击，足以让他铭记至死。

"这是事先精心布置好的"

在取得阿拉姆哈勒法岭之战的胜利之后，蒙哥马利经常听到有人取笑自己在阿拉曼打了一个"事先精心布置好"的仗，一个"第一次世界大战类型"的仗。

蒙哥马利并不否认这一点，因为他从来都是小心谨慎的，他从没有侥幸心理。在战前，他已经决定在人员和装备方面取得绝对优势之前，绝不去碰隆美尔。他也不采用侧翼奇袭的方法，而从正面全力进攻，进攻的每一个细节都事先经过了周密的计划。客观地说，蒙哥马利面对隆美尔这样的对手和阿拉曼的地形条件也只能这么做。

阿拉姆哈勒法岭战役之后，希特勒明白在阿拉曼该由英军进行主动进攻了，面对这一转变，隆美尔也很快由进攻转入防御。1942 年 9 月 19 日，接替病中的隆美尔的人到达，这个人就是格奥尔格·施登姆将军。他是一位坦克专家，个子高大、脾性温和。隆美尔向他详尽地介绍了阿拉曼的情况，并把自己请求在蒙哥马利发起总攻之前调拨增援部队和给养的信件给施登姆过目。

9 月 23 日，隆美尔在动身返回德国前，还把有关在阿拉曼防线上必须继续加紧工作的最强硬的命令交给了施登姆。隆美尔估计蒙哥马利对战线无法进行侧翼包围，很可能实行正面进攻，便设计了十分全面的防御系统。临走的时候，他向施登姆保证说，一旦战斗开始，他将放弃治疗，返回非洲。

▲ 阿拉曼战役中的德军阵型分布图

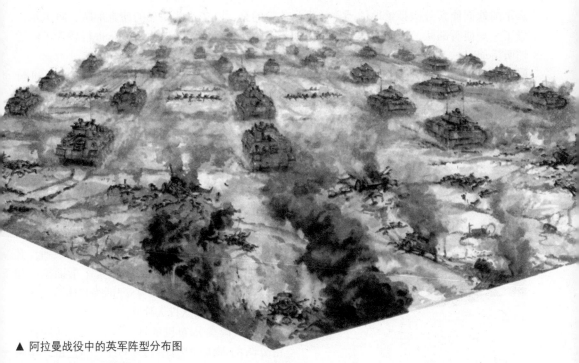

▲ 阿拉曼战役中的英军阵型分布图

蒙哥马利自从赢得首战胜利之后，就一直精心思考着自己的进攻计划，他召开多次会议，详细研究和制定了计划的各种细节。大体说来，蒙哥马利所制定的进攻分为四个阶段：一是参战部队的编组、集结及蒙蔽敌人的措施；二是集中大量的兵力，在空军配合下在敌战区打开一个缺口，然后向纵深发展进攻；三是千方百计分散敌人的兵力和注意力，使其不能对英军的突破口进行有效的堵塞和反攻，并大量消耗敌预备队；四是实行最后突破以瓦解敌人最后的防线，为装甲部队开辟一条道路。

蒙哥马利针对这次总攻所制定的骗敌计划，是沙漠战中迄今为止最精巧的欺骗计划，这个计划的代号为"伯特伦"。首先是伪装前沿地区的巨大的弹药和其他作战物资堆集所。其次是用假车辆假扮坦克和其他车辆的运动，使敌人对大量部队在作战地域的集结渐渐习以为常，夜间则用突击部队的真作战车辆把已经"在位"的假车辆换下来。进攻前一个月便为步兵挖好了细长的战壕，供他们在发起进攻的当天夜间躺卧用，这些战壕均伪装得像是地形的一部分一样。同时为了使敌人误认为主要进攻方向在战线的南端，蒙哥马利还命人在那里稳步地铺设了假水泵站、假供水点和假蓄水池，施工的进程表明水管到 11 月初才能竣工；一部分通信分队模拟将在南面发动主攻的无线电通信。

此外，为了使伪装毫无漏洞，他并没有把伪装的事讲得很明白，只向他们传达将要发生什么事，而且是在 9 月 28 日至 10 月 21 日按军衔高低分批传达的。所有这一切都是为了使敌人摸不清进攻的时间和主要突进方向，以达成战役突然性。总之，蒙哥马利做了这么多的伪装，其目的只有一个，那就是在战争中掌握主动权。

除了要思考如何进行伪装以迷惑敌人，蒙哥马利还得考虑如何突破隆美尔的防线。隆美尔的防线，起点是地中海的海岸，终点是距离海岸约 70 千米的无法通过的卡塔腊盆地的边缘。这一防线横亘在浩瀚无垠的大沙漠上，这中间没有山林可以遮挡，只有少量的沙丘和沙岭。在这些沙丘和沙岭上空，经常有德意空军的侦察机在盘旋侦察；在地面，也有德意军的地面侦察分队频繁地活动着。更为危险的是，除了这些明显的侦查部队，隆美尔还设了一只侦听部队，他们的任务是秘密到英军防线背后的无线电侦听分队进行昼夜不停的监听活动。

▲ 英军士兵正在扫雷。

除了以上两个问题，蒙哥马利还着手进行对士兵的训练和重新编组这两个棘手问题。蒙哥马利认为，英军在北非沙漠屡次遭遇挫折的重要原因之一，就是缺乏严格的训练，任何灵巧的现代化武器系统都不能代替受过训练、富有经验和作战勇敢的士兵，只有严格训练才能锻炼出一支有战斗力的指挥起来得心应手的部队。9月29日，第44师在对敌军的一次袭击中遭到重大损失，其中有两个旅由于损失较大而被解散。从这次失败中，蒙哥马利意识到，必须立即督促整个第8集团军抓紧军事训练。如果没有充分的技术训练、心理训练和体质训练，是不能轻易将部队投入战斗的。

针对隆美尔布设的地雷区，蒙哥马利把扫雷分队的训练列为此次训练的重中之重。蒙哥马利把扫雷的任务交由第8集团军工程兵指挥官基希准将全权负责。基希搜集了资深的军官们对扫雷的看法，然后把这些看法告诉了具体负责扫雷分队训练的穆尔少校。在穆尔的领导下，第8集团军的扫雷速成学校成立了。穆尔制定出的一套训练方法，在进攻发起前共为蒙哥马利训出了56组扫雷人员。

经过集中的训练，蒙哥马利所属的部队整体素质上有了较大提高。更让人兴奋的是，托布鲁克陷落后罗斯福慷慨提供的300辆"谢尔曼"式坦克9月份终于运抵尼罗河三角洲，全部拨给第10军的第1和第10装甲师。这样一来，英军的实力又更加强大一些。

蒙哥马利为此次进攻计划取名为"捷足"。他计划分三路发起进攻，从右翼实施主要突击，由第30军担任主攻任务，首先突破德意军部署有4个师的北段防线，打通通往腰子岭和米泰里亚岭的两条沙漠走廊，保障集团军预备队第10军的两个装甲师顺利投入战斗。第13军则配置在南翼并发动佯攻，其主要任务是诱使德意部队相信英军主攻方向在南翼，使敌在南翼保留更多的主力部队。

现在，发动战争的一切准备已经做好了。从总体上看，蒙哥马利在人力物力上都比他的对手强大。另外，他还拥有短而不中断的交通线这一巨大优势条件。最后，蒙哥马利选定10月23日晚月圆之夜发起进攻。

"捷足"先登

10月23日晚9点40分，代号为"捷足"的进攻终于打响了。1000多门大炮开始了第二次世界大战以来最为猛烈的炮击。第30军从正面射向敌军炮兵阵地的炮火尤为猛烈，炮火持续了大约15分钟。在南面，英第13军的炮火强度要小一些。德军的炮兵完全被压制住了。在这次炮击中，英军还有另外一项收获，那就是德军的总司令施登姆也死于此次炮击中。

第一次炮击后，整个战线沉静了5分钟。英军炮手们利用这短暂的时间校正了射击距离，把目标指向了敌前哨步兵阵地。22时整，又是一阵万炮齐轰，打得德意步兵血肉横飞、沙尘蔽天。零时，英第30军和第13军在延伸炮火和空军的掩护下，借助天空中的探照灯光和轻高射炮对固定战线发射的曳光弹，开始发起进攻。

在伦敦，性急的丘吉尔首相终于等来亚历山大将军发来的电报，战争已经开始了。兴奋的丘吉尔立即给美国总统罗斯福发去了电报，并对他给英国的支援表示了谢意。在阿拉曼，蒙哥马利在告全军官兵书中写道："即将开始的战役将是历史上的决定性战役之一。它将是战争的转折点。全世界的目光都将朝着我们，焦急地注视着战役的进展。"

23日22时，第30军所辖的澳大利亚第9师、南非第1师、第51高地师和新西兰师共4个步兵师在一个15千米宽的正面上发动了进攻。蒙哥马利所以选择北面为主攻方向，主要是因为在北面突破可以对海滨公路和敌军的后勤补给线造成威胁，并置处在阿拉曼防线南端的敌军于危险境地。在第30军的面前有三个主要目标：第一个目标叫作"酢浆草"，它沿米泰里亚山脊的西面斜伸，然后向西北转向腰子岭的边缘（德军把腰子岭叫作28号高地），接着转向正北。第二个目标是"皮尔森"地带，该地带从腰子岭的两端向东南延伸，规定于拂晓时由3个装甲旅占领。第三个目标是一个叫"小气鬼"的地带，它在"皮尔森"目标地带的正面，大致是从拉赫曼车站到泰勒阿卡基尔以南的一个区域，也由装甲部队夺占。

在北面，澳大利亚第9师负责夺占"酢浆草"地带；新西兰师夺取米泰里亚山脊。步兵师发起进攻后，起初一切都很顺利。在空军的空中屏障、地面炮兵的火力屏障掩护下，装甲兵和步兵交替掩护、滚动前进。但是，英军的进攻很快遭到阻遏。夜深后，德军的抵抗加强了，逐渐增强的炮火向正在布雷区摸索前进的英军士兵、车辆和装甲车射击。除地雷场外，其他随处布设的地雷也在阻碍着英军的行动。沙漠中没有明显的地貌特征，烟尘滚滚不时将皓月掩蔽，坚守在防线后面的德意步兵经常给英军以突然而猛烈的杀伤。

10月24日晨，蒙哥马利了解到，第30军在夜间进攻中没有完全实现作战意图。装甲部队没有到达"皮尔森"目标地带，甚至连"酢浆草"目标地带也没有找出。南面第13军的进攻也不太顺利，激战一夜所获得的战果仅仅是拥塞在"一月"地雷场的两侧，而"二月"地雷场尚未突破。蒙哥马利仍把希望放在成功开辟一条能通过地雷场的通道。他发布了以

▼英国皇家特别空勤团作为一支训练有素的特战队，他们的主要职责是在非洲军团的后方进行暗杀、破袭和营救的行动，给德军沉重的打击，被德军称为"红色魔鬼"。

▼英国皇家特别空勤团成员

下命令：1. 彻底打通北部走廊；2. 新西兰师从"酢浆草"目标地带和米泰里亚山脊向南扩张战果。

接到命令后，高地师和第1装甲师不顾坦克遭受重大损失，奋力作战以肃清北部走廊的德军，到傍晚该装甲师已进抵腰子岭之前，随之遭到德第15装甲师的反击。英军一直未能在敌军的地雷带和防线上打通通道，战局进展很不顺利。

10月25日，蒙哥马利遇到了一件极为棘手的事件。此时，由于英军在前几天付出了很大的代价，仍然不能打通通道，装甲师的指挥官们已不愿意再付出更大的代价。这种思想与蒙哥马利必须打通通道的命令是相反的，蒙哥马利觉得这是对自己的权威和贯彻计划到底的意志的挑战，他将此称为"真正的危机"。

最后，蒙哥马利仍然凭着自己杰出的应变才能化解了这次危机。

▲ 阿拉曼战役中投降的意大利士兵

5日中午前，中东总司令亚历山大将军视察了前线后与蒙哥马利进行了一次面谈，他们都对战局的进展表示了谨慎的乐观。北面的第30军已在德国非洲装甲集团军最坚固的防线上打开了一个通道；各装甲师依计划继续进行突破，打算凭借有利的阵地和陆空军的巨大火力优势挫败敌人的反击。南面的第13军虽进展不大，却把德第21装甲师和一个意大利装甲师死死拖住了，并且保留了英第7装甲师的有生力量，以便转用他处。亚历山大视察后得出的结论是，残酷的战斗尚在后头，因为他知道，尽管英第8集团军已成功揳入敌军地雷场，但战局进展缓慢，形势依然不明朗。在伦敦，帝国总参谋长布鲁克亦忧心忡忡。他既关心阿拉曼战役的结果，更关心该战役所产生的战略作用。10月25日，布鲁克忍受着巨大的心理压力，仍然给蒙哥马利写了一封信，以鼓励蒙哥马利坚持下去。他写道："初战胜利已实现了……你正在致力于你一生中最伟大的事业，我相信你会成功。"

20日中午，蒙哥马利接待完亚历山大的视察后，又一次在新西兰师司令部召集两个军长开会。会后他就开始进行那种"一会儿突击这里，一会儿突击那里"的战斗了。他已经得出结论：新西兰师进一步向南推进将付出很大的代价，因此他把进攻矛头转向北面，命令澳大利亚第9师发动猛烈进攻。

10月25日至26日黎明前，澳大利亚第9师进行了一次干净利落的进攻，由突出地带向北朝海边方向攻击，更加逼近了海滨公路。但第51高地师和装甲师的进攻仍然没有取得重大进展，在腰子岭不断遭到德第15装甲师和意的里雅斯特装甲师的猛烈反击，损失惨重，锐势大减。面对如此惨烈的牺牲，蒙哥马利不得不承认这样一个事实：虽然损失了大量的人员和武器，却远远没有实现自己预期的目标。

通过英军的侦听机构，蒙哥马利还获悉一个不好的消息，隆美尔已回到了阿拉曼，重新掌握对德意部队的指挥权。

"不战斗，毋宁死"

1942 年 11 月 3 日早晨，希特勒收到了北非战场上的德军已开始撤退的消息，这对希特勒来说无疑是雪上加霜。在苏德战场上，他企图迅速攻占斯大林格勒的计划和整个 1942 年夏秋战局计划进展得很不顺利。在斯大林格勒战场上，德军正与苏军进行着一系列巷战。到当时为止，德军已在苏联战场上死伤 70 万人，损失火炮 2000 门、装甲车 1000 余辆、飞机 1000 余架。

这些已经使希特勒心痛、心碎，他眼看要支持不下去了。北非战场的突变又给了他更为沉重的一击。此时，他一肚子的怒气无处发泄，而那个把这个至关重要的消息给延误了的参谋就成了他发泄的对象。

11 月 3 日 9 时许，希特勒大肆发泄了一通后，立即向隆美尔发出了一封电报。在电报中，希特勒命令隆美尔必须坚守住阵地绝不后退一步，"把每一支步枪和每一名士兵都投入战斗"。此外，他还向隆美尔许诺，大批空援在未来几天就会到达南线总司令凯塞林那里，此后物资还会继续跟上，只要他坚持战斗。最后，希特勒以"不战斗，毋宁死，别无其他选择"结束了他的电报。

3 日上午，隆美尔驱车视察了在阿拉曼防线北部继续抗击英军进攻的装甲部队和正在向西撤退的步兵。正午过后，他收到了希特勒的电报。电报结尾处的那几个字像一颗颗钉子，深深地刺痛着隆美尔的心。就在 90 分钟前，他还向部队发出了进一步撤退的命令，并已经准备好打一场机动的防御战。然而此时此刻，他从来不敢违抗的元首下令不准撤退，他该怎么办才好？在此后的 1 个小时里，隆美尔陷入了两难的境地，他是应该忠于元首的命令拼死抵抗，还是正视现实继续撤退？

3 日下午 2 时 28 分，隆美尔作出了最后的选择，他选择遵守元首的命令，抵抗到底。他在电话中向非洲军军长托马宣读了希特勒的来电，并强调："把这项命令贯彻到士兵中去。部队必须战斗到最后的一兵一卒。"当托马指出这将导致灭顶之灾，并建议撤下坦克重新编组时，隆美尔对着话筒吼道："不能撤！元首命令我们竭尽全力坚守！不能撤退！"下午 6 时 40 分，隆美尔拒绝了非洲军建议的新防线，并大声疾呼："我要你们守住现在的阵地！这是生死攸关的大事！"接到希特勒的电报后，隆美尔觉得部队将全军覆灭，自己也在劫难逃。

11 月 3 日上午 11 时 30 分，希特勒的那封电报很快被英国破译出来，丘吉尔也很快知道了这个消息。蒙哥马利得知隆美尔已经决定撤退，但又在希特勒的命令下坚守的情报后，向全体士兵发布一个文告。文告内容是：目前的战役已持续

▲ 一幅关于英国轰炸机猛轰德军阵地的绘画

12 天，在此期间全体官兵英勇作战，使敌人遭到很大损耗。现在敌人已达到了崩溃点，还在企图撤退。皇家空军正在袭击沿主要海滨公路向西移动的敌军部队，使之遭到重大伤亡。敌人已在我们的控制之下，崩溃在即。我号召全体官兵继续对敌施加压力，不得有片刻松懈。

我们有可能擒获敌人整个装甲集团军，我们一定要做到。我为已经取得的一切成就向全体官兵祝贺。彻底胜利已经在望。我已代表你们向皇家空军发去一份贺电，感谢他们对我们的巨大支持。

11月3日至4日夜间，英军向德意军队发起了最后的攻击。但是，蒙哥马利对阿拉曼战役的后果缺乏远见，他对突破成功后如何追歼敌军的措施考虑不周并且动作缓慢，他制定的追击行动显得苍白无力。蒙哥马利下令新西兰师和第10军进行追击，给他们规定的任务是：以第4轻装甲旅和第9装甲旅为先导，引导第5和第6机动步兵旅向西横过沙漠，然后向北转直奔富卡；第1装甲师应向泰勒阿卡基尔西北面的埃尔哈拉什挺进；第7装甲师的前进目标是加扎勒。

这是一个大规模的向北包抄运动，其关键是富卡以西的一个据点，海岸公路从此登上了陡坡。如果能够及时封锁这个隘路，退却的德国装甲集团军就可能遭到两支英军夹击而陷于危境。但是新西兰师疲战之后需24小时才能做好追击准备，没有道路交通管制，一片混乱。

从11月4日拂晓至黄昏这段时间，新西兰师所属各部队前进速度最远的也只有65千米，至于第10军的装甲师前进速度更慢，仅前进了15千米。等走在前面的新西兰师于5日到达富卡时，隆美尔的部队已向西撤去。

造成这种结果的原因，一方面是由于第8集团军经过12天的血战后伤亡较大，一些部队已疲惫不堪；另一方面是蒙哥马利过于谨慎，不敢实施大胆的追歼。结果，蒙哥马利把最好的全歼敌人的时机错过了。

其实，11月4日的白天和夜晚是追击的最关键时刻。因为在这一天，隆美尔的装甲部队虽然还在抵抗，但步兵已在撤往富卡的途中。隆美尔正处于撤退和坚守的矛盾中踌躇不定。4日早晨7时25分，德军南线总司令凯塞林赶到隆美尔的司令部，他本来是督促隆美尔严格执行希特勒的命令的，可当他得知隆美尔现在只剩下22辆坦克时，立即改变了自己的看法。凯塞林建议隆美尔立即电告希特勒，告诉希特勒现在已经必须撤退，这是德军以后得以在非洲立足的唯一机会。隆美尔于是给希特勒发了一封电报，同时仍旧命令部队坚守。下午3时30分，隆美尔终于下令全线撤退。11月4日晚上8时50分，希特勒终于同意撤退。第二天隆美尔收到了希特勒的新命令，此时他不得不庆幸自己作出了正确的选择。这样，他得以保存仅剩的7万多部队，撤往富卡新防线。

暂缓鸣钟

阿拉曼战役之前，丘吉尔首相曾与中东总司令亚历山大约定：如果英军夺取阿拉曼之战的胜利，就在全国鸣钟以示庆祝。

11月6日，亚历山大给丘吉尔发去电报，他在电报中得意地说："鸣钟吧！据估计俘虏人数目前已有2万，俘获坦克350辆，大炮400门，军用物资数千吨。我军先头机动部队已抵马特鲁港以南的地方。第8集团军正在乘胜前进。"丘吉尔三思之下，觉得现在鸣钟还有点早，他觉得应该等到"火炬"作战计划开始得胜时再鸣钟。他给亚历山大将军回电，告诉了他自己的看法。

从10月23日进攻开始至11月4日突破成功，阿拉曼战役经过了对于双方来说都是漫长且艰难的12天。在这次战斗中，英军损失1.35万人，德意军损失3万余人。通过这次战役，隆美尔被击退了，埃及的危机解除了。阿拉曼成为盟军的"命运的关键"。丘吉尔甚至夸

▲ 阿拉曼大捷的胜利大大鼓舞了英军的士气，重树了英军的威信。

张地说："在阿拉曼战役以前我们是战无不败；在阿拉曼战役以后，我们是战无不胜。"

　　在这次战役中，英军得胜的关键在于充足的资源补给。在兵力兵器和后勤补给方面，英军占有绝对的优势，其中以坦克、大炮、飞机等补给方面的优势最为明显。在12天的血战中，英沙漠空军共出动2500架次，破坏了敌军的部队机动、作战指挥和后勤补给，而德意空军仅出动飞机260架次。

　　英军胜利的另一个重要因素来自于蒙哥马利的出色作战指挥。阿拉曼战役与以往在沙漠中所发生的历次战役均不同。因为战线狭窄、工事坚固、地雷密布，且有重兵固守，无法实施侧翼包抄。蒙哥马利根据这一实际情况，充分利用短近而优良的交通线，集中使用炮兵，用猛烈的炮火组成火网，然后用大批坦克蜂拥向前推进，终于突破了隆美尔精心设计的防线。蒙哥马利总是把数百门大炮集中使用，而不是用分散的炮兵中队进行小规模的炮轰。

　　丘吉尔曾这样称赞他，"蒙哥马利是一位伟大的炮兵专家，他相信大炮可以杀人"。然而，蒙哥马利是个过于谨慎的人，不太善于进行机动作战。他指挥的原则就是摆好了阵势再打。他缺乏隆美尔那种当机立断、适应变化的指挥技术。如果他再大胆果断一些的话，完全可以在富卡截住隆美尔的部队加以歼灭。

　　在这次战役中，英军的一个优势是我们不能忽视的，那就是利用"超级机密"对德军密电的破译。"超级机密"在英军夺取阿拉曼战役的胜利中发挥了不可低估的作用。在战争中，蒙哥马利正是充分地运用了破译的情报，才能从容不迫地安排部署自己的作战计划。此外，及时的敌军情报也曾多次帮助蒙哥马利作出正确的决策。如在"增压"作战开始前，蒙哥马利原计划在北边近海处进行突破。但通过截获的敌军情报显示，德国的第21装甲师正向北调动，敌军防线中央主要是战斗力较弱的意军，于是蒙哥马利把突破点做了一个稍微的变动，英军就顺利突破了敌军的防线。

　　隆美尔在阿拉曼的失败主要应归因于兵力的不足，兵器的陈旧以及后勤补给线太长。隆美尔一向擅长的就是机动战，但在阿拉曼战役中，他却不能发挥自己的机动优势来弥补德军在兵力和后勤上的劣势，只能一味和英军进行正规的攻防战。在战争的后期，他既没有能力攻破英军的防线，又不得不遵照希特勒的指令守住已经占领的据点。所有这些因素都促成了隆美尔的最终失败。但我们如果从更深的层次来考虑的话，隆美尔在非洲战争的失败，其实是德国野心太大而实力不足的必然结果。

1942 年 10 月至 11 月，德国的庞大野心与实力不足的矛盾已经充分地暴露出来了。由于法西斯集团在苏德战场上、太平洋战场上、大西洋战场上和北非地中海先后发动战争，这对于国土资源不太丰富的诸法西斯国家来说，无疑是一个沉重的负担。而以苏美英中为首的反法西斯同盟各国却拥有丰富的资源来支持这种大规模的战争，随着战争的扩大，法西斯国家必定会越来越力不从心，而此时，同盟国的巨大资源潜力就会充分发挥作用。

与苏德战场比起来，希特勒一直是把北非地中海视为次要战场的，所以在这里必定不会投入太多的兵员和资源。虽然墨索里尼很重视这里，并把这里视为自己的主要战场，也投入了自己的主力。但是，墨索里尼只是口头上很强大，其实是很虚弱的，所以最终的结局只能是失败。

阿拉曼战役是英国战争史上光彩的一页，是英国对第二次世界大战做出贡献的象征。正由于此，第二次世界大战结束以来，英国以各种各样的方式纪念阿拉曼战役的胜利。蒙哥马利辞世后，英国为他建立了一座雕像，伊丽莎白女王亲自为雕像揭幕。

对于英国在阿拉曼所取得的胜利，英国军事史学界一直存在着很大的疑义。学者们之所以对英国的胜利持怀疑态度，主要是因为它没有摧毁或捕捉住隆美尔的装甲集团军，而这本来是丘吉尔给亚历山大和蒙哥马利的主要的和首要的任务。有学者称，阿拉曼之战只是一场"政治上的胜仗"，这次战争的胜利重新树立了英军的威信，抬高了英国的国际地位。无论如何，阿拉曼战役确实起到了一定的作用，它沉重打击了意大利，也给了德国一个教训，成为第二次世界大战的重要转折点。

五、北非战场落幕

"火炬行动"

1942 年 11 月 8 日凌晨 1 点，蒙哥马利在阿拉曼地区击败隆美尔的第 4 天，英美联军开始了他们的"火炬行动"。"火炬行动"是在第二次世界大战中，美英首次展开的联合军事行动。此时，美国军队占多数的 10.7 万余名官兵，即将开始他们在非洲大陆的登陆计划。首先，他们要在分布于 1500 千米的 9 个沿海地点寻求一个立足之地。其次，他们将接管法属北非最大港口城市中的 3 个：摩洛哥的卡萨布兰卡、阿尔及利亚的奥兰和阿尔及尔城。随后，他们将全速挥师东进，争取抢在轴心国部队以前，攻入突尼斯，占领突尼斯城和比塞大港，这个港口是与德军在南欧的军事基地距离最近的港口，所以

▲ 丘吉尔(中)视察英军部署在地中海的战舰。

占领它对盟军是特别重要的。

由于盟军所要接管的 3 个城市卡萨布兰卡、奥兰和阿尔及尔城相距太远，盟军的大部队不得不分散成 3 支特遣分队：西部、中部和东部船队。西部分队的目标地是卡萨布兰卡。在西部分队驶过直布罗陀海峡的时候，潜伏在直布罗陀地区西班牙一侧的德国间谍把这一消息告诉了希特勒，但在希特勒看来，这只不过是一支受到严密保护、开往马耳他岛的运输队，并没有加以重视。

▲ 北非战场上被摧毁的德军坦克。"火炬行动"的实施，使盟军顺利战领了卡萨布兰卡。

11 月 7 日，当隆美尔的军队撤向利比亚后，希特勒突然意识到，盟军船队确实是在非洲沿海地区，他们的登陆城市很可能就在利比亚港口城市班加西和的黎波里。盟军在这两个地方故意策划的佯攻，更使得希特勒对自己的主观臆想深信不疑。这样，德军暂时对盟军还构不成威胁。

"火炬行动"的策划者们心里清楚，给他们所制定的作战计划制造障碍的将是法国人而不是德国人。法国的抵抗会到什么程度，这是"火炬行动"的策划者们一直在思考的问题。最后，罗斯福把与法国进行接触的任务交给了美国驻维希政府的使节罗伯特·D.默菲。罗斯福总统曾秘密委任默菲作为他在北非的私人代表。在盟军进攻北非前两个月，他曾秘密到达伦敦会见盟国远征非洲的司令艾森豪威尔，把非洲的情况大概做了一下介绍。

此外，他还对盟军可能受到的待遇作了两种猜测：如果法国人认为"火炬计划"是美国方面的军事行动，他们就不太可能作出抵抗，理由是法美之间的传统友谊一时还难以消失；但是，如果他们认为"火炬"行动完全是英国人的事，他们很可能会进行顽强抵抗。此外，默菲还向艾森豪威尔提到了法军中可能倾向于盟军的人物：亨利·吉罗将军和五星级海军上将杰恩·弗朗科伊斯·达尔朗。此后，他利用外交官的身份广泛交游，细心查证军方官员和有影响的士绅阶层内心深处的情感倾向，估量各种反维希和反纳粹地下组织对于盟军的潜在价值，推测那些阿拉伯民族主义分子究竟是敌是友。

由于登陆计划的制定者们过分注重保密，直到登陆前 4 天，默菲仍被禁止将计划细节通知亲盟国的法国地下组织，因此减少了盟国本可以绝对信赖的一支法国支援力量协调行动的可能性。在盟军发动登陆计划的前一天，默菲就在阿尔及尔城。在得知盟军已经开始登陆的消息后，他为了让法军和盟军之间的冲突减到最低，经过慎重考虑，他把盟军登陆的消息告诉了法属北非地面部队的总司令朱恩将军。

最后，这位精明的海军上将两面下赌，一方面发电报给贝当元帅，寻求指示。另一方面，他想先看看盟军的实力和士气再作最后的决定。幸运的是，盟军的登陆部队虽然在一开始的时候受到一些阻碍，但进展还算顺利。下午 3 时左右，盟军已经占领了阿尔及尔城的制高点。在达尔朗海军上将的批准下，朱恩将军安排了一个停火仪式。11 月 8 日早晨 7 时，离登陆开始还不到 20 个小时，美军就占领了这座美丽的地中海滨港城。

▲ 罗斯福在卡萨布兰卡会议期间慰问驻地美军。

在奥兰登陆的盟军可没这么幸运，驻守在那里的法军进行了顽强抵抗，直到11月10日午后才最终投降，这一时间距首批部队登陆上岸已有48个多小时了。

应该说盟军此时还算顺利。然而，盟军在攻占卡萨布兰卡时，却遭到了发动进攻以来最顽强的抵抗，那里的驻军拥有强大的舰队。盟军遭遇了重大损失。担任攻占卡萨布兰卡战役的盟军将领是巴顿将军。11月10日，巴顿收到艾森豪威尔的电报，电报称摩洛哥两个最边远的进攻目标莎菲和里奥特港已经被盟军占领，艾森豪威尔督促巴顿加速攻占卡萨布兰卡。

为了加快时间结束战斗，巴顿在没有与北非盟军最高司令商议的情况下，就制定出这样一个计划：在次日天明时即对卡萨布兰卡进行空中、海上轰击，随后旋即展开地面攻势，迫使城中守军缴械投降。但是，他的计划还没有实施，法军就于11月11日清晨6时48分，宣布投降了。原来，11月10日早晨，达尔朗海军上将签发了一道普遍适用于驻北非各处法军的停火命令，这使得盟军与法军突然之间化干戈为玉帛。达尔朗在这次同盟国的交易中得到的好处是被任命为法属北非高级行署专员，负责管理行政事务，而他手下的吉罗将军则成了法国地面部队和空军的最高指挥官。

由于登陆取得了成功，盟国上上下下信心倍增。他们指望从阿尔及尔出发，用2个星期的时间向前推进720千米，胜利抵达他们在突尼斯境内的两个主要目标：突尼斯城和比塞大港。但是盟军现在必须和时间赛跑，如果在11月底之前，盟军不能占领突尼斯，他们不仅要面对当地连续四五个月的阴雨天气，还要面对正在大批赶往非洲的德意轴心国部队。

此时，希特勒已经逐渐意识到地中海战区的重要性，如果盟军攻占了突尼斯城和比塞大港，他的大将隆美尔的部队就有可能被完全吃掉。更为重要的是，这两座城市海港、机场设施配备齐全，而且坐落在地中海一侧、直布罗陀以东最狭窄处，如果盟军打算沿着南翼打击希特勒最薄弱的"欧洲堡垒"的话，这里将成为最好的跳板。于是，当盟军方面正在为攻占奥兰和卡萨布兰卡而与法军打成一团的时候，轴心国正往突尼斯和比塞大港调兵遣将，以加强这两个港口城市的防御。

希特勒的目标是到11月底，驻守在这里的军队数量要达到大约1.5万人。

在盟军方面，为了防备希特勒动用空军，从西班牙朝着盟军的后面进攻，西路和中路分遣队被留下来加强后方保护，担任此次突击的主要是英美装甲部队和东路分队的步兵。由于盟军对于德在该地驻守军队的实力估计不准，导致盟军向突尼斯的进攻屡屡受挫。12月2日，担任突击指挥的安德森将军不得不向盟军司令部请求停战休整，因为在将近一个月的进攻中，盟军前线已接近弹尽粮绝，士兵也疲惫不堪。蒙哥马利同意了安德森的请求，但这个休整期拖得太长了，以致盟军失去了进攻的良机。突尼斯开始进入雨季，盟军的坦克部队可谓寸步难行。到12月底的时候，艾森豪威尔不得不下达了暂时中止突尼斯战役的命令。

卡萨布兰卡会议

1942年11月，英军取得了阿拉曼战役的胜利，于是北非战争的形式开始好转，英军从防御转入反攻。到1943年1月23日，盟军已经进入利比亚首都的黎波里，在这2200多千米的行程中很少打仗，只是英国空军使沿海公路上的德军车辆蒙受一些损失，隆美尔几乎是有条不紊地退向突尼斯，最后同那里的德意侵略军连成一伙。

在英军取得阿拉曼大捷之后不久，美英盟军也发动了一场名为"火炬行动"的非洲登陆计划。美英盟军很快就占领了法属殖民地摩洛哥的卡萨布兰卡、阿尔及利亚的奥兰和阿尔及尔城。此后，北非的法国军队也投靠盟军，这样盟军的实力就更加增强了。但是，盟军在此后向突尼斯西部和中部突进的过程中，由于遭到德军的顽强抵抗以及天气的因素，暂时放弃了原定占领突尼斯城的计划，转而固守已经占有的阵地和前线机场。这就放松了对德意军队的压力，苏联方面对此很不满意。

鉴于这种情况，美英两国领导人希望和斯大林进行会晤，以便商讨共同击败德国法西斯的战略方针。罗斯福和丘吉尔都先后向斯大林发出了邀请，斯大林虽然也赞成三国政府首脑开会，以确定共同的军事战略的主张。但是由于当时苏联战场上的斯大林格勒战役已到了关键时刻，斯大林说，他无法离开苏联，"即使离开一天也不可能"。于是，罗斯福就和丘吉尔商定，他们将于1943年1月15日左右偕同参谋人员到卡萨布兰卡会晤。

1943年1月14日～23日，罗斯福和丘吉尔举行了秘密会议。

这次会议的一个主要战略问题是：英美法军队已从东西两面对突尼斯的德意法西斯军队形成包围之势，胜利在望了。而在击溃这股敌军之后，他们下一步干什么？在会议讨论期间，丘吉尔和英国参谋长们极力主张在1943年扩大地中海战场，对西西里、科西嘉、撒丁、多德卡尼斯群岛以及意大利、希腊沿海进行一系列牵制性进攻，打击意大利，使其退出战争，争取土耳其参战，迫使德军分散兵力。美国陆军参谋长马歇尔则主张横渡英吉利海峡，从那里进入法国作战，但罗斯福也倾向于把地中海的战事扩大，完全控制这一地区。

经过反复讨论，1月23日，罗斯福和丘吉尔以及两国参谋长举行了最后一次全体会议。会上，两国领导人最终决定了以下三件大事：

第一，确定了1943年英美联军的进攻方向。罗斯福接受了丘吉尔竭力推荐的计划——进攻"欧洲柔软的下腹部"——攻占西西里岛，确保地中海航行安全，迫使意大利投降，然后从巴尔干切入欧洲腹地。

第二，美英两国把各自支持的法国政治首脑吉罗德和戴高乐硬拉到一起，希望他们联合起来。吉罗德是美国特工从法国南部营救出来的一位法国将军，美国支持他成为未来法国的政治首脑；戴高乐则是英国一直支持的"自由法国"

▲ 卡萨布兰卡会议中的英美两国元首及其参谋人员

运动的领导人。

鉴于盟军即将重返欧洲，罗斯福和丘吉尔都觉得有必要使法国的两派首脑联合起来。戴高乐身上很有"法兰西民族的性格"，他不肯受人摆布，拒不前往卡萨布兰卡。在罗斯福的催促下，丘吉尔不得不向戴高乐施加最大的压力，毫不含糊地指出，如果他仍然拒绝的话，英国将断然和他彻底决裂。

1月24日，罗斯福、丘吉尔、戴高乐和吉罗德终于坐在了一起。通过罗斯福与丘吉尔的调解，戴高乐和吉罗德终于同意组成法兰西民族解放委员会，同任主席。后来，缺乏政治才干的吉罗德很快就被戴高乐排挤出去了。

第三，盟国第一次明确了战争的最终目的是迫使轴心国无条件投降。罗斯福在卡萨布兰卡会议结束后举行的记者招待会上，宣布了"德、意、日无条件投降"的原则，声称只有德、意、日战争力量的彻底消灭，世界才有和平的保证。

1月24日，罗斯福补充说，德、意、日战争力量的消灭，并不意味着德、意、日国家的毁灭，只意味着这些国家中那些以征服和奴役别的民族为基础的体系的毁灭。这是盟国首次正式提出其所追求的最终目标是轴心国的无条件投降，从而打破了通过外交途径与德、意、日谈判的任何企图。"无条件投降"原则，基本上得到广大同盟国家的欢迎，鼓舞了世界人民对法西斯国家作战的士气。同盟国的物资仍必须首先用于击败德国潜艇；必须尽量向苏联运输供应品，以便支援苏联军队。在欧洲战场的军事行动目标是，在1943年内，使用同盟国可能用于对德作战的一切兵力，击败德国。

除了以上几个比较重要的问题以外，卡萨布兰卡会议还进行了一些具体的人事安排。会议决定任命艾森豪威尔为盟军总司令，而在追击隆美尔的英国第8集团军从东面打进突尼斯之后，该集团军的总司令亚力山大将军担任盟军副总司令，负责指挥突尼斯战线。在突尼斯战役完成之后，亚历山大就负责指挥夺取西西里岛的战事。坎宁安继续担任艾森豪威尔的海军总司令，阿瑟·泰德被任命为空军总司令。这个建制将于2月初生效。盟军司令部当前的军事任务就是占领整个北非沿海地带，取得完全胜利，同时做好准备工作，占领西西里岛。

卡萨布兰卡会议的圆满结束，为法西斯轴心国的灭亡敲响了丧钟。

最后一击

在卡萨布兰卡会议期间，德军在斯大林格勒正遭遇重创，已经面临着失败的结局，希特勒此时根本无心顾及突尼斯。

于是，盟军肃清北非残敌的时机来了。

1943年2~3月，从东部追击德意败兵的英国第8集团军已先后攻入突尼斯。亚历山大依照卡萨布兰卡会议的决定，就任北非盟军副总司令。他对部队进行了改编、整顿和重新组合，为强攻敌人的主要阵地马雷特防线做好了准备。马雷特防线是战前法国人为了防止意大利军队入侵而修建的，它位于突尼斯东部，长达30千米。

3月20日夜间，蒙哥马利的第8集团军开始对马雷特防线发动进攻，经过7天的激烈战斗之后，英军完全占领了这条防线，迫使敌军狼狈向北撤退。此后，英军第8集团军的左翼同向东迅猛推进的巴顿指挥的美国第二军会师。这样一来，北非盟军所有的部队就连接成一条战线了。

在德军方面，从3月底开始，非洲的德军就面临着严重的物资短缺。盟军胜利会师之后，

▲ 英军炮兵在突尼斯之战间隙，正为一门美 MZ 式 105 毫米榴弹炮填装炮弹。

不费吹灰之力就把德军挤压到突尼西亚东北一隅。大批的盟国飞机和舰只正不断地摧垮轴心国的运输线。

　　连希特勒本人都不得不承认，要想让轴心国部队守住突尼西亚的桥头堡，每月至少需要给他们提供 15 万吨的军需物资。但是自从去年 12 月以来，每半月的货运量就没有超过 7.5 万吨。到了 3 月份，这个少得可怜的月运输量还在继续下跌。德军除了食物和弹药奇缺之外，燃油的储备量也急速下降。由于没有充足的燃油，德军已丧失了进行任何重大战役的机动作战能力。

　　面对这样的困境，希特勒仍然顽固地认为，轴心国可以在非洲长期坚持下去，而且必须长期坚持下去。他现在已经很清楚盟军为什么一心想要攻下突尼斯了，因为他们的最终目的是击毁德军在南欧的基地。所以希特勒认为，只要德意军队在突尼斯拖住盟军，使他们无法利用突尼斯城和比塞大的优良海港，盟军就无法实现进攻南欧的目的。

　　他也清楚，他的同伙墨索里尼在意大利的感召力正在急剧下降。在都灵和米兰，要求结束战争、摆脱法西斯主义的工人已掀起了大规模的罢工浪潮；如果突尼斯失陷，成千上万的意大利士兵将被送进盟军的战俘营，那么，在意大利本土的公众反应就将导致墨索里尼被国内的反对势力赶下台去，从而，希特勒"欧洲堡垒"的南翼将会极其危险地暴露在盟军的铁拳之下。

　　在希特勒的死命令面前，德军在非洲的主帅阿利姆也不得不遵守。尽管阿利姆本人疑虑重重，但他毕竟还是一个视服从为天职的军人。从马雷特防线和阿卡里特谷地，他们一直就被盟军赶着跑，但是，现在阿利姆下令在 4 月里，再也不能后退半步。德军驻守在一条地势崎岖的弧形防线上，这条防线从北部海岸的比塞大以西 40 千米处延伸到东部海岸鲍角半岛下方的本菲达维勒。在这条战线上，轴心国军队正在掘壕挖沟以求固守。他们的工事对付一些小打小闹显得绰绰有余。在打退盟军进攻的同时，德意军队设法在各条通道和多地河床上埋设了大量地雷，把山岭和坡地变成为防御工事，沿着盟军最有可能发动重大

▲ 突尼斯一战后，盟军士兵正在检查一辆被摧毁的德军坦克。

攻势的道路旁，他们架起了大炮以控制路面。轴心国部队官兵发疯似的干着活，他们心里清楚盟军的进攻已迫在眉睫了。

确实，在蒙哥马利的部队同突尼斯境内的美英法军队会师以后，盟军司令部便开始忙着制定总攻计划了。然而，在关于哪支部队应该攻打何处的问题上，盟军司令部内部出现了激烈的争执。原来，盟军地面部队总司令亚历山大将军总是看不起美军部队，他认为美军大都无知、不学无术，并且"在精神上和体格上都软弱无力"。所以，在他主持制定的作战计划中，美军被排斥在了最后的决定性行动中。

3月中旬，当美军方面得知亚历山大计划的有关细节后，第二军军长乔治·巴顿和副军长奥玛尔·布莱德雷顿时勃然大怒。气急败坏的布莱德雷连夜飞往阿尔及尔城，向北非盟军总司令艾森豪威尔提出了自己的看法。他建议艾森豪威尔把整个第二军悉数派往第一集团军的北面，让美国人自己进攻比塞大。艾森豪威尔经过仔细的考虑，最终同意了布莱德雷的要求，并平心静气地命令亚历山大更改了作战计划，把第二军调往北部，协调得十分成功。

4月19日夜里，盟军发动了代号为"铁匠"的进攻计划，蒙哥马利的军队在此次战斗中首先发起了进攻，这在某种意义上是亚历山大对于第8军不能参加对德军总攻的一个补偿。

然而不幸的是，这个补偿的代价是惨烈的。原来，盟军本来打算让第8军把轴心国军队从第一集团军的正面吸引开，但没想到第8军在进攻两天之后，就由于遭受了严重的损失，不得不停止攻击。

4月22日，第1集团军开始了极其缓慢而又艰苦的进攻。4月23日，美军第2集团军也独立展开了攻势。在两个方向上的盟军所到之处，炮火连天，硝烟弥漫，盟军的装甲部队和德国坦克兵为了争夺一小块平地而进行激烈冲杀，相互冲击；步兵部队为了攻占一座山头，不惜血流成河，尸横遍野。战斗一直持续到5月7日才结束，在这一天，盟军解放了突尼斯城和宾泽特港。5月13日，猖狂一时的德国非洲军和意大利军队向盟军投降了。盟军彻底肃清了北非的残敌，俘虏德意官兵25万人。

第八章

反攻：光复欧洲

一、进军西西里

难产的"赫斯基"计划

第二次世界大战进行到 1943 年，战场局势发生了巨变。苏德战场，斯大林格勒战役已经结束，苏军转入反攻。北非战区，英国取得了阿拉曼战役的胜利，英美盟军登陆北非，德意军队被迫投降。西西里战役拉开了序幕。

"赫斯基"，是英文 Husky 的谐音，它可以翻译成"爱斯基摩人"或者"壮汉"，它是盟军西西里岛登陆作战计划的代号。

西西里岛是地中海中最大的岛屿，位于地中海的中部，面积 2.5 万平方千米，人口 400 万左右。该岛是从北非到欧洲的海上交通要地，具有十分重要的军事价值。

早在 1942 年，美、英盟军在北非取得节节胜利的时候，盟军便开始酝酿把战争打到欧洲大陆去。但是关于登陆地点，双方有很大分歧。

北非登陆成功后，美国人自我感觉很好，他们仿佛已经看到了和平的曙光，于是他们开始着手描绘下一步的行动蓝图。美国人主张，应尽快结束北非战事，以便抽出手来一举打过英吉利海峡，开辟第二战场，迅速打败法西斯德国。但务实的英国人觉得美国的计划太冒险，他们认为，横渡海峡是一场无谓的冒险，

▲ 二战期间丘吉尔与英军的参谋团队

▲ 巴顿与蒙哥马利在前线上。

可能会招致灭顶之灾，倒不如从意大利的西西里岛入手，向敌人的"软腹部"进攻。

为了达成一致意见，双方召开了卡萨布兰卡会议。双方议定：首先解决意大利问题，然后再考虑在法国登陆的事。会议之后，"赫斯基"行动计划的制定工作便在英国首都伦敦悄悄地开展起来，但由于受到各方面因素的影响，进展十分缓慢。后来，计划工作改由艾森豪威尔亲自负责，计划小组迁至阿尔及尔，同时被命名为"141"小组。

领导"141"小组的是英国军官查尔斯·亨利·盖尔德纳少将。查尔斯在战争中曾指挥过英第6装甲师作战，有较丰富的实战经验，并因善长制定作战计划而在英军中闻名，被誉为"制定作战计划的能手"。

"141"小组认真仔细地分析了西西里岛的兵要地志，先后拿出了7个作战预案，但都被盟军指挥部一一否决了。

4月中旬，"141"小组再次推出了"赫斯基第8号"方案。该方案甫出台，便得到艾森豪威尔、坎宁安、泰德等盟军高级将领的赞同。

"141"小组分析，西西里岛地形比较复杂，可供使用的道路比较少，特别是西西里岛东北部。盟军登陆相对比较容易，但向西西里岛腹地发展进攻将十分困难，大部队难以展开，且容易受到敌人的节节阻击。因此，要想使"赫斯基"作战行动顺利实施，必须首先攻占西西里岛的两个主要港口，即西西里岛西北部的巴勒莫港和东南部的锡腊库扎港。然后凭借这两个港口建立前进基地。

因此"赫斯基第8号"方案规定，由巴顿率领美第7集团军，在巴勒莫地区登陆；由蒙哥马利率领英第8集团军，在锡腊库扎地区登陆。

已出任美第7集团军司令一职的巴顿看到"赫斯基第8号"方案时，十分满意。他知道，巴勒莫是西西里岛首府，具有悠久的历史，在世界上享有盛名，由他来夺取巴勒莫，一旦成功，自己必将作为这座世界名城的解放者而载入史册。他决心抓住这一机会，在此次登陆作战中大展身手。

正当巴顿雄心勃勃、夜以继日地琢磨具体作战计划的时候，蒙哥马利打破了他的美梦。

蒙哥马利指出，"赫斯基第8号"方案实际上是一个分散用兵的方案，如果按照这个方案行动，是非常危险的，一旦敌人查明盟军企图，敌人就会集中兵力实施各个击破，将我们赶下大海。他提出了自己的方案：英军第8集团军仍然在锡腊库扎地区登陆，但美第7集团军不在巴勒莫登陆，而在距英军登陆地点不远的位于西西里岛西北角的杰拉地区进行登陆。蒙哥马利认为，这样部署便于双方相互配合，才可以使整个作战协调地向前发展。

蒙哥马利的主张遭到了大多数人的反对，因为他的用心很明显，就是要把美军置于次要方向，仅仅担负保护英军翼侧安全的任务。但是在蒙哥马利强烈要求和极力主张下，盟军主帅艾森豪威尔和亚历山大最终接受了他的提案。巴顿对此感到十分愤怒，但也只能被迫接受。

经过数月的反复修改，最终定下来的"赫斯基"作战计划如下：

1. "赫斯基"作战计划，由亚历山大将军指挥的第 15 集团军群负责实施。该集团军群下辖蒙哥马利指挥的英军第 8 集团军和巴顿指挥的美军第 7 集团军。编内共有 13 个师和 3 个独立旅，总兵力为 47.8 万人。

2. 陆军。美第 7 集团军的任务是在西西里岛南线利卡塔至斯科格利地区登陆，占领杰拉和利卡塔后，以积极的行动配合英军向纵深发展进攻。英第 8 集团军的任务是在西西里岛东线帕基诺至锡腊库扎地区登陆，占领该地区后，向卡塔尼亚、墨西拿方向发展进攻。

3. 关于海军。地中海战区盟军的海军部队由坎宁安海军上将统一指挥。在登陆部队进行海上航渡的过程中，海军应出动战舰控制突尼斯海峡和墨西拿海峡南部海域。当登陆部队突击上陆以及抗击敌人反击时，海军舰队应适时提供炮火支援。

4. 关于空军。地中海战区的盟军空军部队由英国的泰德空军上将统一指挥。空军的任务包括：袭击对这次战役有影响的敌纵深内的重要机场、港口和交通枢纽；阻止敌增援部队集结和开往西西里岛；空中掩护进入和通过地中海的所有盟军护航运输队；伺机攻击意大利的海上军舰和补给船等。

通过"赫斯基"作战计划，盟军统帅部的整体作战意图是，首先夺取西西里岛，打开通向意大利的大门，然后乘势向意大利本土发动进攻，迫使意大利政府投降，肢解轴心国体系。同时用积极的攻击态势牵制大批驻意德军，配合盟军在其他战场的作战。在此基础上，趁机解放整个意大利。

海空权的激烈争夺

自从飞机大量运用于战争中以后，夺取制空权便成了战场上一项非常重要的作战内容。尤其是在登陆战役中，如果没有制空权，后果将不堪设想。拥有制空权，既能使己方部队免受敌人空中威胁，又能保证己方空军部队利用空间执行空中掩护、空中阻滞、近距空中支援等任务，同时还能使敌人无法使用该环境。

美、英盟军深知这一点。早在 1941 年，美军的《野战条令》就指出："制空权就是必须将敌人的航空部队消灭掉，或者压制住，使之不能出动。"这种观念在美国每个指挥员脑中都根深蒂固。所以在西西里登陆战之前的两个月内，盟军空军对意大利主要机场、港口、潜艇基地和各大工业中心，实施了连续不断的空袭，夺取了制空权。

当时，参加西西里登陆作战的盟军空军，总共有 3680 架作战飞机，另有 900 余架运输机和许多滑翔机。德、意两国在这个地区的空军兵力约有 1400 ~ 1500 架飞机，其中意

▲ 为配合盟军西西里登击，美军出动"无畏"俯冲轰炸机对西西里岛的机场及雷达系统进行了猛烈轰炸。

相关链接

★ 雷达的核心组件——谐振腔式磁控管

1939年，谐振腔式磁控管在英国发明，它是一种能产生微波的无线电发射管，是许多微波装置例如微波炉、雷达等的核心组件。它由一个导体材料的空心块，例如铜(阳极块)构成。在空心块中心处有一段用来产生电子流的加热丝，并作为阴极块。在加热丝的上方和下方放了一对磁铁，产生的磁场将加热丝产生的电子聚集成一团带负电荷的电子云，磁场使电子云围绕加热丝不断运动。

当电子云经过位于阳极块内部上面的叶片时，由于阳极块电荷的迅速变化会在阳极块的空腔内产生快速振荡的电磁场。一根天线会接收这种振荡，并以微波的形式通过导波管发射出去。磁控管外部的散热片可以将这一过程中产生的极大的热量迅速地散发出去。

用这种组件制成的雷达，可有效地发现飞机、飞艇等飞行器的飞行轨迹，使其无所遁形。

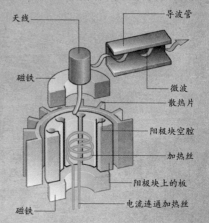

军有600余架，德军有800余架。

面对数量占优的盟军飞机，意大利空军司令福吉尔将军和驻意德国空军第2航空队指挥官冯·里希特霍芬中将作出共同决定，为保存实力，把大部分轰炸机撤到欧洲大陆机场。他们的意图是，避轻就重，集中用兵，在抗击盟军空军空袭的前提下，把有限的空中力量集中用于支援抗登陆作战。

在盟军空军频繁实施空袭的过程中，德、意歼击机部队也采取了一切措施进行反空袭顽抗，如德国歼击机曾出动500架次，意大利歼击机曾出动600架次，对盟军空袭编队实施空中拦截。但终因双方空军兵力对比过于悬殊，轴心国空军始终未能有效地阻止盟军空军的轰炸行动。

为确保登陆的顺利进行，尽快夺取制空权，从7月2日到9日，盟军空军对所有岛上的敌机场以及意大利亚得里亚海沿岸的福贾机场，特别是西西里岛上的机场进行了猛烈的轰炸。单是7月2日夜间至次日凌晨，就在西西里岛的几个重要机场投下了1500多吨炸弹。

7月9日，也就是登陆前一天，盟军的轰炸行动达到了高潮。盟军空军集中了411架轰炸机，在160架歼击机的护航下，发动了21次轰炸和扫射，目标主要是夏卡到塔奥米纳一带的机场。此外，盟军空军还使用了78架歼击机袭击了敌人的雷达站。在这些空袭行动中，盟军空军一举炸毁了德军航空兵司令部，后者设在塔奥米纳和圣多梅尼考教堂附近。

日落之后一直到午夜，盟军又调集了107架轰炸机，出动8个波次，轰炸了锡腊库扎、卡塔尼亚、帕拉佐洛和其他机场。

盟军空军的猛烈轰炸起到了理想的效果。轰炸结束之后，德意轴心国在西西里岛东部只剩下杰尔比尼一个简易机场能够使用；在西西里岛西部只有巴勒莫和奇尼西亚两个机场可供紧急着陆使用。通过对敌机场长时间、高密度的轰炸，盟军大大削弱了德意空军的战斗力，基本上夺取了制空权。

盟军进攻西西里的第一步是攻占班泰雷利亚岛，这个岛位于西西里岛与突尼斯之间，是意大利空军基地和海军鱼雷艇基地。攻占该岛，对盟军来说具有至关重要的意义。当时盟军飞机的作战半径都比较小，如果夺取了这个岛，就可以解决空中作战兵力"腿短"的问题。

6月初，盟军出动飞机对班泰雷利亚岛进行了6个昼夜的空中打击，将上万吨炸弹倾泻到了该岛东部的狭小地区。随后，艾森豪威尔派遣6艘巡洋舰和10艘驱逐舰向岛上守军开炮射击。6月11日，登陆兵抢滩上陆。结果进攻出人意外地顺利，盟军在没有任何伤亡的情况下，俘敌11000多人。

班泰雷利亚岛被夺取以后，邻近的两个小岛上的意军相继投降。至此，西西里岛西南面的前哨阵地已被全部肃清。盟军迅速修复了班泰雷利亚岛上的机场。从此，西西里岛已完全暴露在盟军的眼皮底下了。

古佐尼劳思伤神

当美、英盟军在厉兵秣马、摩拳擦掌时，西西里岛上的守军却没那么兴奋。此时担任防守任务的，是意大利第6集团军司令阿尔弗雷德·古佐尼将军。他手下有意军11个师，德军2个装甲师。古佐尼的主要任务是负责组织指挥西西里岛的抗登陆作战。

古佐尼判断，盟军如果在西西里岛登陆，很可能会在西西里岛东部和南部两个方向以符形攻势同时实施，据此，古佐尼做出部署：罗兹指挥的德军第15装甲师配置在西侧，任务是抵御盟军在西部的进攻；而把库兰斯指挥的德军戈林装甲师分为两部分，较强的一部分配置在离杰拉约32千米的内地，任务是对付盟军在西部的进攻，另一部分配置在东部，任务是应付卡塔尼亚平原的局势；意军第6集团军一部分兵力（2个意大利师）配置在南岸约200千米的正面上，其余大部兵力驻守在岛屿的西北部，任务是适时增援东、南两侧作战，并应付意外情况。

古佐尼要求全体官兵振作精神，在盟军登陆时，必须抓住有利战机，实施突然、猛烈地反突击，力争把登陆部队歼灭在滩头，如果不成，就迅速转入纵深进行决战。

然而始终困扰古佐尼的问题是，盟军何时登陆。从5月份开始，盟军的轰炸已经进行了好几个月，班泰雷利亚岛丢失以后，几乎每一天都可能是盟军的登陆日。为此，古佐尼只得让德、意守军连续处于高度戒备状态，但这样又导致军队十分疲惫。

根据"赫斯基"作战计划，盟军登陆部队分别在北非和地中海东岸的港口上船。由巴顿将军率领的美第7集团军在奥兰、阿尔及尔、比塞大港口起航。

战前，巴顿发表了激动的演说，他对手下的士兵说："你们要为被挑选参加这次行动而感到骄

▲ 1943年7月，一艘美国货船在西西里的沙滩附近遭到德军空袭之后爆炸。

傲，因为你们被授予了进攻和摧毁敌人的权力，你们的手中掌握着美国陆军的光荣和世界的未来。注意，你们值得获取这种伟大的信任。"巴顿的临战动员激起了将士们的战斗热情。

美国第 7 集团军和英国第 8 集团军分别登船起航。按预定计划，美第 7 集团军向杰拉方向，英第 8 集团军向锡腊库扎方向。2000 多艘大小军舰和运输船只，载着 16 万英美军队，兵分两路，利用夜幕，在地中海上乘风破浪、浩浩荡荡地向西西里岛驶去。

▲ 盟军在意大利西西里岛登陆。

大部队到达西西里岛时，发现岛上异常地平静。原来古佐尼难以准确判明盟军的登陆时间，岛上守军只好连夜警戒，官兵们已经极度疲劳。7 月 9 日下午，恰好又刮起了大风，岛上守军判断盟军今夜肯定是不会来了，于是他们趁机睡觉去了。

10 日凌晨 2 时 45 分，美、英军以迅雷不及掩耳之势，分别在杰拉和锡腊库扎地区顺利登陆。当时的情况是："狂风巨浪的天气使那些因连续几夜处于戒备状态而疲惫不堪的意军在床上辗转反侧，感天谢地地说'今天夜里，他们无论如何也来不了'。但是，他们却来了。"

盟军登陆部队在登陆战役一开始就占了主动地位。

英军第 5 师当天傍晚就攻下了锡腊库扎。在诺托湾登陆的英军第 30 军也稳住了登陆场，英军第一天就占领了宽 100 千米、深 10 ~ 15 千米的登陆场。美军没有英军幸运，他们在南部的登陆受到了风浪的影响，还有岸上敌人的顽强抵抗，但 10 日结束时，三个美军师的突击部队仍然登陆了，攻下了杰拉和利卡塔。

在舰载部队登陆前，盟军还实施了一次大规模的空降。登陆前，美第 7 集团军和英第 8 集团军分别使用空降兵抢占登陆场，保障登陆部队上岛。

6 月 20 日前后，美空降兵第 82 师和英空降兵第 1 师开始向突尼斯集结，并陆续转场至预定空降出发地域。部队全部就位后，开始对伞兵的战斗装备和物资装备进行详细检查和研究，并做了空投试验。

7 月 9 日晨，做了一夜美梦的士兵早早地醒来，十分敏锐地感觉到天气可能要变坏，因为风力在渐渐加大。很快，部队收到上级发来的紧急通知："天气可能要变坏，西西里岛的地面风速将达每秒 15 米。仍按预定计划执行。"

空降部队在恶劣的环境下出发，然而，伞兵们仍然发扬了顽强的战斗作风。在预定地区及其附近地区着陆的伞兵，迅速集中，并立即向分散着陆在其他地区的伞兵发出讯号。

有些飞机飞抵西西里岛海岸时，伞兵脱下救生衣，背上降落伞，准备跳伞。但是由于找不到预定空降场，遂飞回海上重新进入，反复多次，在德意高射炮火网中盘旋飞行 1 个多小时，终于引火烧身，不少飞机被击落。

美、英军此次在西西里岛的空降作战，是第二次世界大战开战以来盟军实施的最大规模的空降作战。据战后统计，美、英军在西西里岛共空降了 9816 人，其中美军 5305 人；

出动运输机 642 架次，使用滑翔机 156 架；运输机被击落 45 架（其中被己方击落 27 架，占 60%），击伤 86 架（其中被己方击伤 71 架，占 88.7%），失踪 25 架，原载返回 40 架；滑翔机坠海 69 架，着陆撞毁 15 架，失踪 10 架，被牵引返回 4 架；人员伤亡约 1500 余人（其中英军 550 余人），占空降人数 15% 强。

▲ 美军重装甲部队登陆西西里岛。图为正在上岸的"谢尔曼"坦克。

虽然这次西西里岛的空降作战暴露出很多问题，但空降部队在敌军中引起了普遍的恐慌和混乱，它在肢解敌军的抗登陆战役布局，策应盟军登陆行动方面，仍然起到了一定的作用。

二将争功

巴顿将西西里战役看作是美、英军之间的较量以及他和蒙哥马利之间的一场私人竞赛。尽管最终敲定的"赫斯基"方案将美军置于次要地位，但巴顿仍要以实际行动证明美军是世界上最优秀的军队，同时证明自己比蒙哥马利更强、更出色。

盟军西西里登陆战役第一阶段进展得很顺利。西西里战役总指挥亚历山大将军不无得意地说："那些防守海岸的意军简直不值一提，几乎一枪未发就瓦解了。而那些野战师遇到盟军就像迎风扬糠一般四下逃命。"

但是岛上守军并非真的不堪一击，暂时的顺利隐藏着巨大的危机。

当古佐尼获悉美、英军的主要登陆地区是杰拉和锡腊库扎地区以及盟军空降兵着陆后严重分散的情况后，立即命令德国戈林师和 2 个意大利装甲师向杰拉方向反击，乘美军立足未稳，将其赶下大海，同时试图切断美、英军之间的联系。

德意军队的反击对刚刚登陆的美军造成很大压力。在形势万分危急的关键时刻，美国海军舰炮发挥了巨大威力，成千上万发炮弹一股脑儿倾泻到了敌军的阵地上。德国坦克部队和意大利装甲师在伤亡 600 余人、被击毁坦克约 40 多辆的情况下，仓皇向北逃窜。

情势暂时得以缓解，但巴顿清醒地认识到，更激烈的战斗还在后面。根据前一段作战情况，巴顿认为，美军当务之急是把坦克和火炮等武器卸运上岸。于是，他果断地改变了原先的登陆预案，命令加菲少将指挥的第 2 装甲师和达比上校指挥的第 18 团（辖 3 个突击营）立即登陆，并迅速做好应付敌军再次反击的准备。

在古佐尼再一次发起反击时，美军坦克和大炮已经乘夜登陆上岸，而且做

▲ 巴顿将军在西西里岛进行作战部署，西西里岛的成功登陆，给巴顿及美军带来了莫大的荣誉。

▲ 美军 M4 谢尔曼中型坦克在战场上大发神威。

好了一切战斗准备。

11 日上午 9 时 30 分，信心十足的巴顿将军，决定亲自上陆参战。巴顿上岸后，便驱车直奔杰拉城。战斗正是最激烈的时刻。德军戈林师和意大利利沃德师已经冲进城内。

巴顿不顾部下的劝阻，冒着枪林弹雨，大踏步地来到突击队员中间，大声喊道："杀死上帝诅咒的每一个私生子！"这句话极大地鼓舞了突击队员的士气。在巴顿的亲自指挥下，美军作战开始变得紧张而有秩序。

美军逐步控制了战斗的主动权。战至上午 11 时，意大利利沃德师在久攻不克，又受到重创的情况下，退出杰拉市。但此时杰拉平原仍然硝烟弥漫，德军戈林师正在向艾伦的第 1 步兵师守卫的海滩阵地进行猛烈冲击。巴顿火速给艾伦下达了一道死命令："坚守阵地，不准后退一步，后退就是失败！"

在艾伦第 1 步兵师的拼死抗击下，美军赢得了宝贵的时间，不久，各部队相继到位。在美军火炮、坦克及舰炮的合力打击下，德军戈林师三分之一的坦克被摧毁。库兰斯见势不好，便率残余兵力狼狈撤退。

美军终于打退了敌人的反击，危机已然过去，3 个滩头阵地已经联成一片，集团军登陆场终于形成。美军有了稳固的立足之地。12 日，美军全线出击，稳步向纵深推进。日落前，已先后占领了科米佐、比斯卡里和彭地奥里佛机场。随后，巴顿挥师北上，直逼卡尔塔尼塞塔。

在西西里东部地区，蒙哥马利依然采取他惯用的步步为营、稳扎稳打的战法。蒙哥马利的优柔寡断给德军第 15 装甲师提供了极为难得的机动时间。德军第 15 装甲师从西西里岛西侧迅速机动至东侧，并很快占领了有利地形，成功地切断了英军企图沿海岸公路向北进军的行动路线。

由于行动过于迟缓，致使英军面临之敌的数量逐日增加。英军陷入了困境。

7 月 12 日，美军在西西里岛西南侧进展非常顺利，巴顿十分满意，为了加快进攻速度，他开始考虑修改下一步作战预案。巴顿起草了一份经阿格里琴托和卡斯特尔维特拉诺向巴勒莫发动迂回进攻的作战计划，但被亚历山大否决了。

亚历山大的注意力完全集中到了蒙哥马利的身上，因为夺取西西里战役胜利的关键在于攻占墨西拿，而处于东部地区的蒙哥马利距离墨西拿最近，所以这个任务应该交给蒙哥马利来完成。而巴顿率领的第 7 集团军只应该负责确保蒙哥马利的侧翼安全。

但是蒙哥马利的进攻遇到德军越来越强硬的抵抗。英军每前进一步，都要付出很大代价。蒙哥马利决定把前进的重点向左移，向北进攻，以便将这个岛截成两半。然而，蒙哥马利为了将主攻部队移至左翼，至少耗费了两天时间。德国守军利用这段时间，建立起一道阻击蒙哥马利的坚固防线。结果蒙哥马利的计划刚一出台就遭到了迎头一击。

由于蒙哥马利行动迟钝，德军占据了有利地形，居高临下，凭险扼守。英军在两个方向上都陷入了困境，伤亡惨重。德军整个防线固若金汤，蒙哥马利无计可施。

当英国进攻受挫时，巴顿说："我们的表兄弟们被揍得鼻青脸肿。"巴顿不甘心就这样闲坐着，他深信如果让他去进攻巴勒莫，他会干得很出色，而且此举一旦成功必将会促成整个战局向着有利于盟军的方向发展。7 月 17 日，巴顿乘飞机前往北非亚历山大司令部，亲自说服亚历山大。亚历山大权衡了形势后，批准了巴顿的请求。

巴顿立即返回战场，火速进行了战斗部署。第 3 步兵师、第 82 空降师和第 2 装甲师临时组建成一个军，由凯斯将军指挥，主要任务是夺取巴勒莫。

7 月 19 日，巴顿下达了总攻命令。凯斯将军指挥的暂编军立即以迅雷不及掩耳之势向前推进，21 日占领了卡斯特尔维特拉诺。22 日抵达巴勒莫城下。美军一路上势如破竹，闪电般地到达巴勒莫，使该城守军惊慌失措，根本来不及组织有效的抵抗，守军纷纷缴械投降。

▲ 遭盟军轰炸后的巴勒莫浓烟四起。占领巴勒莫以后，盟军开始将矛头指向墨西拿。

7 月 22 日，巴顿随第 2 装甲师以胜利者的姿态进入了巴勒莫，并在该城豪华的王宫中建立了他的司令部。

接下来，美军将西西里岛一分为二，实现了英军想实现而未实施的诺言，这给巴顿和美军带来了很高的荣誉。在这次行动中，美军仅伤亡 300 余人，然而却俘虏意军 5.3 万人，击落敌机 190 架，缴获大炮 67 门，并夺取了停泊在港口还没来得及逃跑的大部分船只，巴顿可谓战功显赫。

巴勒莫被占领，动摇了墨索里尼在意大利的独裁统治，而且极大鼓舞了盟军的士气，接下来的进攻便顺利得多了。8 月初，盟军发动了全线进攻。三路大军一齐把进攻的矛头指向了西西里岛的东北角——墨西拿。

1943 年 8 月 17 日，德意部队主力 10 万人越过墨西拿海峡回到意大利。同一天，美军第 3 师抢先攻入墨西拿。整个西西里战役，盟军损失 2.2 万人，德军损失 1.2 万人，14 多万名意军投降。盟军实现了预定的大部分目标，但遗憾的是，没有充分利用制空权和制海权，致使 4 万德国精锐部队逃脱。

墨索里尼下台

西西里战役结束后，意大利本土已完全暴露在盟军的眼皮底下。当盟军正在为下一步的战略争论不休时，意大利政府突然垮台了。

意军在北非、西西里以及在苏德战场上的连续惨败，加深了墨索里尼政权的军事、经济和政治危机。截止1943年8月底，在国内，意大利军队尚存47个师，但残缺不全，士气低落，兵力分散。在苏德战场上作战的意大利第3集团军，已由22万人锐减到8万人。

连年的战争，几乎将意大利国力耗尽。再加上盟军日益猛烈的空袭，使意大利国家经济濒于崩溃。物价的上涨、食品的奇缺以及名目繁多的苛捐杂税，使意大利人对法西斯当局的不满情绪达到了极点。

1943年3月，米兰、都灵等地的工人就举行了大罢工，参加者达30多万人。这次罢工冲破了意大利长期沉闷的政治局面。意大利共产党领导的地下抵抗运动也在日益发展。另外，意大利人对驻意德军十分反感。德军官兵傲慢粗暴，任意侮辱意军官兵。德军还在意大利横征暴敛。

▲ 战场上的不断失利和盟军的持续轰炸，使意大利的经济濒于崩溃。墨索里尼政府陷于内忧外困的境地。

在此情形下，意大利统治集团内部出现了严重分歧。有人主张与同盟国媾和，以挽救意大利，但墨索里尼不甘心失败，仍想垂死挣扎，坚持将战争进行下去。

面对满目疮痍的国家，意大利王室、议会、总参谋部、法西斯党把一切罪过都归咎于墨索里尼一人。他们中间的一些人，包括墨索里尼的女婿、意大利外交部长齐亚诺在内，都在密谋推翻墨索里尼，企图以此来摆脱危机。最后连国王也坐不住了，他们为了自身的利益，果敢地下定决心：抛弃墨索里尼。

1943年2月，墨索里尼改组内阁，撤掉齐亚诺和格兰第的职务，更激起了意大利军政要员的不满。

国王觉得时机已到，必须采取断然措施，否则后患无穷。于是，他同总参谋长安布罗西奥将军和巴多里奥元帅等人联系，密谋推翻墨索里尼，从而脱离纳粹德国，投降英、美盟国。

1943年7月17日，墨索里尼在威尼托的费尔特雷附近的一个别墅里会见了希特勒，随行的还有意大利总参谋长安布罗西奥等人。他们事先商定，由墨索里尼向希特勒说明，意大利无力再进行战争了，需要立即缔结停战协定。但是，在这次会见时，希特勒提出，为了扭转被动局面，所有的意大利军队应该由德国将领指挥。墨索里尼竟然没反驳，而是打肿脸充胖子，表示他愿意与德国同舟共济、血战到底。

7月22日，国王埃曼努尔三世深感形势刻不容缓，决定根据"意大利宪法程序"罢免墨索里尼。

在国王的授意下，法西斯党的一些元老强烈要求召开法西斯大议会。7月24日下午5时整，法西斯大议会在罗马威尼斯宫玛帕蒙多会议厅准时举行。所有的28名成员全部到会。他们当中，有法西斯元老、进军罗马领导委员会的戴·博诺和戴·韦基，以及齐亚诺等人。会议由格兰第主持。

格兰第宣布会议正式开始后，墨索里尼首先发言，他表示要将战争进行到底。场内不时有人发出嘘声。

墨索里尼发言结束后，格兰第站起身来，开始宣读早已准备好的提案。提案要求，恢复宪制，国王应掌握更大的权力，军队归国王指挥，墨索里尼不应再当意大利内阁总理，只应当党的领袖。

提案宣读完毕后，场内顿时热闹起来。墨索里尼的支持派和反对派展开激烈的争论，双方互相指责、辱骂。格兰第当面指责墨索里尼："是你的独裁，而不是法西斯主义导致了战争的失败。"

墨索里尼意识到，反对他的人是有备而来，于是以时间已晚做借口，提出会议暂时到此。但倒墨派成员坚持认为，必须在今晚解决问题。格兰第坚定地说："在没有作出决议以前，不能散会。"

短暂休息后，墨索里尼再次发言，他猛烈抨击格兰第等人，说他们对自己的指责是无中生有，他们这样做，是企图抹杀他的功绩，是拿国家命运开玩笑。

会议对格兰第的提案进行表决。表决结果大大出乎墨索里尼的意料：19票赞成，8票反对，1票弃权。

墨索里尼被击败了。他站起来，面带怒色地离开了会议厅。但直到此时，墨索里尼还没有把这次会议当回事，他还认为国王会继续支持他。

7月25日下午，墨索里尼乘车前往萨沃亚宫拜见国王。国王此时已经知道了法西斯大议会的表决结果，并秘密做好了安排。

墨索里尼没想到，见面之后，国王对他说："事情不能这样继续下去了。军队反对你，阿尔卑斯山轻步兵在唱一支歌，歌中说他们将不再以墨索里尼的名义去打仗。"

墨索里尼争辩说，军队在最后考验中将支持他。国王却只是表示"我很遗憾……非常遗憾……没有别的解决办法"，说完便向门口走去，这是向墨索里尼示意：会见就此结束。

墨索里尼迈着沉重的步伐，缓慢地走下台阶。当他向自己的汽车走去时，突然，一名宪兵上尉拦住了他，并说："领袖，国王陛下命令我陪着你，保护你。"然后把墨索里尼赶上了一辆红十字救护车。

车门一关，车子便风驰电掣般地向远处驶去。统治意大利长达二十多年的法西斯头子墨索里尼，就这样被拘禁了。

墨索里尼垮台后，意大利国王命令由巴多里奥负责组织一个包括军事首脑和文官在内的新内阁，巴多里奥即日起出任政府内阁总理。国王同时下令，将这一消息向全世界广播。意大利人走上街头，呼吁尽快结束战争。

巴多里奥上台以后，一方面公开扬言要站在德国一边，并且宣布意大利将继续参战，同时派人与德国外交部长进行会晤，企图麻痹希特勒，避免德国人的报复；另一方面，暗地里同英、美接触，准备谈判投降，表示意大利新政府要反戈一击，与同盟国一起对德作战。

为迫使巴多里奥尽快投降，艾森豪威尔在与巴多里奥政府保持联系的同时，指示蒙哥马利迅速做好战斗准备。9月3日凌晨，英军第8集团军强渡墨西拿海峡，向意大利南部进军。迫于压力，巴多里奥终于决定向盟军正式投降。

10月13日，意大利的巴多里奥政府向德国宣战，同时英、美、苏三国政府发表公告，承认意大利为盟国一方。意大利脱离德国并对德宣战，标志着法西斯轴心国的解体和反法西斯联盟的一大胜利。

营救墨索里尼

墨索里尼的垮台让希特勒目瞪口呆。希特勒连夜召集心腹们开会，决定营救墨索里尼，并进攻罗马，支持已经倒台的意大利法西斯党。德国总参部迅速制定了"橡树"计划，成立特种突击队，营救墨索里尼。

墨索里尼先是被关押在第勒尼安海上的蓬察岛，这里曾是法西斯政权流放政治犯的地方，所以墨索里尼被关押在此非常具有讽刺意味。巴多里奥为防止希特勒抢劫墨索里尼，将墨索里尼秘密转移到撒丁岛旁边的马塔莱纳岛上。

8月11日，按照希特勒的命令，德军精心挑选了90名伞兵，组成空降突击队，并任命斯科增努中尉为突击队队长；同时规定，所有伞兵乘12架滑翔机机降抢劫墨索里尼，然后乘1架轻型运输机返回。

接受任务的斯科增努中尉在罗马设立了行动指挥部，并派出大量间谍进行侦察。在斯科增努中尉一筹莫展之际，8月底，墨索里尼被隐蔽转

▲ 墨索里尼的垮台让希特勒措手不及，他决定派人营救墨索里尼。

移到坐落在罗马北面的亚平宁山脉之中的坎普将军饭店。巴多里奥原以为这样就可以安枕无忧了。没想到，9月初，德军截获了一份意大利内务部的电报，该电报上清清楚楚地写着"科尔诺山附近警戒完毕"。斯科增努如获至宝，他断定此地就是软禁墨索里尼的地方。

经过侦察，斯科增努确认了自己的判断。而且在侦察过程中，一个大胆的想法出现了：饭店旁边有一小块三角地，在缆车站台旁边也有一块平地，可以利用这两块有限的平地，以滑翔机实施机降突袭。

巴多里奥政府对德宣战后，希特勒为此大为恼火，他命令：必须在巴多里奥政府将墨索里尼引渡给盟军之前，救出墨索里尼。

9月12日清晨，斯科增努中尉率领90名空降突击队员在普拉特克德马雷机场，隐蔽地做好了出发准备。不多久，远处传来了马达的轰鸣声，机场内的沉闷气氛被打破了，12架飞机牵引着12架滑翔机终于来了。斯科增努把起飞时间定在下午1点钟。

下午1时整，机场上一片轰鸣，12架飞机牵引着12架滑翔机，开始起飞了。两架滑翔机在跑道上的弹坑中撞坏，但其余10架滑翔机均顺利升空。在斯科增努的引导下，飞机离开机场后，直飞科尔诺山地区。当飞机快接近目标上空时，10架滑翔机在3600米的高度上解缆。按照预先计划，5架滑翔机直奔悬崖顶部，准备在饭店旁边的三角地着落，另外5架朝着缆车站台附近的平地方向滑去。

斯科增努乘坐的滑翔机首先降落在饭店旁边。其余滑翔机也大多顺利降落。

意军看守人员见到突然出现的突击队员，一时惊恐万状，不知所措。突击队员很快控制了山谷，并缴了意军官兵的枪械。然后斯科增努中尉飞快地冲进坎普将军饭店，他发现了墨索里尼，并迅速将墨索里尼劫出饭店。整个行动只持续了约3分钟。

然而，原来准备运送墨索里尼的轻型运输机在着陆时被撞坏了。恰在此时，一架德国

轻型观察机飞临饭店上空，并在那儿盘旋。斯科增努如遇救星，立即向观察机发出求救信号。

驾驶这架飞机是德军王牌飞行员格洛克上尉，当他接受到斯科增努的求救信号后，准确地把飞机降落到了饭店旁边的三角平地上。斯科增努把身体肥胖的墨索里尼塞进飞机，随后他也挤了进去。

12 名突击队员聚集在小飞机附近，用劲推飞机，飞机慢慢加速。不一会儿载着三人的小飞机便起飞了，摇摇摆摆地向罗马方向飞去。

两天之后，墨索里尼到达拉斯登堡的"狼穴"，又与希特勒相见了。

9 月 17 日，墨索里尼在意大利北部萨洛出任"意大利社会共和国"傀儡政府总理，与南部已被盟军占领的意大利王国分庭抗礼。对于饱受法西斯之苦的意大利人来说，墨索里尼被"幸运"救出的意义，仅仅在于使他们在战争中继续遭受灾难。

然而所谓"不是不报，时候未到"，日后的 1945 年，墨索里尼在逃亡米兰的路上，被游击队俘虏。1945 年 4 月 28 日，根据意大利北方解放委员会的命令，墨索里尼和他的情妇克拉蕾塔被枪决，并暴尸于米兰市广场示众。

二、诺曼底登陆——史上最长的一日

"霸王计划"

自 1941 年德国入侵苏联后，苏联红军便一直单独在欧洲大陆上与德军作战，斯大林向丘吉尔提出在欧洲开辟第二战场对纳粹德国实施战略夹击的要求，但当时美国尚未参战，英国根本无力组织这样大规模的战略登陆作战。

1943 年 5 月，同盟国决定于 1944 年 5 月在欧洲大陆实施登陆，开辟第二战场。1943 年 8 月，英美魁北克会议批准"霸王计划"。1943 年 11 月，英美苏德黑兰会议确定于 1944 年 5 月发动"霸王行动"。

作战计划早在之前就开始制定了。在欧洲西线战场发动大规模攻势，首先要确定的是登陆地点。根据历次登陆作战的经验教训，登陆地点应具备三个条件：一要在从英国机场起飞的战斗机半径内，二航渡距离要尽可能短，三附近要有大港口。以此条件衡量，从荷兰符利辛根到法国瑟堡长达 480 千米的海岸线上，有三处地区较为合适：康坦丁半岛、加莱和诺曼底。康坦丁半岛地形狭窄，不便于展开大部队，最先被否决。至于加莱和诺曼底，两地各有利弊。加莱距英国最近，仅 33 千米，而且靠近德国本土，但缺点是德军在此防御力量最强，守军是精锐部队，工事完备坚固，并且附近无大港口，也缺乏内陆交通线，不利于登陆后向纵深发展。而诺曼底虽然距离英国较远，但优点一是德军防御较弱，二是地形开阔，可同时展开 30 个师，

▲ 艾森豪威尔上将

▲ 盟军司令部成员（左起）：布莱德雷（美）、拉姆齐（英）、泰德（英）、艾森豪威尔（美）、蒙哥马利（英）、利·马洛里（英）和史密斯（美）。

三是距法国北部最大港口瑟堡仅 80 千米。几经权衡比较，盟军选择了诺曼底，于 1943 年 6 月 26 日起制定具体计划，以"君主"为作战方案的代号，以"海王"为相关海军行动的代号。

然后是确定盟军最高统帅的人选。丘吉尔本来要任命英帝国总参谋长艾伦·布鲁克，但后来考虑到在整个战役中，美军人数将大大超过英军，因此建议罗斯福任命马歇尔为最高统帅。但美国海、空军参谋长都不赞成马歇尔离开美国参谋长联席会议，最后这个职位落到艾森豪威尔身上。德黑兰会议后不久，罗斯福正式任命艾森豪威尔为西北欧盟国远征军最高统帅。

艾森豪威尔 1944 年 1 月 14 日到达伦敦，着手建立他的司令部。经英美两国联合参谋长委员会商定，盟军副统帅是泰德（英），英军地面部队司令是蒙哥马利，美军地面部队司令是布莱德雷；海军总司令拉姆齐（英），空军总司令是利·马洛里（英），参谋长还是美将史密斯。

早在艾森豪威尔的司令部成立之前，英美早在 1943 年 3 月就在伦敦秘密地成立了一个参谋部，由英国中将摩根领导，负责研究和制定诺曼底登陆作战计划，筹集兵员和各种军用物资。到 1944 年 6 月 6 日登陆作战时，他们已在英国准备好了大量的军队、飞机和舰只等，计有陆军 39 个师，各类飞机 13000 多架，战列舰 6 艘，低舷重炮舰 2 艘，巡洋舰 22 艘，驱逐舰 93 艘，小型战斗舰艇 159 艘，扫雷艇 255 艘；各种类型的登陆舰艇 1400 多艘，连同运输舰只船舶共达 6000 多艘。总之，战斗员和基地、后勤人员合计，盟国陆海空三军官兵总数是 287 万多人，其中美军 153 万多人。

从 1943 年 3 月起，英美空军就对德国及其占领国实行"战略轰炸"，其目的是按照卡萨布兰卡会议的决定，摧毁和打乱德国军事、工业和经济体系，瓦解德国人民的士气，使其军事力量大大削弱。1943 年，英美两国飞机对德国及其占领国投弹 207600 吨；1944 年投弹 915000 吨。

盟军轰炸的首要目标是制造潜艇的船坞、飞机制造厂、滚珠轴承厂、炼油厂和其他军事工业。盟国飞机在对德国 61 座大城市的轰炸中，摧毁或严重破坏了 360 万幢房屋，使 750 万人无家可归。炸死约 30 万人，炸伤 78 万人。"战略轰炸"虽未达到预期的目的，但却严重影响到德国工业生产、军队部署和士气，例如导致很多工人不得不从生产战线上被调去做修复工作；从 1943 年起，差不多有 200 万人困守在高射炮的弹药库和炮位上，不能到前线去作战。在前线的官兵也因关心家人的生命和财产而惶惶不安。

1944 年 4 月，艾森豪威尔对英美空军加以改组，统一指挥，使战略轰炸直接为登陆作准备。4、5 月间，盟国空军对法国铁路、公路交通线和飞机场的轰炸更为猛烈，炸毁了火车机车 1500 台和大量德国飞机。结果，在盟军登陆前夕，法国基地上的德国飞机只有 500 架，并且其中一半由于缺乏零件、汽油和没受过训练的飞行员而不能上天，所以盟军完全取得了制空权。

制海权方面，盟军也具有极大的优势。英美海军在大西洋上的长期海战中，逐个击沉了德国的一些较大的战舰。例如，在 1939 ～ 1942 年，德国潜艇总共只损失 158 艘；而在 1943 ～ 1945 年则损失 600 艘。到盟军在诺曼底登陆时，德国在英吉利海峡和比斯开湾一带还有 500 艘水面舰艇和潜水艇。但除了 5 艘驱逐舰以外，水面舰艇大多为鱼雷艇、摩托鱼雷艇、扫雷艇和巡逻艇。此外有 130 艘大型远洋潜艇，但它们不适于在英吉利海峡那样的浅水区作战，因而无用武之地。这样的海军兵力根本不是盟国的对手。

为了迷惑德军，盟军最高统帅部大用疑兵之计。它集结了一支假舰队，发出大量电讯，造成假象，以造成盟军总司令部设在肯特的假象。以勇猛著称的美国将领乔治·巴顿也被特意安排在肯特街头闲逛，德国情报人员因此认定巴顿是盟军总司令。在进攻前夕，英国飞机又撒下大量的锡箔片，使德军从海岸雷达上看来，好像一支舰队正从第厄普向东驶去，开往加莱。

盟军实际选择的登陆地点是诺曼底海滩从东到西 5 个滩头——剑滩、朱诺滩、金滩、奥马哈滩、犹他滩，全长约

▲ 1944 年 5 月底，盟军士兵前往英国南部海岸集结，为接下来的登陆做准备。

80 千米。根据艾森豪威尔和蒙哥马利修订后的计划，第一批进攻部队是 5 个师，每师占领 1 个滩头。为了保证登陆部队迅速占领滩头阵地，站稳脚跟，盟军又派出 3 个师在冈城东北和科汤坦半岛东部空降着陆，占领通往海滨的要道，阻击敌军。

史上最重要的天气预报

D 日是美军常用军事术语，这种表示有两个意义，第一是表示作战时间尚未确定，第二表示行动计划高度保密。D 日通常用来表示攻击日，历史上最著名的是诺曼底登陆的 D 日。

英美苏德黑兰会议原定于 1944 年 5 月发动"霸王行动"，但后来为确保拥有足够的登陆舰艇，英美联合参谋长委员会决定将登陆日期推迟到 6 月初，并且将原定同时在法国南部的登陆推迟到 8 月。

根据"霸王计划"，英美地面部队将在 D 日分别占领他们的滩头阵地，然后在 D 日后的第一天，将这两块滩头阵地连接起来，并在 D 日后第 2 天到第 9 天这段时间内向西北、西部和南部扩展，从而形成一个集结场，在那里增加力量，准备向巴黎和莱茵河突破。

为了实现这一目的，首先，英国军队必须守住卡昂附近的左侧翼，抵挡住德国装甲部队的反击；其次，位于中心的英美军队必须在内地占领所有足够远的高地，保护人造的桑葚海港免于德军炮火的直接袭击；再次，右路的美国军队必须占领科唐坦半岛的基地，并继续前进到亚瑟港，这对盟军能够长期卸载部队和物资至关重要。

在海滩和内地要实现人员和供给的增加必须伴有完全的空中优势。盟国远征空军的利马洛里上将支配着 3467 架重型轰炸机，1645 架中型、轻型和鱼雷轰炸机以及 5409 架战斗机。

所有这些都将为进攻地区提供一把连续的空中保护伞，并向四周延伸阻断德军的陆地和空中行动。总之，计划设计得十分详细，没有给德军留下任何的机会。

本来确定具体的日期和时刻就是一个复杂的协同问题。各兵种根据自身特点提出各自的要求。陆军要求在高潮上陆，以减少部队暴露在海滩上的时间；海军要求在低潮时上陆，以便尽量减少登陆艇遭到障碍物的破坏；空军要求有月光，便于空降部队识别地面目标。最后经过综合考虑，拟定在高潮与低潮间登陆。D日安排在满月的日子。由于5个滩头的潮汐不尽相同，所以规定5个不同的登陆时刻。符合上述条件的登陆日期，在1944年6月中只有两组连续三天的日子，6月5日~7日和6月18日~20日。

然而，有一个因素盟军无法施加任何的控制，那就是天气。这导致D日一直难以确定下来。

5月8日，艾森豪威尔将D日定为6月5日，并将6月6日和6月7日作为合适的替换日。在5月剩下的日子里，南部英格兰和英吉利海峡一直处在美丽的夏日阳光照耀下，连微风都很少。这是进攻的理想天气。

▲ 在英国港口的盟军登陆舰整装待发。

在英国皇家空军上校斯塔格的领导下，一批英国和美国的气象员组成了盟国远征军最高统帅部气象委员会。5月29日，气象委员会对6月最初几天的天气情况做了一个长期预测，并对此持乐观态度。以气象委员会的预测为基础，D日战争机器被发动起来了。

所有英国士兵和车辆被从密封的营地移到了等待的战舰上。印有象征解放的白色五角星标记的坦克和卡车夹在160千米长的护卫队之间，隆隆驶向南部沿海港口。没人确切知道这些士兵要去哪里，甚至连这些士兵自己也不知道。但英国的每个人都意识到他们将迎来历史性的重要时刻。

然而，一个意想不到的变化出现了，给"霸王"笼罩了阴影。

6月3日晚上9点半，斯塔格上校在最高司令部和他的副官们举行的会议上描绘了一幅阴沉的气象图。斯塔格说，长时期的稳定天气将因亚速尔群岛上空的高压带出现紊乱。一连串的三个低压带正慢慢地从苏格兰穿过大西洋，向纽芬兰岛移动，这将导致直到6月7日英吉利海峡都会有强风出现，而且伴有覆盖率达100%，低度为150~300米的云层。

在这样的天气状况下，无论是海上炮轰还是空中袭击都无法进行。艾森豪威尔决定将决议延迟到第二天也就是6月4日星期天早上4点15分，但与此同时下令航程最远的小型舰队开航。

接下来的24小时里，艾森豪威尔的精神一直很紧张。星期天早上4点15分，指挥官们再次进行会晤。房间内的紧张气氛更加强烈了，斯塔格进一步确认了他先前的预测，海军上将拉姆齐主张按照计划进攻，蒙哥马利将军的观点类似，但利·马洛里上将说他的轰炸机不能在预测中的厚重云层里作战。

艾森豪威尔将军认为，既然盟国的地面部队与德国的地面部队相比不占绝对优势，"霸王行动"就一定要靠制空权支持，所以盟军不能冒险推进"霸王行动"。因此，艾森豪威尔又将 D 日向后推迟了一天。

当 6 月 4 日晚上 9 点 30 分指挥官们再次进行会晤的时候，天空在下着雨，一片阴暗，大风仍在猛烈地吹着。指挥官们严肃地盯着斯塔格，他们知道进攻行动不能再推迟了。因为海潮很快就将达到最低点，而部队也不能再继续被困在登陆艇的甲板上了。推迟登陆对盟军是十分危险的。盟军总部为此忧心忡忡，对气象总部寄予厚望，祈求着天气的好转。

斯塔格上校整天埋头专心于一大堆复杂的气象资料中，仔细地寻找、分析和推断，以求绝处逢生。6 月 4 日上午，气象图上突然发现了一个意想不到的情况，有一股冷气流正在向英吉利海峡移动，可能在下午或夜间通过朴茨茅斯。同时，大西洋上的低气压云团已越来越沉重，降慢了向英格兰移动的速度。斯塔格上校很快得出推论：从冷气流通过到低气压云团来临之前这段时间，英吉利海峡的天气将好转；这一天很可能是 6 月 6 日。

这是一个风险很大的预报，经过气象专家们的反复分析和论证后，当晚 9 时 30 分，斯塔格上校向盟军总部会议报告说，从 5 日的下午到 6 日的上午天气将转好，风力会减弱，云层将减薄，可以保证头两批登陆部队在 6 日的拂晓和黄昏登上诺曼底海滩。6 日中午以后，天气又将转阴或雨。

听到这个报告，将军们脸上的乌云一扫而光，唯有艾森豪威尔将军不露声色。他要求气象总部进一步分析确定，做到预报万无一失。

6 月 5 日凌晨，斯塔格上校再次向盟军总部报告：6 日的大部分时间有利于登陆，6 日以后的天气虽将转阴或雨，但不会威胁登陆行动的完成。艾森豪威尔将军终于下定决心抓住这一天赐良机，他作出了自己一生中最重大的、也是对人类命运至关重要的决定：6 月 6 日登陆！这个历史性的决定以"翠鸟加五最后确认无疑"的代号，发往各个部队。

艰难的登陆战

史上最长的一日开始了。

▲ 诺曼底登陆示意图。1944 年 6 月 6 日早上 6：30，登击行动开始。到 7 月 5 日为止，登陆部队已超过 100 万人。

　　1944 年 6 月 6 日凌晨，美英盟军的 2395 架运输机和 847 架滑翔机，从英国 20 个机场起飞，上面载着 3 个空降师。飞机群向南疾飞，到法国诺曼底海岸后边的重要地区后伞兵空降着陆。黎明时分，英国皇家空军出动 1136 架飞机，对勒阿佛尔和瑟堡之间事先选定的 10 个德军海岸炮垒猛烈轰炸。天亮后，美国第 8 航空队的轰炸机开始出击，1083 架飞机对德军海岸防御工事投下 1763 吨炸弹，此时距部队登陆还有半小时。之后，盟军各类飞机同时出击，将炸弹倾泻到敌人的海岸目标和内陆的炮兵阵地。5 时 50 分，太阳初升，盟国海军战舰开始猛轰沿海敌军阵地。霎时间，漫天炮火，地动山摇，德国士兵一个个龟缩在钢筋混凝土的掩体里。

　　首先是运输舰把进攻部队分别送到距岸 17 千米（美军登陆区）和 11 千米（英军登陆区）的海面，然后"换乘"大型登陆艇和小型登陆艇。小艇是攻击艇，每艇载 30 人，并排前进按时抵达攻击滩头。紧随其后的是运载重武器、大炮、坦克和工程设备的大型登陆艇。登陆艇上还分别安装着大炮、迫击炮和火箭炮，靠岸时就直接向敌人的海岸防御工事进行射击。此外还有两栖坦克，它们一游上海岸就能直接投入战斗。最后是登陆船，直接开到岸边，卸下人员、装备和供应品。

▲ 诺曼底登陆时的激烈场景，由于德军的顽固抵抗，登陆开始阶段，盟军伤亡惨重。

　　6 日早晨 6 时 30 分，美军开始在奥马哈和犹他滩头登陆。

　　在犹他滩，盟军实际登陆的地点，比预定地往东偏了 1.6 千米，但德军在登陆点部署的兵力并不多。攻击行动展开后，盟军部队仅用 3 小时就跨越了滩头，掌控了沿海的公路。当天中午之前，登陆部队与 5 小时前空降于敌后的部队碰头。到了当天午夜，盟军已向内陆推进了 6.5 千米。在所有登陆作战中，犹他滩登陆是伤亡人数最少的一场战役，2.3 万名官兵中，仅伤亡 197 人。

　　在奥马哈滩，美军的进攻就没那么顺利了，事实上它是诺曼底登陆战役中战斗最为激烈的海滩。大浪、晨雾、烟尘和侧面的气流使部队还未登陆就精疲力竭，负载沉重的士兵跌跌撞撞地走下船来，随即遭到猛烈炮火的袭击。霎时间，阵亡的和负伤的战士，横七竖八地布满了海滩。下一批进攻的部队遭到了同样的命运。在这关键时刻，美军两个突击营用绳梯爬上了海岸上的悬崖峭壁，夺取了敌人的海岸大炮，摧毁了 1 座炮台。但敌军的其余火力点仍猛烈射击，把美军阻挡在海滩上。美军第 1 步兵师师长许布纳当机立断，命令驱逐舰冒着有可能误伤自己人的危险，向德军炮群和火力点进行近距离的射击。驱逐舰果然威力巨大，德军士兵举着双手从工事里走了出来。美第 1 师官兵经过浴血奋战，终于占领了一条纵深不到 3 千米的滩头阵地。到 6 日夜晚，陆续有 3.4 万名美军上了岸。

　　英国军队于 7 时 20 分开始登陆。

　　在金滩，英军第 50 师开始时遇到一些困难，但在皇家海军"艾杰克斯"号的强力炮火轰击下，逐渐摧毁了德军的抵抗。到傍晚时已有 2.5 万名盟军顺利登陆，并进入内地大约 8 千米。

在朱诺滩，加拿大第 3 师遇到了顽强的抵抗，但在肃清了滩头敌军之后，他们迅猛推进，进展最大，当晚就到达卡昂—贝叶公路。

在剑滩上，英国第 3 师也遇到了激烈的抵抗，但到傍晚时，他们成功与第 6 空降师会合了。

到了 6 月 6 日傍晚，盟军已在欧洲大陆建立了牢固的登陆场。伤亡人数少于预计。到 6 日夜晚，将近 10 个师的部队连同坦克、大炮和其他武器已经上岸了，后续部队源源不断地赶来，盟军对德国守军的优势不断扩大。

6 月 5 日的恶劣天气，使西线德军大部分将领都认为盟军不会在这时进攻，所以防守变得懈怠。6 日凌晨 2 点左右，巴黎的龙德施泰特总司令部接到报告，说有大规模的英美空降部队着陆。但龙德施泰特却判断，空降伞兵只不过是一种声东击西的手法，盟军的主要登陆地点应该在加莱附近。

没过多久，西线德国海军部队向总司令部报告说，海岸雷达站的荧光屏上出现大量的黑

▲ 诺曼底登陆场景

点，应该是一支庞大的舰队正向诺曼底海岸开来。西线总司令的参谋长却回答："什么，在这样的天气里？一定是你们的技术员弄错了。不会是一群海鸥吧？"

当西线德军终于反应过来盟军正在进行大规模登陆时，他们请求希特勒批准出动 2 个装甲师去对付盟军空降部队。希特勒却命令，在白天侦察弄清形势之前，禁止动用这支战略预备队。希特勒认为这只是牵制性的佯攻。

此时，一向主张在海岸滩头击败登陆盟军的隆美尔，正在德国为爱妻露茜过生日。6 日上午 10 时 15 分，隆美尔接到参谋长斯派达尔的电话，请他立即赶回指挥部。隆美尔听了电话之后"为之愕然，震惊不已"，然后毫无表情地自言自语道："我太愚蠢了！我太愚蠢了！"站在他身边的露茜发现他已完全判若两人。

6 月 7 日，希特勒将西线装甲集群的 5 个装甲师交给隆美尔指挥，隆美尔决心凭借这支精锐部队大举反击，但面对严峻局势，他不得不把反击目标首先定为阻止盟军将 5 个登陆滩头连成完整的大登陆场，其次再确保卡昂和瑟堡。可惜这支装甲部队在盟军海空军的绝对优势火力下，根本无法投入作战，无力发动决定性的大规模反击。

美英加的后续部队源源而来，登陆场逐渐扩大，补给物资不断增加。在战役的最初 6 天里，有 326547 人、54186 辆军车和 104428 吨物资通过海滩运到岸上。到 6 月 12 日，几个滩头已连接成一条阵线。

然而跟预期相比，盟军的进展仍然显得缓慢。按原计划规定，卡昂是登陆第一天夺取的目标，但一直久攻不下。从 6 月 6 日到 7 月 5 日的 1 个月里，盟军实力与日俱增，各种车辆已达 17.7 万辆，登陆部队超过了 100 万人。尽管希特勒一直无法集结大规模的兵力来

进行反击，隆美尔方面投入战斗的兵力还不到盟军的一半，但在一个月里盟军始终在海滨徘徊，在卡昂和圣洛一线只前进了 30 千米。

根据 7 月 5 日艾森豪威尔向马歇尔的报告，盟军进展不顺的原因主要有三个：一是德国士兵的战斗素质；二是自然条件不利，沼泽遍布，道路狭窄，灌木篱笆丛中隐藏着敌人的火力点，不易突破；三是天气多雨，空军不能最大限度地发挥作用。

刺杀希特勒

7 月 17 日一大早，隆美尔像往常一样驱车到前线巡视。回司令部途中，突然发现有两架低空飞行的"飓风"式飞机向他们俯冲过来。司机加速向前面一片小树林驶去，但还没等下公路，飞机就开火了。汽车被掀翻，隆美尔受严重脑震荡，被送进医院。隆美尔负伤退出战斗，但德国人一直加以保密。

▲ 爆炸发生后的"狼穴"一片狼藉。

盟军在西线的推进依然不顺，蒙哥马利组织了"古德伍德"行动，但部队只前进了 11 千米。有人揶揄说："7000 吨炸弹换来的只是 11 千米！"蒙哥马利受到广泛的批评。更不能让人接受的是，战役头 6 周的伤亡数字表明，美军损失达 6 万多人，而英军损失只有 3 万多，相差近一倍。这说明英军不卖力，而让美军去卖命。罗斯福按捺不住了，向马歇尔抱怨蒙哥马利不积极行动，并派陆军部长史汀生赴英敦促艾森豪威尔尽快过海接掌指挥权。

恰在这个当口，从柏林发出的无线电波里，传出一件令全世界为之震惊的消息——有人刺杀希特勒！

行刺发生在 7 月 20 日中午。这天晚上 9 点过后，德国广播电台每隔几分钟就预告一次元首将在深夜发表广播演说。凌晨 1 点，希特勒那独特的嗓音传遍全世界：

我的德国同志们！

我今天对你们讲话，第一是让你们听到我的声音，知道我安然无恙；第二是为了使你们了解在德国历史上从未有过的一次罪行。

一小撮野心勃勃、不负责任同时又愚蠢无知的军官合谋杀害我，以及与我在一起的武装力量最高统帅部的将领。

冯·施道芬堡伯爵上校放置的炸弹在离我右边两米的地方爆炸，它使一些与我精诚合作的同事受了重伤，其中一人已经去世。我本人只受了一点轻微的擦伤、碰伤和烧伤。

我把这看作上天降大任于我的一个证明！

因此，我现在命令，任何军事当局、任何指挥官和士兵都不得服从这个阴谋集团发出的任何命令。我同时命令，人人都有责任逮捕任何发布或持有这些命令的人，如遇反抗，可就地处决！这一次，我们将用我们民社党人习惯的方式来同他们算账。

施道芬堡是谁

克劳斯·冯·施道芬堡伯爵 1907 年出生在德国南部的著名世家。他的外曾祖父是抵抗拿破仑时期的军事英雄，母系这方也是名将的后裔。他父亲曾做过伍尔登堡末代国王的枢密大臣。母亲是著名的女伯爵。

1938 年，施道芬堡 31 岁，他被选拔进总参谋部任职，正是在这一年，纳粹的排犹主义使他第一次对希特勒产生了怀疑。之后，怀疑便与日俱增。大战爆发后，他作为参谋军官到过波兰、法国和苏联，目睹了党卫队的大屠杀、阴森可怖的集中营，这些使他对第三帝国的幻想彻底破灭了。

1943 年施道芬堡加入了一个反对希特勒的密谋组织——"黑色乐队"。这个集团有许多知名人士，其中有原陆军总参谋长贝克、前莱比锡市长戈台勒。而这个组织的领导者，就是德高望重的贝克将军。很快，施道芬堡便以其勃勃的生气、清楚的头脑、宽广的思路、杰出的才干，赢得了大多数密谋分子的拥护和信赖，成为"黑色乐队"的核心人物。

盟军在法国成功登陆后，施道芬堡开始犹豫是否还有必要除掉希特勒，毕

▲ 《刺杀希特勒》电影剧照，图左戴眼罩者为施道芬堡。

竟随着盟军和苏军的节节胜利，德国的败局已经注定。最后，这个组织的其他人主张继续行动，理由是除掉希特勒可以尽早结束战争。而且在西线停战后，还可以防止苏联人打进德国。施道芬堡顿开茅塞，立即着手准备刺杀行动。但从何下手？由谁下手？

机会终于来了。1944 年 7 月 19 日，施道芬堡接到最高统帅部命令，要他次日下午一点到"狼穴"向希特勒报告关于编组新的"人民步兵师"的进展情况。

这是一次上天赐予的良机，施道芬堡和他的伙伴兴奋不已。贝克立即召集成员开会，坚定地表示："胜败在此一举！"他向施道芬堡交代说："成功后迅速飞回柏林，占领柏林的行动要靠你来指挥。"施道芬堡信心满满，表示没有问题。

7 月 20 日，施道芬堡进入"狼穴"后，先去找另一名密谋分子统帅部通讯主任菲尔基贝尔将军，约好炸弹一响，立即切断"狼穴"的所有电话、电报和无线电通讯，使它同外界特别是柏林完全隔绝。

然后，施道芬堡来到凯特尔的办公室，故意把帽子和皮带留在外面的会客室。凯特尔告诉他，由于元首要接待来访的墨索里尼，所以会议从 1 点提前到 12 点半，而且改在地面上的木结构会议室举行。

快到 12 点半的时候，凯特尔和施道芬堡离开房间去会议室。刚出屋没几步，施道芬堡说他把帽子和皮带忘在会客室了，要凯特尔稍等片刻，便转身回到屋里。在会客室，他迅速打开皮包，用一把小夹子启动炸弹上的引爆装置——玻璃管，让里面的药水流出来。药水将在 10 分钟后把一根很细的金属丝腐蚀掉，然后撞针就会弹出来击发雷管。

他刚把这件事情做完，就听到凯特尔在外面催他了，于是抓起帽子和皮带奔出房间。4 分钟后，两人走进会议室，会议已经开始。希特勒背对门坐着，正在听陆军副总参谋长豪辛格作东线形势汇报，并不时用放大镜看地图。进屋后，凯特尔走向希特勒左边的座位，

施道芬堡则走到右边距希特勒不到两米的位置，中间隔两个人。他把皮包放在厚实的桌子底座内侧，然后用脚将皮包悄悄推进希特勒，然后就偷偷溜了出去，此时离爆炸只剩下1分钟了。

豪辛格将军关于东线战况的汇报将要结束时，时针指向12点42分，他忧心忡忡地说："如果我们在贝帕斯湖周围的集团军不立即撤退，一切灾难……"正在这时，只听"轰"的一声，会议室剧烈抖动了一下。此时施道芬堡正站在离爆炸点200码的地方。看到会议室里烟火升腾，碎片翻飞，他兴奋地以为希特勒必死无疑，便转身匆忙离开"狼穴"，回柏林发动他的政变去了。

然而希特勒并没有死，甚至连重伤也没负。原来施道芬堡放的皮包附近站着一位名叫勃兰特的上校军官，他觉得皮包碍脚，便把它拿到桌子底座的外侧。勃兰特下意识的举动，救了希特勒一命。炸弹炸死了几个德国军官，希特勒本人只受了一点轻伤。

刺杀失败后，希特勒迅速展开镇压活动。党卫队出动了，施道芬堡、贝克、奥尔布里希特等人被逮捕并就地处决。随之而来的是一场空前彻底和残酷的大搜捕，被怀疑与密谋有牵连的人都被逮捕、审判、处决，光被处死的就有4980人，另外还有成千上万的人被投入集中营。

死者中，有一些是自杀的，其中最引人注目的当属隆美尔了。"7·20事件"的密谋者曾多次与隆美尔接触，而隆美尔这时也开始设想联合英美反苏的计划，与希特勒的矛盾不断激化。8月12日，密谋刺杀希特勒的重要成员戈台勒被捕，从他箱子里搜出来的有关文件上有隆美尔的名字。另外一名参与这个组织的成员霍法克也向希特勒的秘密警察证实：隆美尔曾让起义的人相信，如果阴谋得逞，他可以算一份。9月末，希特勒最信任的心腹马丁·博尔曼在从元首大本营发出的一份印有"帝国秘密事务"字样的呈文中报告，隆美尔曾说"暗杀成功后他将领导新政府"。这些文件让希特勒对最喜欢的隆美尔将军作出了死刑判决。

10月14日，希特勒派人送毒药给隆美尔，并传达了希特勒的允诺：如果服毒自尽，将对他的叛逆罪严加保密，并为他举行国葬，其亲属可领取陆军元帅的全部抚恤金；否则将受法庭审判。隆美尔选择了前者。希特勒果然下令为隆美尔举行国葬，陆军元老伦德施泰特元帅致悼词，希特勒为其送葬。希特勒甚至专程给隆美尔的妻子露茜发去了电报："您丈夫的逝世给您带来了重大的损失，请接受我最真挚的吊唁。隆美尔元帅的英名，与他在北非的英勇战绩一样，都将永垂不朽！"

▲ 布莱德雷将军

"眼镜蛇行动"

盟军一直困在诺曼底周围的狭小地带，施展不开。在登陆8周之后，美军决定发动大规模攻势，打开局面，这次行动的代号就是"眼镜蛇"。

7月12日，布莱德雷向他的下属指挥官简介他的"眼镜蛇计划"，该计划包括3个阶段。主攻部队将由柯林斯的第7军指挥。第1阶段，将由埃迪少将的第9和霍布斯少将的第30步兵师实施突破攻击，在德国的战术区打开一个缺口，然后按住两侧进行渗透，同时许布纳少将的第1

步兵和布鲁克斯少将的第 2 装甲师将深入防线，直到抵抗崩溃。在第 2 阶段，5 ~ 6 个师突击部队，将通过在德军防线和西翼的缺口。如果这 2 个阶段是成功的，德军在西部的防线将变得不可收拾，第 3 阶段将容许盟军相对容易地推进到灌丛的西南端，切断及攻占布列塔尼半岛。

　　由于恶劣天气影响而数次推迟后，眼镜蛇行动于 7 月 25 日展开。首先是大约 3000 架美军飞机，对敌人一个长约 11 千米、宽约 3 千米的阵地投弹 4000 吨。这场可怕的轰炸结束时，呈现在眼前的是一片陌生的土地：村庄没有了，道路不见了，山头削平了，沟渠填满了——地图也失去了作用。

　　接着，美第 1 集团军派出 6 个师发起强攻，在敌人防线上打开了一个缺口。布莱德雷迅速扩大战果，把第 1 集团军的 4 个军全部投入战斗，第 7 和第 8 军不到 1 周就前进了 50 千米，占领了阿佛朗什，迫使德军向东南方向退缩。美国人以排山倒海之势汇成一股橄榄绿色的巨大洪流，奔腾向前，追赶着狼狈后撤的德国人，其进展如此神速，以致布莱德雷不得不靠飞行员报告哪里又升起了红、白、蓝法国国旗，才知道部队已经打到哪里。

▲ 美军在"眼镜蛇行动"中猛轰德军阵地。

　　这时希特勒和他的最高统帅部终于认识到，诺曼底战役是盟军的主要战略行动，慌忙把部署在加莱地区的第 15 集团军紧急调往诺曼底阵线，但为时已晚，加上交通不便，行动缓慢，收效甚微。

　　8 月 1 日，美将巴顿指挥的第 3 集团军从阿佛朗什出击，投入战斗。

　　巴顿是在 7 月初的一天，接到了期待已久的命令，要他 7 月 6 日到法国去建立他的司令部，但要保密，不能让德国人知道。巴顿来到前线之后，很快发现自己是个多余的人。他一直被调在待命状态。7 月 12 日，布莱德雷把"眼镜蛇计划"的内容透露给他，而他则想起自己曾把类似的想法告诉过布莱德雷。

　　听说希特勒遇刺的消息后，巴顿很着急，生怕战争会突然停止。他向布莱德雷恳求说："看在上帝的份上，你得在战争结束前让我投入战斗。"这时巴顿终于派上了用场。巴顿的坦克部队兵分三路：一路向西，8 月 6 日，切断了布列塔尼半岛上的德军阵线；另一路向东南挺进，8 月 8 日，攻下勒芒，然后挥师北上。8 月 13 日，美军和法国第 2 装甲师（这支部队由雅克·勒克莱尔将军指挥）进抵阿尔让唐外围，对德军诺曼底阵线南翼进行扫荡；第三路挥戈东进，8 月 17 日，直取奥尔良，18 日，攻下夏特勒。

　　在美军辉煌胜利的刺激下，蒙哥马利也积极行动起来。英、加和波兰军队从卡昂南下，向法莱斯推进，准备包围德军。8 月 16 日，加、波军队占领了法莱斯。19 日，这个钳形攻势完成，形成了阿尔让唐—法莱斯的口袋，包围德军 8 个步兵师和 2 个装甲师，结果俘敌 5 万人，毙敌约 1 万人。战斗十分惨烈，后来艾森豪威尔回忆说："在这个包围圈封闭后的 48 小时，有人领我步行通过这个地区，那里的景象只有但丁才能形容。你完全可以在死尸和烂肉堆上一气走几百米而踩不着别的东西。"

溃退的德军向塞纳河方向狼狈逃窜，德军西线总司令冯·克鲁格被撤职，克鲁格在回国途中由于担心希特勒把诺曼底的失败归罪于他，而服毒自杀了。

僵持局面终于打开了。美军史诗般地冲出了厮杀近两个月的诺曼底，大踏步地向法国心脏地区挺进，其速度之快，德军连炸桥的时间都没有。7月31日，美军已站在通向布列塔尼和法国中部的大门口。艾森豪威尔向马歇尔报告说，"巴黎的塞纳河已唾手可得"。

▲ 英军士兵在卡昂的碎石堆中与德军展开激烈的巷战。

巴黎解放

盟军在"眼镜蛇行动"后势如破竹，希特勒为此焦头烂额，但他的倒霉事还不止于此。8月15日，酝酿已久的"龙骑兵行动"终于在法国南部展开。盟军50万人马在美国第7集团军司令帕奇中将的指挥下，在普罗旺斯地区顺利登陆，直奔土伦和马赛。德守军第19集团军的精锐部队早被调往诺曼底战场，已处于绝对劣势，面对盟军强大攻势纷纷溃败。

而8月15日这天最开心的应该是巴顿了。晚上听着广播，巴顿突然从椅子上跳起来，奔出屋外，向参谋们大声喊道："我刚从广播里听说，我正在法国指挥第3集团军！"

原来，为了让德国人相信巴顿一直在英国准备在加莱海峡登陆，艾森豪威尔对巴顿已在法国指挥作战一事进行保密。这样，尽管巴顿驰骋疆场、所向披靡、攻城略地、节节胜利，但战报中就是不提他的名字，也不提他的第3集团军。然而熟悉巴顿作战风格的德国人，看到一支部队在向布雷斯特、昂热、勒芒、奥尔良、阿尔让唐进攻，很快就断定是巴顿在指挥。即使远在美国的巴顿夫人，也能轻易在地图上标出她丈夫的方位，并在心中默默地把巴顿的名字填到公报上。

德国人还从被俘的人员及截获的文件中确认了他们的对手正是巴顿，并用多种语言向全世界公布了这一消息。对于巴顿，德国人比美国人了解得还清楚。但艾森豪威尔还是继续对外保密。

巴顿对此十分不甘。这不仅是个人荣誉问题，而且会影响到第3集团军的士气。他的部队像他一样需要荣誉来激励，他要使他们成为整个远征军中"最翘尾巴的小伙子"。但"该死的保密"把第3集团军的胜利掩盖起来了，还"怎么可能使它保持高昂的士气呢"？第3集团军的官兵们也有不满情绪，他们指责最高统帅部是在妒忌他们的首长，剥夺他们的功绩。官兵的敌对情绪甚至妨碍了战争的顺利进行，以致马歇尔将军后来不得不派一名助手来欧洲调查。

美国国内的巴顿崇拜者们，也开始为他鸣不平。美国的一家报纸发表了一篇社论，公开把这个问题提出来，指责统帅部既要借助巴顿，却又不给他应得的荣誉。被逼无奈之下，艾森豪威尔只好举行了一个记者招待会，宣布巴顿将军正在法国指挥第3集团军作战。

这一宣布不要紧，记者们很快就从各地飞奔巴顿的指挥所，使他应接不暇。一时间，巴顿的名字垄断了报纸、电台的头条新闻，巴顿自己形容，他再次成了"公共财产"。这是他乐意的事，更让他兴奋的是，在舆论的推动下，国会宣布授予他永久性少将军衔，比布莱德利还早两周。

20 日以后，盟军全线追击，向塞纳河高速挺进。盟军势如破竹，呈现在面前的是平坦宽阔的公路，青葱翠绿的一望平川。巴顿属下的法国第 2 装甲师师长勒克莱尔重回祖国，不禁感慨万千。1942 年底，勒克莱尔从中非乍得湖畔率领一旅法军北上，行军 39 天，1943 年 2 月初到达突尼斯，后来参加了盟军围歼北非德意残军的战斗。诺曼底登陆时，经艾森豪威尔和戴高乐商定，勒克莱尔率领法国第 2 装甲师开赴英国，参加诺曼底战斗。他感慨道，这似乎是 1940 年战局的重演，不过胜负双方颠倒了过来。这次是德国人在出其不意的攻击下，乱作一团，溃不成军。

巴顿的部队先后在巴黎西北的芒特、巴黎以南的默伦和枫丹白露、巴黎东南的特鲁瓦渡过塞纳河，把河西的残余德军压向狭窄的下游地区。随后，英国和加拿大军队从西面赶来，参与对挤在河岸上的逃敌的围歼。这次围歼中，盟国空军再次发挥了威力，向等待过河的德军头上扔下了无数吨的炸弹。莫德尔这位刚上任 10 天的德国西线总司令，带着几万败兵，仓皇逃去。

8 月 25 日，法国首都巴黎解放了。这比艾森豪威尔的计划要提前得多。他对进攻巴黎这样的大城市不感兴趣，他只想更快、更多地消灭敌人，更早向德国境内推进。另外，艾森豪威尔担心残酷攻坚战会毁坏这个欧洲文明的摇篮。他决定绕过巴黎。然而，就在巴顿的部队占领芒特那天，长期处于纳粹暴政统治下的巴黎人民举行了起义。

艾森豪威尔面临的局势顿时复杂了。如果命令部队援助起义，德国人很可能一怒之下狗急跳墙，将这座古都变成一座废墟。这种危险并非没有，德国守军已奉希特勒之命在桥梁、名胜古迹、重要建筑物、各要害部门安放好了炸药。但若不援助起义，巴黎人民便有可能遭到纳粹"最广泛的血腥报复"。盟军此时已站在巴黎大门口，见死不救怎么也说不过去。事实上，盟军登陆法国后，得到法国人民的大力支援，辉煌战果的背后也有他们的一份力量。

这个时候，戴高乐将军不失时机地返回法国，他问艾森豪威尔，为什么不进攻巴黎。艾森豪威尔答以"攻打巴黎会造成严重破坏和居民伤亡"。戴高乐说："但巴黎人民已经起事，再不进攻就没有道理了。"艾森豪威尔："是啊，他们动手太早了。"

第二天，戴高乐又催促艾森豪威尔尽快进攻巴黎。这时，巴黎起义领导人传出消息说，德军已与他们达成暂时停火，撤到东城区，如盟军不赶快进城，德军很可能会再杀回来。艾森豪威尔无可奈何地说："现在看来，我们好像不得不进入巴黎了。"于是按照事先与戴高乐达成的协议，命令勒克莱尔的法国第 2 装甲师火速从阿尔让唐进军巴黎。

1944 年 8 月 25 日，法国第 2 装甲师从巴黎的南门和西门进入城市。当天下午，根据艾森豪威尔的命令，法国的勒克莱尔将军光荣地接受了德军的投降。

不久，戴高乐也驱车进入巴黎。他来到市政厅，向下面欢呼的人群伸开双臂高呼："法兰西共和国万岁！"

▲ 巴黎解放，法军将领勒克莱尔率领法军第二装甲师行进在巴黎的街道上，受到市民的热烈欢迎。

戴高乐之前曾要求艾森豪威尔借给他两个师，以显示威力和巩固他的地位。艾森豪威尔没有同意，但同意了戴高乐由布莱德雷陪同，检阅两个路过巴黎开往前线的美国师。巴黎居民万人空巷，热烈欢迎戴高乐这位法兰西民族英雄。

巴黎的解放成为诺曼底战役结束的标志。

三、苏军大反攻

解放列宁格勒

1944 年初，世界战争局势逐渐明朗，同盟国形势越来越好。苏联、美国、英国三个大国无论在军事上还是在经济上的实力都在迅猛增长，大大超过了德国和日本。

实际上，早在 1943 年，这三个主要同盟国生产的飞机就已经比轴心国多出了 2.5 倍，坦克和自行火炮多出了 5 倍，火炮和迫击炮多出了 3.6 倍。苏联、美国和英国三国的武装部队的总人数超过德国和日本将近 1 倍。

从这个对比来看，战略的主动权已经掌握在同盟国手中，他们已经具备了发动大规模进攻战役的一切条件。不过德国和日本的实力也不可低估。以德国为例，1943 年它利用本国和被占领国的资源，生产了 2.5 万架飞机，10 万多辆坦克和强击火炮。到 1943 年 12 月 1 日为止，德军总人数为 1016.9 万人。陆军 709 万人，空军 191.9 万人，海军 72.6 人。其中作战部队为 668.2 万人，后备军为 348.7 万人。那个时候，希特勒几乎占领了整个欧洲，不过他的重点仍然是苏联。

苏联的武装部队也非常强大，至 1944 年 1 月 1 日，苏联不含内地各军区的军队人数已经达到 856.2 万人。陆军 733.7 万人，空军 53.6 万人，海军 39.1 万人，国土防空军 29.8 万人。其中作战部队为 635.4 万人，最高统帅部预备队约为 48.8 万人。除了这些，苏军在远东、后贝加尔和南高加索还驻有大量部队。

▲ 有关列宁格勒保卫战的绘画

1943 年 12 月中旬，根据敌我力量的消长和苏德战场上的变化，苏共中央政治局、国防委员会和大本营召开了联席会议，对国内经济、军事、政治形势展开了深入的讨论，对双方力量对比和战争前景进行了细致的分析。最后得出结论：苏军在兵力兵器及经济方面都已经超过了敌人，可以在整个战略正面连续地准备和实施一系列大规模战役。

1944 年初，苏军冬春战役的目标是粉碎苏德战线两个战略侧翼的敌军，解放仍被敌人占领的大片国土。苏军把重点放在了解放第聂伯河西岸的乌克兰和克里米亚上，以便春季能在这一带推进到国境线。在北面的重点是，彻底解除德军对列宁格勒的封锁，将敌军逐出列宁格勒州。

因此，从 1944 年 1 月 14 日起，列宁格勒方面军、沃尔霍夫方面军、波罗的海第 2 方面军和波罗的海红旗舰队，在列宁格勒州 3.5 万名游击队员的配合下，先后对德国第 18 和 16 集团军发动进攻。这一战役击毙德军官兵 9 万人，俘敌 7200 人，彻底解除了对列宁格勒的封锁。苏军解放了列宁格勒州，为以后解放波罗的海沿岸 3 个共和国创造了条件。

在南部，苏军进攻的重点是第聂伯河西岸的乌克兰。这里是富饶的工业区和粮仓。希特勒一再强调说，如果守不住东线阵地，到万不得已时，只能考虑撤退北翼的德军，但决不能放弃南翼。所以，希特勒将 91 个师的精锐重兵镇守在了这一地带。总兵力 176 万人，拥有火炮和迫击炮 16800 门，坦克和强击火炮 2200 辆，作战飞机 1460 架。

为了打垮这股强大的敌军，苏军最高统帅部也集中了优势兵力，派出了 223 万兵力，共有 162 个步兵师、12 个骑兵师、43 个航空兵师、19 个坦克军和机械化军以及 11 个坦克旅。配备的武器包括火炮和迫击炮 28654 门，坦克和自行火炮 2015 辆，作战飞机 2600 架。

无论是兵力还是兵器，苏军都占据了绝对的优势。为了让几个方面军能协同作战，增强克敌制胜的效果，苏军最高统帅部又派朱可夫元帅亲自负责协调乌克兰第 1 和第 2 方面军的作战指挥，华西列夫斯基元帅负责协调乌克兰第 3 和第 4 方面军的作战指挥。

苏军攻势迅猛，重创敌人坦克第 4 和第 1 集团军，迫使他们向西和西南后退 80 ~ 200 千米。仅在 1943 年 12 月 24 日至 1944 年 1 月 6 日这两周中，苏军就击毙德军官兵 72500 名，俘敌官兵 4468 名。

据当时担任机械化旅旅长的巴巴贾尼扬上校回忆追击敌人的途中："在切尔诺鲁兹卡附近，我让我乘坐的坦克停下来，因为有大批的德军俘虏挡住了道路。我注意一看，简直使我目瞪口呆，原来这支约 300 人的纵队只有我们一名战士在押送。我命令纵队停住，一名十分年轻的冲锋枪手来到我跟前，清晰地报告说：'红军战士皮加列夫押送战俘 273 人！''就您一个人，不怕这么一群人跑掉吗？''往哪里跑，上校同志，'士兵笑了，'现在他们可老实多了……'确实，现在条件不同了。"

1944 年 1 月 5 日，乌克兰第 2 方面军发起基洛夫格勒战役。至 1 月 10 日，向西推进了 50 千米，迅速解放了乌克兰重要交通枢纽和中心城市基洛夫格勒。但是由于德军迅速调来强大的坦克部队进行反击，苏军攻势受阻。

1 月 10 日 ~ 11 日，乌克兰第 3 和第 4 方面军对尼科波尔、克里沃罗格地域的德国第 6 集团军发起进攻。不过由于兵力不足，未能取得重大战果，不得不暂时停止进攻。

名将瓦杜丁之死

为了对德军实施新的突击，苏军最高统帅部给各个方面军都补充了人员、技术兵器和运输车辆。

1月底，遵照大本营的指示，4个方面军准备实施3个进攻战役，分别是：乌克兰第1方面军左翼和第2方面军实施科尔松—舍甫琴柯夫斯基战役；乌克兰第1方面军右翼实施罗夫诺—卢茨克战役；乌克兰第3和第4方面军实施尼科波尔—克里沃罗格战役。

1月24日，乌克兰第2方面军开始实施科尔松—舍甫琴柯夫斯基战役。两天以后，乌克兰第1方面军也转入进攻。

当时参战的苏军共有27个步兵师，4个坦克军，1个机械化军和1个骑兵军。而德国守军共有9个步兵师、1个坦克师和1个摩托化旅。虽然还有大量增援兵力，但是从总体上看苏军在兵员和兵器方面都占据着强大的优势。

苏军两个方面军的突击集团在突破敌人防御后，两面合击，迅猛前进。至1月28日，苏联两个方面军的突击集团在兹维尼哥罗德卡胜利会合，切断了德军的退路。大量德军陷入合围。

但是在离被合围的德军不远的地方，德国"南方"集团军群司令部拥有大量的坦克师。他们不仅打算去解围，还计划以坦克第1集团军从西面、第8集团军从南面两路实施突击，反包围突入兹维尼哥罗德卡地域的苏军。

1月28日，有3个坦克师和3个步兵师开始攻击攻苏军两翼。至2月11日，德军增至8个坦克和6个步兵师，德军调来解围的兵力已超过被围的兵力。

德军统帅部相信，他们肯定能为被围的德国部队解围。德国坦克第1集团军司令胡贝还夸下海口，给被围德军发电报说："我来救你们。胡贝。"希特勒本人也对胡贝将军的强大坦克集团抱有很大的希望，他亲自给被围的德军司令施滕麦尔曼发电报说："可以像依靠石头墙一样依靠我。你们将从合围中解救出来。目前应坚持住。"

为了破灭德军的这一企图，朱可夫迅速将坦克第2集团军从预备队中调到危险地段上，对德军实施了最坚决的反突击。到了2月11日，被压迫在合围圈中心地带（斯捷勃列夫、科尔松—舍甫琴柯夫斯基）的德国部队，供应来源几乎全被切断。就在这一天，"南方"集团军群也合围成功，对外发动了正面决定性的进攻。

德国坦克第1集团军以4个坦克师的兵力，从里齐诺以西地域向累襄卡实施突击。同时，德国第8集团军也以将近4个坦克师的兵力，从耶尔基向累襄卡发起进攻，而被围德军则冲向突破口接应。

苏军击退了德军从耶尔基发动的冲击，但是德军坦克第1集团军的部队攻入了累襄卡，被围的德军于2月11日夜里突围到慎迭罗夫卡。力图会合的这两个德军集团之间的距离，已缩小到10～12千米。

在万分紧急的情况下，朱可夫迅即命令苏军坦克第21集团军和近卫坦克第5集团军主力以及几个步兵师和反坦克炮兵师，火速增援上述突破地段，并命令苏军航空兵对累襄卡和慎迭罗夫卡实行大规模强有力的空袭。敌人损失惨重。

2月12日白天，外围德军被迫放弃了与被围德军会的企图。被围德军陷入绝望。德国"南方"集团军群指挥部被迫准许他们丢弃汽车、重武器以及除坦克以外的一切技术兵器，用本身的力量向累襄卡方向突围。

2月16日夜间，陷入绝境的德国被围部队借助夜幕和暴风雪的掩护，分成三路纵队，一枪不发，悄悄地开始突围。不过苏军迅速做出了反应，以坦克、炮兵和夜航轰炸航空兵进行猛烈打击。德军四散奔逃，溃不成军。

2月17日整整一个上午，苏军以更猛烈的火力歼灭德军突围纵队，德军除了一小部分坦克和运载将军、军官和党卫军的装甲车得以突围之外，基本上全部被歼和被俘。科尔松—舍甫琴柯夫斯基战役远远超出了苏军最初预定的目标。

两个乌克兰方面军不仅围歼了威胁其侧翼的敌军重兵集团，拔除了卡涅夫突出部，而且重创敌人 15 个师，大大削弱了德军的力量。

为了庆祝乌克兰第 1 和第 2 方面军的胜利，苏联首都莫斯科以祖国的名义，鸣放礼炮 20 响。参战的部队都受到表扬。

然而，苏联名将瓦杜丁大将却在这次战役之后牺牲了。他不是死在德国侵略军的枪炮下，而是被苏联国内的一群匪徒所杀害。

据苏联元帅朱可夫回忆，2 月 28 日，他到乌克兰第 1 方面军司令部去找瓦杜丁再次讨论当前战役的问题的时候，瓦杜丁对朱可夫说：“我想到第 60 和第 13 集团军去，检查一下那里与航空兵协同的问题是如何解决的，以及在战役发起前能否完成物资技术保障的准备。”朱可夫建议他派副司令员去，但瓦杜丁坚持要自己去。

2 月 29 日，瓦杜丁在离开第 13 集团军司令部前往第 60 集团军的时候，看到了一群人，大约 250 ~ 300 人，同时听到在这群人中响起了零落的枪声。

瓦杜丁命令汽车停下来查明情况的时候，躲在农舍里的匪徒们突然朝汽车开枪，瓦杜丁的腿部中弹。由于只有前往戈夏村才能给他进行包扎，所以他在抢救的路途中失血过多，后来虽然苏联派出了最好的医生，但还是没能挽救瓦杜丁的生命。

4 月 5 日，一代名将瓦杜丁闭上了双眼。莫斯科鸣放了 20 响礼炮，以哀悼祖国的忠诚儿子和颇有才能的统帅。

白俄罗斯战役

1 月 27 日，苏军开始实施罗夫诺—卢茨克战役，这是一场规模不大的战役。苏军仅用 3 个集团军就基本上达到了战役目的。至 2 月 11 日，苏军先后解放了卢茨克、罗夫诺、马涅维契、谢佩托夫卡等城市，夺回了一些大的公路和铁路枢纽，从而改善了实施兵力机动的条件。

1 月 30 日 ~ 2 月 29 日，苏军又投入 70.5 万的兵力，以绝对优势在尼科波尔—克里沃罗格战役中击溃了德军 12 个师，拔除了尼科波尔登陆场，肃清了第聂伯河扎波罗热弯曲部的德军，并且彻底破灭了德军想恢复其与被围在克里米亚的第 17 集团军的陆上交通联系的

▲ 德国 88 毫米榴弹炮

希望。

　　3月11日，苏军最高统帅部给乌克兰4个方面军重新明确了任务和此后实施协同作战的程序：乌克兰第1方面军强渡德涅斯特河，向切尔诺夫策发展突击，以便占领该地并一直推进到苏联国境线；乌克兰第2方面军坚决地追击德军，不让德军在南布格河组织防御，攻占莫吉廖夫—波多尔斯基、德涅斯特一线，并夺取德涅斯特河上的渡口；乌克兰第3方面军在康斯坦丁诺夫卡、新敖德萨地段夺取南布格河上的渡口，不让敌人退往南布格河对岸；尔后，占领蒂拉斯波、敖德萨，并继续进攻，推进到普鲁特河和多瑙河北岸。

　　3月上旬，乌克兰第1、2、3方面军先后发动了进攻，旨在击溃德国"南方"集团军群和"A"集团军群的敌军，解放第聂伯河西岸的乌克兰土地，把德军赶出国境。

　　3月26日，乌克兰第2方面军部队在翁格内以北宽85千米的正面上进抵苏联国境线。莫斯科用几百门火炮鸣放礼炮，大放节日焰火，热烈庆祝这一重大事件。几乎与此同时，乌克兰第1方面军所辖第1坦克集团军的部队也进抵苏联—罗马尼亚边境。

　　尽管德军已被赶出乌克兰，但是希特勒依然命令盘踞在克里米亚的第17集团军死守到底。因为从军事上来说，占领克里米亚不仅能牵制苏军大量兵力，还能牵制黑海舰队的行动。从国际关系上讲，德国占领克里米亚可以对土耳其施加压力，使其不敢站到同盟国一边；可以把罗马尼亚和保加利亚控制在侵略集团之中。克里米亚具有重要的战略意义。

　　4月8日，乌克兰第4方面军从北面彼列科普地峡，独立海滨集团军从东面刻赤地域的登陆场，同时向半岛腹地发动进攻，到5月12日，彻底击溃了敌人。克里米亚战役以彻底粉碎德军第17集团军而告终。

　　在克里米亚战役正酣时，斯大林于4月22日又召集副统帅朱可夫、代理总参谋长安东诺夫、装甲坦克兵司令员费多连科、空军司令员诺维科夫等商讨夏季战局计划。他们分析了1944年在苏德战场上德军可能采取的行动以及将会遇到的困难，并预计盟军将于6月份以大批兵力在法国登陆，德军将不得不在两个战场上作战，其处境将更加艰难，最终将无力回天。朱可夫请求斯大林要特别注意德军的白俄罗斯集团，因为粉碎了这个集团，德军在其整个西部战略方向上的防御就垮台了。

　　白俄罗斯地处苏联的最西边。1941年希特勒发动侵苏战争时，白俄罗斯首当其冲。希特勒在白俄罗斯已经统治了3年，盘踞在白俄罗斯的德军是布施元帅指挥的"中央"集团军群，共有120万人，火炮和迫击炮9500门，坦克和强击火炮900辆，作战飞机1350架。

▲ 苏联 T–34 与德国坦克的较量。

苏军攻打白俄罗斯的部队是4个方面军：波罗的海第1方面军和白俄罗斯第3方面军，由总参谋长华西列夫斯基元帅负责协调其作战行动；白俄罗斯第2和第1方面军，由副统帅朱可夫元帅负责协调。

这4个方面军共有240万人，36400门火炮和迫击炮，5200辆坦克和自行火炮，5300架飞机。

这次战役，苏军依然占据

着绝对优势，这种优势是以前历次战役中所未有的。为了集中优势兵力合围并歼灭"中央"集团军群的基本兵力，担任主攻的白俄罗斯第 3 和第 1 方面军，集中了 4 个方面军总人数的 65%，炮兵的 63%，坦克的 76%，飞机的 73%。为了保障白俄罗斯战役的顺利实施，后勤部门给部队输送了约 40 万吨弹药，30 万吨燃料和润滑油以及约 50 万吨粮秣。

6 月 23 日，苏军 4 个方面军先后发动进攻，进展十分迅速。无论在哪一个主要方向上德军均无法阻止苏军前进，无法避开打击。所以苏军的胜利也十分迅猛，26 日，苏军解放了维帖布斯克，27 日解放了奥尔沙，28 日解放了莫吉廖夫。

在 6 天的时间里，苏军向西推进了 80 ～ 150 千米，解放成百上千个居民点，合围并消灭了敌军 13 个师，从而获得了向白俄罗斯首都明斯克方向发展的条件。

7 月 3 日，苏军趁胜解放了明斯克。在明斯克以东，苏军合围了德军官兵 10.5 万人。在 7 月 5 日 ～ 11 日的 7 天激战中，苏军毙敌 7 万余人，俘敌 3.5 万人，其中包括 12 名德国将军。至此，白俄罗斯战役第 1 阶段的任务胜利完成。

7 月 4 日，苏军最高统帅部具体确定了各个方面军的任务：波罗的海第 1 方面军应向考那斯方向发动进攻；白俄罗斯第 3 方面军应解放立陶宛首都维尔纽斯；白俄罗斯第 2 方面军应向波兰境内的比亚维斯托克进军；白俄罗斯第 1 方面军应向巴拉诺维济和布列斯特方向迅猛前进。

按照这个部署，白俄罗斯第 3 方面军于 7 月 4 日开始向立陶宛首都维尔纽斯进发，7 月 13 日，苏军在游击队的配合下，解放了维尔纽斯。

白俄罗斯第 2 方面军向西前进了 230 千米，强渡了许多江河，7 月 27 日，解放了波兰东部重镇、铁路和公路交通枢纽比亚维斯托克。此后，他们继续扩张战果，向东普鲁士前进。

与此同时，白俄罗斯第 1 方面军也于 7 月初解放了科韦耳市。

7 月 20 日，苏军强渡西布格河，进入波兰国土，受到当地居民的热烈欢迎。在波兰人民的协助下，苏军于 7 月 24 日解放了波兰城市卢布林，一天以后就在登布林以北进抵维斯瓦河。7 月 28 日，另一支部队解放了俄国名城布列斯特和布列斯特要塞。

到 7 月底，苏军击溃了德"中央"集团军群的基本兵力，推进到苏联国境线，从而达到了解放白俄罗斯的作战目的。

7 月 27 和 29 日，苏军具体确定了各个方面军在波罗的海地区和西方方向上的任务：波罗的海第 1 方面军负责切断"北方"集团军群与东普鲁士之间的交通线；白俄罗斯第 3 方面军最迟于 8 月 1 ～ 2 日占领考那斯，并于 8 月 10 日前至与东普鲁士的交界线，从东面进入东普鲁士，摧毁德国军国主义的温床和堡垒；白俄罗斯第 2 方面军向沃姆惹、沃斯特罗温卡方向发动进攻，于 8 月上旬抢占那累夫河登陆场，就地牢牢地巩固下来，准备从南面进入东普鲁士；白俄罗斯第 1 方面军奉命以右翼向华沙进攻，应不迟于 8 月 8 日占领普腊加，并在普乌土斯克地域抢占那累夫河登陆场；方面军左翼占领华沙以南维斯瓦河对岸登陆场，为下一步进攻做好准备。

按照这个部署，苏军迅猛向西推进，大纵深突破，这让德军统帅部惊恐不安。就在这时，西线的美英军队也在法国大举进攻。希特勒尝到了两线作战的苦果，顾此失彼，处境越来越艰难了。

7 月 31 日，"中央"集团军群司令官莫德尔元帅在命令中惊恐地写道，苏联军队已到了东普鲁士国境线，后面已没有可退的地方。不过由于德军的顽强抵抗，波罗的海第 1 方面军未能切断德"北方"集团军群同东普鲁士的交通线。

与波罗的海第 1 方面军相比，白俄罗斯第 3 方面军进展则颇为顺利。8 月 17 日，该方面军的一个营首先攻入东普鲁士。

德尔菲诺少校指挥的法国"诺曼底"歼击航空兵团也在这个重要方向上作战。他们同苏联飞行员一起，痛击德军。

白俄罗斯第 2 方面军继续发展进攻，于 9 月份在奥斯特罗温卡方向上将敌人击退到那累夫河岸。

1944 年 8 月底，苏军先后到达波兰东部的耶尔瓦加、多贝莱、奥古斯托夫、那累夫河和维斯瓦河，白俄罗斯战役到此结束。

经过白俄罗斯战役，苏军解放了白俄罗斯、立陶宛共和国以及拉脱维亚的一部分，解放了波兰东部地区。

华沙起义

苏军解放波兰东部、进抵维斯瓦河之后，波兰国家军遂于 1944 年 8 月 1 日在华沙举行起义，力图控制波兰首都。

早在 1942 年 1 月份的时候，波兰共产党就已经在华沙成立了波兰工人党，同时建立了武装司令部，着手组建人民近卫军，以此抵抗德国侵略者。除此之外，一些流亡在苏联的波兰共产党人和爱国人士也组成"波兰爱国者联盟"，请求苏联政府帮助建立波兰军队，以便打回老家去，光复祖国。

1943 年 5 月，新型的波兰军队在苏联国土上建立起来了。到 1944 年 7 月，这支波军已发展为 10 万多人。1943 年 12 月 31 日至 1944 年 1 月 1 日，波兰工人党和人民近卫军的代表、波兰社会党左派、农民党和党的代表以及知识分子左派的代表等，在华沙秘密召开"全国人民代表会议"，决定把国内的武装力量统一起来，正式组成人民军。

1944 年 7 月 29 日，设在苏联的"科希秋什科"电台用波语广播了下列节目："华沙，这个从未屈膝投降、从未停止战斗的城市，行动时刻到来了……通过巷战，在房屋里、工厂里、商店里进行战斗，我们将使最后解放的时刻日益接近，我们将保护国家的财富和兄弟同胞的生命。"

在此后几天里，这家电台一再对华沙居民发出呼吁："华沙的人民，武装起来！进攻德国人！帮助红军渡过维斯瓦河。传递情报，指明道路……"

当时德国的溃败趋势已经逐渐明朗，然而波兰起义者虽然在人数上与德军旗鼓相当，但在武器和技术装备方面德军依然占据着绝对的优势，德军可以召唤空军和坦克部队进行支援，而波兰国家军则无此后盾。

德国在华沙地区的军队约有 4 万人，波兰国家军约有 3.8 万人，其中包括 4000 名妇女。他们拥有步兵的轻重武器，但严重不足，弹药仅仅只可以供 7 天的战斗。

▲ 波兰国家军成员正与德军战斗，在苏军的帮助下，他们斗志昂扬。

7月31日下午，在国家军司令部里，华沙地区司令蒙特尔上校报告说，德军在维斯瓦河东岸的桥头堡已被苏军坦克突破，德军防御已呈瘫痪状态。苏军先遣部队已占领华沙郊区若干地方（后来查明，这个消息是不准确的）。

根据这个报告，总司令博尔命令蒙特尔上校于8月1日下午5时向德军发动进攻。几分钟内，华沙完全淹没在炮火声中。德军在街上巡逻的部队遭到了攻击，并被解除了武装，许多目标都被占领。

第二天、第三天，国家军队开始攻击德军战术据点。但是因为缺乏重武器，无法摧毁钢筋混凝土工事，收效甚微。尽管伤亡很大，战斗的结果令人失望，但是这一切都没有影响进攻的势头。不过最让人失望的是，维斯瓦河东岸苏德两军交战的枪炮声逐渐减弱，到8月4日，完全停止了战斗，华沙上空也看不到苏联的飞机。蒙特尔上校考虑到诸多因素，命令部队从8月5日起转入防御。

▲ 波兰反抗战士在战斗中，由于缺枪少炮，国家军成员的处境变得愈加艰难，但他们仍坚持战斗，直至最后失败。

在起义的最初阶段，波兰国家军就控制了华沙3/5的地区。华沙德军防卫司令施塔赫尔反应迟钝，直到8月4日才宣布全城戒严。不过希特勒可不迟钝，当华沙起义的消息一传到希特勒的耳朵里，立即在8月2日任命党卫军的高级将领巴赫·齐列夫斯基为华沙城防司令，负责镇压起义。德国陆军司令希姆莱也火速派出了增援部队，给华沙德军运去了重炮、火箭和火焰喷射器。此外，党卫军"赫尔曼·戈林"坦克师和另外两个师也部署到华沙南郊，以镇压起义和加强对红军的防御。

从8月4日起，德军便开始对起义者发动猛烈进攻，随着战斗的升级，手段也越来越残酷。德军开始大量屠杀战俘、和平居民和医院里的伤病员。他们甚至把几百名妇女儿童赶到前线，让这些人走在进攻的德国坦克前面，以防波兰起义者的射击。

但波兰人宁死不屈，他们说："一旦武器在手，我们就要他们以血还血！"到9月份，起义者的处境更为艰难，伤亡日多，弹药匮乏，粮食不济，饮水也成了问题。他们频频向苏军呼吁，请求紧急支援。

8月底，白俄罗斯第1方面军的部队在华沙北面进抵那累夫河，在塞罗茨卡地区占领一个登陆场。苏军几次试图在华沙附近强渡维斯瓦河，但均未能粉碎德军坦克和步兵的抵抗，遭受重大牺牲后被迫返回原地。

尽管如此，白俄罗斯第1方面军和波兰第1军指挥部仍以炮击和空袭来支援起义者。从9月13至10月1日，苏联空军先后出动飞机4821架次，直接袭击华沙的敌军，并向起义军投下了大量急需的武器、子弹、军用物资、药品及粮食。英国空军也向华沙投入了一些补给品。但这些依然是杯水车薪。

9月底，华沙的起义者弹尽粮绝，他们发出的最后几次广播中说：

"……您的英雄们是一些士兵，他们用左轮手枪、汽油瓶作为武器，跟坦克、飞机、大炮搏斗。

"您的英雄们是那些妇女，她们在弹雨纷飞的炮火下护理伤员，传送信件，她们在炸得倾塌的地下室炊制食品，喂养小孩，供应成人。她们安慰垂死者，减轻他们的痛苦。

"您的英雄们是这些孩童，他们在还在冒烟的废墟间安静地嬉戏。

"这些就是华沙的人民。

▲ 华沙起义失败后，大批平民被送往集中营，包括许多妇女儿童。

"能够鼓舞起这样广泛的英雄行为的民族是不朽的，因为死者可以说已经战胜了；而生者将继续战斗，取得胜利，并一再证明，只要波兰人活着，波兰就存在下去。"

波兰国家军司令部在同人民抵抗领袖们商量之后，认为继续战斗已不会达到起义的目的，只能延长人民的痛苦，于是通过波兰十字会与德军谈判。

10月2日，起义军与德军签订了停火协定。同日，波兰代表团在德军司令部签署了投降书。在长达两个月的战斗之后，波兰国家军放下了武器。在这次起义中，德军损失2.6万人，波兰国家军的3.8万人中有1.5万人壮烈牺牲了。据波兰方面统计，平民死者大概有15～20万人左右。

在华沙巷战正酣时，罗马尼亚人民也于1944年8月23日举行了武装起义，保加利亚于1944年9月9日举行了反德武装起义。罗马尼亚和保加利亚的解放，为苏军进入匈牙利和南斯拉夫开辟了道路。1944年9月21日，南斯拉夫人民解放军最高统帅约瑟普·布罗兹·铁托到达莫斯科，同苏联领导人举行会谈，就苏军暂时进入南斯拉夫达成协议，同时缔结了苏军同南斯拉夫人民解放军协同作战的协定。

进军东欧

9月28日，苏军在南斯拉夫军队和保加利亚祖国阵线军队的配合下，再次向德军发起了进攻。

10月20日，苏军解放了南斯拉夫首都贝尔格莱德，同时还占领了两个重要的战略据点，切断了德军的退路。苏联给了南斯拉夫相当数量的军事援助，帮助其装备了12个步兵师和两个空军师。南斯拉夫人民解放军经过好几个月的激战之后，终于在1945年5月15日彻底击溃了德国侵略军，取得了民族解放的胜利。

在解放了贝尔格莱德之后，苏军和保军便开赴匈牙利战场，围歼那里的德军。德军企图凭借多瑙河天然屏障，守住出产石油的匈牙利，保护德、奥南翼的安全，所以大量调兵遣将，加强"南方"集团军群的力量，妄图阻止苏军在匈牙利的攻势。

苏军经过艰苦奋战，于1945年1月包围了匈牙利首都布达佩斯的德军。为了避免不必要的流血牺牲，苏军建议被围德军投降，但德军不仅拒绝接受投降条件，还杀害了苏方的两位军使。苏军开始攻打布达佩斯。

1月18日，苏军解放了佩斯，全线进抵多瑙河。2月13日，苏军又解放了位于多瑙河对岸的布达。这一仗歼灭德军18.8万人。

布达佩斯的解放使苏军能够进一步打击匈牙利、奥地利和捷克斯洛伐克的德军。不过德军依然在做拼死抵抗，他们调集了 43 万人马，于 1945 年 3 月初在匈牙利的巴拉顿湖地域进行疯狂反扑，力图阻止苏军前进。

苏军经过一个月的激战，击溃了巴拉顿湖的德军，于 4 月 4 日解放了匈牙利全境。德军残部向西逃遁。苏军乘胜前进，4 月 13 日解放了维也纳。

1944 年底，罗马尼亚、保加利亚相继解放。希特勒为了巩固战线的南翼，派重兵直接占领了捷克斯洛伐克。1945 年 1 月中旬，苏军发动了西喀尔巴阡战役，于两个月后解放了斯洛伐克大部和波兰南部地区。

4 月 4 日，苏军解放了斯洛伐克首都布拉迪斯拉发，月底解放了工业中心布尔诺。

5 月 5 日，捷克斯洛伐克首都布拉格人民举行抗德起义。斯大林命令乌克兰第 1 方面军火速支援，将德军歼灭。

1945 年初，在苏军实施的各大战役中，维斯瓦河—奥得河战役和东普鲁士战役是其重点，它们都在柏林方向上。由于希特勒在西线对盟军发动反扑，丘吉尔急电斯大林请求支援，苏军提前 8 天发动了进攻。1 月 12 日，科涅夫元帅指挥的乌克兰第 1 方面军首先从散多梅希登陆场发动进攻，直取布累斯劳。两天后，朱可夫元帅指挥的白俄罗斯第 1 方面军从马格努舍夫登陆场发起攻势，直指波兹南。

两路大军以雷霆万钧之势，迅猛突破德军防线，向西推进。在 23 天的战斗中，苏军摧毁了维斯瓦河和奥得河两河之间的德军防御，向西推进了 500 千米，歼敌 35 个师，重创敌军 25 个师，俘虏德军官兵 14.7 万人。

东普鲁士战役也是 1 月中旬开始的。至 1 月底，盘踞在东普鲁士的 78 万德军被苏军分割为 3 个孤立的集团。经过 3 个月的苦战，苏军逐个击溃了德军。

在白俄罗斯第 1 方面军主力进抵奥得河后，德军最高统帅部迅速集结了一股强大的兵力，准备从北面击溃前出奥得河的苏军。苏军识破德军意图之后，立即派出白俄罗斯第 2 方面军向西挺进，消灭东波美拉尼亚之敌。

3 月初，苏军前出波罗的海，3 月底解放了格丁尼亚和但泽，波兰国旗当即飘扬在这两座名城的上空。

4 月 9 日，苏军占领哥尼斯堡，4 月下旬击溃了德军残部。东波美拉尼亚战役解除了白俄罗斯第 1 方面军所受的威胁，为攻打柏林创造了有利的条件。

四、百万盟军前进！

盟军向德国边界推进

巴黎解放以后，艾森豪威尔厉兵秣马，指挥几路大军同时向德国边界挺进。他的战略计划是：蒙哥马利的北方集团军群从沿海一带向东北推进，消灭德军有生力量，摧毁德国 V-1 飞弹的发射基地，占领良港安特卫普，改善盟军供应条件，前出德国北部平原，从北面包围鲁尔。布莱德雷的中央集团军群突破德国边界防线，强渡莱茵河，直指卡塞尔，完成对鲁尔的包围，消灭西部德军主力，摧毁德国工业潜力，然后再继续东进。

▲ 美军 B-17 轰炸机机群轰炸德军战略要地。

8 月 30 日，克里勒将军指挥的加拿大第 1 集团军从塞纳河上的桥头堡埃尔伯夫出发，9 月 1 日占领第厄普。9 月 4 日，加军包围了勒阿弗尔，德军拒绝投降。盟国海空军猛烈轰击，空军投弹 1.1 万吨，海军用口径 15 英寸的大炮发射炮弹 300 发，到 9 月 12 日上午，德军 7000 人乖乖地当了俘虏。

加拿大第 1 集团军的主力沿海岸向东北扫荡，解放了许多小港。布伦和加来的德国守军负隅顽抗，在遭到盟国海空军的猛烈袭击后，才于 9 月 23 日和 30 日先后缴械投降。9 月 8 日，加军占领了比利时的奥斯坦德。15 日解放了泽布腊赫，肃清了海峡沿岸的敌人。

与此同时，在加军的右翼，英国第 2 集团军乘胜东进，9 月 3 日解放布鲁塞尔。根据比利时抵抗运动的战士们提供的情报，英军于 9 月 4 日一举占领了重要港口安特卫普，港口设施完好无损。

在中线，霍奇斯指挥的美国第 1 集团军从巴黎东西两侧的基地出发，用 3 个军的兵力向东挺进，直指比利时的纳慕尔、列日和德国边界。9 月 2 日，美军进入比利时，一路势如破竹，8 日占领列日，10 日解放卢森堡首都卢森堡城，11 日进抵德国边境。在进军途中，一支德寇挡住去路，美军毫不客气地在法比边界俘虏了这支德军。

在霍奇斯右翼是巴顿的第 3 集团军。8 月 29 日，第 3 军团占领了兰斯和马恩河上的夏龙，9 月 1 日占领了凡尔登，然后渡过默兹河向梅斯挺进。9 月 5 日，美军到达了重要的交通枢纽南锡，7 日强渡摩泽尔河。9 月 11 日，美军在摩泽尔河东岸的梅斯和南锡之间建立了阵地。9 月 12 日，另一支美军渡过摩泽尔河，从南锡的东北迂回包抄，15 日攻下南锡。

9 月 21 日，北上的美国第 7 集团军和第 3 集团军的大部队在厄比纳尔会师，这样盟国各路大军就联成一体，时刻准备好了向德国边境发动全面进攻。

自诺曼底登陆以来的 3 个多月中，德军损失重大，西线只剩下 49 个师，并且每师兵力不过半数。大多数德军将领都认为，唯一的希望就是迅速撤到莱茵河东岸，据险防守。但是希特勒认为，他还有 1000 万以上穿军装的人，德国的工厂还能维持高速生产，甚至达到了战时的高峰，德国的实力还很强。他下令减少后勤人员，增加战斗部队，把海军、空军人员转为步兵，同时还扩大兵役年龄界限，通过这种方式又拼凑了 25 个新师补充西线。

9 月 5 日，希特勒又让冯·龙德施泰特重新担任西线总司令，莫德尔降为 B 集团军司令。3 月之中，三易统帅，希特勒总是习惯把失败的责任推给下属。他命令冯·龙德施泰特，守住德国同荷兰和比利时的边界、齐格菲防线和摩泽尔河，然后组织反击，迫使西方盟国单独媾和，以便他集中力量去对付苏联。

在诺曼底战役胜利之后，盟国各路大军顺利东进，艾森豪威尔兴致勃勃，满怀必胜的信心，以为能稳拿柏林。他认为柏林是主要目标，必须集中全部精力和资源迅速向柏林突进；同时要把这个战略同苏联的战略协调起来，采取最直接最迅速的路线，用美英联合兵力并在其他适当部队的支持下，通过关键性的中心城市，占领两翼的战略地区，向柏林推进。

蒙哥马利极力主张把主要的兵力和物力资源集中到战线的一部分，最好是集中到北部，迅猛地、持续不断地攻入德国，直捣柏林。但巴顿反对这个主意，他认为只要给他适当的支持，第 3 集团军就可以在几天之内占领莱茵。艾森豪威尔自己则主张在"宽大的正面"上向莱茵河推进。虽然艾森豪威尔反对上述的两个建议，但还是批准了蒙哥马利的一项空降作战计划：用 3 个空降师去帮助英国第 2 集团军克服荷兰境内的 3 个障碍——马斯河、伐耳河和下莱茵河，抢先占领这些河上的主要桥梁，使英军取得一些阵地，进而前出德国北部平原，迂回齐格菲防线，包围鲁尔。

▲ 艾森豪威尔和蒙哥马利，及司令部其他成员。

9 月 17 日下午，英国第 2 集团军的 3 个师和 1 个旅从地面向荷兰发动进攻。与此同时，盟国第 1 空降集团军开始空降作战行动，美国的两个空降师降落在荷兰东南部的奈梅根地区和埃因侯温的北面，18 日和 19 日先后同前进到这里的英国第 2 集团军的部队取得了联系。英国第 1 空降师和波兰的 1 个空降旅降落在下莱茵北岸的阿纳姆以北地区，遭到德军的猛烈反击。这支伞兵孤军奋战，坚持 8 日后牺牲了近 7000 人，仅存的 2300 多名幸存者被迫撤回下莱茵的南岸。

这是一次大规模的空降作战行动。从 9 月 17 日到 30 日，盟军空投了 34876 人，5230 吨装备和供应品，1927 辆军车，568 门大炮。此后盟军又不断地给这支军队空运补给物资，先后出动飞机 7800 架次。这次空降作战行动虽然牺牲较大，但是前进了 80 千米，为英军以后强渡莱茵河创造了有利的条件。

11 月中旬，做好充分准备的盟军全线发动了猛烈的进攻，以突破齐格菲防线。但是德军反抗也异常激烈，想从他们那里夺得一寸德国土地都要付出重大的代价，所以进展不大。

11 月底，美第 3 集团军摧毁了梅斯地区以及摩泽尔河和塞勒河沿岸的敌军防御，准备向萨尔进军。南方集团军群一举攻入阿尔萨斯—洛林。11 月 23 日，法国第 2 装甲师攻入了斯特拉斯堡，俘虏了 1.5 名德国军人。27 日，法军肃清了城外四周堡垒里的德军，完全解放了法国这座历史名城。德军龟缩到科耳马城，在莱茵河西岸保持了一个强大的桥头堡。

到 11 月底，盟军已增加到 300 万人。加拿大第 1 集团军以付出 1.3 万人的伤亡代价，肃清了舍尔德海口一带的敌人，使安特卫普可供盟军使用。虽然这个大港依然经常遭到德国 V-1 飞弹和 V-2 火箭的袭击，但每天还能卸货 2500 吨，从而使盟军的供应大有改善。

由于全线 720 千米都保持攻势，艾森豪威尔仍感兵力不足，致使德军有隙可乘，在盟军薄弱的阵线上实行反扑。

相关链接

★ 美国 B-26 "掠夺者" 轰炸机

B-26 "掠夺者" 是美国马丁公司研制的著名的双活塞轻型轰炸机。同 B-25 相比，B-26 有更快的速度、更大的载弹量，当然也有一个不太好的名声——"寡妇制造者"，因为在早期的使用中，B-26 坠毁的比例较大。

▲ 美国 B-26 轰炸机

B-26 轰炸机于 1940 年首飞，次年交付使用，1942 年入役。有 A/B/C/F/G 等多种型号，共生产 5266 架。

B-26 轰炸机（以 G 型为例）采用上单翼布局，前三点可收放起落架，机组人员 7 名，动力装置为 2 台 R-2800-43 型 18 缸双排星形气冷活塞发动机，功率 2×1491 千瓦，机长 17.1 米，翼展 21.64 米，机翼面积 61.13 平方米，飞机空重 10886 千克，最大起飞重量 17340 千克，最大平飞速度 454 千米/小时，实用升限 7165 米，最大航程 4450 千米，机上 12 挺机枪，机身弹舱最大载弹量 1818 千克。

希特勒在阿登地区的反扑

早在 1944 年 8 月 19 日，盟军在法国的阿尔让唐—法莱斯地区围歼德军。希特勒一边指示法国南部德军全线撤退，一边准备反扑。他秘密地下达一道命令："准备于 11 月发动进攻，25 个师必须在今后一两个月内向西线推进。"

这道命令使了解内情的德国将领感到吃惊，他们不知道从哪里可以再搞到 25 个师。但是疯狂的希特勒自有办法，他实行"总体战"体制，授予戈培尔以专制权力去增加军工生产和强迫人们参军。应征年龄从 16 岁到 60 岁，而且没有一个人能逃避兵役。工人、小业主、家庭佣人、大学生、正在受训的预备役军官，以前征兵时不合格的人，刚出狱的犯人——所有这些人都被吸收到这支队伍里。在经过 6～8 个星期的训练后，这些新兵就开到了前线。11 月初，希特勒又拼凑了 18 个师的新兵送到西线。

希特勒 11 月底进行反扑的战略意图是：集中优势兵力，迅速突破盟军防线，直捣默兹河。一旦渡过默兹河，德军就形成两把尖刀，直插西北面的布鲁塞尔和安特卫普。而在拿下安特卫普和舍尔德海口以后，欧洲盟军将被切成两半，他们在北方的 4 个集团军——美国第 1、第 9 集团军，英国第 2 和加拿大第 1 集团军就能被消灭掉。"那时西方盟国将准备缔结单独和约，德国就能把它的全部兵力转向东方。"

希特勒选择的进攻地点是卢森堡、比利时和德国交界的阿登地区。这里是森林茂密的山地，是西方盟军防守的 720 千米战线上最薄弱的地段。1940 年希特勒大举进犯西欧各国时就是从这里突破的。

反攻部队第 6 党卫队坦克集团军在阵线的北翼，担任主攻；第 5 坦克集团军与它并肩前进，突破中线；第 7 集团军的任务是在南方迅速建立一道壁垒，掩护进攻部队的南翼。此外，希特勒还下令搜罗了 1000 多名伞兵，准备在盟军阵线后面空降，占领要冲。他还别出心裁，下令训练一支突击队，穿上盟军服装，乘坐缴获的盟国军车，伪装成美军，潜入盟军后方，占领默兹河上的桥梁，发布假命令，散布德军已获大胜的谣言，制造混乱，扰乱军心。

防守阿登这条 140 千米战线的，是美国第 1 集团军的第 5 军和第 8 军。在德军重点突破的地段上，美军只有 2 个步兵师、1 个骑兵巡逻队和 1 个毫无作战经验的坦克团作为预备队。所以，在发动进攻时，德军占有绝对优势。

在严格保密的情况下，德军 20 个师悄悄地集结到阿登前沿阵地。1944 年 12 月 16 日晨 5 时 30 分，密集的德军大炮突然开火，几乎所有的美军阵地都遭到了猛烈的轰击。不久以后，在美国兵还没有清醒过来的时候，德国的突击部队蜂拥向前，为坦克开辟道路，紧接着坦克部队就开始了冲击。

北翼的德军遭到美第 5 军和增援部队的阻击，战斗激烈，进展缓慢。中线的德军进展迅速，因为这里的守军是美国第 8 军的第 28 师，他们在亚琛周围苦战了两个月，损员 6184 人，正在阿登休整补充。另一支守军是美国第 106 师，他们是刚从国内调来的新兵，3 天前才进入阵地，毫无作战经验。

12 月 17 日晚，德第 5 坦克集团军在施尼—艾菲尔包围了美军第 106 师的 2 个团，2 天以后这支 8000 多人的部队向德军投降了。美国官方历史说，这是美军在欧洲战场上最严重的一次失败。

18 日，德军进抵作为公路交通枢纽的巴斯托尼。美军坚决死守，寸土不让。19 日，美第 101 空降师火速赶来增援。两军展开了争夺巴斯托尼的白刃战，双方都有大部队增援，战斗持续了 20 天。

在南翼，德第 7 集团军建立起一道壁垒，保护中线。此外，在美军后方，伪装成美军的德军虽然起到了一些破坏作用，但是很快就被美军发现并清除了。

12 月 24 日下午，德第 2 坦克师进抵距离默兹河只有 6.5 千米的小镇塞莱斯，纵深突进将近 100 千米。第二天，美国第 2 装甲师在英国的一支装甲部队的协助下，在美国战斗机、轰

▲ 阿登战役中的德军正在顽守阵地。希特勒希望德军此役能够集中优势兵力，突破盟军防线，从中切断盟军，使其首尾不能相顾，然后逐一消灭。

炸机的支援下，一举击溃了德军第2坦克师，打毁敌坦克80辆，使德军最终未能到达默兹河。

对于美国高级指挥官来说，希特勒的这次反扑是突然袭击。起初，布莱德雷还以为这是一次破坏性进攻，旨在阻止巴顿对萨尔发动攻势。12月17日，前线告急。艾森豪威尔把最高统帅部仅有的预备队第82空降师和第101空降师拨归布莱德雷使用。布莱德雷迅速把第82空降师派往北翼的斯塔弗洛，把第101空降师派往中线的巴斯托尼。

由于希特勒党卫队分子的破坏活动，前线情报极其混乱。所以直到到12月18日晚间，盟军最高统帅部才搞清楚了敌情，确定这是德军一次大规模的反攻。艾森豪威尔认为，没有必要在南北两翼同时反击。因为北翼在德军进攻中正首当其冲，应采取守势。但在南翼应尽早组织反击。

危急时刻，美军表现出高度的机动性，各集团军迅速调兵遣将，驰援阿登。艾森豪威尔一方面向英美政府告急，要求尽快向前线增兵；另一方面也在努力鼓舞士气："敌人一冲出他们的固定防线，就给我们一个机会把他们的大冒险变为他们的惨败。所以我号召全体盟军战士，鼓起勇气，坚定信心，努力奋斗。希望每个人都坚定这个唯一的信念：消灭敌人，从地面、从空中、从一切地方消灭敌人！让我们以这个决心和我们为之奋斗的不可动摇的信念团结起来！在上帝的保佑下，我们朝着最大的胜利奋勇前进！"

12月22日，巴顿从南面发动进攻。他派出1个步兵师到卢森堡城东北支援南翼美军阵地，同时又派出1个步兵师和第4装甲师到巴斯托尼去解围。但是由于冰雪塞途，这支援军到26日才赶到巴斯托尼与被围的美军取得联系。

23日，天气转晴，盟军出动了约5000架飞机，猛袭德军的进攻部队和运输车辆，侦察敌人的重要活动，大大缓和了危局。同时由于空军给巴斯托尼的守军投下了急需的供应品，在很大程度上鼓舞了士气。此后，除了恶劣天气干扰以外，空军一直大显身手，充分发挥了地空战术协同的效率。

在北翼，由于德军的进攻，布莱德雷的中央集团军群司令部已经无法同北面的美第1和第9集团军保持正常的通讯联系。12月19日，艾森豪威尔把美国第1和第9集团军暂时拨给蒙哥马利指挥。蒙哥马利把他的预备队布置在默兹河西岸，严阵以待，防止德军渡河。同时采取各种措施，整编和补充美第1集团军，不断派兵去挫败北翼敌人的攻势。

1945年1月3日，美第1集团军从北翼发动了进攻，南北夹击德军。同一天，德军用2个军的兵力对巴斯托尼发动了最后一次猛攻，展开了阿登战役中最激烈的战斗，妄图拿下

▲ 盟军战机飞过德军阵地。

这个重镇。但是在巴顿的猛烈反击下，德军以失败告终。1月8日，希特勒命令德军撤退到豪法里兹西部。巴顿乘胜紧追，但是由于冰雪阻滞，进展缓慢。到了1月16日，美第3集团军才和第1集团军在豪法里兹会师，这时敌军早已逃跑了。

1月28日，盟军终于把法西斯侵略军赶回德国边境，恢复了原来的阵线。

在盟军开始反攻以后，丘吉尔曾致电斯大林求援。1月12日，苏

联军队从波兰的维斯杜拉河（现名维斯瓦河）发动了强大的攻势，重创德军。1月22日，希特勒急忙把党卫队第6坦克集团军从西线调往东线。这大大减轻了西方盟军的压力，加速了他们的进展。

在阿登之战正酣时，希特勒乘巴顿北上，盟军南方集团军群扩大防地、战线空虚之际，又动用10个师的兵力在阿尔萨斯发动了"北风"攻势，对盟军进行第二个打击。但是德军只是在德法边界上前进了30千米，丝毫没有改变阿登的战局。

希特勒在阿登的反扑是他的垂死挣扎。据德军最高统帅部作战部长约德尔后来供称，安特卫普计划是一次异常大胆的军事行动，"但我们处于绝望境地，改善这种处境的唯一办法就是采取最后决策。我们不可能期望逃避我们所面临的厄运，战斗而不是等待，我们还可能拯救一点东西"。希特勒孤注一掷，付出了巨大的代价，伤亡和被俘的德军约10万人，损失坦克800辆，飞机1000多架，依然没有捞到任何好处。

阿登战役结束之后，德国在西线上只剩下了66个师，但是大部分部队的武器装备和训练都很差，有24个师甚至连反坦克炮都没有。

艾森豪威尔放弃占领柏林

1945年1月底～2月初，美第7集团军和法第1集团军全线进抵莱茵。根据艾森豪威尔的战略部署，从北到南，各个集团军都要清除莱茵河西岸的残敌，扫清障碍，以利大军渡河。

从2月8日到3月25日，盟国各个集团军先后肃清了从阿纳姆（荷兰）到瑞士边界的莱茵河西岸的德军，进抵莱茵河畔。由于阿登战役的失败，德军士气低落，兵力兵器遭到了无法补偿的损失，齐格菲防线已成一个空架子。所以，盟军并没有遇到太顽强的抵抗。

3月7日，美第1集团军的第9装甲师进抵雷马根，战士们惊奇地发现，莱茵河上的鲁登道夫大铁桥还没有破坏。德军原本准备在下午4时炸桥，可是当他们扭动开关的时候才发现电线失灵，炸药未能起爆，大桥安然无恙。

▲ 艾森豪威尔像

一名德军中士又点燃了300千克备用的炸药，但在一声巨响后，大桥岿然未动。这时美军探索着冲到桥东，在那里建立了第一个桥头堡。艾森豪威尔得到这一消息后非常高兴，积极支持布莱德雷迅速渡河。第1集团军迅速向东岸增援，击退了敌人多次进攻。

3月10日，希特勒撤去了冯·龙德施泰特西线总司令职务，任命意大利战场的凯塞林来接替他。然而，大厦将倾，什么将帅也挽救不了败局了。

从3月7日到31日，美、英、加、法等同盟国家的7个集团军先后在莱茵河上抢占了很多渡口，相继渡河，向德国腹地挺进。

美第1集团军和第9集团军渡河以后，迅速从南北两面包围德国主要工业区鲁尔以及退守那里的德国B集团军群。

在对鲁尔的包围圈即将完成时，蒙哥马利命令英国第2集团军和美国第9集团军必须以最大的速度和干劲向易北河猛进，直指从汉堡到马格德堡一线。他特别强调需要"突然出击"，以快速装甲部队为先导，沿途占领飞机场，以利随后进行密切的空中支援。

然而当蒙哥马利的部队已经整装待发的时候，艾森豪威尔不仅完全改变了计划，而且直接通知了斯大林，以便他的作战行动同苏军的作战计划协调起来。他同意蒙哥马利在鲁尔东面同布莱德雷会师。然后不仅美国第9集团军不让蒙哥马利指挥，而且还清楚表明，盟军的主要突击方向不是柏林，而是莱比锡和德累斯顿，并同苏联人会师。

当蒙哥马利向艾森豪威尔呼吁，在到达易北河之前，既不要改变计划，也不要变动指挥安排时，艾森豪威尔更全面地说明了他的意图："我的计划很简单，其目的在于分割和消灭敌军并同苏联军队会师。只要斯大林能给我情报，卡塞尔—莱比锡轴心是达到这个目标的最直接的进军线。"

对于艾森豪威尔的这种做法，丘吉尔和英国军界人士都极为恼火，因为英国一直想让蒙哥马利担任副统帅，全面指挥盟军所有的地面部队。但是美国的马歇尔等人则支持艾森豪威尔的行动，他们认为在纯军事问题上盟军最高统帅有权直接与苏军最高统帅进行联系。

然而，艾森豪威尔放弃占领柏林的真实意图又是什么呢？

第一，事实很明显，由于希特勒在阿登的反击，盟军耽误了6个星期的时间。结果，当蒙哥马利的北方集团军群离柏林还有480千米的时候，苏军距柏林只有60千米左右，并且早已准备攻打柏林了。艾森豪威尔预见争夺柏林的比赛快要输掉了，罗斯福也有这种看法。

第二，当时的希特勒还在柏林做困兽之斗，如果强攻德国首都，就要付出巨大的伤亡代价。并且，在雅尔塔会议上，苏美英三大国早已经划定了各自在德国的占领区，柏林在苏联占领区内。即使美军付出巨大代价占领了柏林，布莱德雷说："我们还要退出来并把地方让给人家。"所以美国高级将领不愿为了政治上的威望而付出这样重大的牺牲。

第三，据美国情报部门获悉，希特勒在德奥边境的萨尔斯堡一带山区，建立了"民族堡垒"，储备了大量的弹药物资，甚至修建了飞机制造厂，准备纠集纳粹狂热分子，负隅顽抗，战斗到底。布莱德雷说："在当时，传奇式的堡垒在我们看来是完全现实的和非常严重的威胁，我们不能轻视它。它一直严重地影响到我们在战争最后几个星期里的战术思想。"

第四，在反法西斯联盟内部，英美同苏联始终存在着矛盾和斗争。特别是到了1945年春天，他们的共同敌人希特勒的失败已经成为定局，这种矛盾和不信任也越来越明显。但是美国想争取苏联参加对日本的战争，所以在很多地方都尽量迁就苏联。

因为上述的这些原因，所以艾森豪威尔决定不同苏联争夺柏林，而是尽量多用美国军队去占领德国。

易北河会师

当盟国大军渡过莱茵河时，西线德军号称还有60个师，但实际兵力还不到半数。但是盟军却已经增加到了93个师，空军早已经取得了制空权，拥有飞机1.7万多架。在盟军地面和空中的绝对优势兵力的打击下，德军已成强弩之末，不堪一击，只有少数法西斯党卫队的狂热分子还负隅顽抗，作困兽之斗。

4月1日，美第1和第9集团军在

▲ 盟军士兵强攻鲁尔地区，盟军在战斗中使用了威力强大的火焰枪。

帕德博恩以西会师，封闭了对鲁尔的包围圈，把德国 B 集团军群紧紧地围困在鲁尔地区。莫德尔两次突围都告失败。4 月 14 日，莫德尔作出一个空前的决定：下令解散 B 集团军群，使部队免受投降之辱。他首先命令瓦格纳遣散年纪最小和最老的士兵，让他们回家去。72 小时后，其他的人有 3 条出路：回家、以个人身份投降、试图突围。

15 日，美军把鲁尔口袋切成两半。16 日，东半部德军瓦解了。美军敦促莫德尔投降，莫德尔派出一名德国军官带去了他的口信："由于受到效忠希特勒的誓言的束缚，将军不能投降。"但是 4 月 18 日，被围的西半部德军还是投降了；在整个鲁尔战役中，美军俘敌32.5 万人，据说莫德尔本人自杀了。

鲁尔战役还没有结束，美第 1 集团军和第 9 集团军来不及打扫战场，就把肃清残敌的任务交给了新近建立的美第 15 集团军。他们自己则日夜兼程，每天以 50 ~ 80 千米的速度向东挺进，沿途包围和俘虏已处于瓦解状态的小股德军。美第 9 集团军的先头装甲部队于4 月 11 日跑到易北河边，并于 12 日在马格德堡附近建立一个小小的桥头堡，第二天另一支美军又建立了一个桥头堡。由于德军出动飞机猛烈反击，所以美军被迫于 14 日放弃了这两个桥头堡。不过美军的第三个桥头堡却很快建立并守住了。

在东线，经过长期准备的苏联军队 4 月 16 日实施了攻占柏林的计划。苏军从奥得河边向西面发动强大的攻势，到处取得迅速的进展，彻底动摇了德军的防御。这时，艾森豪威尔就更不想占领柏林了。

4 月 19 日，美军占领了莱比锡。25 日，美第 1 集团军的巡逻队在托尔高与苏军会师，从而把德国分割成两半。美苏双方商定，沿易北河及其支流木耳德河来划分两军中央战线的会合线。

在北方，英第 2 集团军从奥斯纳布吕克—不来梅一线向东北挺进。5 月 2 日他们占领卢卑克，前出波罗的海，在维斯马同苏军会师。5 月 3 日，汉堡德军投降。加拿大第 1 集团军解放了荷兰的全部国土。5 月 5 日，荷兰、丹麦以及德国西北部的德军向蒙哥马利投降了。

在中南，美第 3 集团军占领了哥特、埃尔富特，并挥戈东南，向捷克斯洛伐克和多瑙河流域推进。5 月 18 日，巴顿的部队进入捷克斯洛伐克，6 日进驻比尔森。另一支部队则于 5 月 4 日解放了林茨。

▲ 盟军士兵易北河胜利会师。

在南方，美第 7 集团军经过 3 天的激战攻下了纽伦堡，渡过多瑙河，进入巴伐利亚平原，解放了希特勒法西斯的最早活动场所慕尼黑。5 月 4 日，他们占领了萨尔斯堡。同一天，另一支盟军拿下了希特勒的山间别墅伯希特斯加登。"民族堡垒"的神话揭穿了，这里并无大量德军据险死守。为了彻底摧毁希特勒的这个黑窝，美第 8 航空队把它炸成一片废墟。

5 月 3 日，美第 7 集团军的另一支进入奥地利的部队拿下因斯布鲁克；在奥地利游击队的帮助下，他们进入勃伦纳隘口。5 月 4 日，他们同意大利北部的美第 5 集团军部队在维皮泰诺会师。

最南翼，法第 1 集团军沿上莱茵河东进，占领了卡尔斯鲁厄、斯图加特。5 月 1 日，法

▲ 1945 年，美国第二装甲师的 M26"潘兴"坦克行进在易北河畔的马格德堡大街上。

第 1 集团军肃清了瑞士边境康斯坦茨湖以西的敌军。

5 月 5 日，德国 C 集团军群向盟军南方集团军群无条件投降。

这时，德国法西斯的罪魁祸首希特勒已经完蛋了。苏军已攻入德国首都，柏林街头战火熊熊。德军兵败如山倒，但是由于他们当中很多人曾在苏联作恶多端，生怕苏军给他们最严厉的惩罚，所以极力避免向苏军投降，纷纷向潮水一般涌往西线，向美英军队投降。

根据希特勒的遗嘱，继任德国总统的邓尼茨，派约德尔到设在法国的艾森豪威尔司令部洽降。1945 年 5 月 7 日凌晨 2 时 41 分，约德尔代表德军最高统帅部在无条件投降书上签字。

苏联和英国、美国、法国、加拿大等同盟国军队的进攻以及欧洲被占领国人民的武装斗争和大起义，这三条战线的内外夹攻，东西合击，彻底打垮了希特勒的法西斯暴政，使欧洲摆脱了黑暗的深渊。

五、雅尔塔会议——确立战后新秩序

准备——马耳他会议

1945 年初，德日法西斯的失败已成定局。随着大战进行到收尾阶段，结束战争和安排战后世界而产生的一系列政治问题需要迅速解决。其中最重要的几个问题是：制定盟军在反希特勒德国战争最后阶段的协同一致的军事行动计划，处置战败的德意志"帝国"的基本原则，对日作战，实现战后世界国际安全问题的基本原则。美、英、苏三大国需要举行新的最高级会晤。

1944 年 7 月 19 日，美国总统正式提出了举行新的最高级会晤的建议。美、英、苏三国政府首脑在来往信函中就召开新的三国最高级会议问题交换意见，决定"三巨头"在 1944 年 11 月在苏联沿海城市雅尔塔举行会议。由于罗斯福总统就职典礼，会议延期到 1945 年 1 月底～2 月初举行。

丘吉尔提议以"阿尔戈航海者"为会议代号，这个词来源于古希腊的勇士到黑海沿岸去寻找金羊毛的神话故事。罗斯福对这个名称表示欢迎。

在这胜利前夕，丘吉尔想起了 26 年前的巴黎凡尔赛。当时德国被打败，它的盟友奥匈帝国分崩离析。欧洲人等来了渴望已久的和平，至少英国人和法国人感到心满意足。当时的凡尔赛会议上，英国首相劳合·乔治、法国总理克列孟梭和美国总统威尔逊"三巨头"

为战后世界设计了蓝图。

然而欧洲人得到的不是和平，而是 20 年的休战。20 年后，德国死灰复燃，重燃战火，把整个欧洲和世界都拖入比上次大战更残酷、更漫长的战争中。现在胜利在望，可身为英国首相的丘吉尔心里清楚，这场仗绝不是靠英国或苏联打赢的，还有美国。若没有美国参战，丘吉尔不知道战争会发展成什么样子。

对于日后世界的另一"极"——苏联，丘吉尔的感情就复杂得多了。丘吉尔是著名的反共分子，在二战中出于现实的考虑，选择与斯大林合作对抗纳粹德国。但丘吉尔从心底里对苏联和斯大林都无好感。事实上，丘吉尔乃至大多数英国人，几十年来都怀着厌恶、甚至仇恨的眼光注视着苏联。

丘吉尔没有忘记苏联在 1918 年单独与德国媾和，致使德军集中兵力于西线，几乎将协约国打败。他也没有忘记英王维多利亚女王的外甥、俄国沙皇尼古拉罗曼诺夫二世一家被布尔什维克枪杀在叶卡捷琳堡的地下室里。当然，丘吉尔忘不了的还有：苏联几十年在欧洲、亚洲和全世界鼓吹革命；同纳粹瓜分波兰；恃强凌弱入侵芬兰；为纳粹德国打败法国而欢呼雀跃。

苏联对波兰的态度更让丘吉尔耿耿于怀。英国是为波兰的独立而向德国宣战的，波兰在伦敦设有流亡政府。波兰军队忠实地跟随英国军队转战西欧、北非、意大利。但苏联 1939 年却在卡廷森林枪杀上万名波兰军官，并在卢布林建立亲苏的民族委员会。1944 年 8 月苏联又听任德军镇压华沙起义者，使波兰流亡政府的国内组织元气大伤。1945 年 1 月 5 日，苏联宣布承认卢布林委员会为波兰共和国临时政府。而英美两国都不承认这个政府。

丘吉尔看到苏联红军正如决堤之水，席卷东欧诸国，更加担心，他害怕这样的场景在战后出现：苏联把整个东欧纳入自己的控制之下，德国被摧毁了，法国虚弱不堪，英国多少年来苦心维持的欧洲大陆均势荡然无存。

有能力与苏联在欧洲大陆抗争的只有英国和美国，而英国又被战争弄得民穷财尽，所以丘吉尔对美国总统罗斯福寄予厚望，他希望与英国同文同宗的美国兄弟能发挥巨大影响，在处理战后问题上与自己合作，不仅要彻底削弱德国，让其从此服服帖帖，更要在雅尔塔与斯大林争一高低，遏制苏联的扩张。

为此，1 月 5 日，丘吉尔致电罗斯福总统，希望在赴雅尔塔之前，与美国总统会晤，取得一致。罗斯福同意了。两国代表团商定，先在马耳他集合，然后一起飞往雅尔塔。

丘吉尔和随行人员乘坐 2 架"空中霸王"式运输机飞抵马耳他。在罗斯福总统到来之前，英、美两国最高军事领导人——英帝国总参谋长艾伦·布鲁克、美国陆军参谋长乔治·马歇尔及艾森豪威尔将军的参谋长比尔德·史密斯先就欧洲盟军的战略问题举行会议。

面临着胜利，英美军方领导人却各执己见，会议几乎破裂：马歇尔将军支持艾森豪威尔将军的扩大正面战略，即肯定蒙哥马利担任主攻的同时，必须保证其南翼的安全。其实也就是允许布莱德雷的第 12 集团军群和德弗斯的第 6 集团军群发动助攻。英国人则坚持说，只要蒙哥马利从北面渡过莱茵河、直捣北德平原就行了。最后由于马歇尔强烈要求执行艾森豪威尔的计划，英国人被迫妥协，但要求艾森豪威尔保证北面的进攻为主攻，而且要在彻底歼灭莱茵河以西德军之前就过河。

这样激烈的争执是丘吉尔没有料到的。但与解决这些争执相比，丘吉尔更希望罗斯福总统能早日到来，制定两国在雅尔塔会议上的共同政策。

2 月 2 日 9 点 35 分，罗斯福总统乘坐的"昆西"号巡洋舰缓缓驶入马耳他瓦莱塔港。

午饭前，丘吉尔首相在女儿萨拉和外交大臣艾登的陪同下登上"昆西"号。看到罗斯福，丘吉尔不禁暗暗一惊。只见那个著名的"罗斯福式宽下巴"消失了，罗斯福总统面色枯槁，只有两片松弛的皮肤毫无生机地挂在腮上。不仅是丘吉尔，马歇尔将军和美国海军作战部长欧内斯特·金海军上将见到罗福斯总统消瘦的面庞也大吃一惊。

丘吉尔想跟罗斯福好好讨论一下东欧的政治问题、战后德国问题和波兰等问题。罗斯福对这几个话题却避而不谈。虽然在晚宴上两国首脑也提及这些问题，但仅仅是泛泛而谈，没有深入讨论。英国外交大臣艾登对此大感失望，丘吉尔更不用说了。

罗斯福身体状况恶化

1945 年 2 月 2 日晚，英国首相丘吉尔和美国总统罗斯福一起前往马耳他的卢卡机场。23 时 30 分载着英国、美国首脑和政府随员的 20 架美制 C-54 "空中霸王"式运输机和 5 架英制"约克"式运输机腾空而起，向东飞去。他们将飞到苏联克里米亚的雅尔塔，与苏联部长会议主席斯大林会晤。

▲ 罗斯福正在准备发表演讲。此时的他已饱受病魔的摧残，健康状况日益恶化。

丘吉尔满心不安，在之前的马耳他会议上，他没有从罗斯福口中得到他想要的承诺。丘吉尔怀疑罗斯福是不是因为身体不适而影响了判断力，以至于对同英国一道遏制苏联不感兴趣。事实上，罗斯福总统的身体状况的确日益堪忧，两个月后就与世长辞了。

然而事情并非全部因为罗斯福的身体状况，丘吉尔是为英国考虑，罗斯福却得为美国考虑。他不可能罔顾美国自身利益，去为英国火中取栗。

与战争过后的国际秩序相比，罗斯福更关心眼下太平洋上的战事。

在太平洋上，美国军队已将日军打得节节败退。日本本土通往东南亚的海上生命线已被美国舰艇切断，本土正在遭受美国 B-29 型"超级空中堡垒"巨型轰炸机越来越猛的轰炸。美国军队很快就要在日本的冲绳岛登陆，拉开进攻日本本土的序幕。罗斯福不应再担心战局出现反复，但是日军的疯狂表现让罗斯福忧心不已。

日本人发明了"自杀式"攻击，组织起"神风特攻队"，驾驶装满炸药的飞机撞击美国军舰。发了疯的日本大本营竟喊出"一起玉碎"的口号。

据美国参谋长联席会议估计，如果美国在日本本土登陆并征服日本，至少要付出伤亡 120 万人的代价。罗斯福要为这 129 万美国青年的生命考虑，所以他需要斯大林帮忙，出兵中国东北，消灭有百万之众的日本精锐之旅关东军。而丘吉尔考虑的只是维护英国在东欧的影响和它庞大的殖民帝国，罗斯福并不希望用美国士兵的生命换取大英帝国的辉煌。罗斯福不想给斯大林留下英美两国联合起来向苏联施压的印象。

罗斯福甚至曾对儿子埃利奥特说："殖民体系意味着战争。"当丘吉尔质疑他在试图搞垮大英帝国，罗斯福毫不客气地回击道："你们开发印度、缅甸、爪哇的资源，掠夺这些国家的财富，而又不给当地居民以教育、像样的生活水平和最低的卫生条件。你们做的一切，正是在否定和平的任何价值。"

在出发参加雅尔塔会议之前，罗斯福对妻子伊莉诺表示："我若能发展同斯大林元帅的个人关系，定能大有作为。"罗斯福念念不忘为人类留下一份将受益无穷的国际组织——联合国。

和 1919 年的美国总统伍德罗·威尔逊一样，罗斯福总统坚信人类需要一个超国家的有效国际组织来规定国与国交往的基本准则，制止战争，制裁或出兵打击未来的侵略国。威尔逊总统倡议成立的国际联盟，在德意日法西斯的侵略扩张面前一无所成，最终以悲剧而告终。罗斯福要避免自己重蹈威尔逊总统的覆辙。

罗斯福坚信正义、法律、道义的力量，但也承认大国在国际事务中举足轻重的作用。因此他认为美国需要苏联的合作，一道携手共造和平。

罗斯福的愿望在他去世后实现了。1944 年 8 月 21 日～9 月 28 日，美英苏三国代表于美国华盛顿的敦巴顿橡树园进行谈判，签署了关于建立维护和平与安全的普遍性国际组织的"建议草案"。1945 年 4 月 25 日，50 个国家的代表在美国旧金山召开联合国成立大会。经过两个月的讨论协商，于 6 月 26 日一致通过了联合国宪章，成立了联合国组织。

25 架大型运输机载有 700 余名英美两国政府要员，经过 7 个半小时的飞行，穿过南斯拉夫、保加利亚和罗马尼亚，在苏联克里米亚的机场着陆。随后，早就在机场等候的苏联外交人民委员莫洛托夫陪着丘吉尔和罗斯福驱车前往 130 千米以外的雅尔塔。

战后德国的处置

三巨头会议在雅尔塔的利瓦吉亚宫举行，这是沙皇尼古拉二世在 1911 年兴建的避暑行宫。十月革命后，利瓦吉亚宫被改造成劳动者结核病疗养院。这个宫殿融合哥特风格和摩尔风格，典雅豪华。里面的家具全部是苏联工作人员专门从莫斯科大饭店运来的。

2 月 4 日，斯大林乘火车抵达雅尔塔，下午 3 点，先去拜访了丘吉尔。两人对苏德战场的形势交换了看法。斯大林告诉丘吉尔，苏军正与德军在奥得河东岸激战，用不了多久就可以渡过奥得河。斯大林还说："德国所有能征善战的将军都被希特勒处决了，只剩下古德里安。希特勒是个铤而走险的亡命徒，此时还把 11 个装甲师留在布达佩斯。难道他不知道，德国过不了多久就不是强国了，再不能四处派兵了？"

然后，斯大林向丘吉尔告辞，前去拜会罗斯福总统。两人还是先谈德国，罗斯福说，他对克里米亚遭到的破坏大为震惊，比一年前更痛恨德国人了。斯大林说每个人都痛恨德国人。他们是野蛮的畜生，似乎对人类创造的一切精神文明都有刻骨仇恨。

两人还聊起戴高乐。罗斯福对这位自命不凡的法国首脑很有些厌烦。斯大林则说戴高乐太不现实，法国在战争中没打什么仗，却要求战后同美国、英国和苏联平分秋色。罗斯福悄悄告诉斯大林，戴高乐在卡萨布兰卡会议上还把自己比作法国当代的贞德。

▲ 雅尔塔会议中的三巨头

与永远彬彬有礼的丘吉尔相比，斯大林对罗斯福的印象要好得多。

斯大林向罗斯福转述了戴高乐对自己说的话：莱茵河是法国的天然边界，希望法国军队永远驻扎在莱茵区。罗斯福对斯大林说，丘吉尔希望法国战后能在莱茵区驻军20万人，自己则重整军队。罗斯福还说了一些英美在划分德国占领区时的分歧。

下午5时，三国举行第一次全体会议。包括三巨头在内的10位美国领导人、10位苏联领导人和8位英国领导人围坐在圆桌旁，开始了具有历史意义的会议。会议进行了两个小时。

会议之后，罗斯福总统举行晚宴，招待英苏两国政府首脑、外长和首席顾问。宴会上丘吉尔发表祝酒词："全世界在注视着我们。如果我们的会议圆满成功，数百年的和平将继之而来。我们三大国为这次战争付出了巨大的代价，作出了无以伦比的贡献，我们应该维护和平。"

2月5日下午4时，第二次全体会议开始，罗斯福提议讨论有关德国的政治问题，即分割德国问题。

在之前的欧洲协商委员会上，苏、美、英三国代表就讨论过这个问题，并建议将德国分为英、美、苏三国占领区。美国财政部长摩根索曾提出一个计划，建议将德国分割为7个邦，变成一个农牧业国家。罗斯福倾向于赞同这个主张。

在德国问题上，斯大林的看法与罗斯福相似，也主张分割德国，于是想把分割德国的方案确定下来。但丘吉尔坚决反对制定分割德国的方案，他说自己对这个问题还未准备充分。最后罗斯福提出一个折中方案，将是否分割德国的问题交给英国外交大臣和苏美驻英大使组成的委员会去解决。

随后就是关于法国占领区的问题了。丘吉尔像法国的保护人一样，立刻站起来："法国人想要一块占领区，我准备奉送他们一块，甚至会很高兴地给他们一块英国的地盘。"丘吉尔表面上在为法国考虑，实际上却是在打自己的算盘：欧洲大陆的传统均势已被破坏，英国需要法国甚至德国来抗衡苏联。所以丘吉尔不仅要给法国一块占领区，还要为法国争取在对德国管制委员会和联合国中与三大国平等的地位。

丘吉尔问罗斯福："我不知道美国能同我们一起占领德国多久。"罗斯福立刻答道："2年。"丘吉尔最担心的事终于发生了，他仿佛挨了一记耳光。斯大林则两眼放光，他请罗斯福再确认一遍，罗斯福说："期限是2年。为了和平，我可以得到美国公众和国会的绝对合作，但不能耗费巨资在距美国3000英里的欧洲长期驻军。"

丘吉尔极力为法国争取利益，他说："不管怎么样，我们需要法国的帮助。"罗斯福却不冷不热地说道："只要法国人不在发号施令的岗位上就行。"斯大林听出罗斯福在支持他，就兴冲冲地说："我希望法国强大起来，但别忘记，法国向德国敞开了大门……管制德国只能由那些从战争一开始就反对德国的人来做。法国不在其列。"

▲ 雅尔塔会议旧址，如今已成为著名的旅游景点。

丘吉尔想反问："战争开始时

苏联在干什么？"但还是把话压了下去，道："战争爆发时我们都极其困难。但法国必须有重要的地位。我们反对德国人时最需要法国人。当美国人撤回国时，我们就得想想未来了。"

这时霍普金斯给罗斯福总统递了一张字条，上面写道："1. 法国已在欧洲协商委员会之内，现在的主要问题是德国问题。2. 答应给法国一块占领区。3. 推迟关于德国管制委员会的决定。"

罗斯福看罢，建议说给法国占领区，但将管制委员会问题留在以后讨论。斯大林同意。三人最后决定以后研究。

事实上，后来三国签署的雅尔塔协议，就未来德国的处理问题表述得相当含糊。

最棘手的波兰问题

2 月 6 日，会议进行到第三天，最敏感、最棘手、无法回避的波兰问题被提了出来。

丘吉尔首先就波兰问题发言。他发表了慷慨激昂的演说："英国在波兰没有任何物质上的利害关系。当 1939 年我们以劣势装备对德国宣战时，谁都知道我们冒了多大的危险。我们为此几乎牺牲了生命——不仅仅是帝国的生命，而且作为民族的生命。我们之所以拔剑而起，帮助波兰抗击希特勒的野蛮进攻，唯一的原因是荣誉。因此，我们对于不能给她以自由、独立、自主的任何方案，永远不能接受。波兰人必须当家做主，做自己灵魂的主宰……

"目前波兰有两个政府，我们对它们的看法是有分歧的。如果允许这两个对立政府在三大国之间造成分裂，那么三大国要受到批评。我们能否在战争结束之前组成我们三国都承认的临时政府或执行机关？如果能做到这一点，我们就可以离开会议桌向未来的和平和中欧的繁荣迈出巨大的一步。"

斯大林不同意丘吉尔的论调，他在椅子后面来回踱着，阐述自己的观点："我理解英国政府在波兰的荣誉问题，但对苏联来说，它既是荣誉问题，又是安全问题。所谓荣誉问题，是因为苏联人与波兰人有过多次冲突。所谓安全问题，不仅因为波兰是苏联的邻国，而且因为俄国历来的敌人都假道波兰入侵苏联。

"在过去的 30 年中，德国人两次取道波兰进攻苏联。苏联愿意看到一个强大的波兰能用自己的力量封闭这条走廊。苏联人不能从外面关闭它，只能由波兰从里面关闭。就是因为这个理由，波兰必须自由、独立和强大。对于苏联来说，这是一个生死攸关的问题。苏联政府的对波政策与沙皇政府大不相同。沙皇政府要兼并、同化波兰；而苏联政府则是要同一个自由、独立、强大的波兰保持友好关系。"

对于苏波边界和德波边界，斯大林表示："寇松线不是苏联人的发明，是由寇松、克雷蒙梭和美国人在巴黎和会上划定的。苏联人没有被邀请参加和会，是违反苏联意志的。现在有人要苏联得到的比寇松和克雷蒙梭承诺的还少，这对我们是奇耻大辱。如果我们同意把利沃夫地区划归波兰，乌克兰人会找到莫斯科，作为苏联保卫者的斯大林和莫洛托夫还不如寇松和克雷蒙梭……"

斯大林接着又说，波兰的领土应当以德国东部领土补偿，波德边界应当是奥得河—尼斯河。这个方案早在 1944 年 10 月斯大林就提起过。

丘吉尔和罗斯福对此心存疑虑。丘吉尔用了一个比喻："这只波兰鹅填满了这么多德国饲料，要消化不良，会生病的。"

与波兰的边界问题相比，波兰政府的问题引起的争议更大。

罗斯福向斯大林阐述了美国政府的立场和波兰政府问题的严重性，他说三大国如果在这个问题上不能达成一致意见，将来在更重大的问题上也难以取得一致意见。

三国还就联合国安理会的表决程序问题进行了讨论，意见依旧不一致。斯大林提出苏联16个加盟共和国都应有表决权，至少对战胜德国作出重大牺牲和贡献的乌克兰和白俄罗斯应有表决权。丘吉尔出来支持斯大林，他是在为英联邦的自治领，特别是战后要取得自治领地位的印度争得表决权，以增加英国的地位。罗斯福成了孤家寡人。

2月8日，三巨头已开了5天的会议，3个悬而未决问题的讨论终于取得突破，即法国在对德国管制委员会的地位问题、联合国安理会表决程序问题和波兰政府问题。

罗斯福改变了之前的立场，转而支持丘吉尔关于法国地位问题的方案。斯大林被迫举起双手表示同意。

在联合国安理会的表决程序上，罗斯福放弃了一国一票的设想，接受了一个妥协方案：白俄罗斯和乌克兰为联合国成员国；安理会的决议须经5个常任理事国（美、英、中、苏、法）的一致同意，即五大国有否决权。

在波兰政府问题上，苏联给了英、美两国一个台阶，同意在卢布林政府的基础上，吸收伦敦流亡政府的部分成员。丘吉尔虽然在这个问题上态度坚决，但鉴于波兰已在苏联红军的控制之下，只好作罢。

在这一天，罗斯福也得到斯大林同意出兵中国东北的允诺。但苏联出兵是有条件的，斯大林与罗斯福私下达成协议。于是一个涉及中国主权和领土完整的秘密协定，作为一个绝密文件附在雅尔塔协定的诸文件中。

最后，三巨头在雅尔塔会议上达成的协议大致如下：

所有被解放的欧洲国家内应该举行民主选举。

4月在旧金山进行就联合国成立的会议。联合国的组织方式基本被确定，联合国安理会的主意被采纳。美国和英国同意当时属苏联的乌克兰苏维埃社会主义共和国和白俄罗斯苏维埃社会主义共和国为独立的联合国成员。

德国被分裂，德军被解散，德国不准再拥有军队。美英苏认为这是今后和平和安全的必要条件。

德国应该为"对同盟国在战争中造成的损失"负战争赔款。战争赔款可以以德国国家资源（机器、船只、企业所有等）、一段时间内应该支付的偿款或劳动力的方式赔偿。美国和苏联达成协议偿款总额为约220亿美元。英国认为在当时偿款总额还无法估计。

战争罪问题被暂时搁置。

在波兰，一个广泛的民主临时政府应该尽快进行自由的和不受他国控制的、全民的和秘密的选举。

在南斯拉夫，一个保皇党和共产党的联合政府应该被建立。

德国投降后3个月内苏联向日本宣战。其报酬是苏联获得库页岛、千岛群岛以及其对大连、旅顺及其铁路连接的控制。

关于意大利—南斯拉夫、意大利—奥地利、南斯拉夫—保加利亚、罗马尼亚、伊朗以及土耳其管理的黑海与地中海之间的海峡使用的问题被暂时搁置。

所有被俘的苏联公民被遣返苏联，不论他们愿不愿意。

在德国投降、欧洲战争结束后2～3个月之内，苏联依据以下条件协助同盟国参加对日战争：

外蒙古（蒙古人民共和国）的现状须予维持。

对 1904 年由于日本背信攻击（日俄战争）所受侵害的帝俄旧有权利，应予恢复：1. 库页岛南部及其邻近的一切岛屿均须归还苏联；2. 维护苏联在大连商港的优先权益，并使该港国际化；同时恢复旅顺港口苏联海军基地的租借权；3. 中苏设立公司共同经营合办中长铁路、南满铁路，并保障苏联的优先利益，同时维护中华的完整主权。

千岛群岛让与苏联。

上述有关外蒙古及东北的港湾与铁路等协议，须征求中国之同意，罗斯福总统依斯大林之通知，采取取得其同意之措施。

至此，英美苏三国各自得到了自己所需要的东西：美国获得苏联对日作战的保证，确立了联合国安理会的表决程序；苏联保住了对波兰及东欧诸国的控制；英国则为法国争得大国地位。实际上斯大林是雅尔塔会议最大的赢家，他不仅取得对东欧的控制权，而且在远东做了一单划算的生意。

六、血战柏林——对希特勒的最后一击

柏林市民宁愿被美英盟军攻占

从 1933 年希特勒上台开始，一直到 1943 年和 1944 年之交，他鼓吹的建立大德意志帝国的美梦一直迷惑着大部分的德国民众，他们对于纳粹政权表现出空前的支持。

即使很多人对国家社会主义（纳粹主义）不感兴趣或者持保留态度，但是这个政权在很短的时间内创造的许多值得吹嘘的政绩，比如就业率上升、消费品充裕等都让德国人民感到骄傲。在全力仿效墨索里尼建立极权主义国家的过程中，希特勒比他的朋友高明一筹，他一直不愿意下令动员全德国的经济和社会力量投入战争，他坚持将生活消费品的生产维持在相当高的水平，以保持德国在战争期间的民心和士气。直到战争的最后几年，德国社会服务业的从业人员数量仍然与战前保持一致。

还有一个最重要的因素，也是最能迷惑德国德国民众的原因是，作为第一次世界大战的战败国，希特勒让德国重新崛起成为一个欧洲大国乃至世界大国，恢复了昔日的荣耀和尊严。所以许多德国民众对纳粹政权采取了逆来顺受的暧昧态度。

1944 年底，纳粹德国企图征服世界的迷梦以一种灾难性的方式迅速走向破灭，他们一手发动的用来实现野心的战争全线溃败，大批德军不是客死异国他乡，就是丢盔弃甲

▲ 美军士兵进入柏林近郊的小镇。

向本土败退。这时候的德国，面临着比纳粹政权上台前更高程度的羞辱和毁灭，这让很多德国人骄傲的自尊受到了伤害。特别是 1945 年初，苏联和盟国军队从东西两线同时向德国本土发起进攻，德国军队遭受致命打击，经济也因为大片国土沦丧而陷入停滞。在东线与苏军的激战中，德军阵亡 295000 人，被俘 86000 人。

1945 年 1 月 30 日，希特勒的总建筑师，军备和战争生产部长，纳粹领导层中最富才华、最有独立思想的官员阿尔伯特·施佩尔向希特勒提交了一份报告，就当前德国面临的形势坦率地指出："（德国）已经输掉了战争。"鲁尔工业区遭到接连不断的轰炸，西里西亚如今也落入苏联红军之手，施佩尔据此判断，德国铁路、工厂和发电站储备的煤炭只够用 2 个星期。

事实上，施佩尔并不是危言耸听。德国 1945 年的煤炭产量只有 1944 年的 1/4，钢产量只有 1/6。由于燃料极度缺乏，驻克雷菲尔德的一个拥有 37 架飞机的战斗机大队每三天只能起飞一次，作战半径仅有 100 千米。更危险的是，施佩尔 1944 年 10 月视察驻意大利第 10 集团军时，当地驻军的 150 辆卡车竟然用牛来牵引。施佩尔最后这样总结道："在失去西里西亚之后，德国的军事工业再也无法满足前线对弹药、军械和坦克的需求了……从现在开始，面对敌人庞大的资源优势，单靠士兵的英勇作战是不行了！"

当时德国的许多大城市都遭到盟军的猛烈空袭。尤其是柏林，几乎遭到全天 24 小时的不间断轰炸，白天是美国陆军航空队的攻击，夜晚是英国皇家空军的轰炸。

一些头脑清醒的德军官员和柏林市民已经认识到，盟军在几周内很快将攻入这座城市。大多数德国人盼望的并非是德国国防军能够取得某种程度的胜利，而是希望由美英盟军而非苏联红军攻占柏林。因此，在听说美英军队进入德国境内并向前继续推进的时候，柏林人的内心在感到绝望的同时，竟然有着一种难以名状的期盼，这是一种非常微妙、复杂的情感。当时一位 45 岁的德国家庭主妇说，自己时刻准备走上战场阻击苏联红军，一直坚持到美国人到来。

除了普通的柏林民众外，德国陆军总参谋部也抱着几乎同样的想法。其实，就连德国最高统帅部也不例外，他们普遍认为美英与苏联之间的盟友关系将很快分崩离析。所以希特勒和他的幕僚们重点讨论的并不是如何投降的问题，而是如何与西方盟国达成某种条件的妥协，然后联合对付共同的敌人——苏联。

历史学家 H．R．特雷弗·罗珀仔细分析了希特勒的"国家社会主义"意识形态，深刻体会到希特勒对共产主义和苏联人的刻骨仇恨。虽然希特勒对于那些阻挠其实现霸业的国家，尤其是法国，同样非常憎恶。但客观地讲，出于荒谬的种族理论和地缘政治的现实需要，纳粹德国对于苏联更憎恶一些。他们认为英国、法国和美国正在一步一步地堕落成一个官僚化、犹太化的国家。他们始终不明白，为什

▲ 战争后期，英军战机与德机在空中激战。此时的德军无论就战场形势还是士气来说，都已经明显处于下风。

么英法美等国家的领导人和民众就不能认识到，共产主义苏联其实是一个比纳粹德国更加可怕的威胁。不过，纳粹德国高层深信，由于苏联和西方盟国在地缘政治和意识形态方面存在不可调和的矛盾，他们之间的反纳粹同盟将很快崩溃。到那个时候，西方盟国由于担心布尔什维克的胜利所造成的后果，一定会主动上门与自己媾和。

1月27日，就在苏军离柏林只有160千米的时候，希特勒召开例行性的元首会议：

希特勒："你们认为英国人对于苏联人的这些进展会高兴吗？"

戈林："他们当然不希望我们会挡住他们，而让苏联人占领整个德国……他们当初并不希望……我们会像疯子一样地抵挡他们，而让苏联人步步进逼，现在差不多占领了整个德国！"

约德尔："他们一向对于苏联人怀有戒心。"

戈林："如果照这种情势发展下去，几天之内我们就会从英国人那里收到一份电报！"

希特勒和他的官员们把自己最后的希望维系在一根游丝之上，但直到最后他们仍然不能明白，为什么英国人和美国人不同自己一道去击败苏联。

英国人的电报始终没有到来。越来越多的官员开始拿着自己拟订的和平方案与英国人或美国人私下进行沟通。不过这种临时抱佛脚，在最后一刻试图结束战争的努力都失败了。自从19世纪初拿破仑军队横扫欧洲以来，德国军队第一次与盟军在自己的国土上进行战斗。这种局面让所有德军将士始料未及，无论从感情上还是心理上都难以接受。

但是，当最后时刻的决战即将来临的时候，昔日喜欢不切实际地白日做梦的纳粹将士纷纷陷入困惑之中，接受失败和有条件投降是一件难以想象的事情。在1942～1943年血腥的斯大林格勒战役期间，希特勒执意不准陷入绝境的第6集团军撤退或投降，并向指挥官保卢斯元帅下达指令："必须死守阵地，直到最后一兵一卒一枪一弹。你们的英勇坚持对于拯救西方世界将是永志难忘的贡献……"在他的固执和愚蠢下，285000名德军将士被送进了地狱和苏联人的战俘营。

1944年9月，在苏联红军和美英盟军大兵压境的形势下，希特勒签署了一道灭绝人性的"焦土"命令："所有人类文明的成果，凡位于有可能被敌人占领的地区，都必须彻底予以摧毁。"这些成果主要包括：社会基础设施，如工厂、煤气厂、电力设备等；与社会生活息息相关的文件信息，如食物定量配给卡、婚姻和居住情况档案、银行账户等；粮仓也要予以摧毁，农田要放火烧掉，牲畜要全部杀光，绝对不能落入敌人之手；纪念碑、宫殿、教堂、城堡、剧院、电影院等文化设施，统统要夷为平地。在上述地区生活的德国民众必须根据命令进行迁移，绝对不能让任何一个人生活在沦陷区里。

纳粹发表社论鼓动民众："对于敌人，绝不能把任何一棵日耳曼人的麦穗留给他们食用，绝不能有任何一张日耳曼人的嘴巴向他们通风报信，绝不能有任何一只日耳曼人的手臂伸出去帮助他们！将他们面前的每一座桥梁摧毁，每一条道路堵死！除了死亡、灭绝和仇恨以外，让他们什么也得不到！"

由于每天接受纳粹政权连篇累牍的宣传灌输，以及亲眼目睹了那些潮水般涌入柏林的东部难民们的悲惨遭遇，柏林市民对苏联人产生了一种近乎绝望的恐惧。他们将对方看成嗜血成性的恶魔，通过折磨和虐待手无寸铁的平民来寻求极大的快感。在柏林民众中间流传着极其恐怖的谣言，比如苏联人用火焰喷射器将神甫们活活烧死，将活人的舌头残忍地钉在桌子上。更为糟糕的是，这种广为流传的谣言又因为苏联红军自身的宣传活动而更让人觉得那是真的。其中，最为可怕的是伊利亚·埃伦伯格撰写的一篇反纳粹的宣传文章，

他在文中慷慨激昂地指出:

日耳曼人是一个女巫,我们踏上了她的土地。如今,日耳曼的城镇正在熊熊燃烧,我们欢呼雀跃……日耳曼,你这个邪恶的女巫,你就在死亡的舞曲里旋转吧,燃烧吧,哭泣吧!报应的时刻来到了!

红军将士精心备战

柏林战役是苏联红军对纳粹德军的最后一击。虽然苏军意识到德军绝不会轻易放弃一寸领土,很多情况下还会顽抗到底,直到最后咽气。

虽然苏军的将士早已对战争产生了厌倦,但是却有一种坚定的信念在激励着他们,那就是攻下柏林,把红旗插到"第三帝国"国会大厦的顶端,彻底粉碎纳粹分子所鼓吹的"日耳曼民族是天生的优等种族"的谬论。朱可夫元帅曾经这样描述苏军的作战热情:"我们全体将士斗志昂扬,都希望亲眼看到攻克柏林的那一天。这同时也是我的愿望,我全身上下都洋溢着这种热情。"

朱可夫元帅不但讲话鼓舞人心,而且身先士卒,对于作战行动具有一种天才的决断能力。他是个非常有主见的指挥官,除了对部属取得的优秀战绩表示赞赏和祝贺外,他从不随意赞同任何东西。他具有令部属既敬畏又忠诚的品质,同时又十分关爱和体恤下属。这些优秀品质使他在红军中担任过很多职务,并且不断得到提拔和重用。

1941年6月22日,德国法西斯发起"巴巴罗萨"行动,朱可夫被提升为苏军总参谋长,并指挥莫斯科保卫战取得胜利。1943年7月,他在库尔斯克指挥了战争史上最大规模的一次坦克会战,成功击败了德国法西斯的战略反攻。1944年夏,朱可夫亲自策划并指挥了"巴格拉季昂"战役,一鼓作气将德军赶出苏联国土,并从此踏上了长途追击德军的征程,一直进逼柏林。

1944年11月,朱可夫被任命为白俄罗斯第1方面军司令,与乌克兰第1方面军协同作战,合力进攻柏林。

早在1945年4月初莫斯科会议最终确定进攻柏林的方案之前,朱可夫就已经意识到,与柏林城直线距离60千米的屈斯特林对于任何进攻都至关重要。屈斯特林坐落在由奥得河和瓦尔塔河冲积而成的一个小岛上。春季的洪水淹没了所有通向该岛的通道。由周边地区进出这里的唯一路径只是几条沟渠和几条呈扇形的通向柏林、法兰克福、波兹南和斯德丁的道路。

希特勒将屈斯特林确定为要塞城镇,在此构筑了坚固的防御体系,配备了大量的战略物资,要求德军守备部队死守到底。这里部署的人员几乎囊括了德国武装部队的各个军兵种,如纳粹国防军、武装党卫军、防空部队和警察部队等,还配置了大批重型武器:102门火炮、30门高射炮、25辆自行火炮、50门迫击炮和10辆"卡秋莎"火箭炮(德

▲ 拖拉机拖着苏军重型火炮穿过柏林的街道,为即将到来的柏林战役做准备。

军称之为"斯大林的管风琴")。

　　毫无疑问，希特勒早就严密地封锁了这些道路。德军在这些沟渠内和堤坝上到处挖掘防空壕、堑壕和交通壕，修建碉堡，架设铁蒺藜，布设雷区。在战斗中，苏军的突击分队设法接近敌军的防御工事，双方用手榴弹和反坦克火箭筒互相攻击，几乎没有停止过。由于路面非常狭窄，只要有一辆坦克被击毁在路面上，其他坦克就无法通过。

　　无论如何，屈斯特林都是一个非常棘手的军事目标，但它确实是苏军对柏林发起进攻的最理想的出发地。

　　2月初，苏军在屈斯特林两侧的基尼茨和格里茨分别构筑了一个桥头堡，对屈斯特林构成夹击之势。之后，苏军多次尝试彻底合围该小镇，用火炮、迫击炮和"卡秋莎"火箭炮对这个小镇进行毁灭性的轰击，其中有两次还动用了充气艇，但均未能获得成功。德军第21装甲师和第25装甲掷弹兵师成功地维持着一条进出小镇的3～5千米宽的走廊。虽然这条走廊只在夜间供坦克部队通过，但它对保持屈斯特林在很长一段时期内没有迅速陷落发挥了重要作用。

　　3月22日，苏军在付出惨重伤亡的代价下，终于将屈斯特林团团包围。在战斗中，苏军共有116辆坦克被德军击毁。3月27日，德军发起反攻，企图解除苏军对旧施塔特的包围，最终以失败而告终。当天，苏军搭乘橡皮艇和驳船横渡洪水泛滥的瓦尔塔河，从东南部攻入旧施塔特。德军指挥官莱尼华斯请求其准许自己放弃该小镇向后方撤退。希特勒对于这种情况大发雷霆，下令逮捕莱尼华斯，将其送上军事法庭。

▲ 苏军将火力强大的"斯大林"坦克开往前线，准备为最后的攻坚战做开路先锋。

　　迫于希特勒的压力，防守新施塔特的德军不得不硬着头皮坚守了一天时间，与苏军在奥得河上的要塞展开了残酷的白刃战。不过德军指挥官们仔细分析了希特勒的命令"除非士兵自愿放弃阵地，否则不得擅自撤离阵地"之后，私下里达成一致，决定放弃阵地向后方突围。其中1318名德军突破了苏军的6道阵地，回到己方一侧。剩余的135名"国民冲锋队"队员在突围无望的情况下，最终向苏军缴械投降。

　　在这场战役中，德军大约5000人阵亡，9000人负伤，6000人被俘。苏军5000人阵亡，15000人负伤。但是无论如何，朱可夫最后还是在奥得河西岸夺取了一个进攻柏林的最佳落脚点。

　　就在苏军攻克屈斯特林的当天，朱可夫返回莫斯科，同斯大林一道商讨进攻柏林的作战方案。斯大林希望红军最迟在5月1日攻入柏林，因为这一天是社会主义国家最盛大的节日——五一国际劳动节。所以他要求必须在4月16日之前发起进攻，力争在12～15天内结束。

　　同时，最高统帅部总参谋部A.I.安东诺夫将军介绍了柏林战役的基本作战方案：苏联红军3个方面军从南北两个方向包抄柏林，粉碎德军逃往南部阿尔卑斯山脉防御工事的企图；同时，加大对捷克斯洛伐克和匈牙利境内德军的压力，防止其回师柏林解围；苏军攻城部队将首先突破德军外围防御，将其分割包围而后逐个歼灭。根据斯大林格勒战役的成功经验，必须在柏林外围歼灭德国第9集团军，从而避免出现谁也不愿意看到的残酷的巷战。一旦突破柏林的外围防御，苏军将很快攻克整座城池。

泽洛高地的厮杀

4月16日黎明前数小时，苏军进行了战争开始以来最为猛烈的炮火准备，但落在德军阵地上的炮弹并未造成太大的杀伤。原因是，海因里希将军早已准确预测到苏军可能采取这一行动，所以事先下令德军从前沿阵地上撤了下来。

海因里希将军非常了解他的对手朱可夫。他知道朱可夫对于这场由自己指挥的最大规模的战役并没有太大创新，基本上沿用了苏联红军经常使用的一种进攻战术：首先出动战斗侦察部队探测敌人的兵力部署和火炮掩体情况，为随后的大规模进攻做准备。海因里希将军据此准确地判断出：一场大规模的战役将在未来48小时内打响。

4月14日，在整整一天里，朱可夫的前沿主力突击部队对德国第9集团军阵地发起了数次佯攻，实施战斗侦察。在少量坦克和火炮的掩护下，他们向着5千米外的泽洛高地进发。在战斗中，他们成功地绘制出了一些布雷场地图，还摧毁了德军的一些火力系统。但无论是朱可夫还是他的下级指挥官都没有认识到，德军的第二道防线才是至关重要的。当然，德军也没有被苏军的佯攻所蒙蔽。

4月15日夜幕刚一降临，苏联空军第4和第16集团军的战机就开始猛攻德军第一道防线。20时30分刚过，海因里希将军突然停住他在战地指挥部里的脚步，据一位随从参谋回忆："他好像突然闻到了最准确的气息！"海因里希告诉他的参谋："我断定攻击将在明天凌晨开始。"他给第9集团军司令巴斯将军下达了一个简短的命令："立即撤退，坚守第二道防线！"

在战斗即将打响前就撤退，这让很多德军将领们非常不满。对于这种抱怨，海因里希粗暴地反驳道："在钢铁厂，一个人是不会把脑袋放在夹板锤下的，他会及时地把脑袋收回来。"于是，在夜幕的掩护下，德军主力部队顺利撤退到第二道防线。

在拂晓前的黑暗中，当凌晨4时的钟声敲响时，根据朱可夫的命令，4万多门野战炮、

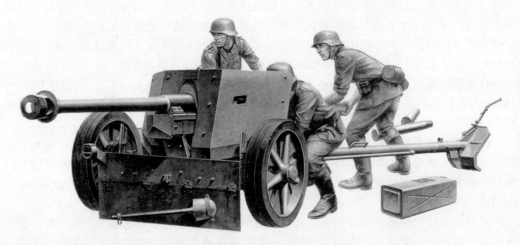

▲ 防守泽洛高地的德军使用的75毫米反坦克炮

迫击炮和"卡秋莎"火箭炮同时发出了雷鸣般的怒吼声，10万多吨炮弹和火箭弹朝着德军阵地喷涌而去。在空前猛烈的炮轰中，红军将士们的战斗热情空前迸发出来，他们高声呐喊着向前冲锋，不论手中拿的是什么武器，即使没有看到目标，仍在向四处扫射。

除了零零星星的机枪声外，德军几乎没有进行任何反击。刚开始的时候，苏军的进攻非常顺利。朱可夫元帅完整地观看了从屈斯特林桥头堡发起的第一阶段攻击行动。对于部属们的初步成功，他给予了热烈的祝贺。

但是，朱可夫元帅轻松的心情很快就烟消云散了，恼火和挫败接踵而来。在距离泽洛高地2000米处，攻击行动陷入了困境。当时，下级指挥官们纷纷向朱可夫报告，突击部队所需的光线太暗了。崔可夫在回忆录中写道，光线太暗给许多部队的行动造成极大的不便，他们只能在奥得河谷地里停了下来，等待着黎明的到来。

▲ 尽管德军仍顽固抵抗，然而面对苏联红军的围攻，加之既无支援又无补给，败退的德军士气降至冰点。

一位指挥官安德烈·格特曼将军抱怨道："探照灯不仅未能迷惑敌军主力部队，反倒使我军坦克和步兵全部暴露在德军炮手的眼皮底下。"在其他一些地段，探照灯操作员得到的命令却是熄灭灯光，但这一命令立即又被高层指挥官的命令撤销。在这些互相矛盾的命令下，战场上出现了荒诞离奇的灯光闪烁的现象。

除了灯光问题，泥浆、沼泽地以及因洪水冲刷和灌溉形成的纵横沟壑也影响了苏军的进攻速度。很多在泥浆和水中拼命地转动车轮和履带的车辆，轻易成了德军炮兵的攻击目标，有数辆坦克被彻底击毁。

最大的障碍是泽洛高地前方的运河，横跨运河的几座桥梁刚好在德军炮火的覆盖之下。同时，河岸过于陡峭，不适于机械化车辆通过。再加上春季解冻，地表蓬松，车辆很难进行机动。最终，部队不得不完全停滞下来。

朱可夫完全没有料到苏军这么快就遇到了困难。他和参谋部其他成员都曾希望，通过首轮火力准备就能够摧毁德军的主要防线，在敌人来不及组织起任何有效反攻之前，夺取泽洛高地并突破前沿阵地。如今，形势已经非常明朗：德军已经判断出了苏军的战役企图，及时地撤走了大部分兵力，躲过了苏军的猛烈空袭和炮击，几乎没有遭受任何损失。对此，第3集团军司令瓦西里·库兹涅佐夫悲观地说道："我们的炮火打击了除敌人之外的所有一切。"

与此同时，海因里希同样非常清楚自己当前的艰难处境。当前线的第一份报告到来时，指挥部里的许多人都认为己方前沿阵地已经完全被毁。但事实证明，海因里希的方案非常奏效：在法兰克福的德军守备部队甚至对苏军发起了反击，并将他们赶了回去。第9集团军的一些指挥官报告，敌我兵力相差悬殊，几乎达到10∶1的比例。"敌人成群结队地向我们扑来，一拨接着一拨，简直不要命了。我们用机枪拼命地扫射，敌人纷纷倒下，战场上血流成河。我的手下就这样战斗着，一直到弹尽粮绝。我不知道这样还能持续多久。"海因里希明白这只是时间早晚的问题，他没有足够的人员和武器，根本无法对付如此多的苏军。在暂时压制住了朱可夫的攻击后，海因里希最想知道的就是南部的科涅夫和北部的罗科索夫斯基的进展情况。

科涅夫并未像朱可夫那样进行大规模的地毯式轰炸，他的炮兵部队根据所掌握的德军防线和坚固支撑点的确切位置，对这些目标进行了定点清除。为了掩护苏军部队在黎明时的军事行动，科涅夫派出一支配备有特殊装备的伊尔—2型战斗轰炸机编队在尼斯河上超低空飞行，释放出厚厚的一层白色烟雾，在400千米长的尼斯河两岸形成了一道烟雾地带。科涅夫计划以布赫霍尔茨和特里贝尔为中心，在大约80千米宽的正面上发动攻击。如果烟幕能够奏效，德军将无从得知苏军具体从何地发动进攻。幸运的是，空气干燥，微风习习，苏军制造的人工烟雾不至于很快消散。再加上一些被炮火引燃的森林和村落所产生的黑烟，整个烟幕的浓度和高度恰到好处，非常适合苏军渡河的需要。

浓烟遮住了德国人的观察哨，苏军从150个渡口发起进攻。当烟幕开始逐渐散去的时候，苏军基本实现了作战目标。7时35分，苏军已经夺取150个渡口中的133个，并开始正常运作。与此同时，在东岸炮火支援下，新夺取的桥头堡内的苏军坦克和火炮也投入了战斗，掩护工兵部队搭建更加大型的桥梁，为重型火炮顺利渡河创造条件。

在摩托化步兵旅和机械化旅的支援下，近卫坦克第62旅于正午时分越过尼斯河，奉命以最快速度脱离步兵，向着柏林城全速推进。为了争夺柏林这个"最大的战利品"，朱可夫和科涅夫均使尽浑身解数进行角力。

但就在此时，白俄罗斯第1方面军在这场竞赛中正处于劣势。他们对德军重炮阵地进行空中轰炸之后，地面突击部队突破了德军"前沿防御区"内的两道防线。但德军第三道防线构筑在泽洛高地最底部至较高的斜坡之间，仍然被德军死死据守。由于进攻受阻，突击部队被迫重新部署并保持散开队形，希望找到一条相对容易的进攻路线攻上这片崎岖不平的高地。在反复争夺之后，苏军坦克和步兵最终只推进了几千米，他们不是撞上敌人隐蔽良好的坚固支撑点，就是被敌人猛烈火力击退。

进攻已经开始了7个小时，白俄罗斯第1方面军突击部队的进攻仍然不见起色。朱可夫再也无法容忍这种拖延了，决定立即将坦克部队投入战斗，用精锐部队杀开一条通向柏林的血路。当时，泽洛高地四周沟壑密布，德军还布设了大量的雷场和隐蔽的反坦克火炮，坦克几乎无法进行机动作战。但是朱可夫不容分辩地下令：必须在中午之前拿下高地！

坦克部队的到来，为崔可夫部队的主攻行动增添了胜利的火力，但却使交通状况变得更加糟糕，大部分的支援步兵和炮兵陷入路边潮湿松软的沼泽里，而他们是巩固装甲部队所取得战果的必需力量。下午18时，崔可夫部队右翼的近卫第4军终于克服德军的顽强抵抗，抵达泽洛高地的边缘。

德军使用抵近射击的"铁拳"反坦克火箭弹、88毫米和155毫米火炮进行顽强抵抗，摧毁了大量苏军坦克。接近黎明时，苏军的前沿突击部队向前推进了5～10千米。

为了削弱在第一次大规模火力准

▲ 战争后期，德军几无像样的空军和防空武器，对于盟军的轰炸毫无还手之力。图为苏军Pe-2轰炸机轰炸德军阵地。

备中没有明显被摧毁的德军防御，朱可夫动用了 800 架 Pe — 2 型轰炸机，猛烈攻击德军的坚固支撑点。苏军步兵和装甲部队一波接一波地涌上泽洛高地的斜坡。苏联指挥官惊喜地得知，坦克部队已经找到了对付致命的"铁拳"反坦克火箭筒的有效战术：从德国人的床垫里抽出弹簧，捆绑在 T — 34 坦克的前部，可以将击中坦克车体的"铁拳"在其爆炸之前反弹出去。

经过激战，在这天结束时，近卫第 8 集团军和近卫坦克第 11 军最终拿下了泽洛高地，白俄罗斯第 1 方面军将从这里直取柏林。

苏联红军兵临城下

1945 年 4 月 18 日，纳粹党报的头版头条报道："我们正面临着一场全新而又严峻的考验。"文章以一种暗含警告、鼓励和威胁的沮丧语气，报道了苏军潮水般渡过奥得河、即将抵达柏林的消息：

"咬紧牙关！要像魔鬼一样展开战斗！不要轻易丧失斗志！决定命运的时刻到了，我们要殊死一搏！"

因为柏林市民听到许多关于苏军可怕的传言，感到极度恐慌。就在过去的一周内听到的几条灾难性的消息更是加重了他们的恐惧：4 月 13 日，苏军占领了维也纳；4 月 16 日，苏军向奥得河发起进攻；同一天，美军占领了纳粹重要城市纽伦堡，20 世纪 30 年代这里曾是德军的大本营；布拉格、林茨和慕尼黑也都岌岌可危，随时有可能被攻克……整个柏林城准备进行最后的抵抗。所有公路和街道的路障都被关闭。

在此期间，希特勒要求第 9 集团军南翼部队坚守从法兰克福南部到福斯特北部的奥得河阵地，致使这些部队被朱可夫部队南翼的近卫坦克第 1 集团军彻底截断，丧失了参加柏林战役的机会。科涅夫对科特布斯发动闪击，一路迅速挥师北上，对德军第 9 集团军的主力部队构成包围之势，粉碎了德军企图采取机动战术的梦想。第 9 集团军司令巴斯将军总结了当天的战场形势："经过 4 月 19 日的战斗，我方阵地出现了更大的缺口。合拢这些缺口已经不太可能了。集团军群和第 9 集团军希望退出战斗，但未获批准。"

第 9 集团军是柏林城外最后一支德军抵抗力量，此时已被彻底击败。战斗打响 4 天后，巴斯被迫将所有预备队投入战斗。当天的战斗结束后，第 9 集团军阵亡大约 12000 人。德军已经完全没有能力阻止苏军进入柏林。军事史学家托尼·勒蒂西耶认为："实际上，最能够决定柏林命运的战斗已经结束了。"

▲ 一名德国反坦克士兵躲在废墟中，等待苏联坦克的到来。

4 月 20 日一大早，苏军的轰炸机就展开了攻击，罗科索夫斯基元帅的部队开始发起进攻。希特勒本打算逃离柏林，但日益沮丧的情绪使他比平日更加优柔寡断。副官和顾问们竭力劝说他，此时还有可能离开柏林。但希特勒举棋不定，一会儿认为形势并不像军事指挥官们所说的那样糟糕，一会儿又宣称在这个关键时刻，他不能放弃柏林。4月20日这天刚好是希特勒的生日，他11点才起床，比平时晚得多。就在希特勒准备向前来参加自己生日的贵宾们敬酒时，盟军的轰炸机也给他送来了一份生日礼物——对柏林城的最后一轮空袭。

同时，第3突击集团军步兵第79军的远程火炮开始对柏林城发起第一轮地面炮火突击。第47集团军步兵第125军成功占领了柏林东北部15千米处的贝尔瑙，第3突击集团军和近卫坦克第2集团军成功穿过德军第三道防线的沼泽地带。一到空旷地区，装甲部队就在步兵前面快速开路，向城市东北郊的拉登堡和泽普尼克冲去。与此同时，第5突击集团军、近卫坦克第12军和坦克第11军部分兵力彻底突破德军第三道防线，准备进攻施特劳斯贝格。

中午的时候，希特勒和随从们从地下室里走出来，这是他最后一次来到地面上呼吸新鲜的空气。在总理府的花园里，希特勒检阅了纳粹党卫军和"希特勒青年团"。希特勒向这些娃娃兵授予勋章，并同他们握手。尽管希特勒在演讲中仍在鼓吹说"苏联人将在柏林城下遭受最惨重的失败"，但是据阿克斯曼后来回忆道："看到元首的神态，所有人都感到震惊，他走路时弯着腰，手不断地颤抖。但更令人惊奇的是，他的身上仍然辐射出无穷的力量与果断。"

花园中的检阅仪式结束后，希特勒最后一次回到地下室，召集高层将领开会。将军们请求希特勒和整个政府机关立即撤离，但遭到了拒绝，希特勒回答说："柏林之战将是挽回败局的唯一契机。"不过，希特勒为了向这些将军们表示让步，同意将在德国南部和北部建立两个司令部，邓尼茨海军上将负责对德国北部行使全部军事指挥权，而希特勒本人则在阿尔卑斯防御工事内指挥南部的战争。

在此期间，希特勒还批准德国政治、军事领导层大批人员南撤，或者按照邓尼茨的想法向北撤退，为此总共签发了2000多张撤离首都的许可证。负责防守柏林的参谋长汉斯·莱菲尔上校在谈起这些要员们乘飞机逃跑时的情景，流露出一丝轻蔑的神情。

4月20日晚20时许，朱可夫向近卫坦克第1集团军司令卡图科夫和参谋长波皮尔拍发了一份电报，命令：

"现在赋予你部近卫坦克第1集团军一项重大历史使命：第一个攻入柏林升起胜利的红旗。我现在亲自命令由你们具体负责组织和实施，从每个军选出一个最精锐的旅攻入柏林，并命令他们：必须不惜一切代价，在4月21日凌晨4时前攻入柏林郊区，胜利后立即向斯大林同志报告，并向报纸电台公布。"

朱可夫希望苏军攻入柏林后尽快通知斯大林，这是可以理解的。他担心士兵们一进入柏林，将会立刻受到媒体的关注，这将给疲倦的士兵们带来很大心理压力，而且还可能在部队中造成一种争夺柏林的气氛。

此时，德军防御几乎全线吃紧。海因里希将军意识到，现在只有一个办法可以避免全城遭到毁灭，那就是必须让战斗在柏林城外进行。他很清楚，逐条街道、逐间房屋的巷战必将导致巨大灾难。因为在数量上占有一定优势的德军坦克和火炮在巷战中派不上用场，而柏林市民在城破后也将遭到残酷

▲ 手持冲锋枪的苏联红军

的杀戮。海因里希认为，能够使战斗在城外进行的唯一办法就是在巴斯的第9集团军残部被乌克兰第1方面军包围以前，立即将其撤回。但希特勒却命令第9集团军继续坚守奥得河阵地。海因里希试图用最能使人信服的方式让希特勒收回命令，仍然遭到断然拒绝。此刻，海因里希清楚地意识到，柏林战役已经注定要失败了。

当天夜间，他在巡视前沿阵地时发现所到之处都弥漫着即将崩溃的气氛，无论单个士兵还是残余部队，都明显地流露出撤退的念头。"所有人都迫切要求后方迅速提供弹药、油料或其他必需物资"。在柏林东北部的埃伯斯瓦尔德，情况更加混乱。海因里希发现，所有的部队，甚至包括纳粹党卫军在内，要么在林子里休息，要么随着难民一起撤退，根本没有人组织和指挥他们。

4月21日上午11时30分，位于赫尔曼广场的中心商业区遭到地面炮火的直接攻击，许多售货员和过往行人被炸死。稍后，炮弹一发接一发地砸向纳粹帝国的心脏：国会大厦遭到攻击，巨大的炮塔被炸毁，碎片落到大厦前面的街道上；勃兰登堡门的一个檐口被击落；夏洛滕堡宫殿燃起了熊熊大火……

双管齐下合围柏林

4月22日，希特勒从早到晚都在盼望着施坦因纳在柏林城外击溃苏军。但到了最后，他还是向惊恐不安的参谋部成员宣布，德国已经输掉了战争，不过他说他宁愿自杀也不会投降。这天在悲观、忧郁的气氛中结束。

当天夜间，朱可夫命令白俄罗斯第1方面军先头部队进行重组，突破左翼束缚；在北面，突击第3集团军奉命从北部郊区直接进攻，向柏林市中心突进，减轻崔可夫和卡图科夫部队向东推进的阻力。突击第3集团军司令库兹涅佐夫上将为了适应城市战，重整了3个步兵军，组建突击大队和突击分队，向柏林北部进发。他们并未采取逐间房屋、逐条街道争夺的战斗模式，而是用"卡秋莎"火箭炮直接摧毁每一个可疑的据点。紧接着，再由坦克前来摧毁所有可以藏匿狙击手的建筑和工事。

柏林城内炮火连天，苏军步兵越过一堆又一堆的废墟，向前稳步推进，用火焰喷射器、反坦克枪和炸药清扫每一个地下掩体。这个时候，躲在地下室或掩体里避难的柏林市民惊慌失措，不知道厄运什么时候就会降临到自己的头上。那些试图逃跑或被迫逃到街上的市民，遭到了在头顶盘旋的苏军战斗机的攻击。

上午10时，库兹涅佐夫的突击大队向魏森塞发起攻击。纳粹党卫军第11摩托化师的突击分队和装备低劣的国民冲锋队分队用高射炮进行地面射击，给苏军造成很大的麻烦，但他们几乎是苏军遇到的唯一的抵抗力量。不过在强大的苏军面前，这股抵抗力量很快就烟消云散了，苏军很快就占领了该地区，并继续向柏林城区突进。

▲ 反映柏林战役的绘画

在东部，崔可夫的近卫坦克第 8 集团军和卡图科夫的近卫坦克第 1 集团军虽遭到顽强抵抗，但也很快就成功抵达了达默河，施普雷河近在咫尺。在崔可夫和卡图科夫的右翼，突击第 5 集团军在近卫第 12 集团军和第 11 坦克军的支援下，突破柏林东部防线，向考尔斯多夫、比斯多夫和卡尔绍斯特推进。

朱可夫的部队在柏林东部和北部取得节节胜利。与此同时，希特勒在总理府地下室里焦急地命令地下室的人员一直打电话四处打听施坦因纳何时发起攻击。下午 3 时，希特勒终于得到确切消息，施坦因纳并没有下达任何进攻的命令。更糟糕的是，部署在柏林北部负责支援施坦因纳的德军已经撤退，这使得那些地区处于高危地带非常危险。事实上，苏军已经攻入了柏林。

在歇底斯里的咒骂发泄之后，他嘟囔着说，一切全完了，末日已经来临。不管在场人员的抗议，他平静地宣布"第三帝国"失败了，已经走到了尽头。这些话让他的将军们和参谋人员惊恐万分。在场的几个手下认为，希特勒已经彻底崩溃了。他的将军们一反常态，慌忙向希特勒保证，他们还有机会扭转目前的局势，而这一举动通常只有在参谋室中才能看到。在场的所有人员都试图让希特勒相信德国仍然需要他的领导，他现在必须离开柏林，到南部地区继续指挥作战。但希特勒根本听不进去，他平静地宣布他将留在柏林直到最后一刻，而后自杀。这让在场的所有人感到恐惧。最后，希特勒宣布死后由戈林接任"第三帝国"最高统帅。

▲ 攻克柏林

此时，苏军朝"第三帝国"心脏推进的步伐毫不迟疑地进行着，已经有 5 个步兵集团军和 4 个坦克集团军攻入柏林。在南部，乌克兰第 1 方面军的近卫第 3 集团军在第 28 集团军的 3 个步兵师的支援下，继续向北朝着滕珀尔霍夫推进。列柳申科的近卫坦克第 4 集团军则横扫了柏林城的西南边缘。白俄罗斯第 1 方面军的第 47 集团军向西推进，随后又掉头返回，从东南方向攻入柏林。白俄罗斯第 1 方面军的近卫坦克第 9 军奉命沿着柏林的西北外围发起进攻，然后转向西南朝波茨坦进发，与科涅夫的部队会合。

4 月 22 日晚上 7 时，近卫坦克第 9 军和步兵第 125 军均已成功渡过哈弗尔河，在亨尼希斯多夫东部建起了一个桥头堡。

在稍远的南面，科涅夫的乌克兰第 1 方面军主力部队继续从尼斯河向西突进。近卫机械化第 5 军奉命从特罗伊恩布里岑向朱特博格以及设在那里的德国空军基地发起进攻。在战斗中，苏军坦克推进异常迅猛，直接开进德国空军的一个阅兵场。当时，德军刚刚在这里组建了一个空军师，看到几乎是从天而降的苏军，大批人员和车辆纷纷作鸟兽散，所有的武器和飞机悉数落入近卫第 9 歼击师的囊中。

科涅夫最大的愿望就是攻入国会大厦，他麾下的雷巴尔科的近卫坦克第 3 集团军以机械化第 9 军为先锋，从施普伦贝格一路奋战，渡过努特运河，向柏林外环公路杀去。当晚，他们攻入马林菲尔德和兰克维茨的南部郊区，抵达泰尔托运河。但是德军已经摧毁了运河上的桥梁，沿岸工厂结实的钢筋混凝土墙壁则构成了理想的防御堡垒，几乎坚不可摧。不过苏军用大规模的炮火突击，最终强渡运河。当天，近卫第 3 集团军占领了科特布斯，最终包围了德军第 9 集团军的"法兰克福—古本"集团的残余力量。

此时，苏军几乎完成了对柏林的包围。但由于包围圈拉得过大，苏军防御力量薄弱，德军很有可能从两条路线突围：向西朝着易北河方向逃窜，向西北渡过施普雷河逃窜。巴斯派出 3 个步兵师保护这些路线。此外，党卫军第 32 装甲掷弹兵师的部分兵力重新进行部署，保护施普雷河和奥得河—施普雷河运河沿线，从菲尔斯滕瓦尔德到穆杰尔塞的道路。

包围圈内的德军处境相当危急。数以万计从东部逃来的德国难民和包围圈内躲避战争的居民，与纳粹国防军一起挤在施普雷瓦尔德，使得内部交通状况愈加恶化。此外，这些德国人还遭到苏联空军第 2、16 和 18 集团军的 24 小时不间断的轰炸和攻击。4 月 21 日，被困德军的炮弹消耗殆尽。海因里希获悉消息后，立即建议巴斯将最高统帅部的命令扔到一边，放弃奥德河上的阵地，想方设法突围。

三天后，法兰克福的德国守军才成功突出重围。这个时候，科涅夫派遣的第 28 集团军余部已经完成对包围圈的封闭。同时，近卫第 5 和 13 集团军在近卫坦克第 4 军的支援下，封锁了德军企图逃往易北河的道路。4 月 24 日，白俄罗斯第 1 方面军的第 3 集团军在托伊皮茨与乌克兰第 1 方面军的第 28 集团军连接起来。这样，苏军就完成了对德国第 9 集团军的包围。

此刻，雷巴尔科的部队距离崔可夫的近卫坦克第 8 集团军最多只有 11 千米，列柳申科的近卫坦克第 4 集团军距离第 47 集团军也只有 32 千米。苏军几乎完成了对柏林的包围。柏林很有可能被苏军这种钳形攻势分割成两部分。这样一来，雷巴尔科的部队就会占据最佳进攻阵位，向国会大厦发起最后的突击。

临近 4 月 24 日结束时，苏军对柏林的包围圈仅剩下一个长 24 千米的缺口。近卫机械化第 6 军攻占了波茨坦以西 30 千米处的勃兰登堡，成功夺取了大约 24 千米长的战线，

▲ 遭苏军轰炸后的柏林

期间将德军"弗里德里希·路德维希·扬"师拦腰斩断。

朱可夫指示第 47 集团军向施潘道全速推进，并从近卫机械化第 9 军中抽调 1 个师在波茨坦与近卫坦克第 4 集团军连接起来。白俄罗斯第 1 方面军经过几场恶战后，最终取得了实质性的进展：库兹涅佐夫的突击第 3 集团军与机械化第 1 军、近卫坦克第 12 军一起，在坦克第 9 军的支援下，推进到柏林北部和东北部郊区的维泰努—利希滕贝格铁路，清除了街区内的大量德军。崔可夫的近卫第 8 集团军一路打到施普雷河和达默河，刚一抵达施普雷河东岸就发现了德军丢弃的大量驳船、摩托艇和其他水上交通工具，很快就将它们派上

了用场。第聂伯河舰艇部队也成功地抵达上述两条河流，支援所有苏军部队过河。崔可夫的士兵和坦克很快摧毁了德军在该地区的抵抗。

23日傍晚，他们占据有利位置，与雷巴尔科的部队会合，在阿尔特—格利埃克和伯讷斯多夫同德军展开激战。

当天晚上，苏联首都莫斯科举行盛大的晚会，礼炮齐鸣，火树银花，庆祝柏林战役即将进入高潮阶段。苏军已从三面包围了柏林，只剩下三条通往西部的道路。此时，朱可夫的部队已经取得了一系列的重大胜利，再用几天甚至几小时的时间就可以最终包围柏林。

锤子镰刀红旗插上国会大厦

截至4月25日，苏军已经切断了柏林与德国其他地区的联系，不断地轰炸柏林，整个城市变得面目全非。柏林所有的供水和供气设施均已终止，很多地方停止供电；多条街道成了废墟，人员和车辆根本无法通行；汽油极度匮乏，交通运转难以维持……

为了生存，许多柏林人开始四处抢劫，犯罪率瞬间猛增。他们抢劫的目标之一就是位于赫尔曼广场的卡尔施泰特百货商店。成千上万的市民蜂拥而入，拿走看到的一切物品，尤其是食物和衣服。最后，商店管理员干脆放弃了努力，听任他们拿走所有的食物。

为了防止这些物资落入苏军之手，纳粹党卫军将卡尔施泰特百货商店炸毁。有传言说在这个商店的地下仓库里，存放着价值290万马克的物资。

德军似乎再也没有系统连贯的防御方案。虽然他们仍在负隅顽抗，偶尔也会取得一些零星的胜利，但与整个战局相比显得微不足道。

4月25日夜到26日，被围困的德军"法兰克福—古本"集团开始为大规模突围做最后的准备。然而，德军的油料和弹药都极度匮乏。德国空军曾经试图空投补给物资，但由于飞机数量太少，无法将绝大多数物资空投到指定区域。在此种情况下，德军从所有被毁或者击伤的车辆中汲取油料，并决定在首轮突击中用完绝大多数的重型炸弹，只有这样才有可能突破苏军防线，突围出去与第12集团军会合。

▲ 苏军攻陷德国国会大厦。胜利后的苏军尽情地欢呼着。

4月26日8时，德军第21装甲师、"库尔马克"摩托化师和第712步兵师组成特别战斗群，开始向苏军阵地发起攻击。同时，德军第5军从西部向哈尔伯和巴鲁特发起辅助进攻，德军第5猎兵军和党卫军第11装甲军由北部和东南部发起攻击。

苏军进行了猛烈还击，击退了德军的进攻。截至上午10时，德军对巴鲁特的进攻取得了实质性进展，切断了苏军在巴尔特—措森一线的主要补给路线。苏军第395步兵师竭力向巴鲁特推进，第50和96步兵师逐渐把德军逐出哈尔伯。近卫第3集团军在哈尔伯附近的防线缺口迅速得到修补。德军"法兰克福—古本"集团再次成为瓮中之鳖。

如今，柏林的处境几乎沦落到了令人绝望的地步。在北面，德军"维斯瓦河"集团军群几乎彻底溃败。在西面，温克由于担心盟军攻占自己在易北河上的立足点，下令第12集团军放慢向柏林前进的步伐。

在南面，第9集团军的残部仍然四面楚歌，科涅夫的部队正在对其进行猛攻。在东面，朱可夫的部队开始取得实质性的战果。总而言之，苏军的8个集团军扼住了柏林的喉咙，正在慢慢吞噬它。

4月26日，白俄罗斯第1方面军和乌克兰第1方面军发起联合攻击，动用了12700门火炮和迫击炮、21000门"卡秋莎"火箭炮、1500辆坦克和自行火炮、464000兵力向柏林猛烈开炮，附近所有地区瞬间变为废墟。除此之外，苏联空军第16和18集团军又派出了数百架轰炸机，从空中对这个正在被毁坏、燃烧的城市进行轰炸。苏军从多个方向对柏林中心区发起最后的进攻。

东南部，雷巴尔科的近卫坦克第3集团军在卢钦斯基的第28集团军步兵的协同下，用火炮进行猛烈轰击，打开了一条通往对岸德军的防守严密、厚实的防御工事的通道，强渡泰尔托运河。

这场战斗进行得异常惨烈，甚至达到了双方都竭力避免的令人恐惧的近距离巷战的程度。苏军用火炮和飞机把德军碉堡和阵地炸得面目全非，步兵迅速穿过废墟，用机枪、手榴弹和火焰喷射器对着敞开的屋门、地下室和建筑物进行攻击。坦克则摧毁了可容纳德军狙击手或成为机枪火力点的防御工事，从那些身受重伤或行动缓慢、未来得及躲避的德军士兵身上碾过。

强渡泰尔托运河后，近卫坦克第3集团军继续向施马尔根多夫、施泰格利茨、格伦瓦尔德和皮切尔多夫推进，准备与从西北部进攻的波格丹诺夫的坦克部队连接起来，切断驻守在波茨坦和万塞的德军。

几个小时内，坦克第7军成功推进到哈弗尔河，距离波格丹诺夫的部队仅有1830米。在稍远的东面，崔可夫的近卫第8集团军也渡过了泰尔托运河，正在向滕珀尔霍夫机场前进。

崔可夫认为希特勒最有可能乘私人座机由滕珀尔霍夫逃往巴伐利亚，所以把占领滕珀尔霍夫机场作为首要任务。崔可夫派两个步兵师分别从东西两侧包围机场，随后命令主力部队从南面向机场发起进攻。苏军冲上飞

▲ 苏联红军攻克柏林，将红旗插到了国会大厦顶上。

机跑道，用机枪和坦克炮向四周开火，并快速堵住了机库的出口。截至中午时分，苏军占领了滕珀尔霍夫机场。

为了肃清德军的抵抗，快速抵达柏林，争夺"主要的战利品"——国会大厦，朱可夫和科涅夫的部队在进入某个地区之前，往往首先使用重炮火力对当地的德国守军予以歼灭。4月27日结束时，驻守柏林的德军手里只剩下东西长16千米的狭长地带。

这时候的柏林城，似乎到了末日。所有地方都遭到了不同程度的毁坏，没有丝毫的生气。市民们蜷缩在地下室和掩体内，但是很多人还是被坍塌的天花板和墙壁砸死在里面。他们即使躲过了苏军的首轮炮火攻击，也会很快被红军成群结队地赶进临时搭建的审讯中心。所有柏林市民，尤其是妇女，对于苏军非常恐惧，她们惊恐不安地等待着最糟糕的事情发生。

4月28日，对于躲藏在地下室里的希特勒等人来说是绝望的一天。苏军已经打到了总理府。希特勒的纳粹党们还在梦想着能听到温克前来拯救柏林、施坦因纳发动进攻等消息。晚上8时，鲍曼给海军上将邓尼茨连发几份电报，透露出地下室内当时的惊慌和妄想：

"那些手握兵权的将领们并不敦促部队前来拯救我们，而是保持沉默。如今看来，背叛已经取代了忠诚。我们仍然待在这里。总理府已经成为废墟。舍尔纳、温克和其他将领必须尽快来援救我们的元首，以示他们的忠诚。"

但是，无论温克还是其他任何人，都无法挽救柏林市中心区的危局。苏军从四面八方步步紧逼，与德军展开逐条街道、逐间房屋的争夺，柏林城即将彻底毁灭。多数抵抗力量是绝望的"国民冲锋队"和"希特勒青年团"，但他们长期缺乏后勤补给。

在柏林城内，人员伤亡数量极速攀升，速度之快令人惊惧。医院和难民收容中心挤得水泄不通，大多数死去和受伤的人员还散落在街头、堆积在地下室或者埋在倒塌的建筑物下面。

在市中心两个高大坚固的高射炮楼内，盘踞着数千名德军，但在苏军的猛烈炮火打击下，很快便灰飞烟灭了。

德国投降，欧洲战争结束

4月12日午夜，希特勒得到罗斯福总统突然去世的消息。戈培尔打电话告诉他说："我的元首，我向你祝贺。你最大的敌人已经厄运临头。上帝可没有抛弃我们。"这是一个"奇迹"，看来希特勒一直在期待着这样一个"奇迹"——18世纪七年战争最危急的时刻俄国女皇去世的重演。

所以，希特勒相信，被丘吉尔称为东西方强国间的"大同盟"，由于它们的利害冲突，目前就会解体。

但是，愿望并未实现，两个星期后，希特勒不得不自杀，就像腓特烈大帝等他的"奇迹"使他的命运和生命得到挽救时几乎要做的一样。

到4月29日，战斗已发展到市中心。在激烈的巷战中，德军野蛮地拼死作战，苏军付出了重大的伤亡代价，但仍一个个攻占了市内的建筑群。4月29日下午，苏军战士在炮火声中把一面红旗插在了德国国会大厦的圆顶之上，迎风招展的红旗宣告了德国法西斯的灭亡。这时，希特勒所统治的地方就只剩下了几百平方米的总理府地堡了。

29日夜晚，希特勒同爱娃·布劳恩举行了简单的结婚仪式。4月30日上午，希特勒与他身边的人凄惨地一一握手告别。下午3时许，在总理府地下室里，希特勒与妻子爱娃自杀身亡。按照希特勒的嘱托，他们的尸体被浇上汽油焚化了。当时，苏军已经打到了500

米之外。

德军如今已经完全陷入绝望之中，但仍然如同一头困兽，在疯狂地进行抵抗。眼下的形势对于德军极为不利，除了与这座燃烧着的城市同归于尽之外，他们已经没有退路。战斗补给严重缺乏，战斗兵员数量锐减，士气在沉重打击之下几乎丧失殆尽。

可以说，战争之神已经完全抛弃了德国人。沮丧、失败和绝望的情绪像瘟疫一样在德国军民中间蔓延开来。据统计，在柏林城临近灭亡的最后日子里，有数千名甚至上万名德国人像他们的元首希特勒一样选择了自杀。仅在潘科区一个地方，在战争最后一周内就有215人自杀，其中大部分是女性，因为她们害怕落入苏联红军之手。

▲ 希特勒与爱娃·布劳恩在一起。爱娃从不出席纳粹的大集会，也很少与希特勒公开露面，直到1945年4月29日，她才和希特勒在地堡里举行了简单的结婚仪式，然后与希特勒双双自杀身亡。

希特勒死后，德国官员试图与苏联人进行谈判，希望能够获得一个体面的和平。在当时的情况下，关于希特勒业已死亡的消息被严密封锁起来，只有未来的德国新政府成员们以及他们的谈判对手——苏军指挥官们才有可能获悉此事。根据最终协商的结果，由陆军总参谋长克莱勃斯将军带着建议前去苏军指挥部，希望能够为德国谋求一个体面的有条件的投降。

朱可夫元帅在征求了最高统帅斯大林的意见之后，决定接受德国人的请求进行谈判。临时拼凑的德国代表团由克莱勃斯将军、冯·杜弗文格上校、一名翻译和一名士兵组成，而苏联代表团则由崔可夫及其政治委员和一个非常有名的三人战地报道小组组成。以克莱勃斯为首的德国代表团走出总理府地下避弹室，向崔可夫的战地指挥所走去。

这时，沿途的红军士兵已经接到命令不许向这四个德国人开火。凌晨3时50分，德国代表团终于抵达目的地。在迈进崔可夫的指挥所时，几名德国人仍然保持着相当程度的矜持和高贵，他们的军容军姿非常严整，看上去令人肃然起敬。为了体现这种所谓的仪容，这些德国人在出发前特意进行了练习。

当苏军士兵试图解除他们随身携带的武器时，立即遭到了克莱勃斯的强烈抗议。他面红耳赤地争辩说，根据国际交战规则，即使失败的敌人也应当受到起码的尊重，这种军人的荣誉是不可剥夺的。于是，豁达的苏联军人就没有继续为难这些"失败的英雄"。

克莱勃斯告诉苏联人希特勒已经自杀身亡，德国新政府希望与苏联方面进行谈判实现停火，尽快结束战争。朱可夫立即打电话向斯大林报告此事。斯大林指示首先务必搞清楚希特勒之死是否属实，如果属实务必找出其尸体的具体下落，并指出会谈只能在德国向苏美英三大国无条件投降后才能举行。对此，克莱勃斯宣称自己目前只得到与苏联代表团进行会谈的授权，在未与新政府进行磋商的情况下，自己无权决定有关无条件投降的事宜。

双方在会谈中唇枪舌剑、互不相让，气氛异常激烈。克莱勃斯竭力要求苏联方面首先承认德国新政府的合法地位，声称这是双方继续谈判的基础；而苏联人则坚持要求德国首先全面无条件投降。

崔可夫多次敦促德国无条件投降，但是遭到克莱勃斯的拒绝，后者认为这种投降条件过于苛刻，动摇了德国新政府的执政根基，危害到他们代表德意志民族进行谈判的能力。

最终，在第二天上午 10 时 15 分，莫斯科方面用一份最后通牒缩短了谈判的时间。这份最后通牒用极为强硬的语气警告说，如果柏林方面不能够立即承诺无条件投降，苏联红军将重新对柏林发起大规模的军事进攻。

5 月 2 日清晨，德军柏林城防司令下令停止抵抗，柏林市内的战火逐渐平息下来。在16 个昼夜的战斗中，苏军共消灭和俘虏 40 多万德军。

根据希特勒的遗嘱，海军元帅邓尼茨被任命为德国总统和武装部队最高统帅。5 月 7 日，邓尼茨指派约德尔前往西方盟军司令部所在地——法国的兰斯，向盟军投降，代表德国最高统帅部签署了所有战线的无条件投降书。

对于兰斯的投降仪式，斯大林很不满意。他认为苏军是战胜德国的主力，柏林是苏军攻克的，投降仪式应该在柏林举行。

苏联政府与美英政府商讨之后，于 5 月 8 日 24 时，在柏林正式举行了德国无条件投降仪式。陆军元帅凯特尔、海军上将弗雷德堡和空军上将什图姆普弗代表德国在投降书上签了字。

▲ 德国海军元帅邓尼茨的代表约德尔在法国兰斯签署投降书，向盟军无条件投降。

在此后的几天里，各地战场大约 400 万德军向盟军投降了。在一些地方岛屿上，德国守军直接向他们看守的盟军俘虏进行了投降。至此，欧洲战场终于以盟军的最后胜利而宣告结束。

可以说，在赢得世界反法西斯战争伟大胜利的历史进程中，苏军不仅立下了不可磨灭的丰功伟绩，还付出了天文数字般的、令人触目惊心的巨大代价。然而，也正是因为这个因素在战后逐渐加深了苏联与西方盟国之间的隔阂和分歧，最终演变成为一场持续近半个世纪之久的"冷战"。

几乎从一开始，苏美英三大国之间就为如何占领和管理柏林而口角不断。随着时间的推移，苏联与西方之间的相互猜疑达到了极限。

出于地缘政治等因素的考虑，尤其是经历了德国人发动的"巴巴罗萨行动"的可怕噩梦之后，对战争心有余悸的苏联领导人决心不让自己的国家再次遭到这种大规模的野蛮入侵。

在这种心理的支配下，强硬的苏联领导人在德国和东欧之间构筑起一道"防波堤"，德国被一分为二，欧洲也分裂为两大对立阵营。在 1945 年的 5 月份，出于对苏联红军的极度恐惧，绝望之中的柏林居民纷纷拖儿带女逃往西方。在此后 50 年间，这种类似于以色列人"出埃及"式的逃亡行为不断上演，成为欧洲的一种旷日持久的现象。

第九章

尾声：日本投降

一、重返菲律宾之战

盟军突破"太平洋防波堤"——马里亚纳群岛

战争双方通过三年的较量，双方实力越来越悬殊，日本战败已成定局。尤其是美军占领马绍尔群岛和对特鲁克的袭击以后，使日本统治集团感到，盟军反攻的速度在不断加快，随时都有可能被盟军攻占的可能。

为了改变战争的不利局势，日本大本营决定立即加强中太平洋的防御。1944 年 2 月，联合舰队司令部从特鲁克迁到帛琉。同时，水上飞机主力的前哨基地也迁到帛琉。2 月中旬，直属大本营的第 1 航空舰队开到南洋和菲律宾一带。

接下来，大本营相继成立了由小烟英良任司令官的新编第 31 军、由南云忠一任司令的中太平洋舰队、由小泽治三郎任司令官的第 1 机动舰队。日本当局可谓做足了充分的战斗准备。

4 月间，当日本侦察机在加罗林群岛发现美国航空母舰突击队之后，联合舰队司令部又从帛琉群岛迁往菲律宾南部的达沃。

5 月 3 日，日本大本营向丰田副武发出"阿号作战"命令。命令决定集中大部分的决战兵力，一举消灭美国的舰队，挫败美国的进攻意图；预定以 5 月下旬为目标，在从中太平洋至菲律宾及澳大利亚北部一带海域捕捉美国舰队的主力。

与此同时，美国舰队也做好了进击马里亚纳群岛的准备工作。3 月底，美国第 58 航空母舰特混舰队向加罗林群岛西部进发，准备去袭击日本联合舰队的新基地帛琉群岛。4 月初，第 58 特混舰队对帛琉进行了第一次打击，几乎炸毁了地面上所有的飞机，炸沉了停泊在港内的大小舰只，并对附近的雅浦等小岛进行了袭击，然后安然返航。

4 月中旬，第 58 特混舰队再次出动，直接支援麦克阿瑟部队攻打荷兰底亚。

6月6日，即欧洲盟军在诺曼底登陆这一天，斯普鲁恩斯指挥的美国第5舰队从马绍尔群岛的马朱罗基地起航，以米彻尔为司令的第58航空母舰特混舰队为先导，紧接着是由535艘舰艇组成的两栖作战部队，载有12.7万名地面作战部队的官兵向西北方向进发，直指马里亚纳群岛。

6月11日，米彻尔命令他的舰基飞机猛烈袭击马里亚纳南部诸岛。由于日本在中太平洋的一部分飞机被调到哈马黑拉岛保护比亚克去了，因此，敌人飞机损失惨重。

6月13日，米彻尔派出7艘新型快速战列舰去轰击塞班岛和附近的提尼安岛。14日，他又派出2个航空母舰特混大队去袭击硫磺岛和乳岛的飞机场，以切断日本本土同马里亚纳群岛的空中交通联系，从而完全孤立马里亚纳。

美国第5舰队于6月中旬进攻马里亚纳群岛，完全出乎日本大本营意料之外，他们估计盟军将在6月以后发动攻势。所以，日本海空军的一部分兵力还在新几内亚西部同麦克阿瑟的部队争夺比亚克岛。

6月13日，当美国海军对塞班和提尼安岛实行炮击以后，形势已基本上明朗了。当天晚间，日本联合舰队总司令丰田副武发出命令，要部队根据"阿号作战"计划准备决战，同时还命令在新几内亚西部作战的部队返回原驻地。

6月15日凌晨，美军开始在塞班岛登陆。这一天，日本大本营还把停放在横须贺的海军航空兵的120架飞机拨归联合舰队，丰田便用这批飞机组成八幡航空队，调往硫磺岛，由第1航空舰队指挥。

小泽治三郎指挥的日本第1机动舰队于6月13日接到了准备决战的命令，便电令参加比亚克岛战斗的几个分舰队向他集中。6月16日，在帛琉群岛北面的公海上，小泽与他们会师。

这时，由9艘航空母舰为中心的日本第1机动舰队便向东航行，直指马里亚纳群岛。

6月19日天明，日本舰队到达塞班岛西面海域，小泽决定在这里击溃美国的航空母舰和其他舰只。

6月18日下午，美军情报部门得知，日本机动舰队在美国舰队西南570千米处。斯普鲁恩斯在和参谋们讨论了1小时之后，决定不去迎击敌人。他在命令中说："我们的主要目标是攻下、占领和守住塞班、提尼安和关岛。其余任何事情都必须服从这个主要目的。"在这种情况下，第58特混舰队主要是掩护部队，保护塞班岛的滩头阵地。

▲ 日美海战中被击沉的日军战舰

6月19日清晨，美国舰队派出33架飞机去袭击关岛。这时岛上的日机正准备去进攻美国第58特混舰队，于是双方便展开一场短促的空战。美机击毁日本战斗机30架、轰炸机5架。

19日晨6时许，第58特混舰队改变了方位，开向西南，等待进攻。到上午10时，美舰雷达发现240千米处有飞机从西面飞来。第58特混舰队稳步地开去迎战，出动所有可用的战斗机，总共450架以上。接着米彻尔又命令所有的轰炸机和鱼雷轰炸机起飞，去轰炸关岛的机场，使日本飞机无法再利用它们。

在先后持续 8 小时的激烈空战中，日本第 1 机动舰队的飞机损失惨重。在空战正酣时，有 15 架日机同时中弹起火，像燃烧着的火鸡一样慢慢坠入海中。美国飞行员得意地把这次空战叫做"马里亚纳打火鸡"！

小泽的旗舰、重型航空母舰"大凤"号和另一艘航空母舰"翔鹤"号被美国鱼雷击沉，人员损失很多。小泽命令舰队向西北方向撤退，以便加油，并准备在第二天再战。

6 月 20 日，美国舰队到处搜索日舰，到 16 时才获悉，日本舰队在第 58 特混舰队西北 350 千米处，向西航行。16 时 30 分，米切尔命令 216 架美机起飞追击日本舰队，并炸沉航空母舰"飞鹰"号，炸伤另外 2 艘和战列舰、巡洋舰各 1 艘，击落日机 40 架。

▲ 夜幕降临，美军舰载机燃料耗尽，米彻尔上将命令所有军舰打开探照灯引导战机降落。

在持续 2 天的菲律宾海战中，美国损失飞机 100 架。日本舰队遭到惨败。陆基飞机丧失殆尽。参战的 360 架舰载飞机只剩下 25 架。更为惨痛的是，参战的几百名飞行员也同飞机一起葬身海底，这是短期内无法弥补的损失。

日本舰队在菲律宾海的惨败，为美军占领马里亚纳主要岛屿打开了方便之门。

攻破日本防卫大门——塞班岛

塞班岛一年四季都是夏天，终年遍地鲜花，是南海的乐园，是最优美的旅游、疗养胜地。它的面积为 120 平方千米，距东京 2000 多千米，笠原群岛 700 多千米，是第一次世界大战后日本委任统治地的政治中枢。塞班岛的战略位置十分重要，占领了它，就等于攻破日本的防卫大门。如果从岛上机场出发，美国的超级空中堡垒飞机便可以直接轰炸日本本土。

在塞班岛上担负防守任务的是司令官小烟英良率领的第 31 军。而小烟英良当时出差，不在岛上，由第 43 师团长斋藤义次中将指挥。中部太平洋方面舰队司令长官南云忠一海军中将和第 6 舰队司令长官高木武雄中将也在岛上参加指挥。

日本陆海军首脑在连续惨败之余，已经乱了手脚，意见出现分歧，一会儿把右边的兵力往左调，一会儿又把左边的兵力往右调。再加上战线拉得太长，陆军和海军的实力都在锐减。而且在塞班岛这样重要的战略要地，防卫兵力甚少，野战阵地构筑得也不完整。

塞班岛上日本守军计有陆军 27500 人，海军 1 万人，兵力不足。为了拼死挣扎，岛上的日本冲绳县人、朝鲜人共 2.1 万余人及岛上原住民 4000 人，也全部被征集来参加战斗。

日本陆军第 43 师团是在 1943 年 7 月新组成的，原驻防在名古屋附近。5 月 9 日，主力由名古屋港秘密出发，5 月 19 日到达塞班岛。第二次输送一个联队共 4000 名，途中运输船被击沉，只有约 1000 名士兵在海上漂浮中遇救，6 月 9 日才到达塞班岛。这个师团能够担当防卫的只剩下 1.3 万了。

由于塞班岛海岸边都是珊瑚礁，土质疏松，很不牢固。再加上时间仓促，建筑材料不足，粮食和弹药的准备都不充分，防卫能力十分薄弱。

▲ 美军战机飞越塞班岛上空，以掩护两栖作战部队登陆。

在第 43 师团后续部队到达塞班岛的第 4 天，6 月 11 日午后，美舰载机 200 架猛烈轰炸塞班岛，140 架轰炸提尼安岛，140 架轰炸关岛。

第二天早晨，480 架美机铺天盖地飞临塞班岛上空，炸弹密如雨下，把塞班岛的中心城镇加拉潘大部分夷为灰烬。

6 月 13 日，又有 120 架次飞机轰炸港湾、飞机场，并把新构筑的阵地变成弹坑，塞班岛周围已被美军的战舰完全包围。

紧随飞机轰炸以后，美军舰炮轰击的目标是海岸炮台、高射炮阵地、物资储存处、防御阵地等，连续炮击三昼夜，对岛上的破坏程度是太平洋战争中过去所未曾有过的。塞班岛上的椰子林全部烧光，露出地面的阵地全被炸平，日军司令部和各部队之间的通讯线路全被切断，指挥机陷于瘫痪。

从 6 月 15 日黎明，美军舰炮猛烈射击两小时后，大编队飞机向登陆预定海岸的第二线阵地进行地毯式轰炸，从海上的航空母舰上起飞的"复仇者式"飞机进行最后一轮轰炸。当天傍晚，美军冒着持续不断的日军炮火，已有 2 万多海军陆战队连同重武器登陆成功。

美海军斯普鲁恩斯将军为总指挥官，荷兰德·史密斯海军中将指挥登陆部队共约 6.2 万兵力，准备一举攻占塞班岛。

16 日，精锐的后续部队继续登陆，不断扩大占领地域。此次登陆战，2 万名美军共死伤约 2500 余人。防守部队由斋藤义次师团长指挥疯狂反扑，都被美军强大炮火和坦克的火力压垮，迫使日军主力部队节节后退。

到 17 日傍晚，日军防守部队已伤亡一半以上，第一线主力部队已基本被消灭，剩余日军只好撤退到山地的地下阵地中去。

塞班岛中部有一座塔波乔山，地形非常复杂。日军在山内修筑洞窟阵地，构筑四通八达的要塞，给进攻的美军造成很大困难。

美步兵第 27 师的两个团遇到日军顽固抵抗，连续三天不能前进一步。6 月 23 日以后，美军加强攻势，在连续的炮击掩护下，美军发起立体进攻，日军潜伏在洞窟内顽固抵抗，战斗非常激烈。26 日傍晚，美军占领塔波乔山，继续北进，30 日占领塞班岛上最大的水源地，7 月 3 日占领加拉潘市区。

6 月 26 日，美装甲部队突破日军严密防线，占领塔波乔山山顶。部分残余日军仍躲在山北麓进行顽抗。

美军三个师由南向北稳步推进，日军的抵抗越来越强，决心死守。美军的伤亡也很大。美总指挥官特纳少将对进攻速度太慢很不满意，决定亲临阵前指挥，战况十分激烈。

7 月 7 日傍晚，日军已只剩下 3000 多人，其中还包括伤病员在内。到这时，日军向美军阵地发起自杀性的总攻击，发了疯的日军一面高喊万岁，一面往前冲，直至死亡殆尽。

守军指挥官斋藤义次中将自杀。偷袭珍珠港的联合舰队司令官南云忠一中将也在岛上用手枪自杀。

据战后统计，塞班岛上日本陆海军共有约44000名，战死41000多名。2万多非战斗员中，有日本人、朝鲜人，有些被强迫自杀，有些被日军处死，共死亡8000～10000人。这次战役中，美军也付出了很大代价，战死2053人，受伤及失踪约13000人。美军在拿下塞班岛和打垮了日本舰队的空军之后，便取得了马里亚纳地区的制空权。

▲ 塞班岛一役中投降的日军士兵

东条英机内阁垮台

1944年初，日本伊势神宫社务所收到一封来信，这封信是堺市金冈陆军医院内的一位伤残军人写来的，表达了受压迫受奴役的日本人民再也不能忍受东条等一小撮军国主义分子的欺凌了。信中这样写道：

"日本战败，我们希望看一看天皇成为美国俘虏、成为奴隶时的模样。喜好战争的日本，命中注定要遭到老天爷的惩罚，一定失败。立即和美英握手拯救一亿国民吧！只有这样做，才能使我们的丈夫、儿子、父亲不再被运往战场，不再在空袭下担惊受怕，肚子也能吃上一顿饱饭。我们厌恶战争，东条英机是不是第二个平清盛呢？"

平清盛是日本历史上源平之战的战败者，在此把东条英机比作平清盛第二，可见日本国民对他的愤怒。东条英机内阁执掌日本朝政两年四个月，最初任首相兼陆相兼内相，后来还兼外相、文部大臣、商工大臣，到1944年2月，又兼任参谋总长，集军政大权于一身，专横独裁无以复加。

及至塞班岛全军覆没，太平洋的制海权、制空权完全落入盟军之手，不仅日本国民怨声载道，甚至连朝野上下都迫切盼望东条早日下台，于是，日本统治阶层内部也发生了倒东条英机运动。

日本统治阶层内部倒东条的运动发生在1944年2月特鲁克等岛屿被空袭的时候。这座"不沉的航空母舰"变成日军的墓地，形势严峻。紧急关头，日本大本营内部的军务局长、作战科长、战争指导科长等主要决策人员一致认为，当时已经很难依靠作战来挽回败局了，应该讨论结束战争的办法了。

7月3日，大本营第一部作战指导课长松谷诚大佐在陆军大臣室向东条陈述了大家的意见，并且指出德国一旦崩溃，日本也应该考虑结束战争。在战况最不利的情况下，只要能保持国体不改变就可以了，并建议派特使去苏联，加紧对苏外交。

对于东条来说，谁胆敢提反对意见就整谁，这已成为惯例。松谷的直言让他大为不悦，第二天便下令把松谷贬到中国派遣军去当参谋。在这种淫威之下，再没有人敢提出结束战争的建议了。

由于海军内部和众多元老重臣都对东条指导战争处理国务感到失望，7月17日下午，陆军部召集两位次长、次官、军务部各部长会议，讨论今后的战争指导方针，会议共提出四条可供选择的方案：

1.不管后果如何，年内动员所有力量进行决战；2.年内把主要国力和战斗力投入到决战中去，尽可能保证国内有自给存活的能力；3.兼顾作战和国内存活两个方面；4.以自给存活为重点，尽最大努力作战。

日本陆军内部高级干部对战局政局的忧虑已无法克制，纷纷要求东条辞职，日本政局更加不稳。当天，陆军部次官富永恭次把陆军部会议的内容如实报告给东条，要求他不再担任参谋总长，主张由梅津美治郎继任。

7月17日零时20分，东条改组内阁的方针遭到重臣会议否决。17日晚，内务大臣木户把重臣会议要求东条内阁下台的信息直截了当传达给东条。

18日上午10时，东条召开内阁会议，决定内阁全体辞职。19日新内阁成立，由朝鲜总督小矶国昭陆军大将任首相，杉山大将任陆相，米内光政海军大将任海军大臣。

8月19日，裕仁天皇出席新内阁首届最高战争指导会议，在判断世界形势方面，承认德国已经失败的事实，但回避讨论如何收拾本国战局的问题。会议认为，不管欧洲形势如何演变，日本一定要倾注全力击溃盟军，为完成最终战争目的。

然而，对新内阁的夸张语调和一厢情愿的梦想，日本政府和大本营都处于六神无主的状态。中国战场的形势发展对日军也越来越不利。日本打不赢已是定局，诱降蒋介石已不可能。100多万日本军队被困在中国战场抽不出身来，极大地支援了美英盟军在太平洋战场上的战斗。对苏外交也严重受挫。

小矶首相试图与中国政府谈判停战事宜，以便从中国战场腾出手来挽救局势。对此，不仅中国政府不理睬，日本国内也极少有人支持。这是一个短命的内阁。

莱特湾海战

盟军突破了日本的"太平洋防波堤"的防御线，从此可以任意选择进攻目标进行轰炸，甚至在日本本土登陆，从根本上改变了对日本的战略态势。而以对外掠夺和海上运输为基础的日本战争经济的弱点日益暴露，战略物资储备已消耗殆尽，经济实力日渐衰落。

▲ 在莱特湾海战中，美国"冈比亚湾"号护航航母在追击日舰时遭到日军舰载机的轰炸，不幸沉没。该护航航母排水量7800吨，载机28架。

在这种新形势下，日本大本营于1944年7月21日作出如下决定：

1.加强菲律宾、中国台湾、琉球群岛、日本、千岛群岛这一水域的第一道防御线；

2.进行准备工作，以防盟军一旦在这条防御线的任何地方发动进攻时，都能集中陆海空军力量阻截和消灭敌人；在这条防线上的作战统称"捷号作战"。

遵照大本营的指示，各个方面军的司令官命令部队做好决战准备。

8月4日，日本联合舰队得到指示，应在菲律宾方向作战，在决定性的海战中打垮盟军。日方配备了三个舰队迎击美军的进攻。第 1 机动舰队配置 7 艘航空母舰，第 2 舰队拥有 5 艘战列舰和 11 艘重巡洋舰，第 5 舰队有 3 艘巡洋舰和 7 艘驱逐舰。

美军这时在太平洋上已拥有海空军优势，可以任意选择进攻目标。但陆军上将麦克阿瑟和海军总司令金意见不一，各有主张。前者要迅速占领菲律宾，后者认为要取得达沃空军基地。二人僵持不下，参谋长联席会议也感到棘手。

1944 年 7 月底，罗斯福跑到珍珠港亲自出面协调。他召集这两员大将开会，希望找到陆、海军都能接受的战略决策。会上，麦克阿瑟向罗斯福力陈占领菲律宾的政治和军事意义，这位总统也表示信服。

1944 年 8 月，尼米兹命令美国第 3 舰队司令哈尔西从南太平洋北上，接替斯普鲁恩斯指挥中太平洋舰队，并计划参加即将到来的对菲律宾的进攻。为了给进攻菲律宾的部队准备前进基地和后勤供应基地，哈尔西的部队要在 1944 年 9 月 15 日拿下加罗林群岛西部的帕琉群岛，占领帕琉群岛和马里亚纳群岛之间的犹里斯珊瑚岛。

9 月间，根据尼米兹的命令，第 5 舰队、第 5 两栖作战部队司令和地面部队指挥官分别由哈尔西、西奥道、威金逊和盖格担任，同时第 5 舰队改称第 3 舰队。海军中将米彻尔仍然指挥快速航空母舰特混舰队，其番号由"第 58"改为"第 38"。

1944 年 9 月初，美国第 3 舰队司令哈尔西在他的旗舰"新泽西"号上与第 38 特混舰队会师，并开始对菲律宾中部进行空袭，以便对即将进行的进攻摩罗泰岛和佩列流岛给予战略支援。空袭结果令人满意。

1944 年 9 月 15 日，美国西南太平洋部队和中太平洋部队协同一致，对日军控制的 2 个岛屿摩罗泰和佩列流发动进攻。西南太平洋的第 7 两栖作战部队越过了重兵防守的哈马黑拉岛，运载 2.8 万名部队，突然袭击，一举攻下了摩罗泰岛。岛上日本守军几百人仓皇逃入山中。

9 月间，美军还占领了附近的小岛安戈尔和东北部的犹里斯岛。这两个小岛也作为空军基地和后勤基地，为进攻莱特提供了方便。

1944 年 9 月和 10 月上旬，美国第 3 两栖作战部队集结于马努斯，第 7 两栖作战部队集结于荷兰底亚，准备向莱特发动进攻。与此同时，盟国空军也广泛出击，以孤立莱特。

10 月 17 ~ 18 日，美军先头部队便在莱特湾两岸的小岛上登陆，以掩护大军的进攻。

10 月 20 日凌晨，美军运输舰开进莱特湾，直指攻击目标——莱特首府塔克洛班附近，另一支部队进抵塔克洛班以南 27 千米的杜拉格附近。在对海岸进行了最后的炮击之后，部队分乘各种登陆艇，包括两栖坦克，冲向海滩。日军大多退到西北部山区事先准备好的阵地，抵抗微弱；美军伤亡很小。与进攻太平洋上其他岛屿相比，莱特登陆非常顺利。

到 20 日日暮时，6 万名进攻部队和 10 万吨物资和装备已经上了岸。莱特湾两岸的滩头阵地都扩大到 1.6 千米以上，塔克洛班飞机跑道也落入美军手中。

▲ 麦克阿瑟率部重返菲律宾，兑现了他当初撤退时立下的誓言。

在第1批部队登陆莱特后几小时，麦克阿瑟在菲律宾总统奥斯敏纳陪同下，乘一艘登陆艇驶向岸边。但因码头太小，舰艇太多，无法泊岸。麦克阿瑟不得不跳到水中，趟着齐膝深的海水走到岸上。他立即向所有的菲律宾人发表广播演说："菲律宾人民！我回来了！……"

麦克阿瑟在莱特登陆出乎日本陆军中将铃木宗作的意料之外。10月17日，当丰田得知美军先头部队已在莱特湾登陆时，他马上命令日本机动舰队分4路向菲律宾进军。18日下午，停泊在林加岛的栗田健南指挥的第1突击舰队从北面进入莱特湾，以打击美国舰队，在滩头附近攻击美国两栖部队的运输舰只。

栗田舰队的其余舰艇由西村祥治率领，开向莱特湾的南口，从南部打击美军，配合栗田南北合击。

停泊在琉球群岛北部天见岛的志摩清英的第2突击舰队在接到丰田命令后，立即南下莱特湾南口，与西村合作，打击美军。

泊在日本内海的小泽治三郎的主力舰队也迅速南下菲律宾海域，其任务是引诱美国第3舰队离开莱特湾附近到公海来决战，使美国运输舰只无人掩护，好让栗田等突击舰队进攻。

这时，美国第3和第7舰队实力雄厚，水面舰只和舰载飞机都占优势。

10月23日～26日，连续4天的海战中，美国舰队共击沉日本战列舰3艘，航空母舰4艘，轻、重巡洋舰10艘，驱逐舰9艘。此时日本海军已经名存实亡。美国方面损失伤亡相对较小，莱特湾海战是美国海军的一大胜利。

美军重返菲律宾

日本舰队在莱特湾海战中惨败之后，岛上的陆军却进行着顽固的决战。直到1945年1月1日，美军在极为艰苦的战斗中才迫使日军逐渐后退，莱特战役基本结束。

还在莱特战役期间，美军就在民都洛岛登陆，以便取得进攻吕宋的基地。进攻吕宋的日期定为1945年1月9日，克鲁格指挥的第6集团军负责进行这个战役。艾奇伯格指挥的第8集团军接防莱特、萨马和民都洛，并准备肃清吕宋以南诸岛的日军。

澳大利亚第1集团军负责消灭新几内亚、新不列颠和布干维尔被孤立的日军，夺回婆罗洲（现名加里曼丹）及其丰富的油田。第6集团军计划在仁牙因湾登陆，占领中吕宋平原，拿下马尼拉。菲律宾的游击队要破坏吕宋南部的交通线。金凯德指挥的第7舰队定名为吕宋特混舰队，负责运输、掩护和支援登陆部队。哈尔西的第3舰队空袭台湾和吕宋北部的目标，进行战略支援。

山下奉文的第14方面军在吕宋已增至25万人。岛上只有150架日本飞机，这时日本第1航空舰队司令大西泷次郎，利用青年愿意拼命的心理，倡导神风突击战术：飞机满载炸弹对准敌舰的甲板猛扎下去，撞得

▲ 满载士兵的美登陆艇总队在海岸警卫队坦克登陆艇的引领下，缓缓向新几内亚桑萨波角进发。

机毁人亡，引起敌舰大爆炸而将其摧毁。

于是，日军中便出现一大批这种亡命徒式的"神风特攻机队"，使美国军舰遭到可怕的损失。10 天之中共炸沉 17 艘美国舰艇，重伤 20 艘，轻伤 30 艘。但是山下失去海空军支持，孤立无援，很少有守住吕宋的希望。

为阻挠吕宋落入美军手中，山下计划进行拖延战术。他把部队分为 3 组：尚武集团，在北部，14 万人，防止盟军从仁牙因登陆；建武集团，

▲ 日美吕宋岛之战

在中部，3 万人，保卫克拉克机场设施；振武集团，在南部，11 万人，保卫南吕宋。

1945 年 1 月 9 日，美国第 6 集团军的 4 个师在仁牙因湾登陆，31 日占领克拉克机场及其要塞等设施。2 月 3 日，美军进抵马尼拉外围，但经过 1 个月的苦战，美军才肃清了菲律宾首都的敌军。日军败退时恼羞成怒，残杀了数以万计无辜的和平居民。此后，吕宋的日军退往东部山中，负隅顽抗。

到 1945 年 9 月初，被困的日军纷纷向本岛的美军缴械投降。9 月 3 日，在吕宋中北部山中苟延残喘的日本第 14 方面军司令官山下奉文大将和参谋长武滕章中将，在碧瑶向美军签署了投降书。菲律宾的日本侵略者彻底失败了。

1944 年 10 月，美军在莱特登陆时，菲律宾人民抗日军为了配合盟军的攻势，对日军展开了大反攻，解放了许多地方。其中民抗军中的华侨抗日游击支队非常活跃，他们和菲律宾人并肩战斗，共同打击日本侵略者，用鲜血结成了战友情谊。

1945 年 1 月，人民抗日军在八打雁进行牵制战，使美军能在仁牙因湾出敌不意进行登陆。人民抗日军还切断了日军后方重要交通线，从而加速了日军在马尼拉周围基地防御线的瓦解。

美军重返菲律宾，美国帝国主义者又重新露出他们的本来面目。他们不但不感谢人民抗日军 3 年抗战和协同美军最后打败日本占领军的功劳，相反却将人民抗日军视为他们独占胜利果实的最大障碍。

为了保证战后对菲律宾的控制，美国大肆镇压菲共领导的人民抗日军武装力量，同时积极扶植以 M.A. 罗哈斯为首的菲律宾地主资产阶级右翼集团。

1945 年 2 月 5 日，美军按预定计划将参加攻打马尼拉的人民抗日军包围，解除其武装。人民抗日军总部人员也在 2 月间遭美军逮捕，后经菲律宾广大人民和人民抗日军的强烈抗议才被释放。

1945 年 3 月 3 日，美军完全占领马尼拉市，菲律宾自治政府也随之宣布恢复。

菲律宾人民依靠自己的力量，通过武装斗争，付出巨大牺牲，为抗日战争的胜利作出了重大的贡献。

二战后菲律宾人民争取民族独立的运动空前高涨，美国企图修改《泰丁麦克杜菲法》，延期宣布菲律宾独立的阴谋破产。

1946年7月4日美国宣布菲律宾独立，同时，两国签订"总关系条约"和"贸易协定"（又称贝尔协定），美国保持在菲律宾的经济和政治方面享有特权地位。美国获得了在菲律宾驻军的权利，于是建立了克拉克空军基地和苏比克海军基地。

二、盟军在太平洋上的最后攻势

杀向硫磺岛

早在1943年9月，美国就召开参谋长联席会议，研制攻打硫磺岛的初步计划。

10月3日，参谋长联席会议发出指令：1945年2月攻占硫磺岛，4月攻占冲绳。

1945年1月9日，美军在吕宋登陆后，决定由斯普鲁恩斯海军上将率领第5舰队准备向硫磺岛进击。

硫磺岛的战略地位非常突出。它地处马里亚纳群岛和东京之间，距两地都约为1200千米。一旦盟军占领该岛，对日本本土将是一个心理上的严重打击。

▲ "密苏里"号战列舰轰击硫磺岛。

1945年1月底，刚晋升为海军五星上将的尼米兹把指挥部从珍珠港迁到关岛，准备占领小笠原群岛中的硫磺岛和琉球群岛中的冲绳。

美国B-29远程轰炸机从马里亚纳出发去轰炸东京，由于战斗机的航程较短，不可能长距离往返飞行。

硫磺岛上有两个现成的机场，正好适合P-51"野马式"战斗机的航程，因而是盟军理想的空军基地。

此外，硫磺岛在马里亚纳群岛的防空体系中也是重要的一环，岛上的盟军飞机可以拦截来自日本的空中兵力。

硫磺岛长约8千米，宽约4千米，南端有座死火山——摺钵山，高170米；东北部是熔岩高地，海拔约107米；北部海滩上遍布岩石，无法通行；南端摺钵山的宽阔地带适合两栖登陆。全岛地热很高，蒸汽弥漫，到处是沸腾的硫磺坑。

1940年日本人在岛西南部修建了第一个机场。在美军攻占马绍尔群岛中的一些据点之后，日本才意识到硫磺岛的重要性，派海军和陆军各5000多名官兵驻守岛上，同时又在中部高地修建第二个机场。

后来，东条派栗林忠道陆军中将担任第109师团长和全岛总指挥。此时，硫磺岛的兵力增加到2.3万人，计有火炮120门，高射机枪300挺，步枪和其他轻武器2万支，迫击炮130门，臼炮20门，火箭炮70门，反坦克炮60门，坦克23辆。

岛上的防御工事从中部的元山（实为一个高岗）为中心，计划修筑28千米的坑道阵地。栗林不顾部下反对，主张纵深防御，不在海滩设防。

他坚持说服部下，海滩的碉堡修得再好，也经不住敌军舰炮的轰击，只能是白费材料和心思。

他召集所有的军官，正式宣布他的战斗计划：没有命令，不得射击登陆艇，也不得阻止敌人在海滩登陆。

栗林激动地强调："敌人一旦入侵本岛，每个士兵都必须抵抗到底，阵地就是自己的坟墓。每个士兵都要尽最大努力，杀敌十人。"

由于在莱特作战的耽搁，美军几次推迟进攻硫磺岛的日期，最后定于2月19日。

美军配备了以斯普鲁恩斯为总指挥、奇蒙特纳任联合远征军司令、霍兰史密斯担任登陆部队指挥的指挥经验丰富的将领与强大的军事力量实施这项计划。

从1944年12月8日起，美国航空兵就开始出动B-24和B-25远程轰炸机对硫磺岛进行空袭，持续72天。此次空袭是太平洋战争中时间最长和轰炸最激烈的一次。

美国海军也从1944年11月开始对硫磺岛进行轰击，断断续续地一直延续到1945年2月16日，即到登陆前夕。

17、18和19日三天，美国军舰对硫磺岛进行了空前猛烈的轰击，企图彻底摧毁日军的海岸炮群。美军开始炮击之后，日军马上开火，但重型海岸炮却保持沉默，以免暴露目标。

17日上午10时，当12艘步兵登陆炮艇掩护蛙人去清理海岸障碍物和察看拍岸浪花情况而进抵东海岸时，日军以为等待已久的登陆开始了，重型海岸炮一齐开火，打坏了9艘炮艇，打伤了3艘，使美军伤亡170人。

蛙人却平安返回，将海岸情况做了详细汇报。

于是，美国战列舰对准新的目标猛烈轰击。

2月19日早晨，即进攻之日，第5舰队的450艘舰艇汇集在总面积只有32平方千米的小岛周围，军舰密度之大，是整个太平洋战争中前所未有的。

在这些巨舰的周围和中间，又有482艘坦克登陆艇运载着8个营的海军陆战队员上岸去作战。

担任炮击的军舰驶近海岸1000米处才开始射击。

8时许，第一拨68艘坦克登陆艇开向海滩。

每隔几分钟就有一拨冲上海岸，迅猛异常。

最初几分钟的报告表明，日军抵抗微弱，火力稀稀拉拉。美国兵开始怀疑：日军的防御被夸大了吗？进攻前的炮击真的奏效了吗？

然而，20分钟以后，日军精心隐蔽好了的火炮、迫击炮一齐开火，构成了猛烈而密集的弹幕。

这是日本守军指挥官栗林忠道的杰作。他力排众议，坚持纵深防御，让美国人上岸，等其靠近几百米时才开火。

▲ 美军将国旗插在硫磺岛上，这成了太平洋战争中正义与胜利的最生动注解。

上午 10 时 30 分，8 个攻击营的官兵都上了岸。

到 19 日傍晚，有 3 万名陆战队员上了岸。他们的伤亡非常大，达到 2400 多人；但战果也很辉煌，第二天进到摺钵山脚下。

为争夺这座死火山，双方又打了 3 天硬仗。

23 日上午，美国 40 名巡逻队员在施里埃上尉的带领下，沿着陡峭的山坡缓缓攀登。

守军弹药全部用完，就把石头推下山坡撞击美军。陆战队员们嘴里叼着刀子，爬进小山洞，同敌人进行肉搏。

10 时 20 分，施里埃上尉和另外 5 名士兵把一面很小的美国国旗绑在一根管子上，然后把它竖立在摺钵山顶。

但从海滩向上望去，这面小小的国旗几乎看不见。

▲ 经过一番殊死搏斗，美军终于占领硫磺岛，结束了这场惨烈而悲壮的恶仗。

中午，陆战队员们又从登陆艇上拿来一面大得多的国旗，把它插在摺钵山顶上。

美联社摄影师——乔罗森塔尔把美军在摺钵山第二次升旗的情景拍了下来，并把胶卷送到关岛去洗印。

登陆指挥官通过扩音器把这个捷报迅速传开："我们拿下摺钵山了！"

筋疲力尽的士兵们吃力地走出掩体，面对着飘扬在火山顶的星条旗，情不自禁地欢呼雀跃，顿时觉得勇气倍增。

这天下午，军长哈里施米特和第 4、第 5 师师长商定，继续向北推进，拿下第 2 号机场。

陆战队员们越向北进，战斗就越趋激烈。两军短兵相接，进行白刃战。

到 2 月底，美军有的部队因伤亡和过度疲劳，竟减员 50%。

2 月 26 日，经过苦战，攻下第 2 号机场。

3 月 9 日，到达硫磺岛的东北海岸。

但日军仍躲在洞穴里，负隅顽抗，有时还进行自杀性的反扑。

美军本来计划 5 天拿下硫磺岛。但这是一块没有料到的硬骨头，整整打了一个多月。

3 月 26 日，美军才正式宣布占领硫磺岛。

硫磺岛战役是美军攻占太平洋诸岛中流血最多的一场恶仗。日本守军 23 万人，除 1083 人被俘外，全部被击毙。总指挥栗林忠道等自杀身亡。

美军付出的代价很高，但硫磺岛的价值也的确很大：3 月 4 日，第一架 B-29 "空中飞行堡垒"已在岛上紧急着陆。

4 月 7 日，108 架 P-51 野马式战斗机飞离该岛，护送 B-29 于白天去轰炸东京。

在美军占领后的 3 个月内，先后有 850 架 B-29 在硫磺岛紧急降落。如果没有这个岛屿，这些飞机大多会损失掉。

攻克冲绳岛

冲绳岛是琉球群岛中的最大岛屿。它位于日本西南 560 千米，形似一只大香蕉，全长 94 千米。

在硫磺岛战役尚未结束时，美国第 58 特混舰队便开始空袭冲绳和进行空中摄影，为进攻该地做好准备。

1945 年 3 月 20 日，日本海军下达了"以冲绳作战为当前作战的重点，应彻底地集中航空兵力，消灭前来进攻之美军主力"的作战计划大纲。

日本大本营还把陆、海军的航空部队统统划归联合舰队司令长官统一指挥。这样一来，联合舰队共拥有飞机七八千架。

▲ 1945 年 4 月，美国军舰上的 14 门舰炮对准冲绳岛猛轰。

冲绳岛上守军是牛岛满中将指挥的第 32 军，总兵力约 10 万人。由于冲绳中部和北部的地势比较平坦，难以防守。他把立足点放在南部陡峭的山冈和狭窄的山谷之中。

为了严守冲绳岛，牛岛命人深挖地堡、碉堡、洞穴以及壕沟和坑道，相互贯通，构成地下防御体系，并把大炮、迫击炮以及坦克都隐蔽在山洞里。

牛岛告诉将士们说："我们必须耐心、谨慎地掌握我们的炮火，当敌军全部人马登陆，把他们逼进内陆，一直把他们诱入得不到海军大炮和空中轰炸的后援的地方，然后，猛然行动起来，我们就能消灭敌人。"

美国把攻占冲绳作战行动称呼为"冰山计划"。按照这个计划，特纳中将指挥的登陆部队，分别从太平洋上的很多岛屿以及旧金山、西雅图出发，于 4 月 1 日凌晨到达冲绳附近的预定水域。

就像进攻太平洋上其他岛屿一样，美国的海空军还是打先锋。

3 月中旬，第 58 快速航空母舰特混舰队离开尤里斯基地，去支援和掩护盟军新的攻势。

为了给进攻冲绳扫清道路，3 月 18 ~ 19 日，第 58 特混舰队对日本九州的飞机场和内海的舰船进行连续的大规模的空袭。

虽然美国重型航空母舰"富兰克林"号受重创，800 多名舰员丧生，而且两天损失飞机

▼经过一系列的攻坚战之后，美国军舰进入冲绳岛附近海域。

116架，但却重创日本军舰好几艘，击落和炸毁日本飞机211架，并使九州地区的各种设施和交通枢纽遭到严重破坏。

3月24日，美国第5舰队的几十艘战斗舰只开始炮轰冲绳。

25日，第77师等部队占领了冲绳西面24千米处的庆良间列岛，这是整个"冰山计划"的一部分。这些小岛兵力薄弱，日本人认为它们没有什么用处。事实上庆良间列岛对美军进攻冲绳起了很大的作用。

3月27日，美军第一批供应船、油船、修理船、弹药船和其他辅助船只便开进庆良间锚地，开始为舰队服务。这样就在作战区域内建立起一个浮动的补给和修理基地，为第5舰队立下了汗马功劳。

在海空军对冲绳实施炮火准备期间，第5舰队的飞机出动3000架次进行轰炸，炮舰发射了5000吨炮弹。

扫雷舰艇扫清了冲绳海岸四周4800平方千米的水域，使支援舰艇能安然靠近海岸，做近距离的轰击。

▲ 日军神风特攻队队员驾机俯冲攻击美舰，这种自杀式的攻击行为曾一度让美军不知所措。

水下破坏小组的蛙人也侦察了西海岸事先选好的登陆海滩，炸去日军布下的预防登陆艇靠岸的障碍物木桩大约2900根。

参加冲绳战役的除美国第5舰队以外，还有伯纳德罗林斯海军中将指挥的英国太平洋舰队。英国这支小舰队称为第57航空母舰特混舰队，负责掩护冲绳西南翼，以防日本海空军从台湾来支援。

第58特混舰队则掩护冲绳的东北翼，以抗击来自日本本土的海空军。

4月1日，美国第10集团军开始在冲绳西海岸登陆。

这一天，海军陆战队第2师也同时在东海岸登陆，实行佯攻，以分散日军的注意力。

登陆部队当天就占领了两个机场，第二天推进到东海岸。

开始几天非常顺利。

特纳给尼米兹发去电报说："我也许疯了，但是看上去日军好像放弃了战争，至少在这个区域。"

尼米兹到底是帅才，他复电说："把'疯了'以后的字全部删掉！"

果然，当美第24军推进到牛岛的第一道防线嘉数高地时，日军用密集的炮火挡住美军的去路。这时，天气又下起了大雨，道路泥泞不堪。

在4月12日的激战中，美军的坦克陷入困境。美日两军苦战，陷入了可怕的僵持状态。

直到4月24日，在美军连续不断的猛攻之后，日军才退出嘉数。

5月1日，美军向冲绳增派部队，攻打南部日军阵地的兵力就增加到5个师，大大超过了日军，并重新调整了部署。

同时，美国各军、兵种协同作战，海上、空中以及坦克和地面炮兵连锁支援，海军陆战队和陆军航空兵以及海军陆战队和陆军炮兵的交替使用，显示出强大的威力，使日军无法阻挡。

5月4日，日本第32军发动最后攻势，但因没有充分掌握战况，并因遭到美军炮击和轰炸，第二天攻势即告失败，重新转入防御，进行持久抵抗。

这次攻势，日第24师团的战斗力损失一半，其他部队损失也很大。

到5月20日前后，日第32军兵员减少到3万人左右，火炮减少到60%，机枪减到30%。

美军攻势却越来越猛烈，5月24日，牛岛决定放弃首里；29日开始向冲绳本岛南端喜屋武半岛的新阵地做最后的退却。

6月初，日第32军基本完成了在新阵地的部署；从11日起开始在新阵地进行最后的挣扎，一直顽抗到6月22日。

这天早上，牛岛从设在冲绳南部第89号山洞深处第32军司令部里，向东京发出最后一份电报："我们的战略、战术、方法都已用尽了。"

22日傍晚，牛岛满中将与参谋长长勇中将一起，跪在面对海岸的坑道入口处。长勇让部下砍去自己的脑袋，牛岛剖腹自杀。

于是，日本大本营采用了"拼命"战术，用特攻机、特攻艇携带炸弹炸药向美国军舰上硬撞，以炸毁美舰。

4月6日，日军进行最后一次海上特攻。6.4万吨的"大和"号战列舰驶出日本内海，准备冲进冲绳附近的美国舰队之中，尽量击毁美国舰船，然后靠到岸边，支援冲绳日军。

4月7日早，美国潜艇发现了这支舰队。美第58特混舰队立即派出约300架飞机对这支舰队进行猛烈攻击。

中午时分，巨舰"大和"号身中鱼雷10枚，重磅炸弹5枚，小型炸弹无数。下午2时23分，这艘超级战列舰终于沉没在九州西南50海里处，舰上3332名官兵，只有269人生还，其余舰员都葬身海底。

从中日甲午战争以来，在太平洋上作威作福整整五十年的日本海军，到此完全覆灭了。

在冲绳战役期间，以日本本土和台湾为基地的日本陆、海军航空兵极为活跃。

▼战争后期，日军已无力与美军大打消耗战，于是他们改用"拼命"战术，以特攻机、特攻艇携弹撞向美舰，与美舰同归于尽。

从4月6日到6月22日，日机先后对第5舰队发动10次总攻，总共出动飞机7852架次，其中包括特攻机2393架，共损失飞机好几千架。

日机没完没了的轰炸攻击，使美国军舰上战斗警报不停，枪炮炸弹声不绝于耳，搅得水兵们神经高度紧张，有的人甚至得了歇斯底里或精神分裂症。但第5舰队的指挥官们一直坚守岗位。

5月底，尼米兹被迫调换指挥官：哈尔西接替斯普鲁恩斯，麦凯恩换下米切尔，希尔替换特纳。第5舰队又改称第3舰队。

6月10日，美国舰队撤离冲绳海域，开赴菲律宾的莱特湾。

日本飞机的狂轰滥炸，的确使美国舰队遭到重大损失。在将近3个月的频繁攻击中，总计炸沉舰艇36艘，炸伤368艘；炸死海军官兵4907人，炸伤4824人。美军为拿下冲绳，也付出了惨痛的伤亡代价。

这次战役，自4月1日美军登陆到6月22日战斗结束，陆上整整打了83天。

据不完全统计，包括由岛上居民组成的义勇军在内，日军约9万人被击毙，被俘者约7800余人，其中一半是伤员。非战斗人员的死亡超过10万人。

波茨坦会议和敦促日本投降的《波茨坦公告》

为了商讨如何处理战败国德国、意大利及其欧洲仆从国，以及对日作战等一系列重大问题，同盟国苏、美、英决定召开波茨坦会议。

1945年五六月间，经外交途径商定，三国首脑会议在柏林召开。因柏林市区破坏严重，朱可夫元帅建议在柏林西郊的波茨坦召开。

那里是位于新公园内的德国皇太子的宫殿，完好无损，没有被破坏，有足够的房舍可供与会者使用。

这个建议经莫斯科批准和美、英同意之后，朱可夫便下令进行紧张的修理和准备工作。

美国人给他们的总统及其主要助手们的住房选择了蓝色；英国人给丘吉尔选择了粉红色；苏联代表团的住房则粉刷成白色。

会议大厅中央放着一张十分光亮的圆桌，这是特地在莫斯科定做的，因为在当时的柏林找不到这么大的圆桌。

▲ 波茨坦会议现场

7月17日下午，波茨坦会议正式开幕，出席者有美国总统杜鲁门、国务卿贝尔纳斯等；英国首相丘吉尔、外长艾登等；苏联部长会议主席斯大林元帅、外长莫洛托夫等。

波茨坦会议包括首脑会议、外长会议和全体会议，仅全体会议就举行了13次。

8月2日会议胜利闭幕。

波茨坦会议讨论的问题主要是：战后占领德国的基本政治原则、经济原则，德国和意大利的赔偿，分配德国的商船队和军舰，对待意大利和罗马尼亚、保加利亚、匈牙利、芬兰的政策（包括外交承认和参加联合国组织等），波兰西部疆界，控制黑海海峡，哥尼斯堡地区让与苏联，以及对战败国某些领土的委任统治权等一系列问题。

经过多次讨论，三国政府首脑对一些主要问题基本达成了协议，有些问题还有待进一步协商，分歧一时还不能完全消除。

就像历次三大国会议一样，三国代表团之间既有沉闷的、有时是非常激烈的辩论，也有轻松的、令人非常愉快的社交活动。

7月24日，在全体会议之后，杜鲁门走到斯大林跟前。他们单独谈起话来，只有翻译员在场。丘吉尔离他们大约只有5米，他密切注视着这个重要的谈话。

丘吉尔知道杜鲁门要说什么，他目不转睛地死盯着斯大林的面孔，看看有什么反应。他看到斯大林的样子似乎很高兴。

杜鲁门告诉斯大林，他们正在研究一种新型炸弹，威力非常大，可能对整个抗日战争有决定性作用！……

不一会儿，丘吉尔在等车时，发现杜鲁门就在他的身旁。

丘吉尔问杜鲁门："事情怎么样？"

杜鲁门说："他始终没有提出一个问题。"

于是，丘吉尔便肯定，斯大林在那一天，对于英美两国长期以来所从事的这项庞大的研究过程并没有特别了解，也不知道美国在生产原子弹这一豪迈的冒险事业。

然而，就在当天，斯大林会后回到住所时，就跟莫洛托夫谈到刚才与杜鲁门的谈话的内容。

最后，斯大林笑着对莫洛托夫说："应该告诉库尔恰托夫加快我们工作的进度。"

1994年4月25日，美国《时代》周刊发表了《特殊使命》一书的摘要。

该书作者、苏联克格勃间谍头子帕维尔苏多普拉托夫披露了他们是如何窃取原子弹秘密的。

此书说明，从1942年起，苏联的特工人员就一直跟踪美国的原子弹研制计划和工作进度，并取得了一切必要的情报和资料。

斯大林对此了如指掌，所以他对杜鲁门在波茨坦所说的"原子弹"，也就处之泰然了。

波茨坦会议按计划进行。

8月1日，苏、美、英三国政府首脑分别代表三国政府签署了《柏林会议议定书》。

《柏林会议议定书》载明了三国政府首脑就下列这些重要问题达成协议：成立苏、美、英、中、法五国外长会议以进行缔结和约的准备工作，在盟国管制初期关于处置德国的政治原则和经济原则，德国的赔偿，德国舰队和商船的处置，哥尼斯堡及其附近地区让与苏联，惩处战争罪犯，奥地利问题，波兰问题，缔结和约与接纳意、保、芬、匈、

▲ 波茨坦会议中的三国领导人，前排左为艾德礼，中为杜鲁门，右为斯大林。

罗参加联合国组织。

7月24日，杜鲁门把他随身带去的一份敦促日本投降的最后通牒草案交给了丘吉尔，征求丘吉尔的意见。

丘吉尔很快同意了公告的原则，并和杜鲁门一致认为，蒋介石应被邀参与发布这个文件，而且中国应被列为发起的政府之一。

7月25日，丘吉尔在离开波茨坦回国之前说，他同意由杜鲁门自行处理发布这个文件。

因为苏联当时尚未对日作战，故未签字。后来苏联出兵对日作战时，也正式在公告上签了字，所以又成了四国对日宣言。

《波茨坦公告》于1945年7月26日晚9时20分发表。发表之后，美国的宣传机构立即采用一切可能的方法对日本广播，并散发了几百万份传单，使日本人民知道公告的内容。

《波茨坦公告》说："日本必须决定一途，彼将继续受其一意孤行、计算错误而使日本帝国陷于毁灭边沿之军人统制，抑或走向理智之路。开罗宣言之条件必将实施，而日本之主权必将限于本州、北海道、九州、四国及吾人所决定其他小岛之内。"

这份公告最后义正词严地警告日本：吾人通告日本政府立即宣布所有武装部队无条件投降，并对此种行动之诚意予以适当及充分之保证。除此一途，日本即将迅速完全毁灭。

《波茨坦公告》，实际上是反法西斯同盟国对日本法西斯发出的一份敦促投降书，对于日暮途穷的日本法西斯是一个沉重的打击。

日本本土遭受轰炸

"七·七事变"后，日军开始用飞机疯狂地轰炸中国，而且重点轰炸学校、工厂及商业区等人员集中的区域。日机继轰炸了南开大学、中山大学之后，于1939年5月，对重庆进行了一次大规模的野蛮空袭，使这座城市燃烧了几天，数百人被炸死在街道上，有许多人被烧死在绵延的大火中。一座座建筑物被摧毁，50万居民仓皇逃避……

美国总统罗斯福听到这个惨剧以后说："重庆市民受的痛苦，一定让日本人也尝一尝挨轰炸的滋味！"

太平洋战争中，盟军取得胜利的一个重要原因是美国军事工业的威力。

美军为了掌握制空权，美军每攻克一个岛屿，便能在两个星期内完成土地平整，修好机场，不出十几天便可利用它起降飞机。这个速度使日军十分惊讶。已经被炸毁的机场，过几天再乘飞机从上空查看，已经原样复初、照旧起落飞机了。

美军在太平洋上每次反攻得手后，都在攻克的岛屿上投入工兵修建飞机场，然后利用陆上基地开始对下一个岛屿的轰炸。

在海军舰船方面，美国每天能有一艘军舰建成并投入使用，被日军击溃多少美军就能很快修复或新造多少，而且还在不断增加。

日美两国不但飞机和航空母舰在数量上相差悬殊，飞行员的数量和熟练程度也相差悬殊，在飞机性能的改善方面相差也非常悬殊。

在战场起决定性作用的是1944年美军研制成功的B-29型轰炸机。它的续航距离为4000～5000千米，炸弹搭载量4吨以上，能在1万米以上高空飞翔。日军的高射炮只能射到8000米高度，

▲ 目标，日本！

▲ 美轰炸机穿过厚厚的云层，飞至东京上空，执行轰炸任务。

和美机之间还有约 3000 米的距离。日军歼击机勉强可以飞到 1 万米高度，由于无法携带充分氧气，只有紧急下降。而美机是在绝对安全区域内执行轰炸任务的。

自从塞班岛、关岛、提尼安岛被盟军收复以后，岛上的机场成为美 B-29 型轰炸机的起降基地，加上航空母舰上数量庞大的舰载飞机配合战斗，日本领空的制空权已经被牢牢掌握在盟军手里。

1944 年 7 月 6 日，美军占领了塞班岛。东京和塞班岛的距离更近，B-29 型飞机可以往返。从此，日本本州已进入 B-29 飞机飞行的半径以内。

自 1944 年 11 月 1 日开始，从塞班岛、关岛、提尼安岛的基地上起飞的美军飞机对日本东京展开了连续的大规模轰炸。最初的主要目标是东京中岛飞机制造厂武藏野工厂，前后共轰炸 13 次。

这个工厂最盛的时候有职工 4.5 万人，工厂占地面积 52 万平方米，飞机生产量占日本飞机生产总量的 28%。此外，美军还轰炸了三菱飞机制造厂、川崎飞机制造厂、立川飞机制造厂。

11 月 29 日以后，每天都有飞机出现在东京上空，投下燃烧弹。

从 1945 年元旦那天开始，美 B-29 型轰炸机连日进行波状空袭，使东京居民恐慌万分。

1945 年 1 月 27 日 14 时，72 架 B-29 轰炸机轰炸东京都最繁华的银座和有乐町，死伤多人。许多商业大厦和经济中心的巨大建筑物被炸毁。其后，每天都有飞机连续来袭。

在东京遭受的数次空袭中，最剧烈的是 3 月 10 日，4 月 13 日、14 日，5 月 24 日、25 日这 5 天的地毯式轰炸。

3 月 9 日，夜幕降下后，突然，震耳欲聋的爆炸声响起来了，在东京湾附近的下町地区，红色莲花般的火光冲天升起。空袭警报尚未发出，转瞬间东京市东西南北各方都燃起了大火——大空袭开始了，东京市民陷入恐怖的深渊中。

3 月 9 日傍晚，325 架美 B-29 型轰炸机从马里亚纳基地起飞，将 1700 吨高性能燃烧弹投掷到东京四周，完成了预定计划。然而，这只是序幕。

▲ 密集的炸弹落向神户。

1945年3月10日是日本陆军纪念日。这一天，美第21轰炸机队指挥官卡其斯·李梅中将指挥334架B-29型飞机，携带1700吨凝固汽油燃烧弹，从零时8分开始，列队飞到东京市上空，在江东区木场二丁目、白河町一丁目、二丁目以及三好町一丁目、二丁目上空连续投弹，地面燃起熊熊大火。

两分钟后，北砂町二、三、四、五丁目附近一条长带状地区猛烈燃烧，零时12分，墨田区也处于一片火海之中。这两个区人口最密，每区20多万人，在两分钟时间内就进入地狱般状态。

3月14日上午8时40分，177架B-29型飞机空袭东京都北部地区，主要是投燃烧弹，引起大火。东京都内，除天皇居住的皇宫以外，已基本上体无完肤了，到处是成片的废墟，到处是残墙断壁。

日本的工业很发达，除东京外，大阪、名古屋、神户、横滨、川崎都有重工业，称为六大工业城市。为了摧毁日本的军需工业和民用工业，使日本的战斗力和经济力陷于彻底瘫痪，只把担负组装工程的大工厂全部破坏了还不算完，还要把供给部件的工厂全部摧毁以后，才算达到了战略轰炸的真正目的。

4月以后，美军李梅中将（当时是少将）麾下又增加一个飞行团。每次都有500架B-29型飞机巡回在各大城市上空，反复轰炸六大工业城市。

自5月开始，从硫磺岛上起飞的美机更容易来袭了，美机进入日本本土更加自由。

5月20日空袭以后，新闻记者曾说：“东京大体上已经没有高地了，都被炸平了。”

6月15日，美军出动了450架飞机轰炸大阪，大阪市大部分地区被炸为废墟。

至此，第一阶段的轰炸大城市计划基本完成。

在17次大规模的总攻击中，共出动飞机近7000架次，每次平均400架以上，投下炸弹、燃烧弹共4.2万吨。美机损失136架。

从6月17日开始，对日本中小城市进行广范围的焦土轰炸。鹿儿岛、大牟田、浜松、四日市、丰桥、德山、大竹等许多城市不断受到空袭，一直到日本投降为止。

在美机的疯狂进攻下，罗斯福总统向中国人民兑现了自己的诺言，日本终于饱尝了被轰炸的滋味。

三、日本投降

痴人说梦的"一亿玉碎"

在内外交困的形势下，1945年4月25日，日本大本营提出"一亿玉碎"的口号，号召全国人民都要成为"特攻队员"，在盟军登陆本土的时候，人人都参加战斗，赤手空拳也要斗，直到全部战死为止。

5月9日，德国投降那一天，铃木首相发表谈话说：全国人民都要当特攻勇士，就是说，在日本本土再搞一次像冲绳那样的死亡也在所不惜。

日本当局号召全体国民都要当特攻勇士，但是早为自己准备了退路。早在1944年，在长野县松代町附近的山岳地带，已经修建了13千米长的坑道，准备将天皇和大本营转移到那里。另外，还给皇太后和皇太子修建了防空工程。也就是说，日本法西斯分子准备拿全国人民当牺牲品，来换取皇室和他们一伙的生存。

此时，日本的经济已经濒临崩溃。

1945年6月6日，日本召开最高战争指导会议，分析讨论国力现状和世界形势。

单就军工生产能力来说，1944年的4～9月份，只生产飞机1000多架；防空炮弹月产1万发，但一次空袭就全部被炸光；燃料需求缺口量更大，由于海上封锁，根本得不到补充；只此几项，已远远不能应付战争的需要。

▲ 日本特攻队的一架飞机在被舰空炮火击中后，拖着长长的尾焰冲向美舰，最后坠入附近的海域。

日本主要靠从中国占领区和南洋输入粮食。由于南方航路已被切断，1944年下半年，粮食月平均输入量已经比以前减少一半。食盐尤其不足，国内生产只有需要量的1/4。

饿着肚子不但不能打仗，生存也不能维持，形势非常严峻。粮食已经成为压倒一切的严重问题，日本当局不得不重新部署下一步的计划了。

1945年6月9日～12日，日本内阁召开临时会议，通过了《战时紧急措施法》和《义勇兵役法》、《国家总动员法》等6个法案，将一切平时的法令都临时废止。

《义勇兵役法》中规定，国民都要把生命献给天皇和国家。凡15岁以上60岁以下的男子，17岁以上45岁以下的女子，无论是在学校的、农村的、机关或企业工作的都要服兵役，一律编入国民义勇队，只有孕妇、老人、病人、乳幼儿可以免除。

义勇队的工作任务是防空监视、工厂设施搬迁、运送物资、构筑阵地、增产粮食等，一旦盟军登陆，便用竹枪、锄头、棍棒等和士兵一样对敌肉搏，抱着炸弹往盟军坦克上撞，与盟军同归于尽。

日本法西斯头子决意把人民捆在最后决战的战车上，强制国民牺牲生命去参加毫无希望的不义战争，使日本人民陷入了绝望的深渊。

裕仁天皇突然热衷于结束战争是在1945年6月6日的御前会议以后。其急速转变的原因，据木户内相说，可能是由于德国已经投降，对只有日本在和世界上许多国家打仗感到不安；或者是害怕苏联参战；或者是面对大规模的空袭，感到有生命危险等等。冲绳失守也是重大原因之一。

过去，裕仁天皇只听好的汇报，偏信军部的激昂辞藻，而对国内国外的真实情况并不清楚，也没有人向他禀告过。

▲ 日军被炸毁的飞机

1945年6月8日，裕仁天皇举行御前会议。第二天晚上，梅津美治郎参谋总长告诉他，日本在中国东北、华北、华中的兵力，合起来只有美国8个师的战斗能力，而且，弹药只够打一次现代化大会战。日本本土的部队装备尤其不足，还比不上在中国占领区的部队。

这些真实状况是天皇从来没有在书面上看过，没有听大臣们说过的，他听完后大为震惊。

裕仁天皇马上派侍从武官到本土防卫据点视察，侍从武官回来报告说，九十九海岸东金、片贝等地，并没有什么防卫力量。这又让裕仁增加了对本土防卫的不安，慌忙之中便迫切希望早日结束战争。

1943年11月开罗会议中，美中英三国首脑共同决议：在日本本土强行登陆，迫使日本无条件投降。这项进攻计划原本在1945年初就已经提到美国参谋长联席会议议事日程上了。但考虑到在瓜达尔卡纳尔岛、菲律宾、塞班岛、硫磺岛、冲绳岛等各次战役中盟军的伤亡人数很多，如果在日本本土登陆作战，还要牺牲更多的生命。所以海军作战部长金上将和参谋长联席会议主席雷西上将都认为没有登陆进攻的必要，只用海上封锁和空中轰炸就可以迫使日本投降了。

持反对意见的是收复了菲律宾的麦克阿瑟上将，他说："应该集中陆海空军人力和资财攻击日本九州，建成对本州能够进行决定性打击的基地，是最好的办法。从气候上分析，最适当的时间应该在11月。"这个提案，得到陆军参谋长马歇尔的支持，在中部太平洋战区战胜日本的太平洋舰队司令长官尼米兹也表示同意。

1945年5月18日，参谋长联席会议决定首先在日本九州登陆作战，简称"奥林匹克战役"，然后在日本本州关东地区登陆，简称"花环战役"。

5月25日，麦克阿瑟进行奥林匹克战役的准备，预定攻击日期为1945年11月1日。

美国扔下两颗原子弹

1939 年夏天，传闻德国正进行一项秘密工程，由铀学会的科学家担任指导，直接对柏林的陆军武器生产部门负责。这个消息表明，德国法西斯已试图利用原子科学的成果制造新式武器了。

由于逃避法西斯迫害而从欧洲移居美国的一些科学家生怕德国法西斯抢先造出原子弹来。在这种情况下，科学伟人爱因斯坦于 1939 年 8 月给罗斯福写了一封信，建议美国政府迅速采取行动，加强对铀的研究，以便制造出一种威力极大的新型炸弹。

1939 年 10 月 11 日，罗斯福接信后立即采纳了爱因斯坦的建议，并下令成立研究原子武器的委员会。到 1941 年 11 月，美英两国通过协作研究，证明铀原子的裂变可以产生巨大的能量，由此可以制造破坏性极大的炸弹。

同年 12 月 6 日，也就是日本偷袭珍珠港前一天，罗斯福批准了一项大规模研制原子弹的计划。1942 年 6 月，美国陆军部组织了"曼哈顿工程管理区"，全面负责原子弹的研制工作，其总负责人是格罗夫斯。

从 1943 年到 1945 年 7 月原子弹试验成功的两年半时间里，美国政府在田纳西、新墨西哥、华盛顿三州以及其他许多地方投资 25 亿美元，建造巨大的原子工厂，动用了 10 万科技人员和工人，在绝对保密的情况下研制原子弹。

1945 年 4 月 25 日，负责制定原子弹计划的陆军部长史汀生，向杜鲁门系统汇报了原子弹研制情况。史汀生似乎满怀信心地认为，在此后 4 个月内，原子弹的试制很可能获得成功。

6 月 1 日，史汀生向杜鲁门提出建议，一旦具备条件，就立即使用原子弹对付敌人。

1945 年 7 月 7 日，杜鲁门率领美国军政要员乘军舰到欧洲去参加波茨坦会议，7 月 15 日他们到达目的地。

第二天，即 1945 年 7 月 16 日早晨 5 时 30 分，美国第一颗原子弹在新墨西哥州的沙漠地区阿拉默果尔多爆炸成功，其威力为 1 吨烈性炸药的 2 万倍。

当天上午，杜鲁门就收到了关于原子弹试验成功的电报。

第二天，史汀生又专程飞到波茨坦，向杜鲁门汇报了试验的详情。

在此后的几天里，杜鲁门一方面和美国军政要员磋商使用原子弹的细节，并于 7 月 24 日以美国陆军部长的名义指令在 1945 年 8 月 3 日以后，立即在日本的广岛、小仓、新潟和长崎 4 个城市中选择一个目标，投掷特种炸弹。

▲ "小男孩"原子弹

7 月 26 日，美、英、中三国发表《波茨坦公告》，敦促日本投降，日本政府没有正式答复，反而表示决心作战到底。

从 7 月 27 日到 8 月 1 日，盟国飞机在日本各城市上空散发了 150 万张传单和 300 万张《波茨坦公告》。传单对这些城市发出警告，说它们将受到猛烈的空中轰炸。但日本政府并没有接受《波茨坦公告》的任何表示。美国政府便按照原定计划对日本使用原子弹进行轰炸。

7 月 26 日，重巡洋舰"印第安纳波利斯"号把原子弹的心脏部分运送到马里亚纳群岛中的提尼安岛。8 月 1 日，原子弹装备完毕，它长 3 米，直径 71 厘米，外形很像一枚普通

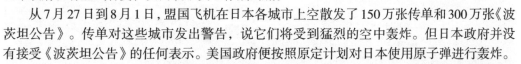

▲ 1945 年 8 月 6 日，广岛上空升起蘑菇云。

炸弹，只是大小不同而已。

1945 年 8 月 6 日 8 时整，两架 B-29 美机从高空进入广岛上空，广岛市民有很多人并未进入防空壕，而是在仰看美机。

8 时 15 分，蒂贝茨指挥的一架美机投下降落伞，伞上所系的原子弹在离地面 660 米的高度爆炸，形成一个直径 110 米的大火球，火球发放出来的热度高达 30 万℃。

广岛市中心上空随即发生震耳欲聋的大爆炸。顷刻之间，城市上面突然卷起巨大的蘑菇状烟云，全市立即被这黑暗的烟云所淹没。接着即冒起几百根火柱，广岛市遂化为焦热的火海。

这时广岛人口为 343000 人。靠近爆炸中心的人，大部分死亡。当日死者计为 78150 人，负伤和失踪者为 51408 人。全市建筑物总数是 76327 幢，全毁者 4.8 万幢，半毁者 22178 幢。

8 月 6 日下午，设在广岛的日本第 2 军总司令部，经由吴镇府转告东京："敌人使用了具有从未见过的破坏力的高性能炸弹。"

这时，日本有些人士对于在广岛爆炸的是否为原子弹还有怀疑。8 月 7 日，参谋本部以第二部长有末精三中将为委员长，由原子能最高权威仁科芳雄博士等有关人员组成调查委员会，派赴广岛。仁科芳雄一行于 8 日下午到达广岛，立即证实新型炸弹确为原子弹，并报告东京。

在这个调查报告到达东京之前，外相东乡茂德已与首相铃木贯太郎商妥，决定上奏天皇。8 日下午，天皇面谕："敌既已使用此种武器，则战争之继续更不可能，为获得有利条件起见，不得丧失结束战争之时

▼ B-29 轰炸机及轰炸（广岛）后的场景。

机，关于条件，当有协商余地，应努力迅速结束战争，可转告铃木首相。"

铃木首相决定立即召开最高战争指导会议，但因一部分成员未在，没有立即召开。

8月8日上午11时，苏联外交人民委员莫洛托夫召见日本驻苏大使佐藤尚武。日本方面久已吁请苏联斡旋和平，但苏方迟迟未予回应，大使佐藤期待着一个肯定的答复。但莫洛托夫告诉佐藤说，日本仍在继续进行战争，拒绝接受《波茨坦公告》。

苏联政府接受联合国的要求，宣布从8月9日起，苏联政府与日本处于战争状态。

苏联参战对日本统治集团震动极大。9日上午8时，外相东乡访首相铃木于其私邸。这时铃木已接到苏联参战的报告，他在听取东乡说明关于迅速结束战争的决心后，立即表示同意，并向东乡等表明决心说："由本内阁来结束吧。"

9日上午10时30分，日本最高战争指导会议在皇宫举行。

9日上午11时30分，正当最高战争指导会议在激烈争论时，美国又在长崎投下第2颗原子弹。据1992年8月9日日本哀悼长崎被炸死难者会议宣布，美国原子弹炸死长崎的日本人是95845人。

美国在广岛和长崎投下两颗原子弹和苏联出兵对日作战，加速了日本帝国主义的溃败，迫使日本政府迅速投降。

日本无条件投降

1945年8月15日，日本面对内外交困的形势，天皇召开了御前紧急会议，为了保存实力，会议决定无条件投降。

而日本政府正式签署投降书的准备工作，是由麦克阿瑟上将的司令部负责进行，仪式在美舰"密苏里"号上举行的。

据说，麦克阿瑟在签署投降书仪式上用了五支钢笔。

9月2日上午9时，签字仪式开始。麦克阿瑟从舱内出来，神情严肃地走到扩音器前发表了简短的演说。随后，他命令日本方面的代表重光葵、梅津美治郎在投降书上签字。这两

个平时耀武扬威、杀气腾腾的军国主义分子，这一天却神情沮丧、狼狈不堪。

重光葵缓慢地走到桌边，把大礼帽放到桌上，坐入椅中，脱下手套，然后从衣袋里取出一支自来水笔，在两份投降书上分别签了字。

日本陆军参谋总长梅津美治郎站着欠身签了字。

之后，麦克阿瑟邀请温赖特将军和白西华将军陪同他签字，麦克阿瑟请二人陪同是有原因的。这两位将军都是刚从日本集

▲ 麦克阿瑟在日本投降书上签字。

▲ "密苏里"号战舰上的受降仪式

中营里出来的，骨瘦如柴。温赖特将军是麦克阿瑟的副手，他曾在菲律宾向日本投降。而白西华将军是一名曾在新加坡向日本投降的英将。

这次麦克阿瑟邀请两人一同参加受降仪式，就是想让这两位死里逃生的战友享受一下胜利的喜悦，也让他们在全世界人民面前昂起头来。

麦克阿瑟走到签字桌边代表盟军签字。有意思的是，他在签字时用了5支笔：第1支写了 Doug（道格），然后把笔送给温赖特；用第2支笔写了 las（拉斯），然后把笔送给了英国白西华将军；以此来抚慰这两位受尽日本人折磨、蒙受奇耻大辱的盟国将领。

他用第3支笔写完 MacArthur（麦克阿瑟），将笔交给美国国家档案馆。

接着他又用两支笔签署了他的官衔。

第4支笔交给西点军校，这是他的母校。西点军校系美国的著名军校，培养了许多高级将领，被称为"将帅的摇篮"。麦克阿瑟当年以全班第一名的成绩在该校毕业，然后由少尉一路晋升到五星上将，并成为二战中的盟军统帅，西点军校的师生为该校出了一位世界闻名的名将感到自豪。麦将签字笔送给母校，自然有其特殊意义。

第5支笔是他从自己衣兜里掏出来的红色小笔，用后送给他的妻子。

签字完毕后，麦克阿瑟说："让我们祈祷，和平已在世界上恢复，祈求上帝永远保佑它。仪式到此结束。"

这意味着反法西斯的第二次世界大战也到此结束。

麦克阿瑟用5支笔与战败国日本签投降书。这段二战中的佳话至今仍在全世界广为流传。

下篇

二战
风云

谍光秘影

活动于中国的间谍魅影

在日本对华侵略史上，有一个最成功，也最臭名远扬的女间谍，她就是川岛芳子。

川岛芳子，原是清王室肃亲王善耆的第 14 个女儿。但是，正当这位公主天真烂漫之时，中国政局发生了重大更迭。为了匡复大清社稷，肃亲王将自己的几个儿子分别送到了东北、蒙古和日本，让他们为复辟做准备，并把自己最心爱的十四格格送到了日本，给他的把兄弟川岛浪速做了养女，加以魔鬼式的调教。从此之后，年仅 6 岁的十四格格就有了一个日本名字，叫作川岛芳子。

12 年后，川岛芳子已经出落得美若天仙，同时骑术精湛，枪法超群，而川岛浪速更是对她进行了搜集资料、使用谍报器材，以及利用美色获取情报等方面的培训。

1928 年，日本人密谋杀害张作霖，派川岛芳子到中国调查张作霖的行程。经过一系列秘密活动之后，川岛芳子发现张作霖的防备十分严密，很难有机会接近他身边的人。但是，不久之后，她在一次高级幕僚聚会中得知张作霖娶了天津名妓马月清为六姨太，并且十分宠爱。

▲ 身穿和服的川岛芳子

于是，她从北平去了天津，女扮男装去了马月清曾经待过的"天宝班"妓院，从众多妓女的身上了解到了马月清的生活习惯、个人爱好等大量的信息。川岛芳子知道马月清与净月姑娘感情最深，于是用一两黄金买到了马月清送给净月的一只玉手镯，最后还要了一张马月清与净月的合影照片。

摸清了马月清的底细，回到北平的川岛芳子又从西装革履、风流倜傥的"富家公子"摇身变成了花枝招展、艳丽无比的娇弱小姐，乘坐着豪华轿车来到了大帅府，让人通报说天津"娘家人"天宝班派人来问候六姨太。当时闲得无聊的六姨太听到了"娘家人"有些激动，就让她进了大帅府。见面后虽然有些诧异，六姨太不认识川岛芳子。但由于川岛芳子拿出了六姨太送给净月的玉手镯，睹物如见人，六姨太的怀疑很快就消除了。

当川岛芳子将从天津一老字号金店买的金首饰送给六姨太的时候，六姨太彻底相信了川岛芳子就是天宝班的人，于是盛情款待了她。吃饭的时候，川岛芳子有意无意地"提醒"六姨太"我们天津的姐妹真怕您与大帅北归关东，离得远了，见个面也就不容易了"。六姨太随口说："真让你们猜对了，大帅最近就要返回奉天。"绕来绕去，终于探听到了自己要的消息，借故匆匆离开了帅府。关东军本部从电报里收到川岛芳子发来的情报后，就紧锣密鼓地策划起来。

1928年6月4日凌晨5点半，一列从北平驶来的火车在晨曦当中驶上了沈阳皇姑屯车站附近的大铁桥。突然一声巨响，一整节车厢飞上了半空中。曾经威震四方的东北王张作霖被炸死。事发后，日本兵迅速赶到现场，以抢修铁路为名销毁了现场证据，还抓了两名抽大烟的中国人，诬陷他们是北伐军派来搞爆炸的案犯，两人做了替死鬼，被就地枪决了。

川岛芳子在皇姑屯事件中的表现得到了关东军和日本军部的一致认可，这次行动之后，"间谍之花""格格间谍"的名号也渐渐在中日两国传开了。

▲ 川岛芳子

1931年9月18日，侵华日军在沈阳发动了"九·一八"事变，东北三省沦陷。10月，日本人将溥仪劫持到旅顺软禁。川岛芳子连哄带骗，说动了婉容皇后，与她双双化装成男子，从天津抵达旅顺，与溥仪"团聚"，为建立伪"满洲国"创造了"皇帝与皇后同时登场"的条件。

日本积极策划伪"满洲国"，又害怕国际社会反对，所以他们要求川岛芳子在上海挑起事端，把各国的注意力吸引过去。川岛芳子利用其特殊的身份，经常出席上流社会的舞会，从国民党行政院长孙科嘴里套出了"蒋介石下野"的消息。她又以记者身份从蔡廷锴军长那里，摸清了19路军坚决抗战的意向。情报密告日本东京，日本政府根据上述情况，悍然决定侵犯上海。

1932年1月18日傍晚，川岛芳子买通了3个日本浪人前去三友实业社闹事；之后又去五洲大药房绑架爱国人士；并且，在1932年1月27日的晚上，炸了日本的"出云"号旗舰。第二天早上，日军就以此为借口，向驻扎在上海的19路军全面开火。

当时驻防的19路军原已奉命调离上海，突遭日军进攻。19路军总指挥蒋光鼐和军长蔡廷锴激于民族义愤，并受全国人民抗日运动的影响，毅然率部奋起抵抗。第5军军长张治中在蒋介石同意后，也率部从南京开到上海参加作战。经过1个月的激战，具有绝对优势

▲ 伪"满洲国"政府成员。居中端坐者为"皇帝"溥仪，川岛芳子则出任伪"满洲国"安国军总司令。

的日本军队，竟然被中国军队打得一败涂地。日本朝野一片哗然。

日本军部进行了深刻的检讨之后，认为必须探明 19 路军的布防，攻其弱点才能够取得胜利。川岛芳子接到任务后立即去找汪精卫，因为川岛芳子的父亲肃亲王曾经对汪精卫有过救命之恩。汪精卫碍于情面就写了一封信交给川岛芳子，让她去找上海警备司令部参谋王庚。川岛芳子宴请王庚，就在王庚喝得半醉的时候，事先已经准备好的日本特务突然出现，逼着王庚画出了 19 路军的防备绝密图，得知防守最弱的地方就在吴淞要塞的背后。

1932 年 3 月 1 日凌晨，日军绕过吴淞要塞，在浏河白茆口成功登陆，和正面日军一起对 19 路军实行了腹背夹击的总攻。19 路军为了避免全军被歼，被迫全面撤退，轰轰烈烈的淞沪抗战就这样被断送了。就在同一天，日本关东军发表了伪"满洲国"成立的宣言。川岛芳子出任伪"满洲国"安国军总司令。

东条英机上台后，为川岛芳子掌握的消息的准确性感到吃惊，将她派到北京，让她以东兴楼饭庄女老板的身份与国民党在京要员广泛接触，搜集有关和谈动向的情报。

川岛芳子利用自己过生日的机会大肆铺张，遍请在京朝野名流。其中，华北政务委员会情报局局长官翼贤、常来华北的邢士廉（据说此人与戴笠私交甚深）、伪"满洲国"实业部长张燕卿、三六九画报社社长朱书绅等新闻杂志社知名人士，以及不少梨园名人都成了座上宾。宴会刚开始，川岛芳子差人抬来一块刻着"祝川岛芳子生日快乐——北支那方面军司令多田骏"等字的银色大匾。在场的人看到这份礼物，顿时就被她的声势镇住了。这样川岛芳子很快便打通了她与国民党政界要人接触的渠道。

紧接着，川岛芳子又通过大汉奸周佛海、陈公博等人，与蒋介石的红人——戴笠搭上了线。川岛芳子在征得日本驻华北方面军参谋部的同意后，将一些非战略性的消息有意透露给戴笠，使军统感到有必要把这位蜚声中日谍报界的"东方魔女"收到麾下效力……

随着日本广岛、长崎两股死亡之烟的升起，东亚的"太阳"坠落了。那些曾挑起世界大混乱的侵略者、阴谋挑唆者、煽动战争者和狂热的军国主义者们，在世界各个角落作为战犯受到了历史的严惩。1947 年 10 月 22 日，中国法庭最终宣判：川岛芳子通谋敌国，判处死刑。

促使二战提前结束的德国"义谍"

根据近年来美国国家档案局的揭秘档案，在二战中美国派出的间谍竟然有 2 万多人。更令人诧异的是，罗斯福之子及著名作家海明威父子都是间谍。

原来，在"珍珠港事件"中，美国损失惨重。美国当局得出的教训是：由于没有一个实行集中统一领导的情报机构，各情报机构之间的竞争和隔阂妨碍了情报的充分利用。于是，在 1942 年 6 月 13 日，罗斯福总统下令组建了战略情报局，招募了大约 24000 名间谍为该局工作。

这些间谍大多数来自于美国陆军，但其中有 1/4 是包括演员、历史学家、律师、教授、田径运动员、记者等来自于各行各业的普通百姓。还有很多高级工程师也加入了这个行列，他们设计了手枪消音器、钢笔式引爆装置、小型摄影机等便携间谍器材。

在这些间谍中，最特殊的一位居然是德国人，他所提供的情报使第二次世界大战欧洲战场提前结束，挽救了无数人的生命，使日本海军遭到了毁灭性的打击！

事情发生在 1943 年 8 月 22 日，一位德国官员悄然溜进了瑞士伯尔尼英国领事馆，指名道姓要见领事馆情报部门的最高负责人。当时的英国情报人员看到那些绝密情报之后大吃一惊，他们根本不敢相信其中的内容，因为这些情报几乎包罗万象：德国国内的士气和民意、至关重要的军工厂的位置、德军的防御工事图、导弹布防情况、第三帝国与其盟友间的关系、日本的军事基地、纳粹在许多国家的情报机构和间谍名单等等，英国人以为这是纳粹设下的圈套。

在被英国情报人员赶出来之后，这个神秘的德国人又去了美国情报局。美国人当时对他的身份也很怀疑，但并没有像英国人那样一口回绝。他们对这位德国人提供的情报进行了仔细的研究，断定这是货真价实的纳粹德国绝密情报。这些情报随后被迅速送到了罗斯福总统手中。罗斯福总统也断定这个情报是真的，于是立即指示将这个德国人发展成为美国安插在德国境内最重要的间

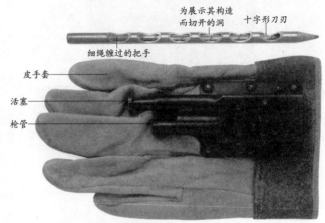

▲ 间谍用的手套手枪及隐藏的笔形利刃。

谍，代号"乔治·伍德"。于是，这名处处表现谦卑、微微秃顶的中年男子如同一只老鼠，在纳粹中间游走，从没人意识到这样一名盟军超级间谍已经安插在纳粹"帝国"最高层。

实际上，这名德国人的真名叫科尔贝，1900年出生于柏林，1939年进入德国外交部工作。虽然科尔贝在部里的职位并不高，只是个中下层官员。但是，他每天都要接收来自德国在全世界各个外交机构数以百计的机密电报和文件。

1941年9月，科尔贝被派到位于德国东部边境的元首大本营"狼窝"去送外交部的秘密文件时，听到纳粹上层领导的谈话。两名高官鼓动军队去残杀战俘、平民以及他们认为不值得活下去的人，这让科尔贝非常震惊。他第一次知道，原来这个国家已经被魔鬼统治。他希望把有情报价值的外交部文件偷偷地提供给纳粹的敌对国，帮助他们尽早结束这场罪恶的战争，建立一个新生的和平的德国。

1943年8月，他将本应销毁的外交电报和文件用绳子绑在大腿上，然后穿好长裤作为掩饰，直接跳上了开往瑞士的列车。由于他具有外交部的特别通行证，所以躲过了德国警察的严密检查。

在得到美国人支持之后，从1943年8月到1945年3月之间，他一共5次以外交部信使的身份去了伯尔尼。一次又一次的冒险让美国获得了价值不可估量的情报。在二战期间，正当英国赫赫有名的埃尼格码几百名专家绞尽脑汁破译纳粹绝密电报的时候，美国总统早已经在安乐椅上轻松地看科尔贝送来的绝密情报了，所以英国人往往比美国人晚好几个星期才能知道相同的情报，并且还是相当不完整的情报。

根据美国中情局后来解密的文件，在二战期间，科尔贝一共向美国提供了1600份价值连城的绝密情报，这些情报要用好几个巨大的盒子才能装下，摞起来足足有10米高！所有这些情报的代号都是"波士顿系列"。

因为这些情报，美国知道西班牙独裁者佛朗哥已经违背了原先西班牙保持中立的承诺，正向纳粹德国秘密提供大量用于提炼钢铁的原料。于是盟国下令对西班牙实施燃油禁运，从而使西班牙的船队无法继续向德国运送纳粹军队最急需的生产钢铁所需的原材料。

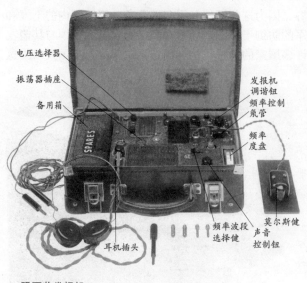

电压选择器

振荡器插座

备用箱

发报机
调谐钮
频率控制
氖管

频率
度盘

莫尔斯健
声音
控制钮

频率波段
选择健

耳机插头

▲ 盟军收发报机

科尔贝还曾将一份完整的日本海军战斗序列的清单绝密情报交给美国海军，从而让美国海军能够按单消灭太平洋上的日本海军军舰。更重要的是，美国据此破解了日本海军的通讯密码，从而使美国海军在太平洋战争几次决定性的战役中取得了辉煌的胜利。

除此之外，科尔贝还曝光了一些安插在盟国内的危险德国间谍。在科尔贝提供的纳粹间谍名单中，有一个名叫"西塞罗"的人，这是一个在土耳其境内活动的德国间谍，这个间谍本来有机会弄到盟军在诺曼底的登陆计划。还有一份科尔贝提供的材料说明，柏林方面估计盟军会将登陆地点选在荷兰或者斯堪的纳维亚半岛，而不是诺曼底。并且，科尔贝还是第一个让盟国知道纳粹对欧洲犹太人进行系统大屠杀的人。

直到二战结束，科尔贝的间谍身份也没有暴露。战后，他继续为在柏林的美国人工作，帮助美军查出隐匿起来的纳粹分子。但是，科尔贝最终在纽伦堡审判中作为证人出庭，却葬送了他想回到新的外交部工作的打算。新的外交部里仍然充斥着曾在纳粹手下工作的官员，他们把科尔贝视作盟军的走狗和祖国的叛徒，说他是"靠不住的家伙"。科尔贝也没能在其他官僚机构中谋到职，他失去了工作、朋友和声誉。

最后，来到美国的科尔贝只找到一个在瑞士代销美国电锯的工作，艰难度日，孤独终老。而曾经接受科尔贝情报的艾伦·杜勒斯则当上了新成立的美国中央情报局的首任局长。

科尔贝于 1970 年默默无闻地死去，没有任何人公开承认他在第二次世界大战中做出如此之大的贡献。许多德国人甚至至今仍认定他是叛国贼，但科尔贝对自己所做的一切没有丝毫的后悔，他最后留下的话是："一切为了德国和德意志民族，总有一天会有人理解我的良苦用心！" 50 年后的今天，德国人在了解了这所有的真相后也许真能理解他了。

"红色谍星"佐尔格

美国五星上将艾森豪威尔说过这样的话："由于得知对方部署是战争取胜的关键，所以运用谍报人员已成为现代战争中的普遍手段。"有些间谍甚至改变了战争的进程，改变了国家的命运。1941 年，日本政府破获了一起间谍案，因此直接导致了日本近卫内阁的倒台。这起间谍案的主角，就是二战六大间谍奇案的谍首、被誉为"红色谍星"的理查德·佐尔格。

举止高雅、气度雍容的理查德·佐尔格是二战中最富有传奇色彩的人物之一，他是毕业于柏林大学和基尔大学的博士。他的信条更加传奇：不撬保险柜，但文件却主动送上门来；不持枪闯入密室，但门却自动为他打开。

谁也不会想到，这位在东京德国使馆内有单独办公室的著名记者居然是苏联间谍！1941 年 11 月 23 日清晨 5 点钟，德国《法兰克福日报》驻东京特派记者佐尔格被捕。这样一位名记者被捕的消息一经传开，东京的德国人莫不目瞪口呆，难以置信。和他是多年私人朋友的德国大使馆官员们都不敢相信，同其他在东京的德国人一样，认为佐尔格绝不会有叛国的嫌疑。他的德国记者同行们还立即联名写信给大使，一致表示支持佐尔格，怀疑对他提出的指控。

德国人对这件事情非常关心，因为这是一个很微妙的时刻，他们很担心这个事件会危害德国和日本之间在军事、政治和经济等方面的全面合作关系。几天后，日本向德国使馆提交了一份照会。照会说："经我方调查核实，佐尔格本人已供认，长期以来他一直在为共产国际工作。有关案件的进一步调查正在着手进行。"听到这骇人听闻的消息，整个德国都感到震惊。他们想不通，为什么如此优秀的德国博士会是苏联间谍呢？

▲ 佐尔格用过的谍报器材。

佐尔格在高中时就报名参军，先是在西线同法国军队作战，后来又在东线与苏联人作战。他在战役中作战勇敢，还被提升为军士，被授予二级铁十字勋章。在一次战斗受伤后，他被送到了哥尼斯堡大学医院。在那里，年轻的佐尔格在思想上和性格上经历了一场革命性的转变。像同时代的许多人一样，佐尔格接受过战火的洗礼，依然对人生很迷茫。佐尔格说："我们虽然在战场上拼命，但我和我的士兵朋友们没有一个了解战争的真正目的，更谈不上它的深远意义了。"

在极度迷惑的茫茫黑夜中，他看到了共产主义，他觉得那是一道冲破黑夜的光。于是他开始如饥似渴地阅读共产主义的经典著作。1916 年，他就读于柏林大学经济系。1918 年，他开始在基尔大学攻读国家法和社会博士。不久之后，他参加了新成立的德国共产党。1924 年，佐尔格偕妻子去了莫斯科。

1927 年，中国大革命失败后，中国共产党人遭到血腥残杀，苏联在中国的间谍小组也遭到破坏。1930 年 1 月 10 日，一艘日本客轮停靠在上海港，船上走下一名高个男子，约 35 岁左右，文质彬彬，双目明亮清澈，其证件上写着：德国记者理查德·佐尔格博士。

一周后，佐尔格向德国驻上海总领事科伦贝格男爵递交了德国外交部新闻司签发的介绍信。信中写道："理查德·佐尔格博士，家住柏林，现前往上海研究中国的金融和农业问题。敬请协助佐尔格博士收集相关资料。"

"研究金融和农业问题？"科伦贝格略微思索了一下，随即又似乎有所醒悟，心照不宣地冲佐尔格使了个眼色，"明白了……"他以为佐尔格肩负着柏林方面的特殊使命。

佐尔格到中国不久便结识了国民党政府的一些军政要员。在一次赛车活动中，他在最后一段超过了排在第一位的蒋介石。可是，快到终点的时候，佐尔格克制住了自己的好胜心，略微放松油门，让蒋介石率先冲过终点。赢得冠军的蒋介石显得宽容慈善，他下车后，径直走到佐尔格跟前，主动伸出手，请教佐尔格的尊姓大名，并且执意邀请他到自己的郊外官邸做客。从此之后，他们成了"密友"。

佐尔格通过收买在南京政府工作的德国工程师、无线电通信军官施特尔茨的中国太太，掌握了国民党军南京总司令部及其所属部队的无线电通信密码、德国军事顾问相互之间的无线电通信密码和日本德国军事顾问与国民党进行联络的电话号码。此后，大量有关中国问题的情报源源不断地飞往莫斯科。

在中国期间，佐尔格以记者的身份采访了很多地方，广泛搜集情报。每到一个大城市，他都积极打入当地的德国人社交圈子和上流社会，广结人脉，并在广州、天津等地招募情报人员，设立情报网点。他发回莫斯科的情报包罗万象：蒋系军队的真正实力、武器装备、军队部署，各派军阀之间的关系，国民政府和直奉系北洋政府的对外政策与外交动向，美英法德日对华政策及其在中国的利益纠葛、相互矛盾和实力对比……

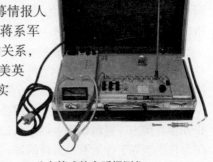

▲ 公文箱式的窃听探测仪

1931年，根据在中国的调研分析，他得出了答案：日军的下一步目标仍是中国，而不是苏联。与此同时，佐尔格还向中国共产党通报国民党军队的动向，对中国革命起了一定的作用。例如他将有关国民党引进新式武器的情报通报中国共产党，在国民党尚未投入使用时，红军便熟悉了这种武器。

1932年1月18日，日本海军与中国19路军开火。佐尔格采访了上海各战区的战斗，亲自感受了中国军队的力量，并从中国方面的德国教官那里进一步得到有关中国和日本的战术情报。

1932年下半年，佐尔格被召回莫斯科，提前结束了他的中国之行。按佐尔格的说法："如果不是为了崇高的事业，我将在中国一直待下去，我已深深地迷恋上这个国家了。"

"九·一八事变"后，苏联决定在日本组建情报网。1933年，佐尔格被派到了日本。到了日本不久，他就成立了一个潜伏在日本的苏联谍报组织"拉姆赛"小组，搜集关于日本陆军体制、领导人、内部派系等多方面的情报。他与德国驻东京的奥特大使是好朋友。因为他的全力协助，奥特官运亨通。奥特难以抵挡佐尔格博士的友谊，他把使馆的军事密码都告诉了他。所以佐尔格可以公开在大使馆办公，有机会一连几小时地研究第三帝国的绝密材料，有时干脆把材料带回自己办公室拍照或收藏在自己的保险箱里。佐尔格说："我的第一件事是把来电分门别类地加以整理。挑选较重要的新闻给使馆高级人员过目；然后着手编新闻摘要，发给侨居日本的德国人。"此外，他还编新闻通报，分发给日本的报刊。

1937年，日军攻占南京后，佐尔格曾短暂回到中国，亲眼见证南京大屠杀，将拍摄下来的一幅幅骇人照片寄回德国。

1938年，根据他的情报，莫斯科知道关东军正在积极准备向苏联发动武装入侵，提前加强了战备。哈勒欣河之战前夕，关于关东军部署、武器装备、战争物资的运输等详细情报，又被及时送到了莫斯科。开战后，苏军获胜。日本被迫与蒙古人民共和国签订停战协定。

1941年8月23日，日本最高统帅部在东京开会，作出"今年不向苏联宣战"的决定。佐尔格立即向莫斯科报告了会议情况。斯大林从东线抽调准备用于对付日本进攻的11个步兵师约25万人到西线作战，将德军遏制在莫斯科城下。约在1941年10月中旬，佐尔格又向莫斯科报告：日美关系相当紧张，日本不可能几周内向苏联开战。

佐尔格为了分析战争而钻研日本政策、计划，其详尽无遗和准确无误，真可谓达到了尽善尽美的程度。凡是他搜集到的情报都要相互验证，全面考虑，仔细加以分析。他工作之认真细致，堪称谍报活动的楷模。

佐尔格在集中精力搞情报工作的同时，自然不会忘记自己是"记者"。凭借自己敏锐的观察力和准确的判断力，他给《法兰克福日报》发回不少高质量的稿件，使自己在德国的声誉日增。

但是，在佐尔格不停向莫斯科传递情报的同时，日本特种部队的报务员们越来越频繁地截获到一个身份不明的密电码，但一时还无法破译出来。日本人因为东京有一个外国间谍网而惶惶不安，安装着无线电测向仪的汽车到处巡回搜索，整个东京的反间谍机关都投入了行动。不久，目标就锁定在了佐尔格身上。

因为佐尔格是德国大使馆的贵宾，处于日德友好的考虑，日本人不敢轻易下手。东京警察厅只好让他的情人石井花子去盘问。花子说根本没有这回事。实际上，佐尔格从未跟她透露过自己的真实身份。佐尔格知道石井花子被传讯后十分震惊，但表面故作镇静，并大胆而礼貌地批评警察厅打扰了一位盟国朋友，弄得警察厅长十分尴尬，只好赔礼道歉。

虽然逃过了这一劫，可等待佐尔格的依然是一个寒冬。警察厅从打击日本共产党入手，通过摸索搜捕了"拉姆赛"小组成员宫木。经不住严刑拷打，宫木招认了。"拉姆赛"小组的全体成员均被逮捕。佐尔格供认："我是间谍，但不是苏联间谍，而是德国间谍。"苏联政府也宣布：苏联与佐尔格毫无关系。

但是这些都没改变结局，1944 年 11 月佐尔格于东京被秘密绞死，终年 49 岁。沉默了20 年后，1964 年莫斯科当局公开了佐尔格的秘密，并于佐尔格逝世的纪念日追认他为苏联的最高英雄。苏联报刊发表了许多文章，颂扬他在第二次世界大战作出的贡献。莫斯科一条大街、苏联的一艘油轮分别以佐尔格的名字命名。

1965 年春，苏联为纪念佐尔格发行了一枚面值为 4 戈比的纪念邮票。邮票的红色背景衬托着一枚苏联英雄勋章和佐尔格的肖像。

▲ 苏联 1965 年发行的佐尔格的纪念邮票

纳粹谍王：卡纳里斯

德国是一个情报活动历史悠久的国家，也是被各国情报界视为楷模的国家。他们不仅首次把"埃尼格玛"机引入情报通信中，而且成功地窃听了罗斯福与丘吉尔的无线电通话，破译了美国使馆的"黑"密码和英国海军的密码通信，获取了苏联的最高机密……

1918 年，德国在第一次世界大战中战败，德国军队被改为国防军。但是，在最初的 4 年里德国的情报工作并没有受到《凡尔赛条约》的限制。1933 年希特勒上台以后，德国的情报机构同海陆空三军一样迅速发展起来，由卡纳里斯出任局长，负责整个德国的情报工作。

卡纳里斯的一生不仅充满了神秘的传奇色彩，还留下了许许多多的不解之谜。美国情报局认为他是"现代历史上最勇敢的人……幻想在欧洲建立一个以英、法、德为首的美国"。德国情报局称他为"空中飞人杂技员"。意大利驻柏林武官对他的评价是："毫无顾忌，智力超群。"德国军事情报局说他"诡计多端"。而德国党卫军的保安队长则说他是"最大的叛国者，自始至终都在直接地、故意地向英国出卖自己国家的军事机密"。正是其特殊的工作性质、混乱的历史环境和复杂的个人经历，使卡纳里斯成了一个不可捉摸的人。

卡纳里斯于 1887 年出生于德国北部多特蒙德市郊一个十分富有的资产阶级家庭。1905

▲ 卡纳里斯

年，年仅 18 岁、身高 1.63 米的卡纳里斯以一名军校学员的身份加入德国海军，毕业后被分配到"德累斯顿"号轻巡洋舰上服役。他的学长们是这样评价他的：尽管他有一定程度的羞涩，但他的英语说得确实很棒。卡纳里斯仿佛在语言方面天赋异常。他除英语外，还掌握了法语、意大利语，还能说一些俄语，并利用他远航南美的机会掌握了西班牙语。

第一次世界大战爆发时，卡纳里斯仍任职于"德累斯顿"号轻巡洋舰。1914 年，卡纳里斯所在的小舰队击沉了 2 艘英国重巡洋舰。但是不久之后，在福克兰群岛之战中英国海军击沉了除"德累斯顿"号之外的所有德国舰船。"德累斯顿"号逃到智利水域之后，被英国军舰击沉，所有船员被拘禁在智利的基里基纳岛上。

这个时候，卡纳里斯第一次显露出了他的间谍天赋。他设法逃到了智利本土，之后又骑马翻越安第斯山脉进入亲德国的阿根廷境内。他化装成了英籍智利人，并搞到了护照，混上属于中立国荷兰的海轮返回了德国。

卡纳里斯的这一独特经历受到了德国海军情报部门的注意，后来他成为防卫军总司令泽克特在《凡尔赛条约》空隙中千方百计保留下来的约 4000 名战时表现出卓越才干的军官之一，目的是为了使德国能有一批未来重振军备的"种子"。1933 年，卡纳里斯上任情报局长后，希特勒亲自接见了这位新任局长，并对卡纳里斯满怀希望地说："我想建立一个像英国情报局那样的机构，团结一群人，满腔热情地去工作。"

卡纳里斯不负所望，在很短的时间内就迅速建立了一个庞大且严密的情报系统。以前德国的军事情报对象主要局限于欧洲，但是卡纳里斯建立的间谍网和反间谍网却遍布世界各地，间谍活动不但在欧洲深入渗透，更渗透到南、北美洲和中东地区。战前德国招收军事间谍的主要方式是在国外的报纸上刊登贷款广告，然后在那些急需用钱的人中挑选出好的种子发展成为间谍。但是卡纳里斯利用更多的方式招聘了不少层次较高的种子，比如前德国军官和一些大学教授、律师等，然后放手给这些人管理自己的下属情报机构，从而层层建立起高效的谍报机构。

卡纳里斯不仅揪出了不少潜伏在德国的超级间谍，在向他国本土派遣特务这一问题上也做得十分出色。1937 年前希特勒禁止在英国进行大量的间谍活动，但是战争爆发前卡纳里斯很快就在英国安插了 250 多名各式各样的间谍，其中包括几名安插在英国高级官员家的佣人。这些间谍侦察到了位于英国东部的大多数重要机场、港口设施、军火工厂和油库的地址，帮了德国总参谋部的大忙。综合他们提供的点滴材料，德国军事谍报局和德国其他的情报分析家基本上对英国的战争能力有了清晰的了解。卡纳里斯甚至在 1938 年宣称："不仅英国沿岸的设施，而且大多数机场，还包括从伦敦到北海港口赫尔之间的油料贮存仓库我们都画有详细的地图。"1938 年慕尼黑会议期间，法军的动员令居然在法国海军司令达尔朗海军上将签署前就全文落到了卡纳里斯手里。英国陆空军的协作计划，他也有本事搞到，这让希特勒也惊叹不已。

在卡纳里斯的领导下，德国军事情报局无论是第二次世界大战前，还是在战争期间，其情报工作都相当活跃，特别是在德国发动入侵挪威、荷兰、比利时、卢森堡、法国和苏联的"闪电战"中，为希特勒制定作战计划，进行侵略战争，提供了大量可靠的情报依据，充当了希特勒侵略战争的急先锋。

1940年，在德国闪电占领波兰前后，德国情报局早已从破译的大量英国海军密码电报中，全面摸清了英国临战部署、调动、作战企图等重要情报，并在入侵丹麦和挪威前实行了调虎离山之计迷惑英军，隐蔽了登陆的企图、时间和地点，使得德军在战争期间受益匪浅。

在希特勒迫不及待开始进行西线进攻荷、比、卢、法四国战争筹备的时候，德国情报局依然还在继续制造"西线无战事"的假象，德国的间谍和外交人员一起散布着和平的空气，说德国对法国没有任何要求，不愿意和法国打仗；对英国只等待它归还原来属于德国的殖民地，但通过谈判可以实现"体面的和平"等等，以掩盖战争意图；对荷、比、卢三国德国一定尊重他们的中立。

在"西线无战事"假象的迷惑下，法国人以为德国入侵波兰之后，会继续东进，攻打苏联。即使要攻打法国，至少还需要四五年的准备时间。即使马上发生战争，法国的马其诺防线也可以抵抗一阵子。荷、比、卢三国的执政者特别是比利时国王利奥波德严守中立，不卷入战争的立场很坚定，对德国的承诺深信不疑。而英国对大战缺乏充分的准备，陆军少得可怜，装甲师刚刚开始筹建，空军也只有1800人。所以英国指望地面作战由其同盟承担，自己只以海上封锁战略轰炸来消耗德国赖以进行战争的经济潜力。

对于这4个国家都未认真备战的情况，希特勒已经通过卡纳里斯的情报系统了解得一清二楚。他暗中制定了代号叫"黄色方案"的军事计划。这一计划的指导思想是沿袭第一次世界大战时德国进攻法国的"史里芬计划"，即将主力放在右翼，向比利时北部的列日方向实施主要突击，横扫荷、比、卢和法国北部；而在左翼只投入较少的兵力，担任掩护。但是行动前，德国情报局一名化装成难民的女间谍，混进了马其诺防线司令部，窃走了防线地图。德军发现法国把大部分兵力赌注压

▲ 德国"秘密国家警察"盖世太保证章

在马其诺防线上，如果德军仍按原计划发起进攻，双方主力就会发生正面冲突，德军不仅要花很大的人力和物力代价，而且还不一定能成功。

基于这些考虑，希特勒立即重新制定了进攻荷、比、卢、法的作战计划：将主力放在左翼，出敌不意地从卢森堡和比利时南部的阿登山区实施主要突击，切断比利时北部英、法联军的退路，直扑加来海峡，而以右翼作为助攻方向。这样就可使法国的马其诺防线不起作用。

为了达成进攻阿登山地区的突然性，希特勒指示军事情报局进行了一个"意外泄露作战计划"的骗局：一名携带"史里芬计划"的德军军官，因天气严寒，在飞越风雪冰冻的莱茵河时迷失方向，飞到比利时被迫降落。德国进攻西欧的"史里芬计划"落入英、法军之手。英、法军得到这一计划后，果然中计。

1940年5月10日凌晨4时30分，德军突然对荷、比、卢和法国北部的72个机场实施了猛烈轰炸，很快夺取了制空权。与此同时，德军空降部队在荷军和比军的后方实施了空降，夺取机场、渡口、桥梁和一些战略要地。德军地面部队在空军掩护下大举进攻。在德国的猛烈进攻和国内"第五纵队"的破坏下，荷、比、卢三国很快就陷入失败。5月21日，从比利时撤下来的40多万英、法联军被逼到敦刻尔克周围的一小块三角地带上。英法联军面

临强敌、背靠大海，又无力进行背水一战，眼看有覆灭的危险。不得已，英、法联军进行了战争史上有名的"敦刻尔克大撤退"。

1940年6月，德军在西线取得了胜利，希特勒便认为时机已成熟，可以腾出手来进攻苏联了。为了达成进攻的突然性，卡纳里斯领导的情报局故意制造德军统帅部准备执行轰炸英国进行"海狮计划"的舆论，故意把过时的"海狮计划"送给苏联情报机关。在英吉利东岸的港口，张贴"打到英国去，活捉丘吉尔"的标语，并给部队大量印发英国地图，配备英语翻译，在海峡沿岸集结大量渡海登陆器材，配置假火箭，进行频繁的登陆演习。为了避免苏联对德国军队东调产生怀疑，情报局还通过外交人员向苏当局进行所谓"解释"，说在波兰集结的军队是派去接替即将退伍的老兵，说进驻罗马尼亚的军队只是派去协助该国训练军队的"教官"。甚至大批的德军在苏联边境集结完毕时，还说这是为了进攻英国而来到东方休整。

这些烟幕弹让当时的苏联领导人不相信德国会入侵苏联，德军顺利地把大批兵力集结在苏联边境上。1941年6月22日凌晨4时30分，德军未经宣战就向苏联发起了大规模的"闪电战"。刚一天，苏军的第一道防线就被突破。苏军伤亡惨重，被迫撤退到了内地。

卡纳里斯及其指挥的庞大军事情报机构，无孔不入地奔赴于各条情报战线中，为希特勒发动侵略战争提供了重要的决策依据。他所取得的成就，在德国情报活动史上，可谓达到了登峰造极的程度。但是令人不解的是，他最后却在暗杀希特勒的"女神行动"失败后被判处绞刑。据说在二战期间，他还录用了几名反希特勒的密谋分子进入军事情报局，并掩护他们活动。二战期间担任英国情报局长的孟席斯勋爵于1964年回忆说："卡纳里斯是个德国爱国者……拯救德国和欧洲免遭毁灭。我想我也许能帮忙，他也确实跟我联系过，要求我在中立国和他会见，目的是设计结束战争的办法。我把此事告诉安江尼·艾登。而艾登甚至禁止我给他一个回音……"

▲ 希特勒在法国视察执行"海狮计划"的德军。

太平洋战争中的秘密武器——纳瓦霍语密码

2001 年 7 月 26 日，时任美国总统的布什在国会山上举行隆重仪式，为一些已经沉默了半个多世纪的印第安"特殊密码员"颁发了美国政府最高勋章——国会金质奖章。对这迟到了半个世纪的表彰，布什也不胜感慨地说："他们勇敢工作，出色地完成了自己的任务……他们对国家的贡献值得所有美国人尊敬和感谢。"的确，正是他们编制出的不可破译的"无敌密码"，为盟军最终胜利立下了汗马功劳。

1941 年 12 月 8 日，日军如鬼魅般偷袭了珍珠港，美国被激怒，随即向日本宣战。交战初期，美国一直处于被动，因为他们的情报密码总能被精明的日本人破解。怎样才能既快速准确又绝对保密地传递军情和命令？这成了最令美军高层头痛的问题。

▲ 美军谍报员招募海报

用纳瓦霍语编制军事密码，是一个叫菲利普·约翰逊的白人出的主意。当时的约翰逊还是一名戴着金丝眼镜、衣着举止十分传统的土木工程师。他是传教士的儿子，在纳瓦霍民族保留居住区长大，说一口流利的纳瓦霍语。纳瓦霍语对部落外的人来说，无异于"鸟语"。极具军事头脑的约翰逊认为，如果用纳瓦霍语编制军事密码，将非常可靠而且无法破译。因为这种语言口口相传，没有文字，其语法、声调、音节都非常复杂，没有经过专门的长期训练，根本不可能弄懂它的意思。另外，根据当时的资料记载，通晓这一语言的非纳瓦霍族人全球不过 30 人，其中没有一个是日本人。

就这样，几百名美国印第安纳瓦霍族人被征召入伍。美军利用他们的土著语言作为电报密码，并将他们训练成了专门的密码员，人称"风语者"。正是这套纳瓦霍密码，使美军在太平洋战役中逆转颓势，赢得了最终胜利。然而，无论是战争影片的描述，还是战争史实的记叙都不见纳瓦霍人的踪影。他们成了真正的无名英雄。丘吉尔曾形象地称这些密码员是"下了金蛋却从不叫唤的鹅"。

带着玉米花粉的美军"酋长"

在美国亚利桑那州与新墨西哥州交界处，蜿蜒纵横着一条巨大深邃的峡谷。纳瓦霍人是这里的主人，他们祖祖辈辈生活在此已 400 多年。1941 年当美国被卷入第二次世界大战的时候，总数不足 4 万的纳瓦霍人散居在美国西南部这片荒凉的高原上，他们的居住区内还保留着浓厚的原始气息，没有柏油马路，没有水电供应……几乎所有纳瓦霍居民都以牧羊为生，他们居住在叫作"霍根"的泥坯房子里。早在 19 世纪 60 年代美国武装力量曾与纳瓦霍族人兵戎相见，之后纳瓦霍人被押送穿越新墨西哥州到 560 千米外新的定居点，这就是历史上的纳瓦霍人的"大迁徙"。二战开始后，当时的美国政府又对纳瓦霍人的羊群发动"围剿"，力图减少羊群的数量以便减轻土壤侵蚀和过度放牧所造成的危害。他们为什么要去为一个曾经奴役自己的祖先、杀死自己的羊群，甚至不让他们参加选举的民族去打仗呢（在亚利桑那州，直到 1948 年纳瓦霍人才获得选举权）？

"纳瓦霍民族过去的遭遇是社会冲突造成的。"艾尔伯特·史密斯解释说，他是纳瓦霍语密码译员协会主席。"而当时的世界大战则是决定'大地母亲'是否要放弃异国统治

▲ 《风语者》电影海报。影片讲述了二战期间太平洋战场上纳瓦霍谍报人员截取日军情报的故事。

的一场冲突。保卫祖国我们责无旁贷。"早在纳瓦霍族人被征兵入伍的一年前，鉴于世界的战争局势，纳瓦霍民族议会已经一致通过决议，要坚决保卫美国，抵御入侵。会议宣布："作为美洲的土著居民，没有人比我们对美国更忠贞不贰。"但是他们组成的志愿者却被送了回来，原因是国家尚未发出征兵令。再说，他们中的大部分只能讲纳瓦霍语。

1942 年 4 月，出于编译纳瓦霍密码的需要，海军陆战队征募人员来到这里，他们希望能物色一批能操流利的纳瓦霍语和英语的理想人选。1942 年 5 月，第一批 29 名纳瓦霍人被征召入伍，他们中很少有人离开过民族保留居住区。他们只是在集市上才见过"盎格鲁人"。而现在，他们很快就要跨过他们从未见过的大洋，去和他们从未见过的敌人打仗了，这实在太神秘而不可思议了。因此，他们理所当然地要举行宗教仪式。新兵们请来巫医主持被称为"赐福"的祈祷仪式。虔诚的青年们把神圣的玉米花粉当作护身之物带在身边。尚未配备武器，却已有神灵保佑的 29 名纳瓦霍士兵第一次看见了太平洋，从而走进了一个整天和教官以及海军陆战队打交道的新天地。

来到部队，纳瓦霍人游牧民族的精神马上显现了出来。当普通战士只能嚼到食之无味的压缩食品时，纳瓦霍人却能用弹弓打猎；当其他海军陆战队员在黑暗中面对寥无人迹的荒野退缩不前时，纳瓦霍人却擅长野外游击战，精于放夜哨；当其他士兵精疲力竭时，习惯了在荒野高原上行进的他们却依然马不停蹄……于是，白人士兵们把纳瓦霍人称作"酋长"。

无法破译的纳瓦霍语密码

第一批 29 名纳瓦霍士兵于 1942 年 5 月组成了海军陆战队第 383 排，在加利福尼亚海滨的一个秘密基地编制密码。在保留居住区内，纳瓦霍语主要用于口头交往，密码设计者们受命同样只保留它的口语功能。他们打破了传统的密码构成公式，创建了有 500 个常用军事术语的词汇表，并编制了一本字典。这本"鸟语字典"不能随身携带，必须被牢牢记在脑子里。

纳瓦霍语本身已是高深莫测。德国人破译英语密码时可以从共有词根着手顺藤摸瓜；日本人往往用美国大学的留学毕业生来窃听美军通讯。但是源于亚达巴斯卡语、很可能是通过陆峡从亚洲传入美洲的纳瓦霍语，是一种音调语言。它的元音高低起伏，以语调的强弱不同来表达语言内涵。一个单一的纳瓦霍语动词，包括自己的主语、谓语和副词，可以翻译成一个完整的英语句子。这套密码体系有两种密码编制方法：一是用一些不相干的纳瓦霍语单词连起来表示一个英文的词汇。比如，纳瓦霍语三个单词所对应的英文词分别为"ant"（蚂蚁）、"apple"（苹果）和"axe"（斧子），它们的首字母都是"A"，那么这三个纳瓦霍单词都可以表示英文字母 A。依此类推，英文中的 26 个字母都可以用几个纳瓦霍语的单词表示，这样再组词造句，就易如反掌。

另一种方法是直接用一些纳瓦霍单词代表特定的事物。纳瓦霍语密码编写者们在自然界中寻求灵感。他们用鸟类命名战机：猫头鹰——侦察机，蜂鸟——战斗机，燕子——鱼雷机；用鱼来命名舰船：鲸鱼——战列舰，鲨鱼——驱逐舰；有关敌方的词汇以特征代替：日本人——斜眼，希特勒——八字胡须，墨索里尼——大葫芦下巴……

魔术般的编译速度

纳瓦霍语密码设计完成之后，美军情报部队对此进行了严格测试。密码专家花了3周时间力图破译一条纳瓦霍语密码编写的信息，终告失败。连未经密码使用训练的纳瓦霍新兵也无法破译。于是，除两名纳瓦霍密码译员留在后方，向下一批新兵传授密码外，其他人立即登船奔赴前线。

当他们被派到海军陆战队的四个独立团队后，却没有想到首先遭遇到的是不信任。一位上校同意接受他们的条件是，立即举行一次人机对抗演练，并且苛刻要求这些纳瓦霍士兵在演练中的准确性和速度必须比滴答作响传递信息的密码机胜一筹，而比赛结果，却令这位上校目瞪口呆，纳瓦霍密码译员轻松取胜。纳瓦霍士兵的表现终于折服了美军的一些军官，他们开始让其在战争中充分发挥作用。

太平洋战争中，美日双方大多是在远离本土的岛屿、大洋、山林、荒漠中作战，部队的调动指挥全靠无线电通信，无线电通信是维系千百万士兵的生命线，无线电通信的保密程度决定着交战双方的生死存亡。于是在每一个驻有美军的太平洋岛屿上都有纳瓦霍密码译员的足迹和身影。面对那些稀奇古怪的密码，日本情报专家费尽心机也猜不出是什么语言，更不要说破译了。

在著名的硫磺岛战役中，纳瓦霍语密码译员们两天两夜没有睡觉，在6个通讯网中传达了800多条信息和指令而无一差错。率领陆战队登陆硫磺岛的美军将领豪尔康诺说："要不是纳瓦霍密码译员随军传递接收机密正确的军事命令，海军永远不可能拿下硫磺岛。"纳瓦霍语密码挽救了数以百万美国士兵的生命，更是为美军在太平洋战争中的胜利立下了汗马功劳。

纳瓦霍密码成了日军的心头病。当时日本人曾俘虏了一名未经密码训练的普通纳瓦霍士兵，逼他解释密码的含义。萨姆·比利森回忆说："在冰天雪地里，日本人把这个被俘士兵的衣服剥光。他的脚和地面都冻在了一起。但那个可怜的俘虏确实翻译不出来。"人们已深信这套密码是不可破译的。凭着这样的绝对优势，纳瓦霍密码员赢得了信赖、尊重，甚至敬仰。

永不消失的电波

战时及战后相当长的一段日子里，纳瓦霍密码曾被视为最高机密，每当有人问起战争时的经历，这些纳瓦霍密码译员总会简单地回答"我是个话务员"。无论是战争影片的描写还是战争史实的记叙都看不见纳瓦霍人的踪影。随着密码技术的进步，纳瓦霍密码再也没被使用过，1968年，它被美国官方正式解密，这一机密才被公之于世，这些密码员才获得了迟到的荣誉，但他们当中的大多数都已经默默无闻地离开了人世。

▲ 一位曾参加过对日太平洋战争的纳瓦霍退伍老兵

风云人物

轮椅上的巨人——罗斯福

罗斯福，美国历史上最伟大的总统之一，他连任 4 届总统，成为美国历史上任职最长的总统。他不仅是 20 世纪世界经济危机和世界大战的中心人物之一，也是 20 世纪美国最受民众期望和爱戴的总统。他的身体因病致残，但他身残志坚，因而更为世人所景仰。

1882 年 1 月 30 日，富兰克林·德拉诺·罗斯福出生于纽约的海德公园。其父亲和母亲均来自纽约州富裕的大家族，罗斯福家族是纽约州最富有和最古老的家族之一。富兰克林是他们唯一的孩子，所以从小就接受了良好的教育。1896 年，罗斯福正式就读于以培养政界人物为目标的格罗顿学校，1900 年进入哈佛大学，攻读政治学、历史学和新闻学，1905 年进入哥伦比亚大学法学院，但由于在此期间没有通过纽约州律师考试，所以辍学。这之后他受雇于纽约的一家律师事务所。

1910 年，罗斯福以民主党人的身份参加纽约参议员的竞选，开始涉足政坛。1911 年 1 月 1 日，罗斯福进入州参议院，并很快成为纽约州民主党的党内之星。1913 年，罗斯福被任命为海军助理部长。在他任职期间，第一次世界大战爆发了，雄心勃勃的罗斯福认为，英雄的时代就要来临了，所以他始终坚持美国不应该保持中立，而应投入到战争中。为此，他一直致力于扩大美国海军规模，不仅建立了美国海军预备队，还扩大了海军航空兵种。在海军工作的这 7 年，对罗斯福的一生有着举足轻重的影响。在这期间他向世人展示了他那卓越的管理能力，并迅速学会了如何与国会和其他政府部门谈判以争取财政预算。

1920 年，罗斯福作为民主党的副总统候选人，参加了美国总统选举，但此次竞选最后以失败告终。虽然竞选失败了，但他作为政治新星的光芒却未削减。选举后，罗斯福重操旧业，回到纽约法律界。

▲ 罗斯福

中国的先贤孟子曾说过，"天将降大任于斯人也，必先苦其心志，劳其筋骨，饿其体肤，空乏其身"，这话用在罗斯福身上是再合适不过了。在选举失败之后一年，罗斯福在一次度假中，不幸患上了脊髓灰质炎，导致其腰部以下永久性瘫痪。面对这一切，罗斯福并没有自暴自弃，他坚持不懈地进行锻炼，并尝试了各种治疗方法。在康复期间，罗斯福还阅读了大量书籍，为其再次登上政治舞台做好了准备。

1928 年，罗斯福在夫人的理解与支持下，重返政坛，参加纽约州州长竞选。在竞选的过程中，罗斯福身体上的缺陷成为政敌们攻击的重点，他们认为以罗斯福的身体状况不适宜担任公职。因此，在竞选的过程中，罗斯福为了在公众面前保持一个健康的形象，很少在公开的场合使用轮椅。他为了能够长时间保持站立，不得不使用金属支架来支持臀部和腿部。皇天不负有心人，所有的努力都没有白费，在这次竞选中，罗斯福以微弱的优势当选。

从这次竞选中，罗斯福认识到，在以后的政治生涯中，他不仅要和政敌们斗智斗勇，还要和病魔作斗争。1930 年罗斯福以其出色的政绩、卓越的口才与充沛的精力在纽约州州长的竞选中再次获胜。在这一职位上，他参与政治活动和管理国家事务的能力得到了很好的锻炼和培养。

1932 年，美国面临着严重的经济危机，面对失业和贫穷的美国人把希望都寄托在了新一届的总统选举上。罗斯福虽然在身体上不占优势，但他凭着在纽约州奋斗多年所形成的坚实的政治基础，以及家庭的关系，被提名为民主党总统候选人。在总统选举中，民主党动员了各式各样的社会阶层，如穷人以及劳工组织、少数民族、城市居民以及南方白人以建立新政同盟。在竞选期间，罗斯福向美国民众许诺如果当选，他会实行一个新的政策，以改变美国所面临

▲ 罗斯福就职漫画

的经济危机。他的这一许诺为他赢得了大多数民众的支持，经过不懈的努力，在 1933 年的总统竞选中，罗斯福以绝对优势击败胡佛，成为美国第 32 届总统。

罗斯福就任美国总统之后，立即兑现竞选时的许诺，着手进行改革，并提出了旨在实现国家复兴和对外睦邻友好的施政方针。为了推行新政，罗斯福组建了一个智囊团，以征询方针政策问题；通过"炉边谈话"的方式，密切与民众的联系，与反对新政的最高法院进行坚决的斗争并成功地将其改组。

1933 年 3 月 9 日～6 月 16 日，罗斯福督促国会以惊人的速度先后通过《紧急银行法》《联邦紧急救济法》《农业调整法》《全国工业复兴法》《全国劳工关系法》《田纳西河流域管理法》等，拉开了改革的序幕。

1933～1934 年新政改革进入第二阶段，即"复兴"阶段，主要措施有：整顿金融业，恢复银行信用，放弃金本位制，实行美元贬值，刺激对外贸易；扩大联邦储备委员会（即美国的中央银行）的权力；管理证券业。恢复工业，强化国家对工业生产的调节和控制，防止盲目竞争引起生产过剩；限制农业生产以维持农产品价格，避免农场主破产；规定协定价格以减少企业之间的竞争，制止企业倒闭等。

1936 年，改革的成效显现了出来，国民收入有了 50% 的增幅，改革还使得美国的工业、农业逐渐恢复。这时人们对罗斯福信心十足，都希望他能把改革继续下去。于是，罗斯福在 1936 的总统选举中以压倒性的优势再次当选总统。第二任期与第一任期对比鲜明的是，仅有少数几项重大立法在这一任期内通过。这几件重大立法有：1937 年的美国房屋管理局设立法案、1938 年的《第二次农业调整法》和《公平劳动标准法》。其中，公平劳动标准法确立了最低工资标准，这是一个意义重大的法案。经过不懈的努力，1940 年美国国民收入已基本恢复到经济危机爆发前的水平。

在罗斯福第二任期末，第二次世界大战爆发，这为罗斯福美国总统连任次数的奇迹创造了条件。此时美国刚从经济危机的泥潭中走出来，还没有做好战斗的准备，美国国民为保证美国对外政策的一致性，所以选择了让罗斯福继续留任。因此罗斯福终于打破了"美国国父"乔治·华盛顿总统确立的传统，第三次当选为美国总统。

就罗斯福个人而言，他是亲欧洲的，所以倾向于向盟军提供帮助，但碍于中立法案，所以迟迟没有行动。随着德军依靠闪电战横扫欧洲，盟军在德军的强烈攻势面前节节败退，不得不向美国提请援助。德军猛烈的攻势也使美国人目瞪口呆。他们以往那种事不关己的态度发生转变，因为战争离他们越来越近了。罗斯福在顺利连任后，开始允许英国无限制地利用美国的工业资源。1940年底，他在一次炉边谈话中说："我们要成为民主阵营的巨大军火库。对我们来说，这是同战争本身一样严重的紧急情况。"在这之后，美国国会又在罗斯福的倡议下通过了"租借法案"，这一法案是美国积极干预反法西斯战争的重要里程碑。

1941年6月，苏德战争爆发之后，罗斯福谴责德国的侵略，宣布美国将援助苏联。8月，罗斯福和丘吉尔在纽芬兰举行会谈并发表《大西洋宪章》。该宪章宣称美国和英国不追求领土扩张，也不愿有违背有关民族意愿的领土变更，尊重各民族选择其政府形式的权利。在该宣言发表半年之后，美国在太平洋上的军事基地珍珠港遭到日本的袭击，美国自身的利益遭到侵犯，终于向法西斯国家宣战，正式参加第二次世界大战。

第二次世界大战使罗斯福变成了一个全球的领导者。原来他是"新政老博士"，现在成为"赢得战争胜利的博士"，虽然有不少国内问题还没有得到解决，但是他把绝大部分注意力倾注到战争上。为了赢得战争，罗斯福下令实施战争动员和改组军队指挥机构，他的扩军计划使得美国军队在数量及装备方面都有了较大的提高。

作为三军统帅，罗斯福的作用是举足轻重的。他对内要处理好国内的陆军和海军以及各个战区司令之间的矛盾，对外要尽量满足在战争中消耗巨大的英国和苏联等国家的补养要求。1942年元旦，在罗斯福的倡导下，美英苏中等26个国家的代表在华盛顿签署《联合国家宣言》，国际反法西斯同盟正式形成。

从1943年起，同盟国由战略防御转为战略进攻。为了协调盟国的作战行动和探讨盟国的战后政策，罗斯福先后与盟国首脑举行一系列重要会议。比较重要的有开罗会议、德黑兰会议以及雅尔塔会议等。这些会议不仅加速了第二次世界大战的胜利，也为战后国际格局的形成奠定了基础。

1944年，罗斯福再次当选为美国总统。但令人遗憾的是，在他宣布就职73天之后，就因脑溢血在佐治亚州与世长辞了，享年63岁。

罗斯福的一生颇富传奇色彩，美国著名记者约翰逊在罗斯福传记中写道："他推翻的先例比任何人都多，他砸烂的古老结构比任何人都多，他对美国整个面貌的改变比任何人都要迅猛而激烈。"这正是对罗斯福一生最形象的描述。

"千面政客"——丘吉尔

丘吉尔，英国首相，著名的国务活动家、政治家、军事家，此外他还是作家、演说家以及画家。如此众多的头衔使其有了"千面政客"这一雅号。他在二战期间曾出任英国首相，被认为是20世纪最重要的政治领袖之一。

1874年11月30日，丘吉尔出生于英国的一个贵族家庭。他的祖父约翰·丘吉尔是马尔巴罗家族的第7代公爵，曾是英国近代史上著名的政治家和军事家。他的父亲也曾担任过内阁中仅次于首相的财务大臣。家族的政治传统，不仅为丘吉尔提供了学习的榜样，也培育了他对祖国的历史责任感，这种责任感成为丘吉尔一生孜孜不倦的追求和建功立业的强大驱动力。

▲ 丘吉尔

丘吉尔从小开始接受的就是贵族式的教育，这在很大程度上培养了他在艺术和文学上的天赋。然而，在老师和家长眼里，他并不是一个优秀的孩子，在学校时经常因为调皮而遭到老师的处罚。中学毕业后，他经过三次投考，才考入桑赫斯特皇家军事学院，从军校毕业后以陆军中尉的身份加入皇家第 4 轻骑兵团，开始了他的军旅生活。

在这期间，丘吉尔成为《每日纪事报》的随军记者，并于 1896 年，随部队调往印度。在印度驻守期间，他阅读了大量的历史和哲学书籍，并从中吸取了丰富的思想营养。通过阅读，他的思想逐渐深刻起来，人生信念也更加坚定，为他将来从政打下了坚实的基础。丘吉尔在印度驻守期间的另一个收获是写出了自己的第一部著作《马拉坎德野战军纪实》。

1899 年，丘吉尔离开军队，以保守党候选人的身份参加国会议员选举，但竞选失败，无缘晋身国会。落选后，丘吉尔以《晨邮报》记者的身份前往南非，采访第二次布尔战争。丘吉尔的这次南非之旅虽然充满艰辛，但最终的结果却是名利双收。他归国后不仅出版了两本有关布尔战争的书，还于 1900 年顺利当选国会议员，从此开始了漫长的政治生涯。

进入议会后，丘吉尔在保护关税政策上与保守党产生分歧，不得不退出保守党加入了自由党。这之后，丘吉尔的仕途一帆风顺，先后出任殖民事务次官、商务大臣、内政大臣等职务。

1911 年 10 月，丘吉尔被任命为海军大臣。此时欧洲的局势逐渐紧张起来，德国力量的膨胀严重威胁了英国的霸主地位。丘吉尔上任海军大臣之后，立即改组海军，建立海军参谋部，改良海军装备，做好了与德国作战的准备工作。第一次世界大战爆发后，他批准海军舰队攻取达达尼尔海峡，想以此获得战争的先机，结果却使英军付出了巨大代价。这之后，丘吉尔不得不引咎辞职。

1917 年，丘吉尔重返政坛，先后出任劳合·乔治政府的军需部长、陆军大臣兼空军大臣等职务。值得注意的是，丘吉尔对新诞生的社会主义苏联持强烈的敌视态度，从此以坚定的反共立场而闻名（唯一的例外是在第二次世界大战中与苏联合作抗击德国）。

1922 年自由党在大选中惨败，丘吉尔的仕途也受影响，进入了他政治生涯的低潮期。1929 年，丘吉尔在经历了一连串的失败之后，正式下野，成为了一名"后座议员"。从这一年到二战爆发的 10 年间，丘吉尔一方面忙于写作，另一方面仍然密切注视国际形势的发展变化。以往的经验使他对德国法西斯主义的崛起保持着高度的警觉和清醒的认识。他曾就战争的危险在议会中发出过无数次的警告，但都没有引起政府的重视。英国政府依然采取避战求和的绥靖政策，这在很大程度上助长了德国侵略扩张的气焰。

1939 年 9 月 1 日，德军入侵波兰，第二次世界大战正式爆发。两天后，英国被迫向德国宣战，绥靖政策彻底破产。英国向德国宣战后，丘吉尔作为主战派的代表加入战时内阁，并被任命为第一海军大臣。上任之后，丘吉尔立刻全身心地投入到战争之中。与丘吉尔的积极应战形成鲜明对比，张伯伦政府仍然采取宣而不战的态度。1940 年 5 月，希特勒对法、荷、比、卢等国发动突然袭击，欧洲战局出现了戏剧性的转变，这时人们才彻底认识到，不能再对德军采取姑息的态度了。在一片责难声中，张伯伦狼狈下台，丘吉尔被任命为首相兼第一财政大臣和国防大臣。

丘吉尔上任不久后，法国就在德军的铁蹄下屈服了。法国沦陷后，英国也危在旦夕，面对这样的局势，丘吉尔毅然担负起了挽救民族存亡的重任。

一方面，他号召英国人民行动起来，共同抵抗法西斯的入侵。在他的组织下，英国军民开展了敦刻尔克大撤退，为将来的反击保存了实力。在他的鼓舞与激励下，英国人民取得了不列颠保卫战的胜利，不列颠的胜利打乱了希特勒的战争计划，成为二战中一个重要的转折点。

▲ 丘吉尔和罗斯福在"威尔士亲王"号的甲板上。

另一方面，他积极地开展外交活动，争取美苏两大国的支持。他通过和美国罗斯福总统的私人关系，使英国在最关键的时刻从美国那里获得大量的支援物资。其后，通过他的不断游说，美国政府迫于当时的国际形势，通过了"租借法案"，使盟国获得了更多的物资援助。在苏联方面，丘吉尔放弃以往对共产主义的成见，主动提出与苏联合作，共同对付法西斯德国这一凶猛的敌人。在丘吉尔的努力之下，英国和苏联签署协定，表示双方愿意携手抗击德国，绝不单独同德国讲和。

太平洋战争爆发后，丘吉尔意识到组织一个世界性的反法西斯同盟的必要性，于是亲赴美国与罗斯福商讨此事。经过两人的不断磋商，终于在1942年1月拟定《联合国宣言》的草案。此后，美国、英国、苏联和中国的代表分别签署了这个庄严的历史性文件。这一文件的签署，标志着世界性的反法西斯统一战线的正式建立。

1943年是第二次世界大战的转折年，在这一年内盟军不仅取得了非洲战场的胜利，还迫使意大利宣布投降，法西斯轴心国的实力得到了很大的削弱。但随着胜利的出现，盟军内部的矛盾也逐渐凸显出来。英国与苏联曾在1941年签订同盟条约，约定英国应在1942年开辟第二战场，以缓解苏联的压力。但英国出于自身利益的考虑，迟迟没有履行承诺。为了缓和矛盾，尽快取得反法西斯战争的胜利，1943年11月，丘吉尔、罗斯福、斯大林在德黑兰召开第一次"三巨头"会议，讨论和决定未来的行动计划，决定于1944年开辟第二战场。

1945年，战争胜利在望之际，"三巨头"在雅尔塔举行第二次会晤，讨论战后的世界政治问题。丘吉尔为防止苏联的威胁，力主与法国一道四方分区占领德国，这成为日后德国分裂的根源。

1945年5月8日，德国无条件投降，旷日持久的战争终于结束了。然而，随着战争结束，战时内阁也必须解散，重新选举成立新内阁。丘吉尔认为，凭着自己在战争中的巨大贡献，继续组阁是不成问题的。所以，在选举期间还代表英国前往波茨坦参加第三次首脑会议。

但结果使丘吉尔大吃一惊，他所在的保守党在大选中惨败给了工党，因此他不得不让出首相的位子。丘吉尔无法理解，英国人民为什么在战争胜利的时候抛弃了他。于是他引用古希腊作家普鲁塔克的话"对他们的伟大人物忘恩负义，是伟大民族的标志"来讽刺英国人民。

下台后，丘吉尔并没有就此赋闲在家。1946年丘吉尔出访美国，在密苏里州的西敏学院发表了著名的福尔顿演说，呼吁西方国家团结一致，联合成一体，因为"在整个欧洲，从波罗的海边的什切青，到亚得里亚海边的的里雅斯特，横贯欧洲大陆的铁幕已经拉下"。他的这一演说被认为是战后美苏两国冷战开始的标志。

出于对国际形势的深刻洞察，丘吉尔还提出了著名的三环外交理论，第一环是英联邦和英帝国；第二环是包括英国、美国和加拿大在内的英语世界；第三环是联合起来的欧洲。

1951年，保守党击败工党，重夺政权，丘吉尔再度出任首相。在这一任期内，他与美国维持着"特别关系"，并着手重整战后的秩序。然而战后的英国一直为海外危机的阴影所笼罩，国力也开始逐渐衰弱，所以丘吉尔这一次执政并没有取得什么重大成就。但是，在个人成就方面，1953年丘吉尔凭借其《第二次世界大战回忆录》一书获得了诺贝尔文学奖。1955年，由于年事已高，精神和体力大不如前，丘吉尔辞去首相一职。

▲ 伊丽莎白女王二世探望年迈的丘吉尔爵士。

离任后，丘吉尔仍然没有闲着。他先后访问了德国、法国以及美国，在这三个国家都受到了最高规格的礼遇以及荣誉奖章。1965年1月24日，丘吉尔因中风去世，享年91岁。

英国政府为丘吉尔举行了国葬。他的灵柩在西敏寺停放，供民众吊唁，议会也休会三天；在这三天内，大约有32万民众前来向丘吉尔致敬。由此看来，英国人民并非忘恩负义之徒，他们并没有忘记丘吉尔在二战中的巨大贡献。2002年，一场名为"最伟大的100名英国人"的票选活动中丘吉尔高居榜首。如果丘吉尔泉下有知的话，也会感到欣慰了吧，英国人民并没有将他遗忘。

"纳粹的克星"——斯大林

斯大林，苏联的缔造者之一、马克思主义者，国际共产主义运动活动家，政治家。他所创立的苏联社会主义发展模式对20世纪的世界产生了深远的影响。在第二次世界大战中，斯大林领导苏联和盟军共同击败了纳粹德国和法西斯日本，取得了反法西斯战争的胜利，素有"纳粹的克星"之称。

1879年12月21日，斯大林出生于俄罗斯帝国第比利斯省的哥里城。他的家境不太好，父亲是个铁匠，且去世较早，是母亲独自一人将他抚养长大。由于家庭条件差，他中学没上完就辍学了。在上中学的这段时间里，他开始接受马克思主义，并加入了刚成立的俄国社会民主工党。辍学后，他开始积极投身参与革命活动，从此开始了他的革命生涯。

1903年，俄国社会民主工党发生分裂，斯大林选择加入了以列宁为首的布尔什维克一边。不久后他就成为高加索地区主要的革命活动者，他的工作主要是组织罢工和发放传单。

▲ 斯大林

在这期间，他因参加革命活动而多次遭到逮捕、流放和监禁。1912 年，斯大林来到圣彼得堡，在列宁的指示下创办了《真理报》。1913 年 3 月，他发表了《马克思主义与民族问题》一文，在文中，他首次使用了"斯大林"（意思为"钢铁之人"）这一笔名。不久他再次被捕。1916 年，沙俄政府将他强征入伍参加一战，但他被医生检查出左臂有伤，虽然免于参战，却被流放到阿钦斯克。

1917 年二月革命胜利后，他从流放地返回圣彼得堡，与加米涅夫、莫洛托夫等人继续从事布尔什维克《真理报》的编辑工作。在 4 月召开的党内会议中，斯大林当选为党中央委员会政治局委员。同年发生"七月事件"，列宁由于试图发动革命而被临时政府所通缉，被迫逃往芬兰。在这之后举行的布尔什维克第六次代表大会上，斯大林代表党中央作了中央委员会的总结报告和关于政治形势的报告。10 月，列宁回国，组织召开扩大会议，通过了武装起义的决议，斯大林被选进领导起义的党总部。在这期间，他积极参与和组织了圣彼得堡武装起义（十月革命），并最终取得了胜利。在布尔什维克夺得政权之后，斯大林被任命为民族事务人民委员。

1918 年，俄国内战爆发。斯大林和托洛茨基等人入选了由列宁组建的五人主席团，并担任民族事务人民委员和国家监察部人民委员。在内战期间，斯大林多次受列宁的委派，前往最关键的战线指挥战斗，对战争的全面胜利起了关键性的作用。1922 年 4 月，在布尔什维克党第十一次代表大会上，根据列宁的建议，斯大林当选为俄共（布）中央委员会总书记。1924 年 1 月列宁逝世后，斯大林当选党的总书记一职，获得党内最高权力。

1925 年 4 月，在苏共十四大上，斯大林代表中央提出把苏联从农业国变成工业国的社会主义建设总路线。

苏共十四大之后，苏联开始大规模进行工业化建设。斯大林多次发表文章和演说，强调苏联的工业化同资本主义的工业化不同，并阐述了苏联社会主义工业化的纲领。他从苏联的实际出发，主张用行政命令和指令性计划来加快经济的发展。就这样，在斯大林的领导下，在 20 年代后期到 30 年代后期这十几年里，苏联发生了翻天覆地的变化。

一个方面，斯大林通过两个"五年计划"，使得苏联这个传统落后的农业国家迅速改变了面貌，建立了完整的独立自主的工业和军事体系。到 1940 年，苏联已经成为工业总产值欧洲第一、仅次于美国的世界第二工业大国。另一方面，面对德国法西斯的迅速崛起，斯大林出于自身安全考虑，改变了以往孤立的外交政策。他先是同英法逐步改善敌对关系，后又同美国建立了正式的外交关系。1934 年，苏联获准加入国际联盟并担任常任理事国，完全走出了建国初期被孤立的处境，并以大国身份进入国际舞台。

1936 年底，斯大林在苏维埃第八次全国代表大会上作了《关于新宪法草案》的报告，大会随后通过了苏联宪法草案。这一宪法的制定，标志着斯大林式的高度集中的政治经济体制的形成。这一模式虽然存在种种弊端，但在当时的社会和国际背景下，却帮助斯大林将苏联建设成为一个强大的国家。

1939 年，第二次世界大战爆发。在战争初期，苏联首先与德国签订了著名的《苏德互不侵犯条约》。此后，斯大林出于自保和防止战火东延的考虑，又在苏联西部建立所谓的东方战线，一方面可以抗拒德军，另一方面乘机将领土自北到南推进了二三百千米。

1941年6月22日，法西斯德国撕毁合约，对苏联发动了突然袭击，苏德战争爆发。在此之前，斯大林已经收到了来自苏联间谍和将领的警告，但他认为纳粹德国不会在击败英国之前进攻苏联，因此没有做好充分的战争准备。战争一开始，德军就对苏联西部的各重要城市、交通枢纽和军事据点发起了猛烈攻击，苏军损失惨重。

1941年11月初，德国中央集团军逼近莫斯科，斯大林决定留在城里组织反击。11月7日，斯大林命令红军在莫斯科红场举行了阅兵式，这极大地鼓舞了红军的士气，受阅部队随即从红场直接开赴前线。在朱可夫、华西列夫斯基等将领的指挥下，苏军最终守住了莫斯科，并在12月的反攻中将德军击退。莫斯科之战"打破了德军不可战胜的神话"，标志着德军闪电战的破产，成为第二次世界大战的重要转折点。

1943年7月，苏联又取得了库尔斯克战役的胜利，斯大林在评价这场战役时说"如果说斯大林格勒会战预示着德国法西斯的衰落，那么库尔斯克会战则使它面临灭顶之灾"。1943年11月，斯大林、罗斯福、丘吉尔在德黑兰举行了第一次三国首脑会议，会议通过了在欧洲开辟第二战场的决定。第二战场的开辟，大大缓解了苏联的压力，之后苏联在对德战争中逐渐转入反攻。

1945年2月，斯大林与罗斯福、丘吉尔在苏联雅尔塔举行战时第二次三国首脑会议。会议研究和确定了最后对德战争的计划和战后世界的安排问题。在会议上，斯大林在争取盟国反法西斯战争胜利以及战后世界的民主化的同时，也不遗余力地维护着苏联的利益。1945年7月至8月间，斯大林赴波茨坦与美国总统杜鲁门、英国首相丘吉尔（7月28日后是新首相艾德礼）举行战时第三次会晤。

▲ 苏军强渡第聂伯河。在斯大林的统领下，苏军与入侵的德军进行了四年的艰苦斗争，并取得了最终的胜利。

斯大林在反法西斯战争中建立了不可磨灭的丰功伟绩。在战争期间，苏联在军事、政治、外交等方面问题，不论大小，都由他亲自作出决定。作为最高统帅，斯大林表现了非凡的统御全民战争的才能，他成功地扮演了一个冷静的、超然的、有经验的仲裁者。正是在他的带领下，苏军才获得了战争的最后胜利。苏联政府也因此先后授予他多枚勋章和奖章以及苏联英雄称号。

第二次世界大战结束后，苏联势力扩展到了大半个东欧，斯大林利用这个机会把共产主义传播到这些国家。共产主义在东欧的广泛传播，引起英美等资本主义国家的极大恐慌，最终导致了冷战的爆发。战后的世界分裂为对立的共产主义和资本主义两大阵营。

1953年3月5日，斯大林因脑溢血去世，享年73岁。

"长空凶神"——戈林

赫尔曼·戈林，纳粹德国帝国元帅和空军总司令，是纳粹德国中名气和权力以及罪行仅次于希特勒的二号人物，德国进行侵略战争的元凶之一。他既是德国法西斯政治、经济与军事的首脑，也是制定奴役劳工计划、镇压残杀犹太人和其他种族的主谋，是二战中的法西斯主犯。

1893年1月12日生于巴伐利亚州的罗森海姆，其父亲是一名外交官，常年不在家。所以，幼年的戈林经常与父母分居两地，在家中接受家庭教师的教育。少年时期的戈林，就显出了他那急躁、固执、任性的性格特征，他特别神往于古代的骑士和查理大帝、腓特烈大帝等历史人物的故事和传说。此后他先后就读于卡尔斯鲁厄的空军士官学校和著名的柏林格罗斯利希特费尔德军营，他对军校的学习和生活非常满意。

1912年军校毕业后，戈林进入驻米尔豪斯的步兵团服役。第一次世界大战中，戈林先在陆军服役。在战争中，他注意到空军在当时和未来战争中的作用，于是想方设法进入空军。1915年，戈林从飞行学校毕业，立即开始了他的空战生涯，并立志要做最出名的战斗机飞行员。但是不久，他的座机就被击落，在后方修养了一年。1917年因作战勇敢，他获得3枚勋章。1918年7月7日，在著名飞行员曼弗雷德·冯·里希特霍芬死后，戈林担任了里希特霍芬飞行中队的队长。此后，他凭借击落22架敌机的惊人战绩成为德国的王牌飞行员。

第一次世界大战后，戈林主要在福克飞机公司工作，是一名特技飞行的试飞员。1920年，他进入瑞典的航空公司工作，1921年回国，进入慕尼黑大学学习。他对《凡尔赛和约》的条款极为不满，听了希特勒的讲演后，觉得与他的思想完全合拍，遂主动参加纳粹党。

▲ 戈林与其他纳粹将领

由于纳粹党早期的成员素质普遍较低，戈林凭借着较好的素养以及他在德国上流社交圈的人脉，很快成为纳粹政权的主要领导人。1923年，戈林参加啤酒馆暴动，大腿中枪，暴动失败后被迫流亡瑞典和奥地利。1927年，戈林获得大赦，重新回到德国。在次年举行的国会大选中，戈林当选为议员。1932年，戈林当选为议长，成为第一流的政客。

在早期，戈林担任着普鲁士帝国的数个部长职务，主管经济和军队建设等事务。他利用职务之便，以4万冲锋队、党卫队、钢盔队人员组成一支辅助警察部队，牢牢控制了占德国面积2/3的普鲁士的局面。他利用"国会纵火案"，逮捕了许多纳粹的反对者，帮助希特勒巩固了政权。同年4月，他把政治警察改为国家秘密警察，即盖世太保。不久，他取代巴本成为普鲁士总理。

1933年5月，戈林被任命为航空部部长，上任后他立即着手准备建立空军。1935年，戈林被任命为德国空军总司令。西班牙内战期间，戈林秘密派出空军参战，以增强空军的实战经验。此外，戈林为了增强空军的作战能力，还积极地推动空军野战师（地勤人员、空降部队等空军官兵组成的陆战师）的组建。他组建的野战师中最著名的就是以自己的名字命名的赫尔曼·戈林师团，以骁勇善战及残酷而得名。

但从总体上看，多数空军野战师的作战能力是很低的，简直不堪一击。然而，戈林将空军野战师视为自己的子弟兵，常常运用自己的政治权力，使得空军野战师拥有添置新装备的优先权，这对德国陆军的战力有不良影响。除了培养自己的亲信部队，戈林还组建了纳粹地下电话和无线电通讯组织，这个组织和德国的间谍组织联系紧密，成为纳粹的重要消息来源地。

1939年，戈林成为德国历史上第一个空军元帅。在忙于空军事务的同时，戈林还担任

着四年计划的负责人。这个经济计划的目
的是将德国的经济、生产体系调整至战争
状态，以配合纳粹党发动对外战争的战略
进程。戈林在这段时期因掌握着德国的经
济大权而被称为"德国的经济沙皇"。戈
林仇视犹太人，在主管德国经济后，就着
手掠夺犹太人的财富，把犹太人驱赶出国，
只留下他们的财产。提议在城市建立犹太
人隔离区和犹太人移民局，通过屠杀来解
决犹太人问题。战争开始后，他又建立了
更为惨无人道的集中营来迫害犹太人。

▲ 戈林与贝当元帅

　　1939 年 9 月 1 日，德国法西斯悍然发动侵略波兰的战争。希特勒在演说中宣布，如果
他在战争中遭遇不测，戈林将成为他的继承人。此外希特勒还授予戈林纳粹德国的最高军
衔——帝国元帅，这样他的地位便远远高于德国所有军种的元帅。在侵略波兰的战争中，
戈林出动他的机群对波兰空军展开突然袭击，使波军的许多飞机毁于地面。德国的轰炸机
还对波军的防线和城市进行狂轰滥炸，使许多城市化为灰烬。戈林的空军是德军对波兰的
闪电战取得胜利的关键。这一胜利大大地鼓舞了戈林，使其更加野心勃勃、狂妄自大。他
认为只要有空军，就能够解决战争中的一切问题。

　　1940 年 8 月，戈林组织并发动了代号为"鹰"的针对英国的大规模空中攻势。戈林深
信 4 天内就能摧毁英国战斗机在英国南部的防御，2～4 周就可以完全摧毁英国皇家空军。
战争的前期，德军的优势是很明显的，但由于时间拖得较长，性急的戈林改变策略，开始
大规模夜袭伦敦。事实证明，这是戈林的一个重大失误。这一变化，使得英国皇家空军有
了喘息之机，在战争后期牢牢掌握着不列颠的天空。由于戈林迟迟不能取得制空权，9 月
17 日，希特勒开始无限期推迟"海狮计划"的实施。不列颠之战后，戈林逐渐失宠于希特勒。

　　此后，戈林就把指挥空军实际作战的权力委任给别人，自己退到第二线。在入侵苏联
时，戈林负责的是掠夺苏联经济财富工作，夺取苏联的经济资源，供德国使用。在这之前，
戈林已把被德国占领的国家的经济都并入到了德国的战争经济之中。1942 年冬季，苏军发
动冬季攻势，德军的主力被困于斯大林格勒。在最后讨论被围部队坚守还是突围的时候，
戈林庄重地向希特勒保证，可以通过空运接济被围部队。戈林的一句大话，使希特勒坚定
了不准突围的决定。但是直到被围的德军全军覆没的时候，戈林的物资也没有运到。为此，
戈林不断受到希特勒对他领导空军不力的严厉批评。随着战争形势的逆转，德军的颓势越
来越明显，戈林这个空军总元帅就成了这一系列失败的替罪羊。

　　虽然戈林一再犯错，但希特勒并没有让戈林完全退出他的管理团队，仍让他负责一些
事情。因为希特勒认为戈林的威望和功绩对维护德国的领导层来说是不可缺少的。即便如
此，戈林在这之后所负责的都是一些小事，希特勒尽可能让他少参与战争的实际指挥。这样，
他在德军中的威望就逐渐减小了。

　　由于希特勒对自己权力的架空，戈林感到很不得志，于是干脆躲进卡琳哈尔庄园，在
这期间，他只关心与自己利益有关的事。戈林一生最喜欢做的事就是战争以及收集玩物，
既然不能再参与战争那就只有收集玩物了。

　　戈林一直醉心于收集各种艺术珍品，他通过对占领区的掠夺，不断地扩充着自己的私

人收藏。占领法国后，为了抢夺巴黎卢浮宫的艺术珍品，他发出命令，将卢浮宫的艺术珍品分级别纳入了他和希特勒的收藏之中。在战争中，他和希特勒两人从法国掠夺的玩物，装满了两节车厢，由此可见此人的贪婪。到战争后期，他还通过各种手段和途径巧取豪夺各国的油画精品和其他艺术品，其总数约有 1500 多件，价值达 6 亿马克以上。此外，他还千方百计地运用职权聚敛钱财，戈林每年的生日都要收到众多部下、宾客、企业家赠送的大量珍贵礼品和巨额金钱。

1945 年 4 月 20 日，戈林参加最后一次希特勒的生日聚会之后，同面临死神的希特勒告别，带领满载金银珠宝的汽车大队逃离柏林。他相信，希特勒的死期将近，自己就要成为继承人了。1945 年 4 月 23 日，戈林从巴伐利亚的贝希特斯加登向正在柏林的希特勒发了一封电报，希望希特勒能够授权他掌管国家一切事务，并建议与盟军进行谈判。恼羞成怒的希特勒回电称，戈林的这一行为已犯下最为严重的叛国罪，如果他马上辞去全部职务，则可免去一死。4 月 25 日，戈林在贝希特斯加登被希特勒的党卫军拘捕。希特勒在自杀前的遗愿中，撤销了戈林的所有官职。

1945 年 5 月 8 日，戈林在奥地利宣布投降。战争结束后，戈林作为德军的最主要首脑，在纽伦堡国际法庭接受审判。在审判中，戈林被控以战争罪和反人类罪并被判处绞刑。在执行死刑前两小时，戈林在狱中服用氰化钾胶囊自杀，结束了他罪恶的一生。

"沙漠之狐"——隆美尔

隆美尔，纳粹德国陆军元帅、军事家。他虽然是纳粹德国对外侵略的重要帮凶，但是凭着他那过人的军事素质以及出色的军事指挥艺术，对世界军事历史产生了重大影响。他被认为是第二次世界大战中德国陆军中最优秀的将领。因为他行动迅速、行事果断，常常能够以少胜多，尤其擅长沙漠战，所以被世人称为"沙漠之狐"。

1891 年 11 月 15 日，隆美尔出生于德国布伦兹的海登海姆。他的父亲是一名中学校长，母亲是当地政府官员的女儿。小时候的隆美尔个子不高，身体也很虚弱，还特别不喜欢运动。但隆美尔从小就非常爱好机械，他的理想是成为一名工程师。由于当时的德国是一个军国主义的国家，军人在社会上的地位非常高，有很多特权。德国的平民通过军功可以获得贵族的称号。于是在父亲的鼓动下，在别人看来弱不禁风的隆美尔就开始了他的军人生涯，加入当地的第 124 步兵团。三个月后，隆美尔升为下士，不久又升为中士。1911 年 3 月隆美尔被送进但泽皇家军官候补生学校。毕业后隆美尔回到驻扎在威卡尔登的第 124 步兵团训练新兵，并获中尉军衔。

▲ 隆美尔

1918 年，德国十一月资产阶级革命时期，隆美尔任警卫连连长。第一次世界大战爆发时，隆美尔任步兵排长，随部队转战于西线、罗马尼亚和阿尔卑斯山地等地。他在此时已显示出了坚强的意志，勇猛过人的拼劲，吃苦耐劳的精神，以及善用计谋等特质。但在相当长的一段时间里，隆美尔的官运并不亨通，上尉的军衔一直伴随了他 12 年。

从 1919 年起，他先后担任过步兵连长、德累斯顿步兵学校战术教员、戈斯拉尔市猎骑兵营营长、波茨坦军事学校教员、维也纳新城军事学校校长等职。1937 年，隆美尔完成了他的军事著作《步兵进攻》，这书本出版之后，很快成为德国当年最畅销的书之一，连续再版18次。该书是隆美尔在军事学的研究成果以及自己在一战中的经验相结合的产物，其主要的思想强调的是进攻、进攻、再进攻，这一思想与希特勒向外扩张的思想不谋而合。正是凭借此书，隆美尔受到希特勒的赏识，于1938年调任大本营卫队长。

第二次世界大战开始时，隆美尔在最高统帅部任职。占领波兰之后，希特勒满足了隆美尔想指挥一个装甲师的意愿。1940年2月15日，他升任第7装甲师师长。从此，隆美尔进入了他军事上的黄金时代。

1940年5月，希特勒终于发动了准备已久的侵略战争。在西线，德军采取闪电战，只用了十几天的时间便越过了荷兰、比利时、卢森堡，继而侵入法国。在向法国的进攻中，隆美尔负责突破缪斯河向瑟堡入侵的任务。越过法国边界后，隆美尔的前卫部队一直尾随撤退的法军第1、第4骑兵师前进，5月12日下午到达缪斯河。

这时，位于地南特和豪克斯的两处桥梁已被法军炸毁，隆美尔的装甲师渡河受阻。于是，隆美尔不顾法军炮火的轰击，亲自到岸边去了解敌情，寻找渡河的最佳位置。他发现法军在河西占据着有利的隐蔽地形，并且用重炮封锁了缪斯河，这使得德军很难找到他们的准确位置；此外，所有的渡河工具几乎全部被法军击毁，只要德军一出现，就有被歼灭的危险。经过现场侦察，隆美尔认为只有用强大的炮火压住西岸所有被怀疑是法军隐伏的地区，方能使德军渡过缪斯河。

▲ 隆美尔正在前线进行战略部署。

于是，隆美尔调来炮兵，在猛烈的炮火掩护下，开始强渡缪斯河。强渡时，隆美尔乘坐第一批船，直接进行指挥。当在西岸建立了一个立足点之后，隆美尔又立即返回东岸，来到第2步兵团的渡河点。第2步兵团有一个连的工兵正在架设一个8吨式的浮筏，他立即命令改换为16吨式。隆美尔下达这一命令的目的，是要让一部分战车尽早渡河，不然，已经到达西岸的步兵将会遭到法军的战车与大炮的袭击。不出所料，载运战车的浮筏还没有抵达彼岸，法军已经发动了反击。第二天上午，第一批15辆战车在西岸登陆。隆美尔立即指挥河西岸的德军向隐蔽在森林里的法军进攻，掩护后续部队渡河。德军突破缪斯河防线，给法军造成了严重威胁，法军遂放弃缪斯河防线向后撤退。

德军突破缪斯河防线后，隆美尔率领先头部队向法军发动了迅猛的追击。他不顾法军重新组织反攻的危险和个人的安危，总是冲在最前面。1940年6月20日，隆美尔装甲师占领瑟堡，结束了进攻法国的战斗。在这不到6个星期的战斗中，他的装甲师前进了350多千米，其中最后四天达220千米，以伤亡2000余人的代价，俘获法军9.7万余人，战车485辆，卡车4000辆，火炮数百门，成为参战的德国装甲师中战绩最辉煌的一个师。他所带领的部队也被恐惧的法国人称为"魔鬼之师"。

隆美尔在对法作战中总结出一条经验：在两军对战中，谁先用火力压制住对方，谁往往就能够获得胜利；静止等候战况发展的一方，常常会被对方击败。因此，即使不曾发现对方的准确目标，也要先发制人。这一经验成为他后来作战的主要指导方针。隆美尔在这次战役中的突出表现，赢得了希特勒的高度赞赏，他也因此而荣获了一枚武士级十字勋章。法西斯德国的媒体也借机大肆吹捧隆美尔，逐渐把隆美尔塑造成为德军的"战神"，为德国的对外侵略虚张声势。

1941年2月11日，隆美尔奉希特勒之命到北非援救被英军打得一败涂地的意大利军队。他到达北非后，立即对前线地区作了空中侦察，他认为最好的防御就是进攻。于是他改变"固守防线"的命令，指挥他的装甲部队冒着沙漠风暴勇猛穿插，全速前进。2月16日，他正式接管了前线的指挥权。2月末，德军攻占了恩努菲利亚；3月，又利用英军调防、轻敌的有利时机，采取大胆行动，把数量不多的德军和意军组成混合纵队，从塞尔提向穆尔祖赫发起进攻，向前挺进了720千米，给英军以意外的打击。

9天之后，他又指挥部队攻占了艾阿格海拉地区的要塞、水源和机场，占领了马萨布莱加，把英军逼到阿吉达比亚地区。隆美尔不给英军以喘息机会，乘英军立足未稳，又于4月2日攻占了阿吉达比亚。他不顾意大利最高统帅部的阻止，继续前进，经过艰苦战斗攻陷了梅希里，使整个巴尔赛高原落入轴心国军队之手。英军只剩下了一支被围困在托布鲁克的部队。通过这一战，隆美尔开始名声大振，赢得了"沙漠之狐"的美名，并被晋升为陆军元帅。

▲ 隆美尔在非洲战场上穿过的军服，一旁放着他的脸模。

1942年下半年，由于多方面的原因，北非战局开始向不利于法西斯德国的方向转化。10月23日，英国名将蒙哥马利率领第8集团军向德军发起攻势。希特勒立即将正在休养的隆美尔重新派往非洲。11月，隆美尔以其仅有的5万军队和550辆坦克在阿莱曼地区抗击蒙哥马利的19.5万军队和1029辆坦克，终因寡不敌众而惨遭失败，被迫撤军。

1943年3月，隆美尔奉命回到德国，希特勒命他免职疗养。同年7月，隆美尔出任驻北非意大利的陆军B集团军群司令。1943年12月~1944年7月，他率陆军B集团军群在法国组织防御，指挥抵抗诺曼底登陆战役。盟军在1944年6月6日攻入法国后，隆美尔决定开放西线并想违背希特勒的意愿结束战争。如果他成功的话，盟军将在3~5个月内占领鲁尔区，战争很可能在1944年8月底结束。

但历史没有如果，他的想法还没来得及实施，就被卷入到一起行刺希特勒的事件当中。虽然行刺失败，但隆美尔由于被指控为谋杀希特勒的同案犯，也受到牵连。刺杀行动失败后，希特勒给隆美尔两种选择，要么接受法庭审判，那样就会身败名裂；要么服毒自尽，那样"帝国"将对他的叛逆罪进行保密，他的亲属可领取抚恤金，还可以为他举行国葬。隆美尔选择了后者。他在一辆小轿车中服毒自尽。希特勒果然履行了他的诺言：对外宣称隆美尔陆军元帅在归国途中中风去世，为隆美尔举行了隆重的国葬，希特勒亲自为其送葬。表面上看，希特勒对隆美尔可谓是仁至义尽了，但事实却并非如此。希特勒是在利用隆美尔的声誉来挽救他那摇摇欲坠的第三帝国。

　　虽然隆美尔至死都在为第三帝国效劳，但他仍不失为一位战绩显赫的传奇式人物。在西方军界，有人称他为"战争动物"，称他指挥的装甲师为"魔鬼之师"，英国人送给他"沙漠之狐"的美誉，有人甚至称他为"20世纪的汉尼拔"。这些显然都是对于他出类拔萃的军事造诣和战术天才的肯定。但是我们在肯定他的军事才能的同时，更不能忘记他是法西斯对外侵略的帮凶，而且是希特勒身边最锐利的武器，对被侵略国家的人民犯下了不可饶恕的战争罪行。

"剃刀魔鬼"——东条英机

　　东条英机，日本陆军大将，是日本军国主义的代表人物。第二次世界大战日本法西斯主犯之一，是日本军国主义侵略亚洲、侵略中国的头号战争罪犯。东条英机以其异化的忠诚和残酷无情的手段赢得了"剃刀魔鬼"的恶称。

▲ 东条英机

　　1884年12月30日，东条英机出生于东京岩手县的一个武士家庭。其父东条英教毕业于日本陆军大学，是德国梅克尔少校的得意门生；参加过中日甲午战争和日俄战争，是日本所谓的陆军战术家，晚年著有兵法《战术麓之尘》。东条英机出生于这样一个军人家庭，所以较早地接受了军国主义思想和武士道精神的熏陶。东条英教为使其子成为一名真正的武士，从小就对他严酷训练，并且毫不留情。他强迫在贵族学校就读的东条英机自带木食盒，徒步上学；并专门聘请著名武士教授东条英机剑法。

　　少年时，东条英机曾先后就读于东京四谷小学、学习院小学部、城北中学等。在这段时期，东条的学习成绩不怎么好，但却有着一股顽强和不服输的劲。从1899年开始，东条英机进入军校学习。他先后就读于东京陆军地方幼年学校和陆军中央幼年学校，在这期间他经历了严格的军事化学习。由于他打架很厉害，并且从不服输，被别人称为"打架王东条"。因为他个子矮，和人打架时他就利用重心低的优势和对手较量，全校几乎没有人是他的对手，就连那些高大威猛的同学也对他望而生畏。

　　有一次，狂妄的东条英机竟同时与7个同学交手，结果被打倒在地爬不起来。经过这次惨痛的教训，东条英机意识到一个人力气再大，也敌不过一群人的围攻，要想战胜众敌，还得靠学问。于是东条英机开始努力学习，成绩也随之直线上升。同学再找他挑衅斗殴，他也不理会。老师和同学开始对他刮目相看。

　　1904年6月，东条升入陆军士官学校，一年后，东条就毕业了，并被授予陆军步兵少尉军衔。在毕业分配上，先被分到陆军第3师团的东条英机被"幸运"地临时抽调到了新编第15师团。这是一支即将开赴日俄战争前线的部队。然而，东条英机盼望已久的这一机会却来得太迟了。他们到东北没多久，日俄战争就结束了。从日俄战场返回日本后，东条英机重又回到陆军第3师团。

　　1912年，东条英机被保送进陆军大学学习。陆大是日本培养法西斯高级军官的中心，日本二战中对外侵略扩张的许多法西斯将领，都在这里被调教过。1915年，东条英机从陆军大学毕业，被授予大尉军衔。

　　1920年，东条英机以少佐军衔任驻德大使馆武官。在德国期间，东条英机与驻德国的武官永田铁山、冈村宁次、小敏四郎等人过从甚密。1921年10月，他们在德国南部的巴登巴登温泉饭店聚会，并订立"盟约"，立誓要刷新日本陆军体制，使日本通过对外战争称雄于世界。以巴登巴登聚会为开端，东条等人逐渐形成了以改革日本陆军体制，建立法西斯总体战体制，推动日本走向现代战争为目的的"一夕会"。

"一夕会"成员后来发展为所谓的"统制派"，其中永田铁山、冈村宁次、土肥原贤二、板垣征四郎等后来都成了日本军界的掌权人物，在日本法西斯的对外扩张活动中起着主导作用。由于东条效忠天皇，狂热地鼓吹对外战争，加之他精明强悍，独断专行，强调"闪电"效率，因而有"剃刀魔鬼"之称，在日本军界的地位越来越高。1921年，他升任军务局的高级科员；1928年，晋升大佐并出任陆军省整备局动员课长。

1931年，日本帝国主义者发动了侵略中国东北的"九·一八事变"，东条英机充当侵华的急先锋，积极参与策划侵略阴谋。1933年3月，东条英机被任命为陆军少将，任职于参谋本部；同年11月任军事调查部部长。1935年，东条英机来到了中国，出任关东军宪兵司令官兼警务部部长。东条英机上任后，决定以讨伐我抗日武装力量为突破口，为宪兵队打开一个新的局面。

于是，他向关东军司令部汇报了他上任后的第一个施政纲领。借此机会，他轻而易举地掌握了东北的监督、执行和财务三权。他所组织的东边道"独立大讨伐"，沉重打击了我国在东北的抗日力量。但是，这却成为东条英机政治上的砝码，他凭借此次行动一夜成名。1936年12月，东条英机晋升为陆军中将；次年3月，出任关东军参谋长。

1937年，日本蓄意挑起卢沟桥事变后，在军部中央形成了强硬派与谨慎派两大派别。强硬派认为，中国已不堪一击，只要日本一出兵，就可以不费吹灰之力将其征服，目前正是最好的时机。而谨慎派则坚持认为，目前时机尚不成熟。以东条英机为参谋长的关东军，态度鲜明地支持强硬派的立场，他们以中国军队进入察哈尔将对伪"满洲国"构成威胁为借口，强烈要求参谋本部准予其向华北发动攻势。

1937年8月中旬，东条英机的部队在50门大炮、40多辆坦克和数十架飞机的配合下，向南口镇发起猛烈的攻击。中国守军损失了官兵上千名，镇上的平民百姓也遭到杀戮。这次战役后，东条英机越来越被日本政府看好。

卢沟桥事变后，他被调回日本国内，一跃成为陆军省次官，负责陆军省常务工作，兼任陆军航空部部长、航空总监等职务。

1940年2月，东条就任临时军事参议官；7月就任陆军大臣兼对满事务局总裁。他担任陆军大臣后，即派遣日军进入东南亚，并参与提出建立日本领导下的"大东亚共荣圈"的口号。

1941年10月18日，东条英机逼迫近卫文麿退位，自己登上了首相的宝座。他一上台，就开始打击和排斥异己，独揽了军事和财政大权，并且身兼任内务大臣、陆军大臣、外务大臣、军需大臣、商工大臣、文部大臣及参谋总长等要职。11月初，以东条为首的日本政府，在御前会议上通过了对美国、英国和荷兰开战的决定。

1941年12月7日，日本联合舰队偷

▲ 在法庭上受审的东条英机

袭珍珠港，发动了蓄谋已久的太平洋战争。与此同时，日本陆军以 21 个师团的兵力向东南亚和西南太平洋地区发动了猛攻。为确保"大东亚战争"的胜利，东条内阁采取多种措施强化战争机器。

1942 年 11 月，为加紧掠夺占领区的资源，东条内阁专门成立部级机构"大东亚省"，负责建立"大东亚共荣圈"。东条内阁的疯狂侵略激起了被侵略地人民的奋起反抗，他们不断地给日军以沉重的打击，使日本帝国主义在侵略战争的泥潭中越陷越深。日军在随后的一系列战役中连续败退。东条为挽回败局，频繁地改组内阁，企图通过把权力最大限度地集中到自己身上而加强法西斯政治独裁。东条内阁先后通过《战时行政特例法》和《战时行政职权特例》等法令。

1944 年 4 月中旬，为加强中国大陆日军与南洋日军的联系，东条英机发布"一号作战"手令，命令在华日军尽快打通横贯中国的平汉、粤汉和湘桂铁路。这是东条在中国大陆发动的最后一次较大规模的攻势。同年 7 月 18 日，由于日本在与美国的海战中屡遭重创，在侵华战争中连遭失败，1944 年 7 月 9 日美军攻克塞班岛，18 日东条内阁被迫下台，东条英机辞去日本首相、陆军大臣及参谋总长职务，退出军政舞台。

1945 年 8 月 15 日，日本政府宣布无条件投降。8 月底，在麦克阿瑟将军统率下，美军以盟军的名义占领日本。盟国在东京成立了远东委员会。在有关国家政府和人民的强烈要求下，麦克阿瑟下令逮捕首批被指控的 40 名战犯。东条英机作为侵略战争的主要战犯，被列在首位。在美军实施逮捕之前，东条英机企图开枪自杀，但没能成功。

1946 年 1 月 19 日，由中美英苏等 11 国代表组成的远东国际军事法庭组成。从 5 月开始，远东国际法庭对东条英机展开了长达两年的审讯。在审讯的过程中，东条英机顽固地坚持法西斯立场，拒不认罪，并且一直为

▲ 东京大审判

日本帝国主义的侵略行为辩护。1948 年 11 月 12 日，远东国际军事法庭宣判东条英机死刑。12 月 23 日，东条英机被处以绞刑，受到了正义的惩罚。

"远东帮主"——麦克阿瑟

麦克阿瑟，五星上将，著名军事家，历史上最年轻的西点军校校长。他是美国荣获奖章最多的一位军官，也是唯一一个参加过第一次世界大战、第二次世界大战和朝鲜战争的美国将军。第二次世界大战时，麦克阿瑟任美国远东军司令、西南太平洋战区盟军司令，战后出任驻日盟军最高司令和"联合国军"总司令等职。

1880 年 1 月 26 日，麦克阿瑟出生于美国阿肯色州小石城的一个军人家庭。麦克阿瑟的父亲是美国将军，麦克阿瑟晚年曾说过，是他的父亲给予了他一生的职业道路，可以说父

▲ 手持烟斗的麦克阿瑟

亲是启发麦克阿瑟成为军人的人。他的母亲玛丽·哈迪则鼓励他学习并研究历史，浏览世界名人传记，并教导麦克阿瑟"永不说谎骗人，永不惹是生非"。

1893 年麦克阿瑟进入西得克萨斯军事学院学习，从这里开始了他的军旅生涯。1899 年，麦克阿瑟考入美国军事学院（西点军校），在校期间不仅刻苦攻读，而且注重体育锻炼。1903 年，麦克阿瑟以第一名的成绩从西点军校毕业，此后赴菲律宾任美军第 3 工兵营少尉。

1904 年，麦克阿瑟晋升为中尉。此后的两年里，他都在远东帮助他的父亲从事情报工作。1906 年，麦克阿瑟进入美国陆军工兵学校学习，并兼任西奥多·罗斯福总统的军事副官。1908 年，他调任工兵营连长，因训练有方而晋升为营部副官，稍后成为骑兵学校教官；1911 年晋升为上尉，次年调入陆军参谋部任职；1915 年晋升为少校；1916 年，调任陆军部长贝克的副官，负责与新闻界的联络事务。

1917 年，美国参加第一次世界大战，麦克阿瑟出任第 42 步兵师参谋长，晋升为上校，赴法国参战。由于第 42 师的士兵都是从各州国民警卫队中抽调的，所以该师又有"彩虹师"之称。这个"彩虹师"，在麦克阿瑟的带领下，战无不胜，攻无不克，是美军中最有战斗力的军队。1918 年，他因作战勇敢和指挥有方，数次获得勋章并升任第 84 旅准将旅长，曾是最年轻的准将；同年 11 月，在大战结束之后担任"彩虹师"代师长。

1919 年 6 月，麦克阿瑟被任命为西点军校的校长，成为该校最年轻的校长。任内他整顿纪律，增设课程，推行现代化军事教育，为美军培养了大批现代军事人才，但是也因此而得罪了军界的保守势力。1922 年年底，麦克阿瑟赴菲律宾任马尼拉军区司令。1925 年，麦克阿瑟晋升为少将，先后在亚特兰大和巴尔的摩任军长。1927 年秋，麦克阿瑟出任美国奥林匹克委员会主席，率美国代表队参加 1928 年在阿姆斯特丹举行的奥林匹克运动会。此后，麦克阿瑟调任驻菲律宾美军司令。

1930 年 11 月，麦克阿瑟接受上将临时军衔，宣誓就任美国陆军参谋长，成为美国陆军历史上最年轻的陆军参谋长；任内用机械化装备代替马匹，提高了部队的机动能力和速度，制定战争总动员计划；为诸兵种建立统一的采购制度以减少浪费，建立航空队司令部以提高地空部队的协调效率；反对国会因经济原因而欲裁减陆军机构的企图；反对削减军官队伍；每年均成功地阻止削减陆军员额的议案，并为陆军的战备辩护。1932 年，他亲自出马，穿着挂满勋章的军装镇压了那些曾经在法国和他并肩作战的军人的"饥饿进军"，而且至死不悔，认为这些人是受到赤化的影响。1933 年，罗斯福出任总统之后，麦克阿瑟继续担任陆军参谋长。1935 年任期结束后，他接受菲律宾总统奎松的邀请出任顾问。1936 年接受菲律宾元帅军衔同时退出美国陆军现役。

1941 年，日美关系紧张，7 月应召重新服役，领中将军衔，统领美国在菲律宾的武装力量和菲律宾的军队，但在日军的进攻下，很快失败，放弃了马尼拉退守巴丹半岛，在拼死抵抗后为避免他落入日军手中，美国军方派潜艇将他接出。菲律宾战役是麦克阿瑟从军以来遭到的首次失败，而且败得非常惨，他把此次失败看作自己的奇耻大辱！由于不能面对失败，麦克阿瑟发出了"我出来了，但我将会回来"的宣言。

经过 1942 年的中途岛战役和 1943 年的瓜达尔卡纳尔战役，盟军开始由战略防御转向战略进攻。中途岛战役之后，日军把兵力都驻扎在新几内亚，企图通过直接攻击而夺占米恩湾，再通过侧翼运动攻克莫尔兹比港。麦克阿瑟对此作出正确判断，并制定出相应的作战计划。1943 年 1 月，经过 6 个月的激战，盟军大胜。4 月，麦克阿瑟根据破译的日军密码电讯，派出战斗机队将日本联合舰队司令山本五十六的座机击落，为盟军清除了一个强大的敌人。

1944 年春夏，盟军势如破竹，先后攻克阿留申群岛、吉尔贝特群岛、所罗门群岛、新不列颠岛、新几内亚岛、马绍尔群岛、加罗林群岛和马里亚纳群岛等地。在此期间，麦克阿瑟与尼米兹就太平洋战争的战略问题发生重大分歧。麦克阿瑟主张先发起以新几内亚—哈尔马赫拉—棉兰老岛为轴心的战役，进而解放菲律宾；尼米兹则主张先夺取棉兰老岛空军基地，孤立吕宋，再进攻中国台湾和沿海，进而打击日本本土以缩短战争进程。最后，麦克阿瑟在罗斯福的支持下顺利实施了自己的计划。

1944 年 9 月，麦克阿瑟所部盟军在摩罗泰岛和帛硫群移岛实行登陆作战，打响了菲律宾群岛战役，实现了麦克阿瑟那句"我将会回来"的诺言。10 月，盟军开始从莱特岛经棉兰老岛到吕宋岛的跃进，在这一挺进的过程中，地面部队始终得到来自于美国陆军航空队和美国海军第 3 舰队的支援。10 月 20 日，麦克阿瑟率部在莱特岛登陆，在菲律宾总统的陪同下，麦克阿瑟在广播车上激动地宣称："菲律宾人民，我回来了！"

1944 年 12 月，麦克阿瑟晋升为陆军五星上将。1945 年 1 月，盟军于 10 日开始在马尼拉以北的仁牙因湾登陆，经过激烈的战斗，盟军终于占领巴丹半岛，收复科雷吉多尔。1945 年 4 月，麦克阿瑟受命指挥太平洋地区所有美国陆军部队的作战行动。

1945 年 8 月 15 日，日本宣布无条件投降，杜鲁门总统授权麦克阿瑟，让他以盟军最高司令的身份飞抵日本厚木机场，接受日本的投降，并且负责以后对日本的军事占领和重建。9 月 2 日，盟国在"密苏里"号军舰上举行受降仪式，麦克阿瑟代表盟军在日本投降书上签字。此后，麦克阿瑟作为美军在日本的代表，主持日本的战后重建，人们把他称为"日本的太上皇"。

1950 年 6 月，朝鲜内战爆发之后，美国操纵联合国进行干涉。麦克阿瑟出任远东美军

▲ 1944 年 10 月，美军在莱特岛登陆。

总司令和"联合国军"总司令，指挥侵朝战争。在美国第24步兵师被歼之后，麦克阿瑟组织指挥仁川登陆获得成功，进而指挥"联合国军"越过三八线，疯狂地向鸭绿江推进。1951年4月，麦克阿瑟因战争失利和所谓"未能全力执行美国和联合国的政策"而被解除一切职务。

1964年4月5日，麦克阿瑟在沃尔特·里德陆军医院因病去世。

扑朔迷离的历史

令人震惊的"鱼雷行动"

1939年9月1日，德国突袭波兰，第二次世界大战正式爆发。在此后不到1年的时间里，德军以风卷残云之势扫荡了整个西欧大陆。1940年5月10日上午，英国首相张伯伦迫于内外压力，无奈宣布辞职。英国国王乔治六世立即召见海军大臣温斯顿·丘吉尔，邀请他主持新一届的政府。

丘吉尔上任以后，精力饱满地投入到这个神圣的工作中去。但是之前英法盟军在横渡英吉利海峡时遭到溃败的事实，让他心中压力很大，一度感到无计可施。希特勒的兵团仅仅用了3个星期的时间，就迫使比利时和荷兰投降了。

1940年6月的一天，在伦敦一个地下指挥所里，丘吉尔嘴里叼着一根又长又黑的雪茄，目光坚定地盯着前方。一份"发电机计划"就摆在他的眼前，这是一份有关从敦刻尔克撤退的报告。丘吉尔感到震惊，因为报告里说，一个由大约850艘民用舰船组成的"救援船队"将30多万盟军士兵从敦刻尔克安全地撤到了英国。可令人忧心的是，随士兵们一起运回来的武器却非常少：丘吉尔感到了危机，他曾对助手们这样形容："如果德国人来了，我们就只能用瓶子来砸他们的脑袋——因为那是我们能够投入到战斗中的全部武器了。"

一次历史上最为惨烈的军事灾难在大不列颠上演了。事情向更加不利的方向发展着，几周后，法国宣布投降。此时的英国就像一叶孤舟即将面临德国潮水般的进攻。

在严峻的形势下，丘吉尔在英国议会发表了著名演说，表达了与纳粹德国战斗到底的决心。他说："尽管我们失利，但我们决不投降，决不屈服，我们将战斗到底。我们将在海上和大洋上作战，我们将充满信心地在空中作战。"在随后的秘密内阁会议上，丘吉尔作出了一个惊人的决定：一旦德国人攻进来，英国将马上把王室成员和政府领导人转移到加拿大，在那里建立新的抵抗政府与法西斯斗争到底。这个计划被命名为"鱼雷行动"，为确保计划顺利进行，丘吉尔决定将价值约70亿美元的黄金和有价证券秘密运往加拿大，作为英国撤往加拿大的先期准备。在当时的情况下，"鱼雷行动"无疑是一个冒险的赌注。

由于时间紧迫，英国政府在几天之内就征用了国内的几部列车，并迅速将黄金和有价证券秘密打包，每个箱子都装有4个金块，放上运输车。英国政府还成立了一个专门小组，对打包装箱的黄金和有价证券进行严格登记入账，并反复核对。之所以这么做是因为这些黄金和有价证券很大一部分是从英国人民那里征用来的，如果出现任何闪失，将无法向英国国民交代，这种行为是英国历史上唯一的一次。

在苏格兰西南部克莱德河口的一个小港格里诺克，这些秘密打包的2230个装货箱在夜间被成批搬到英国专用巡洋舰"埃默拉尔德"号上。为了不引起沿途人们的怀疑，这些货物全部被放在巡洋舰甲板下的深层仓库里。舰上别的地方还藏有 500 多箱有价证券，两者加起来价值约 53 亿美元。

"埃默拉尔德"号巡洋舰由英国著名海军上校弗兰西斯·弗林担任船长。在秘密出发前，弗林仔细研究了未来几天的天气状况。他意识到"埃默拉尔德"号要想到达加拿大危险重重，因为德国的潜艇司令——海军上将邓尼茨命令他的潜艇暗中潜行于苏格兰和加拿大的海上航道之间，航线向西伸展约 3000 海里。就在当月，已有 57 艘盟国的船只被德军潜艇击沉在北大西洋。

1940 年 6 月 24 日黑夜，"埃默拉尔德"号在夜幕掩护下，从克莱德河驶入了大西洋，到了指定地点集合后，几艘驱逐舰赶来护航。

出发不久，弗林就得到两个不幸的消息：一场强烈的大风暴正在前方的大西洋上肆虐；另外，英国海军部也给他发来了警报：两艘德国潜艇正潜伏在"埃默拉尔德"号将要前往的航道上。难道是在英格兰或苏格兰的德国间谍向柏林报告了这艘船上装载了特殊的货物了吗？还是德国的间谍机构早已破译了英国海军的密码？但不管怎样，舰队已经

▲ 德军 U 型潜艇。二战期间，德国潜艇时常潜行在苏格兰和加拿大的海上航道之间，伏击来往的舰船。

出发就不能回头了，弗林不得不硬着头皮往前航行。由于洋面上风势持续走高，海洋上风浪肆虐，所以"埃默拉尔德"号的几艘护航舰不得不减速航行。颠簸的舰艇使海员们呕吐不止。到了第三天，天气转晴了，海面也恢复了平静，更令人欣慰的是在预报的海域里并没有遭遇到德国潜艇。"埃默拉尔德"号有惊无险地抵达了目的地——加拿大的哈立法克斯。

船一靠岸，"埃默拉尔德"号的武装警卫立即封锁了码头，庞大的卸货行动开始了。弗林先将黄金和有价证券详细账目交给加拿大银行。加拿大银行官员按照账目对每箱黄金和有价证券进行了严格核对。随后，在每箱黄金和有价证券被装到早已等在码头旁的铁路支线上的一个专用火车车厢里，又一次接受了检查，光这两次检查，就花费了 12 个小时，这在当时是十分危险的，因为任何拖延都有可能造成意外麻烦。检查完毕之后，满载黄金珠宝和有价证券的专列又驶离哈立法克斯，驶往它的第一站——蒙特利尔。加拿大外汇管制委员会的伯金斯和银行秘书戴维早已在那里等候多时了。火车一停，警卫人员立即封锁车站，然后那些运载有价证券的车厢被脱挂，而装载黄金的专列则继续驶往加拿大首都渥太华。

在专列抵达蒙特利尔前，伯金斯和戴维为一个严峻的问题头痛：数百箱有价证券放在哪里才安全呢？最后他决定，把它们藏到英联邦自治领广场的阳光人寿保险公司的大厦里。这幢大厦地下有 3 层，最底层将被列为"联合王国的安全储备库"，可以专门收藏这些有价证券。

于此同时，黄金专列则在午夜时分到达渥太华车站。在黑夜的掩护下，几辆大卡车把这些贵重的货物运到了位于惠灵顿街的加拿大银行地下保管库。

7月5日，在首次运送成功后，"鱼雷行动"又开始另一次运送。这时，整个计划已经完成了大半。于是丘吉尔的心情稍稍有了些缓解。在这样连续不断地运送黄金和有价证券后，英国的大部分财产已经运送到加拿大，这样一来德国人即使得到情报，也不会找英国国库的麻烦了。

在整个运送途中，虽然没有和德国的潜艇遭遇，但英国的轮船有好几次被恶劣的天气阻拦。一次，满载珠宝的"巴特利"号船在途中引擎突然出现故障，不能按正常速度航行。护航的总指挥考虑到不能给其他船只带来危险，因此命令"巴特利"号改变航向，驶向纽芬兰的圣约翰斯，由"博纳文切"号巡洋舰护航。幸运的是"巴特利"号和"博纳文切"号最终平安到达了圣约翰斯港。

当这项令人难以想象的计划结束之后，英国海军部作了统计，共有价值约25亿美元的黄金、45亿美元的有价证券用船运到了加拿大。令人惊叹的是，在这3个月的时间里，有134艘盟国或是中立国的船只在北大西洋被德国人实施的"狼群"行动所击沉，然而没有一艘运输黄金的船只被击沉，甚至都没有遭到袭击。丘吉尔和他的战时内阁赢得了这场对大英帝国命运攸关的巨额赌博，70亿美元的巨额财产不但被安全地转移到加拿大，而且如此大规模的行动，居然能成功地保守住秘密。要知道在"鱼雷行动"中，大西洋两岸足有1000多人参与其中，但希特勒始终都不知道这个秘密，着实让人费解。

见死不救的美英联军

第二次世界大战结束以后，一直有两个问题困扰着全世界的历史学家，并引起了不小的争论，这两个问题是：美英等西方盟国是否了解纳粹惨无人道的大屠杀计划？如果他们当时了解的话，那么为什么他们对此无动于衷？部分学者和美英官方长期并且一贯宣称：美英等盟国在二战结束前对纳粹德国的大屠杀计划一无所知，所以也就不可能采取什么措施了。另外一些反对派学者则认为，美英等西方盟国只是出于某种不可告人的考虑才一直对纳粹的行动缄默不语，放任他们的罪行，致使上百万的犹太人被纳粹德国赶往死亡集中营，残忍地杀害。

2000年6月26日，一个让历史学家和普通民众都深感震惊的秘密浮出水面，当年美英盟国通过各种途径破译了纳粹安全机关的绝密情报，也就是说他们不但知道纳粹大屠杀计划，甚至对计划的每个细节都了如指掌。

▲ 盟军从纳粹集中营中运出许多惨遭毒手的犹太人尸体。

事情还要追溯到1943年的夏天，著名的"埃尼格码密码破译小组"的密码专家们在英国布雷特切里庄园里连续破译了驻罗马的纳粹安全总部发给柏林总部的绝密电报。当他们看到内容后，所有人都感到毛骨悚然：入侵意大利的德国党卫军必须越快越好地把身在意大利的犹太人全部关押起来，统一送往设在南欧和东欧的集中营，然后予以肉体上的消灭。截获的绝密电报清楚而详细地说明了纳粹德国准备屠杀意大利犹太人的步骤和方案。

10 月 6 日，希特勒亲自密令驻罗马的德国官员，要求他们必须在接到命令 10 天内把生活在罗马的 8000 名犹太人全部抓起来。

10 月 11 日，一份从柏林发往罗马的电报更是发出了赤裸裸的指令："为了意大利的总体安全，必须立即彻底消灭意大利境内的犹太人，以防止他们逃跑。"

10 月 16 日，一份从罗马发回柏林的电文清楚说明："针对犹太人的行动已经开始，到今天为止，1200 名犹太人已经被捕获。"

▲ 奥斯维辛集中营

10 月 20 日，纳粹德国驻意大利的盖世太保总部密电柏林总部："逮捕犹太人的任务已经完成，几乎所有的罗马犹太人已经被成功押到奥斯维辛集中营，这些犹太人几乎没人活着走出集中营。"据战后的文件表明，在这次行动中，整个罗马只有数百名意大利犹太人幸免于难。

这些截获破译的纳粹绝密电报被专人秘密而迅速地送交英国的最高层。与此同时，美国政府的高层决策者也得到了这些绝密电报。直到今天，历史学家们仍弄不清楚英国首相丘吉尔和美国总统罗斯福是否亲眼看到了这一令人震惊的绝密情报，但是可以肯定，美国和英国政府的最高层是肯定知道的。

几乎与此同时，潜伏在纳粹德国外交部里的弗里兹·科尔贝提供了纳粹德国准备屠杀所有意大利犹太人的情报。这位纳粹德国外交官经常利用前往中立国瑞士的机会与美国战略勤务办公室的特工杜勒斯秘密会面！

既然美英当局事先已经知道纳粹将要对犹太人进行大屠杀，为什么却保持沉默呢？从目前解密的档案资料来看，可能主要有两个因素：一是美英当局想用沉默换取纳粹的技术与合作，从而发展自己；二是他们都怕承担道义上的责任，也是维护自身的形象。

根据英国著名历史学家马丁·吉尔伯特 1981 年出版的《奥斯维辛与盟国》所写，盟国的领导人是到 1944 年夏天才略微听说奥斯维辛死亡集中营和纳粹种族大屠杀一事的。但是，这些新解密的档案和绝密资料把这些学者善意的推测击得粉碎。

其中最典型的例子之一就是，许多二战大屠杀遇难者的亲属对第二次世界大战结束后盟国法官没有把纳粹冲锋队将军科尔·沃尔夫送上绞刑架深感不解。众所周知，犹太平民被赶进死亡集中营的罪魁祸首正是沃尔夫和他领导的纳粹德国冲锋队，沃尔夫就是所有意大利犹太人大屠杀遇害者的刽子手。可是，第二次世界大战结束之后，沃尔夫并没有像人们事先预料的那样被美英盟国法官送上绞刑架，他只是在战后一直被拘押在盟国拘留营里，并于 1949 年获释，并且到慕尼黑过上了正常的生活。这其中的原因一直令世人不解。而这次解密的档案终于给出了答案。沃尔夫之所以可以逃脱法律的制裁，主要有两个方面的原因：一是他与艾森豪威尔执政时任中央情报局局长的杜勒斯有特殊的关系；其次是二战结束前夕入侵意大利的德军投降之事有他的功劳，多少算是将功赎罪吧。所以他最后被免了上断头台的命运。

目前针对有关罗斯福和丘吉尔两位总统的评价的问题，更多的历史学家一致认为，有关"盟国国家领导人对种族大屠杀一事毫不知情"的说法应该重写。甚至更有一些激进的文学家放言，他们对在大屠杀中遇难的欧洲犹太人负有不可推卸的道义上的责任！

美国弗吉尼亚大学情报专家蒂莫斯·纳夫塔里十分率直地说："实际上，当时罗斯福或者丘吉尔哪怕发表一个公开声明也许就能挽救成千上万意大利犹太人的生命，即使不能，最起码也能引起意大利犹太人的警觉，使他们有更多机会逃脱纳粹的种族大屠杀。然而，两位著名的领导人却不约而同地选择了沉默，他们这样做的目的是为了不暴露英美两国的密码破译行动。"

而现在，许多历史学家猛烈抨击美英两国政府一直不公布这些绝密档案资料的行为。美英两国政府一项都是以"国家安全"为借口，对二战期间情报资料守口如瓶。而实际上，这些学者现在推测美英政府这么做的动机一半是为了维护两国战争期间的领导人的形象，另一半则是为了免于承担道义上的责任。

斯大林不杀希特勒

根据加拿大历史学家霍夫曼的研究，1921 ～ 1945 年，至少有 46 次重大的谋刺希特勒的计划，每次他出现在公众面前进行游行、演讲、视察，几乎都有人欲将他置于死地，就连他身边的高级军官也蠢蠢欲动。其实自苏德两国开战以来，苏联特工一直在准备谋杀希特勒，但总是在最后关头被斯大林阻止了。

本想在莫斯科搞"斩首"

1941 年 6 月 22 日，德军发动"闪电战"，3 个集团军群突然袭击苏联。当时苏军准备不足，损失惨重，丢失大片国土。苏联内务人民委员贝利亚组建了一个直接受他领导的特别小组，其任务是在德国后方及德国本土组织侦察和破坏活动。国家安全事务中校帕维尔·苏多普拉托夫任组长，副组长由列昂尼德·艾廷贡担任。1941 年 8 月 8 日，该小组向斯大林呈交了第一份行动报告，建议把消灭希特勒作为行动目标。在得到斯大林等人批准后，他们开始了周密的筹备工作。

该小组成员大多具有丰富的作战经验：苏多普拉托夫曾独立组织了除掉乌克兰民族主义者首领科诺瓦列茨的行动，艾廷贡则秘密处决过托洛茨基。小组考虑到莫斯科一旦被德军占领，希特勒定会亲临莫斯科城，并且很可能检阅其军队。按照以往的经验，这种分析不无道理，法国被击溃后，希特勒就曾得意扬扬地在埃菲尔铁塔下留影。于是小组事先在莫斯科建立了党的地下组织、破坏行动小组和联络系统，打算趁希特勒到莫斯科"祝捷"时干掉他。

1941 年 9 月底，德军中央集团军群开始了代号为"台风"的攻势，大举进攻莫斯科。

但是，苏军极其顽强的抵抗顶住了德军的进攻，并于年底转入反攻，最后取得了莫斯科战役的彻底胜利，从而改变了苏多普拉托夫—艾廷贡小组原来的行动计划。在此情况下，他们只有选择在德国国内动手了。

文尼察错失良机

要在敌国的领土上刺杀该国领导人，其难度可想而知，尤其在战时状态下，苏德双

▲ 斯大林

▲ 希特勒

方自然是严加防范。行动小组严密关注德国元首的行踪，通过收集德国和其他国家的报纸，审讯战俘，或通过游击队搜集情报。经过多方打听，他们得知 1942 年 6 月下旬德国人在文尼察（乌克兰城市）市郊开始修筑最高统帅部的临时大本营，而 7 月 10 日～15 日希特勒会亲临此地指挥作战。但内务人民委员部还是决定先核实一下，然后再制订行之有效的作战计划。但行动最终因为缺乏合适的人选而不得不放弃。

苏联歌剧名角叛逃提供机会

其实早在文尼察方案前，苏多普拉托夫—艾廷贡小组就有了组织人员在德国本土行刺希特勒的计划。但是令人头痛的是，这个计划不仅需要一批忠诚可靠、精明强干的人员，更需要寻找一个能潜入德国上层社会、最终能将计划付诸实施的人。一次偶然的机会，一名苏联歌剧名角的叛逃使行动变得可能。

1941 年秋天，就在莫斯科战役的紧要关头，苏联歌剧界的著名演员弗谢沃洛德·布卢门塔尔·塔马林叛逃了，他投靠了城外的德军。这是个非同寻常的人：他才华横溢，却没在一个剧院待得住；他擅演悲剧角色，颇受欢迎，但因性格喜怒无常且嗜酒如命而臭名远扬。若派人去找弗谢沃洛德·布卢门，如何？为此小组专门找到了弗谢沃洛德·布卢门的妻子的侄子伊戈尔，当时伊戈尔正在列宁格勒服役，伊戈尔欣然受命。他用半年时间，研究背诵假履历，学习掌握特工的各种技能，为完成这一崇高而危险的使命做好各种准备。

经过几番周折，伊戈尔终于成功潜入德国，他不仅见到了姑父塔马林，还拜访了奥尔加·契诃夫娃。因为临离开莫斯科时有人给了他一个柏林地址，并叮嘱他应前去"拜访"一下，并尽可能在此住下。

契诃夫娃于 1897 年生于一个铁路工程师家庭，与杰出的俄国演员米哈伊尔·契诃夫（著名作家契诃夫的侄子）的短暂婚姻使她引人注目。

▲ 克格勃标徽

她于 1921 年去了德国，很快在银幕上功成名就，成为德国乃至世界影坛一颗耀眼的明星。契诃夫娃经常出入德国上层社会，与希特勒、戈林、戈培尔等政要交情不浅。而她的真实身份则是苏联军事情报局的一员。而苏联也的确从她那里得到了许多有关纳粹上层的重要情报。

伊戈尔被派到契诃夫娃身边后，协助他工作的还有 3 名来自南斯拉夫的侦察员，他们都经验丰富、有勇有谋。奉特别行动小组领导人之命，他们开始进行暗杀希特勒的周密准备：确定可行的办法，搜集必要的信息。

斯大林决定放希特勒一马

就在行动小组千方百计寻找机遇，谋划刺杀希特勒的时候，斯大林本人却决定放希特勒一马。

斯大林是这样阐述缘由的：只要希特勒活着，他就不会与西方单独签订协议；同样，对美国和英国来说，只要希特勒在台上，他们就不可能与之媾和。如果希特勒死了，到时掌权的很可能是帝国二号人物戈林，而西方强国会与其达成谅解。这样就会给苏联造成更大的威胁。

斯大林显然不想看到希特勒死后的德国新领导人与英美等西方强国单方面媾和，再全力与疲惫不堪的苏联厮杀。历史证明，斯大林的这种担心绝非多虑，就在战争末期，纳粹的二号人物戈林确实曾希望希特勒能授权他掌管国家一切事务，并建议与英美谈判。就这样，斯大林出于大战略的考虑，放过了希特勒。而历史证明，希特勒的确是斯大林的一个筹码。

潜伏在德国的伊戈尔由于没接到莫斯科发出的行动命令，他在德国一直待到1944年底，期间完成了许多其他艰巨而危险的任务。之后，他取道比利时和法国回到莫斯科，并获得一枚红旗勋章。

苏联窃取美国原子弹秘密内幕

1949年8月29日，苏联第一颗原子弹爆炸成功，他就是被美国人称作"乔1号"苏制原子弹。美国朝野上下大为震惊，美国自鸣得意的原子弹讹诈战略宣告破产。

实际上，"乔1号"是一个彻头彻尾的剽窃之作，它的每一个细节都与4年前将日本长崎夷为平地的美国原子弹一模一样。苏联那些积极提供情报的间谍对苏联原子弹的诞生起了不可估量的作用。

据美国媒体报道，乔治·克瓦尔是成功渗入美国制造出世界第一颗原子弹的"曼哈顿工程"的唯一一名苏联情报官员。正是他的活动，让苏联在短短4年之后就拥有了原子弹，而他的真实身份数十年来一直鲜为人知，直到普京总统追授他俄罗斯最高荣誉称号时才曝光，而他本人已在前一年辞世。

克瓦尔拥有完全美国化的掩护手段：出生在美国艾奥瓦州，在纽约曼哈顿上大学，有一帮经常与他一起打棒球的陆军伙计。他还拥有一个惊天秘密。在"二战"期间，他曾是一名苏联间谍，代号德尔玛（Delmar），接受过斯大林控制下的格鲁乌（苏联、俄罗斯军方情报机构，比人们所熟知并深感畏惧的"克格勃"更为隐秘）的严格训练。后来就是他为苏联窃取了美国原子弹的秘密。

▲ 科学家正在观察核反应堆中的可控链式裂变反应情况。

曼哈顿工程遭遇严重的人手短缺现象，因而请求美国陆军代为招募技术型士兵。1944年，克瓦尔和克纳米希一同前往橡树岭，那里的主要任务就是制造原子弹燃料，这被视为原子弹制造技术中最为困难的一环。克纳米希说，由于克瓦尔负责健康安全事务，驾车在这座大型建筑群内的各座大楼间穿梭，确保不致出现核辐射伤害员工，因而可以很自由地出入各处。

1945年6月，克瓦尔的职责范围更是拓展到了俄亥俄州西南部的代顿城的一些顶级秘密工厂。这些工厂负责提纯钋210，这是一种辐射材料，用于帮助启动原子弹的一系列反应。

除了克瓦尔，苏联高级间谍克瓦斯尼可夫和萨姆约诺夫（假名：特温）打入纽约，并且在加拿大成立了名为"后方"的地下组织。据驻伦敦技术间谍部前部长巴科夫斯基回忆，仅在英国就约有10名英国科学家向克里姆林宫提供情报。

当西方间谍的核谍报日益增多时，斯大林下令苏联也开始研究"铀问题"。1943年初，库尔恰托夫被任命为为苏维埃原子弹项目负责人。此时的库尔恰托夫手上已掌握了贝利亚的间谍们弄来的西方核研究的精髓。最初，苏联人对美国人的复杂计算无法检验，到 1944 年底，苏联研究人员所提炼出的金属铀不足 3 千克，库尔恰托夫就像一位高级教师，他先给专家们布置任务，然后打开保险箱将他们的结果与间谍们窃来的秘密文件对照，他的结论往往是"可惜不对，请再试试"。得益于苏联窃取的美国情报，他们至少节省了两年时间和 2.5 亿卢布的财力。当时，尽管美、英两国对这类间谍活动有所打击，如 1946 年英国情报机关破获了一个核武器间谍组织，逮捕了 13 名间谍，1949 年福克斯被捕，但主要间谍仍得以潜伏。据克格勃老手巴利夫斯基披露，美国的核武器情报主要来源除福克斯外，当时还有一位高级科学家，假名珀苏斯，但此人至今未被识破。

1948 年 6 月 10 日，苏联原子弹研制人员面临最棘手的困难，即 4 个月后，必须将储铀罐打开，而且须将有高度放射性的钚和焙砂分开，美国人为完成此举准备了防射线服及遥控机械手。苏联人虽搞到了遥控机械手的图纸，但由于其电子工业还比较落后，无法仿造。根据一些当年的工作人员回忆，贝利亚凶神般地在试验厅里踱来踱去，命令古拉格监狱的那些倒霉囚犯来完成这个使命。他怀疑一切，只要谁有一丁点差错，他就会被斥责为破坏、叛徒。

▲ 苏联原子弹爆炸时的情景。

随着 1949 年 8 月 29 日哈萨克草原上一声巨响，苏联打破了美国的核垄断，两个超级大国的核竞争终于站到了同一条起跑线上。面对苏联核计划的参与者，斯大林曾幽默地说："假如我们再晚一两年，也许这种炸弹就落到我们头上了。"

纽伦堡和东京审判

第二次世界大战后，如何处理战败的德国和日本的问题，成为国际关系中一个重要的问题。为了彻底肃清法西斯势力，实现民主化和非军国主义化，防止军国主义和法西斯主义死灰复燃，维护世界和平，盟国对德、日法西斯战犯进行了审判，这就是纽伦堡审判和东京审判。

1943 年 10 月，苏、美、英三国《莫斯科宣言》规定，战争结束后，将对战争罪犯进行审判。1945 年 8 月，上述三国和法国在伦敦签订协定，拟定欧洲国际军事法庭宪章，规定由四国指派检察官组成委员会进行起诉，由四国指派的法官组成国际军事法庭进行审判。1945 年 10 月 18 日，国际军事法庭第一次审判在柏林举行。从 11 月 20 日开始，审判移至德国南部城市纽伦堡举行，至 1946 年 10 月 1 日结束，历时近一年。包括纳粹第二、三号人物戈林、赫斯和外长里宾特洛甫在内的 20 多名战犯被提起公诉。法庭进行了 403 次公审，以大量确凿的证据揭露了德国法西斯的种种滔天罪行。法庭根据 4 条罪行对战犯进行起诉和定罪：策划、准备、发动、进行战争罪；参与实施战争的共同计划罪；战争罪（指违反战争法规或战争惯例）；违反人道罪（指对平民的屠杀、灭绝和奴役等）。前两条合起来称为破坏和平罪。1946 年 10 月 1 日，法庭做出了最后判决，判处戈林等 12 人绞刑，3 人无期徒刑，4

▲ 纽伦堡审判

人有期徒刑。

死刑判决于 1946 年 10 月 16 日执行，戈林在处决前一天服毒自杀。与此同时，法庭还宣布了 4 个犯罪组织，它们是：纳粹党领导机构、秘密警察（盖世太保）、保安处和党卫队。对这几个犯罪组织的成员，各国可以判以参与犯罪组织罪，直到判处死刑。此后，在美、英、法、苏各个占领区以及后来的联邦德国和民主德国各法庭，又对众多的战争期间的犯罪分子进行了后续审判，他们大多是法西斯医生、法官、工业家、外交人员、国防军最高司令部人员、军事骨干以及党卫队高级干部等。

纽伦堡审判基本上是一次公正的审判，是人类有史以来对侵略战争发动者的第一次法律制裁，有利于防止历史悲剧的重演。它为以后对破坏和平罪的审判奠定了基础，标志着国际法的重大发展。

在第二次世界大战进行之时，盟国就认为，日本战犯也应受到与德国战犯同样的处理。1945 年 12 月 16 日～ 26 日，苏、美、英外长决定实施《波茨坦公告》中的日本投降条文，包括惩办日本战犯。根据《波茨坦公告》、日本投降书、盟国的《特别通告》以及《远东国际军事法庭宪章》，盟国决定在东京设立法庭审判日本战犯。

根据宪章规定，法庭将审判及惩罚被控以个人身份或团体成员身份犯有以下 3 种罪行的战犯：1. 破坏和平罪（策划、准备、发动或进行侵略战争）；2. 战争罪（违反战争法规或战争惯例）；3. 违反人道罪（对平民进行杀害、奴役和放逐，或以政治、种族和宗教为理由对平民进行迫害的行为）。盟军最高统帅麦克阿瑟于 1946 年 2 月 18 日任命澳大利亚的韦伯为首席法官，中国、苏联、美国、英国、法国、荷兰、菲律宾、加拿大、新西兰和印度 10 国各派一名代表为法官，美国的约瑟夫·B. 凯南为首席检察官。

1946 年 4 月 29 日，东条英机等 28 名战犯正式被起诉。1946 年 5 月 3 日，远东国际军事法庭正式开庭。首席检察官历数了 28 名战犯在战争中的罪行，列举了 55 项罪状，指控他们犯有破坏和平罪、战争罪、违反人道罪。

1948 年 11 月 4 日，法庭宣读判决书，对 25 名出庭战犯判决如下：判处东条英机等 7 人绞刑；16 人被判处无期徒刑；其余判处有期徒刑。

1948 年 11 月 12 日，远东国际军事法庭闭庭。1948 年 12 月 23 日，东条英机等 7 名战犯在东京巢鸭监狱被绞死，尸体被火化。其余战犯入狱服刑。

对日本战犯做出的严正判决，受到了世界舆论的欢迎。这次审判，使全世界人民进一步了解了日本帝国主义从"九·一八事变"到太平洋战争期间的侵略真相和罪恶的事实，是对日本法西斯分子的一次全面清算和打击。但是，一些应该受到审判的战犯并未成为被告，一些罪大恶极的战犯并未受到严惩，给深受其害的各国人民留下了不良的印象。

逸闻趣事

受嘲弄的法国元帅

第二次世界大战爆发前，法军元帅艾伦赛曾经宣称：德国的将军们必将遇到困难，因为他们之中没有哪一个人在第一次世界大战时达到过上尉以上的军衔。一旦大战爆发，第一次世界大战的战胜国法国仍将战无不胜。

艾伦赛单以军衔来衡量战争指导能力的高下，显然是形而上学的。军衔固然在一定的程度上反映一个指挥员的资历和战争的指挥能力，但有些时候二者并不能画等号。正是在第一次世界大战时不过是一个小班长的希特勒和他的将领们，仅用了1个半月的时间，就将法国打得措手不及。战争的历史证明，较少战争经验的后起之辈，往往更容易接受新的战争法则，而第二次世界大战期间许多法军将领刚好在这方面处于下风，有可能画地为牢，盲目恪守一战的经验，依赖单纯的阵地防御，用5年的苦心经营，并且耗费巨资，在阿尔卑斯山—色当一线构筑了"固若金汤"的马其诺防线，进行专守防御。德国法西斯把空军、坦克和机械化部队的机动性、快速性紧密结合，实行大规模的迂回战，从法军毫无戒备的阿登山区突破，向法国境内长驱直入，马其诺防线完全成了一个没用的摆设。

▲ 二战期间被德军轰炸后的法军机场

1940年6月14日，德国攻占巴黎。仅仅几个星期，法国便被德国法西斯占领。现实无情地嘲弄了艾伦赛所引以为荣的辉煌肩章！堂堂元帅艾伦赛羞得无地自容，但这一切都已于事无补了。

核弹与明星

很多历史事件都是受个人的极大影响，在第二次世界大战期间，美国大名鼎鼎的影星格丽达·嘉宝利用她特殊的身份和地位，使德国希特勒企图在战争中使用原子弹的阴谋落空，进而对战况产生了重大影响。

早在1939年，希特勒就下令研制原子弹，并用威胁和恐吓等手段到处搜罗能制造出巨大杀伤力武器的科学家，著名的丹麦原子科学家内伊尔斯·博赫尔成为他们首先瞄准的对象。北欧反法西斯地下组织获悉此情报后，立即转告嘉宝见机行事。

不久，在一次演员与观众的见面会上，嘉宝向博赫尔教授指出法西斯的本来面目，希望他能够以人类的和平和正义为己任，绝不向灭绝人性的纳粹泄露原子弹的任何秘密并表示已经帮助他制定了具体的出逃方案，逃离希特勒的魔掌。当年冬天，博赫尔在嘉宝的精心安排下，乘坐英国皇家空军的一架蚊式战斗机，从哥本哈根逃到了英国，从而摆脱了法西斯的搜寻。

后来，这位著名的原子科学家在制造原子弹方面发挥了举足轻重的作用。由于博赫尔的出逃，使二战期间的人们幸免了一场灭顶之灾。

英国将军曾密谋劫持希特勒

有谁想过在二战中备受德国欺凌的英国曾经密谋劫持希特勒？美国学者在伦敦档案局查阅资料时发现，英国皇家空军曾计划劫持希特勒。

第二次世界大战开始后，越来越多的人反对战争。刺杀战争罪魁祸首希特勒的计划也一再被很多机构和人员制定出来。其中，英国情报部门最先决定解决希特勒。根据英国皇家空军情报部门掌握的情况，希特勒外出常乘坐"神鹰-4"引擎飞机。皇家空军道格拉斯上将和哈里斯少将进行了一番秘密策划，决定利用内线，等到希特勒座机在莱姆奔机场着陆时对其进行袭击，整个计划是：在劫持希特勒到达该机场时，由一名可靠的司机和两名通讯兵驾驶一辆"福特V8"旅行车和两辆摩托车去接受"猎物"，然后，由其他人将希特勒迅速转移。计划显得十分完善，所以从1941年3月起该机场就进入一级戒备状态。

但令英国皇家空军失望的是，在以后的两三个月内，希特勒的座机一直没有出现。至于为什么没有出现，至今仍是一个未解之谜。

战争中的糊涂账

1941年，黄沙飞舞，寒风肆虐，大地一片迷蒙。利比亚沙漠上却坦克隆隆，枪声四起，硝烟弥漫，英国第8军军长蒙哥马利与德国"沙漠之狐"隆美尔的非洲军，正在展开一场规模庞大的坦克大战。由于战场态势犬牙交错，瞬息万变，英军与德军相互盘旋追逐，战线极不稳定，情况游移不定，造成了敌中有我、我中有敌的复杂局面，因而发生了多起浑水摸鱼的"国际玩笑"。

英军某补给站的保管员，一觉醒来，还没从梦中完全清醒过来，他迷糊着双眼刚想向正在加油的战友们致以敬礼，定睛一看，竟使他大吃一惊，面前的情景真能把人吓晕过去。他万万没料到这些忙着加油的装甲车全是德军的。他安安神，悄然返回帐篷，抓起电话机发出紧急救援信号，召唤自己的部队赶到，出其不意地将这股德军干掉了。

另外一个故事发生在一个深夜，一名正在交通岗值勤的英国宪兵，忙着指挥一队队车辆南来北往。突然之间，他猛然发现自己指挥的是滚滚开进的德军装甲车，看阵势，德军并没发现他是英国宪兵，这个英国宪兵不露声色，悄无声息地上演了一出无间道，继续坦然地履行职守，德军装甲车队也乖乖听从指挥。其中有几十辆德军坦克在他的指挥之下，转弯向完全错误的方向开去，成了英军的美食。

还有一个英军前线救护所，无意中陷入敌掌，敌人强迫他们救护德军伤兵。半夜里，一位迷路的英国炮兵军官，稀里糊涂地闯进救护所打听情况。当时正在敌人的监视下做手术的军医，巧妙地向这位炮兵军官低声耳语，"这里危险，赶快离开"。炮兵军官不明情况地撒腿就跑，安全地脱离了虎口。

丘吉尔的"完美战略"

二战中的丘吉尔一边推行他的非洲计划，一边顽固拒绝按预定时间在法国北部开辟第二战场，同时，为了达到一定的政治目的，他又坚定发展了他自己的"巴尔干"和"地中海"的战略主张。

据戴高乐所说，在地中海，英国既想捍卫在埃及和所有阿拉伯国家，如在塞浦路斯、马耳他、直布罗陀已夺占的阵地，又打算在利比亚、叙利亚、希腊、南斯拉夫夺占新的阵地。正因为如此，英国才极力把英美联合进攻的矛头指向该战场的翼侧。

▲ 丘吉尔视察莱茵区，一旁陪同的是大名鼎鼎的蒙哥马利。

丘吉尔并不是从军事的层面去考虑问题的，而是更多地基于政治的考虑，他坚决主张开辟第二战场的"巴尔干方案"，就是如此。他力图挡住苏军通向巴尔干的道路，制止当地的民主运动，巩固英国在地中海的阵地，保住它对远东的控制。

罗斯福对自己的儿子埃利奥特说过："首相一有机会就提出经过巴尔干实施进攻的主张，这使所有与会者都十分清楚他的意图何在，他是想在中欧打进一个楔子，以便阻止红军进入奥地利、罗马尼亚，如有可能，还阻止苏军进入匈牙利。"

事实上，丘吉尔本人也并不掩饰，他打算在巴尔干打进一个"把欧洲和苏俄隔开的盟军楔子"。美国记者拉尔夫·英格索尔曾形象地说："巴尔干就像一块磁铁，无论罗盘怎样抖动，英国战略的指针始终指向它。"

提出"巴尔干战略"还因为，英国想利用在次要方向作战的时机来积蓄力量，以便在战争的最后阶段向德国进攻。

为了实施他的"巴尔干战略"，丘吉尔和支持他的华盛顿的政治家们，提出了一项建立巴尔干—多瑙河联邦，即巴尔干和多瑙河沿岸诸国反苏集团的计划。该联邦应以保加利亚科堡王朝为首。其成员有：保加利亚、南斯拉夫、土耳其、希腊、阿尔巴尼亚。联邦对外应是一个独立的国家实体，而实际上则受英国领导。1942 年 1 月，希腊和南斯拉夫流亡政府签订的政治联盟条约便是建立该联邦的一个步骤。当时在伦敦还签署了关于建立另一反苏集团，即中欧联盟的波—捷协议。

丘吉尔一直想在苏联周围建立一个新的"防疫线"，这种想法也是伦敦政治家的共有观念。但事态的发展使这个想法一直无法实现，但是他们并不罢手，一个一个这样的计划依然次第出现。

"孤军奋战"的坦克兵团

1942 年 11 月 19 日，斯大林格勒会战吹响了其第二阶段的号角，苏军英勇作战，战无不胜，强大的攻势撼天动地，在德意军的防御体系上撕开了一个口子。意大利第 8 集团军和德军多尔麦辛集团军的野战工事像一座座垃圾堆，幸存的官兵龟缩在防炮洞里祈祷上帝保佑自己完完整整地回到父母妻子身边。

苏军各坦克军和机械化军,利用炮兵火力效果,协同步兵迅速突破了德意军的战术纵深。守敌招架不住了,开始全线溃退,苏军西南方面军由攻坚战转入势如破竹的追击战。

在追击过程中,苏军坦克第24、第25两军进展最为顺利,特别是坦克第24军一马当先,奋勇追击意军,从意军的后方插入,并且在行进中一举攻占了塔清斯卡亚城和火车站。这支浪漫军旅以惊人的速度飞驰而来,就连德军指挥部待命的飞机都没来得及转场,就被无情地俘获了。坦克兵们用钢铁征服了敌人,在胜利面前,谁也关不住激动的闸门,兴奋的洪流淹没了应有的警惕,就在他们围绕着缴获的350架飞机谈笑风生、手舞足蹈、欢呼雀跃之时,谁也没有想到这时危险正在袭来。

其实,敌人的侦察兵也不是等闲之辈,他们发现对自己威胁最大的苏军坦克第24军是"孤军奋战",远离主力,孤军深入,便速将配置在塔清斯卡亚地域的预备队机动过来,团团合围了坦克第24军。德军全方位的冲击波使苏军意识到自己犯了一个令人哭笑不得的"小错误",事已至此,无论如何也要单枪匹马地打下去了。于是,一场装甲对装甲的拼杀战激烈地展开了,这是铁与铁的较量。部队打得十分顽强壮烈,许多场景催人泪下,经过五昼夜浴血奋战,苏军终于在生与死的夹缝中突出了德军的合围。

鸟粪影响战局

有人会说:"鸟粪影响战局,这也扯得太远了吧?"但是,这世界就是这么奇妙,所谓世界之大无奇不有,在第二次世界大战期间,鸟粪就曾一举成为稀缺物品,变身重要战略物资,结结实实地当了一回明星,也从一定程度影响了战局。

那卢岛地处太平洋,是一个很不起眼的小岛,它既不是海上重要通道,又不是军事基地,它既无丰富的矿产资源,也没有优越的地理环境,可以说丝毫没有军事价值。所以这里既听不到枪炮声和飞机的嘶鸣,又看不到军舰的频驰,因此,门可罗雀的名声非它莫属了。美日军所进行的太平洋战争,在其他海域打得翻江倒海,大洋中的鸟类家族为了逃难,纷至那卢岛栖身,这里成了鸟类"难民"收容所。特别是岛上的老"居民",谁也说不清有多少代,它们在这里生儿育女,吃喝拉撒,积累了层次很厚的鸟粪,成为鸟粪著名产地之一。

日本人发现了岛上的鸟粪。这对肥料资源缺乏的日本来说,如获至宝,便决定把岛上的鸟粪作为战时农业肥料的主要来源,夜以继日地运往日本。开始岛上的鸟类对不速之客

▲ 美国 B-26 轰炸机

的到来感到不安,但看出他们竟然只是收集自己的粪便,也就不再担心,化惊为喜了。不久美国著名的粮食专家罗伯特·斯特劳斯根据获得的情报,分析了日本此举的意义。

为了切断日本的部分农肥供应,影响其农业生产,斯特劳斯献出金点子,他建议破坏那卢岛上的鸟粪资源。后来美国空军认真研究了斯特劳斯的建议,认为这个建议富有远见,战略眼光独到,并且决定予以采纳。1942年,美空军对那卢岛实施了破坏性轰炸。美国这一招没白用,果然使日本翌年的粮食生产大

大下降，造成给养供应发生恐慌，削弱了日本的军事潜力。而鸟粪可以影响一场战局，这真是前无古人，后无来者。

英雄信鸽

二战中，有过一只英雄信鸽，它的故事广为流传。1943年11月18日，英国第56皇家步兵旅为了迅速突破德军的防线，请求盟军空军火力予以支援。正当盟军飞机要起飞时，英国的一只雅号"格久"的信鸽送来一份万分火急的信件："德军防线已被第56皇家步兵旅攻占，请求撤销轰炸。"从信中获悉，"格久"在10分钟内飞行了30多千米。由于"格久"拯救了1000多人的宝贵生命，英国伦敦市长特授予它掺金勋章——这是战争史上授予信鸽的最大荣誉，而它为英国人民所作出的贡献也将永远被铭记。

坦克挂"刀"，无人能敌

诺曼底登陆作战中，在盟军主要攻击方向上的田野里，纵横交错着许多灌木树篱，这些树篱与地埂形成了天然屏障，即使是美国的现代化装备也无法克服这些障碍，因此给盟军的突破行动带来了极大的困难。步兵和坦克只好缓缓前进，致使战斗历时1个月零20天尚未达到预期的目的。在这个艰苦的时刻，有位士兵提出了一条既简单又十分巧妙的建议：在坦克前面安上两把坚硬的钢刀，凭借坦克的强大推动力，可切断树篱，铲平地埂。有"大兵将军"之称的集团军司令官莱德雷纳谏如流，当即采纳了他的建议。就这样，依靠这种极为简单的装置，美军顺利地克服了障碍物，一举突破了德军防线，迅速向南推进，进而获得了整个战役的胜利。所以说，有时一个好的创意就能左右战争的局势。

英国自摆乌龙

战争中，误伤难免发生，在二战中最严重的误伤发生在在60多年前的一个星期天中午，当时英国一队战斗轰炸机采取突袭行动，在不到15分钟的时间里把两艘扫雷舰击沉于法国近海，舰上海军官兵117人遇难。其实，这些战斗轰炸机是自摆乌龙。铸成这种大错的根源是通讯出了毛病，从而导致英国海军遭受了第二次世界大战中最惨重的误伤损失。

根据英国《每日电讯报》在对公共档案局公布的、迄今一直保密的大量文件作了分析之后，公布了这场灾难的详细情况。1944年8月27日早晨，设在诺曼底的盟军地面雷达操作员发现在离德国占领的法国海岸仅几千米的海面上有一支小舰队。这些舰只实际上是英国军舰，它们正在排除德国布设的水雷。可是由于电讯信号出了错，这些扫雷舰未能把它们的位置通报给法国地区的海军总部。最终，这样的错误导致117名士兵葬身海洋。

其实从1944年8月中旬起，有两支英国扫雷舰队在法国昂蒂费角近海地区进行扫雷作业。克利克中校率领的第1扫雷舰队在进行了12天作业后，于8月25日离开该海域前往他处，而属于英国诺曼底远征军管辖并承担着法国北部沿海扫雷任务的第2扫雷舰队，也于8月26日离开昂蒂费角前往另一个海域。

同时，有关舰队离开这个海域前往别处扫雷的计划已向上级报告。不幸的是，这天晚上，代理舰队指挥官维纳布尔斯决定临时改变计划，返回昂蒂费角原扫雷海域。改变计划的决定也已通过电报及时报告了海军总部。可不幸的是，千不该，万不该，由于信号发生错误，地区海军总部没有收到此项报告。当盟军地面雷达站发现它们时，它们距海岸仅仅几千米。操作员认为离海岸这么近，肯定是德国舰只。于是雷达站与英国地区海军总部参谋人员联络，后者也同意这种看法，因为他们一直以为英国的扫雷舰队已于8月25日和26日先后离开了这个海域。于是这个"敌情"被报告给地区司令部司令官。

他们经过确认仍然认为这里没有盟军的军舰，于是这位海军少将下令派出侦察机侦察，并命令准备实施空袭。可是被派出的波兰飞行员报告说，这支舰队看上去像友军舰队时，司令部又试图与扫雷舰队指挥官联系，但是又一次因为线路故障，未能成功。这一切似乎是上天注定，在这种情况下，地区司令部下令实施空袭。战斗轰炸机263中队和266中队分别于13时零5分和零6分起飞。率机队执行任务的是王牌飞行员鲍德温，他飞临作战地区上空后立即产生了怀疑，他4次对空袭命令提出质疑，但毫无结果。当年的中队长拉特回忆说：他们要我们进攻。鲍德温认为从队形上看，这些舰只不是德国的。在空袭过程中，船员们认出是英国的飞机，并发射了识别用的信号弹，可是为时已晚，火箭准确命中，击沉了"轻骑兵"号"布里托马特"号，并炸毁了"斯特恩"号三艘扫雷舰。后来官方采取了严格的保密规定，幸存者们被告知不得谈论这个事件，并且决定，这个档案只能在100年后才能示人，只是由于政府加快了开放政策的步伐，这些文件才得以提前解密。而因为这个灾难，3名海军军官受到军事法庭审判，两名当庭无罪释放，另一名军官则受到了行政惩处。这也说明了在战场中，通讯和协调的重要性。

疯狂的"神风特攻队"

神风特攻队，由日本海军中将大西泷治郎首倡。第二次世界大战末期日本在中途岛战败，整个战局对日本极为不利，为了抵御美国空军强大的优势，挽救其战败的局面，有人第一次提出建"自杀飞行团"的构想。参加这一行动的飞行员，唯一也是最后的任务是驾驶装满炸药的飞机，冲向敌军的太平洋舰队，与它们同归于尽。疯狂的日本企图以此极端的方式获得战争的胜利。

1944年夏天，为了阻止盟军部队向欧洲挺进，纳粹德国用尽了各种计策。与此同时，他们的日本盟友也在竭尽全力地抵挡来自美军的攻势。日军在对美战争中处于下风，在菲律宾海战中，日本人损失了3艘航空母舰、300架飞机及数百名飞行人员。当年的6月19日，日本皇家海军冈村舰长第一次正式提出采取大规模的自杀式飞机行动。

当时，日本海军大将福留正在房总半岛空军基地视察。冈村在向福留汇报工作时说："我坚信，采取用我们的飞机同敌舰相撞的方式，是目前情况下扭转战局的唯一办法。"冈村还表示："请给我300架飞机，我一定能扭转战局！"当时福留并没有立刻回应，但返回东京后，他立即向日本海军副总参谋长伊东转达了冈村的建议，同时提醒说，他已经和日本空军达成了一致。尽管伊东当时认为作出这一决定的时机尚未成熟，但他还是如实向上级汇报了这一建议。而几乎与此同时，在菲律宾海域同美国人作战遭重创的另一艘航空母舰舰长射屋也向其上级提出了类似的建议。

▲ 日军在战争后期展开的自杀式袭击给美军造成了重大伤亡。

射屋表示："用传统的方式已不可能再击沉敌军的航空母舰。我请求紧急建立特别突击队，采取直接相撞的办法。我要求担任这一部队的指挥官。"同年 7 月底，日本首相东条英机辞职，于是日本皇军总参谋部开始策划这一海上作战计划，并命名该计划为"胜利"行动，初定于 10 月 18 日开始实施。日本新任驻菲律宾海空部队司令尾西在计划开始实施的前一天抵达马尼拉。井口舰长后来在他的回忆录中写道，当时，就是他亲自给那些即将实施自杀行动的飞行员起了"神风特攻队员"的名字。

据历史记载，1274 年 10 月 20 日，元朝和日本之间发生的"文永之役"已经进行到白热化阶段，元军分两路在日本的博多湾登陆，打得日军溃不成军。但很不幸，一场台风突然来袭，不可一世的元朝大军被这场大风完全吞没……日本人认为这场台风是上天在挽救日本，于是乎顶礼膜拜谓之"神风"。这便是二战时日军中"神风特攻队"名字的由来。

自 1944 年 10 月起，日本海军先后组建了 8 个"神风特攻队"，"神风"飞机多由轻型轰炸机或战斗机改装，设备简陋，但装有大量炸药。1944 年 10 月，"神风特攻队"在菲律宾莱特湾海战中首次出击，击沉、击伤多艘美军舰只，使美国海军大为震惊。1945 年 4 月，"神风特攻队"在冲绳战役中更是频繁出击。在莱特湾海战和冲绳战役中，"神风"飞机共出击 2550 次，其中 475 次命中目标，击沉美军包括航空母舰在内的舰只 43 艘，击伤各型舰艇约 370 艘。

但是，日本企图扭转战局的行动最终是徒劳的。历史又一次证明"得道多助失道寡助"的道理，战争永远偏向正义的一方。

▲ 日本"神风特攻队"队员

美军的"红球特别快车"

自古兵法中就有"兵马未动，粮草先行"的说法，可见在战争中后勤的保障对战争胜败影响之重大。在二战中，美国就曾经建立了一个高效的运输队伍。1944 年 8 月 25 日，美军为保障"诺曼底登陆"计划中盟国军队对德军的进攻，组织了一个名叫"红球特别快车"的运输部队，用以保障战争物资。这次行动共遣送物资 41 万多吨，日运量最高达 12340 吨。运输队最初有 118 个运输汽车连，约 5400 辆汽车，运输高峰段增至 132 个汽车连，约 6000 辆汽车。

为避免发生交通堵塞，延误运输计划，"红球"行动占用的道路严禁其他部队和民用车辆使用，并规定：车队一律单向行驶，掉队车辆只能紧跟其后，不得超车插入，待返回时方可归队；发生故障需要检修的车辆必须停靠路旁进行维修，让出行驶路面，所运货物由备用汽车代运；车队如若需要休息，车辆务必停在休息点，以确保道路畅通。每个运输队由数十个汽车连组成，车与车之间的距离保持在 50 米左右，时速达 40 千米／小时。实行司机轮流驾驶、人歇车不停的方式昼夜奔驰，一天可疾驰 20 小时。斯大林及苏联军方曾一致肯定："红球"行动在供应方面取得的成就，应作为最伟大的人类行为载入二战史。事实上，"红球特别快车"行动作为战争史上的成功案例也为此后的军事专家们津津乐道。

胶姆糖的军事应用

胶姆糖，又称香口胶、口香糖，是由胶基、糖、香精等制成，其中胶基占胶姆糖的20% ~ 30%。众所周知，口香糖用于咀嚼并清洁口腔，殊不知胶姆糖还能用于军事领域。

事实上，在二战期间胶姆糖曾一度成为美军军用食品。因为美国政府认为，胶姆糖除了具有糖果的各种特征外，还有其他特殊作用。例如，在监视敌方时咀嚼胶姆糖，可以防止打瞌睡；飞行员在飞行中咀嚼胶姆糖，可以防止耳鸣；甚至在军舰被击沉、必须靠橡皮舟、漂流海上、几天吃不上东西的情况下，胶姆糖也可以用来维持生命。1944年，由于二战的紧张局势，胶姆糖在美国全部被用作军用品，以至于在市场上完全没有了踪影。如此微小的糖果竟能在军事领域中发挥如此大的作用，实在令人称奇。

战争期间家信中的暗语

第二次世界大战期间，美国军队有这样的明文规定，凡是被派往海外的官兵不得将所在部队地址和行军位置泄露出去。但是为了不让家里人担心，美军中许多人别出心裁，创造出形形色色、林林总总的暗语。例如，有人写信问妻子某张唱片的背面是什么歌曲，妻子收到信后，查看唱片发现背面的歌曲是《四月的巴黎》，于是便知道丈夫去了法国。有人写家书时故意在收信人的名字中间多写一个字母G，在第二封信上多写一个U，第三封信多写一个A，第四封信多写一个M，等家人把这4封信都收齐了，将4个字母凑一块儿："GUAM"，便知道他正在关岛服役。更有意思的是，有人和家人约定，各自拿同一版本的世界地图，写信时把信纸与地图重合在一起，对应地图上自己所在的地方，在信纸上扎上针眼，等家人收到信后，拿出同样版本的地图一比照，便从针眼中得知对方的位置。身处异乡的美国兵们就是用这种方式传达对家人的思念，令人不胜嘘唏。

朱可夫拿斯大林便条上前线

苏德战争爆发后，德军一度疯狂进攻，势不可挡，其摩托化部队快速向莫斯科穿插，快如闪电，无所顾忌，正如其代号"台风"一样。突如其来的打击使苏军统帅部和战场失去了联系，电话线被潜入的敌军破坏，莫斯科的防御一片混乱，于是，斯大林在万般焦急之下又想起了朱可夫。

在整个二战期间，朱可夫参与组织了所有重大的战役，并且在关键时刻对战局能起到力挽狂澜的作用，这也是斯大林信任他的原因。

于是朱可夫在刚刚解围了列宁格勒之后又被调回莫斯科。

斯大林见到他后便连连发问："敌人在哪里？我们的集团军在哪里？为什么没有报告？朱可夫同志，情况糟透了，我们没法下决心，我们不知道该怎样部署，在哪里进攻。现在，请您到方面军司令部去一趟，了解情况，随时给我打电话，我等着您的消息。"

这样，朱可夫顶着疲惫，义无反顾地向前线出发了，他先找到西方面军的司令部，紧急给斯大林通电话，报告情况，然后又通过线索寻找预备队。他在偶然遇见的几个通讯兵的带领下在山里找到了正在整顿那些无组织退却的人员的预备队。几经周折下，他又找到了预备队的司令布琼尼，在布琼尼那里他得知了更坏的消息，第24、32集团军已经被敌人切断，朱可夫及时报告了斯大林。接下来，朱可夫继续前行，终于在红军占领区和敌占区之间找到了红军装备最精良的预备坦克旅。

现在一切情况都清楚了，朱可夫返回莫斯科。听完情况汇报后，斯大林撕下一张便笺，写下了一行字，任命朱可夫为保卫莫斯科几个方面军的总指挥，命令他立即到西方面军司令部去。

揣着斯大林的这一张便笺，朱可夫走马上任了。他果断采取措施改变混乱的局面，把司令部转移到最前线的阿拉比诺；他命令助手们去指挥每一个集团军，把它们屯驻在最合适的地点；他组织撤下来的部队，把预备队大批开赴前线；他亲临前线建筑数百千米坚固的防御线，加大防御纵深；他派大批政治干部到士兵中去进行宣传，提高士气，加强胜利的信心，连民兵也组织起来了。

没过多久，莫斯科就又变得坚不可摧。

斯大林固守莫斯科不撤离

1941 年，莫斯科被德军死死围住，危在旦夕。10 月 15 日，贝利亚、巴林科夫和卡冈诺维奇建议斯大林疏散到古比雪夫市，并且为他备好了专门列车，列车就停在城门外的车站上。此外，在莫斯科郊外的机场上还停放着准备好的 4 架飞机。其中有一架斯大林的专机，由空军师长格拉切夫上校驾驶。

但斯大林不打算离开莫斯科。这一天，远方别墅的警卫长索洛沃夫已经在向专用车厢里搬运东西。

斯大林看到他忙个不停，便问了一句："这是在搬运什么？"

索洛沃夫回答说："斯大林同志，我们在准备向古比雪夫市疏散。"

斯大林平静、坚定地说："我们不进行任何疏散，全部留在这里，直到胜利。"

当夜，斯大林又把自己的工作人员基里林、斯塔罗斯京、图科夫、赫鲁斯塔列夫和司机克里夫琴科夫召集在一起布置任务。他再次重申："我不到莫斯科以外的任何地方去。你们都留下来同我在一起。"正是这种从上到下统一的抗战精神使他们取得了最后的胜利。

斯大林无视"小报告"

苏联卫国战争期间列夫·梅赫利斯曾任方面军军事委员会委员，官当得很大，但心眼却很小。有一次，他在向斯大林报告了前线形势后，顺便提起风流倜傥的罗科索夫斯基将军"有生活作风问题"。斯大林听了没做任何反应。

梅赫利斯不甘心，执意要打击这位春风得意的将军，临走时又向斯大林问道："我们到底拿罗科索夫斯基同志怎么办？他搞女人搞得也太得意了！"

斯大林不喜欢纠缠干部的枝节问题，更不爱听小报告。他反问梅赫利斯："怎么办？你只能眼馋呗。"

罗斯福总统佯装糊涂打胜仗

日本偷袭珍珠港半年后，美国情报部门破译了日本的密码电报，截获了日本海军大将山本五十六将进攻中途岛的作战计划。美国海军上将尼米兹暗中调兵遣将，准备将计就计，痛歼日本海军舰队。谁知正在这节骨眼上，美国芝加哥一家报纸竟然把这一重大机密作为独家新闻播了出来，一时间引起美国军政首脑和情报机关的震惊。罗斯福灵机一动，对此表现出漠然的态度，佯装糊涂，使这家报纸没有引起日本间谍和侨民的注意。1942 年 6 月，美国海军以劣势兵力，巧妙地与日本舰队周旋，一举击沉日军 4 艘航空母舰和 1 艘巡洋舰，击落舰载飞机 300 余架，创造了著名的以少胜多的海战战例，为美国不久后在太平洋的反攻奠定了基础。罗斯福的智慧也为后人传为美谈。

丘吉尔妙用"苦肉计"

1939 年 8 月，希特勒搞到一台"埃尼格码"密码机。这种密码机能随意组合字母，无限度地加密，并能将密码一天一换。希特勒相信无人能破译它。但是英国人组织了 1 万多人专门从事破译，经过几个月的努力，终于破译出了第一份"埃尼格码"电报。从此，英军便能及时得到德国的战争情报，从而制定合理的应对方案。

▲ 丘吉尔打出胜利的手势。

英军屡次在空中挫败希特勒后，希特勒的军官们开始考虑密码机泄密的问题，并决定作一次空袭试验。1940 年 11 月 12 日晚，丘吉尔从对方电报获悉，48 小时后，德军将空袭英国城市考文垂，代号为"月光奏鸣曲"。丘吉尔面临一个艰难的选择，如果提前对城市布置精密的防守，则必然让德军知道，"埃尼格码"已被破译；如果不采取措施，这个城市将遭到毁灭性的打击。权衡再三以后，丘吉尔决定采取"苦肉计"，对考文垂不采取任何措施。两天后，"月光奏鸣曲"如期进行，轰炸持续 10 小时，考文垂变成一片火海，5 万户住房被炸毁，近 600 人丧生。为了保住密码被破译的秘密，消除德国人的疑虑，英国人付出了巨大的代价。

后来，英国人把这个"秘密武器"用在事关战争全局的最关紧要的时间和地点，当然也发挥了重要作用。阿拉曼之战英军的指挥官蒙哥马利，他的对手是希特勒的猛将隆美尔，战役发生后，隆美尔与希特勒之间的每一份电报都被英方破译，甚至有的电文还没有送到受文者手里，蒙哥马利就提前掌握了对方的一切情况，处处得以主动。在 13 天之内，德军损失 6 万人和 500 多辆坦克。这对后来的战争局势产生了巨大的影响。

"三戒"成就蒙哥马利

英国的著名将领蒙哥马利有"三戒"，为众人所知，即戒烟、戒酒和戒奢。他从桑赫斯特军校毕业后，被分到印度军团服役。看到很多军官在军事上不求进取，玩乐享受，由于花天酒地而未老先衰，深感一个人要想有所成就、成就事业，必须除掉身上的不良习惯。他决心戒烟、戒酒，并且注意不享受奢侈。有一次，丘吉尔首相到蒙哥马利指挥的师参观军事演习，结束后与他共进午餐。当丘吉尔兴致勃勃地问他想喝点什么时，蒙哥马利却平静地回答："水。"第二次世界大战期间，尽管军务繁多，他始终没有因为身体原因中断工作，这应该是"三戒"的功劳。

难解谜团

希特勒选用"卐"作党徽有何用意

希特勒采用了红地、白心、黑卐字来作为纳粹党的党旗，作为法西斯主义的象征，这是出于什么用意呢？

他在《我的奋斗》中这样解释说："任何党都应该有一面党旗，用它来象征庄严和伟大……黑、白、红3色的旧帝国的国旗……不适合作为我党的象征，因为所代表的德国，可能在以后会受尽耻辱，要被马克思主义所击败，而我党却是要消灭马克思主义的。所以我们不应该沿用旧的德国国旗……但是，在我的理想中，我们的党旗也应保存旧国旗中的黑、白、红三色。我做了

▲ 德国纳粹党卫军高举带有"卐"标志的党旗列队前进。

很多试验，终于决定我党的党旗最后的形式是红地之中的一个白圆，圆中再画上一个黑色的卐字……"不久，它也成了维持秩序的军队的臂带的图案。

从以上这些话，可以清楚地看到他既把卐当作反马克思主义的标志，又把它当作争取纳粹主义胜利的斗争使命的象征。但为何选用卐字来作为纳粹主义的象征，希特勒并没有明确解释其原因。西方学者对此作过许多推测。有的认为，当希特勒在维也纳流浪时，看到反犹政党的党徽是用卐字来作标志的；也有的认为，德国的反犹的一些右翼组织是用卐字作标志的。其实，当希特勒还很小的时候，就对卐字有着深刻的印象了。美国学者罗伯特·佩恩在其所著的《希特勒传》中对此有过一段描述：

希特勒全家于1897年迁到林茨和萨尔斯堡之间的兰巴赫镇居住。那里有许多古老的教堂，其中有一座建于11世纪的东正派大修道院，希特勒进了这所修道院的学校，立刻被这里的一切迷住了。在修道院的过道上、天井上、修道士的座位上及院长外套的袖子上他都能见到一个卐字标志。希特勒就在附近的拐角处居住，他每天都能透过他住房的窗口看见卐字。

卐字是一个带钩的十字。修道院院长西奥利多赫·冯·汉根视它为自己名字的双关语。希特勒非常崇拜院长显赫的权势，所以将卐看成是院长的象征。他后来回忆说："我屡次因教堂里的庄严、豪华的庆典欣喜若狂。我崇拜修道院院长，把他看成是我最渴望、最崇高的理想，这就像我的父亲把乡下的神父看作是他的理想一样，我认为这是很自然的。"

罗伯特·佩恩认为，冯·汉根院长的标志图很可能就成为日后希特勒的卐字的原型。

但这种种猜测都是人们在研究希特勒这一特殊的历史人物时所做的假想，究竟希特勒采用卐作为纳粹党标志有何用意、里边是否藏有什么奥秘，目前还无人得知。

希特勒血洗冲锋队之谜

杀人狂希特勒草菅无辜并不奇怪，但是 1936 年 6 月 30 日凌晨，曾为混世魔王希特勒上台执政立下汗马功劳的冲锋队在一串机关枪的猛烈扫射之后随即在世间蒸发，遭受到了同样的噩运。以参谋长罗姆为首的冲锋队对于希特勒来说不可不算是自己人。那么对自己人为何还要下此毒手？对此研究者们进行了不少考察，大致归纳出以下一些原因：

其一，冲锋队已经完成了它的历史使命。所以，无论用什么途径，冲锋队必然会从历史舞台上退出去。

其二，希特勒与罗姆之间存在着相当大的矛盾，虽可以说是患难之交，但两人同时又有很大分歧。

罗姆在希特勒上台后，不仅加紧发展冲锋队，而且叫嚷着进行"二次革命"，建立真正的"民族社会主义"国家。他的这些企图使纳粹政权无法容忍，希特勒便考虑着如何把冲锋队解决掉。

其三，冲锋队与党卫队的斗争。于 1925 年成立的党卫队，即黑衫党，原是冲锋队的下级组织，作为希特勒铁杆卫队的党卫队，在冲锋队膨胀的同时亦迅速发展壮大。在争权取宠的竞争中这两支政治力量必然会发生矛盾冲突，特别从 1929 年希姆莱担任党卫队全国首领后，双方的矛盾更为激化。

其四，冲锋队不被国防军所容。德国军队在一战后受到限制，在冲锋队成立之初陆军方面出于使德国武装起来的目的，对冲锋队采取的是扶持态度，把它作为后备军。但随着罗姆想要取代国防军的意图日益暴露，军界意识到其特权受到了威胁。部长勃洛姆堡强烈

▲ 希特勒检阅冲锋队。

要求希特勒对冲锋队给予一定的限制，把冲锋队排斥在武装部队之外，只把国防军作为"武器的唯一持有者"。希特勒在决定如何取舍二者的过程中，按理说应较为偏袒他的发迹资本冲锋队，但这样做有两大棘手的问题：一是若保留庞大的冲锋队，他将很难向欧洲各国作出恰当解释，他的外交将因此而陷入难堪境地；二是如果把国防军得罪了，继承危在旦夕的兴登堡的总统职位的野心就难以达到。所以，经再三权衡希特勒最后决定让冲锋队牺牲掉。事实上在血洗冲锋队之前，希特勒已得到了军界将支持他继任总统的承诺。

于是希特勒便以冲锋队阴谋"二次革命"为借口，顺水推舟地将除掉惹是生非的冲锋队和取悦资产阶级这两个目的在政治清洗中"毕其功于一役"。毫无疑问，上述四点都是事件背后的原因，但最后真正促使希特勒下定决心、付诸行动的又是由何事直接引发的呢？火药桶之导火索何在？由何人直接引爆？历史学家们还在孜孜不倦以求之。

珍珠港事件内幕

1941年12月8日(当地时间为12月7日)，美国在西太平洋的海军基地珍珠港突然遭到日本海军的袭击，在短短的时间里，美国在这里苦心经营几十年的成果化为乌有，太平洋舰队几乎全军覆没。正所谓几家欢喜几家愁，当这一事件发生后，日本人的狂喜、美国人的悲哀、德国人的愤怒、英国人的窃喜，一切都显得那么不可思议。由于美国迅速宣布加入第二次世界大战，当时的局面逐渐发生了根本的改变，而德、意、日法西斯的末日也从此日益临近了。尽管60多年过去了，对于这一悲剧性的事件为何能够发生，日本人的阴谋如何会轻易得逞，人们仍有太多的疑问。那么，事件发生的背后，是否真有什么玄机？

美国历史上最悲惨的一天：

日本成功偷袭珍珠港

1941年，第二次世界大战已经进行到第三个年头了。在亚洲，中国人民为抗击日本法西斯的侵略，已展开了10年的浴血奋战；在欧洲，德国纳粹的铁蹄正无情地践踏着英国、苏联。当时，几乎所有的目光都集中到了美国身上。拥有世界上最强大经济实力的美国，理应果断地加入到世界反法西斯阵营中来，为世界的和平做出自己应有的贡献。实际上，当时日本已将魔爪伸向了美国在亚太地区的势力范围，极大地损害了美国的利益。1937年7月7日，日本发动了全面侵华战争，严重损害了英、美在华的

▲ 日本偷袭珍珠港。

政治、经济利益；1939年9月2日，德、意、日签订三国轴心同盟。作为回应，美国随即宣布1940年1月26日到期的《日美通商航海条约》将不再续约；1940年5月，总统罗斯福命令结束年度例行演习的太平洋舰队不返回美国西海岸，而是留驻珍珠港，实施威慑；1941年7月2日，日军在印支南部登陆后，美国立即宣布中止美日贸易，冻结日本在美国的所有资产，不久又宣布对日本实施全面石油禁运。这对于资源极为缺乏的日本而言，无疑是致命的。为了获得战争所急需的石油、橡胶、锡、铁、铝、大米等资源，日本决定对美不惜一战。

▲ 珍珠港事件爆发时，很多士兵都不知道究竟发生了什么事，直到炸弹落在他们身旁。

遗憾的是，美国国内长期盛行的"孤立主义"极大地束缚了白宫的行动。与此同时，已经杀红了眼的日本，却已将侵略的直接目标指向了美国。为此，日本开始积极策划向美国发动突然袭击的军事阴谋，而美国却似乎还被蒙在鼓里。最终，日本将袭击目标指向了美国在太平洋的海军基地——珍珠港。

珍珠港建于夏威夷群岛，该群岛位于北太平洋，东距美国西海岸约 3800 千米，西距日本约 6000 千米，距菲律宾约 7000 千米，战略地位十分重要，素有"太平洋心脏"之称。夏威夷群岛的主岛是瓦胡岛，而珍珠港就位于瓦胡岛的核心区域，是一个天然良港，因盛产有珍珠的牡蛎而得名。1909 年，美国开始在此建设海军基地，经过几十年的努力，珍珠港已成为美国在太平洋上的主要海军基地。自 1940 年 5 月起，美国太平洋舰队常驻珍珠港。太平洋舰队在珍珠港停泊的舰艇包括 3 艘航母、9 艘战列舰、20 艘巡洋舰、69 艘驱逐舰和 27 艘潜艇。也正因如此，日军如欲南进，首先就要拔去这根刺。

在策划袭击珍珠港的过程中，时任日本联合舰队司令的山本五十六担任了最高指挥。尽管在起初，对美国的经济和军事潜力有着极为深刻的了解的山本曾极力反对向美国开战，但当日本大本营与美开战的战略方针确立后，他便一改初衷，竭尽全力策划组织对美国的作战方针。作为海军航空兵专家的山本，首先提出以突袭手段在开战初期就一举全歼或重创美国太平洋舰队，确立起日本的军事优势，并不断对美国实施主动进攻，使其无法积蓄起足够与日本对抗的力量，从而赢得战争的胜利。

1941 年 1 月 7 日，山本正式向海军大臣提交了突袭珍珠港设想的《战备意见书》。4 月 10 日，该计划草拟完毕并上报大本营。几经周折，在计划直接呈交到天皇那里后，才最终使得大本营于 1941 年 10 月 19 日批准这一计划，此时距珍珠港之战仅有 50 天的时间了。应该说，山本的计划制订得非常周密。在兵力编成上，既要求具备强大的突击威力，又要避免编队过于庞大而被发现。最终确定为航空母舰 6 艘、战列舰 2 艘、重巡洋舰 2 艘、轻巡洋舰 1 艘、驱逐舰 9 艘、潜艇 3 艘、油船 8 艘，共计 31 艘舰船，舰载机 423 架。为了确保成功，日军还广泛搜集美军情报，先后派遣 200 多名间谍到珍珠港活动，从各方面打探美军在珍珠港的部署。为了确保偷袭的突然性，日军还采取了一系列无耻的外交欺骗。日本先后任命素有亲美派之称的野村吉三郎、来栖三郎等人为和平特使，赴美谈判。直到开战前一天，这种谈判仍在进行当中，极大地麻痹了美国。

1941 年 12 月 8 日，当地时间为 12 月 7 日星期日，日军已悄悄逼近珍珠港，准备发动一场震惊世界的突袭。总指挥山本发出动员令："帝国兴衰在此一举，我军将士务必全力奋战。" 7 时 49 分，日军的攻击正式开始。当天，停泊在珍珠港的军舰有 8 艘战列舰、8

艘巡洋舰、29 艘驱逐舰和 5 艘潜艇，加上其他舰艇和辅助舰艇共 94 艘。在日军飞机突如其来的猛烈轰炸下，美军猝不及防，飞机、大炮等根本来不及投入作战就被炸成了碎片。几分钟后，负责轰炸的日军指挥官就急不可耐地向总部拍发胜利密码：虎！虎！虎！

在持续约两小时的袭击当中，日军共消耗鱼雷 40 枚、各种炸弹 556 枚，损失飞机 32 架、1 艘大型潜艇和 5 艘袖珍潜艇，损失 133 人。美军方面，被炸沉 4 艘战列舰、1 艘巡洋舰、2 艘驱逐舰，伤 4 艘战列舰、4 艘巡洋舰、1 艘驱逐舰、8 艘辅助舰；飞机被毁 188 架，伤159 架；人员死亡 2403 人，失踪 255 人，伤 1178 人。尽管日军偷袭的主要目标美国太平洋舰队的 3 艘航空母舰及 22 艘其他军舰不在珍珠港，而且油库、造船厂未遭破坏，但是此次偷袭作战，因其组织周密，行动果敢，代价小而战果大，堪称突袭战例的经典之作。从军事意义上讲，日军偷袭珍珠港，一举消灭了美国的太平洋舰队，取得了在东南亚的制空权和制海权，为日军横扫东南亚奠定了基础。珍珠港事件，也是美国历史上最耻辱的军事失败。

次日，罗斯福向参众两院发表战争咨文，由于情绪激动，罗斯福总统竟从轮椅上站了起来，坚持站着发表了简短而感人的演讲，要求对日宣战。罗斯福说"昨天，1941 年 12 月 7 日——美国遭到蓄意的猛烈攻击"，并愤怒地谴责日本人"通过虚伪的声明和表示希望和平而蓄意对合众国进行了欺骗"，使许多美国士兵丧失了宝贵的生命。因此，罗斯福要求国会宣布："自 1941 年 12 月 7日星期日——日本进行无缘无故和卑鄙怯懦的进攻时起，合众国和日本帝国已处于战争状态。"在雷鸣般的掌声中，美国会一致通过罗斯福的提案，宣布从此美国正式参战。

难道是罗斯福的"苦肉计"？

珍珠港事件为何能发生，综合实力上落后于美国的日本，竟能从几千公里之外成功地突袭成功，这实在让人难以理解，难道其中另有隐情吗？

▲ 纪念珍珠港事件的海报

对于这起美国历史上最惨痛的失败，长期以来，各国历史学家有着不同的说法。其中，有相当一部分研究者提出一个惊人的观点：珍珠港事件之所以发生，其实是美国总统有意设计的"苦肉计"！

第二次世界大战结束以后，由于不断有一些当事人将一些内幕公诸于众，越来越多的人相信，其实美国早已获知日军的偷袭计划。他们认为，罗斯福之所以设计这一"苦肉计"，也确实出于无奈。因为当时美国国内孤立主义思想非常严重，使得罗斯福总统很多援助英、苏、中等国的计划受到掣制。而作为极富远见的杰出政治家，罗斯福很清楚，如果不及时援助正在艰苦奋战的英、中、苏等反法西斯国家，等到轴心国确实控制了欧亚大陆后，美国将无力独自抵抗已经根基牢固的德、意、日轴心国。尽管从历史的选择看，美国早参战比晚参战有利，但国内的孤立主义只图眼前利益，不愿参战。所有这些因素逼迫罗斯福不惜以珍珠港为代价，来唤起民众的正义感，也粉碎孤立主义的幻想。

首先，从现有材料看，美国人当时已破译了日本的外交密码和至关重要的海军密码。早在 1941 年初春，美国人在一艘日本油轮上截获了一套完整的日本海军密码本。因此，在

转换装置

分级转换
开关槽

从槽中取出的
分级转换开关

▲ 日本紫色密码机。在这个日制的间谍装置中，两台电子打字机通过两个转换装置连接起来。用其中一台打字机打出的明码电文能够通过另一台打字机用密码输出。

珍珠港事件之前，已经掌握了日本海军密码的美国高层决策者，不可能对日本的海军行动一无所知。很多人因此深信，罗斯福事先肯定知道了日本要偷袭珍珠港的情报。据说，有一位叫劳伦斯·萨福德的美国海军情报官，当时就破译了日本海军部海军军令部的密码，他们第一时间探听到日本的联合舰队正向珍珠港方向开进，并将这个情报通过美国海军作战部长斯塔克海军中将，送到了罗斯福那儿，而罗斯福看了这个情报后只说了一句"知道了"，就再没有下文。1941 年 12 月 6 日，华盛顿方面曾破译了一份由 14 部分组成的电文的 13 部分。在读完了这 13 部分的内容后，罗斯福马上找来了他的首席顾问哈里·霍普金斯说："这就意味着战争。"事实上 1941 年时，美军的密码专家威廉·弗里德曼所领导的机关"魔术"，已能截获并破译出绝大多数日本人用九七式打字机发出的"紫色密码"外交电报。这些电报中就包括许多有关珍珠港的情报，例如：1941 年 9 月 24 日，日本海军通过外务省致电檀香山总领事馆，要求了解美军太平洋舰队军舰在珍珠港的停泊位置；11 月 15 日，日本外务省要求驻檀香山总领事馆每周至少报告两次珍珠港美军军舰的动向；11 月 18 日，日本驻檀香山总领事馆向外务省汇报了美军军舰进珍珠港后航向变化角度和从港口到达停泊点的时间；11 月 28 日，日本外务省要求檀香山总领事馆销毁密码和密码机；12 月 2 日，日本驻檀香山总领事馆用低级密码继续报告美军的一举一动等等。随后，"魔术"就将最重要的情报由特别信使及时递交给总统、陆军部和海军部的部长、作战部长、情报局长、国务卿等军政首脑，而其他人极少能接触到这些情报。

还有一些说法认为，英国方面也早就破译了日军企图偷袭珍珠港的密电，但英国首相丘吉尔却有意扣留了情报，而其目的就在于迫使美国参战。最有力的证据就是，英国首相丘吉尔在得知珍珠港遭偷袭后的日记里写道：这是一个好消息！

当时，在掌握了日本舰队正在驶近夏威夷的情报后，罗斯福和他的顾问班子面临着 3 种选择：一是向全世界公布日本特遣舰队已经驶近，这样日本舰队调头退回日本；二是通知太平洋美军，命令他们做好战争准备；第三就是保密，让日本舰队继续驶向珍珠港偷袭。而罗斯福等最终选择了第三种，就是因为一方面他们相信驻防珍珠港的美军太平洋舰队能够抵抗日本人的进攻，而另一方面会刺激那些孤立主义者的神经。于是，华盛顿方面并没有将情报通知太平洋舰队司令金梅尔海军上将和夏威夷基地司令肖特陆军中将。对此，金梅尔将军后来在接受调查时曾指责海军部扣下了珍珠港将可能遭受袭击的有关情报，直接导致了 1941 年 12 月 7 日的灾难。

其次，事件发生之前，美国高层所下达的一系列奇怪的命令让人生疑问。一是在 1941 年初，将太平洋舰队包括 1 艘航空母舰、3 艘战列舰、4 艘巡洋舰、17 艘驱逐舰在内的作战力量调拨给了大西洋舰队。此外，海军部还把舰队中素质最好的指挥官和水兵也成批调往大西洋舰队。为此，金梅尔曾多次向海军作战部长斯塔克陈述加强太平洋舰队实力的重要性。他在 1941 年 9 月 12 日写给斯塔克的信中言语恳切地说："一支强大的太平洋舰队，无疑是对日本的威慑，而弱小的舰队也许会引来日本人。"但海军部却丝毫

▲ 日驻美檀香山总领事喜多永南

不理会金梅尔的呼吁。更奇怪的是，当日本飞机对珍珠港狂轰滥炸时，太平洋舰队的主力——3 艘航空母舰恰巧全部外出，因此逃过劫难。二是事变前美国方面曾向珍珠港紧急调集医务人员和药品。1995 年 9 月 5 日，当时的美国总统克林顿曾收到一位名叫海伦·哈曼女士的来信。信中称，曾在第二次世界大战中任美军后勤部副主管的父亲向她讲述过一些关于珍珠港事件的惊人内幕：珍珠港事件爆发前不久，罗斯福总统紧急召开了一个由极少数军官参加的秘密会议。总统在会议上透露了一个惊人的消息：美国高层已经预见到日本海军将要偷袭珍珠港，可能造成大量人员伤亡和财产损失。他命令与会者尽快准备将一批医务人员和急救物资集结到美国西海岸的一个港口，随时待命启运。罗斯福总统特别强调禁止将会议内容向外透露，包括珍珠港的军事指挥官和红十字会的官员。面对与会官员的惊讶与不解，罗斯福解释说，只有当美国本土遭到攻击时，犹豫不决的美国民众才会同意他宣布投入战争。为了查证该女士的说法是否属实，美国红十字会夏威夷分会的工作人员对该会 1941 年至 1942 年财政年度报告的影印件和有关国家档案进行了查阅，结果也意外发现，美国红十字会和美军后勤医疗部队在珍珠港事件前一两个月确实曾进行过非常规的人员和储备物资紧急调动。这批额外补给，在偷袭珍珠港事件后的急救工作中发挥了重要作用。有关人员还从夏威夷红十字分会会长阿尔弗雷德·卡瑟尔的弟弟威廉·卡瑟尔的日记中发现，12 月 6 日，夏威夷分会的全体人员奉命战备值班。这封信在当时引起了很大轰动，但由于哈曼不是当事人，而她父亲史密斯也已于 1990 年去世，所以人们对这一材料还有所怀疑。

另外，一些相关当事人的回忆，似乎也在向人们昭示这事情的真相。约翰·莱尼夫，一位荷兰退役海军上将，在其临终前曾向人们透露了他所知道的珍珠港事件内幕。1941 年 12 月 2 日，时任荷兰流亡政府派驻华盛顿上尉武官的莱尼夫去找美国海军情报局的朋友聊天，闲谈中，一位美国海军情报军官指着墙上的一幅地图对他说："这里是日本特遣舰队正在东进的地方。"这使他大吃一惊。6 日下午，莱尼夫再次来到海军情报局打听情况时，一名军官将手指向墙上宽大的海图上，告诉他日本人正在离檀香山约 400 英里的地方。第二天，战争就爆发了。

人们还得知，就在珍珠港事件发生的前一天晚上，面对迫在眉睫的战争阴云，美国海军部长诺克斯、海军作战部长斯塔克、陆军部长史汀生、陆军参谋长马歇尔和商务部长霍普金斯以及总统罗斯福等人，竟少见地聚在白宫，一同消磨时光！以上种种疑点，再结合

当时罗斯福等人的表现，使所谓"苦肉计"的猜测变得更加可能。因为在珍珠港惨败的消息传到华盛顿后，罗斯福立即召集阁僚开会讨论，而多年后人们在整理当年的纪录影片时竟发现：当陆军部部长史汀生走进白宫时，嘴角竟流露出一丝得意的微笑。

除了美国的一些研究者坚持这样一种观点之外，尤其是战争的发动者日本人，似乎也更倾向于相信这一说法。为了推卸战争责任，很多日本人坚信是美国人为了参加第二次世界大战，故意引诱日本人发动珍珠港事件的，《大东亚战争全史》的作者服部卓四郎和《偷袭珍珠港前的 365 天》的作者实松让就是其中的典型代表。

有关"雪计划"的说法

关于罗斯福"苦肉计"的猜测还没有定论时，美国一份杂志又提出了让人更为震惊的说法：珍珠港事件是苏联人一手"制造"的！那么，美日之间的战争，怎么又和苏联扯上了关系呢？该杂志认为，由于当时苏联担心日本从东线发动进攻，使自己陷入东西两线作战的困境，于是启用早已安插好的庞大间谍网（据说苏联在美国政府内至少安插了 329 名间谍），操纵美国和日本提前开战，珍珠港事件因此爆发。为了进一步证实上述结论，该杂志首次披露了众多秘密。

就在几年前，美国著名的苏联情报专家赫伯特·罗梅斯汀推出了他的新著《维诺纳的秘密》，这本书是罗梅斯汀与美国国会前调查员、资深记者埃里克·布伦迪尔合著的。该书向人们宣示了一大秘密：为了掌握日本的军事动向，苏联在日本培植了一个庞大的间谍网，确保苏联不受到日本的进攻；相反，日本主动向美国发动进攻，那是苏联求之不得的事。为了实现自己的计划，苏联在美国政府内部安插了一名高级特工，正是这名特工为日本空袭珍珠港做好了铺垫工作，这名特工就是指导美国"新政"的经济学家、罗斯福总统最信任的经济顾问之一：亨利·迪克斯特·怀特。最新的证据表明，身为苏联间谍的怀特曾从苏联高层那里得到指令，负责向罗斯福提出大量针对日本的政策性建议，从而成为美国与日本开战的关键因素。

直到 1946 年，美国情报部门才开始察觉怀特的间谍身份。当时的联邦调查局局长胡佛

▲ 日本偷袭珍珠港的场景。

便向总统杜鲁门写信，认为怀特是一名不可小视的苏联间谍。1948 年，美国众院也曾就怀特是不是间谍的问题举行过听证会，但不久怀特就去世了，事情也就不了了之。又过了几十年，直到 20 世纪 90 年代中期，美国解密了一批文件，其中包括截获的苏联政府的大量秘密电文，结果人们惊讶地发现，怀特的名字就多次出现在这些秘密电文中，这才使怀特的间谍身份最终被确认。经过对解密文件的研究，学者们终于发现，有足够的证据证明怀特一直在与苏联情报部门合作，而苏联同意为怀特上私立学校的女儿支付学费，并给他一家送过贵重礼物。

不久，又一位美国前情报官向外界透露：怀特敦促美国政府对日本采取强硬政策，实际上是苏联一份秘密计划"雪计划"的重要组成部分。由于当时日本正向西太平洋诸国发动进攻，因此苏联担心日本可能会从远东地区向自己发动进攻。众所周知，在 1941 年前后，日本国内正为"北上"还是"南进"而犹豫不决，高层内部为此而争论不休。所谓"北上"，就是从远东进攻苏联，沿西伯利亚一路西进，最终与德国军队汇合；所谓"南进"，就是占领整个西太平洋，控制印度支那、东南亚及澳大利亚等地，然后经印度、伊朗、中东与德国会师。曾经有一段时间，日本内部主张"北上"的势力一度占据了优势，从而使苏联感到非常紧张。1995 年，维塔利夫·帕夫洛夫在一篇情报杂志上发表文章，他承认自己曾在 1941 年交给怀特一张便条，上面列出了苏联的外交政策要点，敦促怀特向美国政府"推销"这些政策，其中就包括美国应敦促日本立即全部从中国撤军。在怀特的努力下，国务卿果真曾给日本政府高层打电话，敦促其从中国撤军。然而具体到外交交涉中，美国政府向日本提出这种要求，不但不会得到同意，反而会进一步激化两国之间的矛盾，招致日本人的嫉恨，果然，不久日本人就偷袭了珍珠港。

研究者认为，虽然不能肯定这些苏联间谍一定影响到了罗斯福的决策，但他们把罗斯福以及其他高官的想法传给了苏联却是事实。至于如果美国不强烈敦促日本从中国撤军，美国和日本是否真的可以避免战争，他们认为，至少美国会有一段宝贵的备战时间，珍珠港事件中也不会损失那么多人。二战结束后，马歇尔将军在国会听证时也承认，如果当初不是珍珠港遭到空袭，美军可能会等到 1942 年 1 月 1 日才对日宣战。

另一方面，苏联也加紧了在日本的此类努力。在数年的时间里，苏联在日本建立了一个间谍网，随时了解日本的动向，其领导人就是装扮成纳粹德国记者的理查德·索奇。据有关档案记载，早在 1941 年 9 月，索奇向苏联高层汇报，日本正准备进攻美国，而不会进攻苏联。苏联高层才终于松了一口气，并决定将部署在远东地区的 40 个陆军师迅速调到斯大林格勒，与德军决战，并最终取得胜利。同时，苏联从来没有把掌握的"日本准备进攻美国"的情报透露给美国。不管怎么说，珍珠港事件的发生对于苏联而言，的确是一大"幸事"，随着美国的正式参战，来自日本的威胁总算真正消除了。

斯大林之子在纳粹集中营中死亡之谜

令苏联人万分意外的是，1941 年 6 月 22 日，20 个月以前还在与他们共享瓜分波兰的喜悦的昔日朋友希特勒，会在这一天下令向苏联全线发动战争突袭。在几乎没有准备的情况下，苏联全线溃败，主要的工业、农业区相继被德军占领。

更富戏剧性的事发生在战争开始 20 多天的时候。在苏联第 14 坦克师被击溃后，斯大林之子中尉军官雅科夫·朱加什维利成了德军的俘虏。

随着德国多线作战，苏联逐步掌握了战争主动权，在斯大林格勒战役中的德军将领保卢斯失利被迫向苏军投降。希特勒传信给斯大林，希望苏方释放保卢斯将军，作为交换条件，德国方面愿意释放已关押了半年多的斯大林的儿子雅科夫·朱加什维利。苏军统帅斯大林没有因此动摇，他让中立国的红十字会转告希特勒："我不喜欢用一名将军交换一名士兵。"这就是战争期间的价值观，由此苏联人民更加敬佩斯大林，为他毫不自私、一心为苏联人民着想深深感动。但这对于雅科夫无疑是当头一棒。

果然雅科夫得到这条消息后极其失望，他在饥饿的俘虏中间目睹了濒临死亡的人们那种绝望的神情，斯大林所说的"没有战俘只有叛徒"的话也使他无脸回到故土去。当听说斯大林不愿"用一名将军交换一名士兵"的消息后，雅科夫在精神上遭受重创。但是雅科夫却不知道，斯大林没有一刻不在为营救他而努力，他特别下令，责成有关方面进行过两次营救行动，但都以失败告终。

雅科夫被关押的集中营里还有许多英国军官。但是英俄两国的军人们关系并不是很好，他们互相指责对方与德军看守的关系，互相鄙视。雅科夫看到同盟军之间也是经常恶语相向，情绪低落到了极点。

终于他在同一名英国人发狠打了一架后，疯狂地向电网奔去。当时，哨兵朝扑向电网的雅科夫开了枪。但有些历史学家认为，当时雅科夫已经在电网上自杀了，因为最高统帅的儿子落于敌人之手的羞愧、永远也无法获救的绝望，这一切让他被钉在了耻辱柱上，他成了众人的敌人。在这种情况下，他别无他途，只有自杀。但这一点值得商榷，因为雅科夫在集中营已经待了两年，而且曾和他的几位波兰难友两次策划过越狱。这一切又表明雅科夫直到死前从未放弃过生的努力。由于雅科夫死前没有留下什么遗言，他是自杀还是他杀可能将永远成为一个谜。

▲ 集中营

▲ 集中营"死亡之门"